MERCADOS ADAPTÁVEIS

MERCADOS ADAPTÁVEIS

Evolução Financeira na
Velocidade do Pensamento

ANDREW W. LO

ALTA BOOKS
EDITORA
Rio de Janeiro, 2018

Mercados Adaptáveis – Evolução Financeira na Velocidade do Pensamento
Copyright © 2018 da Starlin Alta Editora e Consultoria Eireli. ISBN: 978-85-508-0286-2

Translated from original Adaptive Markets. Copyright © 2017 by Princeton University Press. ISBN 978-0-691-13514-4. This translation is published and sold by permission of Princeton University Press, the owner of all rights to publish and sell the same. PORTUGUESE language edition published by Starlin Alta Editora e Consultoria Eireli, Copyright © 2018 by Starlin Alta Editora e Consultoria Eireli.

Todos os direitos estão reservados e protegidos por Lei. Nenhuma parte deste livro, sem autorização prévia por escrito da editora, poderá ser reproduzida ou transmitida. A violação dos Direitos Autorais é crime estabelecido na Lei nº 9.610/98 e com punição de acordo com o artigo 184 do Código Penal.

A editora não se responsabiliza pelo conteúdo da obra, formulada exclusivamente pelo(s) autor(es).

Marcas Registradas: Todos os termos mencionados e reconhecidos como Marca Registrada e/ou Comercial são de responsabilidade de seus proprietários. A editora informa não estar associada a nenhum produto e/ou fornecedor apresentado no livro.

Impresso no Brasil — 2018 — Edição revisada conforme o Acordo Ortográfico da Língua Portuguesa de 2009.

Publique seu livro com a Alta Books. Para mais informações envie um e-mail para autoria@altabooks.com.br

Obra disponível para venda corporativa e/ou personalizada. Para mais informações, fale com projetos@altabooks.com.br

Produção Editorial	**Gerência Editorial**	**Produtor Editorial (Design)**	**Marketing Editorial**	**Vendas Atacado e Varejo**
Editora Alta Books	Anderson Vieira	Aurélio Corrêa	Silas Amaro marketing@altabooks.com.br	Daniele Fonseca Viviane Paiva comercial@altabooks.com.br
Produtor Editorial Thiê Alves	**Assistente Editorial** Juliana de Oliveira	**Editor de Aquisição** José Rugeri j.rugeri@altabooks.com.br	**Ouvidoria** ouvidoria@altabooks.com.br	

Equipe Editorial	Bianca Teodoro	Ian Verçosa	Illysabelle Trajano	Renan Castro

Tradução	**Copidesque**	**Revisão Gramatical**	**Diagramação**	**Capa**
Carlos Bacci	Edite Siegert	Thais Garcez Amanda Meirinho	Lucia Quaresma	Bianca Teodoro

Erratas e arquivos de apoio: No site da editora relatamos, com a devida correção, qualquer erro encontrado em nossos livros, bem como disponibilizamos arquivos de apoio se aplicáveis à obra em questão.

Acesse o site www.altabooks.com.br e procure pelo título do livro desejado para ter acesso às erratas, aos arquivos de apoio e/ou a outros conteúdos aplicáveis à obra.

Suporte Técnico: A obra é comercializada na forma em que está, sem direito a suporte técnico ou orientação pessoal/exclusiva ao leitor.

A editora não se responsabiliza pela manutenção, atualização e idioma dos sites referidos pelos autores nesta obra.

Dados Internacionais de Catalogação na Publicação (CIP) de acordo com ISBD

L795m   Lo, Andrew W.
         Mercados adaptáveis: evolução financeira na velocidade do pensamento / Andrew W. Lo ; traduzido por Carlos Bacci. - Rio de Janeiro : Alta Books, 2018.
         512p. ; 17cm x 24cm.

         Tradução de: Adaptive markets: financial evolution at the speed of thought
         Inclui índice e bibliografia.
         ISBN: 978-85-508-0286-2

         1. Administração. 2. Finanças. 3. Mercado. I. Bacci, Carlos. II. Título.

2018-337   CDD 658.15
                                             CDU 658.15

Elaborado por Vagner Rodolfo da Silva - CRB-8/9410

Rua Viúva Cláudio, 291 — Bairro Industrial do Jacaré
CEP: 20.970-031 — Rio de Janeiro (RJ)
Tels.: (21) 3278-8069 / 3278-8419
www.altabooks.com.br — altabooks@altabooks.com.br
www.facebook.com/altabooks — www.instagram.com/altabooks

Para Nancy, Derek e Wesley

AGRADECIMENTOS

Este livro foi um trabalho em andamento por muito tempo. O prazo final para sua conclusão, conforme o contrato assinado com a Princeton University Press, era 15 de abril de 2008. Desnecessário dizer que certos acontecimentos marcaram aquele ano.

A crise financeira foi um ataque frontal à Hipótese dos Mercados Eficientes e a ideia do *Homo economicus*, então, postergar este projeto para estudar a crise e desenvolver métodos para medir e gerenciar o risco sistêmico pareceu ser uma boa ideia. Um projeto levou a outro, e outro, e de repente passaram-se oito anos. Ironicamente, em vez de criticar a Hipótese dos Mercados Eficientes, tornei-me seu grande defensor em certos debates políticos ao longo destes anos, porque os decisores políticos eram muitas vezes muito rápidos em culpar a crise pela irracionalidade e devoção equivocada à eficiência do mercado por reguladores e bancos centrais. Esses debates — e minhas duas cadeiras de pesquisa separadas (em modelos evolutivos de comportamento e na mensuração do risco sistêmico) que ficaram paralisadas durante esse período — afiaram meu pensamento sobre o papel da Hipótese dos Mercados Adaptáveis para superar a crescente divisão entre finanças comportamentais e finanças tradicionais. Então espero que, tal como um bom vinho, este livro seja um exercício de gratificação tardia. Infelizmente, não sou enófilo o bastante para saber se oito anos são muita coisa e o que resta é a cortiça ou sabe-se lá o que mais. Seja como for, é motivo para agradecer a Deus pelos pacientes editores.

Uma extensão de tempo tão longa significa necessariamente que eu acumulei um saldo proporcionalmente maior de dívidas intelectuais do que gostaria de reconhecer. Além disso, este livro é um marco pessoal, pois amarra uma grande parte da minha pesquisa nas últimas três décadas. Por isso, vou tirar proveito desta ocasião para agradecer a um bocado de indivíduos por seu papel em minha carreira e pedir desculpas antecipadamente pelo longo atraso desses reconhecimentos. Além disso, devo acrescentar o aviso geral — não por considerações legais, mas como uma questão de fato e etiqueta acadêmica — que agradecer a essas pessoas não implica necessariamente que elas endossam os pontos de vista descritos neste livro. A liberdade acadêmica é o que é, as opiniões variam, mesmo entre colegas, coautores e amigos.

Na Princeton University Press, da Universidade de Princeton, Peter Dougherty tem sido uma fonte constante de apoio, encorajamento e sabedoria. Apesar de suas responsabilidades como diretor de imprensa, arrumou tempo para ler este manuscrito e ofereceu uma série de sugestões valiosas que aprimoraram o livro. Peter é a principal razão pela qual publiquei mais livros com a Princeton do que com qualquer outro editor. Agradeço também a Seth Ditchik, anteriormente editora de economia de Princeton, por sancionar *Mercados Adaptáveis* e me cutucar periodicamente e com paciência para entender se "vou terminar em setembro" significava o mês de setembro deste ano ou do próximo. E agradeço a Jayna Cummings, Jill Harris, Ian Jackman, Fred Kameny, Crystal Myler e Carlos Yu pelo apoio editorial e assistência à pesquisa.

Muitos colaboradores em pesquisas trabalharam comigo em vários estágios da longa jornada até a Hipótese dos Mercados Adaptáveis, ajudando-me a moldar essa ideia mesmo antes de ter um nome. Esses coautores incluem Emmanuel Abbe, Pablo Azar, Monica Billio, Tom Brennan, Nicholas Chan, Ely Dahan, Doyne Farmer, Eric Fielding, Mark Flood, Gartheeban Ganeshapillai, Mila Getmansky, Dale Gray, John Guttag, Shane Haas, Jasmina Hasanhodzic, Joe Haubrich, Alex Healy, Phil Hill, Jim Hutchinson, Katy Kaminski, Amir Khandani, Adlar Kim, Andrei Kirilenko, David Larochelle, Peter Lee, Simon Levin, William Li, Craig MacKinlay, Igor Makarov, Harry Mamaysky, Shauna Mei, Bob Merton, Mark Mueller, Loriana Pelizzon, Pankaj Patel, Tommy Poggio, Dmitry Repin, Emanuele Viola, Jiang Wang, Helen Yang e Ruixun Zhang.

Como estudante, fui abençoado com vários professores talentosos, conselheiros e colegas de classe, começando com minha professora de terceira série Barbara Ficalora (ver Capítulo 4). Tive a sorte de ter aulas com Vincent Galasso, Milton Kopelman e Henrietta Mazen na Bronx High School of Science, onde aprendi primeiro sobre o método científico e encontrei algumas das pessoas mais inteligentes que conheço, como Jacob Goldfield, Suzanne Hsu, David Laster, Rennie Mirollo, Jon Roberts, Steve Wexler e Danny Yeh.

Calouro em Yale, fui apresentado pela primeira vez à Economia pelo carismático Saul Levmore e logo aprendi que a matemática tinha muito para contribuir com a Economia através das empolgantes palestras de Pradeep Dubey, Shizuo Kakutani, Herb Scarf e Martin Shubik. Mas foi a classe de microeconomia intermediária de Sharon Oster que me convenceu a escolher a Economia como profissão. Minha experiência em suas aulas fascinantes, e ter sido seu assistente de pesquisa e assessor de tese de mestrado, foi algo inestimável na preparação para minha carreira profissional. Dela também me veio o interesse na regulação e políticas, e continuo me inspirando e tentando imitar sua extraordinária dedicação aos estudantes de pesquisa, ensinando e orientando.

Na escola de pós-graduação tive o privilégio e o prazer de trabalhar com Andy Abel, primeiro como aluno em sua classe de macroeconomia, depois como assistente de pesquisa e doutorando. Através do trabalho seminal de Andy sobre a teoria do investimento, desenvolvi primeiro uma apreciação pelas profundas conexões entre macroeconomia e finanças. Eu não poderia ter pedido um melhor orientador e mentor do que Andy. Também fui abençoado por conhecer Jerry Hausman quando me increvi em sua classe de econometria no MIT. Minha primeira exposição à econometria de tempo contínuo foi como seu assistente de pesquisa e tenho muitas lembranças de sentar-me lado a lado com Jerry no porão do Harvard Science Center depurando o código Fortran para estimar os parâmetros de um movimento browniano com uma barreira absorvente. E me beneficiei muito dos conselhos, orientação e inspiração de muitos outros professores e estudantes durante esse período, incluindo Dick Caves, Diane Coyle, Ben Friedman, Dale Jorgenson, Nobu Kiyotaki, Whitney Newey, Pat Newport, o falecido David Pickard, Tom Sargent, Mike Spence, Phil Vasan e Mark Watson: só através da passagem do tempo percebi o impacto que tiveram sobre mim.

Mas minha maior dívida intelectual nessa época é com Bob Merton, a quem devo minha carreira em finanças acadêmicas. A classe de teoria financeira de Bob foi um ponto de inflexão em minha formação de pós-graduação. Após as primeiras duas semanas em seu curso de finanças introdutórias, decidi que seria professor de finanças. Em suas mãos hábeis, as finanças tornaram-se ciência e engenharia, e sua abordagem única de pesquisa, ensino e prática é um exemplo que eu e muitos outros estudantes tentamos seguir. Eu me beneficiei enormemente não apenas do ensino e pesquisa de Bob, mas também de seus conselhos e encorajamento nos muitos almoços para os quais fomos convidados enquanto ele estava na Harvard Business School. Nunca ousei sonhar que um dia eu poderia ser afiliado do MIT com minha própria tradição em finanças e ser um colega de Bob.

Na verdade, o MIT tem sido um extraorinário lugar para mim por vários motivos. A faculdade de finanças é inigualável e me tornei um economista financeiro muito melhor graças a meus colegas atuais e antigos, especialmente Paul Asquith, John Cox, John Heaton, Chi-fu Huang, Leonid Kogan, Jonathan Lewellyn, Debbie Lucas, Franco Modigliani, Stew Myers, Jun Pan, Anna Pavlova, Steve Ross, Antoinette Schoar, Dimitri Vayanos, Jean-Luc Vila e Jiang Wang.

Mas em meus 28 anos lá, conheci muitos outros professores do MIT em Sloan e em todo o campus e fiquei surpreso e agradecido por sua abertura em receber um economista financeiro em seus escritórios, seminários e programas de pesquisa. Em particular, agradeço a Deborah Ancona, Dimitris Bertsimas, Ernie Berndt, Bob Berwick, Munther Dahleh, Rob Freund, Ann Graybiel, Jon Gruber, John Guttag, Jerry Hausman, Bengt Holmstrom, Nancy Kanwisher, Jay Keyser, S. P. Kothari, Bob Langer, Don Lessard, John Little, Harvey Lodish, Silvio Micali, ao já falecido Franco Modigliani, Joel Moses, Whitney Newey, Al Oppenheim, Jim Orlin, Bob Pindyck, Tommy Poggio, Jim Poterba, Bill Pounds, Drazen Prelec, Roberto Rigobon, Ed Roberts, Nancy Rose, Daniela Rus, ao já falecido Paul Samuelson, Dick Schmalensee, Phil Sharp, David Staelin, Tom Stoker, Dan Stroock, Gerry Sussman, Peter Szolovits, Josh Tenenbaum, John Tsitsiklis, Roy Welsch, Patrick Winston e Victor Zhu. Foi uma experiência de aprendizado incrível encontrar e trabalhar com tantos colegas bem-sucedidos, de quem obtive inspiração não só por suas pesquisas, mas também por suas vidas profissionais e pessoais. Estou especialmente agradecido por minhas afiliações: Computer Science and Artificial Intelligence Laboratory; Department of Electrical Engineering and Computer Science; Institute for Data, Systems, and Society; Operations Research Center e Whitehead Institute for Biomedical Research. Eu me sinto como um garoto faminto por açúcar na maior fábrica de doces do mundo.

Vários colegas acadêmicos em outras universidades têm sido muito úteis na definição de meus pontos de vista sobre mercados adaptáveis, incluindo Tom Brennan, Terry Burnham, John Campbell, Phil Dybvig, Gene Fama, Doyne Farmer, Lars Hansen, David Hirshleifer, Blake LeBaron, Simon Levin, Rosemary Luo, Craig MacKinlay, Martin Nowak, Steve Pinker, Allen Orr, Arthur Robson, Dick Roll, Myron Scholes e Bill Sharpe.

Também agradeço aos muitos estudantes do MIT a quem tive o prazer e a honra de ensinar, orientar e colaborar. Vários dos meus alunos de doutorado contribuíram para as ideias deste livro como coautores e são apresentados em conformidade, mas mesmo os alunos que não estiveram diretamente envolvidos foram úteis no fornecimento de estímulo e *feedback* geral. Além disso, os acadêmicos muitas vezes cumprem relutantemente seus deveres de ensino, preferindo mais tempo para suas pesquisas, mas a qualidade dos estudantes do MIT é tão alta que a maioria de meus colegas e eu achamos que o ensino é parte integrante de nossa pesquisa. Nossos alunos parecem-se mais colegas do que alunos — mesmo no nível de graduação —, e nossos estudantes de MBA, MFin, EMBA e Sloan Fellows sabem mais sobre certos aspectos do setor financeiro do que eu e contribuíram enormemente nas discussões em classe e educação continuada. Estou especialmente em dívida com os três grandes grupos de alunos que escolheram minha classe eletiva Dinâmica do Mercado Financeiro e Comportamento Humano, e com meus excelentes auxiliares de ensino Dimitrios Bisias e Shomesh Chaudhuri. Esse curso é dedicado inteiramente à Hipótese de Mercados Adaptáveis, e onde as primeiras versões deste livro foram distribuídas inicialmente (e graças a Bob Merton por sugerir que eu lecionasse esse curso, e a S.P. Kothari, Paul Asquith e ao Comitê de Ensino Curricular do grupo de finanças da Sloan pela aprovação).

Recebi um grande apoio para minha pesquisa da MIT Sloan School, tanto da Reitoria quanto do Laboratório de Engenharia Financeira do MIT (LFE, sigla em inglês). Sou particularmente grato ao nosso atual reitor, Dave Schmittlein, por seu apoio ao grupo financeiro agora e durante meus anos em sua chefia. Agradeço também aos vários patrocinadores do LFE pelo fornecimento de dados, financiamento e, em vários casos, conhecimentos especializados do setor. Agradecimentos especiais à coordenadora do programa LFE, Jayna Cummings — dizer que ela gerencia o LFE é um subavaliação grosseira. Nosso resultado e qualidade de pesquisa estão diretamente relacionados às suas extraordinárias habilidades administrativas e dedicação ao laboratório, e este livro teria levado ainda mais tempo para ser terminado se não fosse Jayna. Gostaria também de agradecer à coordenadora anterior e inaugural do programa LFE, a falecida Svetlana Sussman, que ajudou a desenvolver o LFE em seus primeiros anos e tratou todos os membros como se fossem sua própria família; todos sentimos muito sua falta.

Uma vez que a pesquisa que em última análise me levou à Hipótese dos Mercados Adaptáveis foi fortemente influenciada pela prática do setor, gostaria de agradecer a vários colegas profissionais que me ajudaram a entender melhor as Ilhas Galápagos das finanças. Do setor privado: Armen Avanessians, Brandon Becker, Allister Bernard, Jerry Chafkin, Doug Dachille, Arnout Eikeboom, Gifford Fong, Jacob Goldfield, Kathy Goldreich, Peter Hancock, the late Charles Harris, Greg Hayt, Alex Healy, Larry Hilibrand, Mark Kritzman, David Laster, Peter Lee, Marty Leibowitz, Judy Lewent, Steve List, Philippe Lüdi, Saman Majd, Pete Martin, Paul Mende, David Modest, Victor Niederhoffer, John Perry, Jon Roberts, Eric Rosenfeld, David Shaw, Jim Simons, Rob Sinnott, Roger Stein, Andre Stern, Cheng Chih Sung, Donald Sussman, Phil Vasan, Duncan Wilkinson, Jake Xia e Xiru Zhang. E do setor público: Tobias Adrian, Lew Alexander, Dick Berner, Bill Dudley, Eric Fielding, Tim Geithner, Andy Haldane, Chris Hart, Bev Hirtle,

Tom Kalil, Rick Ketchum, Laura Kodres, Don Kohn, Nellie Liang, Antoine Martin, Hamid Mehran, José Viñals e Steve Wallman.

Por último, e certamente não menos importante, quero agradecer a meus familiares por seu apoio e encorajamento durante a longa gestação deste projeto. Meus irmãos mais velhos, Martin e Cecilia, que estabeleceram para mim padrões tão altos quanto posso lembrar e sempre estiveram presentes quando eu precisava deles (e, como irmãos mandões, às vezes mesmo quando eu não precisava). Meus cunhados, Bill Wentzel e Rocky Tuan, trouxeram muito amor, estabilidade, graça e bom humor à nossa família. E, claro, para minha mãe, Julia Yao, uma mamãe dragão, se alguma vez houve uma. Como mãe solteira de três filhos na Nova York dos anos 1960 e 1970, ela sacrificou tudo por seus filhos, e algum dia um livro terá que ser escrito sobre sua vida incrível, sem dúvida uma história muito mais fascinante do que *Mercados Adaptáveis*. Espero que este livro e minha pesquisa atual e futura venham a honrar sua memória. E o meu agradecimento final e mais importante é para minha esposa, Nancy, e nossos dois filhos, Derek e Wesley. Eles são lembretes diários da razão pela qual nós, como espécie, sobrevivemos por muito tempo, e são também o motivo que me faz tão otimista quanto ao futuro da raça humana. Este livro é dedicado a eles.

Andrew W. Lo
Weston, MA
7 de fevereiro de 2017

Sumário

Introdução   1
    Fator Medo Financeiro   1
    Não Tente Fazer Isto em Casa   4
    O Grande Abismo   6
    "É o Ambiente, Estúpido!"   8
    Vingança dos Nerds   10

Capítulo 1. Somos Todos *Homo Economicus* Agora?   13
    Tragédia e Sabedoria das Multidões   13
    Um Passeio Aleatório pela História   17
    O Nascimento dos Mercados Eficientes   20
    Desembrulhando os Mercados Eficientes   25
    O Que Esperar Quando se está Esperando   28
    Mercados Eficientes em Ação   37

Capítulo 2. Se Você É Tão Inteligente, Por Que Não Está Rico?   45
    Descartando o Passeio Aleatório   45
    Risco versus Incerteza e o Paradoxo de Ellsberg   51
    Sente-se mais a Dor da Derrota que o Prazer da Vitória   55
    Poker Texano, *Traders* Inescrupulosos e Reguladores   59
    Correspondência de Probabilidade e a "Loucura de Março"   62
    Humanos como Máquinas de Previsão   65
    É Preciso uma Teoria para Derrubar uma Teoria   69
    Choque Cultural   70

Capítulo 3. Se Você É Tão Rico, Por Que Não É Inteligente?   75
    Olhando Sob o Capô   75
    O Microscópio da Neurociência   76

Medo	78
Dor	85
Prazer e Ganância	87
Traders Plugados	91
Do que São Feitos os *Traders*	94
Controle Mentalmente seu Bolso com a Moeda Neural	96
Quero Tudo e Quero Agora	97

Capítulo 4. O Poder da Narrativa — 103

Um Novo Significado para Racionalidade	103
O Alarme de Incêndio Humano e o Sistema de *Sprinklers*	105
O Fator Medo e as Finanças	107
Eu Sei que Você Sabe que Eu Sei	109
O *Homo Economicus* e o Hemisfério Esquerdo	114
O Córtex Pré-frontal como um CEO	118
O Poder das Profecias Autorrealizáveis	123
Barbara Ficalora, a Melhor Professora do Ensino Fundamental de Todos os Tempos	125
Narrativa É Inteligência	128

Capítulo 5. A Evolução da Revolução — 135

Um Dia no Zoológico	135
A Revolução da Evolução	136
Apenas Histórias ou Fatos Científicos?	138
O Poder da Seleção	140
Variedade É o Tempero da Vida	143
"É o Ambiente, Estúpido"	146
O Advento do Homo Sapiens	149
Entra em Cena o *Homo Economicus*	151
Uma Ordem de Prioridade Evolucionária	156
Gêmeos Suecos e Poupanças	158
Evolução na Velocidade do Pensamento	161

Sociobiologia e Psicologia Evolucionista — 167
Sobrevivência dos Mais Ricos? — 174

Capítulo 6. A Hipótese dos Mercados Adaptáveis — 175

É Preciso uma Teoria para Derrubar uma Teoria — 175
Simon Diz: Suficientemente Satisfeito — 176
A Jaqueta do Super-homem — 181
A Hipótese dos Mercados Adaptáveis — 184
Correspondência de Probabilidade Explicada — 188
A Natureza Abomina uma Aposta Não Diversificada — 194
"É o Ambiente, Estúpido!", de Novo — 195
Homo Economicus e Risco Idiossincrático — 197
A Origem da Aversão ao Risco — 201
Eficiência Versus Mercados Adaptáveis — 205
Acometidos pela Inveja da Física — 207
Nos Ombros dos Gigantes — 213

Capítulo 7. As Ilhas Galápagos das Finanças — 221

Mecânica Quântica — 221
Missão Impossível — 223
As Ilhas da Evolução — 225
Arquipélago Fundo de Hedge — 226
Uma História Evolucionária do Fundo de Hedge — 230
O Nascimento dos "Quants" — 234
A Vingança dos Nerds — 235
Os "Quant" Passam a Ser Dominantes — 239
A Evolução do Passeio Aleatório — 243
Celulares e Pescadores de Kerala — 245

Capítulo 8. Mercados Adaptáveis em Ação — 249

O Paradigma Tradicional do Investimento — 249
A Grande Modulação — 254

Uma Nova Ordem Mundial	**257**
Risco/Recompensa e Punição	**259**
A Democratização em Investir	**263**
Novas Espécies de Fundos Indexados	**266**
Beta Inteligente Versus Sigma Burro	**268**
Dissolvendo a Fraternidade Alfa Beta Sigma	**271**
O Passeio Aleatório Revisitado	**278**
Um Novo Paradigma de Investimento	**283**
O Derretimento dos "Quants" em Agosto de 2007	**284**
Finança Forense	**286**
Mercados Adaptáveis e Espirais de Liquidez	**290**
1998 versus 2007	**293**

Capítulo 9. Medo, Ganância e Crise Financeira — **297**

Ecologia do Ecossistema	**297**
Introdução à Crise Financeira	**299**
Claro como Rashomon	**302**
Não havia Pele em Jogo?	**304**
Os Reguladores Estão Dormindo no Ponto?	**307**
Pílula Vermelha ou Pílula Azul?	**313**
Poderíamos Ter Evitado a Crise?	**315**
A Hipótese dos Mercados Adaptáveis Explica	**319**
Acidentes (A)normais	**321**
Sintomas de Ausência de Liquidez	**325**

Capítulo 10. As Finanças se Comportam Mal — **331**

Regras Financeiras	**331**
O Entra e Sai do Esquema Ponzi	**333**
O Jogo do Ultimato	**336**
Uma Neurociência da Moralidade?	**339**
As Finanças São Algo Justo?	**341**
As Finanças e o Efeito Gordon Gekko	**346**

Cultura Regulatória	350
O Ambiente Ataca de Novo	353
Lei de Moore Versus Lei de Murphy	356
A Tirania da Complexidade	362

Capítulo 11. Consertando as Finanças — 365

Uma Pitada de Prevenção	365
Gestão do Ecossistema	366
Regulação Adaptável	368
Lei É Código	371
Mapeando Redes Financeiras	375
O CSI das Crises	377
Privacidade e Transparência	383
Terapias Anti-Gekko	387

Capítulo 12. Audaciosamente Indo Aonde Nenhum Financista Jamais Esteve — 395

Finanças *Jornada nas Estrelas*	395
"Computador, Gerencie meu Portfólio!"	397
Curando o Câncer	400
Eliminando a Pobreza	411
Uma Nova Narrativa	415
Quero Ser Harvey Lodish	418

Notas	421
Referências	447
Índice	481

INTRODUÇÃO

FATOR MEDO FINANCEIRO

Medo é algo estupendo. Muitos anos atrás, um piloto da aviação civil chamado Robert Thompson parou em frente a uma loja de conveniência para apanhar umas revistas. Contudo, tão logo estava entrando na loja, girou sobre os calcanhares e saiu. Disse que agiu assim porque sentiu-se tomado por uma esmagadora sensação de medo. Na ocasião ele não tinha ideia alguma sobre o motivo.[1] Acontece que a loja estava sendo assaltada à mão armada; pouco tempo após Thompson sair, um policial entrou, foi baleado e morto. Somente depois — segundo as reflexões de Gavin de Becker, especialista em segurança pessoal e autor do best-seller *Virtudes do Medo* —, Thompson percebeu algumas das coisas que podem ter desencadeado seu medo: um cliente com uma jaqueta pesada apesar do clima quente; o olhar fixo do caixa no cliente; um carro com o motor ligado estacionado em frente ao estabelecimento. Mas a decisão de Thompson de sair da loja veio quase instantaneamente, muito antes de perceber de modo consciente que havia algo fora do comum. Nosso medo é um instrumento precioso. Os neurocientistas demonstraram que nossos reflexos de medo são altamente confiáveis, e que reagimos muito mais rápido em decorrência do medo do que nossa mente consciente pode perceber. Quando fisicamente ameaçados, nossa resposta ante "lutar ou fugir", assinalada pelo aumento da pressão sanguínea, reflexos mais aguçados e uma descarga de adrenalina, tem ajudado a manter viva nossa espécie. Segundo de Becker, é o que manteve o sr. Thompson vivo. Entretanto, ocorre que os mesmos circuitos neurais são frequentemente ativados quando somos ameaçados de outras formas — emocional, social e financeiramente. É aí que reside o problema. Embora a resposta de combater ou recuar possa ter alguns benefícios em contextos que não sejam trincheiras e zonas de guerra, quase certamente não o ajudará quando a Bolsa quebrar e seu investimento em ações para a aposentadoria sofrer forte desvalorização. O reflexo para manter a posição ou fugir foi moldado por centenas de milhares de anos de evolução em resposta a predadores e outras ameaças do meio ambiente. Já o dinheiro existe há apenas alguns milhares de anos, um piscar de olhos no calendário evolutivo. E os mercados de ações são uma invenção humana ainda mais recente. O Homo sapiens não teve tempo de se adaptar às novas realidades da vida moderna, que impõe certos desafios e oportunidades para investidores, gestores de portfólio e para o restante de nós.

Precisamos de uma nova forma de pensar sobre os mercados financeiros e o comportamento humano, e é disso que trata este livro. Chamo essa nova maneira de pensar de Hipótese dos Mercados Adaptáveis.[2] A expressão "mercados adaptáveis" refere-se aos múltiplos papéis que a evolução desempenha na formação do comportamento humano e dos mercados financeiros, e "hipótese" destina-se a conectar e contrastar tal estrutura com a Hipótese dos Mercados Eficientes, teoria adotada na área de investimentos financeiros e pela maioria dos acadêmicos de finanças. Mercado eficiente significa que não existe almoço grátis, especialmente em Wall Street: se os preços do mercado financeiro já incorporam totalmente todas as informações relevantes, a tentativa de sobrepujar o mercado é uma tarefa sem esperança. Em vez disso, você deve colocar seu dinheiro em fundos passivos indexados, cuja diversificação é a mais ampla possível, e manter uma carteira de ações no longo prazo. Soa familiar? Essa é a teoria ensinada nas escolas de negócios hoje, e que está na mente de seu corretor, seu consultor financeiro e seu gerente de portfólio. Em 2013, Eugene F. Fama, professor de finanças da Universidade de Chicago, recebeu o Prêmio Nobel de Ciências Econômicas especificamente em razão dessa noção de eficiência do mercado.[3]

A Hipótese dos Mercados Adaptáveis baseia-se na ideia de que os investidores e os mercados financeiros se comportam mais como a biologia do que como a física, tal qual uma população de organismos vivos que competem para sobreviver e não uma coleção de objetos inanimados sujeitos a leis de movimento imutáveis. Essa verdade simples tem implicações de longo alcance. Por um lado, significa que os princípios da evolução — competição, inovação, reprodução e adaptação — são mais úteis para a compreensão do funcionamento interno do setor financeiro do que os princípios quase físicos da análise econômica racional. Dizer isso é afirmar que os preços de mercado nem sempre necessitam refletir todas as informações disponíveis, mas podem, de tempos em tempos, se desviar das relações de preços racionais graças a fortes reações emocionais como medo e ganância. Isso implica que o risco de mercado nem sempre é recompensado pelos retornos do mercado. Sugere que investir em ações em longo prazo nem sempre é uma boa ideia, especialmente se suas economias podem ser completamente dizimadas em curto prazo. E leva à constatação de que respostas adaptativas e mudanças nas condições de negócios são direcionadores do comportamento dos investidores e da dinâmica do mercado frequentemente mais importantes do que o interesse próprio esclarecido — a sabedoria das multidões às vezes é soterrada pela loucura das massas. Com isso, não se quer dizer que a economia racional não tem valor; ao contrário, a economia financeira ainda está entre as especialidades mais demandadas em Wall Street (especialmente se os salários iniciais dos doutores em finanças servem como indicadores). A loucura das massas, por fim, perdeu intensidade, tendo sido substituída pela sabedoria das multidões, ao menos até o próximo choque abalar o *status quo*. Do ponto de vista dos mercados adaptáveis, a Hipótese dos Mercados Eficientes não é errada, está apenas incompleta. É como a parábola dos cinco monges cegos que pela primeira vez encontram um elefante. Cegos de nascença, eles não têm ideia do que é essa estranha criatura, mas quando um monge topa com a perna do elefante, conclui que "um elefante é como uma árvore", e quando outro monge apalpa a tromba, discorda, dizendo "um elefante é como uma cobra", e assim por diante. As impressões de cada monge são tecnicamente corretas, mas todas são omissas quanto ao todo. Precisamos de uma teoria melhor.

Os mercados parecem eficientes sob certas circunstâncias, ou seja, quando os investidores têm a chance de se adaptar às condições de negócios existentes e essas condições permanecem relativamente estáveis durante um período de tempo suficientemente longo. Caso a frase anterior pareça como o texto final de uma apólice de seguro, está correto; condições de negócios se modificam abruptamente com frequência, e "tempo longo o suficiente" depende de um bocado de coisas. Por exemplo, imagine se você tivesse toda sua cesta de ovos aplicada, entre outubro de 2007 e fevereiro de 2009, no S&P 500; a carteira bem diversificada de centenas das maiores empresas dos Estados Unidos. Você perderia cerca de 51% das economias de sua vida no decorrer de estressantes 17 meses. Ao ver seu fundo de aposentadoria evaporar alguns pontos percentuais a cada mês, em que ponto seu "fator medo" entrou e resultou na retirada de suas reservas financeiras?

Ainda que nossos reflexos de medo possam nos proteger contra lesões, pouco fazem para nos impedir de perder grandes somas de dinheiro. Psicólogos e economistas comportamentais concordam que o estresse emocional recorrente prejudica nossa capacidade de tomar decisões racionais. O medo nos leva a dobrar nossos erros em vez de estancar nossas perdas, vender na baixa e comprar de volta na alta e cair em muitas outras armadilhas bem conhecidas que confundem a maioria dos pequenos investidores — e não poucos financistas profissionais. Nosso medo nos torna vulneráveis no mercado.

É por isso que precisamos de uma nova e mais completa estrutura para pensar sobre os mercados financeiros, que incorpore o fator medo tanto quanto o comportamento racional. Da mesma forma que nenhum monge cego é capaz de, sozinho, descrever um elefante, precisamos reunir ideias provenientes de múltiplas disciplinas para obter uma imagem panorâmica completa de como os mercados financeiros funcionam e por quais motivos falham.

Vou conduzir você pela mesma jornada intelectual que, ao longo da minha carreira acadêmica, me fez chegar à Hipótese dos Mercados Adaptáveis. Não é uma estrada que vai direto a esse destino, às vezes realizaremos breves excursões em outras disciplinas, incluindo psicologia, biologia evolutiva, neurociência e inteligência artificial. Essas excursões são mais que viagens paralelas, elas são fundamentais para resolver a aparente contradição entre a perspectiva acadêmica de mercados racionais e a evidência comportamental contrária. Em vez de aceitar uma visão e rejeitar a outra, é possível conciliar essas duas perspectivas opostas dentro de um único quadro adaptativo consistente.

Precisamos saber algo sobre como o cérebro funciona, como tomamos decisões e, de maneira crucial, como o comportamento humano evolui e se adapta, antes de entender bolhas, corridas bancárias e planejamento de aposentadoria. Cada uma das disciplinas a que nos dedicaremos é um monge cego, incapaz de nos fornecer uma teoria completa, porém, quando tomadas em conjunto, seremos capazes de pôr em foco o elefante inteiro.

NÃO TENTE FAZER ISTO EM CASA

Muitos de nós sentimos medo, individualmente, quando confrontados com o poder dos mercados financeiros, mas 2008 foi o ano em que a crise financeira global levou o mundo inteiro a sentir na pele o medo das finanças. O ano em que o Lehman Brothers afundou, os mercados de ações em todo o mundo despencaram em resposta e as contas individuais de aposentadoria privada foram ferozmente atacadas. Não importa se você detinha 60% de ações e 40% de títulos, ou 30% de ações e 70% de títulos: você perdeu mais dinheiro do que estava preparado para perder ou jamais pensou ser possível. Os únicos investidores que não foram atingidos em 2008 foram os poucos sortudos com dinheiro em espécie ou detentores de títulos do governo dos EUA — e alguns poucos gestores de fundos *hedge* (também conhecidos por "fundos de cobertura"). E para fechar o ano com um toque final ruim, o mês de dezembro nos trouxe o escândalo de Madoff, um esquema Ponzi de proporções tão épicas que faz o próprio Charles Ponzi parecer um simples amador. Foi em 2008 que os investidores reaprenderam a temer o mercado.

Por que estávamos tão despreparados? Em parte porque nos disseram que não poderia acontecer algo assim. Os acadêmicos nos disseram que o mercado é mais racional e mais eficiente do que qualquer indivíduo poderia ser. Afinal, eles disseram, os preços refletem integralmente todas as informações disponíveis. Os gurus do investimento popular nos disseram para esquecer a possibilidade de tentar vencer o mercado e de confiar em nossa precária intuição. O preço sempre está certo, afirmaram. Podemos também lançar dardos nas páginas financeiras dos jornais para escolher nossas ações, porque nos daríamos tão bem quanto os profissionais, se não melhor. Devemos comprar e manter um portfólio passivo e bem diversificado de ações e títulos, asseguraram, de preferência por meio de um fundo indexado de investimento com as menores taxas de administração ou de um ETF (fundos de índices comercializados como ações), o que exige o menor cuidado possível. O mercado já levou tudo em consideração. O mercado sempre leva tudo em conta.

Essa visão idealista do mercado ainda se encontra presente entre gestores profissionais de dinheiro, mas a ideia básica tem mais de quarenta anos. James Surowiecki, há longo tempo um jornalista especializado em negócios, apelidou essa ideia de "sabedoria das multidões", em seu delicioso livro do mesmo nome, invertendo o sentido da famosa frase de Charles Mackay, a "loucura das multidões".[4] Décadas de pesquisa acadêmica têm argumentado, de forma convincente, que a tentativa de vencer o mercado é uma tarefa para tolos. Qualquer padrão ou regularidade nos preços dos ativos no mercado seriam imediatamente aproveitados pelos investidores que procuram obter algum lucro, deixando apenas as flutuações aleatórias em seu rastro. Os investidores criaram um mercado perfeitamente eficiente. E se esse era o caso, por que não simplesmente acompanhar a maré? Tal ideia não só amealhou um Prêmio Nobel para Fama, mas foi também a motivação para a atual indústria de fundos indexados de muitos trilhões de dólares.

Burton Malkiel, em seu best-seller de 1973, *A Random Walk Down Wall Street* (Um Passeio Aleatório por Wall Street; em tradução livre), divulgou a Hipótese dos Mercados Eficientes primeiro ao investidor para dar à teoria seu nome formal. Malkiel, um economista de Princeton, nos disse que os caminhos seguidos pelos preços das ações ao longo do tempo se assemelhavam ao andar de um bêbado — sinuoso, errático e imprevisível —, daí o título do livro. Malkiel concluiu o óbvio: Se os preços das ações tinham um rumo aleatório, então que sentido havia em pagar um gestor financeiro profissional? Em vez disso, aconselhou os leitores a colocar seu dinheiro em fundos de investimento amplamente diversificados e fundos mútuos passivos que cobravam taxas mínimas de administração — conselho seguido por milhões de seus leitores.

Em uma curiosa jogada do destino, um ex-aluno de Princeton lançou uma empresa de fundos mútuos voltada exatamente para esse propósito; um ano após o lançamento do livro de Malkiel. Você pode ter ouvido falar desse indivíduo, o pioneiro dos fundos de índices, John C. Bogle. Sua pequena startup, a Vanguard Group, administra mais de $ 3 trilhões e empregava mais de 14 mil pessoas em 31 de dezembro de 2014.[5] A principal mensagem da Vanguard e o conselho mais oferecido a milhões de consumidores é "não tente fazer isso em casa". Não tente vencer o mercado. Em vez disso, invista em fundos de ações indexados e mantenha suas aplicações em carteira até sua aposentadoria.

Ainda assim, não faltam exemplos de investidores que fizeram e superaram o mercado. Alguns gerentes de portfólio bem conhecidos fizeram-no de forma decisiva, como Warren Buffett, Peter Lynch e George Soros. No entanto, você já ouviu falar de James Simons? Em 1988, esse ex-professor iniciou um fundo de futuros usando seus próprios modelos matemáticos. Em seus primeiros 11 anos, o Medallion Fund de Simons acumulou um retorno líquido de 2.478,8%, ou 34,4% ao ano, e manteve o ritmo depois disso. O fundo foi fechado para novos investimentos a partir desse ponto, e sabe-se menos de seu desempenho subsequente, mas em 2016 a Forbes estimou que Simons valeria $ 15,5 bilhões, tendo feito $ 1,5 bilhão em 2015. Simons não ficou rico investindo em fundos indexados. Como isso compatibiliza com a eficiência do mercado?

O GRANDE ABISMO

Após 2008, a sabedoria dos consultores financeiros e acadêmicos soava ingênua e inadequada. Até então, milhões de pessoas haviam investido fielmente no mercado eficiente e racional: O que aconteceu a ele? Em nenhuma outra esfera a crise financeira feriu o orgulho profissional mais profundamente do que na academia. A crise tornou profundo o abismo entre os economistas profissionais. Em um lado estavam os economistas do livre mercado, que acreditam que somos todos adultos economicamente racionais, governados pela lei da oferta e da procura. Do outro lado estavam os economistas comportamentais, que creem que somos todos animais irracionais, impulsionados pelo medo e a ganância tal qual tantas outras espécies de mamíferos.

Alguns debates são meramente acadêmicos. Este não é. Se você acredita que as pessoas são racionais e os mercados são eficientes, isso determinará em grande parte suas opiniões sobre controle de armas (desnecessário), leis de proteção ao consumidor (cabe aqui a expressão latina *caveat emptor*, ou seja, o risco é do consumidor, que deve ser responsável por suas compras), programas de assistência social (muitas consequências não intencionais), regulamentação de derivativos ("deixe que mil flores floresçam", para emular um famoso discurso do líder chinês Mao Tsé Tung), se você deve investir em fundos indexados passivos ou fundos de *hedge* hiperativos (no caso, apenas fundos indexados), as causas das crises financeiras (excesso de intervenção governamental nos mercados imobiliários e em financiamentos hipotecários) e como o governo deve ou não responder a elas (o principal papel financeiro do governo deve ser produzir e verificar informações para que possam ser incorporadas aos preços do mercado).

A crise financeira tornou-se o campo de batalha de uma guerra ideológica maior. Uma das primeiras vítimas foi o ex-presidente do Federal Reserve, Alan Greenspan, o homem que o jornalista Bob Woodward chamou de "Maestro" em sua biografia, de mesmo nome, publicada em 2000. Na direção do Federal Reserve (o Banco Central americano) de 1987 a 2006, Greenspan foi um dos mandatários mais respeitados da história por cinco períodos consecutivos, algo sem precedentes, sendo fortemente apoiado por presidentes democratas e republicanos. Em 2005, economistas e políticos de todo o mundo realizaram uma conferência especial em Jackson Hole, Wyoming, para rever o legado de Greenspan. Os economistas Alan Blinder e Ricardo Reis determinaram que "conquanto haja pontos negativos a registrar, quando feita a totalização da pontuação, pensamos que ele tem a legítima reivindicação de ser o maior presidente que um Banco Central já teve."[6]

Greenspan era um verdadeiro crente no capitalismo sem restrições, discípulo ferrenho e amigo pessoal da filósofa e romancista Ayn Rand; cuja filosofia do Objetivismo exorta seus partidários a seguirem a razão e o autointeresse acima de tudo. Durante seu mandato no Fed, Greenspan lutou ativamente contra várias iniciativas de controle dos mercados de derivativos. A crise financeira o humilhou. Diante do Comitê da Câmara sobre Supervisão e Reforma do Governo, em 23 de outubro de 2008, com a crise acontecendo em tempo real, Greenspan foi forçado a admitir que estava errado: "Todos aqueles que confiaram no autointeresse das instituições de crédito para proteger o patrimônio dos acionistas, eu incluído, estão em estado de abalada incredulidade."[7] Em face da crise financeira, o autointeresse racional do mercado falhou catastroficamente.

Greenspan não estava sozinho ao expressar uma descrença perplexa. A profundidade, amplitude e duração da recente crise sugerem que muitos economistas, dirigentes políticos, reguladores e executivos de empresas também erraram. Como isso pôde acontecer? E como poderia ter acontecido conosco, nos Estados Unidos, um dos países mais ricos, mais avançados e mais altamente educados do mundo?

"É O AMBIENTE, ESTÚPIDO!"

A resposta curta é que os mercados financeiros não seguem as leis econômicas. Em vez disso, obedecem as leis biológicas, pois são um produto da evolução humana. Os mesmos princípios basilares de mutação, competição e seleção natural — que determinam a história da vida de um rebanho de antílopes, por exemplo — também são aplicáveis ao setor bancário, ainda que com diferentes dinâmicas populacionais.

A chave para essas leis está no comportamento adaptativo em ambientes que se modificam. O comportamento econômico é apenas um aspecto do comportamento humano, e este é produto da evolução biológica através dos éons (maior subdivisão do tempo geológico) de diferentes meios ambientes. Competição, mutação, inovação e especialmente a seleção natural são a base da evolução. Todos os indivíduos estão a todo momento rivalizando, competindo pela sobrevivência — mesmo quando as leis da selva são menos perversas nas savanas africanas do que em Wall Street. Não é de admirar, então, que o comportamento econômico seja, muitas vezes, melhor apreciado sob a ótica da biologia.

Os vínculos entre evolução e economia não são algo novo. A economia pode até mesmo ter se inspirado na teoria da evolução. Thomas Malthus, economista britânico, era fortemente influenciado tanto por Charles Darwin quanto pelo antropólogo e biólogo Alfred Russell Wallace, principal adversário de Darwin.[8] Malthus prognosticou que a população mundial cresceria em ritmo exponencial enquanto a oferta de alimentos o faria bem menos intensamente. Ele concluiu que a raça humana estava condenada a um futuro de fome e possível extinção. Não surpreende que a economia tenha ficado conhecida como a "ciência sombria".

A boa notícia para nós é que Malthus não previu o impacto das inovações tecnológicas, que incrementaram enormemente a produção de alimentos

— incluindo novas tecnologias financeiras como as corporações, comércio internacional e mercados de capital. Apesar de tudo, ele foi o primeiro a valorizar o importante relacionamento entre o comportamento humano e o ambiente econômico. Para entender a complexidade envolvida, é preciso compreender os diferentes meios ambientes configurados ao longo do tempo de acordo com as circunstâncias então vigentes, e como o sistema financeiro funciona sob tais condições. E, mais importante, precisamos entender de que maneira o sistema financeiro às vezes falha. Academia, negócios e políticas públicas adotaram um comportamento econômico racional há tanto tempo que deixaram de lado outros aspectos da natureza humana que não preenchem tão bem os requisitos de uma estrutura matematicamente precisa.

Em lugar algum isso é mais dolorosamente óbvio do que nos mercados financeiros. Até recentemente, os preços de mercado pareciam refletir a sabedoria das multidões. Porém, nos muitos dias após a crise financeira ser deflagrada, o comportamento coletivo dos mercados financeiros pode ser melhor descrito como a loucura das massas. Essa personalidade "o médico e o monstro" dos mercados financeiros, oscilando entre sabedoria e loucura, não é uma patologia. É simplesmente reflexo da natureza humana.

Nosso comportamento adapta-se aos novos ambientes graças à evolução, mas o faz em curto prazo tão bem quanto no decorrer de um período de tempo evolucionário, e nem sempre de um modo financeiramente benéfico. Comportamentos financeiros que podem ser irracionais no presente momento são, na realidade, comportamentos que não dispuseram de tempo suficiente para adequar-se aos contextos modernos. Um exemplo óbvio que a natureza nos oferece vem do grande tubarão-branco, um predador quase perfeito que se move na água com espantosa graça e eficiência em virtude de 400 milhões de anos de adaptação. Contudo, tire o tubarão da água e ponha-o sobre a areia da praia e seus movimentos ondulantes parecerão tolos e sem sentido. Ele está perfeitamente adaptado às profundezas do oceano, não à terra seca.

Comportamentos financeiros irracionais são semelhantes à aflição do tubarão: o comportamento humano foi retirado de seu contexto evolucionário apropriado. A diferença entre o investidor irracional e o tubarão na praia é a menor extensão de tempo que o investidor teve para adaptar-se ao ambiente financeiro e à rapidez muito maior das modificações pelas quais o ambiente está passando. Expansões e contrações econômicas são consequências da adaptação de indivíduos e instituições às mudanças ambientais, e bolhas inflando e estourando ocorrem quando as mudanças se dão muito rapidamente. Na eleição presidencial de 1992, James Carville, estrategista da campanha dos Democratas, conclamou seu pessoal priorizando as questões envolvidas de modo sucinto: "É a economia, estúpido!" De minha parte, espero convencer você de que os biólogos devem estar recordando os economistas: "É o ambiente, estúpido!"

VINGANÇA DOS NERDS

A ideia de que a evolução poderia ser aplicada aos mercados financeiros era largamente ignorada pelos economistas de finanças até recentemente, contudo, isso era compreensível. Nos últimos 50 anos, a área acadêmica de finanças vivia congestionada por rebuscados modelos matemáticos e métodos que tinham muito mais em comum com a física do que com a biologia. Tais métodos matemáticos proporcionaram uma onda inovadora sem precedentes, só que baseada na física. Modelos quantitativos sofisticados, desenvolvidos e ensinados pelos acadêmicos, rapidamente se espalharam pelo setor financeiro. Esses novos modelos começaram a integrar o conjunto de ferramentas utilizado por *traders*, banqueiros, gestores de risco e até pelos responsáveis pela regulamentação do setor.

A revolução quantitativa desencadeou uma mudança evolucionária em Wall Street. A rede dos "velhos conhecidos" foi substituída pela rede de computadores. O que você sabia passou a ser mais importante do que quem você conhecia. E pela primeira vez na história moderna os diplomados pelo MIT e Caltech tinham maior empregabilidade em Wall Street do que os formados por Harvard e Yale. Aos "quants" (como eram apelidados os especialistas em análises quantitativas), capazes de falar o novo idioma matemático daquele centro financeiro — alfa, beta, análise da variância média e fórmula de preço de opções Black-Scholes Merton —, era concedido um grande status e também elevada remuneração. Foi a vingança dos nerds.

No entanto, qualquer virtude pode se transformar em vício quando levada a extremos, e a matematização das finanças não foi uma exceção. Finanças e física não são a mesma coisa, a despeito das similaridades entre a física da condução do calor e a matemática dos títulos de derivativos, por exemplo. A diferença está no comportamento humano e no papel da evolução em seu desenvolvimento. O renomado físico Richard Feynman, durante a cerimônia de graduação da Caltech, a certa altura de sua fala afirmou: "Imagine quão mais difícil poderia ser a Física se os elétrons tivessem sentimentos." A crise financeira nos mostrou que investidores, gestores de portfólios e regulamentadores têm sentimentos, mesmo que tais sentimentos fossem principalmente desapontamento e desgosto ao longo dos últimos anos. A economia financeira é muito mais complexa do que a física.

Warren Buffett certa vez referiu-se aos títulos de derivativos como "armas financeiras de destruição em massa"[9], devido à dificuldade de compreensão dos riscos inerentes a esses exóticos instrumentos financeiros. Mas nós podemos enxergar essa metáfora de outra forma. A mesma ciência que nos deu armas verdadeiras de destruição em massa, a física nuclear, também é responsável por várias descobertas positivas, como a energia nuclear, a imagem por ressonância magnética e os tratamentos do câncer via radiação.

A maneira como escolhemos desenvolver essas poderosas tecnologias faz toda a diferença, tanto no mundo financeiro quanto na física nuclear. É por isso que necessitamos da Hipótese dos Mercados Adaptáveis. Precisamos de uma nova narrativa que dê sentido à sabedoria das multidões, à loucura das massas e à evolução da velocidade do pensamento.

Nossa procura por essa nova narrativa começa com uma terrível catástrofe. Se os mercados realmente refletem a sabedoria das multidões, a reação do mercado para essa catástrofe ilustrará quão sábias as multidões podem ser.

CAPÍTULO 1

Somos Todos *Homo Economicus* Agora?

TRAGÉDIA E SABEDORIA DAS MULTIDÕES

Às 11:39 da manhã de terça-feira, 28 de janeiro de 1986, o ônibus espacial *Challenger* decolou do Centro Espacial Kennedy, em Cabo Canaveral. Após voar 73 segundos, explodiu. Milhões de pessoas ao redor do mundo assistiam à transmissão de televisão ao vivo, muitas delas crianças atraídas pela presença da professora escolar Christa McAuliffe, a primeira passageira civil. Durante a hora que se seguiu é provável que a grande maioria dos americanos tenha se dado conta da tragédia. Se você era um dos espectadores, provavelmente ainda se lembra com exatidão onde estava e como se sentiu naquele momento.

De início, ninguém sabia o que havia acontecido. Na primeira declaração à imprensa, realizada naquela tarde, Jesse W. Moore, representando o programa Shuttle da NASA, recusou-se a especular sobre as causas do desastre antes que uma completa investigação fosse efetuada. "É preciso levantar todos os dados e revisá-los com todo o cuidado antes de tirarmos quaisquer conclusões sobre essa tragédia nacional."[1]

Nas semanas seguintes, a única informação disponível publicamente sobre o desastre foi uma compilação de cenas constantes em um *feed* de vídeo da NASA. Com base naquelas breves imagens, a mídia começou a especular sobre as causas do ocorrido. Teria sido o grande tanque cilíndrico contendo hidrogênio líquido e oxigênio líquido?[2] Quando hidrogênio e oxigênio entram em combustão os resultados são explosivos; vide o caso clássico do desastre com o dirigível Hindenburg. Uma análise quadro a quadro sugeria que o fogo surgia segundos antes da explosão. Talvez a causa fosse um vazamento de oxigênio líquido, ou um parafuso de segurança frouxo, ou uma chama escapando de um dos foguetes propulsores... diversos rumores circularam antes que a NASA liberasse mais informações.[3]

Passados seis dias do desastre, o presidente assinou a Ordem Executiva 12546, criando a Comissão Rogers — um expressivo grupo de especialistas que incluía Neil Armstrong, a primeira pessoa a caminhar sobre a lua; o prêmio Nobel de Física Richard Feynman; Sally Ride, a primeira mulher a viajar no espaço; e o lendário piloto de teste Chuck Yeager. Em 6 de junho de 1986, pouco mais de cinco meses após a tragédia, depois de realizar inúmeras entrevistas, analisar os dados da telemetria do voo do ônibus espacial, examinar meticulosamente os detritos da nave recuperados no oceano Atlântico e proceder a várias audiências públicas, a Comissão Rogers concluiu que a explosão foi ocasionada pela falha dos agora famigerados anéis O-ring instalados no foguete direito que transportava o combustível sólido.[4]

O-rings são grandes vedações de borracha em forma de anel aplicadas nas juntas do foguete propulsor, funcionando como o registro controlador de um fluxo d'água. Entretanto, quando expostos a temperaturas muito frias, elas enrijecem e já não conseguem vedar de modo eficaz. Richard Feynman demonstrou isso de forma simples, mas inesquecível, em uma conferência de imprensa. Ele mergulhou um O-ring perfeitamente flexível em água gelada por alguns minutos, puxou de volta e o apertou. O O-ring se despedaçou.

O *Challenger* foi lançado em um dia incomum de frio na Flórida; estava tão frio que o gelo havia se acumulado nas plataformas de lançamento do Centro Espacial Kennedy na noite anterior, e os O-rings aparentemente ficaram rígidos. Isso permitiu que gases quentes escapassem da vedação durante o lançamento. Esses gases quentes formaram um buraco no tanque externo de combustível que continha o oxigênio líquido e o hidrogênio líquido, fazendo com que o foguete propulsor se soltasse e colidisse com o tanque externo de combustível, provocando a explosão fatal.

O desastre do *Challenger* foi um trágico acidente com sérias repercussões financeiras. Quatro grandes contratadas da NASA estavam envolvidas no programa dos ônibus espaciais: Lockheed, Martin Marietta, Morton Thiokol e Rockwell International. O relatório da Comissão Rogers significava más notícias para uma daquelas companhias, a Morton Thiokol, que havia sido contratada para construir e operar os foguetes propulsores. O relatório deve ter sido um bem-vindo alívio para as outras três companhias, livres da responsabilização após cinco meses de dedos apontados, investigação e intensa especulação.[5]

Mercados acionários são implacáveis no modo como reagem às notícias. Investidores compram ou vendem ações dependendo do quanto as notícias são boas ou ruins, e o mercado incorpora as notícias aos preços das companhias de capital aberto. Boas notícias são recompensadas e as más, punidas, e rumores frequentemente têm tanto impacto quanto informações confirmadas. Mas geralmente leva tempo e esforço para que o mercado digira as notícias e as reflita no preço dos papéis. Então, podemos fazer uma simples pergunta: quanto tempo levou para que o mercado processasse a explosão do *Challenger* e a incorporasse ao preço das ações dos quatro fornecedores da NASA? Um dia depois da divulgação do relatório? Uma semana?

Em 2003, dois economistas, Michael T. Maloney e J. Harold Mulherin, responderam a essa questão e o resultado foi chocante: o mercado de ações puniu a Morton Thiokol não no dia do relatório, nem após a brilhante demonstração ao vivo de Feynman sobre os O-rings, mas em 28 de janeiro de 1986, isso mesmo, minutos depois da explosão do *Challenger*.[6] A cotação das ações da Morton Thiokol começou a cair quase imediatamente após o acidente. Às 11h52, apenas 13 minutos depois da explosão, a Bolsa de Valores de Nova York precisou suspender as negociações com as ações da Morton Thiokol porque o fluxo de pedidos sobrecarregou o sistema. Quando as negociações com a Morton Thiokol foram retomadas, à tarde, as ações haviam declinado 6%, e ao final do pregão do dia haviam recuado quase 12%. Essa foi uma profunda discrepância estatística quando se compara seu desempenho até então (veja a Tabela 1.1). As ações da Morton Thiokol foram negociadas, em 28 de janeiro de 1986, em um volume 17 vezes maior que sua média anterior de três meses.[7] Os preços das ações da Lockheed, Martin Marietta e Rockwell International também caíram, mas suas quedas e o volume total negociado foram muito menores e dentro das normas estatísticas.

Tabela 1.1
Cotações das ações das quatro maiores empresas vinculadas aos ônibus espaciais no período imediatamente seguinte ao desastre do *Challenger*, ocorrido às 11h39 do dia 28 de janeiro de 1986.

Hora	Morton Thiokol	Lockheed	Martin Marietta	Rockwell International
Cotação das ações				
11h30	US$37.25	US$47.25	US$35.38	US$34.75
12h00	Suspenso	US$44.50	US$34.25	US$32.75
12h36	US$35.00	US$45.00	US$32.50	US$34.13
13h00	US$34.38	US$45.00	US$33.00	US$33.25
Variação da cotação				
11h30–12h00	Suspenso	−5,82%	−3,18%	−5,76%
12h00–12h36	−6,04%	1,12%	−5,11%	4,20%
12h36–13h00	−1,79%	0,00%	1,54%	−2,56%

Nota: Não há cotação para a Morton Thiokol ao meio-dia porque as negociações na BVNY foram suspensas entre 11h52 e 12h44. A primeira transação com a Morton Thiokol ocorreu às 12h36 na NASDAQ.

Fonte: Maloney e Mulherin (2003, tabela 2).

Caso você seja cético a respeito do modo de ser do mercado de ações, prepare-se para o pior: pessoas dentro da Morton Thiokol ou da NASA perceberam o que estava acontecendo e começaram a se desfazer de suas ações imediatamente após o acidente. Porém, Maloney e Mulherin não foram capazes de encontrar qualquer evidência de *inside information* (informações privilegiadas) sobre o 28 de janeiro de 1986. Ainda mais surpreendente foi o fato de que o duradouro declínio do valor de mercado da Morton Thiokol naquele dia — cerca de $200 milhões — foi quase exatamente igual aos prejuízos, liquidações e perdas futuras de fluxo de caixa incorridos pela companhia.

O que a Comissão Rogers, contando com algumas das melhores mentes do planeta, levou cinco meses para estabelecer, o mercado de ações foi capaz de fazer em poucas horas. Como é possível que isso tenha acontecido?

Economistas têm um nome para esse fenômeno. Nós o chamamos de *Hipótese dos Mercados Eficientes*. Imagine a combinação de conhecimento, experiência, julgamento e intuição de dezenas de milhares de especialistas concentrados em uma única e simples tarefa: produzir a mais apurada estimativa do preço de uma determinada ação em um ponto específico no tempo. Agora suponha que cada um desses especialistas esteja motivado por um interesse próprio. Quanto mais primorosa a estimativa, mais dinheiro esses especialistas farão e, também, mais rapidamente poderão agir para obter melhores retornos. Eis aí, em poucas palavras, uma boa descrição do mercado de ações.

A Hipótese dos Mercados Eficientes é direta o bastante para afirmar: *em um mercado eficiente, o preço de um ativo reflete integralmente as informações disponíveis a respeito de tal ativo*. Contudo, essa simples afirmação tem amplas implicações. De algum modo o mercado de ações em 1986 foi capaz de agregar, em poucos minutos, todas as informações concernentes ao acidente com o *Challenger*, chegando a uma conclusão correta e aplicando-a aos ativos da companhia que devia parecer a mais provável de ser afetada. E mais: o mercado conseguiu tal façanha sem que compradores e vendedores dispusessem de qualquer especialidade técnica especial quanto a desastres aeroespacias. Uma explosão catastrófica poderia sugerir uma falha nos tanques de combustível fabricados pela Morton Thiokol, o que acabou se confirmando. James Surowiecki, colunista de negócios do *The New Yorker*, chamou isso de um exemplo da sabedoria das multidões.[8] Se a Hipótese dos Mercados Eficientes é verdadeira — e o exemplo do *Challenger* certamente indica isso —, a sabedoria das multidões tem consequências de enorme alcance.

UM PASSEIO ALEATÓRIO PELA HISTÓRIA

Não é novidade alguma que mercados são coisas misteriosas para os leigos. Ao longo de centenas, quiçá milhares de anos, as pessoas têm procurado compreender o comportamento dos mercados. Os primeiros registros sobre dinheiro têm ao menos 4 mil anos, e ainda que seja impossível afirmar, esquemas para bater o mercado foram, com muita probabilidade, inventados pouco depois. Um exemplo antigo, de cerca de 600 a.C, chegou até nós. Diz-se que Thales, filósofo grego da Antiguidade, colocou em xeque o mercado de prensas de oliveira na ilha de Chios ao antecipar uma grande colheita de azeitonas. Confirmada sua previsão, ele auferiu grande lucro alugando as prensas aos produtores locais, provando — segundo Aristóteles — que "é fácil para os filósofos ficarem ricos caso escolham fazê-lo, mas isso não é algo com que eles se importem".[9]

Dinheiro é um conceito numérico. Quando queremos saber quanto dinheiro temos, nós o contamos. Com o passar do tempo, as pessoas naturalmente desenvolveram novas formas matemáticas para monitorá-lo. Conforme a matemática se sofisticava, os investidores começaram a utilizar métodos mais avançados para analisar o comportamento dos mercados. Isso se deu em muitas e diferentes culturas. Por exemplo, uma técnica de análise ainda muito popular denominada *candlestick*, baseada na geometria de gráficos de preços históricos, foi originalmente desenvolvida para avaliar contratos futuros de arroz no Japão durante a era de Tokugawa; quando aquele país ainda era governado pelos xoguns.[10]

Um dos primeiros modelos de preços dos mercados financeiros teve sua origem no mundo dos jogos de azar. Isso faz todo o sentido, uma vez que investimentos financeiros e jogo envolvem calcular trocas entre riscos e recompensas. Esse modelo surgiu pela primeira vez em 1565, no *Liber de Ludo Aleae* (O Livro dos Jogos de Azar", em tradução livre), um livro didático sobre jogos de autoria do célebre matemático italiano Girolamo Cardano, que também era filósofo, engenheiro e astrólogo — um renascentista clássico. É dele um dos mais sábios conselhos sobre especulação que todos nós faríamos bem em seguir: "O princípio mais fundamental de todos em jogos de azar é simplesmente o de condições iguais, por exemplo, de opositores, de espectadores, de dinheiro, de situação, da caixinha de dados e do próprio dado. Na medida em que você se afasta dessa igualdade, se é a favor de seu oponente, você é um tolo, e se for a seu favor, você é injusto."[11] Tal noção de "jogo justo" — um que não seja favorável nem a você, nem a seu adversário — veio a ser conhecido como *martingale*.¹² Alguns de nós querem ser injustos, e ninguém quer ser um tolo.

O *martingale* é uma ideia muito sutil e está no centro de muitos conceitos da matemática e da física, porém, o importante a se guardar dele, aqui, é o fato de ser surpreendentemente simples. Em um jogo justo, seus ganhos ou perdas não podem ser previstos olhando para o desempenho passado. Se isso fosse possível, o jogo não seria justo, pois você poderia aumentar suas apostas quando o prognóstico fosse positivo e diminuí-las em caso contrário. Essa habilidade lhe permitiria desenvolver uma certa vantagem sobre seus oponentes e, ao longo do tempo, reaplicar os lucros obtidos a partir dela no próprio jogo, e assim sucessivamente, até ficar rico. Não se trata de uma teoria. Algumas pessoas muito espertas foram atrás de meios de prever o comportamento de um baralho no "blackjack" e do movimento da bolinha em uma roleta a partir do desempenho passado, e usaram esse conhecimento para angariar pequenas fortunas (na verdade, conheceremos alguns deles no Capítulo 8).¹³

Agora, imagine que, em vez da mesa do cassino, você tenha uma pequena vantagem em prever o comportamento do mercado. Mesmo a mais ligeira vantagem lhe proporcionaria muita riqueza. No decorrer dos anos, vários milhares de indivíduos tentaram criar sistemas para sobrepujar o mercado. A maioria deles fracassou miseravelmente. A história dos mercados financeiros está repleta de nomes de investidores superconfiantes que foram humilhados pelo mercado. E em 1900, um estudante francês, doutor em matemática, acreditou ter descoberto o porquê.

Louis Jean-Baptiste Alphonse Bachelier (1870–1946) candidatou-se a um doutorado na Sorbonne orientado pelo grande matemático Henri Poincaré. Na graduação, Bachelier havia estudado física matemática, mas para sua tese de doutorado escolheu analisar o mercado de ações parisiense, em particular os preços dos "*warrants*" negociados na Bolsa de Paris. Um *warrant* é um contrato financeiro que concede a seu proprietário o direito, mas não a exigência, de comprar uma ação a um certo preço até uma determinada data. Essa garantia de compra a um preço fixo remove a incerteza financeira e dá ao possuidor do *warrant* uma flexibilidade financeira adicional.

Qual o valor dessa garantia? A resposta a essa questão chave depende de como se comporta o preço subjacente dessa ação antes da data fatal.

Bachelier descobriu algo deveras incomum sobre os preços das ações. Muitos pesquisadores anteriores tentaram prever padrões nos movimentos de preços das ações, mas Bachelier percebeu que esse método presumia um desequilíbrio no mercado. Em qualquer negociação de ações há um comprador e um vendedor, todavia, para que ela se concretize, é necessário que ambos concordem com um certo preço. É preciso que a transação seja justa: ninguém quer ser tolo. Afinal de contas, não haveria acordo se houvesse um consistente viés para um lado em detrimento do outro. Assim, Bachelier deduziu que os preços das ações teriam, necessariamente, que mover-se como se fossem completamente aleatórios.

Voltemos ao jogo justo de Cardano, o martingale. O jogo poderia ser algo tão simples como um cara ou coroa. Em um jogo justo, o desempenho passado não é garantia de resultados futuros. Depois de cada rodada, você ganhará algum dinheiro (coroa) ou perderá algum dinheiro (cara). Agora imagine jogar esse jogo justo repetidamente, mas com um detalhe a mais. Visualize fisicamente seus ganhos e perdas dando um passo para a frente ou para trás em cada virada da moeda. A natureza imprevisível desse jogo justo se revelará numa dança de dois passos precária, à medida que você se move de um lado para o outro como um motorista bêbado tentando caminhar em linha reta em um teste de sobriedade. Qualquer jogo justo como o martingale produzirá vitórias e perdas no padrão aleatório de uma "caminhada de bêbado" — e, como Bachelier descobriu, tal e qual fazem os preços no mercado de ações. Hoje, chamamos a descoberta de Bachelier de "*Random Walk Model*" (algo como "Passeio ao Acaso" ou "Passeio Aleatório") dos preços das ações.

A análise de Bachelier estava décadas à frente de seu tempo. Na realidade, Bachelier antecipou um trabalho similar em física de Albert Einstein sobre o movimento browniano — o movimento aleatório de partículas finas em suspensão em um fluido, entre outras coisas — em torno de cinco anos.[14] Da perspectiva de um economista, entretanto, Bachelier fez muito mais que Einstein.[15] Ele havia sugerido uma teoria geral do comportamento do mercado, e fez isso argumentando que um investidor nunca poderia lucrar com base nas mudanças nos preços do passado. Considerando que os movimentos aleatórios dos preços em um mercado eram martingales, Bachelier concluiu que: "a expectativa matemática do especulador era igual a zero." Em outras palavras, bater o mercado era matematicamente impossível.

Infelizmente, o trabalho de Bachelier definhou por anos, e as razões para essa negligência são obscuras. Sua tese, *Théorie de la Spéculation*, foi finalmente publicada em 1914. Ela foi recomendada pelo "establishment" científico francês, mas sem muito entusiasmo. O mandato de Bachelier na Universidade de Dijon foi negado em decorrência de uma carta de recomendação negativa do famoso teórico da probabilidade Paul Lévy. Após esse fato, ele passou o restante de sua carreira lecionando em uma pequena faculdade na cidade de Besançon, no leste da França.[16] Muito provavelmente, o trabalho de Bachelier escorreu entre os dedos por ser muito avançado para sua época — muito parecido com finanças para os físicos, e semelhante à física para os financistas.

A história da redescoberta do trabalho de Bachelier é quase implausível para ser verdadeira. Foi só em 1954 que Leonard Jimmie Savage, um proeminente professor de estatística da Universidade de Chicago, pôs as mãos acidentalmente em uma cópia da tese de Bachelier na biblioteca da universidade. Savage enviou cartas a numerosos colegas, alertando-os para aquela descoberta preciosa. Um dos destinatários era Paul A. Samuelson, talvez o mais influente economista do século XX. Não é exagero afirmar que aquela carta mudou o curso da história financeira.

O NASCIMENTO DOS MERCADOS EFICIENTES

O maior responsável pelo fato de a economia moderna incluir tanta matemática é Paul A. Samuelson. É quase impossível listar todas as ideias em economia para as quais Samuelson foi o primeiro a dar um formato matemático. Cada economista tem um estilo característico, e o dele era profundamente inspirado pelo físico e matemático Josiah Willard Gibbs. Samuelson aplicou ideias da física em um amplo espectro da economia, e esta acolheu-as com gratidão. Sua tese de doutorado de 1941, um tanto pretensiosamente intitulada *Foundations of Economic Analysis (Fundamentos da Análise Econômica)*, de imediato se tornou um clássico na área, tal como o livro didático de 1948, cujo título era simplesmente *Economics (Economia)*; que ainda é publicado e está em sua 17ª edição.[17] Lendário por suas tiradas e inteligência verbal, ganhou, sem surpresa alguma, o prêmio Nobel de 1970. Após uma longa e ilustre carreira remodelando a economia à sua imagem, Samuelson faleceu em 2009, com a avançada idade de 94 anos.

Mas voltemos à década de 1950. Alertado por Savage, Samuelson imediatamente compreendeu a relevância do trabalho de Bachelier. Voltou o foco de suas pesquisas para as finanças no início dos anos 1960, referindo-se a Bachelier com frequência em suas várias aulas, seminários e palestras públicas.[18] No entanto, enquanto Bachelier explicava o *como* do Modelo do Passeio Aleatório, Samuelson demonstrava *por que* os preços de mercado se moviam como que ao acaso.

Samuelson chegou à resposta em função de seu interesse em um problema muito prático no mercado futuro de Chicago. Qualquer negociante de commodities em Chicago sabia que havia padrões no preço do trigo. Os preços pontuais do trigo tenderam a subir da safra de outono para a primavera seguinte devido aos custos de armazenamento, e depois declinaram imediatamente antes da próxima safra, quando o mercado antecipou um futuro excedente. As mudanças no clima também afetaram o preço do trigo no dia a dia. No entanto, em 1953, o economista Maurice Kendall mostrou que os preços do trigo pareciam se mover aleatoriamente, de acordo com seus testes estatísticos.[19]

Samuelson detectou um paradoxo: se o clima influenciava no preço do grão, como este seguia uma caminhada aleatória?[20] Ele sabia que os padrões climáticos, embora complicados, não se comportavam de forma casuística, e certamente as estações não se alternavam aleatoriamente. Parecia a Samuelson que o Passeio Aleatório de Bachelier realmente era muito probatório.

Samuelson resolveu essa dificuldade de uma maneira muito rápida e elegante, característica de seu estilo pessoal em Economia. Fazendo uso da técnica matemática da indução, mostrou que toda as informações sobre as mudanças anteriores de preço de um ativo são agrupadas no preço *atual* do ativo. O preço já contém todas as informações conhecidas sobre o ativo até aquele ponto — mudanças climáticas, custos de armazenamento etc. Tudo já fora levado em conta. Consequentemente, mudanças nos preços do passado não incorporam informação alguma para predizer o *próximo* preço do ativo.

O raciocínio de Samuelson foi o seguinte: se os investidores fossem capazes de incorporar todo o impacto potencial de eventos futuros no preço dos ativos hoje, então as mudanças de preço futuras não poderiam ser previstas com base em qualquer informação de hoje. Se pudessem, os investidores teriam usado essa informação em primeiro lugar. Como resultado, os preços *têm* que se mover de modo imprevisível. Caso um mercado seja informacionalmente eficiente — isto é, se os preços incorporam integralmente as expectativas de todos os participantes do mercado —, então as mudanças nos preços subsequentes serão *necessariamente* impossíveis de predizer. Trata-se de uma ideia sutil, mas claramente relacionada ao martingale de Cardano e ao passeio aleatório de Bachelier. O título do artigo seminal de 1965 de Samuelson resume com nitidez sua ideia principal: "Prova de que Preços Corretamente Antecipados Flutuam Aleatoriamente", que hoje conhecemos melhor como a Hipótese dos Mercados Eficientes.[21]

A Hipótese dos Mercados Eficientes parecia tão simples para Samuelson que ele deixou de publicá-la por anos. Mais tarde, Samuelson admitiu: "Devo confessar ter deixado minha mente oscilar ao longo dos anos entre considerá-la trivialmente óbvia (e quase trivialmente vazia) e considerá-la notável."[22]

Contudo, a Hipótese dos Mercados Eficientes não foi uma criação solo de Samuelson. Quase ao mesmo tempo, ela foi desenvolvida de forma independente pelo professor de finanças Eugene F. Fama, da Universidade de Chicago. Fama foi um improvável estudante de finanças, uma severa terceira geração ítalo-americana que se destacava em esportes no ensino médio e formava-se em línguas românicas na Universidade Tufts no final da década de 1950.[23] Em suas palavras, Fama ficou "entediado em refazer Voltaire" e assumiu um curso de economia que mudou sua vida. Durante seu último ano na Tufts, colecionou dados diários das cotações das 30 empresas da *Dow Jones Industrial Average* para elaborar esquemas de previsão matemática de ações. Embora Fama, graduado, tenha fracassado em encontrar uma maneira de vencer o mercado, a análise estatística baseada em dados se tornaria a marca registrada de seu estilo pessoal na economia.

Fama continuou a estudar o mercado acionário cursando um doutorado na Universidade de Chicago, uma das poucas escolas que, na época, utilizavam modernos computadores digitais em pesquisas financeiras. Fama encontrou forte evidência estatística de que as ações flutuavam aleatoriamente. Diversos processos aleatórios na natureza têm resultados que se aproximam de uma distribuição "normal", também conhecida como *distribuição gaussiana*, mas mais popularmente referida como curva do sino devido à simetria de sua forma, parecida com a daquele objeto. Você, quem sabe, pode ter sido submetido à avaliação de um professor daqueles mais rigorosos segundo a seguinte classificação: a nata de 2,5% da classe fazendo jus a um conceito A, os seguintes 13,5% recebendo um B, os 68% que ficam no meio obtendo um C, os próximos 13,5% recebendo um D, e os 2,5% piores levando uma nota F, o que é algo muito semelhante a uma distribuição normal. Fama descobriu que a distribuição dos retornos das ações poderia ter muito mais valores atípicos do que a distribuição normal gaussiana. Em vez de uma curva do sino, a distribuição dos retornos das ações de Fama mostrou aquilo que, agora, é conhecido como *fat tails* (algo como "caudas mais longas", ou leptocúrticas), como se uma professora dando notas em uma curva desse aos melhores 10% dos alunos uma nota A, em vez de aos 2,5% da curva gaussiana.[24]

Em 1965, com a publicação de sua tese de doutorado, Fama explicou sua teoria, em desenvolvimento, do Passeio Aleatório aos analistas da comunidade financeira, introduzindo o termo *mercado eficiente* no léxico financeiro pela primeira vez:

Um mercado "eficiente" é definido como um mercado no qual há um grande número de maximizadores racionais do lucro competindo ativamente entre si, cada um tentando prever os futuros valores de mercado de títulos individuais, e onde informações atualizadas importantes estão quase que livremente disponíveis para todos os participantes (...) Em um mercado eficiente, *em média*, a competição fará com que os efeitos integrais das novas informações sobre os valores intrínsecos se reflitam "instantaneamente" nos preços reais.[25]

Fama resumiu sua versão da Hipótese dos Mercados Eficientes em um epigrama que se tornou famoso: em um mercado eficiente, *"os preços refletem integralmente todas as informações disponíveis"*.

Fama conferiu à Hipótese dos Mercados Eficientes uma relevância prática que, em última análise, sacudiu todo o setor financeiro. Aceitando a sugestão de Harry Roberts, um de seus colegas de Chicago, Fama desmembrou a eficiência do mercado em três diferentes versões: eficiência fraca, semiforte e forte. Cada nível de eficiência correspondia a volumes sucessivamente maiores de informação.[26]

Na versão fraca do mercado eficiente os preços refletem integralmente toda a informação contida nos preços anteriores, então, usar o passado para prever mudanças futuras dos preços, tal como padrões *head-and-shoulders* (técnica analítica que possibilita prever o final de uma tendência ascendente) e gráficos *candlestick*, é tarefa inútil.

Na versão semiforte do mercado eficiente, o uso de informações públicas, como os ganhos de uma empresa, as vendas e os indicadores da relação entre valor contábil e valor de mercado (em inglês, *book-to-market ratios*), para selecionar ações também é fora de propósito.

Finalmente, na versão forte do mercado eficiente, mesmo uma informação privilegiada e privada não pode ser utilizada para gerar estratégias de negociação lucrativas.

Em uma tacada só Fama dispensou o trabalho dos analistas técnicos de Wall Street, analistas fundamentalistas, operadores de "mesas proprietárias" (em inglês, *proprietary traders*, corretoras ou bancos de investimento que usam seu próprio capital para realizar transações financeiras em lugar de ganhar comissões) e gerentes de fundos de *hedge*, na medida em que se constituem em completo desperdício de tempo. *Se os preços já refletiam todas as informações disponíveis, qual o sentido em contratar um analista do setor ou um gestor de fundo?* Não é de se admirar que Wall Street tenha sido tão vagaroso em adotar a moderna economia financeira.

Ao longo dos anos, Eugene Fama e seus discípulos desaguaram um dilúvio de teses de doutorado, artigos de revistas e inúmeros testes empíricos de eficiência que pareciam apoiar a Hipótese dos Mercados Eficientes em todas as três versões dela.[27] Na academia, a importância de um artigo é muitas vezes julgada por quantas vezes outros pesquisadores o citam. Uma das publicações mais citadas de Fama foi em coautoria com Larry Fisher, Michael Jensen e Richard Roll em 1969, e muitas vezes é referido como um artigo da FFJR.[28] A análise, simples mas brilhante, da FFJR cativou a comunidade de finanças acadêmicas, mas deixou assustados os profissionais de Wall Street por razões que valem a pena descrever com algum detalhe.

A economia tem sofrido com o persistente problema representado pela grande dificuldade em executar experimentações controladas para testar ideias. Há nessa ciência várias e intrincadas teorias, tão complexas como qualquer uma da física, mas é muito difícil colocar a economia inteira em um laboratório e realizar experiências nela. Como resultado, os economistas têm que confiar em testes estatísticos complicados, procurando sinais teóricos claros em meio ao ruído da realidade, e muitas vezes nos frustramos com nossas tentativas.

Porém, às vezes, damos sorte e nos deparamos com "experimentos naturais" nos dados brutos em que apenas um fator mudou exatamente no ponto em que estamos interessados. Então, podemos usar o método científico diretamente, comparando a situação de linha de base, o grupo de controle, em relação à situação alterada, e o grupo experimental.

Fama e companhia encontraram tal experimento natural no mercado de ações, e de uma maneira particularmente elegante. A FFJR analisou o impacto de uma divisão de ações em uma cotação. Uma divisão de ações de dois por um oferece aos acionistas duas novas ações em troca de uma ação antiga. Isso não provoca alteração alguma além do preço unitário por ação. As empresas fazem isso principalmente para tornar o preço da ação mais acessível para o investidor típico. No entanto, no passado, as divisões de ações foram muitas vezes acompanhadas por um aumento nos dividendos, provavelmente porque o aumento no preço das ações que motivou a divisão deveu-se a um negócio crescente e bem-sucedido. Por essa razão, uma divisão de ações histórica deve ser considerada uma boa notícia a respeito da empresa, e o preço das ações deve aumentar em resposta à divisão.

A FFJR analisou os preços de 940 divisões de ações no período entre janeiro de 1927 e dezembro de 1959 e encontrou duas regularidades inconfundíveis: os preços das ações subiram no dia em que uma divisão foi anunciada, mas não mostrou nenhuma direção clara no dia em que a divisão realmente ocorreu. O mercado recompensou as ações que se dividem, presumivelmente em antecipação a um aumento nos dividendos, mas a recompensa ocorreu quase que instantaneamente. Por outro lado, quando a divisão de fato se consumou, o mercado não poderia ter se importado menos (se essa análise lembrou um pouco o estudo de Maloney e Mulherin sobre a explosão do *Challenger*, sua intuição está correta, porque ambos usaram os mesmos métodos estatísticos iniciados por Fama e seus colegas).

A FFJR concluiu que os preços das ações refletem todas as informações disponíveis no dia do anúncio da divisão de ações. Isso foi, ainda, mais uma confirmação da Hipótese dos Mercados Eficientes e, consequentemente, outro tapa na cara dos profissionais de Wall Street. E para piorar a situação, a FFJR também demonstrou que aquela regularidade não podia ser explorada aproveitando o anúncio. Somente informações privilegiadas poderiam dar a você uma vantagem no mercado, algo que seria ilegal — mas lembre-se da versão forte da Hipótese dos Mercados Eficientes, a qual rejeita a eficácia delas. Em razão de estudos como esse, o coautor da FFJR, Michael Jensen, gabou-se em 1978 de que "não há outra proposição em economia que tenha evidências empíricas mais sólidas que a apoiem do que a Hipótese dos Mercados Eficientes".[29]

Fama tornou-se um dos mais influentes economistas de finanças de sua geração em virtude de seu trabalho sobre a Hipótese dos Mercados Eficientes. A Escola de Economia de Chicago, a do livre mercado, é usualmente associada ao seu mais eloquente representante, Milton Friedman, mas a Hipótese dos Mercados Eficientes tornou-se tão importante quanto graças a Gene Fama.

DESEMBRULHANDO OS MERCADOS EFICIENTES

Dois economistas com modos de pensar muito semelhantes, Paul Samuelson e Eugene Fama, chegaram à mesma conclusão sobre mercados eficientes. A fascinação de Fama pelos computadores, dados e análise estatística o levaram a trilhar caminhos intelectuais bem diversos para chegar à Hipótese dos Mercados Eficientes do que a versão elegante, simples e inspirada na Física de Samuelson. Ambas as versões, no entanto, têm o mesmo tom zen, contraintuitivo: quanto mais eficiente for o mercado, mais aleatoriamente a sequência de preços muda. O mercado mais eficiente de todos é aquele em que as mudanças de preços são completamente aleatórias e imprevisíveis, mas isso não é um acidente da natureza. É o resultado direto dos participantes tentando lucrar com suas informações. Essa compulsão em relação à aleatoriedade é única entre as ciências sociais.[30]

Para entender como realmente se dá o milagre dos mercados eficientes, vamos fazer um experimento mental. Suponha que você seja um investidor em um fabricante de máquinas de café, a Koffee Meister, que recentemente lançou uma máquina de capuccino de útima geração, a Cino Bambino. Agora imagine-se um especialista em design de máquinas de café que decidiu dar uma olhada no produto.

Após consideráveis testes e análises de engenharia, você conclui que essa nova linha de máquinas de café tem graves problemas de segurança. Relutantemente, você decide vender suas ações da Koffee Meister antecipando a iminente queda quando essas falhas se tornarem evidentes para o mercado. Esse ato terá consequências. O próprio fato de vender essas ações antes que as questões de segurança se tornem de conhecimento público pode fazer com que o preço do mercado diminua, incorporando assim a essência de sua análise do preço.

A menos que você possua uma participação significativa das ações da Koffee Meister, entretanto, sua postura vendedora provavelmente não terá um impacto duradouro sobre os preços. Afinal, indivíduos compram e vendem ações da Koffee Meister todos os dias e por diversos motivos. Mas se você for grande possuidor de ações dessa companhia (o que pode explicar porque você gastou tanto tempo e esforços testando o Cino Bambino), sua decisão poderá causar estragos no preço das ações.

Na verdade, ainda que não possua nenhuma ação da Koffee Meister, você pode apostar na informação que obteve. Pode fazer isso vendendo ações a descoberto da Koffee Meister. "Venda a Descoberto" é uma transação financeira um pouco mais complicada que uma típica negociação com ações, mas não muito. Você toma emprestado ações da Koffee Meister com o objetivo de vendê-las a um preço mais elevado, compra as ações de volta a um preço mais baixo (assim você espera), quando provar que estava certo, devolve as ações emprestadas para o cedente e reembolsa a diferença entre o preço que obteve pela venda e o preço que pagou para comprá-las de volta.

Caso outros investidores cheguem à mesma conclusão a propósito dos problemas de segurança da Koffee Meister, talvez por razões diferentes, eles provavelmente também se desfarão de suas ações, e aí o impacto cumulativo sobre o preço de mercado da companhia seria substancial. Por causa de investidores experientes como você, os preços do mercado refletem uma espécie de média das informações e opiniões de todos os participantes do mercado, ponderada pela quantidade de dinheiro que cada um está disposto a comprometer com suas convicções.

A Hipótese dos Mercados Eficientes nos diz que os mercados cristalizam a sabedoria das multidões. Inspirado por um autointeresse iluminado (também conhecido por ganância), um exército de investidores vai aproveitar até mesmo a menor vantagem que estiver à disposição. Vale ressaltar que "ganância" não é um termo pejorativo para um economista. Um princípio fundador básico da economia é que todos os indivíduos naturalmente maximizarão sua utilidade esperada, sujeita a uma restrição orçamentária. É isso o que ganância representa aqui, e não é algo ruim. Mas, é claro, há um aspecto social para o comportamento, e a ganância levada ao extremo pode ter implicações morais e éticas negativas, mesmo que os economistas geralmente não pensem nessas coisas. Esses (gananciosos) negociantes incorporarão suas informações aos preços de mercado, mas no processo eliminam rapidamente as oportunidades de lucro que motivaram seus negócios em primeiro lugar. Como resultado, nenhum lucro pode ser obtido a partir de uma negociação baseada em informações, porque esses lucros já tinham sido capturados.

A Hipótese dos Mercados Eficientes acompanha uma simples cadeia econômica lógica para chegar às suas conclusões contraintuitivas. O martingale de Cardano, o passeio aleatório de Bachelier, a prova de Samuelson e a estatística de Fama levam ao mesmo lugar: os preços refletem integralmente as informações disponíveis. Todavia, a hipótese dos mercados eficientes aparece em um vácuo. Ela fez parte de um novo movimento quantitativo na economia financeira, ao lado da teoria do portfólio ótimo de Harry Markowitz; do modelo de precificação dos ativos de capital, de William Sharpe (ao qual voltaremos no Capítulo 8); e da fórmula de precificação das opções, de Fischer Black, Myron Scholes e Robert C. Merton. Essas descobertas foram surgindo com poucos anos entre uma e outra, e iluminaram aspectos do comportamento dos mercados que permaneceram misteriosos por séculos. Entre todas as descobertas do novo movimento quantitativo financeiro, a Hipótese dos Mercados Eficientes foi a joia da coroa.

Essas descobertas esotéricas não somente mudaram o modo de pensar dos economistas sobre os mercados financeiros, como também fizeram com que esses mercados ficassem mais acessíveis ao público em geral. A Hipótese dos Mercados Eficientes proporcionou ao investidor uma alternativa democrática ao culto do guru de investimentos. Em vez de ter suas ações escolhidas por um consultor que, de qualquer modo, provavelmente não iria bater o mercado, você poderia aplicar em fundos mútuos passivos, de baixo custo e amplamente diversificados. Com um pouco de cuidado, você poderia até vencer o melhor guru da semana. E se as circunstâncias financeiras ou sua tolerância ao risco mudassem, você poderia reequilibrar sua carteira de investimentos valendo-se das novas teorias acadêmicas que descreviam como funcionavam os riscos e recompensas financeiras — ou seguir os conselhos de um novo tipo de consultor, especializado em tais teorias.

Não é exagero dizer que a Hipótese dos Mercados Eficientes foi responsável pelo surgimento do negócio dos fundos mútuos indexados, agora um segmento financeiro trilhardário e ainda em robusta expansão. A economia financeira moderna substituiu os vistosos selecionadores de ações por um processo de investimento muito mais transparente e sistemático. Tecnologias de sucesso capacitam as pessoas a fazerem coisas que nunca imaginaram que poderiam fazer por si mesmas, e essa nova tecnologia financeira não é diferente. Isso levou à democratização das finanças, mas também trouxe novos riscos — como veremos em capítulos subsequentes.

O QUE ESPERAR QUANDO SE ESTÁ ESPERANDO

Gene Fama teve um segundo *insight* sobre a Hipótese dos Mercados Eficientes: há nela uma dupla personalidade. Na verdade, são duas hipóteses em uma. A Hipótese dos Mercados Eficientes trata sobre *qual* informação está disponível para os participantes do mercado; e sobre *como* os preços refletem integralmente essa informação. Os testes iniciais dos mercados eficientes ocupavam-se com o "qual", avaliando quais, entre os vários tipos de informação, foram ou não refletidos nos preços de mercado. Porém, a questão do "como", a maneira pela qual os mercados realmente incorporam informações nos preços é igualmente importante — e muito menos óbvia a partir da matemática.

Os mercados financeiros refletem novas informações de uma forma notável. Contudo, para examinar plenamente essa questão, precisamos nos desviar rumo a um lugar inesperado: o mercado de suínos do século XVIII. Bem lá atrás, em 1776, em *A Riqueza das Nações*, Adam Smith usou o mercado de porcos para ilustrar oferta e demanda.[31] Não há melhor lugar onde esses movimentos de preços são mais claramente evidentes do que nos recém-independentes Estados Unidos. A história da expansão americana para o oeste é também a história da carne de porco, a partir dos presuntos da Virgínia na América colonial, passando pela ascensão de Chicago, o *Hog Butcher for the World* ("O Açougueiro de Porcos do Mundo", em tradução livre), e chegando à central de cortes de costeletas de porco e aos enlatados de SPAM (um preparado de carne suína com alguns ingredientes secretos) de Minnesota de hoje em dia.

A origem do caso de amor dos EUA pelos porcos tem uma simples explicação de ordem econômica bem compreensível na ocasião. Muitos americanos eram fazendeiros, e muitos deles cultivavam milho. Entretanto, o preço de venda do milho era tão baixo, e o custo de transporte tão alto, que eles não lucravam muito levando o milho ao mercado. Restavam a eles apenas duas maneiras de tornar o milho lucrativo: alimentar os porcos para venda ou destilar para a fabricação de uísque; que era altamente tributado e, muitas vezes, ilegal. Os agricultores começaram a trazer porcos para o mercado na esperança de obter lucro.

Como resultado, fazendeiros e especuladores procuraram padrões no fluxo e refluxo dos preços do porco. Um dos primeiros analistas técnicos foi Samuel Benner, um autodenominado agricultor de Ohio, que publicou pela primeira vez seu trabalho, *Benner's Prophecies of Future Ups and Downs in Prices* (*Profecias dos Altos e Baixos do Mercado Futuro de Benner*, em tradução livre), em 1876.[32] Apesar do título místico de seu livro, Benner fez observações precisas sobre o ciclo de preços do porco e de outras commodities. E parecia haver ciclos reais nesses preços, e não flutuações aleatórias. "O preço dos porcos declina dois e três anos alternadamente nos ciclos de preços baixos", escreveu Benner. "Raramente há dois anos sucessivos em que o preço médio é igual."

Nos anos 1920, os analistas do governo dos EUA seguiram pelo mesmo caminho de Benner. Dois pesquisadores da recém-fundada Agência de Economia Agrícola do Departamento de Agricultura dos Estados Unidos, G. C. Haas e Mordecai Ezekiel, desenvolveram um modelo de previsão para o preço dos porcos.[33] No entanto, encontraram um sério problema teórico, que teve importantes implicações práticas.

Um conceito basilar, fundamental, na economia é que os preços são determinados pela oferta e demanda. A ideia é tão simples quanto profunda. Duas forças opostas interagem uma com a outra à procura do preço correto. De um lado, os produtores de bens (os fornecedores) estão dispostos a oferecer uma maior quantidade de produtos por um preço de mercado mais elevado. Do outro lado, os consumidores dos bens (os demandantes) têm uma inclinação exatamente contrária: querem menos produtos quando os preços sobem e mais quando os preços caem. Um gráfico de combinações aceitáveis de preços e quantidades para os produtores mostrará uma curva que se inclina para cima, da esquerda para a direita, e o gráfico aceitável dos pares preço/quantidade para os consumidores terá uma inclinação para baixo. Isso leva às famosas curvas "Oferta" e "Demanda" mostradas na Figura 1.1.

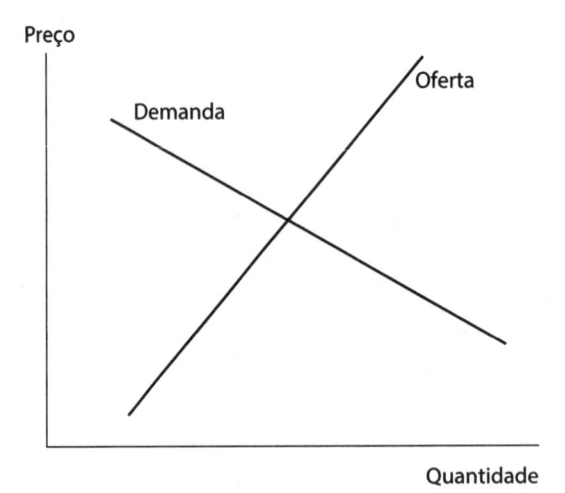

Figura 1.1 Curvas de oferta e demanda.

Essas duas curvas interceptam-se em um ponto singular: o nirvana econômico. Esse ponto é o *único* par de preços e quantidades (P^*, Q^*) que, de modo simultâneo, satisfaz os desejos de produtores e consumidores. Dizendo em palavras diferentes, para o preço P^* os produtores estão dispostos a produzir a quantidade Q^*, e para o preço P^* os consumidores querem exatamente a quantidade Q^*. Essa é a coisa mais próxima que os economistas têm de uma situação ganha/ganha. Eles chamam esse ponto peculiar de "ponto de equilíbrio", e o preço de um bem é "descoberto" nessa interseção de oferta e demanda.

Haas e Ezekiel deparam-se com um grande problema em sua previsão do ciclo dos porcos. Um ciclo regularmente repetitivo de preços violou essa noção de um equilíbrio único e estável. De alguma forma, os preços do porco pareciam estar perdendo sua característica de regularidade. O modelo do governo mostrou, a grosso modo, um ciclo de quatro anos na relação entre os preços do porco e do milho. Haas, o pesquisador sênior, tentou melhorar a precisão estatística da previsão, mas Ezekiel tentou fundamentar o modelo do ciclo do porco em termos econômicos no padrão oferta e demanda.

Na condição de previsor, Ezekiel queria descrever as curvas de oferta e demanda de suínos com a maior precisão possível. No entanto, como economista, também queria explicar como milhares de agricultores e compradores podiam, recorrentemente, ano após ano, causar divergência entre os preços dos suínos relativamente àqueles do nirvana econômico. E, como funcionário do governo, Ezekiel queria proteger os agricultores da volatilidade desnecessária no preço dos porcos. Sendo assim, examinou o que era então conhecido sobre o assunto.

A teoria econômica da oferta e da procura tem pouco a dizer sobre como os preços mudam ao longo do tempo. Mas em 1934, oito anos após publicar sua pesquisa, Ezekiel deparou-se com uma possível solução para o mistério do ciclo dos porcos em um artigo do economista britânico Nicholas Kaldor.[34] A economia, então como hoje, era um empreendimento internacional: Kaldor comunicava os resultados de dois artigos recentes escritos em alemão, separadamente, por um americano e um italiano, Henry Schultz e Umberto Ricci. Ambos haviam examinado, independentemente, o que poderia ter ocorrido se o processo de descoberta de preços ao longo das curvas de oferta e demanda não fosse suave e instantâneo, mas, em vez disso, tivesse ocorrido em intervalos discretos de tempo, como os turnos de um jogo.

Schultz e Ricci, para sua surpresa, descobriram que sob aquelas condições, os preços tendem a se mover em ciclo ao redor do ponto de equilíbrio. Em alguns casos, os preços até mesmo divergiam inteiramente dele. Kaldor chamou isso de teorema da "teia de aranha", devido à semelhança dos gráficos de oferta e demanda resultantes com uma teia de aranha (veja a Figura 1.2).

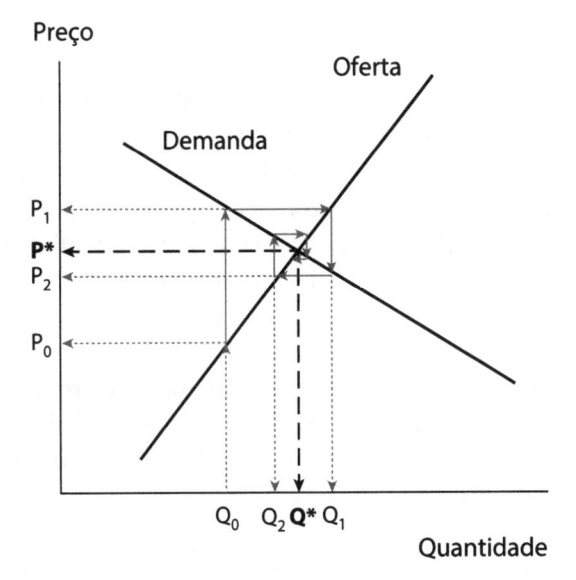

Figura 1.2 O modelo "teia de aranha" do ciclo do porco com oscilações que, por fim, convergem para o equilíbrio (P^*, Q^*). Começa em Q_0, com o preço esperado P_0; o preço real é P_1, que gera a oferta Q_1; Q_1 produz o preço real P_2, e assim por diante; a espiral continua até que a oferta seja igual à demanda em (P^*, Q^*).

Ezekiel percebeu na hora a utilidade da teoria da teia de aranha para explicar seu misterioso ciclo do porco, bem como o de outros ciclos de commodities.[35] Dada sua importância, vamos percorrer passo a passo os fios da teia de aranha retratada na Figura 1.2. Vamos supor que começamos a sair do equilíbrio, a uma certa distância do nirvana econômico do ponto de cruzamento, onde os fazendeiros de porcos decidem coletivamente criar 1.000 porcos nesta estação. Nessa quantidade, no ponto Q0, os agricultores esperam obter $100 por porco, ou P0 de acordo com a curva da oferta. No entanto, de acordo com a curva de demanda, os consumidores estão dispostos a pagar muito mais por esses 1.000 porcos, e o preço que prevalece, então, é P1 = $200.

Surpresos com essa virada de eventos, os fazendeiros de suínos gostariam de fornecer mais porcos — afinal, a $200 por porco, a curva de oferta mostra que eles estão dispostos a fornecer Q1 = 2.500 porcos —, mas tendo esgotado seu estoque para esta estação, todos podem decidir aumentar sua oferta para a seguinte. Chegada a próxima estação, os fazendeiros levam 2.500 porcos ao mercado, mas ficam desapontados quando o preço de mercado que alcançam é de apenas P_2 = $125; aquilo que os consumidores estão propensos a pagar em função do montante disponível daqueles animais.

Para o preço menor de $125 por cabeça, todavia, os fazendeiros só se dispõem a fornecer Q_2 = 1.250 porcos, e é isso o que fazem na estação subsequente. Claro, quando eles levam ao mercado esse número inferior de porcos, surpreendem-se uma vez mais que os animais alcançam um preço superior aos $125 que pressupunham em face da oferta de 1.250 cabeças.

Esse padrão de não cumprimento contínuo repete-se estação após estação, mas a Figura 1.2 mostra que a discrepância entre o preço realizado e o preço esperado é cada vez menor a cada estação, até que a diferença se torne insignificante para que os criadores de suínos obtenham o preço que esperam dado o número de porcos que fornecem. Tendo o mercado atingido o equilíbrio (P*, Q*), fazendeiros e consumidores se contentam em produzir e consumir Q* no preço P*, e tudo está bem. O nirvana econômico é alcançado. Claro, essa é uma descrição muito estilizada do mercado de suínos, que não é tão arrumado no mundo real quanto no papel, mas captura as características essenciais desse mercado. Devido à quantidade de tempo que leva para criar um porco, os fazendeiros necessitam bloquear suas decisões futuras de produção quase dois anos antes de levar seus porcos ao mercado. Se a expectativa do preço futuro dos porcos se basear unicamente no preço atual e o ponto de partida for diferente de (P*, Q*), os preços e as quantidades flutuam ao longo do tempo, resultando em excesso de oferta ou excesso de demanda de uma estação para a próxima.

Porém, a feliz situação da Figura 1.3, na qual o mercado atinge o paraíso econômico, é somente um entre vários resultados possíveis. Caso a inclinação das curvas de oferta e demanda seja ligeiramente alterada, como na Figura 1.3a, preços e quantidades oscilarão para todo o sempre, jamais alcançando o equilíbrio — é o purgatório econômico. E para as curvas de oferta e procura da Figura 1.3b, preços e quantidades vão para fora em espiral, implicando benesses ou perdas cada vez maiores para produtores, e banquetes e fome para os consumidores, acabando por causar o colapso total do mercado. Esse é o inferno econômico.

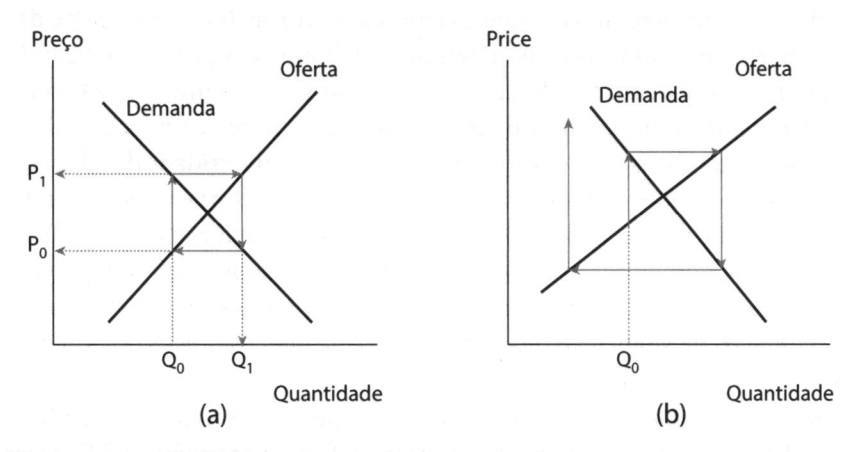

Figura 1.3 O modelo "teia de aranha" do ciclo do porco com (a) oscilações permanentes e (b) oscilações explosivas.

A diferença entre o nirvana econômico e o inferno econômico deve-se a uma característica crítica do modelo teia de aranha: as expectativas. Pelo fato de os criadores de porcos *esperarem* que o preço da próxima estação fosse igual ao da estação atual, sempre se surpreendiam com o preço que obtiam na estação seguinte. O próprio Ezekiel percorreu o país para explicar a pesquisa do ciclo do porco aos agricultores e investidores, esperando que, à medida que os compradores e os vendedores se tornassem mais informados, essa maior conscientização ajudaria a reduzir os ciclos. Isso não aconteceu. Na verdade, após a II Guerra Mundial, o ciclo do porco tornou-se ainda mais pronunciado.[36] Será que não haveria um jeito de quebrar esse círculo vicioso?

A resposta a essa questão veio apenas em 1961. Naquele ano, John Muth, um obscuro professor-assistente de economia na Carnegie's Graduate School of Industrial Administration (GSIA), da Mellon University, publicou um artigo no qual não apenas explicou o mistério, como ainda mudou o curso da Economia moderna por décadas.

A GSIA, hoje a Escola de Negócios Tepper, era um lugar incomum e nada tradicional. Fundada em 1949, optou por centrar-se em questões de gestão, pesquisa de operações e outros assuntos pouco glamourosos, em vez dos tradicionais tópicos da graduação em negócios. Parte da missão da faculdade da GSIA era analisar problemas industriais mundanos, tais como programas de produção: de que maneira as empresas planejam futuras decisões de fabricação? Assim como a pergunta de Samuelson sobre o mercado futuro de Chicago e a pergunta de Ezekiel sobre o ciclo do porco, essa questão teve uma resposta inesperadamente profunda.

Alguns naquela faculdade, em especial o futuro laureado do prêmio Nobel, Herbert Simon, acreditavam que as empresas utilizavam apenas parte das informações econômicas disponíveis para elaborar suas projeções, ficando limitadas em sua capacidade de raciocínio. Simon denominou essa teoria de *racionalidade limitada*, uma ideia à qual retornaremos no Capítulo 7. Outros economistas, como Milton Friedman, da Universidade de Chicago, acreditavam que as empresas se baseavam nas vendas passadas para estimar suas futuras necessidades. Essa teoria do senso comum é chamada de *expectativas adaptáveis*, porque as expectativas da empresa se adaptavam às circunstâncias anteriores. O modelo de teia de aranha da Figura 1.3 é um caso especial de adaptação das expectativas, na qual os preços do porco da estação anterior geram a atual oferta.

John Muth adotou uma tática completamente diferente. E se ambos, fazendeiros e compradores de suínos também fossem economistas? E se eles compreendessem completamente as teorias subjacentes do modelo da teia de aranha, como, de fato, Mordecai Ezekiel queria que fizessem? E se esses indivíduos pudessem medir perfeitamente as curvas de oferta e demanda das Figuras 1.3a e 1.3b e conseguissem calcular a interseção dos dois?

Nessas circunstâncias, não haveria oportunidade de surgir uma escassez ou superávit de suínos, porque os fazendeiros criam porcos Q* e esperam buscar dólares P* por seus porcos, e os compradores pagariam voluntariamente P* dólares e consumiriam porcos Q*. O mercado estaria em permanente estado de equilíbrio. Mesmo que algum choque externo causasse uma mudança temporária nesse equilíbrio — por exemplo, uma doença que eliminasse um quarto da população de porcos —, todos no mercado observariam esse evento e reagiriam racionalmente ao recalcular o novo equilíbrio. Na realidade, o próprio ato de reformular seus planos faria o mercado alcançar essa condição.

Muth argumentou que as únicas expectativas sensatas de qualquer criador racional de porcos — ou mesmo de qualquer empresário racional — devem ser as expectativas previstas pelo equilíbrio econômico: *expectativas racionais*.[37] Quaisquer decisões fundamentadas em outras espécies de expectativas deveriam sempre levar a resultados menos desejáveis.

Muth advertiu que "racional", nesse contexto, significava simplesmente ter os mesmos resultados que a suposição de racionalidade perfeita da teoria econômica. "Com o risco de confundir essa hipótese puramente descritiva com um pronunciamento sobre o que as empresas deveriam fazer, chamamos essas expectativas de 'racionais' (...) *Isso não* afirma que o trabalho preliminar dos empresários se assemelha ao sistema de equações; nem afirma que as previsões dos empreendedores são perfeitas ou que suas expectativas são iguais", escreveu ele (a ênfase é de Muth no original). Tal aviso seria frequentemente ignorado por outros que trabalharam em cima da ideia de Muth.

Muth alegou que os fenômenos econômicos, como o ciclo do porco e o modelo teia aranha, não eram o produto de expectativas equivocadas ao longo do tempo. Em vez disso, faz parte da natureza dos sistemas econômicos complicados responder em ciclos a choques externos — como o movimento de um colchão sobre o qual se jogou pedras pesadas —, mesmo que o sistema não perturbado não tivesse um comportamento cíclico inato. Quando analisado estatisticamente, Muth argumentou, não havia nenhuma razão real para favorecer o modelo teia de aranha em relação ao modelo de expectativas racionais. Os fazendeiros, considerados como um todo, tinham expectativas racionais sobre o quanto produzir. Eles eram *Homo economicus*, Homens Econômicos, seres perfeitamente racionais, pelo menos de acordo com a definição econômica. A teoria das expectativas racionais de Muth era uma espécie de antiteoria. Muth fundamentava sua teoria em três premissas: "(1) As informações são escassas, e o sistema econômico, em geral, não as desperdiçam. (2) A maneira pela qual as expectativas são formadas depende especificamente da estrutura do sistema relevante que descreva a economia. (3) Uma "previsão pública" (...) não terá um efeito substancial na operação do sistema econômico (a menos que seja proveniente de informação privilegiada)."[38]

Tais pensamentos estavam claramente relacionados ao espírito da Hipótese dos Mercados Eficientes. De acordo com a antiteoria de Muth, o restante da teoria econômica era quase inútil em seu poder preditivo. As expectativas racionais não eram "exatamente o mesmo que declarar que o produto da receita marginal da economia é zero", brincou Muth, mas apenas porque os indivíduos fizeram previsões piores do que o mercado como um todo.

O artigo de Muth sobre expectativas racionais era radical para 1961, e os profissionais de economia, de início, não sabiam bem o que fazer a respeito. William Pounds, um colega de longa data de Muth na GSIA, antes de tornar-se reitor da Escola de Negócios do MIT em 1966, estava convencido de que Muth havia escrito o artigo como uma espécie de piada. "Eu acreditava de verdade que Jack estava gracejando."[39] Herbert Simon — que se tornou um dos membros da faculdade da GSIA mais reverenciados, se não polêmico — viria a defender a descoberta de Muth, embora a teoria de Simon sobre a racionalidade limitada fosse diametralmente oposta às expectativas racionais: "Jack claramente merece o Nobel por isso, mesmo que eu não pense que ele descreva o mundo real corretamente. Às vezes, uma ideia que não é literalmente correta pode ter uma grande importância científica[40]."

A economia não é um campo em que alguém entra em busca de fama e glória, porém, haja vista seu importante feito, Muth era obscuro em sua própria disciplina. É fato que o seu artigo não era a exposição mais claramente escrita de sua própria teoria, e ele pouco fez para promovê-la, mas deveria ter-lhe trazido maior reconhecimento. Em vez disso, Muth deixou Carnegie Mellon em 1964, foi para Michigan e passou para Universidade de Indiana. Foi Robert Lucas, outro membro da faculdade GSIA da Carnegie Mellon, que trouxe as ideias de Muth para o centro das atenções e, no processo, transformou a profissão de economista. Nesse ponto, a história se expande dramaticamente, porque, nos anos 1970, Lucas se valeu das expectativas racionais longe de seu contexto original de planejamento industrial para criar uma alternativa à teoria bem aceita da macroeconomia do grande economista britânico John Maynard Keynes.[41]

Macroeconomia é o estudo da economia como um sistema inteiro. Como as economias são autônomas — o dinheiro que eu gasto é ganho por outra pessoa que o usa para comprar bens de um terceiro, e assim por diante —, as ideias de estudar mercados individuais muitas vezes não são válidas quando aplicadas a uma economia como um todo. Há na macroeconomia uma relação de longa data entre desemprego e inflação, conhecida como *curva de Phillips*. Essa curva é simples o suficiente para explicar que os períodos de alto desemprego geralmente têm baixa inflação, e os períodos de baixo desemprego normalmente têm alta inflação. A curva de Phillips sugeriu à maioria dos gestores políticos que as políticas governamentais que reduzem o desemprego o fazem ao custo do aumento da inflação, e as políticas governamentais que reduzem a inflação o fazem ao custo do aumento do desemprego. Ajustar apenas um significa que o outro se torna um problema.

Em 1970, entretanto, a curva de Phillips causou um problema: ela não funcionou. Desemprego elevado e alta inflação, ao mesmo tempo, assolavam os Estados Unidos. Os gestores políticos cunharam um novo termo para descrever esse fenômeno: estagflação. Ademais, a tradicional política Keynesiana do Banco Central americano não parecia estar resolvendo o problema.

Em 1976, usando a estrutura de expectativas racionais de Muth como ponto de partida, Lucas sustentou que na curva de Phillips não havia uma relação de causa e efeito. Se os indivíduos na economia têm expectativas racionais, ele argumentou, uma política governamental elaborada para reduzir o desemprego sem provocar o aumento da inflação poderia não funcionar do jeito que se pretendia. Em particular, se as empresas esperassem uma inflação elevada, responderiam incorporando esse fato aos seus planos de ação, resultando em um novo equilíbrio que poderia não incorporar um aumento no emprego.

A "crítica de Lucas", como ficou conhecida, acabou se constituindo em um golpe quase paralisante para a macroeconomia Keynesiana e sua utilidade na elaboração de políticas. Essa crítica parecia explicar o fracasso das políticas governamentais em reduzir o desemprego ou a inflação durante os anos de estagflação. Nas décadas subsequentes, Lucas e seus discípulos passaram a dominar o campo da macroeconomia, com as expectativas racionais tornando-se a nova ortodoxia na academia entre os condutores dos bancos centrais e mesmo entre vários reguladores e gestores políticos.

Em decorrência de seu trabalho sobre as expectativas racionais, Robert Lucas recebeu o prêmio Nobel de 1995. Depois disso, quatro outros Nobel em sequência foram concedidos a pessoas que, afinadas com o pensamento de Lucas, remodelaram a macroeconomia moderna à imagem do *Homo economicus*, ou seja, o ser econômico perfeitamente racional.[42]

O que aconteceu com Muth? Apesar do sucesso das expectativas racionais, poucas pessoas conheciam seu nome. Durante uma entrevista no início dos anos 1980, sobre a revolução das expectativas racionais, Lucas foi questionado sobre a falta de reconhecimento contemporâneo do artigo original de Muth. Lucas demonstrou perplexidade. "É claro que sabemos disso. Muth era colega nosso na época. Nós simplesmente não pensamos que isso fosse importante (...) Talvez ele tenha ficado desencorajado, pois ninguém prestou atenção. Deve ser uma experiência e tanto escrever artigos radicais e as pessoas simplesmente lhe darem uns tapinhas nas costas, dizendo 'Isso é interessante' e nada acontecer."[43]

Muth continuou sendo uma figura obscura na Universidade de Indiana, onde lecionou Gerenciamento de Operações até sua morte em 2005.

MERCADOS EFICIENTES EM AÇÃO

Vimos como a Hipótese dos Mercados Eficientes e a relacionada teoria das expectativas racionais tornaram-se os mais importantes paradigmas da Economia. Se a humanidade é tão racional, se a multidão é tão sábia, e se os mercados são tão eficientes, parece que devemos usar esse poder para outros fins. Já vimos a incrível capacidade de coleta de informações da Bolsa de Valores de Nova York na análise feita por Maloney e Mulherin sobre a explosão do ônibus espacial *Challenger*. Talvez em teoria possamos aproveitar o poder dos mercados eficientes para usar um mercado como uma combinação de agregador de notícias e supercomputador.

Na verdade, tais mercados já existem. Eles são chamados de *mercados de previsão*, porque é exatamente isso que fazem — previsões. Sua estrutura é diabolicamente simples: criam um título financeiro que paga $1 se ocorrer um determinado evento futuro e não paga nada se não ocorrer. Através da sabedoria das multidões e do poder dos mercados eficientes, o preço atual dessa segurança refletirá a avaliação do mercado sobre a probabilidade de tal evento futuro.

Por exemplo, considere um título que paga $1 se determinado time de beisebol ganhar o campeonato deste ano, e nada se isso não acontecer. Um preço de $1 significa que o evento é considerado uma coisa certa, um preço de $0 significa que é impossível, e qualquer número entre eles pode ser visto como uma espécie de probabilidade — a probabilidade de mercado — de que o determinado time seja o campeão. O preço do título hoje pode ser interpretado como a avaliação atual do mercado da probabilidade daquele evento.

No entanto, ao contrário da probabilidade metafísica de matemática, essa probabilidade é muito real. Trata-se de dinheiro. Com base nas forças da lógica financeira, quanto mais precisa for sua previsão, mais dinheiro você fará no final da temporada de beisebol, então, cada pessoa na multidão tem todos os incentivos para ser sábia ao máximo. Se a Hipótese dos Mercados Eficientes funciona, o preço do mercado reflete totalmente toda a informação disponível na multidão. Que maneira fantástica de coletar informações! E não apenas sobre times de beisebol; imagine criar mercados de previsão para coletar informações sobre eventos terroristas, epidemias de gripe, fusões nucleares e eleições presidenciais.

Isso talvez chegue aos seus ouvidos um pouco como ficção científica, mas mercados de previsão eram amplamente usados nos EUA no século XIX e início do século XX para prever eleições antes das modernas técnicas de pesquisas.[44] Paul W. Rhode e Koleman Strumpf documentaram esses primeiros protótipos apostando em mercados com contratos padronizados. Esses mercados eram tão populares que os principais jornais publicavam suas cotações diárias de preços à medida que a temporada eleitoral aquecia. Nas décadas de 1920 e 1930, empresas especializadas de "encarregados de apostas" operavam em escritórios em Wall Street.

Mercados de previsão eram amplamente tidos como produtores das mais precisas informações sobre a situação das corrida presidenciais e eram normalmente bem-sucedidos em prognosticar o vencedor bem antes do dia da eleição. Até mesmo no maior dos desafios, a disputa entre Charles Evans Hughes e o presidente Woodrow Wilson, em 1916, estreitaram-se as chances de empate na noite da eleição, um resultado impressionante considerando que em 1916 os Estados Unidos sequer tinham estações comerciais de rádio.

Após a eleição de 1924, segundo o *New York Times*: "O maior profeta em eleições presidenciais é Wall Street. As chances de apostas durante a última quinzena de uma campanha presidencial quase sempre foram justificadas no dia da eleição. A razão é simples. As de Wall Street representam um grande corpo de opinião extremamente imparcial cuja voz é o dinheiro, e aproxima Coolidge e Davis tão desapaixonadamente quanto se pronuncia sobre Anaconda e Bethlehem Steel."[45]

Com o advento da internet, mercados de previsão têm experimentado uma espécie de renascença. A Iowa Electronic Markets — originalmente Iowa Presidential Stock Market — é talvez o mais conhecido mercado de pesquisas de previsão, datando da eleição presidencial de 1988.[46] Entretanto, os mercados de previsão comerciais também se tornaram populares. Vários desses mercados têm se mostrado tão bons ou até melhores que os métodos tradicionais de previsão. No meio do verão de 2010, por exemplo, a Iowa Electronic Markets previu corretamente que o partido Republicano ganharia o controle da Câmara dos Deputados, mas que o partido Democrata tomaria o controle do Senado, um resultado que poucos esperavam.

Por outro lado, em algumas campanhas eleitorais particularmente rancorosas, tais como a eleição presidencial de 2012, pessoas tentaram manipular os mercados de previsão no intuito de dar "ímpeto" à sua candidatura preferida, e da mesma forma um *trader* inescrupuloso poderia elevar de repente o preço de uma ação de segunda linha no mercado de balcão (em outras palavras, ações especulativas, de alto risco e baixa liquidez, negociadas fora das Bolsas de Valores). Ainda que isso não tenha um modo prático de afetar o resultado de uma eleição (ao menos, não devido ao pequeno tamanho desses mercados), isso prejudicou por um breve período a utilidade do mercado de previsão antes de se corrigir. No final, no entanto, as pessoas com a previsão mais precisa ganharam mais dinheiro às custas dos manipuladores, tal como a Hipótese dos Mercados Eficientes poderia prever.

Todavia, mercados de previsão são apenas um dos possíveis usos da Hipótese dos Mercados Eficientes. Uma conversa casual que tive com um antigo colega do MIT, o professor de marketing Ely Dahan, levou a uma aplicação inesperada. Ely estava me contando sobre um artigo seu recém-escrito, no qual dizia como inferir as preferências do consumidor a respeito de diferentes bombas de bicicleta através de complexos cálculos matemáticos em cima de pesquisas do consumidor. Pesquisas são essenciais para o marketing, e a prática da amostragem de um grupo representativo de consumidores é incrivelmente complicada e dispendiosa.

Como um economista especializado em mercados financeiros, minha reação era previsível: "Você não pode apenas criar um mercado artificial, onde as diferentes bombas são representadas por títulos diferentes que as pessoas podem trocar e ver qual deles acaba com o preço mais alto." Minha ideia era pedir aos alunos que negociassem ações de empresas hipotéticas de bombas de bicicleta no Sloan Trading Lab, um grande laboratório de informática equipado com mesas de negociação em escala real, torres telefônicas, telas de computador e *feeds* de dados — no qual os estudantes poderiam negociar títulos hipotéticos entre si como parte de nossas aulas de finanças em avaliação e gerenciamento de risco.

Ely ficou cético, e por uma boa razão. Um mercado de previsão paga dinheiro de verdade (ou não) quando o futuro se revela. O dinheiro não era um problema — podíamos criar um mercado de previsão de baixa participação no Trading Lab — mas, no caso, não havia um evento específico que pudesse estar vinculado a uma recompensa, nenhum time ganhando o campeonato ou um candidato vencendo a eleição.

Além de minhas inclinações naturais de economista financeiro, havia duas razões que me faziam confiar naquela abordagem. A primeira foi a Tech Bubble, que ainda não explodira quando Ely e eu tivemos nossa primeira conversa em 1999. As empresas de internet sem receita, vendas, ganhos ou ativos poderiam, no entanto, ser avaliadas, compradas e vendidas no mercado de ações . Se o mercado de ações apresentasse preços para essas empresas "conceito", o mercado de ações poderia avaliar quase qualquer coisa. E se o mercado de ações valorizasse as empresas de *vaporware*, por que não faria o mesmo para os próprios conceitos?

A segunda razão para minha fé nos mercados estava de alguma maneira relacionada à pesquisa que eu estava fazendo sobre mercados artificiais com Tommy Poggio, um professor do Departamento de Ciências Cognitivas e do Cérebro, e dois incríveis estudantes, Nicholas Chan e Adlar Kim. Os quatro estávamos realizando simulações no computador sobre mercados financeiros com algoritmos, utilizando estratégias de negociação muito simples, e conseguimos gerar vários dos padrões que observamos na Bolsa de Valores de Nova York. Ficamos impressionados com a habilidade dos mercados de extrair e integrar as informações entre nossos *traders* simulados. Não foi um grande ato de fé sugerir que um mercado de ações simples, em um ambiente de laboratório com sujeitos humanos que negociassem conceitos uns com os outros, também poderia funcionar. Decidimos colaborar com Ely para testar essas ideias. Nossa abordagem era simples: criamos uma tela de negociação básica baseada na web onde os participantes poderiam comprar e vender ações em empresas fictícias que representavam uma das 11 bombas hipotéticas (Figura 1.4). Ely já havia medido as preferências dos consumidores com questionários detalhados, grupos focais, análise econométrica e outras técnicas de pesquisa de mercado demoradas e dispendiosas. Para os participantes, utilizamos o maior recurso natural da academia: estudantes.

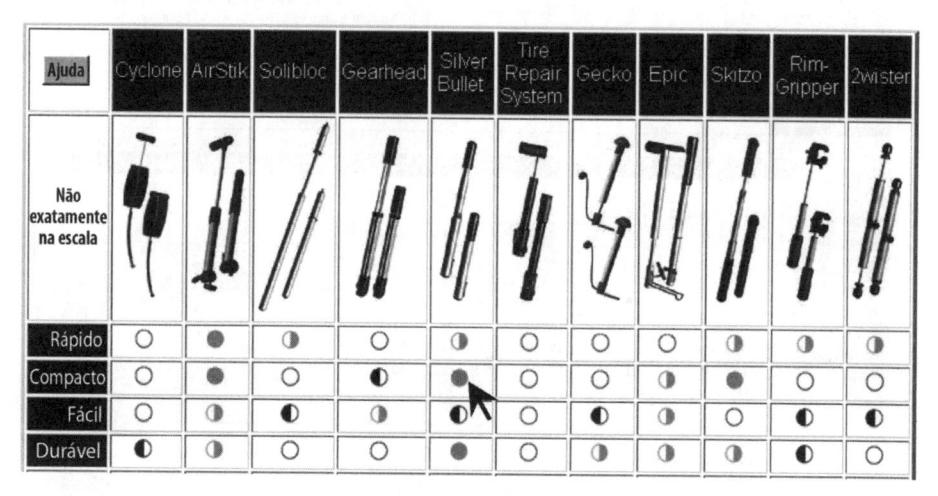

Figura 1.4 Securities Trading of Concepts (STOC) aplicado às preferências dos consumidores de 11 bombas de bicicleta hipotéticas. Fonte: Dahan et al. (2011).

A Figura 1.5 mostra uma captura de tela do site de negociação que construímos para o exercício, que chamamos de "Securities Trading of Concepts", ou STOC, em resumo. Inicialmente, demos a cada um de nossos participantes o mesmo número de ações de cada empresa, e a mesma quantidade de dinheiro no laboratório, para nivelar o campo de jogo entre esses negociantes em ascensão. Quando dissemos "Valendo!", os alunos tiveram aproximadamente cinco minutos para ganhar o máximo de dinheiro possível. Aqueles que obtiveram os maiores lucros durante as breves, mas intensas sessões de negociação, ganharam um vale-presente.

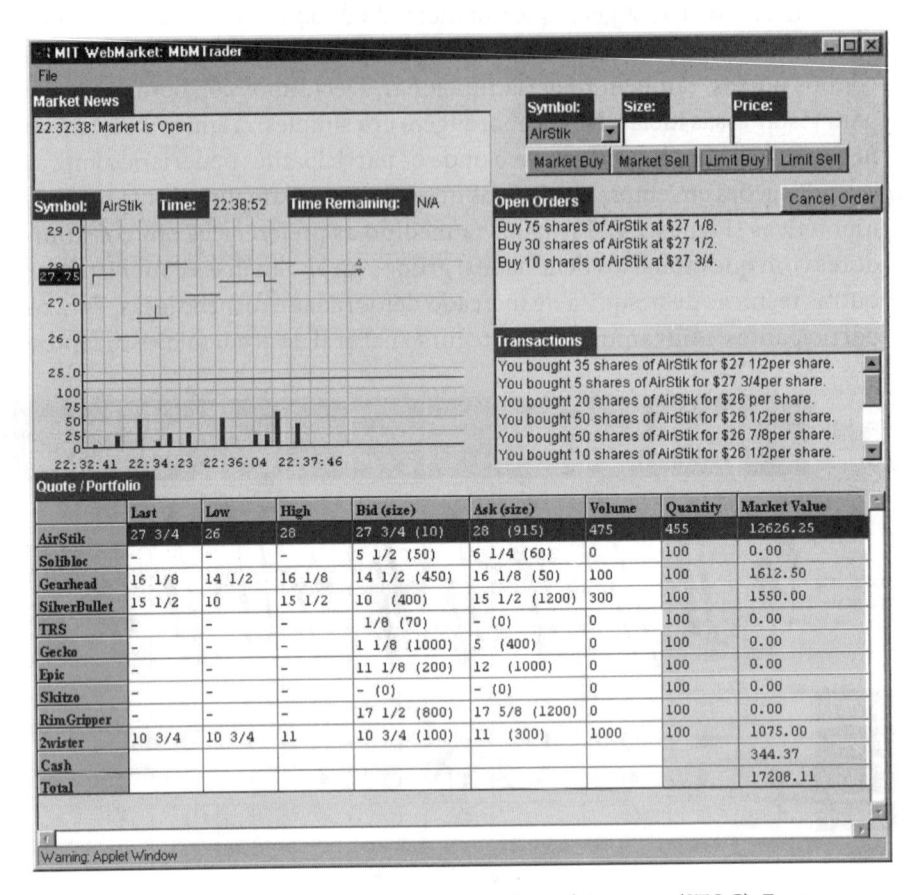

Figura 1.5 Tela de negociações da Securities Trading of Concepts (STOC). Fonte: Dahan et al. (2011).

O que descobrimos nos deixou atônitos. Em dois ou três minutos após iniciadas as sessões, os preços do mercado STOC haviam nitidamente classificado os produtos. Com apenas 28 estudantes em nosso mercado STOC, manipulando algumas poucas centenas de dólares em vales-presente no curso de dez minutos, a correlação entre a classificação do STOC e a da tradicional pesquisa do consumidor foi de 85% (uma correlação perfeita seria de 100%). Em comparação, pesquisas padrão de consumidor normalmente requerem diversas centenas de participantes ao custo de muito dinheiro, e até serem completadas passam-se várias semanas. A sabedoria das multidões aparentemente sai mais barato, ao menos se você usar um mecanismo de mercado para extraí-la.

Ficamos tão surpresos com nosso êxito com as bombas de bicicleta que, de início, não acreditamos nos resultados. Repetimos o experimento com novos sujeitos de teste e obtivemos padrões similares. Ao longo dos dez anos seguintes, elaboramos experiências semelhantes com outros bens de consumo — carros, maletas de laptops, sistemas de videogame — e em cada caso verificamos que aqueles conceitos de negociação proporcionavam informações bastante parecidas aos dos mais caros métodos de mensurar as preferências do consumidor. Finalmente, realizamos uma quantidade de experimentos suficiente para ficarmos convencidos de que não se tratava apenas de sorte e publicamos nosso achado no *Journal of Marketing Research* em 2011.[47]

A partir de experiências como essa, sei que a Hipótese dos Mercados Eficientes é mais que uma teoria acadêmica impraticável. A sabedoria das multidões existe, e graças a Samuelson, Fama, Muth, Lucas e diversos outros economistas podemos compreender como o mercado a providencia. Mercados eficientes são ferramentas poderosas e práticas para agregar informações, e fazem isso mais rapidamente que qualquer alternativa conhecida. Com efeito, um mercado age feito um computador gigante, cujas peças individuais são compostas pelos menores computadores que conhecemos: o cérebro humano.

Por intermédio do poder dos mercados eficientes, podemos reunir informações relevantes para nosso futuro, antecipar todo o potencial das mudanças em nosso ambiente, pois nossas expectativas são racionais e os preços refletem integralmente toda a informação disponível. É exagero dizer que com os mercados eficientes os humanos ultrapassaram as simples ferramentas de pedra, as habitações das cavernas e as sociedades caçadoras? Eu digo que não. Sob diversos ângulos, o *Homo sapiens* transformou a si mesmo, no decorrer dos últimos milênios, no *Homo economicus*, um ser econômico racional, e o moderno mercado financeiro poderia ser a versão contemporânea do andar ereto ou do polegar opositor.

Então, quais são os membros do *Homo economicus* que provocaram a crise da poupança e empréstimo das décadas de 1980 e 1990, a bolha da internet, a crise financeira de 2008 e todas as decisões financeiras estúpidas que fazemos todos os dias?

CAPÍTULO 2

Se Você É Tão Inteligente, Por Que Não Está Rico?

DESCARTANDO O PASSEIO ALEATÓRIO

No outono de 1986, quando eu estava em meu segundo ano como professor-assistente de finanças na Escola Wharton da Universidade da Pensilvânia, recebi um convite para uma palestra. Era meu primeiro convite, e o evento era uma bem conhecida conferência organizada todos os anos pelo NBER (National Bureau of Economic Research). Eu mal sabia onde estava me metendo quando concordei em falar nessa reunião.

Todas as profissões têm seu quinhão de peculiaridades e idiossincrasias. Para alguém com um título de doutor novinho em folha, aquele convite foi um grande negócio. A conferência NBER é um importante encontro de economistas com ideias semelhantes vindos de universidades de todos os EUA. A primeira apresentação em uma conferência é um grande rito de passagem para professores juniores, que ainda não usufruem de um emprego para a vida inteira, conhecido como mandato. O jovem professor faz uma breve apresentação de sua pesquisa original a seus pares. Depois, um orador designado, o "debatedor" — normalmente um acadêmico mais experiente no mesmo campo — ocupa o púlpito para tecer comentários e críticas ao trabalho e, a seguir, abre ao público a oportunidade para perguntas e respostas. Na verdade, tratava-se, para mim, de um grande teste.

A experiência é algo que pode variar de uma espécie de festa de debutante glamourosa a um trote de calouros que deu horrivelmente errado. Se você for bem, pode quase traçar o caminho para lecionar em uma grande universidade; o contrário pode significar frenéticos telefonemas aos *headhunters* de Wall Street — dificilmente um final inglório, mas devastador para aqueles que buscam a vida mais polida de um acadêmico.

Nossa conferência colocaria um leigo para dormir; uma das razões da economia ser conhecida como "ciência sombria". Embora nossas sessões pudessem parecer academicamente cordiais, com tanto conflito e polêmica quanto em um retiro para meditação silenciosa, sob o verniz da civilidade acadêmica havia rancores apaixonados que apenas os iniciados podem apreciar em toda sua plenitude. Insegurança, ciúmes, belicosidade, audácia, exibicionismo, narcisismo e vingança, todas elas figuras proeminentes em um perfil psicológico acadêmico típico. E os professores nada são além de ferozmente competitivos. Em um bem conhecido estudo sobre os níveis médios de testosterona dos homens em diversas profissões, atores e jogadores de futebol americano ocupavam os postos mais altos, seguidos dos médicos, com os professores no quarto lugar, à frente dos bombeiros e vendedores.[1]

A razão pela qual a academia atrai pessoas tão competitivas é simples: um importante aspecto da profissão é demonstrar quão inteligente você é comparado a seus pares. As duas maneiras mais comuns de atingir esse objetivo é vir com uma grande ideia ou destruir a grande ideia de alguém. Claro, o primeiro tem preferência para escalar a carreira acadêmica, mas se você desafiar com sucesso o status quo apontando falhas importantes em um estudo erudito consagrado, isso pode lhe possibilitar subir alguns degraus.

Entretanto, tal desafio deve ser feito com arte, como uma cirurgia a laser, na qual a incisão é precisa, sem sangue e sem deixar cicatrizes. Simplesmente levantar as deficiências no trabalho de outrem não basta; fazê-lo cruamente pode soar como grosseria ou, pior, desespero. A crítica deve ser colocada com um toque aveludado, de modo urbano e educado: "Realmente apreciei ler o estimulante artigo do professor Fulano de Tal, porém (…)" e então baixar o porrete. Quando praticada apropriadamente, a crítica parecerá mais inteligente e perspicaz que os criticados, e o respeito previamente dado ao titular será agora transferido ao desafiante. Rei morto, rei posto.

A título de exemplo, considere o que ocorreu em uma conferência de linguística nos anos 1950. O orador era o bem conhecido filósofo de Oxford, J. L. Austin, que fez a seguinte e curiosa observação: na maioria das línguas modernas uma dupla negativa equivale a uma afirmação positiva ("eu não desgosto de bananas" significa "eu gosto de bananas"), mas em nenhuma língua uma dupla positiva é equivalente a uma negativa. Ele, então, foi expondo com eloquência as várias implicações linguísticas desse fato empírico, e após concluir triunfalmente com a discussão de futuras pesquisas baseadas naquele fato, abriu espaço para as perguntas do público. O primeiro a levantar a mão foi Sidney Morgenbesser, um igualmente distinto filósofo da Universidade Columbia. Morgenbesser aniquilou completamente a apresentação de Austin com apenas duas palavras: "Sim, sim".

De uma só vez, Morgenbesser demonstrou duas coisas: uma falha fatal nos resultados de Austin e seu próprio brilho ao vir com uma improvisada réplica tão perversamente inteligente.[2]

Eu ignorava tudo isso em 1986 enquanto me preparava para falar na NBER. Eu tinha acabado de escrever um artigo de pesquisa com meu coautor e colega Craig MacKinlay, também um professor-assistente em Wharton. Havíamos desenvolvido um novo teste estatístico da Hipótese do Passeio Aleatório de Bachelier, aquela em que o mercado de ações flutuava de modo imprevisível ao longo do tempo. Pretendíamos usar a conferência da NBER para demonstrar a nossos pares nosso traquejo matemático como dedicados economistas financeiros. A academia de finanças tinha sido dominada por métodos e modelos altamente matemáticos por 50 anos, e Craig e eu intencionávamos nos juntar a essa rica tradição. Não tínhamos ideia de que, em vez disso, estávamos prestes a desafiar toda a profissão acadêmica de finanças.

Pelo fato de não se poder conduzir experimentos controlados em economia, exceto em casos em que a sorte sorri — como no exemplo das divisões de ações que a FFJR explorou no Capítulo 1 —, testar ideias na economia não tem as mesmas possibilidades de realização das ciências exatas. Nossa segunda melhor abordagem era realizar um teste estatístico. Simulamos que uma determinada hipótese é verdadeira — que os cientistas chamam de *hipótese nula* — e então perguntamos quais as chances de ver o que realmente acontece dado o pressuposto. Se a resposta for "muito improvável", decidimos que a hipótese nula é implausível e então devemos rejeitá-la. Porém, normalmente necessitamos de várias observações para chegar a aquela decisão. Isso é o que coloca as "estatísticas" nos testes estatísticos.

A maior parte dos novos resultados científicos é proveniente de uma nova inflexão em seus métodos — não fosse assim, os resultados já teriam sido descobertos, ou é o que a lógica afirma — e nosso teste da Hipótese do Passeio Aleatório não foi uma exceção. Nós exploramos um fato econômico esotérico a respeito dos passeios aleatórios: a amplitude de suas flutuações aumenta proporcionalmente ao total de tempo decorrido entre o início e o término.[3] Quando se pensa nisso, faz sentido. Mentalize um desafortunado motorista embriagado tentando caminhar em linha reta no teste de sobriedade. À medida que ele cambaleia ao longo da linha reta, sob o olhar atento do policial, ele tem em média duas vezes a flutuação geral em sua caminhada em dois minutos, como teria em um minuto. Mais tecnicamente falando, se você medir a variância de um passeio aleatório em um intervalo de dez dias, onde "variância" é uma maneira matematicamente precisa de medir essas flutuações, terá dez vezes a variância de um intervalo de um dia.

Do ponto de vista financeiro, o que isso significa? Desde o desenvolvimento da teoria do portfólio de Harry Markowitz, em 1952, a maioria dos investidores equipara a variação do preço de uma ação ao seu risco. Em outras palavras, quanto mais titubeantes forem as ações no mercado, maior o risco. Mas a caminhada de bêbado dos preços das ações conduzem a uma conclusão decepcionante para os investidores de longo prazo. Se os preços das ações seguem um rumo aleatório, a matemática da variância significa que o risco de investimento aumentará *pari passu* à duração do período de investimento.[4]

Nosso teste da Hipótese do Passeio Aleatório visava checar esse relacionamento: seria a variância dos retornos de duas semanas das ações exatamente duas vezes a variância dos retornos semanais? Aplicamos nosso teste em dados reais: um índice de mercado de ações amplo, de 6 de setembro de 1962 a 26 de dezembro de 1985 — mais de 20 anos de dados.

Quando verificamos os resultados, mal podíamos acreditar no que havíamos encontrado.

Os resultados mostravam que a variância dos retornos de duas semanas eram três vezes a variância dos retornos semanais, e não duas vezes, como previsto pela Hipótese do Passeio Aleatório. Era como se o infeliz motorista bêbado fosse se complicando mais com o decorrer do tempo. E isso não foi falha dos dados. Quais seriam as chances de observar esse tipo de relacionamento se as ações realmente seguissem uma caminhada aleatória? Foi aqui que o poder das estatísticas entrou em jogo. Com base em nossos cálculos, as chances de nossos resultados acontecerem por acaso foram de aproximadamente 3 em 100 trilhões.[5] Isso não é lá muito provável — cerca de 40 milhões de vezes menos provável do que a chance de você ser atingido por um raio este ano (que é de uma em 775 mil, de acordo com o Serviço Meteorológico Nacional dos EUA).

Ao ver isso, Craig e eu não nos cumprimentamos por haver encontrado resultados que sugeriam que era possível bater o mercado. Nosso primeiro pensamento foi: "Cometemos um erro de programação?" Cada um de nós reescreveu nossos programas a partir do rascunho. E por duas vezes. E em cada vez, o mesmo resultado. Se tivéssemos tido mais tempo para digerir as implicações de nossos números, provavelmente não teríamos apresentado o artigo naquela conferência do NBER, mas tínhamos um prazo. Enviamos um esboço de nosso trabalho para nosso apresentador, um economista financeiro sênior e respeitado escolhido pelos organizadores da conferência em virtude de sua experiência em nossa área de pesquisa.

A conferência começou sem incidentes. Craig e eu decidimos que eu seria o único a fazer a apresentação, e ele estaria na plateia para o apoio moral. Primeiro, apresentei a análise matemática, e nos últimos minutos de meu tempo, relatei os resultados do teste (veja a Tabela 2.1).

Tabela 2.1
Teste de proporção da variância da Hipótese do Passeio Aleatório utilizando o índice ponderado de retorno de ações semanal de 6 de setembro de 1962 a 26 de dezembro de 1985.

Período de Tempo	Número nq da base de observações	Número q da base de observações agregada para formar a proporção da variância			
		2	4	8	16
A. Índice de Peso Igual CRSP NYSE-AMEX					
6 Set 1962–26 Dez 1985	1216	1,30 (7,51)*	1,64 (8,87)*	1,94 (8,48)*	2,05 (6,59)*
6 Set 1962–1 Mai 1974	608	1,31 (5,38)*	1,62 (6,03)*	1,92 (5,76)*	2,09 (4,77)*
2 Mai 1974–26 Dez 1985	608	1,28 (5,32)*	1,65 (6,52)*	1,93 (6,13)*	1,91 (4.,7)*
B. Índice de Valor Ponderado CRSP NYSE-AMEX					
6 Set 1962–26 Dez 1985	1216	1,08 (2,33)*	1,16 (2,31)*	1,22 (2,07)*	1,22 (1,38)
6 Set 1962–1 Mai 1974	608	1,15 (2,89)*	1,22 (2,28)*	1,27 (1,79)	1,32 (1,46)
2 Mai 1974–26 Dez 1985	608	1,05 (0,92)	1,12 (1,28)	1,18 (1,24)	1,10 (0,46)

Fonte: Lo e MacKinlay (1988).

Sentei-me e o comentarista assumiu o púlpito. Na forma consagrada pelo costume, ele iniciou com o obrigatório "Gostei muito de ler o artigo estimulante de Lo e MacKinlay", e então deixou cair o martelo, "mas (...)."

Porém, ele continuou de um modo inusitado, como comentaristas jamais continuam, e com tranquila confiança afirmou que "os autores devem ter cometido um erro de programação em suas computações empíricas, uma vez que tais resultados implicariam em enormes oportunidades de lucro nos mercados acionários dos EUA."

Há muitas maneiras de insultar oradores em conferências, mas acusá-los de erros de programação equivale a chamar suas mães de uma palavra de quatro letras. Naquele fórum não há como refutar tal acusação além de dizer: "Não, nós não fizemos!", e o debate depende da credibilidade do queixoso contra o réu. Éramos dois professores assistentes, ainda crus e sem reputação para rebater, então aquilo era tão equilibrado quanto uma briga entre Mike Tyson e seu massagista.

E não parou por aí. Nosso comentarista, então, esfregou sal na ferida utilizando as implicações de nossos resultados para prever os preços das ações — como se não tivéssemos pensado nisso, ou pior, não pudéssemos. Ele concluiu que nossos resultados eram impossíveis: tal previsibilidade não poderia existir, senão alguém mais já a teria detectado — um tema recorrente na escola de pensamento da Hipótese dos Mercados Eficientes. Traduzido do discurso acadêmico para a fala simples, o que ele estava dizendo era: "Se você é tão inteligente, por que não está rico?"

Fiquei mudo, sem encontrar palavras. Eu jamais havia sofrido uma afronta como aquela em minha curta carreira na academia. O que eu poderia ter dito, se fosse mais temerário (e tivesse mais status) seria a resposta que o economista Lawrence Summers deu à mesma pergunta que um raivoso banqueiro lhe fez após discorrer sobre a imposição de impostos sobre transações com valores mobiliários. De bate pronto, Summers rebateu: "Bem, deixe-me lhe fazer uma pergunta: Se você é tão rico, por que não é inteligente?"

Mas, claro, eu não disse tal coisa. Após replicar com "Não, nós não cometemos erros de programação", olhei para Craig para ver se ele acrescentava algo mais. Com o rosto vermelho de raiva e os lábios trêmulos, repetiu que não havia erro algum em nossa programação. À medida que os demais participantes da conferência absorviam o que estava acontecendo, um silêncio extremamente desconfortável foi tomando conta do recinto.

Encerrada a reunião, diversos colegas lamentaram aquela injustificada agressividade. Aqueles que nos conheciam disseram que provavelmente estávamos certos. Passaram-se várias semanas, contudo, antes de recebermos a confirmação de outros participantes que, inspirados nos fogos de artifício lançados em nossa sessão, decidiram tentar replicar nossos resultados com o mesmo conjunto de dados que usamos.

Como sabíamos que aconteceria, nossos resultados resistiram ao escrutínio da profissão. Nosso artigo foi publicado em um periódico acadêmico recém-lançado e, por fim, ganhou um prêmio.[6] Até recebemos uma carta de nosso comentarista alguns meses depois, reconhecendo o significado de nossas descobertas — algo o mais próximo de um pedido de desculpas que se pode esperar neste negócio. Quem diria que as finanças acadêmicas pudessem ser tão emocionantes?

RISCO VERSUS INCERTEZA E O PARADOXO DE ELLSBERG

Em nosso artigo, Craig e eu inadvertidamente tocamos em um terceiro trilho da profissão de economista: o pressuposto da racionalidade econômica, aquele *Homo economicus* que se tornou a espécie dominante da humanidade. Entretanto, ao mesmo tempo que Craig e eu estávamos rejeitando a Hipótese do Passeio Aleatório, um outro grupo de acadêmicos ocupava-se em rejeitar a racionalidade do mercado a partir de diferentes direções. Esse grupo nunca pressupôs que as pessoas fossem racionais. Eles já haviam se deparado com vários experimentos, nos quais pessoas inteligentes tomavam incríveis más decisões, para acreditarem que o *Homo economicus* era qualquer outra coisa, mas não um postulado econômico.

Chame esses hereges de comportamentalistas. Alguns eram psicólogos e outros até se diziam economistas, mas todos eram estranhos à ortodoxia econômica. Sua pesquisa descobriu formas novas e consistentes de comportamento irracional em todos os ambientes em que os humanos tomaram decisões. E tais comportamentos não apenas eram irracionais, como muitos deles levaram a resultados obviamente indesejáveis para o bem-estar econômico de um indivíduo.

Segundo os comportamentalistas, qualquer modelo de comportamento do investidor que depende do pressuposto de que os indivíduos fazem escolhas racionais está, simplesmente, errado — em especial a Hipótese dos Mercados Eficientes. A sabedoria das multidões depende de que os erros dos investidores individuais anulem-se uns aos outros. Todavia, se todos nós exibirmos certos padrões comportamentais que são consistentemente irracionais de uma mesma maneira, às vezes os erros não se anulam. Se você usa uma balança de banheiro defeituosa com viés para cima, a média de suas pesagens em várias leituras nela não lhe dará uma medida mais precisa de seu peso. No caso do comportamento irracional dos investidores, os erros podem compor-se através dos indivíduos, substituindo a sabedoria pela loucura das multidões. Uma manifestação dessa loucura é a violação da Hipótese do Passeio Aleatório que Craig e eu descobrimos. Mas há muitas outras manifestações.

Uma das primeiras rachaduras na visão ortodoxa da racionalidade do mercado vem do mundo dos grandes riscos da Guerra Fria. A RAND Corporation é um lendário — alguns diriam notório — *think tank* (organizações que produzem e difundem conhecimentos estratégicos) sediado em Santa Mônica, Califórnia. A RAND foi fundada em 1948 para manter a estreita relação entre pesquisa científica e planejamento militar que se desenvolveu durante a II Guerra Mundial.[7] Como o principal instituto de pesquisa tecnológica do país, a RAND atraiu "os melhores e mais brilhantes" acadêmicos em uma ampla variedade de campos científicos, e os pôs a trabalhar em cima dos problemas mais prementes da Guerra Fria. A RAND inovou ao incluir os economistas em sua mistura científica. De fato, 22 vencedores do Prêmio Nobel em Economia trabalharam na RAND Corporation ao longo dos anos.

Um entre os brilhantes jovens economistas da RAND era um homem incomum chamado Daniel Ellsberg. Antigo comandante de companhia do Corpo de Fuzileiros Navais dos EUA, Ellsberg voluntariou-se para servir naquela instituição militar durante uma graduação *summa cum laude* (maior qualificação possível em um título) em Harvard, à qual retornou para apresentar seu trabalho de conclusão de curso após cumprir seu dever. Problemas no comando e o aumento das tensões da Guerra Fria estimularam os interesses acadêmicos de Ellsberg. Como membro da Harvard, Ellsberg deu uma série de palestras populares na Biblioteca Pública de Boston sobre as decisões políticas tomadas sob as incertezas da Guerra Fria. Dramaticamente intituladas *The Art of Coercion* ("A Arte da Coerção", em tradução livre) e transmitidas radiofonicamente pela WGBH, as palestras de Ellsberg sedimentaram sua reputação como teórico e intelectual público na questão.[8]

A mistura de acadêmico e soldado de Ellsberg provou-se irresistível para a RAND Corporation, não obstante seu discreto histórico de publicações e seu doutorado inacabado. Em 1959, foi contratado pela RAND, sendo logo imerso nos detalhes do planejamento estratégico da guerra nuclear. Naquele ambiente abafado, Ellsberg era um conversador habilidoso que amava um papo informal, descompromissado, em um seminário ou com alguém, mas seus colegas frustrados o exortaram a escrever seus resultados no estilo acadêmico. Ellsberg finalmente produziu um artigo curto, mas brilhante — "Risco, ambiguidade e os axiogramas selvagens" —, que constituiu o cerne de sua longa tese de doutorado de Harvard.[9] Ele apontou uma falha importante na forma como seus colegas teóricos entendiam o risco por intermédio de um experimento mental maravilhosamente simples, que eu apresento na minha aula MBA de Administração Financeira todos os anos com grande efeito.

Imagine o seguinte jogo. Sobre uma mesa de cassino há uma elegante urna de bronze contendo 100 bolas, 50 vermelhas e 50 pretas. Você é solicitado a escolher uma cor. Sua escolha é registrada, mas não revelada a ninguém, após o que o assistente do cassino tira aleatoriamente uma bola da urna. Se a cor que escolheu for igual à cor da bola, você ganha $10.000. Se não for, você não ganha nada.

Suponha que lhe seja permitido jogar só uma vez. Qual cor você preferiria e qual o valor máximo que pagaria para jogar? Quando eu questiono meus alunos de MBA, eles geralmente mostram um ligeiro preconceito em favor do vermelho (verifica-se que o vermelho é psicologicamente mais atraente do que o preto, pelo menos aqui nos Estados Unidos), mas muito rapidamente um aluno exclamará que não importa porque as chances são de 50 a 50, o que, claro, é correto. E quanto ao lance para entrar no jogo, apenas para ver o que o hipotético mercado suportará, diversos estudantes oferecem no máximo $5.000, o valor esperado da recompensa do jogo (você recebe $10.000 ou nada com a mesma probabilidade, então, a média seria de $5.000).

Agora imagine um segundo jogo, mas com uma segunda urna contendo 100 bolas em proporções desconhecidas. Nela pode haver 100 bolas pretas e nenhuma vermelha, o inverso, ou qualquer número entre os dois extremos. Suponha que jogamos exatamente da mesma forma que o jogo anterior, mas usando essa outra urna.

Quando pedi os lances aos meus alunos para essa segunda versão do jogo, vieram muito menos, e somente, e tipicamente, uns poucos acima de $4.500. Ao perguntar aos estudantes a razão de tão poucos deles estarem dispostos a fazer lances, eles responderam, sem hesitação, que não se sentiam confortáveis com o jogo, pois não tinham ideia alguma de quais eram as chances. Os alunos se predispunham a aceitar riscos, mas não a jogar quando há incerteza sobre o risco. Mas veja, "risco" e "incerteza" orbitam o mesmo campo semântico — então, como podemos ter incerteza sobre o risco?

Quando perguntei aos intrépidos alunos que propuseram lances acima de $4.500 por que o fizeram, responderam que, na opinião deles, as chances eram idênticas às do jogo anterior. Mas como isso poderia ser, pois avisei que não havia informação alguma sobre a proporção de bolas pretas e vermelhas nesse caso? Uma estudante particularmente perspicaz explicou que havia 101 possíveis escolhas para a proporção de bolas pretas com relação às vermelhas: 100/0, 99/1, 98/2, e todo o caminho até 1/99, 0/100. Considerando que ela não tinha razão alguma para pensar que qualquer uma dessas escolhas fosse mais provável que a outra, deu-lhes o mesmo peso. Ao computar a média de opções esperadas através de todas as realidades alternativas, ela chegou a um valor esperado de $5.000, o mesmo de antes.

A essa altura, diversos outros estudantes da classe balançaram vigorosamente as cabeças, em desacordo. Quando lhes perguntei por que, um deles, muito cético, argumentou que essa lógica não pressupunha nenhuma informação. Se eu estiver jogando contra esse aluno, então ele não deve contar comigo para escolher a distribuição de vermelho e preto para reduzir deliberadamente suas chances de estar correto? Por exemplo, ele apontou que estou ciente do ligeiro viés a favor do vermelho na quantidade em geral. Essa é certamente uma informação que eu poderia usar contra ele.

Repliquei que sim, eu poderia tentar fazer isso, mas ele também não estava ciente desse viés? Sendo assim, como eu sei que ele não fará sua escolha para me colocar em desvantagem? E quanto ao fato de eu saber que ele sabe sobre esse viés? E agora, depois de ter explicado isso, ele sabe que sei que ele sabe que eu sei. E assim por diante. No momento em que nos esgotamos por esse corredor mental de espelhos tentando superar uns aos outros, fica mais claro que a segunda versão do jogo não é diferente da primeira.

Na realidade, ambas as versões têm exatamente as mesmas chances, 50/50, e depois de desfiar todos os argumentos de por que isso tem que ser verdadeiro, pergunto à classe mais uma vez quantas pessoas estariam dispostas a pagar o mesmo valor para jogar ambas as versões do jogo. Mesmo após toda aquela discussão, apenas alguns estudantes levantam a mão. Quando pergunto aos que não levantaram a mão por que não, eles admitem, embaraçados, que simplesmente não se sentem confortáveis fazendo isso.

Esse é exatamente o ponto do exercício, que chamamos de *Paradoxo de Ellsberg*; após o seminal artigo de Ellsberg. Pensar não é o mesmo que sentir. Você pode pensar que os dois jogos têm chances iguais, mas você simplesmente não sente o mesmo sobre eles. As pessoas não têm problemas em assumir riscos nas atividades cotidianas, mas quando há alguma incerteza sobre esses riscos, elas imediatamente se tornam mais cautelosas e conservadoras. O medo do desconhecido é um dos tipos de medo mais potentes que existe, e a reação natural é afastar-se o máximo possível dele (como vimos na Introdução). Isso pode não ser matematicamente correto, mas é parte da natureza humana. Na verdade, é algo tão arraigado em nós que posso executar o mesmo experimento aula após a aula com a expectativa de receber a mesma resposta todos os anos. Experimente você mesmo e veja o que acontece. Tal viés comportamental pressagia um *insight* importante sobre o surpreendente elo entre emoção e racionalidade que exploraremos no Capítulo 4.

Quase um século atrás, o economista Frank Knight apresentou uma distinção útil entre risco e incerteza no léxico econômico: ele chamou de "risco" a espécie de aleatoriedade que pode ser medida ou quantificada, e chamou de "incerteza" a espécie de aleatoriedade que não pode.[10] A roleta, "blackjack" ou loteria são exemplos do risco Knightiniano. Encontrar vida inteligente fora do sistema solar, explorar a fusão como uma nova fonte de energia, ou sobreviver a uma guerra nuclear com a Rússia são exemplos da incerteza Knightiniana. (A própria distinção de Ellsberg entre risco e incerteza pode tê-lo levado a vazar os artigos do Pentágono da segurança ultrassecreta da RAND Corporation para as páginas do *New York Times* durante a guerra do Vietnã).

Knight redefiniu risco e incerteza por razões totalmente práticas: queria explicar por que alguns empreendedores fazem tremendas fortunas com seus negócios, enquanto outros meramente sobrevivem de um dia para o outro. A resposta de Knight era simples. Para atividades com risco Knightiniano, nos quais o elemento aleatório do negócio era passível de mensuração, ele seria mensurado, e as forças da concorrência acabariam por levar o excesso de lucros ladeira abaixo até zero, uma vez que esse negócio em particular se tornou comoditizado. No entanto, para as atividades que enfrentam a incerteza Knightiniana — por exemplo, as que utilizam tecnologias completamente novas e não comprovadas — não há maneira fácil de comoditizar o negócio, uma vez que, por definição, a aleatoriedade não pode ser quantificada. Essas varáveis desconhecidas não conhecidas fazem com que a maioria retire-se do jogo. Porém, essas são também as circunstâncias em que se fazem os bilionários. Mark Zuckerberg e Facebook vêm à mente. Quais eram as chances de que as redes sociais seriam um sucesso comercial nos dias pré-Facebook? Como você teria estimado tais probabilidades sem histórico ou dados prévios? A natureza humana simplesmente não nos permite ver a incerteza com indiferença. A fortuna favorece os bravos, e os preços de mercado refletem nossa tendência inata para evitar a incerteza.

SENTE-SE MAIS A DOR DA DERROTA QUE O PRAZER DA VITÓRIA

A distinção entre risco e incerteza pode, a princípio, parecer sutil, mas vieses mais sutis ainda estão entranhados em nossa psique. Dois psicólogos experimentalistas, Daniel Kahneman e Amos Tversky, ambos alheios à economia, construíram suas carreiras estudando esses vieses, e com isso mudaram radicalmente o modo como os cientistas enxergavam o processo humano de tomada de decisão. Kahneman e Tversky formaram uma das grandes parcerias científicas da era moderna. Eles trabalhavam tão estreitamente que poderiam aleatoriamente escolher qual autor apareceria primeiro nos créditos de suas publicações jogando cara ou coroa — um método inteiramente coerente com o foco de suas pesquisas: tomar decisões na incerteza.

Ambos tiveram experiências nas Forças de Defesa israelitas que os predispuseram a essa área de pesquisa. Quando jovem, Kahneman ajudou a elaborar o processo de triagem de recrutas para as unidades de combate de Israel, enquanto Tversky foi um herói de guerra que, em 1956, resgatou um soldado preso a um dispositivo explosivo e foi condecorado por sua bravura. Em um seminário de pós-graduação, em Jerusalém, no final da década de 1960, os dois homens decidiram colecionar exemplos de erros humanos no julgamento matemático, erros que divergiram flagrantemente da solução "racional". Tornou-se óbvio para eles que, quando confrontadas com escolhas econômicas com resultados incertos, as pessoas tinham vieses peculiares, mas sistemáticos, em seu comportamento. Kahneman e Tversky começaram a testar esses vieses *sistemáticos* em uma configuração experimental.

Do ponto de vista financeiro, um dos mais importantes vieses é denominado *aversão ao risco*. Quando fazemos escolhas envolvendo resultados arriscados, a maioria de nós dá maior peso às perdas do que aos ganhos. Temos muito mais aversão a perder em uma situação arriscada do que a matemática simples poderia prever. A aversão à perda está tão incorporada em nosso comportamento que temos dificuldade de percebê-la. Kahneman e Tversky trouxeram esse fato à luz despojando implacavelmente o comportamento até quase desnudá-lo por completo em uma configuração experimental. O exemplo a seguir é uma versão ligeiramente modificada de um experimento que Kahneman e Tversky conduziram em Stanford e que eu uso em minhas aulas — na minha versão, os prêmios foram aumentados em vários graus de magnitude, uma vez que o grupo de estudantes com quem trabalho é principalmente de MBAs, e eles estão acostumados a lidar com números maiores.[11]

Suponha que você esteja avaliando duas oportunidades de investimento: uma escolha entre Alfa Ltd. e Bravo Inc. A Alfa garante um lucro de $240.000, enquanto a Bravo é mais uma aposta, obtendo $1 milhão com uma probabilidade de 25%, mas $0 com 75% de probabilidade. Entre Alfa e Bravo, qual seria sua opção? Matematicamente falando, a Bravo tem um *valor esperado* (um termo de matemática para a média) de $250.000, maior do que o retorno da Alfa, mas isso pode não ser o mais significativo para você, já que poderá receber $1 milhão ou nada, não o valor esperado.

Parece não haver uma resposta certa ou errada aqui. Em nenhum dos casos você perderá dinheiro. A escolha é simplesmente uma questão de sua maior ou menor tolerância pessoal ao risco.

Confrontadas com essa escolha, a maioria das pessoas prefere Alfa, a coisa certa, à Bravo, a opção mais arriscada, a despeito do fato de que a Bravo oferece uma chance significativa de ganhar consideravelmente mais. Essa é a ilustração clássica da aversão ao risco — um pássaro na mão é melhor que dois voando. Esse tipo de aversão foi compreendido desde o século XVIII (e primeiramente articulado pelo grande matemático suíço Daniel Bernoulli). A explicação econômica padrão é que não pensamos em dinheiro de uma forma direta, mas em termos de sua utilidade para nós. À medida que vamos ficando mais ricos, a utilidade de cada unidade monetária a mais cai ligeiramente — o suficiente para que uma chance de 25% de ganhar um bom milhão de dólares com a Bravo valha, no geral, menos a pena do que os seguros $240.000 com a Alfa.

Vamos agora experimentar uma variação desse tema. Considere dois outros tipos de oportunidade de investimento, Charlie Company e Delta Corporation. Charlie trará um prejuízo certo de $750.000, enquanto a Delta tem 25% de probabilidade de não ter prejuízo algum e 75% de probabilidade de ter um prejuízo de $1 milhão. Em ambas, o valor esperado é o mesmo, um prejuízo de $750.000. Qual você escolheria agora?

Entre essas duas opções, a maior parte dos alunos de MBA reagiu da maneira prevista: "Não, obrigado, não estou interessado em nenhuma delas." Porém, há um bocado de situações reais no mundo em que nos deparamos com duas más escolhas e temos que optar pelo menor dos dois males. Qual deles é o mal menor? Para a maioria das pessoas, a resposta é Delta. Quando instadas a justificar a opção, a resposta típica é: "Porque há uma chance de eu me dar bem, enquanto com Charlie a perda é certa."

A escolha é surpreendente, uma vez que é exatamente o oposto do comportamento que poderíamos prever a partir do exemplo anterior. Delta oferece exatamente a mesma expectativa de perdas que Charlie, mas também contém o maior risco — e ainda assim as pessoas preferem a opção mais arriscada. Elas se tornam buscadoras de risco, não evitadoras de riscos. O que aconteceu com "um pássaro na mão é melhor que dois voando?" Quando se trata de perdas, a maioria das pessoas está disposta a assumir riscos muito maiores para evitá-las, mesmo que esses riscos não sejam compensados por possíveis maiores lucros. Aparentemente, um espinho na mão vale muito menos do que a possibilidade de muitos espinhos na roseira, ainda mais se essa possibilidade também incluir uma chance de nem mesmo se espetar.

Por que a aversão à perda deve ser interessante para alguém que não seja acadêmico? Porque esse comportamento é especialmente contraproducente em um contexto financeiro. Para entender a razão, aproveite a combinação de Alfa e Delta, as duas escolhas preferidas pela maioria. Este par é equivalente a um único investimento que paga $240.000 com probabilidade de

25% e perde $760.000 com 75% de probabilidade (Alfa com certeza rende $240.000 e, com probabilidade de 25%, a Delta não perde nada, caso em que os $240.000 são seus, mas com 75% de probabilidade, a Delta perde $1 milhão, caso em que seus ganhos totais são $240.000 menos $1 milhão resultando em uma perda líquida de $760.000). Agora compare isso com a combinação menos popular, Bravo e Charlie. Isso paga $250.000 com 25% de probabilidade e perde $750.000 com 75% de probabilidade. O par Bravo/Charlie oferece as mesmas probabilidades de ganhar e perder, mas quando você ganha, você ganha $250.000, não $240.000; e quando você perde, você perde $750.000, e não $760.000.

Em outras palavras, Bravo/Charlie paga $10.000 mais que Alfa/Delta na situação favorável, e custa a você $10.000 a menos na situação desfavorável. Na verdade, Bravo/Charlie é matematicamente equivalente a Alfa/Delta mais $10.000 em dinheiro. E então, você ainda fica com Alfa/Delta? Sim? Bem, entre em contato com a editora imediatamente para que possamos ajudá-lo com suas necessidades de investimento. Claramente, a escolha racional é Bravo/Charlie. Quando a decisão é colocada em termos claros, todos escolherão Bravo/Charlie e não Alfa/Delta, mas somente quando a decisão for enquadrada dessa maneira particular.

Por seu trabalho em documentar esses efeitos de enquadramento e muitas outras saídas da racionalidade, Kahneman recebeu o Prêmio Nobel de Economia em 2002 — Tversky morreu em 1996 (o Prêmio Nobel não é indicado postumamente). Isso representou um excelente trabalho para dois não economistas.

Isso posto, devo dizer-lhe que meus estudantes de MBA odeiam esse exemplo. As mãos disparam imediatamente depois de mostrar-lhes quão irracionais eram. A reação típica é de indignação: "Isso não é justo! Quando você nos apresentou Alfa e Bravo, não nos falou sobre Charlie e Delta!"

Eu, geralmente, respondo de duas maneiras. Primeiro, a vida *não é* justa, e você já pode ir se acostumando com isso. Em segundo lugar, esse exemplo não é tão planejado quanto você pensa. Em uma organização multinacional — o tipo de instituição na qual os estudantes de MBA mais ansiosos sonham em trabalhar —, o escritório de Londres pode ser confrontado com Alfa versus Bravo e o de Hong Kong com Charlie versus Delta. Embora localmente possa não parecer uma resposta certa ou errada, as contas globalmente consolidadas da empresa contarão uma história muito diferente. Dessa perspectiva, há claramente uma resposta correta e uma errada, e tendemos a escolher a resposta errada com mais frequência do que a certa.

POKER TEXANO, *TRADERS* INESCRUPULOSOS E REGULADORES

Jogadores profissionais conhecem estas verdades há longo tempo. O poker é muito mais um jogo de habilidade do que um jogo de azar, mas os jogadores sérios de poker estabelecem rotineiramente limites rigorosos sobre como eles jogam — no montante que arriscam, no tamanho de cada "mão", quanto tempo ocuparão a mesa e quanto podem perder antes de se afastarem. A chave para seu comportamento é que eles estabelecem esses limites antes de se sentarem para jogar e obedecem a eles, independentemente de como se sentem quando atingem um deles. Todas essas regras destinam-se a contrariar os preconceitos comportamentais intrínsecos da Mãe Natureza, que é apostar a fazenda quando você está por baixo, e pegar o dinheiro e correr quando estiver por cima.

Essa predisposição é o que faz uma forma de poker como o Texano, no qual não há limites, ser tão perigoso e, portanto, emocionante. Em um jogo sem limite, um jogador pode aumentar a aposta em qualquer quantia que tenha disponível. Isso pode ter consequências desastrosas, mesmo para profissionais. A tentação de entrar com tudo pode ser extremamente forte. Por exemplo, na quarta temporada do "reality show" *High Stakes Poker*, o bilionário CEO Guy Laliberté e o jogador profissional David Benyamine criaram uma "mão" de $1.227.900 depois que Benyamine entrou. "Espero que essa mão não represente minha vida", Benyamine disse nervosamente. Mas é claro que sim. Vários momentos muito tensos transcorreram, com um resultado inesperado: Laliberté negociou generosamente a "mão" de volta, tirando Benyamine do sufoco e mantendo apenas $238.900 para ele. Bom trabalho, se você conseguir.

Os *traders* de Wall Street compreendem muito bem esses aspectos humanos. A primeira coisa que um *trader* júnior aprende é "corte suas perdas e surfe em seus ganhos." Em palavras mais diretas, se estiver perdendo, lute contra a tendência de ser um buscador de risco; e se estiver ganhando, evite ao máximo a predisposição de exagerar na aversão ao risco. Isso soa como um conselho simples, mas é surpreendentemente difícil de seguir, especialmente no calor do momento quando você sofre perdas substanciais.

Isso nos traz à lembrança a triste história de Jérôme Kerviel, um *trader* júnior de derivativos do proeminente banco francês de investimento Société Générale. Em janeiro de 2008, Kerviel custou à instituição €4,9 bilhões em prejuízos com suas negociações, que ele supostamente escondeu de seus superiores usando seu extenso conhecimento de back-office e sistemas de contabilidade da empresa. O Société Générale afirmou que Kerviel começou a ocultar suas perdas — que eram bastante modestas no início — no final de 2006, porém, quando a fraude foi descoberta, mais de um ano depois, havia acumulado investimentos não autorizados de mais de $70 bilhões que tiveram que ser liquidados com um prejuízo substancial.[12]

Embora o Société Générale tenha divulgado os detalhes de como esse jovem *trader* conseguiu construir uma posição tão desproporcional sem ser pego, Kerviel contestou as alegações.[13] A psicologia de tais patologias não é difícil de reconstruir. Uma perda inicial faz com que um *trader* inexperiente entre em pânico. Em vez de assumir a perda ao liquidar a posição, ele toma a rota psicologicamente menos dolorosa e aumenta sua aposta com a esperança de uma reviravolta dos mercados que o favoreça. Esse é um erro de iniciante chamado de "dobrar para baixo", por razões óbvias, e é exatamente o oposto de "cortar suas perdas." Mas, às vezes, duplicar a aposta realmente funciona, e o *trader* fica muito aliviado por ter evitado o abismo. Se isso acontecer, fica a lição errada: vale a pena "dobrar para baixo" em face de um prejuízo. Na próxima vez que perder dinheiro — e sempre há a próxima vez — ele duplicará novamente, só que desta vez não funcionará e suas perdas se tornarão ainda maiores. O que fazer? Nessa altura, assumir a perda já não é uma opção, porque sua decisão de duplicar certamente o fará ser demitido, se não algo pior.

Esse é o Rubicão, o crítico "ponto sem retorno" em que um jovem *trader* confuso, bem intencionado e assustado torna-se um criminoso. Embora ele saiba que está errado, é muito menos doloroso ocultar o prejuízo o melhor que ele puder e dobrar a aposta novamente; esperando um milagre dos céus para que tudo seja perdoado. Essa lógica deturpada do pânico se autorreforça recorrentemente, nunca termina. É assim que pequenas perdas podem rapidamente virar uma bola de neve catastrófica de multibilhões. Kerviel pode ter sido um *trader* inescrupuloso, causador de enormes prejuízos, mas isso não significa exclusividade. Antes de Kerviel, houve Kweku Adoboli (UBS, 2011, $2.3 bilhões de prejuízo), Boris Picano-Nacci (Caisse d'Epargne, 2008, €751 milhões de prejuízo), Chen Jiulin (China Aviation Oil, 2005, $550 milhões de prejuízo), John Rusnak (Allied Irish Banks, 2002, $691 milhões de prejuízo), Yasuo Hamanaka (Sumitomo, 1996, $2.6 bilhões de prejuízo), Nick Leeson (Barings, 1995, £827 milhões de prejuízo), e muitos outros antes deles.

Aversão a perdas aplica-se não somente a *traders* e investidores, mas a qualquer um que se veja na condição de escolher entre uma perda certa e uma alternativa mais arriscada que possa significar a redenção. Idênticas pressões aplicam-se até mesmo às pessoas encarregadas de instituições financeiras governamentais. Considere, por exemplo, os reguladores bancários.

Quando uma autoridade monetária identifica um banco em dificuldades — por exemplo, um que esteja com grande parte das quitações dos empréstimos atrasadas — exige-se dela que decida se deve requerer que o banco aumente o capital, ou espere para ver se os ativos podem vir a ser reembolsados. Requerer que um banco eleve o capital implica em ônus para a autoridade supervisora. A resposta do banco invariavelmente será negativa, e há sempre o risco de que essa ação cause uma perda de confiança entre os clientes do banco, possivelmente desencadeando uma corrida bancária; que é exatamente o que o aumento de capital supostamente ajudaria a evitar. Pior ainda, a ação regulatória pode não ser garantida após o fato, ocasionando uma perda de confiança na competência do regulador e atraindo a ira dos políticos para a agência reguladora.

Eis aí reunidos todos os ingredientes para um caso clássico de aversão à perda: uma perda certa para o regulador se ele resolver agir, mas um risco alternativo com possibilidade de redenção se ele esperar. Esperar para ver se os ativos do banco ganham liquidez, eliminando assim a necessidade de uma ação regulatória onerosa, é outra forma de duplicar a aposta, com consequências semelhantes.

Depois, há a tolerância regulatória, a cooperação tácita ou ativa dos reguladores na sobrevalorização dos ativos bancários para evitar a violação dos requisitos mínimos de capital. Alguns economistas afirmam que a tolerância regulatória é parcialmente responsável pela recente crise financeira[14], oferecendo explicações elaboradas sobre por que a tolerância regulatória pode ocorrer, como a concorrência global entre as agências reguladoras e a economia política da regulamentação.[15] Mas a explicação mais comum está na aversão à perda: uma perda certa se a autoridade calcula que a liquidez dos ativos vai diminuir, e uma mais arriscada, mas psicologicamente menos dolorosa, se ela mantiver a estimativa antiga e mais favorável. Não obstante, tenhamos muito a aprender a respeito do comportamento das instituições e agências financeiras reguladoras nos anos que se seguiram à crise financeira[16], não deveríamos descartar a possibilidade de que a reação delas foi tardia simplesmente porque também são constituídas de seres humanos.

CORRESPONDÊNCIA DE PROBABILIDADE E A "LOUCURA DE MARÇO"

Aversão à perda é apenas um dos diversos vieses comportamentais descobertos por psicólogos como Tversky e Kahneman. Tal como o olho humano é suscetível a ilusões de ótica, o cérebro humano o é quanto a risco e probabilidade. Mesmo decisões simples podem ser desafiadoras quando há risco envolvido.

Uma outra ilustração sobre esse fato é um jogo simples ao qual chamaremos de "Psychic Hotline". Você está parado em frente a tela de um computador e a cada 60 segundos uma de duas letras aparece no visor, A ou B. O objetivo do jogo é você prever qual letra aparecerá após pressionar a chave "A" ou "B" antes que a letra surja. Se você acertar, ganha $1, mas se errar perde $1. Esse jogo se repete várias vezes, então suas vitórias e derrotas acumuladas aumentarão ou diminuirão dependendo de quão bons forem seus palpites. Não soa como um jogo particularmente envolvente, mas qualquer um que já viu pessoas sentadas à frente de máquinas caça-níqueis por horas, inserindo uma moeda atrás da outra, sabe que não é preciso muito para capturar o interesse de um jogador. Eles não chamam essas máquinas de "bandidos de um braço só" à toa (teremos mais a dizer sobre a natureza aditiva das máquinas caça-níqueis no Capítulo 3).

Qual é a melhor estratégia para esse jogo? A resposta depende, claro, de como as letras estão sendo geradas (e se você é realmente sensitivo ou não). Por exemplo, se cada rodada é um lance de cara ou coroa (50/50), então não importa qual tecla você pressiona — qualquer resultado é igualmente provável. Não há previsibilidade nos resultados, então suas decisões não podem afetar seus ganhos cumulativos, que tenderão a ser estáveis no longo prazo de qualquer maneira.

Agora suponha que nós mudemos as chances do jogo, de tal modo que "A" surja na tela 75% das vezes, mas cada iteração não seja relacionada à próxima e assim não haja nenhum padrão geral na sequência das imagens. Como você poderia jogar nesse caso? Uma matemática simples nos dá a resposta: presumindo que não lhe tenham contado nada sobre as chances, uma vez jogando algumas rodadas e vendo que "A" aparece com mais frequência do que "B", você sempre deve pressionar "A" para maximizar seus ganhos acumulados. As chances de fazer uma combinação correta para "A" são sempre maiores do que as chances de fazer uma correspondência correta para "B".

Essa é a resposta correta, mas não a que a maioria das pessoas dá.

Os psicólogos experimentais (ou experimentalistas) depararam-se com os objetos de estudo humanos apresentando essa configuração exata desde a década de 1950.[17] Embora a matemática por trás da melhor estratégia seja simples, as pessoas ainda tendem a alternar entre "A" e "B" deliberadamente, escolhendo uma estratégia que lhes trará menos dinheiro no longo prazo do que apenas insistir no "A".

Ainda mais interessante é que as pessoas pressionam "A" aproximadamente 75% das vezes e "B" cerca de 25% das vezes; em outras palavras, essa ação corresponde à frequência que A e B aparecem no jogo. Para constatar quão robusto é esse padrão, os psicólogos alteraram a probabilidade de A e B no meio do caminho de 75% / 25% para 60% / 40%. Com isso, a maioria dos sujeitos mudou gradualmente sua ação, imitando a frequência dos sorteios aleatórios do computador. Muito estranho! As pessoas deliberadamente mudaram seu comportamento para outra estratégia menos lucrativa. Mas a parte mais bizarra sobre essa conduta é que ele não é exclusiva aos seres humanos — foi documentada em primatas, pombos, peixes, abelhas e formigas.[18]

Os psicólogos têm um nome para tal comportamento: chamam-no de *correspondência de probabilidade*. Não apenas há evidências experimentais esmagadoras para a correspondência de probabilidade, como isso tem consequências fora do laboratório de psicologia, no mundo real.

Um exemplo vem dos pilotos e tripulantes da Força Aérea do Exército dos EUA, que realizou missões de bombardeio sobre a Alemanha durante a II Guerra Mundial.[19] Antes de cada missão, os grupos de bombardeiros tinham que fazer uma escolha: deveriam usar um paraquedas ou uma roupa protetora revestida de metal? Os paraquedas eram muito mais volumosos naqueles dias, e aquelas roupas especiais eram ainda mais pesadas, pois as placas de aço eram costuradas em seus revestimentos. Os tripulantes não podiam usar os dois; tiveram que escolher um ou outro. Os paraquedas eram necessários no caso de o bombardeiro ser derrubado pela artilharia antiaérea alemã, e os casacos protegiam os corpos dos soldados dos estilhaços das peças explosivas de artilharia que muitas vezes atravessavam a fuselagem do avião.

Os aviadores sabiam que as chances de serem derrubados eram consideravelmente menores do que serem atingidos pelo fogo antiaéreo. E também sabiam que cada missão de bombardeio era plausivelmente não relacionada com a anterior, então, não havia como prever as probabilidades da próxima missão com base no que acontecera na missão anterior. Assim, a escolha racional era usar a roupa protetora o tempo todo. Mas não foi o que a tripulação de bombardeiros escolheu. Eles trocavam entre o paraquedas e o casaco protetor aproximadamente na proporção de suas chances de serem derrubados ou atingidos pelo fogo antiaéreo — trocando em miúdos, seguiram a correspondência de probabilidade. Apesar da frustração com esse comportamento, os oficiais militares não conseguiram mudar as escolhas das tripulações, que foram autorizadas a tomar suas próprias decisões nesses casos visto que as missões mortais eram voluntárias.

Um segundo exemplo muito menos fatal ocupou recentemente as páginas do *New York Times*.[20] Todos os anos, durante a *March Madness*, (algo como "Loucura de Março"), milhões de fãs, em verdadeiro frenesi, preenchem suas detalhadas previsões para o campeonato de basquete universitário masculino da NCAA. A previsão mais precisa de cada *bracket* (faixa, patamar) vence essa bolada em particular — e bilhões de dólares mudam de mãos ano a ano em função do resultado. De fato, toda uma ciência informal chamada *bracketologia* desenvolveu-se em torno do processo.

Para os não iniciados, 64 equipes de basquete universitário disputam 32 eliminatórias simples (um "mata-mata") no campeonato da NCAA. Os 32 times remanescentes jogam 16 partidas eliminatórias e assim por diante, até que um jogo final decide o campeonato. (Não estamos considerando aqui os jogos *play-in*, uma espécie de repescagem). Existem quatro grupos regionais de 16 times cada, os quais são distribuídos de tal forma que, em cada região, a equipe com a classificação mais baixa (a menos bem ranqueada) enfrente a de melhor desempenho (a mais bem ranqueada), a penúltima do ranking jogue contra a segunda melhor ranqueada, e assim por diante. Um *bracket* é simplesmente um diagrama que os fãs do esporte preenchem — em uma folha de papel ou na tela de um computador — para prever qual equipe irá avançar para a próxima rodada, com os vencedores e perdedores assemelhando-se aos galhos e ramos de uma árvore muito grande.[21]

Pode-se esperar que quanto maior a desigualdade técnica entre as equipes, mais provável é que a equipe melhor classificada no ranking vença — e isso é empiricamente correto, embora hajam exceções famosas. Portanto, uma estratégia para maximizar o número de previsões corretas seria simplesmente escolher a equipe melhor classificada em cada categoria. A *bracketologia* até tem um nome depreciativo para tal estratégia: *chalk* ("favorito" ou, na gíria esportiva, "barbada").

Dois psicólogos, Sean M. McCrea, da Universidade de Wyoming, e Edward R. Hirt, da Universidade de Indiana, decidiram analisar a forma como os indivíduos de fato preenchem seus *brackets* em comparação com a estratégia de previsão dos favoritos de acordo com o ranking.[22] McCrea e Hirt não queriam dados: a rede de esportes ESPN coletou mais de 3 milhões de entradas de *brackets* em seu site para os torneios de 2004 e 2005. Os dois psicólogos descobriram que não só os participantes previam mais os vencedores do que a estratégia dos "favoritos" — 75,2% contra 87,5% em 2004 e 72,9% contra 75% em 2005 — mas, aparentemente, tentaram simular a probabilidade de resultados atípicos em relação às suas previsões. Esse exemplo de correspondência de probabilidade dá um novo significado ao termo *March Madness* ("Loucura de Março").

HUMANOS COMO MÁQUINAS DE PREVISÃO

Neste momento você provavelmente está reagindo como eu quando li pela primeira vez sobre todos esses vieses: se podemos ser enganados por algo do tipo *Psychic Hotline*, ou os humanos são as criaturas mais estúpidas na face da Terra, ou deve haver alguma coisa nos levando a um comportamento aparentemente irracional. Felizmente para nossa autoestima, existe sim. Correspondência de probabilidade e aversão à perda não são irracionais no sentido de serem totalmente fruto do acaso — elas são muito sistemáticas para isso.

Deixe-me propor o esboço de uma explicação, que exploraremos mais profundamente nos próximos capítulos: *muitos vieses comportamentais são o resultado da tendência humana natural de antecipar (ou seja, prever e planejar), mas aplicando-a ao ambiente errado*. O comportamento prospectivo e o planejamento antecipado são as habilidades humanas mais poderosas que temos, e a principal razão pela qual o Homo sapiens é a espécie dominante neste planeta. Contudo, quando essas habilidades são usadas de maneiras que nunca se pretendeu que fossem usadas, elas podem nos levar a fazer coisas bobas. Como aquele grande tubarão branco que se contorcia na praia, nossos distúrbios comportamentais podem realmente ser um comportamento inteligente retirado de seu contexto mais relevante.

Não há dúvida de que o desejo humano de encontrar padrões onde não existem é muito forte. Não é difícil elaborar regras simples para seguir quando o ambiente contém elementos previsíveis. Por exemplo, no jogo Psychic Hotline, suponha que troquemos nossa predição após cada resultado incorreto, respondendo ao *feedback* negativo, alterando o que estávamos fazendo no momento em que o *feedback* negativo ocorreu. Se uma mudança na carta indicasse um "novo regime", no qual a nova letra apareceu na maioria das vezes — digamos, correntes de "A" alternando com correntes de "B" — então, essa regra de ouro pode ser melhor do que simplesmente pressionar "A" o tempo todo. Podemos ver como um desejo de evitar um *feedback* negativo pode levar a comportamentos que se parecem mais com correspondência de probabilidade que o comportamento racional — mesmo quando os resultados são, de fato, completamente imprevisíveis e a correspondência de probabilidade é menor que a ótima.

Essas regras de ouro de correspondência de padrões são chamadas heurísticas, um termo popularizado pelo economista Herbert Simon, um nome com que vamos nos deparar novamente neste livro. A heurística consiste em atalhos mentais, nem sempre perfeitamente precisos, mas que funcionam na maior parte do tempo na maioria das situações. Ela é tão sutil que os humanos a usam mesmo quando a estudam. Um exemplo clássico de sua insídia é a "Lei dos Pequenos Números", uma das primeiras descobertas que Tversky e Kahneman fizeram após terem percebido esse comportamento entre seus colegas psicólogos no início da década de 1970.[23] A psicologia, assim como a economia, depende de testes estatísticos para comprovar seus resultados. A matemática afirma que quanto maior for uma amostra estatística, mais provável será que seus resultados sejam precisos. Nossa heurística comportamental, por outro lado, sugere que um punhado de dados é suficiente. Embora seus colegas estivessem perfeitamente familiarizados com os métodos de amostragem estatística, Kahneman e Tversky descobriram terem persistentemente cometido o erro de tratar pequenas amostras de forma muito mais estatisticamente significativa do que matematicamente precisa. Essa é uma das razões pelas quais os cientistas dizem: "Casos pontuais não são dados!" Mesmo cientistas capacitados, conhecedores desse viés, podem sucumbir a ele.

Tversky e Kahneman expandiram a Lei dos Pequenos Números para uma noção mais ampla de "representatividade".[24] Por que as pessoas encontram ordem dentro de padrões aleatórios? Elas consideram, sem pensar, uma pequena amostra como representativa do todo, usando a heurística da representatividade. Em outras palavras, elas são ludibriadas por seus dados limitados a fazer uma previsão incorreta.

Vamos retornar ao mundo dos jogos por um momento. Diversos jogadores azarados, após verem uma série da cor errada na roleta ou uma série de números indesejados quando os dados rolam sobre a mesa, insistirão que os jogos são manipulados. A heurística de representatividade explica o porquê.

Considere outro experimento mental: um jogador inveterado está apostando no cara ou coroa, talvez em um estacionamento de Las Vegas depois de perder seu dinheiro em um dos cassinos. Ele vê a moeda fazer quatro caras seguidas e insiste em que a moeda esteja manipulada. Afinal, uma moeda deve ter 50/50 caras e coroas. Esse jogador claramente não conhece a heurística da representatividade. Na verdade, ocorrerão caras quatro vezes seguidas em pouco mais de 6% das vezes, e as chances são melhores do que 50/50 de que quatro caras seguidas ocorrerão em até 20 jogadas. Mas, por causa da heurística da representatividade, as pessoas preferem crer em caras e coroas uniformemente combinadas. Eles preveem que uma moeda com comportamento 50/50 deveria alternar entre as caras e coroas para cada lance.

Parece que a cognição humana não está adaptada para fazer inferências probabilísticas. Assim como nosso jogador irado, muitas pessoas ficam surpresas com aspectos da probabilidade. O conhecido "problema do aniversário" é outro exemplo. Quando você pergunta quantas pessoas precisaria ter em uma festa para ter uma chance melhor do que 50/50 de que dois deles compartilhem um aniversário, a resposta muitas vezes é encarada com incredulidade. Dê um palpite antes de procurar a resposta logo adiante — é muito menos do que você poderia pensar.[25] O palpite mais comum é 365/2 ou 183, o que seria correto se a questão fosse "quantas pessoas você precisaria ter em uma festa para ter uma chance melhor do que 50/50 de alguém que compartilhe *seu* aniversário".[26] Mas essa não era a pergunta. Não se trata de você, e aí está uma das fontes mais comuns do viés comportamental: tendemos a personalizar as coisas, e em alguns contextos isso faz sentido, mas não em outros.

A heurística da representatividade também explica a razão pela qual as pessoas acreditam em sequências invictas, nas dicas de um guru do mercado de ações, e na "mão santa" em uma quadra de basquete. Os fãs e os jogadores de basquete acreditam no fenômeno da mão santa — a capacidade de um jogador obter um série excepcional de cestas de longa distância — que um matemático poderia atribuir à sorte. Em 1985, Thomas Gilovich, Robert Vallone e Amos Tversky (desta vez sem Daniel Kahneman) começaram a descobrir se a mão santa era realmente uma verdade.[27] Os pesquisadores tiveram acesso sem precedentes ao time Philadelphia 76ers, incluindo o treinador, e todos estavam convencidos de que os jogadores desenvolviam essa habilidade de vez em quando.

O esporte profissional é um excelente lugar para encontrar grandes quantidades de dados comportamentais meticulosamente registrados e, nesse caso, o estatístico da equipe Philadelphia 76ers havia registrado todos os arremessos de três pontos feitos por um jogador durante os jogos domésticos na temporada 1980/81. Infelizmente, para a hipótese da mão santa, nenhum dos dados mostrou sinais dela em arremessos consecutivos ou no padrão dos jogos, e testes estatísticos não conseguiram encontrar nenhuma confirmação desse fato. Na verdade, um 76er provavelmente se sairia um pouco pior no arremesso subsequente a um bem sucedido.

Apenas para garantir, os pesquisadores também analisaram todas as tentativas de arremesso livre dos atletas do Boston Celtics durante as temporadas de 1980/81 e 1981/82. Nenhum dos jogadores do Celtics mostrou uma correlação significativa entre o primeiro lance e o segundo. Finalmente, os pesquisadores realizaram um experimento com jogadores das equipes masculinas e femininas de basquete da Universidade Cornell. Só um jogador dos 26 testados mostrou algum sinal estatístico de uma mão santa.

Para acrescentar uma dimensão econômica ao experimento, solicitou-se aos jogadores de Cornell que apostassem dinheiro vivo na performance do próximo arremesso. Eles poderiam apostar "alto", uma quantia maior, o que indicaria uma forte crença em sua previsão, ou poderiam apostar "baixo", indicando o contrário. Apesar de apostarem naquilo em que faziam cotidianamente, nem as apostas dos jogadores em si próprios, nem em seus companheiros de equipe, foram capazes de prever seu desempenho.

Os pesquisadores concluíram que a mão santa no basquete nada mais é que uma ilusão cognitiva — mas ainda assim poderosa, a ponto de empolgar jogadores e fãs. Tanto quanto Gilovich, Vallone e Tversky puderam determinar, a probabilidade de um jogador de basquete fazer um arremeso certo independia de seu desempenho anterior.

Essa história tem uma reviravolta inesperada. Os torcedores com mentalidade estatística muitas vezes se perguntaram como a mão santa que eles veem em quadra raramente aparece nos dados. Eles argumentaram que os arremessos não são necessariamente independentes: se o jogador de uma equipe mostrou sinais de mão santa, a outra equipe se adaptaria a essa constatação, praticando uma defesa mais rígida e forçando aquele jogador a arremessos com menor chance de êxito. Três estudantes da Universidade de Harvard — Andrew Bocskocsky, John Ezekowitz e Carolyn Stein — elaboraram um modelo de análise de dados de rastreamento ótico tridimensional da temporada 2012/13 da NBA para determinar a dificuldade de cada arremesso — mais de 83 mil deles — usando uma tecnologia que não existia em 1980.[28] Levando tudo em conta, descobriram, afinal, que os jogadores da NBA tinham uma mão santa. No entanto, o aumento das chances de um jogador acertar um arremesso quando estava "santificado" eram muito pequenas: apenas 1%. Os fãs de basquete estavam usando a Lei dos Pequenos Números para magnificar um efeito muito leve.

A tendência humana de tentar prever *tudo* é ao mesmo tempo uma benção e uma maldição. Ela explica por que somos capazes de sobreviver em ambientes que variam do Círculo Polar Ártico à superfície da Lua, mas também significa que, às vezes, atribuímos significado àquilo que não o tem — a eventos que podem simplesmente ser aleatórios e imprevisíveis. Então, quando reagimos a essas atribuições incorretas valendo-nos de nossas respostas pré-programadas, parecemos tão tolos como alguém que fratura o pulso ao golpear uma mesa com raiva após tropeçar nas próprias pernas.

Contudo, saber isso sobre nós não é suficiente. Podemos saber o que fazemos, mas precisamos entender, também, como e por quais motivos.

É PRECISO UMA TEORIA PARA DERRUBAR UMA TEORIA

Não obstante a aversão à perda, a correspondência de probabilidade, a Lei dos Pequenos Números e a representatividade sejam claramente irracionais em determinados contextos, elas não constituem teorias completas da psicologia humana. Esses vieses são os equivalentes psicológicos das ilusões de ótica. O olho humano às vezes interpreta um pequeno objeto no primeiro plano de uma imagem como sendo muito maior do que seu tamanho verdadeiro. Da mesma forma, para o cérebro humano, um pequeno risco em uma situação incerta pode ser interpretado como algo muito maior que sua verdadeira magnitude. As ilusões de ótica não são uma teoria completa da visão humana, é claro, mas seus efeitos ainda são importantes no mundo real. Por exemplo, a ilusão de ótica conhecida como *fenômeno phi* nos permite conceber a ilusão de movimento em uma série de imagens estáticas, o que levou diretamente ao desenvolvimento de filmes e programas de televisão. Da mesma forma, esses distúrbios comportamentais não são uma teoria completa do comportamento econômico, porém ainda têm efeitos importantes na nossa realidade, e nos dão pistas sobre o que deve ser uma teoria completa do comportamento econômico. A Hipótese dos Mercados Eficientes existe em um mundo de *Homo economicus*, seres humanos perfeitamente racionais. Entretanto, somente os discípulos mais ardorosos da Hipótese dos Mercados Eficientes realmente acreditam que os seres humanos são economicamente racionais. A maioria dos economistas sabe que os humanos são propensos a erros, julgamentos ruins, confusão mental e assim por diante. No entanto, os seguidores da Hipótese dos Mercados Eficientes dizem que a irracionalidade humana tem pouco efeito sobre o comportamento do mercado, porque compradores e vendedores mais racionais eliminariam rapidamente essa irracionalidade em busca do lucro.

Ellsberg, Tversky e Kahneman, e numerosos outros pesquisadores situados ao largo da corrente econômica dominante têm demonstrado que a irracionalidade econômica não é, na verdade, eliminada nas situações do mundo real. Esses heréticos comportamentais propõem que grandes diferenças no comportamento econômico são provenientes de pequenas falhas sistemáticas no modo como percebemos o mundo e, mais importante, como agimos em face dessas percepções equivocadas. Vimos, por exemplo, como a aversão à perda explica facilmente o fenômeno dos *traders* inescrupulosos, dezenas de bilhões de dólares de cada vez, uma grande diferença em relação à eficiência do mercado.

Claramente, as tomadas de decisão humanas não são tão vinculadas à razão como sugere a ideia do *Homo economicus*. Infelizmente, esses resultados isolados não são suficientes. Há um ditado na economia: "É preciso uma teoria para derrubar uma teoria"; e anomalias experimentais, independentemente de quão universais ou dramáticas sejam, não constituem uma teoria. Mesmo quando Tversky e Kahneman propuseram sua teoria da prospecção como um desafiador sério para a teoria econômica padrão da utilidade esperada, os economistas acharam isso um pouco ad hoc.[29] Por que as pessoas têm aversão ao risco em relação ao lucro, mas são buscadores de risco diante de prejuízos? Qual é a causa subjacente desse comportamento?

Não se trata de uma crítica à economia comportamental ou à psicologia. Longe disso. Graças a Kahneman e a Tversky, o importante "o que" das negociações fraudulentas e da tolerância regulatória agora é bem compreendido — mas o "como" e o "por que" são questões mais difíceis e importantes. Por exemplo, como o comportamento humano nos predispõe a ficarmos inescrupulosos e por que uma pessoa se torna um negociante fraudulento, enquanto outro se torna um bem-sucedido gestor de fundos de *hedge*? A resposta que os economistas da corrente dominante dão, "por que eles querem" — ou, mais formalmente, "por que maximiza a função de utilidade esperada" — não é particularmente satisfatória.

CHOQUE CULTURAL

Em 1986, quando Craig e eu vivenciamos nosso rito de iniciação no NBER, o ceticismo que encontramos naquela conferência foi emblemático da situação das finanças acadêmicas na época. Como resultado, passamos a maior parte dos dez anos seguintes tentando explicar nossos resultados como uma anomalia, uma peculiaridade dos dados. Como meros professores assistentes, não tínhamos interesse em desafiar toda nossa profissão. Embora não deixe de ser uma prova de autenticidade ser um *enfant terrible* na academia, como estratégia de carreira é bastante arriscado. Afinal, à medida que envelhecem, crianças terríveis muitas vezes se tornam apenas adultos terríveis.

Apesar dos nossos melhores esforços, no entanto, não conseguimos explicar as evidências contra a Hipótese do Passeio Aleatório. Em primeiro lugar, achamos que nossos resultados podem ser devidos ao fato de que usamos retornos semanais, já que estudos anteriores que apoiaram a mesma Hipótese usavam retornos diários. Mas logo descobrimos que o caso contra a caminhada aleatória era igualmente persuasivo com os retornos diários. Examinamos possíveis fontes de viés nos próprios dados de mercado, como erros sutis introduzidos incorretamente assumindo que todos os preços de fechamento ocorrem na mesma hora do dia. (Uma ação líquida como a Apple vai ser negociada até o último bater do sino, no encerramento do pregão diário, enquanto a derradeira negociação com, digamos, o Koffee Meister pode ocorrer depois do horário). Investigamos o efeito da distribuição discreta dos preços: naqueles dias, os preços das ações evoluíram em "ticks" (mínima variação de preço) de $0,125, o que pode criar alguns padrões interessantes, mas espúrios, nos preços. Finalmente, verificamos nossos métodos estatísticos para erros usando técnicas de simulação numérica de alta potência, semelhantes às usadas para projetar asas de avião e armas nucleares. Nenhuma dessas anomalias pôde explicar nossos achados empíricos.

Em última análise, procuramos investigar o motivo pelo qual nossos testes estatísticos rejeitavam a Hipótese do Passeio Aleatório. Na verdade, havia um padrão sutil nos dados do mercado de ações, um padrão que não havia sido documentado em qualquer literatura até então. A oscilação dos preços na ação XYZ dessa semana teve força preditiva significativa para prever as variações de preços da ação ABC na próxima semana. De acordo com a Hipótese dos Mercados Eficientes, é claro, esse padrão nunca deveria ter existido.

Isso deixou evidente para nós que o problema residia não em nossas análises empíricas, mas nas conclusões que outras pessoas atribuíram aos nossos resultados — havia oportunidades de lucro ilimitadas em um mercado como esse, os investidores eram irracionais e por aí vai. Com o benefício da retrospectiva e uma revisão mais completa da literatura, Craig e eu descobrimos que nosso estudo não foi o primeiro a rejeitar o passeio aleatório. No entanto, a comunidade acadêmica ignorou amplamente os estudos anteriores, tanto que não os descobrimos até que nossos próprios artigos fossem publicados (nunca foram incluídos nas listas de leitura de nenhuma das nossas aulas de pós-graduação, e naqueles dias não tínhamos o Google para encontrá-los.)[30] Nossos colegas, como nós, foram treinados para estudar os dados através da lente de eficiência clássica do mercado. Todos nós, na comunidade acadêmica, estávamos imersos em uma neblina coletiva criada pela elegância e sucesso empírico da Hipótese dos Mercados Eficientes. Contudo, enquanto olhamos a evidência de todos os ângulos possíveis e descartamos outras explicações, lentamente a névoa foi se dissipando para nós.

De onde veio essa neblina? O lendário *trader* e campeão de squash, Victor Niederhoffer, esclareceu consideravelmente as origens dela em sua fascinante e, com frequência, irreverente autobiografia, *The Education of a Speculator*.[31] Niederhoffer era doutorando na escola de negócios da Universidade de Chicago nos anos 1960, exatamente na hora e lugar em que a Hipótese do Passeio Aleatório foi aplicada aos mercados financeiros. Ele escreveu:

> Essa teoria e a atitude de seus seguidores encontram uma clássica expressão em um incidente que observei pessoalmente e que merece ser destacado. Uma equipe de quatro dos mais respeitados pós-graduandos em finanças uniram-se a dois professores, hoje considerados veneráveis o bastante por haver ganho ou terem concorrido a um Nobel, mas que naquela época eram agressivos como Hades e inseguros como um garoto em seu primeiro encontro. Esse grupo de elite estava estudando o possível impacto do volume nos movimentos de preços das ações, um assunto que eu havia pesquisado. Quando eu estava descendo os degraus da biblioteca no terceiro andar do Haskell Hall, o principal edifício de negócios, pude ver esse grupo de seis reunido em um lance de escada, examinando listagens de um computador. Suas vozes me alcançaram, ecoando nas paredes de pedra do prédio. Um dos estudantes estava apontando algum resultado ao consultar os professores: "Bem, e se realmente encontrarmos algo? Nós estaremos em apuros. Não será consistente com o modelo do passeio aleatório." O professor mais novo respondeu: "Não se preocupe, daremos um jeito no improvável evento em que chegarmos."
>
> Eu mal podia crer no que ouvia — ali estavam seis cientistas que, abertamente, esperavam não encontrar uma saída da ignorância. Não consegui segurar minha língua, e disse: "Eu com certeza fico feliz que vocês estejam mantendo a mente aberta sobre sua pesquisa." Foi difícil reprimir um sorriso enquanto passava por eles. Ouvi imprecações murmuradas em resposta.[32]

Niederhoffer conclui que "como de costume, os acadêmicos estão bem distantes da forma". No que diz respeito à Hipótese do Passeio Aleatório, é difícil discordar.

Na verdade, Niederhoffer provavelmente não foi suficientemente longe em seu diagnóstico. Ao longo do tempo, concluí com relutância que o conflito entre o apoio amplo e quase universal à Hipótese do Passeio Aleatório e os nossos achados empíricos deveu-se em grande parte à devoção quase religiosa dos economistas à Hipótese de Mercados Eficientes. Esta não só se tornou um artigo de fé para muitos economistas, mas cristalizou-se como um dogma. Nossa inexperiência levou-nos a contradizer essa crença fundamental da economia financeira moderna durante a reunião do NBER — simplesmente não sabíamos o que estávamos fazendo. Logo descobrimos que a Hipótese dos Mercados Eficientes reinava, e qualquer desvio desse paradigma era considerado heresia e desprezivelmente descartado.

Por que os resultados que obtivemos eram *tão* heréticos? A abordagem econômica ortodoxa para o modelo de comportamento humano pressupunha que as pessoas se comportavam como um *Homo economicus perfeitamente racional que ponderava as consequências de suas ações do jeito que se faz com dinheiro: somando e subtraindo*. História, cultura e normas sociais não têm influência nas decisões do *Homo economicus*, que sempre leva em conta as ações corretas dos outros e as condições do ambiente empresarial atual e futuro. Mais importante, o *Homo economicus* sempre faz a melhor escolha em qualquer circunstância. Esses pressupostos subjazem quase toda a economia financeira moderna, mas especialmente a Hipótese dos Mercados Eficientes.

Considerando o quanto essas premissas são contrárias à nossa experiência humana subjetiva, pode ser surpreendente que a economia possa modelar o comportamento humano. Um fato milagroso sobre a economia é que, na maioria das vezes, esses pressupostos explicam muitos dos comportamentos econômicos razoavelmente bem. Na verdade, eles capturam o comportamento humano bem o bastante para que a maioria dos economistas instintivamente alcance explicações que usam esses pressupostos ortodoxos. Poucos economistas realmente acreditam que os indivíduos de fato se comportam como *Homo economicus* o tempo todo, mas todos os economistas são treinados em métodos que assumem que sim.

A ortodoxia das finanças acadêmicas poderia romper esse monopólio intelectual. Nem todos os que estranham essas novas ideias participariam do debate intelectual, é claro. Em vez disso, alguns aproveitaram as "grandes oportunidades de lucro no mercado de ações dos EUA", exatamente como o nosso debatedor na conferência NBER alegou que aconteceria. Lembre-se da pergunta: "Se você é tão inteligente, por que não está rico?" No Capítulo 8, encontraremos um *outsider* no mundo das finanças acadêmicas, um cientista da computação sem treinamento acadêmico em economia, que provou sem sombra de dúvida que a Hipótese do Passeio Aleatório era falsa lançando um fundo de *hedge* extremamente lucrativo que explorou esse fato — em 1986, no mesmo ano em que Craig e eu apresentamos nosso artigo na NBER.

A Hipótese do Passeio Aleatório não é válida. Quanto ao motivo, existe uma resposta, mas para encontrá-lo teremos que procurar outra parte do elefante, fazendo um desvio para os campos da neurociência e da biologia evolutiva.

CAPÍTULO 3

Se Você É Tão Rico, Por Que Não É Inteligente?

OLHANDO SOB O CAPÔ

Assim como o Pé Grande, o monstro do Lago Ness e as abduções alienígenas, o *Homo economicus* tornou-se um mito. Os seres humanos exibem muitos comportamentos irracionais que se reforçam mutuamente no mercado. Porém, os behavioristas ainda são superados pelos seguidores da Hipótese dos Mercados Eficientes. Por quê? Porque os behavioristas ainda não apresentaram uma alternativa convincente. Lembre-se, é preciso uma teoria para derrubar uma teoria. Mesmo o brilhante John Maynard Keynes — com a psicologia médica e a psiquiatria entre seus muitos interesses — poderia apenas explicar a natureza humana evocando "espíritos animais" em 1936: "Um impulso espontâneo à ação, em vez da inatividade, e não como resultado de uma média ponderada de benefícios quantitativos multiplicados por probabilidades quantitativas."[1]

O termo "espíritos animais" é uma metáfora evocativa, mas, como explicação, não é científica e dificilmente uma teoria concorrente do *Homo economicus*.[2] Keynes estava correto em um aspecto, no entanto: temos que olhar para dentro, em direção à psicologia humana, para entender verdadeiramente o comportamento econômico. O problema, do ponto de vista de um economista, é que os psicólogos têm muitas teorias de comportamento. Como a psicologia tem suas raízes na observação empírica e na prática clínica, os psicólogos nunca sentiram a necessidade de integrar todas as teorias em um único quadro unificado e mutuamente consistente. A economia, por outro lado, revela sua capacidade de explicar uma ampla gama de interações dentro de uma estrutura única, autoconsistente e matematicamente rigorosa.

Precisaremos de uma nova estrutura para bater a maravilhosa teoria do *Homo economicus*. Para construir essa estrutura, vamos começar "olhando sob o capô" do comportamento humano. Como seres humanos, nossa experiência subjetiva nos diz que nem sempre agimos de modo racional ou mesmo segundo nosso interesse próprio. Todas as decisões que tomamos ocorrem sob a influência de forte emoção ou estresse, ou ainda por nenhuma razão que possamos identificar, algo que mais tarde nos arrependemos. Em outras palavras, todos nós já fizemos coisas idiotas. Mas examinar nosso eu subjetivo só pode nos levar até o presente momento. Como espécie, parecemos ser particularmente aptos a racionalizar as causas do comportamento após o fato. Na verdade, podemos chamar a humanidade de "animal racionalizante" em vez de "animal racional". Para construir uma nova teoria capaz de explicar aquele que explica, teremos que examinar o mecanismo do próprio comportamento humano, a parte incrivelmente complexa de nossa anatomia que é o cérebro.

O cérebro humano comum pesa pouco menos de 1,4 kg, mas consiste de aproximadamente 86 bilhões de células nervosas altamente interconectadas chamadas neurônios, e ainda um número desconhecido, porém muito elevado, de outros tipos de células associadas. Há um equívoco bastante comum segundo o qual o cérebro é um único órgão. Na realidade, já lá atrás, em 1909, o anatomista alemão Korbinian Brodmann publicou um mapeamento do cérebro humano que continha 52 áreas exclusivas; com base no tipo de células lá existentes (veja a Figura 3.1 no caderno colorido). Por ora, a maioria dessas áreas tem sido associada a funções específicas, como visão (áreas 17 a 19), audição (áreas 41 e 42) e tato (áreas 1, 2 e 3). Em vez de se preocupar com as muitas estruturas neuroanatômicas específicas do cérebro, no entanto, vamos agora nos concentrar em apenas três funções básicas que são particularmente relevantes para a tomada de decisões financeiras: medo, dor e prazer.

O MICROSCÓPIO DA NEUROCIÊNCIA

Antes do advento de equipamentos médicos como as máquinas de raios X e de tomografia computadorizada, os neurocientistas aprenderam sobre as funções cerebrais indiretamente mediante a observação das *disfunções* do cérebro de pacientes com distúrbios neurológicos, como tumores ou lesões cerebrais. Suponha que os braços de um paciente com um tumor na área 3 esteja entorpecido. Caso outros pacientes com tumores similares sofram do mesmo mal, é provável que haja uma associação com essa região do cérebro. Neurologistas especializados combinaram testes fisiológicos objetivos com relatos subjetivos de seus pacientes (e os resultados de autópsias) para determinar as funções de várias partes do cérebro.

Outra importante fonte de informação a respeito das funções cerebrais envolve os assim chamados experimentos de "ablação" realizados em animais. Nesses experimentos, regiões específicas dos cérebros de ratos, macacos e outros animais foram cirurgicamente destruídos para verificar os efeitos causados no comportamento do animal. Esses procedimentos não são uma demonstração de sadismo. Os pesquisadores esperavam que o mapeamento destrutivo dos cérebros homólogos de animais revelasse como os cérebros humanos são organizados. Esses tipos de estudos tornaram-se consideravelmente mais controversos, e menos comuns, em resposta à forte oposição de ativistas dos direitos dos animais. Nos últimos 20 anos, entretanto, houve um tremendo aumento de pesquisas científicas em virtude de novas e não invasivas técnicas médicas de imagem. Os cientistas podem agora perscrutar remotamente dentro do cérebro de um homem ocupado com tarefas simples como ler, fazer contas ou olhar a tela de um computador. A mais popular dessas técnicas neuroimagéticas é a denominada imagem por ressonância magnética funcional (fMRI). Se alguma vez você fez uma MRI (ou RMF, sigla em português), está familiarizado com o procedimento básico. Pedem-lhe que se deite em uma mesa estreita que é deslizada para dentro de um tubo de metal imantado. Uma máquina de ressonância magnética, geralmente, é bastante apertada (veja a Figura 3.2 no caderno colorido), por isso, um espelho angulado é instalado dentro do tubo acima do rosto do sujeito, permitindo que ele veja uma tela do computador fora da máquina de ressonância magnética na qual o pesquisador pode exibir várias imagens.

Um forte campo magnético é gerado dentro do tubo, fazendo com que as moléculas de hemoglobina contendo ferro em seu sangue emitam seus próprios campos magnéticos, que a máquina pode detectar (a hemoglobina é a proteína especial do sangue que transporta oxigênio por todo o corpo). Verifica-se que as moléculas de hemoglobina sem oxigênio respondem mais fortemente a um campo magnético do que as com oxigênio. Ao captar muitas imagens de MRI ao longo de um certo período de tempo, os neurocientistas podem acompanhar as mudanças no nível de oxigenação do sangue no cérebro em tempo real, algo conhecido como ressonância magnética funcional (fMRI) ou varredura. Os neurocientistas argumentam que, em uma região ativa do cérebro, os neurônios exigirão mais oxigênio do que a média, trazendo uma onda de sangue oxigenado. Contudo, a atividade cerebral esgota os níveis de hemoglobina oxigenada à medida que o oxigênio é usado. Como resultado, o nível de hemoglobina desoxigenada nessa área aumentará agora em relação a antes, produzindo um forte contraste na fMRI. As regiões não ativadas do cérebro, por outro lado, mostrarão muito menos contraste na atividade. As áreas do cérebro que "acendem" em uma fMRI mostram quais regiões se tornam mais ativas quando um sujeito está lendo, ouvindo música ou fazendo cálculos aritméticos mentalmente.

O método da fMRI tem, sem dúvida, suas limitações. Sua resolução espacial é um tanto granulada em comparação com a intrincada microestrutura do cérebro humano. Uma fMRI pode detectar volumes do tamanho de um grão de areia, mas isso ainda é, de longe, muito grosseiro para identificar a atividade de até mesmo um pequeno grupo de neurônios. Sua resolução em tempo real é ainda pior, pois leva vários segundos para elaborar uma imagem simples.[3] Um experimento fMRI é mais ou menos como ver um programa de TV em um streaming pixelado de conexão lenta: você espera obter o enredo básico, mas vai perder muito do diálogo.

Além disso, mesmo nas condições mais favoráveis, a fMRI apenas fornece ao pesquisador dados de atividade cerebral. É um pouco como estudar como a cidade de Nova York funciona com a única informação dos números do medidor da companhia elétrica, quarteirão a quarteirão. Seria preciso um pesquisador verdadeiramente qualificado para descobrir o propósito do Centro Financeiro ou da Broadway a partir desses dados, e eventos como o desfile do Dia de Ação de Graças seriam efetivamente invisíveis para o pesquisador.[4]

É indiscutível que a fMRI tem sido revolucionária ao permitir que os pesquisadores vejam dentro da "caixa preta" do cérebro como nunca antes. Aliada a outros métodos, como a tomografia axial computorizada (CAT), a tomografia por emissão de pósitrons (PET) e a magnetoencefalografia (MEG), a fMRI transformou a neurociência e a psicologia nos últimos 20 anos. Não é exagero dizer que essas novas ferramentas fizeram para a neurociência o que o microscópio fez para a biologia e o que o acelerador de partículas fez para a física: abriram mundos inteiramente novos de pesquisa. Nós sequer arranhamos a superfície das descobertas potenciais em neurociências, mas graças ao uso da fMRI começamos essa que é uma longa jornada.

MEDO

Em 1937, o ano em que Keynes introduziu o "espírito animal" no léxico, dois cientistas realizaram um dos maiores experimentos de ablação da história da neurociência. Um imigrante alemão, o psicólogo Heinrich Kluver, e o neurocirurgião americano Paul Bucy tentaram compreender quanta informação visual era processada pelo cérebro testando quais áreas estavam envolvidas em alucinações causadas pela mescalina; um ativo composto presente no peiote (um pequeno cacto). Em um conjunto de experimentos, Bucy removeu os lobos temporais do córtex cerebral lateral de macacos Rhesus. Em humanos, essa parte do cérebro estende-se acima e atrás das orelhas.

Kluver e Bucy descobriram algumas coisas surpreendentes. Após a cirurgia, a visão dos macacos, em si, não fora prejudicada, mas sua capacidade de reconhecer objetos, sim. Eles relataram que "o animal com fome, se confrontado com uma variedade de objetos, irá, por exemplo, pegar indiscriminadamente um pente, um botão de baquelite, uma semente de girassol, um parafuso, uma vara, um pedaço de maçã, uma cobra viva, um pedaço de banana e um rato vivo. Cada objeto é transferido para a boca e depois descartado se não comestível". Os macacos também perderam a sensação de medo, comportando-se com perfeita calma na presença de humanos e cobras. Kluver e Bucy chamaram esse comportamento de *cegueira psíquica*.[5] Aparentemente, os macacos não sofreram perda de acuidade visual, todavia, os objetos já não possuíam o conjunto de associações emocionais e físicas que anteriormente transmitiam.

Kluver e Bucy haviam descoberto algo notável: uma região específica do cérebro era responsável pela resposta *emocional* de reconhecimento de um objeto. Tendemos a pensar no reconhecimento da imagem como um ato sem emoção, puramente racional. O reconhecimento de imagem por computadores está se tornando mais comum a cada dia, e seria no mínimo desconcertante se descobríssemos que o software usado para digitalizar fotografias de números de placas usado nos radares de controle de velocidade tivesse uma reação emocional baseada nos números que ele reconhecesse — mas isso é exatamente o que ocorre no cérebro. Por que esses macacos experimentaram a "cegueira psíquica?" Em seu experimento, Kluver e Bucy removeram a parte de seu cérebro essencial para ligar memórias ao medo: a amígdala.

A amígdala é uma pequena mas distinguível estrutura anatômica localizada bem fundo no cérebro. Em humanos está situada, em grosso modo, na intersecção entre o olho e o ouvido. Tal como a maior parte das estruturas cerebrais, a amígdala está emparelhada. Os primeiros anatomistas pensaram que se assemelhava a uma amêndoa, daí o nome; a forma latinizada da palavra grega para a amêndoa. Cientistas, seguindo os passos de Kluver e Bucy, suspeitaram que a amígdala estava associada a como o cérebro aprendia sobre o medo. No entanto, somente no final da década de 1970 os primeiros estudos neurofisiológicos utilizaram a técnica de "condicionamento pelo medo" para examinar como a amígdala e o medo estavam relacionados.

O que é condicionamento pelo medo? Para responder essa questão é preciso começar pelo condicionamento. É de conhecimento geral a história de Pavlov e seus cães: o cientista russo tocava um sino enquanto alimentava seus animais, e eles ficaram tão condicionados pelo som que já salivavam ao ouvi-lo, mesmo se não fossem alimentados. Esse é um experimento psicológico clássico envolvendo estímulo e resposta. Os cães de Pavlov começaram com um estímulo não condicionado (o alimento) e tinham uma resposta não-condicionada (a salivação). Com o passar do tempo, os cães de Pavlov associavam o estímulo condicionado (o sino) com o estímulo não condicionado (ração), e desenvolveram uma resposta condicionada (a salivação condicionada ao som do sino).

Em oposição ao condicionamento clássico de Pavlov, o condicionamento pelo medo envolve substituir o estímulo incondicionado, como a ração para cães, por um estímulo negativo, como um choque elétrico. O aprendizado pelo medo condicionado é muito mais rápido do que outras formas de aprendizagem. Pode ocorrer com apenas um único evento e, em comparação com outros métodos do tipo, é praticamente permanente. A mesma espécie de condicionamento pelo medo foi encontrada em todo o reino animal, não apenas em ratos, macacos e outros mamíferos. Quase com certeza você já experimentou alguma forma de condicionamento por intermédio do medo — um susto inesperado que cria uma aversão permanente às condições associadas a esse susto, por exemplo. Eu também experimentei uma dessas formas. Como sofro de alergia, fico um pouco apreensivo durante os belos dias de primavera e verão, porque temo as consequências associadas a eles: olhos lacrimejantes e com coceira, nariz entupido e dores de cabeça devido à sinusite. Ao contrário da maioria dos meus amigos, realmente aceito e desfruto dias nublados e chuvosos e só entendi o motivo quando aprendi sobre esse comportamento.

O condicionamento pelo medo possibilita aos cientistas determinar de que maneira o cérebro converte informação em medo. Em 1979, Bruce Kapp e sua equipe da Universidade de Vermont foram os primeiros a publicar evidências de que lesões no núcleo da amígdala desfazem o condicionamento pelo medo em coelhos.[6] Inspirado nesse trabalho, Joseph LeDoux (na época na Cornell University Medical College, em Nova York) se dispôs a detalhar exatamente como o estímulo pelo medo condicionado era processado no cérebro. Em seu livro *The Emotional Brain*, LeDoux relata como descobriu esse caminho, ou, como ele colocou, "o itinerário do medo".[7]

LeDoux lesionou o cérebro de camundongos condicionados a ter medo de um som específico. Os neurologistas já haviam mapeado o processamento auditivo, e assim a via auditiva do cérebro era um território familiar. Descobriu-se que prejudicar as funções auditivas mais altas no córtex — a "casca" do cérebro, que discutiremos no Capítulo 4 — não teve nenhum efeito sobre o condicionamento pelo medo. Isso trouxe um quebra-cabeças para LeDoux: aonde o mapa com o trajeto do medo levaria se não ao longo da via auditiva padrão?

A fim de encontrar a resposta, LeDoux injetou um contraste químico especial no ponto imediatamente anterior à via auditiva, o tálamo. Os neurônios ali absorveram o líquido contrastante alaranjado, enviando o produto químico ao longo das finas conexões representadas pelos axons (apêndices dos neurônios) até o estágio seguinte da via auditiva. LeDoux seccionou e tingiu os miolos para determinar onde o contraste se encerrava. "As partículas brilhantes cor de laranja formaram finas correntes líquidas e manchas contra um fundo azul escuro. Era como olhar para um mundo estranho do espaço interior", ele escreveu mais tarde. LeDoux encontrou quatro regiões que continham o líquido contrastante. Três dessas áreas, quando deliberadamente danificadas, não mostravam mudança alguma como reação ao condicionamento pelo medo. A quarta região era a amígdala. Era ali o destino final do roteiro do medo, e essa estrada particular esquivou-se completamente dos caminhos normais do fluxo de informações no cérebro.

A descoberta de LeDoux, e de centenas de estudos subsequentes de outros cientistas, revelaram algo muito importante. O medo é o alarme de incêndio alojado no cérebro, metaforicamente pondo em ação os *sprinklers* e chamando os bombeiros, às vezes até mais rapidamente do que nós podemos conscientemente fazer. A amígdala conecta-se diretamente com o tronco encefálico, o painel de controle central de todos os músculos do nosso corpo. O sistema endócrino é ativado como resposta ao medo, produzindo e injetando adrenalina e cortisol na corrente sanguínea, e com isso elevando a pressão e também a frequência cardíaca, e aumentando o estado de alerta. Esse atalho mental para reações físicas a partir do medo é o que nos permite (às vezes) desviar o rosto antes de percebermos que alguém está tentando nos dar um soco na cara. Foi esse mesmo atalho neural que levou Robert Thompson, o piloto de avião, a sair daquela loja de conveniência mortal antes mesmo de compreender o motivo. Tais comportamentos automáticos naturais são extremamente úteis em situações de sobrevivência, em particular em face de ameaças físicas. Quando os cabelos de sua nuca se ouriçam, é seu medo instintivo entrando em ação, e é melhor prestar atenção nisso.

Contudo, quando o retiramos de seu contexto próprio, nosso circuito do medo passa a ser contraprodutivo. Em alguns casos pode ser completamente mortal. Os mesmos instintos que pouparam Robert Thompson provavelmente o teriam matado há muito tempo no contexto do voo de um avião, não fosse por sua formação como piloto comercial.

Não há nada natural em voar de avião; os pilotos precisam de centenas de horas de treinamento para superar seus instintos humanos naturais. Por exemplo, um erro muito comum entre pilotos inexperientes é a tendência de puxar para trás o manche de controle da aeronave para impedir que o avião caia durante uma perda brusca de altitude. Esse movimento faz com que o avião aponte para cima, então, quando ele começa a perder altitude não é de se admirar que nosso instinto seja dirigir o avião para cima e para longe do solo. Infelizmente, nosso instinto está completamente errado nessa circunstância. Direcionar o avião para cima reduz a velocidade do ar, tornando a queda quase certa e selando o destino do piloto. O comportamento contraintuitivo, mas correto, é empurrar o manche para a frente, apontando o nariz da aeronave para *baixo* — em direção ao solo —, providência que faz com que se perca altitude mas ganhe velocidade, diminuindo o "ângulo de ataque", além de aumentar a elevação das asas e permitir que o piloto recupere o controle e ganhe altitude.[8] O piloto deve certificar-se de que o ângulo e a velocidade da descida não sejam excessivos, do contrário atingirá o chão antes de gerar elevação suficiente para sair do mergulho. Esse ato de equilíbrio é executado em questão de segundos, e é por isso que são necessárias tantas horas de treinamento antes de um aprendiz se tornar piloto. Em ambientes modernos e não naturais, às vezes precisamos substituir nossa resposta ao medo natural.

Podemos chamar isso de lógica do medo. O caminho da resposta a esse sentimento evita as funções superiores do cérebro, incluindo as que geralmente associamos à racionalidade. Esse trajeto conduz ao centro específico que processa o significado *emocional* dos estímulos. Tememos coisas por razões que estão fora de nossa mente consciente e racional, e fazemos isso porque não temos escolha. Somos fisiologicamente preparados para tal. Nós nos comportamos, pensamos, chegamos a conclusões e tomamos decisões com os efeitos emocionais do cérebro sempre atuando nos bastidores.

Medo e percepção de risco caminham de mãos dadas, e a importância dessa ligação torna-se óbvia quando é rompida. Há uma rara condição denominada doença de Urbach–Wiethe causada pela mutação de um único gene. Aqueles que a têm tendem a possuir uma pele inusitadamente áspera, incluindo nódulos frisados nas pálpebras; vozes mais roucas, causadas por seus efeitos na laringe; e, às vezes, depósitos de cálcio em certas partes do cérebro, quimicamente semelhantes às manchas de água "dura" (água com alto teor de minerais). Por razões desconhecidas, em pacientes com doença de Urbach-Wiethe esses depósitos de cálcio geralmente aparecem na amígdala, causando-lhe um mau funcionamento.

Uma mulher com essa enfermidade — chamada na literatura médica pelo pseudônimo SM — perdeu a função de sua amígdala em ambos os lados do cérebro em algum momento entre o final da infância e a adolescência. Além da ausência de medo, SM é uma mulher com inteligência e reações emocionais típicas. No entanto, os únicos episódios de medo que ela pode lembrar ocorreram antes dos dez anos de idade. Conta que a única vez em que "morreu de susto" foi quando o doberman de uma amiga a encurralou em um canto, rosnando, quando era criança. Ela não consegue reconhecer as expressões faciais do medo.[9] SM não pode ser condicionada pelo medo. Para testar isso, os pesquisadores inesperadamente soaram um apito de barco de 100 decibéis em uma das tentativas de desencadear uma reação de medo nela.[10] Aranhas, cobras, casas mal-assombradas, filmes de terror e suspense: nada disso a perturba de jeito algum.[11]

A falta do "dom do medo" de SM a fez se tornar vítima de numerosos crimes, imagem espelhada da experiência de Robert Thompson. Em um exemplo especialmente angustiante, SM estava caminhando sozinha para casa, à noite, ao lado de um parque vazio, quando um homem lhe fez sinal para que se aproximasse do banco onde estava sentado. Ele a derrubou, colocou uma faca na garganta dela e gritou: "Vou cortar você!", ao que ela respondeu: "Se você vai me matar, terá que passar antes pelos anjos de Deus." O homem a soltou, e SM continuou caminhando para casa sozinha, mais uma vez completamente imperturbável. Sem a amígdala e a sensação de medo, os seres humanos não são capazes de julgar os riscos de forma racional. Não ter medo é, em um sentido muito real, profundamente irracional.

Trazendo isso para as finanças, é óbvio que o medo pode desempenhar um papel produtivo nas decisões de investimento e gestão de risco de alguém; nas políticas econômicas e sua regulamentação e nas reações a crises — se nós o equilibramos apropriadamente em face de outras considerações. O medo "racional" de perder dinheiro fará com que os investidores gerenciem seus riscos de modo ativo e em proporção com a expectativa de ganhos. Por outro lado, o medo desenfreado pode levar os investidores a vender total e rapidamente seus ativos de risco a qualquer preço, "queimando-os" e convertendo-os em títulos do governo e dinheiro, algo que pode não servir aos seus objetivos de longo prazo. A aprendizagem pelo medo pode condicionar um investidor a tomar decisões financeiras completamente erradas: gato escaldado tem medo de água fria. E já vimos como o medo extremo — quase um pavor existencial — de perdas em grandes posições pode motivar *traders* inescrupulosos a duplicar a aposta na débil esperança de recuperar suas perdas.

Em termos gerais, se deixarmos nosso instinto de medo impulsionar nossa reação às crises financeiras, provavelmente nos arrependeremos das respostas produzidas por nossas amígdalas. Isso se aplica não apenas aos investidores, mas também aos reguladores e formuladores de políticas, cujas respostas ao medo podem ter consequências muito maiores no sistema financeiro do que qualquer participante do mercado.

O psicólogo Paul Slovic, um colega de Daniel Kahneman e Amos Tversky, estudou em profundidade como as pessoas percebem o risco quando sob forte efeito de emoção. Slovic detectou um viés emocional persistente que dá um tom significativo às nossas reações ao risco.[12] Se os riscos e benefícios potenciais de uma política são formulados de maneira a provocar uma resposta emocional negativa, as pessoas sobreavaliam os riscos e desmerecem os benefícios, enquanto que, se a política é elaborada de uma maneira positiva, as pessoas supervalorizam os benefícios e subavaliam os riscos. Nossos medos pessoais nos fazem exagerar os riscos, o que nos afeta visceralmente. Por exemplo, pensamos que o risco de morrer em um acidente é 25 vezes maior que morrer devido a um acidente vascular cerebral; na verdade, somos duas vezes mais propensos a morrer de um derrame cerebral do que em um acidente.[13] Como resultado, tendemos a focar excessivamente no tratamento médico de emergência e negligenciamos medidas preventivas que reduzem o risco de AVC, como comer de modo mais saudável e nos exercitar regularmente.

Slovic descobriu que nem mesmo especialistas em políticas são imunes a esse viés, o que ele chama de *efeito heurístico*. O trágico caso do voo 800 da TWA é um exemplo. Em 17 de julho de 1996, a aeronave explodiu na costa de Long Island poucos minutos depois da decolagem do Aeroporto Internacional John F. Kennedy. Após um esforço de quatro anos, incluindo a reconstrução de 95% da aeronave a partir dos destroços recuperados no Oceano Atlântico, a National Transportation Safety Board (NTSB) concluiu que a explosão foi causada pela ignição de uma mistura de ar e combustível no tanque central, talvez desencadeada pela faísca de um indicador de combustível eletrônico corroído. Em consequência, a NTSB propôs incluir na regulamentação que os tanques de combustível fossem equipados com um dispositivo que os preencheria com nitrogênio inerte à medida que esvaziavam, reduzindo o risco de explosão.[14]

Todavia, a investigação criminal sobre a explosão do avião, realizada pelo FBI, centrou-se na hipótese extremamente desagradável de que o jato foi derrubado por uma bomba terrorista ou um míssil. Embora a investigação tenha finalmente concluído que não houve um atentado terrorista, o medo entre o público e os políticos intensificou esse risco em suas mentes.

Somente oito dias depois da queda do voo 800, o presidente Clinton estabeleceu a Comissão da Casa Branca sobre Segurança e Seguridade da Aviação, com a "Segurança" refletindo a preocupação do governo de que essa explosão tivesse sido um ato deliberado, em vez de um trágico acidente. Em pouco mais de um mês, a comissão reuniu uma lista ambiciosa de recomendações políticas — a maioria preocupada com a melhoria da segurança da aviação — incluindo tecnologia avançada de detecção de explosivos, equipes de cães com faro para bombas e treinamento adicional do pessoal na aplicação da lei para detectar explosivos. O presidente Clinton assinou a legislação e o financiamento para implementar essas recomendações em apenas dois meses e meio após o acidente.[15] Mas essas orientações não tinham nada a ver com o voo 800 e não puderam prevenir os eventos de 11 de setembro de 2001.

Esse comportamento humano enraizado de agigantar os riscos em tempos difíceis e de falso otimismo em tempos mais felizes seria responsável por algumas de nossas crises políticas e financeiras? Voltaremos a essa conjectura intrigante nos Capítulos 9 e 10.

DOR

Em nosso contexto do século XXI, muitas "ameaças" identificadas pela amígdala não são, de fato, ameaças à vida. No entanto, nossas reações fisiológicas podem ser as mesmas. Há momentos em que o coração bate acelerado com a adrenalina injetada na corrente sanguínea decorrente de nossa reação à condição de "fugir ou lutar", ainda que não nos encontremos em uma situação que exija essa opção. Nosso estado mental subjetivo substitui a realidade física. É a base neurológica para o conselho comum e prudente de abster-se de tomar decisões importantes após um trauma emocional.

O cérebro interpreta as circunstâncias negativas não apenas em termos de medo, mas também na condição de dor. Algo tão aparentemente inofensivo quanto a exclusão de um grupo social pode ativar as mesmas regiões do cérebro que a dor física. Naomi Eisenberger e Matthew D. Lieberman, do Laboratório de Neurociências Sociais Cognitivas da UCLA, e Kip Williams, psicólogo social na Universidade de Purdue, induziram deliberadamente sentimentos de rejeição social em um grupo de indivíduos e identificaram as regiões do cérebro que eram mais ativadas durante o estímulo usando técnicas de fMRI.[16]

Como você induz de forma deliberada a rejeição social em um ambiente de laboratório? Os sujeitos experimentais — alunos da UCLA — foram colocados em máquinas de ressonância magnética e lhes foi dito que estavam participando de um jogo de computador cooperativo chamado Cyberball com outros dois jogadores, também em máquinas de ressonância magnética, e que suas atividades neurais estavam sendo monitoradas para ver se se sincronizavam enquanto jogavam. Era mentira. Na realidade, o Cyberball foi um teste psicológico desenvolvido por Williams para medir as reações das pessoas que estavam sendo condenadas ao ostracismo. Os outros dois jogadores eram, na realidade, avatares — jogadores virtuais que foram programados para excluir a terceira pessoa de participar plenamente do jogo.

Eisenberger, Lieberman e Williams descobriram que dois componentes do cérebro, o córtex cingulado anterior dorsal e a ínsula, foram ativados pela exclusão social. Ambas as regiões do cérebro também são conhecidas por processar a dor física e mostraram maior atividade com grandes níveis de ostracismo ou dor social. Um estudo posterior no laboratório de Eisenberger e Lieberman mostrou que o luto pela perda de um ente querido — especificamente, mulheres que perderam recentemente um parente próximo devido ao câncer de mama — fizeram com que as mesmas partes do cérebro fossem ativadas.[17]

Mesmo as emoções socialmente reprováveis provocam respostas neurais semelhantes às causadas pela dor física. As pessoas às vezes falam da "dor da inveja", e isso não deveria nos surpreender, já que Hidehiko Takahashi, do Instituto Nacional de Ciências Radiológicas, na cidade de Chiba, no Japão, descobriu que a inveja ativa o córtex cingulado anterior dorsal da mesma forma.[18] Corroborando o pensamento bem conhecido de que "as palavras ferem mais que qualquer outra coisa", traumas emocionais — sentimentos de mágoa, choques emocionais, constrangimento e vergonha — podem gerar o mesmo tipo de resposta neural que uma perna quebrada provoca.

Os mesmos componentes no cérebro podem estar envolvidos na produção de dois resultados diferentes: dor física e dor emocional. Muitos que experimentaram a morte de um ente querido comentaram o estranho fato de que sentiram dor física pela perda, apesar de nenhum trauma físico estar envolvido, e agora estamos começando a desenvolver uma base neurocientífica para esse fenômeno. Eisenberger, Lieberman e Williams concluem que "a dor social é análoga em sua função neurocognitiva à dor física, alertando-nos quando sofremos danos às nossas conexões sociais, permitindo que medidas restauradoras sejam tomadas."

PRAZER E GANÂNCIA

A neurociência nos tem mostrado que medo e dor estão intimamente vinculadas às tomadas de decisão no cérebro humano. E quanto às emoções mais positivas, como felicidade, alegria, senso de realização e prazer? Seguramente, a maioria das decisões econômicas são feitas por razões mais felizes. Afinal, ao descrever uma transação de mercado, o economista inglês do século retrasado, William Stanley Jevons, falou de uma "dupla coincidência de desejos", e não de uma "dupla coincidência de medos." Bem, a neurociência também tem algo a dizer sobre as emoções prazerosas.

Em 1954, dois pesquisadores da Universidade McGill, de Montreal, James Olds e Peter Milner, implantaram eletrodos na região do septo cerebral de camundongos vivos. Os animais foram então colocados em caixas com uma alavanca que, quando pressionada, liberaria uma corrente elétrica alternada de baixa voltagem de 60 ciclos no cérebro do rato. Ocorreu, então, algo extraordinário: eles *escolheram* ter seus cérebros eletricamente estimulados ao pressionarem a alavanca repetidamente — em certa ocasião, quase duas mil vezes em uma hora.

Isso sugeriu fortemente aos neurocientistas que havia um "centro de prazer" no cérebro. Olds e Milner tiveram o cuidado de contrapor que, em vez disso, a tensão elétrica estava reduzindo a dor da implantação (compreensivelmente).[19] Muitos estudos com eletrodos foram realizados em uma variedade de animais para encontrar a localização específica do centro de prazer, incluindo vários deles (com ética questionável) em seres humanos.

Porém, o centro de prazer era mais complicado do que parecia à primeira vista. Em vez de um único centro de prazer, o cérebro parece ter um "sistema de recompensa", com muitos caminhos diferentes. Na psicologia, uma "recompensa" é algo positivo, que faz com que um comportamento seja mais provável. As recompensas podem ser tão básicas e fundamentais quanto os alimentos, ou tão abstratas e intangíveis quanto a satisfação intelectual. Surpreendentemente, todas essas recompensas diferentes — comida, sexo, amor, dinheiro, música e beleza — parecem usar o mesmo sinal neuroquímico: a dopamina.

A dopamina é um composto químico simples que uma vez se pensou ter muito pouca relevância neurológica. Isso até 1957, quando o pesquisador sueco Arvid Carlsson demonstrou que ela era, de fato, um neurotransmissor. Carlsson havia dado a reserpina, droga conhecida por esgotar os neurotransmissores, a coelhos, que então se tornaram catatônicos. Carlsson teorizou que a catatonia dos coelhos foi causada pela falta de um neurotransmissor ainda não descoberto. Ao injetar nos coelhos L-DOPA, uma substância química que esses animais convertem em dopamina em seu cérebro, Carlsson foi capaz de reviver os coelhos. Esse feito levou o neurologista greco-australiano George Cotzias a tratar com sucesso pacientes com a doença de Parkinson, e o neurologista Oliver Sacks tratar pacientes paralisados com a doença do sono; como comemorou em seu famoso livro *Tempo de Despertar*.[20] Graças a essa descoberta, Carlsson ganhou o Prêmio Nobel de Fisiologia ou Medicina em 2000.[21]

Uma peculiaridade dos pacientes tratados com L-DOPA era que eles, com frequência, viciavam-se em jogo. Essa foi uma das primeiras pistas de que a dopamina estava envolvida no sistema de recompensas do cérebro. Pesquisadores descobriram que drogas viciantes faziam o cérebro liberar dopamina no núcleo accumbens, uma estrutura cerebral localizada não muito longe da área septal; onde Olds e Milner implantaram seus eletrodos em ratos. (Nos seres humanos, o núcleo accumbens está localizado perto da base do prosencéfalo, poucos centímetros atrás da testa).

A maioria dos neurocientistas concorda que as linhas gerais a respeito do sistema de recompensas já foram estabelecidas. Ao longo dos anos, os neuroanatomistas descobriram oito caminhos distintos da dopamina no cérebro, incluindo aqueles associados a comportamentos complicados, como déficit de atenção e aprendizado. É tentador especular que a multiplicidade de usos e caminhos da dopamina no cérebro reflete as diversas maneiras pelas quais sentimos prazer, ao passo que temos apenas um caminho para sentir medo. É aqui que o poder da moderna tecnologia da neuroimagem realmente brilha. Nós, de fato, podemos dizer quais partes do cérebro são ativadas pelos comportamentos prazerosos à medida que acontecem. E o que dizer sobre o prazer simples de ganhar dinheiro? Em 2001, uma equipe liderada por Hans Breiter, da Harvard Medical School, e pelo Massachusetts General Hospital — a qual incluía Daniel Kahneman — usou a fMRI para determinar o que se passava, em tempo real, no cérebro humano quando uma pessoa ganhava e perdia dinheiro.[22] Aos indivíduos submetidos ao experimento de Breiter era dada a quantia de $50 para participar de um simples jogo de azar. A tela exibia uma das três roletas animadas por computador, semelhante ao tipo encontrado nos jogos de tabuleiro para crianças, divididas igualmente em três possíveis resultados: o "bom" com $10, $2,50 e $0; o "intermediário" com $2,50, $0 e -$1,50; e o "ruim" com $0, -$1,50 e -$6,[23]

Desconhecido para as pessoas submetidas ao teste, os resultados das roletas só aparentavam ser aleatórios. Na verdade, as roletas passaram por uma sequência pré-programada para que cada indivíduo ganhasse $78,50 no final da experiência. Como uma fMRI não é instantânea, cada rotação da seta foi cronometrada para levar seis segundos para atingir sua posição final, o tempo suficiente para que capturasse a atividade cerebral da pessoa durante a fase de "resultado", quando os ganhos ou perdas são reconhecidos.

Breiter e seus colegas descobriram que, à medida que a recompensa do jogador aumentava, o mesmo ocorria com a atividade em partes muito específicas do cérebro. O hipotálamo, que liga o sistema nervoso ao sistema hormonal do corpo, era ativado, bem como parte da amígdala, uma subestrutura chamada amígdala estendida sub-lenticular. Essa subestrutura parece processar a reação emocional antes de uma resposta ao medo surgir. É muito tentador ver nesse padrão de ativação cerebral a sensação de antecipação nervosa antes de uma vitória.

Por fim, uma recompensa monetária ativou a área tegmental ventral, que libera dopamina no sistema de recompensa, e o núcleo accumbens. Esse padrão de ativações parecia extremamente familiar para Breiter. Na verdade, foi o mesmo padrão que ele descobriu alguns anos antes, pela primeira vez, entre os viciados em cocaína e os usuários de morfina. Ganhar dinheiro, ainda que pouco, teve o mesmo efeito no cérebro de quando um adicto da cocaína a aspirava ou um paciente recebia uma injeção de morfina. Em cada caso, a dopamina é liberada para o núcleo accumbens, reforçando o comportamento. Com repetições suficientes, a ação associada à liberação de dopamina torna-se hábito. No caso da cocaína, chamamos de vício. No caso do ganho monetário, chamamos de capitalismo. *Nossa reação mais fundamental ao ganho monetário está entranhada na fisiologia humana. Aparentemente, sabemos disso instintivamente: a ganância é boa.*

Para explorar ainda mais essa noção de ganância, voltemos à teoria da prospecção de Tversky e Kahneman do Capítulo 2. Os dois psicólogos descobriram que não só somos criaturas medrosas e avessas ao risco quando se trata de ganhos, mas também somos gananciosos, seres que buscam o risco quando se trata de perdas. Vimos como a amígdala e a resposta ao medo estão envolvidas na aversão ao risco. No entanto, como aprendemos, nossa reação aos ganhos não é uma imagem espelhada e simples da nossa reação às perdas. O comportamento de busca do risco tem alguma explicação na neurologia do prazer?

Para responder a essa pergunta, Camelia M. Kuhnen e Brian Knutson, da Universidade de Stanford, acompanharam os experimentos de Breiter com outro estudo de fMRI.[24] Kuhnen e Knutson projetaram um jogo financeiro mais formal de computador — a Estratégia de Alocação de Investimento Comportamental (BIAS) — em que seus indivíduos experimentais jogavam enquanto eram digitalizados em uma máquina de ressonância magnética. Os jogadores receberam três opções de investimento: um título "seguro" ou uma de duas ações arriscadas, cujas cotações flutuavam aleatoriamente. Desconhecido para os jogadores, uma das duas ações era "boa" — que sempre aumentava em valor ao longo do tempo — e a outra era uma ação "ruim" — que sempre diminuía de valor. Além disso, a ação "boa" dava uma recompensa maior do que o título "seguro", em média $2,50 por rodada versus um consistente $1.

Kuhnen e Knutson descobriram um padrão muito interessante. Quando os jogadores cometiam um erro de busca de risco — por exemplo, escolher a ação "ruim" em vez da "boa" — seu núcleo accumbens era ativado antes de tomar a decisão. Essa é a mesma parte do cérebro que responde à morfina, anfetaminas e ganho monetário. Contrariamente, antes que os jogadores cometessem um erro de aversão ao risco — por exemplo, a escolha do título "seguro" em vez da ação "boa" —, uma parte completamente diferente do cérebro — a ínsula anterior — era ativada. A ínsula está fortemente associada à resposta do cérebro à dor e outras emoções negativas, e a ínsula anterior parece estar ligada ao desgosto, seja devido a um odor desagradável, a ver a expressão facial de alguém reagindo a um odor desagradável ou a observar fotos de contaminação ou mutilação corporal.[25] Portanto, parece que os investidores avessos ao risco processam o risco de perda monetária com o mesmo circuito que contemplam coisas visceralmente abjetas, enquanto os investidores buscadores de riscos vão atrás de seus ganhos potenciais com os mesmos circuitos de recompensa usados por drogas como a cocaína.

As implicações para a tomada de decisões financeiras são evidentes. Um desequilíbrio no sistema de dopamina de um indivíduo pode facilmente leva-lo a uma decisão de risco, como acontece com os pacientes de Parkinson tratados com L-DOPA que desenvolveram problemas de jogo. Mas mesmo o indivíduo médio e o investidor diário obtêm um "tranco" neuroquímico semelhante a uma carreira de cocaína, apenas com um pequeno ganho financeiro. A conduta racional do comportamento de risco, do tipo exibido pelo *Homo economicus*, é, aparentemente, um equilíbrio em sintonia fina entre aquele impacto prazeroso da ganância no núcleo accumbens, uma sensação de dor ou nojo na ínsula anterior e o choque do medo na amígdala.

Imagine como isso funciona em um investidor típico. Já vimos como o medo de aprender pode paralisar psicologicamente um investidor. Contudo, mesmo sem uma reação de medo, uma série de perdas infelizes tem o potencial de fazer com que um investidor se torne avesso ao risco da dor mental; talvez semelhante à forma como uma criança se torna avessa a alimentos "repugnantes" desconhecidos. É importante dizer que, de acordo com os estudos da fMRI, os participantes de um jogo obviamente injusto têm sua ínsula anterior ativada: sentem um desagrado visceral por terem sido enganados.²⁶

Por outro lado, se o ganho financeiro está associado a atividades arriscadas, um ciclo potencialmente devastador de *feedback* positivo pode surgir no cérebro a partir de um período de investimentos favoráveis. Isso levará o investidor a tomar decisões muito mais arriscadas do que o *Homo economicus*, um padrão de comportamento que pode ser tão difícil de quebrar como o vício de cocaína.

Na verdade, uma atividade econômica, a do jogo, já incorporou as ideias neurológicas. As máquinas caça-níqueis são, de longe, a forma mais popular de apostas nos cassinos. Como a antropóloga cultural Natasha Dow Schull documenta em seu livro de 2012, *Addiction by Design: Machine Gambling in Las Vegas*, a moderna máquina caça-níqueis é cuidadosamente projetada para obter respostas neurológicas específicas de seus jogadores.²⁷ Mesmo que o funcionamento de uma dessas máquinas seja completamente aleatório — a grande maioria não é mais mecânica, então os resultados são simulados em um chip de computador —, ao jogador é dada a ilusão de controle. Os retornos (ganhos) são rápidos, a fim de manter uma forte conexão entre uma vitória e a carga de dopamina. As perdas são exibidas deliberadamente como acidentes de percurso — isso é importante, porque, como Lucas Clark, da Universidade de Cambridge, mostrou recentemente em estudos de RMF, o cérebro ainda desencadeia os circuitos de recompensa no caso de uma falta, apenas não tão intensamente como em uma vitória.²⁸ O ambiente ao redor das máquinas caça-níqueis é projetado para minimizar a ansiedade e outras emoções negativas. Esses fatores se combinam para tornar tais máquinas viciantes, no sentido clínico da palavra — e em um país (EUA) no qual se estima que mais de 3 milhões de pessoas têm uma desordem psicológica ligada ao jogo, isso é socialmente problemático.

TRADERS PLUGADOS

Não surpreende que uma tomada de decisão racional possa escorrer pelo ralo quando há muita dor ou prazer envolvido. No entanto, de início, o número crescente de anomalias documentadas pelos psicólogos e economistas comportamentais nas décadas de 1980 e 1990 não convenceram muitos economistas financeiros. Claro, existem muitos exemplos de investidores aplicando seu dinheiro em coisas idiotas, mas não é disso que trata a Hipótese dos Mercados Eficientes. A questão aqui é o "dinheiro inteligente", os *traders* profissionais que ganham a vida comprando e vendendo por dia milhões de dólares em títulos financeiros em nome das principais instituições financeiras. Além disso, o modo como os estudantes de MBA se comportam em experimentos minuciosamente configurados em um laboratório de informática pode não ter nada a ver com a forma como um *trader* altamente treinado e generosamente remunerado se comporta em uma mesa de negociação. Se há um lugar em que os *Homo economicus* se reúnem no planeta, deve ser em Wall Street, então é ali que devemos olhar se queremos observar o comportamento dessas criaturas raras.

Isso foi exatamente o que um antigo colega de pós-doutorado, Dmitry V. Repin, e eu decidimos fazer em 1999 em resposta a essa crítica às finanças comportamentais.[29] Abordamos um grande banco comercial e perguntamos se poderíamos medir as características fisiológicas de seus *traders* em tempo real — enquanto eles estavam, de fato, negociando. Esperávamos ver o comportamento financeiro racional em ação e capturar suas propriedades para que pudéssemos compará-las com indivíduos comuns. Não seria fascinante se pudéssemos identificar traços únicos de *Homo economicus* e explicar como e por que eles diferem do resto de nós?

Por mais incrível que pareça (lembre-se, estávamos lá atrás, em 1999, antes que a biometria fosse algo bacana), o banco concordou em nos dar acesso a dez de seus *traders* de derivativos cambiais e de taxa de juros que se ofereceram para ser nossas cobaias. Para fazer nossas medições, utilizamos equipamentos de *biofeedback* portáteis que mediram mudanças na condutância da pele, pressão arterial, frequência cardíaca, respiração e temperatura corporal dos dez *traders* enquanto trabalhavam (veja a Figura 3.3 no caderno colorido). Naquela época, esse equipamento, hoje desatualizado, era o suprassumo — atualmente, essas medidas podem ser feitas (e com mais precisão) por um único chip e um sensor incorporado em um relógio de pulso conectado via bluetooth a seu smartphone.

Já faz muitos anos que os psicólogos descobriram que tais mensurações fisiológicas poderiam ser utilizadas para capturar o estado mental de um indivíduo — incluídos aí o medo, a ganância e outras fortes respostas emocionais —, fato que levou ao surgimento de um ramo da psicologia conhecido por *psicofisiologia*. Na verdade, essa tecnologia é o cerne da meditação baseada em *biofeedback* e das técnicas de gerenciamento da dor e do estresse.

Discretamente, ficamos observando enquanto os comerciantes acompanhavam os dados de mercado em constante evolução, como taxas de câmbio, propostas e negócios, e reagiam a ocorrências de mercado atraentes, como desvios de exposição ao risco e eventos de volatilidade. Aquela foi a primeira vez em que os *traders* foram estudados em seu ambiente nativo dessa maneira, conectados a vários sensores enquanto se sentavam em suas estações de trabalho (veja a Figura 3.4 no caderno colorido).

O que estávamos procurando? Nossa esperança era encontrar correlações entre as características fisiológicas e os preços dos títulos para verificar se existia algum relacionamento sistemático entre a biologia humana e a atividade do mercado. Por exemplo, com base em pesquisas psicológicas anteriores, sabíamos que ligeiros aumentos no nível de condutância da pele — medida pelos eletrodos fixados na palma das mãos dos *traders* — estão relacionados ao aumento da excitação emocional (em casos extremos e muito tempo após o momento inicial da excitação, você fica com as palmas das mãos suadas), e isso deveria suceder também em face de grandes movimentos do mercado.

Dividimos os *traders* em dois grupos: os altamente experientes e aqueles que tinham níveis de experiência de médio a baixo. O tempo de exposição ao mercado não deveria afetar o desempenho do *Homo economicus*, mas nossos resultados mostraram que os *traders* com mais experiência apresentaram, inconscientemente, diferentes respostas emocionais em relação aos colegas com menos prática. Quando ocorriam eventos potencialmente significativos no mercado — grandes flutuações de preços ou reversões de tendências — os *traders* menos experientes tiveram muito mais mudanças na amplitude do volume sanguíneo, temperatura corporal e condutância da pele. Enquanto todos os *traders*, incluindo os mais experientes, reagiam a movimentos significativos do mercado, descobrimos que os menos experientes eram fisiologicamente mais sensíveis a essas mudanças de curto prazo. Além disso, no rescaldo dos movimentos extremos do mercado, a excitação emocional dos *traders* mais experientes voltava rapidamente ao normal, ao passo que os menos experientes mostravam níveis mais altos, e mais duradouros, de excitação emocional.

Esse estudo proporcionou a possibilidade de quantificar as tomadas de decisão financeira em tempo real valendo-se das características fisiológicas que poderiam estar relacionadas à atividade do mercado financeiro. Depois que fizemos essa primeira experiência, algo estranho ocorreu ao voltar ao MIT. Como parte da minha aula de MBA de introdução às finanças, incluí um jogo de negócios simulado no Sloan School's Trading Lab. Decidi compartilhar com a minha classe algumas das pesquisas que estava fazendo sobre psicofisiologia dos *traders*, e pedi a alguns voluntários que ficassem plugados enquanto negociavam. Observando as telas dos laptops conectadas aos eletrodos de dois voluntários, notei algo familiar. O gráfico de resposta de condutância da pele para um dos alunos parecia irregular e aleatório, mas o gráfico do outro aluno parecia muito semelhante aos padrões que vimos com os *traders* mais experientes do banco — níveis elevados durante os períodos de volatilidade do mercado, mas estáveis fora desses períodos.

No final da simulação de negociação, perguntei aos dois alunos se eles negociavam por conta própria. O aluno com o gráfico irregular disse que não, mas o outro estudante contou que passou cinco anos negociando títulos do governo em um grande banco de investimentos antes de chegar ao MIT. Isso foi realmente chocante. O que mais podemos dizer sobre as habilidades de decisão financeira de uma pessoa a partir de suas respostas fisiológicas?

DO QUE SÃO FEITOS OS *TRADERS*

Com certeza a questão realmente interessante aqui é se algum desses resultados pode ser usado para melhorar o desempenho de um *trader*. Naquela ocasião, não podíamos responder a essa pergunta porque não tínhamos acesso aos lucros cumulativos dos *traders*, que é uma informação altamente pessoal e só disponível para certos integrantes do alto escalão do banco. Porém, em um segundo estudo que Dmitry e eu fizemos, desta vez em colaboração com um psiquiatra e *trader* ávido, Brett Steenbarger, obtivemos acesso àquela informação de um grupo desses profissionais.[30] Esses *traders* participaram de um programa de treinamento online de cinco semanas administrado pela conhecida *trader* de futuros Linda Bradford Raschke, que nos permitiu recrutar 80 deles que se ofereceram para preencher pesquisas diárias sobre seus negócios e estado emocional.

Ao longo de 25 dias, pedimos-lhes que realizassem uma determinada série de negócios imaginários, e também quaisquer negócios reais que fariam se não estivessem sendo observados por nós. Estudamos os traços de personalidade dos *traders* antes e depois do período de negociação para ver se podíamos identificar um "tipo de personalidade do *trader* específico, mas sem êxito. Aparentemente, nem todos os *traders* são mestres do universo superagressivos estereotipados.

Não obstante, um padrão interessante surgiu quando correlacionamos certos traços de personalidade com seus retornos financeiros. Os *traders* que, perdendo ou ganhando, descreveram reações mais intensas a ambas as situações, foram em número significativamente maior do que os outros. Além disso, aqueles que obtiveram maior pontuação em uma medida de "internalização" — a tendência de atribuir as causas de vários eventos em suas vidas para a própria ação e não à casualidade — também apresentaram um desempenho muito pior do que aqueles que obtiveram notas mais baixas nessa escala. Esses padrões nos dizem algo sobre do que são feitos os bons *traders*: de respostas emocionais mais controladas, incluindo a capacidade de abster-se de se culpar (ou se elogiar) demais pelos resultados obtidos.

Com isso, comecei a entender um pouco mais a psicologia das negociações e a razão pela qual os *traders* frequentemente se entregam ao humor negro — eles precisam manter um certo desapego das situações emocionalmente carregadas. Um ex-aluno me disse uma vez que, no seu primeiro dia como *trader* júnior, recebeu este conselho de um *trader* muito mais experiente que lhe servia de mentor: "Lembre-se de três coisas, garoto. Um, é apenas dinheiro. Dois, não é seu dinheiro. E três, se eles o demitirem, têm que lhe pagar uma indenização." Embora seja um tanto irônico, esse conselho contém uma pitada de sabedoria. Se você reagir demais com o coração às perdas e ganhos, atribuindo-os a seus próprios artifícios, em vez de boa ou má sorte, você rapidamente se queimará e se tornará incapaz de tomar decisões financeiras sólidas. Mais fácil falar do que fazer.

Traders financeiros, quando perguntados sobre por que fizeram um negócio ou recusaram outro, muitas vezes ficam sem saber o que dizer. Eles usam a intuição, e é isso que, em última análise, nossos dois estudos estavam medindo. As decisões intuitivas são aquelas sobre as quais temos pouco controle ou consciência cognitiva e processamos rapidamente — não estamos conscientemente "pensando" sobre elas enquanto as tomamos. As negociações financeiras, sejam elas praticadas em um ambiente profissional ou no porão de casa, usam funções cerebrais superiores que ocorrem no córtex pré-frontal (raciocínio lógico, habilidade de cálculo e planejamento). E sabemos que estes podem ser dominados por fortes respostas emocionais, como o medo e a ganância originários da amígdala. É nesse curto-circuito emocional que um *trader* pode descarrilar.

Ao mesmo tempo, nossos estudos demonstraram que as emoções estão sempre presentes, mesmo entre os *traders* mais experientes. Há uma maneira de compatibilizar essas descobertas com um mercado racional — se considerarmos o papel da evolução e da seleção (o que veremos muito mais no Capítulo 5). No mundo altamente competitivo das transações financeiras, os *traders* mal sucedidos perdem dinheiro e são descartados. O papel que a emoção desempenha na tomada de decisões sugere que a emoção ajuda a determinar a aptidão evolutiva dos *traders* financeiros.

Nossa mensuração em tempo real dos *traders* financeiros adiciona uma nova evidência ao papel do comportamento individual na tomada de decisões financeiras. Sabemos que fatores externos, como a condição climática ou mesmo a atividade geomagnética, exercem influência sobre o estado emocional. Essas medidas de personalidade e fisiologia são apenas o primeiro passo para descobrir os elementos principais envolvidos nas decisões financeiras. O *Homo economicus* tem muito mais em mente do que pensávamos inicialmente.

CONTROLE MENTALMENTE SEU BOLSO COM A MOEDA NEURAL

Caso aceitemos que o *Homo economicus* não existe, remanesce a questão do porquê não. Por que é tão difícil para as pessoas serem racionais quando se trata de dinheiro? A resposta da Neurociência é que o cérebro não processa perdas e ganhos "racionalmente". *O cérebro aplica o mesmo circuito neural de medo e ganância sobre as experiências financeiras como faz com tudo o mais*. Não obstante o dinheiro ser historicamente antigo, ainda não passa de uma novidade em comparação com o período de tempo que a espécie humana está no planeta. Estamos usando nossos velhos cérebros para responder a ideias novas. Isso não é surpreendente. A Mãe Natureza, essa grande economizadora, muitas vezes reutiliza uma solução biológica existente para enfrentar novos desafios.

Nossa velha neurofisiologia, no entanto, pode trazer luz ao novo comportamento econômico. Vários dos céticos modernos da economia criticam-na por valorar coisas completamente diferentes com a mesma escala de preços. Por exemplo, essa ciência não só compara maçãs com laranjas, algo muito fácil usando dólares e centavos, como também compara maçãs à possibilidade de uma laranja existir em seis meses a partir de agora, e à satisfação de comer uma laranja em comparação a jogar damas. Isso induz a muitas críticas do setor de bananas, mas avaliar é algo fundamental para a economia. No jargão da teoria econômica, cada indivíduo possui ordens de preferência específicas. Todos nós somos capazes de classificar as coisas que queremos linearmente, do menos valioso ao mais valioso, embora a ordem seja diferente para cada pessoa. Tal como em uma teoria psicológica, ela apresenta algumas falhas, mas como teoria econômica ela funciona muito bem. Contudo, essa teoria é de fato verdadeira no nível neurofisiológico?

Na virada do milênio, Read Montague, do Baylor Medical Center, e Gregory Berns, da Escola de Medicina da Universidade Emory, tentaram descobrir como o cérebro traduzia uma recompensa financeira em uma "moeda" mental interna. Montague e Berns teorizaram que o cérebro precisava usar uma escala de avaliação comum para comparar diferentes resultados. Devido ao vasto leque de comportamentos humanos possíveis, eles acreditavam que o cérebro exigia uma única escala interna de valor representativo para escolher o curso apropriado de ação — embora essa ação não seja racional do ponto de vista do *Homo economicus*.

Em 2002, Montague e Berns revisaram os dados neurofisiológicos e localizaram uma estrutura receptora de dopamina no cérebro que parecia traduzir a resposta da recompensa à atividade neural de uma maneira estranhamente evocadora da famosa fórmula de precificação de opções de Black Scholes/Merton.[31] Esses cientistas ficaram surpresos, uma vez que as opções são uma parte importante do mercado de derivativos, no qual contratos complicados relacionados aos resultados de eventos futuros são negociados. Os economistas têm em alta conta o modelo de Black-Scholes/Merton, pelo qual Myron Scholes e Robert C. Merton receberam o Prêmio Nobel de Economia em 1997 (Fischer Black morreu dois anos antes). A explosão do mercado de opções é muitas vezes creditada ao surgimento da calculadora de bolso de preços de opções na década de 1970. O *Homo sapiens* já possuiria o equivalente neurológico de uma calculadora de preços de opções na cabeça?

QUERO TUDO E QUERO AGORA

A história, entretanto, não é tão simples. Os profissionais da área financeira estão familiarizados com a diferença entre valor presente e valor futuro. A maioria dos ativos no futuro é avaliada por menos que seu valor nominal. Por exemplo, a nota de $100 que você tem na carteira agora terá um valor ligeiramente menor daqui a um ano. A diferença porcentual entre os dois valores é chamada de *taxa de desconto*. Conforme a teoria econômica, o *Homo economicus* deveria aplicar a mesma taxa de desconto a um dado intervalo, independentemente dele ocorrer agora, no próximo ano ou na década seguinte.

Mas a maioria dos *Homo sapiens* é inconsistente quanto ao valor futuro. Se for oferecida a escolha, a maioria de nós preferirá receber uma nota de $100 agora do que $200 daqui a um mês. Porém, se a opção for entre $100 por ano a partir de agora ou $200 em 13 meses, a maioria escolheria esta última. Os economistas chamam esse comportamento de *desconto hiperbólico*, mas grande parte dos leitores compreenderá como diz no provérbio: "É melhor um pássaro na mão do que dois voando." Comparados ao perfeitamente racional *Homo economicus*, somos mais impulsivos no curto prazo e mais lógicos a longo prazo, ou como uma garotinha mimada de oito anos disse uma vez em uma festa de aniversário em que eu estava: "Eu quero tudo e quero agora!"

Em um gráfico, a forma da curva das taxas de desconto provocadas pelo *Homo sapiens* da vida real se assemelha a uma hipérbole — muito alta para o curto prazo e depois muito plana para o longo prazo —, daí o nome descontos hiperbólicos. Em comparação conosco, o *Homo economicus* preferiria dois pássaros voando, uma vez que o valor presente esperado de dois pássaros no futuro será maior do que o valor de um pássaro agora. Mas simplesmente não estamos equipados para lidar com esse cálculo mental totalmente racional. Em consequência, acabamos por fazer escolhas economicamente inconsistentes ao longo do tempo. Não surpreendentemente, o pai da eficiência do mercado, Gene Fama, tem uma maneira muito inteligente de evitar as armadilhas do desconto hiperbólico. Quando convidado a conversar ou se envolver em alguma atividade comercial, ele usa uma regra simples para decidir se aceita: não importa o quão longe no futuro esteja agendado, ele se pergunta se é algo que ele gostaria de fazer se o evento fosse na semana que vem. Se a resposta for sim, ele aceita, caso contrário, declina da oferta educadamente. Essa regra simples garante que ele use a mesma taxa de desconto em todos os horizontes de decisão.

O desconto hiperbólico, todavia, representou um problema para a ideia de uma única moeda mental. Pouco depois do estudo de Montague e Berns, surgiram evidências de que o cérebro parecia ter sistemas neurais separados para avaliar as recompensas monetárias em diferentes horizontes. Samuel McClure, um antigo aluno de pós-graduação de Montague, ofereceu vales-presentes da Amazon para alunos em estudos de fMRI da Princeton com o intuito de examinar o desconto hiperbólico na prática. Com certeza, esses alunos da Princeton preferiram um vale presente menor imediatamente, em vez de um maior mais tarde. A preferência por uma recompensa monetária imediata ativou o sistema de dopamina, enquanto uma recompensa tardia ativou o córtex pré-frontal; parte do cérebro associada ao pensamento "racional" (uma área que exploraremos no próximo capítulo).[32] McClure assumiu a hipótese de que havia dois sistemas funcionando, um para recompensas imediatas e outro para os de prazo mais longo.

A hipótese de McClure do sistema duplo para descontos hiperbólicos estaria realmente correta? Outros neurocientistas não estavam tão certos disso. Joseph Kable e Paul Glimcher, do Centro de Ciências Neurais da Universidade de Nova York, testaram-na mantendo constante a recompensa imediata para os indivíduos sob fMRI ($20 em um cartão de débito), enquanto variavam a recompensa futura para 180 dias. Eles descobriram que a intensidade do sinal "imediato" variou com as recompensas tardias.[33] Os estudos subsequentes de acompanhamento os levaram a acreditar que existe apenas um único sistema neural no cérebro para o desconto de valor em diferentes intervalos de tempo, um que segue uma curva hiperbólica em relação à recompensa mais próxima possível.

A neurociência mostrou que o cérebro humano processa o valor em diferentes períodos de tempo de forma inconsistente. Somos exigentes no curto prazo e negligentes no longo prazo por natureza. Do ponto de vista do economista, é surpreendente que existam sistemas no cérebro que expliquem esse fenômeno. Veremos a razão por que esses sistemas existem e como eles afetam as decisões financeiras no próximo capítulo.

No entanto, nem todas as recompensas são criadas iguais. Como seres humanos, entendemos isso subjetivamente, daí a crítica do senso comum sobre não comparar maçãs com laranjas. A complexidade do sistema de dopamina implica que há múltiplos caminhos através dos quais o cérebro pode se sentir recompensado. Ganhar um cartão-presente para participar de um experimento é processado de forma um pouco diferente em seu cérebro do que a recompensa de comer sua refeição favorita ou aproveitar o calor do sorriso da sua mãe.

Porém, o cérebro pode e deve comparar diferentes tipos de recompensas. Quando um *trader* perde um jantar elegante ou uma noite com a família para monitorar o mercado asiático de câmbio, ele está fazendo exatamente essa comparação de valor subjetivo. É até possível calcular monetariamente essas trocas. Em 2010, no Centro de Neurociências Cognitivas da Universidade de Duke, David V. Smith e sua equipe examinaram a atividade cerebral de 23 homens jovens, heterossexuais, usando fMRI.[34] Esses indivíduos deveriam fazer a escolha mental entre ver os rostos de mulheres atraentes desconhecidas, ou imagens de dinheiro prometido. Os pesquisadores não só conseguiram identificar a região do cérebro onde a comparação foi feita — uma área específica no córtex pré-frontal —, como foram capazes de calcular a taxa de câmbio mental dos sujeitos: $4,31 por rosto.

Desde a rápida expansão das tecnologias de imagem cerebral no século XXI, houve centenas de estudos de fMRI sobre valor subjetivo. Há agora tanta ciência sobre o tema que artigos que analisam grupos de outros artigos — um método chamado meta-análise — foram escritos para ajudar a interpretar todos os resultados. Uma meta-análise de 2013 feita por Oscar Bartra, Joseph T. McGuire e Joseph Kable concluiu que o valor subjetivo é codificado da mesma forma em todas as categorias testadas, ativando as mesmas regiões do cérebro dentro dos mesmos sistemas.[35]

Essas descobertas são um excelente exemplo da rapidez com que nosso conhecimento do cérebro está mudando. No espaço de alguns anos, foi proposta uma forte hipótese — uma única moeda neural — baseada na neurofisiologia conhecida, que foi discutida e, em seguida, reforçada por descobertas com base em experiências inteligentes com novas tecnologias. Sabemos que a história ainda não está completa. Por exemplo, ainda não está claro onde o cérebro está fazendo a comparação entre valores subjetivos, ou como essa moeda mental é codificada no nível das células nervosas individuais.[36] A ciência ainda está sendo desenvolvida e pode muito bem ter mudado enquanto você estiver lendo estas palavras. Mas o impulso da nossa incursão na Neurociência permanece o mesmo: o comportamento humano não é uma caixa preta, e há um método para nossa loucura, mesmo que nossa compreensão desse método precise ser atualizado de tempos em tempos.

A neurociência moderna é cada vez mais poderosa em seu alcance. Alguns cientistas acreditam que nossa compreensão do cérebro agora é sólida o suficiente para usar a neurociência, e especialmente a pesquisa de neuroimagem, de forma proativa. Em vez de procurar áreas específicas do cérebro que se correlacionam com o comportamento econômico, eles propõem fazer o contrário: usar a atividade cerebral para prever o comportamento econômico. Muitas regiões cerebrais são ativadas antes de um tipo específico de comportamento: por exemplo, busca de risco e o núcleo accumbens. O psicólogo Brian Knutson e o economista Peter Bossaerts acreditam que essas antecipações poderiam ser usadas para criar uma teoria "fisiologicamente limitada" de tomada de decisão, um modelo de comportamento econômico que usa as atividades cerebrais como sua introdução.[37]

Essa não é uma ideia nova. Na verdade, o economista pioneiro Herbert Simon trabalhou em um projeto similar na década de 1970, tentando imitar a psicologia interna do processo de tomada de decisão humana usando as técnicas de inteligência artificial disponíveis na época. Hoje, contudo, o fMRI e outras técnicas de imagem podem medir a atividade no cérebro diretamente. Um cético ou um cínico pode chamar isso de um projeto de céu azul, em constante e nunca finalizada construção. Afinal, nenhum programa de computador poderia capturar integralmente as complexidades do cérebro humano — ao menos ainda não; em outra década, quem sabe? Mas os economistas têm uma resposta fácil a essa objeção. Nós já utilizamos um modelo enormemente simplificado do comportamento humano: o comportamento perfeitamente otimizador do *Homo economicus*.

Os exemplos que encontramos neste capítulo ilustram o triste fato de que, sob o capô, não somos criaturas muito racionais. Como Keynes disse, somos possuídos por espíritos animais — os nossos. O medo e a ganância, o prazer e a dor são os principais propulsores do comportamento financeiro. Os neurocientistas demonstraram que o ganho monetário estimula os mesmos circuitos de recompensa que a cocaína, e que a perda financeira ativa, tal como um ataque físico, a mesma resposta de lutar ou fugir. Essas reações estão entranhadas na fisiologia humana. Embora muitas vezes possamos superar nossa biologia por meio da educação, experiência ou boa sorte genética, em circunstâncias estressantes a grande maioria de nós se comportará de maneira emocional e ainda assim previsível. Nosso comportamento "irracional" não significa que seja aleatório ou não motivado. Mesmo o ato mais irracional, seja no mercado, na esfera política ou na vida pessoal, geralmente tem uma forte razão por trás — e essa razão geralmente terá uma base biológica.

Neste novo e bravo mundo da neurociência, há algum espaço para a racionalidade? Na realidade, existe. No próximo capítulo descobriremos exatamente onde o *Homo economicus* reside no cérebro humano e como somos únicos no reino animal.

CAPÍTULO 4

O Poder da Narrativa

UM NOVO SIGNIFICADO PARA RACIONALIDADE

Em meados da década de 1970, um empresário bem-sucedido de 35 anos começou a sofrer de intensas dores de cabeça e falta de concentração. O diagnóstico foi um meningioma, um tumor cerebral do tamanho de uma laranja pequena que estava pressionando seus lóbulos frontais de baixo. A cirurgia para remover o tumor correu muito bem, embora o procedimento também tenha removido algum tecido do lobo frontal saudável. Sua inteligência, habilidades motoras e capacidade de usar o idioma não estavam prejudicadas, mas pouco depois de se recuperar da cirurgia, ficou claro que sua personalidade havia sido drasticamente alterada. Ele perdeu todo o senso de proporção no trabalho; passava o dia obcecado por detalhes sem importância, como apenas escolher a fonte correta ao compor cartas para seus clientes, enquanto ignorava tarefas mais urgentes, como escrever e enviar essas cartas. Decidir quais roupas usar pela manhã ou o restaurante para jantar à noite levava horas. Não demorou para que fosse demitido do trabalho. Em seguida, após uma série de empreendimentos comerciais ruins, sua esposa o deixou. Ele casou-se de novo, mas logo se divorciou.

Na ocasião em que o neurologista António Damásio o encontrou na Universidade de Iowa, esse ex-empresário bem-sucedido estava tentando recuperar seus benefícios por invalidez. Eles foram cancelados, já que suas habilidades físicas e mentais estavam, na opinião de todos os outros médicos, ainda intactas. O homem, pelo que as aparências indicavam, fingia-se de "doente".[1]

Damásio tinha dúvidas quanto a isso. O cérebro do paciente foi escaneado com as novas técnicas de imagem da época, algumas das quais já vimos antes: varreduras de tomografia computadorizada, ressonâncias magnéticas e exames de tomografia computadorizada de emissão de um único fóton (SPECT). Esses testes revelaram que aquele paciente — a quem foi atribuído o pseudônimo de "Elliot" no livro de Damásio, *O Erro de Descartes* — tinha áreas localizadas de tecido cerebral danificado, "lesões" nos lobos frontais esquerdo e direito de seu córtex, as quais situavam-se a poucos centímetros atrás da testa.

Damásio supôs que essa pequena seção do cérebro de Elliot estava envolvida nas funções mais altas da tomada de decisão. Ao contrário de outros pacientes com dano no lóbulo frontal, Elliot se saiu normalmente em testes psicológicos e de personalidade especializados. Mas depois de longas conversas com o paciente, o neurologista começou a acreditar que havia outra coisa além da capacidade de Elliot de tomar boas decisões. Embora agradável ao conversar, e mostrar-se até mesmo espirituoso, ele transmitia pouca emoção ao falar sobre seus infortúnios. Quando Damásio aprofundou a avaliação, descobriu que Elliot estava aparentemente "estacionado" emocionalmente: nunca estava triste, ansioso ou impaciente, e apenas muito brevemente irritado. Testes psicológicos que mediram suas reações fisiológicas a imagens violentas confirmaram essa estranha deficiência. Após uma série de testes, o próprio Elliot confirmou essa mudança: "Temas que antes provocavam uma forte emoção já não me causam qualquer reação, positiva ou negativa." Damásio denominou esse conjunto de condições de *sociopatia adquirida*.[2]

A falta de resposta emocional de Elliot de alguma forma o levou a fazer escolhas irracionais em sua vida diária. Do exemplo de Elliot e outros como ele, Damásio chegou à sólida conclusão de que o papel da emoção na cognição humana é fundamental para a racionalidade.[3] *Em outras palavras, para sermos integralmente racionais, precisamos das emoções.*

Ainda que os estudos originais de Damásio tenham mais de trinta anos, sua conclusão ainda surpreende muitas pessoas, especialmente economistas. Afinal, não é o medo e a ganância, ou o espírito animal de Keynes, que fazem com que os preços se desviem irracionalmente dos fundamentos do mercado? Na ausência do medo e da ganância, nossos cérebros racionais simplesmente chegarão à conclusão correta, sem nenhum dos comportamentos que vimos no Capítulo 2?

Para responder essa pergunta precisamos de uma visão mais sofisticada do que são as emoções e do papel que desempenham nas tomadas de decisão. Aqui, neurocientistas e psicólogos convergiram para uma explicação simples e convincente. A emoção é uma ferramenta utilizada para melhorar a eficiência com que os animais — inclusive os humanos — aprendem com o meio ambiente e o passado. Somos aprendizes mais eficientes com emoções do que sem elas.

Podemos ver o papel das emoções mais claramente na aprendizagem pelo medo. Como vimos, o condicionamento por meio do medo faz com que os animais associem um novo estímulo a um resultado negativo. A associação é tão forte que pode durar por toda a vida do animal — até mesmo em seres humanos. Nosso piloto da aviação civil, Robert Thompson, teve a capacidade de sentir medo e salvou sua vida, enquanto SM carecia dessa condição, e quase foi morta em várias ocasiões. O medo é um mecanismo muito eficiente na aprendizagem.

No caso de Elliot, após a perda da capacidade de sentir mesmo as emoções mais brandas, um ciclo de *feedback* importante no processo de aprendizagem foi interrompido. Literalmente, tudo era a mesma coisa para Elliot. Como Damásio percebeu, essa similitude manteve o ex-empresário distante de julgamentos racionais. Do ponto de vista neurocientífico, as emoções ajudam a formar um sistema interno de recompensa e punição que permite ao cérebro selecionar um comportamento vantajoso. E na perspectiva econômica, as emoções ajudam a fornecer uma moeda básica ou um padrão de valor para os animais — de novo, incluindo os humanos — para realizar uma análise custo-benefício das várias opções que se apresentam.[4]

No entanto, se a emoção não é a fonte da nossa irracionalidade — se a emoção é, de fato, necessária para nossa racionalidade — qual é, então, a fonte da irracionalidade? A perspectiva neurocientífica dá uma dica. Os neurocientistas demonstraram que a emoção, especialmente o medo e a resposta de lutar ou fugir, é o nosso "primeiro respondente". Apresentamos reações emocionais a objetos e eventos muito mais rapidamente do que podemos articulá-los, como no caso de Robert Thompson.[5]

O ALARME DE INCÊNDIO HUMANO E O SISTEMA DE *SPRINKLERS*

Reações emocionais extremas podem neutralizar completamente o pensamento racional. Existe uma razão neurológica para isso. Um forte estímulo na amígdala parece suprimir a atividade no córtex pré-frontal, a região do cérebro associada à deliberação lógica e à capacidade de raciocínio.[6] (Voltaremos ao córtex pré-frontal mais adiante neste capítulo). Biologicamente, isso faz sentido. Emoções muito fortes são um chamado fisiológico que deve ser atendido imediatamente porque a sobrevivência pessoal pode depender disso. Se um urso está avançando em sua direção, é mais importante para você ter medo e correr como o diabo foge da cruz do que ser capaz de resolver equações diferenciais (mesmo se você for um estudante do MIT). Naturalmente, suas funções cerebrais superiores, como linguagem e raciocínio lógico, são suprimidas até a ameaça acabar.

Do nosso ponto de vista subjetivo, é claro, nossas reações emocionais funcionam de forma diferente. Elas podem não sentir que seu cérebro o está ajudando a sobreviver. Se você alguma vez ficou tão irritado que quase não conseguiu falar, já experimentou esse efeito. Um exemplo mais comum envolve a atração sexual. Você decide convidar alguém para sair e inventa um elaborado esquema para encontrar-se com ele ou ela por "acaso". Você se prepara para essa ocasião com dias de antecedência, ajeita seu cabelo, veste-se de modo particularmente agradável, decora umas frases espirituosas que ensaiou incansavelmente até que chega o momento tão aguardado. Tudo perfeitamente planejado. Você abre a boca e começa a falar, e então as palavras se enrolam em sua língua, e você se sente um idiota apesar de todos os preparativos. Por que isso acontece?

É porque a parte emocional do cérebro se tornou temporariamente dominante. A fala é governada pelo córtex pré-frontal, mas o cérebro emocional o desativa, fazendo-o esquecer as palavras. Na linguagem da neurociência, o estímulo emocional tem um efeito antagônico no córtex pré-frontal. Subjetivamente, é como se emoção e razão estudassem uma à outra. Neurofisiologicamente, é exatamente o que está acontecendo. O amor realmente nos torna uns imbecis.

O comportamento humano depende de um equilíbrio finamente sintonizado entre os diferentes componentes do cérebro. Essas interações podem ser extremamente sutis e complexas. Veja o ato de sorrir, por exemplo. A maioria de nós pode facilmente detectar a diferença entre um sorriso natural e um sorriso forçado.[7] Como? A resposta reside na forma como o cérebro é organizado. Um sorriso espontâneo é gerado por uma região do cérebro — o córtex cingulado anterior — e envolve certos músculos faciais que atuam de modo involuntário, ou seja, não estão sob controle motor consciente. Um sorriso forçado, contudo, é um comportamento puramente voluntário proveniente do córtex motor do cérebro. Não é o mesmo que um sorriso genuíno, porque não há nele a participação involuntária dos músculos do rosto; esses músculos ficaram como estavam antes, dando à expressão da pessoa um olhar congelado. É preciso um grande esforço e habilidade para gerar expressões faciais específicas em uma interpretação. Somente ao conjurar experiências emocionalmente carregadas no passado, atores ganhadores do Oscar, como Jack Nicholson e Meryl Streep, podem produzir o tipo de reações emocionais genuínas necessárias em uma determinada cena. Essas emoções, por sua vez, acionam os músculos involuntários relevantes para produzir a expressão facial correta; expressões menos autênticas são imediatamente reconhecidas como "má atuação".

E quanto à irracionalidade? Como vimos, existem componentes especializados no cérebro que interagem para produzir comportamentos humanos a fim de aumentar as chances de sobrevivência em resposta a uma determinada condição ambiental. Essa é a base do "dom do medo". O *Homo sapiens* é o único ser, no reino animal, que se adapta com sucesso a novas situações, aprendendo e aplicando comportamentos mais úteis. Nossos cérebros conseguem isso por meio da atuação conjunta de muitos desses componentes especializados, produzindo um equilíbrio eficaz. Assim como o ambiente onde vive, o humano foi modificado ao longo do tempo, o mesmo ocorreu com a importância relativa de cada componente. O comportamento "irracional" ocorre quando esses componentes especializados encontram um ambiente com o qual não conseguem lidar de maneira eficaz.

O FATOR MEDO E AS FINANÇAS

Como se sabe, é preciso uma teoria para derrubar uma teoria. A neurociência nos dá uma teoria do comportamento racional e irracional baseada na função do cérebro humano. Contudo, como essa teoria da irracionalidade se traduz em termos financeiros?

Permita-me descrever um teste simples usado para medir racionalidade e irracionalidade financeira nas neurociências. Desde a pesquisa pioneira de Damásio, a Universidade de Iowa emergiu como um importante centro de estudo de condições neurológicas que lançam luz sobre o chamado comportamento racional. É onde a paciente SM — a mulher sem medo que conhecemos no Capítulo 3 — foi estudada. E foi lá, também, onde Antoine Bechara, um ex-aluno de Damásio, inventou o que agora é chamado de Tarefa de Jogo de Iowa.[8] Esse teste é inspirado nos experimentos de Daniel Kahneman e Amos Tversky, mas Bechara queria usar uma tarefa de tomada de decisão mais realista, então se voltou para um passatempo muito comum: o jogo de baralho.

Na Tarefa de Jogo de Iowa, tal como nos mercados financeiros, o objetivo do jogo é perder pouco dinheiro e ganhar o máximo possível. O sujeito do teste experimental — o "jogador" — está sentado na frente de quatro baralhos, A a D, e recebe $2.000 em dinheiro de jogo; muito parecido com dinheiro de verdade. O jogador retira uma carta de qualquer um dos baralhos, e o número positivo ou negativo impresso nela é o quanto o jogador ganhou ou perdeu nessa jogada. É um jogo simples que mostra a essência do ato de jogar.

O jogador não sabe que os baralhos foram manipulados. Os baralhos A e B pagarão $100 por cada carta retirada deles, mas o baralho A ocasionalmente custará ao jogador algumas centenas de dólares, o suficiente para que reduza o total acumulado a cada lance repetido pelo jogador. O baralho B é semelhante, mas irá penalizar menos frequentemente o jogador com um montante ainda maior, $1.250. Os baralhos C e D, por outro lado, pagarão $50 por rodada, o baralho C, ocasionalmente, penalizará o jogador com uma pequena quantia, e o baralho D punirá eventualmente com $250, mas em nenhum deles o montante é grande o bastante para causar uma perda total a longo prazo.

Os jogadores comuns — o grupo de controle — geralmente começam o jogo testando cartas de cada um dos quatro baralhos. Então, atraídos pela promessa de uma recompensa maior, eles se concentram nos baralhos A e B, até perceberem que tirar cartas desses maços não é uma estratégia vencedora. Isso normalmente acontece durante as primeiras 30 cartas. Os jogadores então mudam para C e D, embora alguns tomadores de riscos ainda ocasionalmente retirem cartas dos baralhos A e B também. E assim vai por uma centena de cartas, até que o cientista-croupier interrompe o jogo.

Já vimos que a compulsão por apostas tem uma forte base neurológica. Porém, os jogadores comuns, ao jogar a Tarefa de Jogo de Iowa, tendem a convergir para estratégias racionais. Já os jogadores com danos em seu córtex pré-frontal ventromedial (como no caso de Elliot) ou em sua amígdala (como no caso de SM) empregam uma estratégia completamente diferente. Inicialmente, começam da mesma forma, tateando as plataformas para ver qual oferece o melhor retorno. No entanto, à medida que o jogo continua, eles mostram uma clara preferência pelos baralhos A e B em relação a C e D, apesar do fato de que aqueles baralhos foram projetados para "quebrar" o jogador. Quando isso acontece, como é inevitável, o experimentador lhes empresta mais dinheiro e eles permanecem com o mesmo comportamento. Mesmo as pessoas com dano frontal que se descrevem como "de baixo risco" escolherão sistematicamente os baralhos A e B muito mais frequentemente do que os jogadores comuns, que se descrevem como "de alto risco". Eles são incapazes de aprender com suas perdas financeiras.[9]

Eis aí uma forma muito sistemática de irracionalidade. Se esse comportamento tivesse ocorrido em pessoas sem danos cerebrais, os psicólogos, sem dúvida, o classificariam como outro viés comportamental. Essas experiências demonstram que, sem certas habilidades emocionais, a capacidade de processar o risco é prejudicada. Os jogadores com esse tipo específico de dano neurológico veem a alta recompensa, mas não conseguem considerar o risco ainda maior. As estruturas danificadas do cérebro desses pacientes desempenham um papel crítico na produção de *trade-offs* (trocas) racionais entre risco e recompensa, o cerne da tomada de decisão financeira.

A definição neurológica da racionalidade está embaraçadamente ligada ao ambiente de um indivíduo. *Quando a capacidade de experimentar emoções é removida, o comportamento humano torna-se menos racional.* O que consideramos um comportamento "racional" é, na verdade, uma negociação complexa entre múltiplos componentes do cérebro. Se esses componentes se tornam desequilibrados — por exemplo, muito pouco medo ou muita ganância — observamos um comportamento desequilibrado, ao qual denominamos irracional. Tais modos, entretanto, não são aleatórios. Eles apenas são inapropriados para o ambiente em que ocorrem, como o tubarão na praia.

E no que diz respeito ao ambiente do mercado financeiro? Como os mercados reúnem o poder de muitas mentes humanas diferentes — seja na sabedoria das multidões ou na loucura das massas —, deveríamos esperar ver esses comportamentos desequilibrados refletidos ali. Portanto, não deve ser uma surpresa saber que a falta de luz solar durante os meses de inverno (ao menos onde este é bem marcado e rigoroso) tende a diminuir os preços do mercado de ações[10] ou, como vimos no Capítulo 3, que os *traders* que exibem muito pouca ou demasiada resposta emocional tendem a ser menos rentáveis do que aqueles medianamente felizes[11], ou que os *traders* tendem a ganhar mais dinheiro nos dias em que seus níveis de testosterona estão superiores à média.[12] O campo emergente da neuroeconomia mostra como esses exemplos — quando reinterpretados a partir de uma perspectiva neurofisiológica — nos fornecem uma base mais rica e profunda para compreender a racionalidade e a irracionalidade.

EU SEI QUE VOCÊ SABE QUE EU SEI

Não obstante a neurociência demonstre claramente que o processo humano de tomada de decisão está muito distante da hiper-racionalidade do *Homo economicus*, isso importa? A Hipótese dos Mercados Eficientes sugere que não. Considere um mercado financeiro moderno com muitos *traders*. Se um deles, sob o calor da emoção, toma uma decisão pouco consistente, um outro, agindo de forma mais racional, deve ver nisso uma oportunidade e lucrar facilmente com aquele erro. Cedo ou tarde, a irracionalidade de qualquer indivíduo será excluída do mercado por especuladores que exploram até mesmo os menores erros. Em outras palavras, o "dinheiro esperto" acabaria por dar fim ao "dinheiro burro".

Sabemos, sem dúvida, que essa descrição ideal da sabedoria das multidões nem sempre é válida. Mercados inteiros podem ser infectados com a loucura das massas, mas a racionalidade no mercado parece acontecer muito mais frequentemente do que não acontecer. Contudo, e se houvesse limites biológicos para a própria racionalidade humana?

Todo estudante de economia descobre, ainda no primeiro ano da faculdade, que o preço é determinado pela oferta e demanda. Em toda transação econômica há um comprador e um vendedor, cada qual tentando chegar a um acordo mutuamente satisfatório, a "coincidência dupla de desejos" de Jevons. Os economistas chamam essa negociação de *processo de descoberta de preços*, como vimos no Capítulo 1; no modelo de teia de aranha do ciclo do porco. Essa negociação, porém, nem sempre é consumada, ou seja, nem sempre há a efetivação de uma transação a um determinado preço. Se um vendedor se recusar a baixar o preço que está pedindo para um nível que um comprador deseja pagar, não haverá negócio. Aquelas batatas chips importadas jamais serão vendidas em um supermercado localizado em um bairro menos abastado se o vendedor não estiver disposto a reduzir o preço. Essa pode ser uma decisão racional por parte do vendedor. Por outro lado, também pode refletir a falta de consciência do que um comprador está disposto a pagar.

O processo de descoberta de preços em um mercado que funcione bem exige que seus participantes se envolvam em um certo grau de raciocínio de causa e efeito. "Se eu fizer isso, então outros farão aquilo, e se for o caso responderei [...]." Essa cadeia de lógica presume que os indivíduos têm o que os psicólogos chamam de *teoria da mente*, a capacidade de entender o estado mental de outra pessoa. Pense na forma mais básica de negociação entre um comprador e um vendedor: pechinchar. Mesmo o mais simples processo de ida e volta da descoberta de preços exige que o comprador compreenda os motivos do vendedor e vice-versa. Precisamos ter algum tipo de teoria sobre o que a outra pessoa tem em mente.

Na verdade, alcançar o ponto de equilíbrio — como pregam a Hipótese dos Mercados Eficientes e a teoria das expectativas racionais — requer uma infinita cadeia de raciocínios. No modelo da teia de aranha, as espirais de preços propostas giram em torno das curvas de oferta e demanda até atingir o nirvana econômico. É como se comprador e vendedor estivessem presos em um corredor de espelhos: O vendedor sabe que o comprador sabe que o vendedor sabe que o comprador sabe [. . .] que o preço de venda é muito alto. Em outras palavras, o equilíbrio do mercado requer uma teoria da mente deveras *sofisticada*, e presumivelmente um alto nível de pensamento abstrato.

Surpreendentemente, uma descoberta casual no início da década de 1990 por um grupo de pesquisadores da Universidade de Parma, liderada por Giacomo Rizzolatti, mostrou que a "teoria da mente" não era apenas uma invenção da imaginação dos psicólogos, mas uma característica neurofisiologicamente entranhada no cérebro.[13] Usando microeletrodos de gravação especializados ligados a locais específicos no cérebro de um macaco do gênero Macaca, Rizzolatti e seu grupo encontraram neurônios particulares que responderam a movimentos "espelhados" em outros. Por exemplo, um certo neurônio no córtex pré-motor seria ativado quando aquele macaco agarrasse um objeto, mas esse mesmo neurônio também foi ativado quando o macaco testemunhou um experimentador humano agarrando um objeto. Essa foi a evidência física direta de que o macaco poderia entender as ações dos outros em termos de sua própria experiência, mesmo entre as espécies. Em suma, aquele gênero de macaco tinha uma "teoria da mente" básica conectada em seu cérebro.

Essa descoberta de "neurônios-espelho" era inteiramente inesperada. Enquanto alguns neurocientistas haviam falado sobre "neurônios da avó" — neurônios que seriam acionados quando os indivíduos viam suas avós —, nenhum neurologista esperava uma estrutura específica no cérebro que refletisse o comportamento de outros com base nas suas próprias ações físicas. De fato, a descoberta de Rizzolatti estava tão fora do convencional que o prestigiado jornal científico *Nature* declinou de publicar seu manuscrito porque seus editores acreditavam que ele não era de "interesse geral".[14] A despeito dessa rejeição, e pouco tempo depois, Rizzolatti e sua equipe detectaram neurônios-espelho também em humanos, usando a técnica da neuroimagem das varreduras de PET. Tal como nossos primos evolutivos, nós humanos temos neurônios que se ativam quando observamos as ações dos outros, permitindo-nos experimentá-las de maneira direta. A frase "eu sinto sua dor" é mais literal do que imaginamos.

Como já vimos, os neurocientistas geralmente determinam a função das partes do cérebro estudando o comportamento de pessoas em quem essas partes estão danificadas. No caso dos neurônios-espelho, essa abordagem foi invertida. Sabemos o que fazem os neurônios-espelho, mas ainda não sabemos como eles afetam o comportamento. Uma hipótese, proposta por Rizzolatti e outros, é que um déficit no mecanismo do neurônio-espelho do cérebro pode estar envolvido no autismo. As pessoas com autismo muitas vezes têm dificuldade em entender os motivos de outras pessoas e, portanto, de se conectar socialmente. O neurocientista britânico Simon Baron-Cohen acredita que o autismo é causado por uma teoria da mente neurologicamente subdesenvolvida.[15]

Nossa própria história pessoal nos mostra como esse déficit pode afetar a racionalidade. Quando crianças, todos nós passamos por estágios de vida em que nossas próprias teorias da mente não estavam desenvolvidas. Antes dos quatro anos de idade, em geral, não conseguimos entender como outra pessoa, talvez um dos pais, poderia acreditar em algo que, por experiência pessoal, sabíamos que era falso. Esse é um estágio bem conhecido no desenvolvimento psicológico da infância. Como adultos, é claro, a maioria de nós está à vontade com a ideia de que outras pessoas possam estar enganadas. E, como pais, saber que uma criança menor de quatro anos é mentalmente incapaz de entender que podemos nos enganar é vagamente reconfortante, especialmente quando nos deparamos com o que parece ser um comportamento descabido (ou irracional).

Todavia, no momento em que a maioria das crianças atinge a idade de quatro anos, elas são capazes de lidar com o que os psicólogos chamam de *crença falsa de primeira ordem*. É nessa idade que nossos cérebros se desenvolveram até o ponto em que podemos entender que outras pessoas podem ter falsas crenças. A maioria das crianças, incluindo aquelas com síndrome de Down, passa por esse estágio em torno dessa época, embora muitas crianças com autismo não. É um passo importante no caminho para uma "teoria da mente" completa.

A maioria das crianças de quatro anos pode entender uma declaração como "João pensa que o presente de Natal está no embrulho vermelho, mas o presente está realmente no pacote verde", um exemplo de uma falsa crença de primeira ordem. Mas essa típica criança de quatro anos não entenderia uma declaração como "Maria acha que João pensa que seu presente de Natal está no pacote azul e João acha que seu presente de Natal está na caixa vermelha, mas realmente está na caixa verde", uma falsa crença de segunda ordem. A capacidade de compreender uma falsa crença de segunda ordem leva mais alguns anos para se desenvolver, mas geralmente está presente aos sete anos. Isso significa que sua teoria da mente é suficientemente rica, não só para configurar o estado mental de outra pessoa, mas também para configurar o modelo de outra pessoa sobre o estado mental alheio. Um garoto de quatro anos pode ver um único espelho no corredor de espelhos intencionalmente, enquanto um garoto de sete anos pode ver dois espelhos profundos.[16]

Até onde vai esse corredor de espelhos? Podemos suspeitar, por motivos puramente teóricos, que o potencial de "regressão infinita" está presente nos seres humanos, mesmo que raramente o utilizemos. Afinal, uma língua como o português pode suportar níveis infinitos de orações em sua gramática, como no verso infantil "este é o gato que matou o rato que comeu o queijo que estava na casa que José construiu", e assim por diante. Por outro lado, podemos tentar construir um experimento mental sobre uma falsa crença de terceira ordem — Roberto pensa que Maria pensa que João pensa, etc. — e chegar à conclusão de que essa é uma tarefa bastante difícil. Na verdade, os testes psicológicos mostraram que os adultos normais passam a cometer erros significativos ao responder perguntas sobre a teoria da mente de quinta ordem.[17] Aparentemente, somos racionais até a de quarta ordem.

Se a maioria dos seres humanos só pode ver quatro níveis no fundo do corredor de espelhos, o que dizer dos grandes mestres do xadrez como Garry Kasparov? Até mesmo Kasparov, considerado um dos maiores jogadores de xadrez de todos os tempos, só avistava três a cinco movimentos para a frente durante um jogo típico.[18] Em comparação, o computador que acabou por derrotá-lo, o Deep Blue, normalmente olharia dezesseis movimentos à frente.

Essa falta de profundidade representa um problema sério para a Hipótese dos Mercados Eficientes. Não é muito difícil construir um cenário no qual o conhecimento correto sobre as intenções de outro indivíduo cinco níveis adiante tenha implicações financeiras, seja em um complicado negócio de fusões e aquisições, na estrutura de um derivado financeiro exótico, ou mesmo nas escolhas de jogadores e negócios da NFL (a liga nacional de futebol americano). Mas se é impossível para todos, exceto para muitos grandes mestres de xadrez, manter uma cadeia de intenções como um único pensamento — impossível da mesma maneira que uma criança de três anos não consegue entender que sua mãe não sabe onde está o cobertor dela —, como podem os investidores nessas negociações sempre atuar racionalmente para maximizar seus lucros? A resposta curta é: eles não podem.

Se você acreditasse verdadeiramente na Hipótese dos Mercados Eficientes, poderia argumentar que outros investidores aproveitariam o comportamento inadequado desse investidor. Porém, como esses outros investidores sabem racionalmente se estão aproveitando com sucesso o fracasso de outrem quando isso pode envolver uma teoria da mente de sexta ordem? Embora a arbitragem e o motivo do lucro possam explorar um erro de julgamento, eles ainda dependem da capacidade dos investidores de reconhecer quando ocorreu um erro. Em muitos casos, essa expectativa é simplesmente pouco realista. A história dos mercados é preenchida com investidores "racionais" que operam equivocadamente com total confiança na solidez de seu julgamento — até caírem em si por uma informação que estava além da abrangência de suas considerações ou compreensão.

Colocando de uma outra maneira, nossa racionalidade é *biologicamente* limitada pela Hipótese de Mercados Eficientes em todos os momentos e em todos os contextos possíveis.

O *HOMO ECONOMICUS* E O HEMISFÉRIO ESQUERDO

O *Homo sapiens* pode não ser a espécie hiper-racional, perfeitamente otimizada que o *Homo economicus* é, mas nossa irracionalidade está longe de ser um comportamento aleatório, sem direção. Na verdade, temos uma tendência muito humana de explicar o mundo em termos de motivos. Vemos uma moeda dar cara quatro vezes seguidas e imediatamente pensamos que a moeda é manipulada. Como demonstraram Tversky e Kahneman, geralmente não usamos lógica ou matemática para fazer esses julgamentos instantâneos. Usamos heurísticas em vez disso. Porém, quando nos pedem para explicar, geralmente podemos construir um motivo que soe racional para nosso comportamento. Esse comportamento, acredite ou não, também tem base na neurociência.

Durante a década de 1960, o neurologista Roger Sperry realizou uma série de estudos fascinantes envolvendo pacientes acometidos de uma forma grave de epilepsia. Na epilepsia, os sinais anormais aleatórios são periodicamente transmitidos como uma tempestade elétrica em todo o cérebro, causando convulsões, contrações musculares e, ocasionalmente, perda de consciência; um ataque às vezes chamado de "grande mal". Uma das formas mais graves dessa condição, conhecida como epilepsia intratável, pode ser debilitante e potencialmente fatal.

Na época em que Sperry começou seus estudos, o único tratamento para essa forma grave de epilepsia era um procedimento cirúrgico que seccionava o feixe de nervos entre os hemisférios esquerdo e direito do cérebro, o corpo caloso. Ainda que essa terapia possa soar como um ato de barbárie cirúrgica semelhante à sangria, ela realmente funciona. Ao cortar a conexão entre os dois hemisférios do cérebro, as descargas elétricas que causam convulsões são incapazes de viajar através do cérebro, o que efetivamente elimina esse sintoma. Tal cirurgia, chamada de uma calosotomia de corpus, raramente é realizada hoje por causa de outras terapias mais eficazes. Mesmo na década de 1960, Sperry, seu então aluno, Michael Gazzaniga, e outros colegas só conseguiram estudar minuciosamente dez indivíduos de cérebro dividido. Mas, mesmo com essa pequena amostra, conseguiram deduzir um número impressionante de fatos sobre o funcionamento do cérebro.

Os experimentos de Sperry aproveitaram o peculiar fato anatômico de que a visão humana é transmitida por fios cruzados, semelhante a um emaranhado de cabos de computador. Nosso olho direito e seu campo visual estão conectados e processados pelo hemisfério esquerdo do cérebro, e nosso olho esquerdo e seu campo visual está conectado e processado pelo hemisfério direito. Em suas experiências, Sperry mostrava à pessoa de cérebro dividido uma imagem na frente de apenas um dos olhos. Essa informação seria transmitida ao hemisfério oposto. Mas, como o corpo caloso havia sido cortado, o cérebro do sujeito não podia transmitir informação alguma sobre o que via de um lado para o outro, produzindo comportamentos muito estranhos.

Por exemplo, a um indivíduo submetido àquela cirurgia foi mostrada a imagem de um rosto humano no olho esquerdo (correspondente ao hemisfério direito), que ele identificou corretamente como um rosto, mas quando a mesma imagem foi mostrada no olho direito (correspondente ao hemisfério esquerdo), ele afirmou nada ver. Por outro lado, quando um texto foi mostrado ao olho direito, conseguia lê-lo sem hesitação, mas quando o mesmo texto foi mostrado para o olho esquerdo, ele não viu nada. Em outras palavras, o lado esquerdo de seu cérebro poderia ler textos, mas não reconhecer rostos, e seu lado direito poderia reconhecer rostos, mas não ler textos.

A partir desses experimentos simples e inovadores, Sperry e seus colaboradores conseguiram deduzir que o hemisfério esquerdo é especializado em linguagem, fala, matemática e resolução de problemas — o que normalmente chamamos de comportamento "inteligente" —, enquanto o hemisfério direito é responsável pelo reconhecimento facial, capacidade espacial, emoção e foco na atenção. Em virtude dessas descobertas, Sperry recebeu um Prêmio Nobel em 1981.

Entretanto, verifica-se que a divisão de trabalho de Sperry não é absoluta. Pesquisas posteriores mostraram que o cérebro é ainda mais complicado do que imaginamos. No caso de trauma cerebral, dependendo da idade do indivíduo e da quantidade de dano ao cérebro, muitas dessas funções que Sperry pensava estar localizadas em um hemisfério podem ser transferidas para outro lugar do cérebro, de modo semelhante à maneira pela qual algumas pessoas podem aprender a usar sua mão menos hábil quando sua mão dominante está ferida. O cérebro é altamente maleável, ou "plástico", o jargão da neurociência.

Para os nossos propósitos, uma das descobertas mais importantes do lado esquerdo/lado direito do cérebro está relacionada ao jogo de correspondência de probabilidade do Capítulo 2. Se você se lembra, o Psychic Hotline envolve perguntar às pessoas que se submetem ao teste para prever se a letra "A" ou "B" aparecerá na tela do computador. Vamos escolher a variação onde "A" é exibido aleatoriamente 75% das vezes e "B" é exibido 25% das vezes. Os seres humanos escolherão uma estratégia aquém do ideal: Combinaremos probabilidades e escolheremos "A" em torno de 75% das vezes, e escolheremos "B" em torno de 25% das vezes, o que significa que ganhamos em média 62,5% das vezes. Um indivíduo puramente racional, que maximiza os lucros, escolheria "A" consistentemente e ganharia 75% das vezes.

Michael Gazzaniga, um ex-aluno de Sperry, e seus colegas descobriram algo muito peculiar sobre o Psychic Hotline. O modelo popular simplificado do cérebro afirma que o hemisfério esquerdo é a metade inteligente, "racional", e o hemisfério direito é a metade intuitiva, "emocional". No entanto, quando esse jogo foi exibido apenas ao olho direito dos indivíduos de cérebro dividido, houve correspondência de probabilidade, e quando foi exibido apenas ao olho esquerdo, os indivíduos deduziram a estratégia ideal e escolheram "A" em 100% das vezes.[19] Esse é exatamente o resultado oposto que você esperaria do modelo popular. No cérebro "racional" esquerdo, conectado ao olho direito, houve correspondência de probabilidade. O cérebro "emocional" direito, ligado ao olho esquerdo, escolheu a estratégia ideal.

No entanto, uma variação inteligente naquela experiência mostrou uma exceção importante para esse resultado: quando o jogo de correspondência de probabilidade usou rostos em vez de letras, o hemisfério direito já não foi otimizado. Em vez disso, também houve correspondência de probabilidade.[20] A principal diferença é que o hemisfério direito do cérebro reconhece rostos e o hemisfério esquerdo do cérebro reconhece textos. Mesmo que os dados básicos fossem fundamentalmente os mesmos, enquadrar os dados como rostos em vez de letras causava no hemisfério direito — especificamente adequado ao reconhecimento facial — correspondência de probabilidade.

O que está acontecendo aqui? Por que os componentes do cérebro que lidam especificamente com textos ou rostos são tão facilmente enganados?

Em seu fascinante livro *Human*, Michael Gazzaniga descreve um experimento com um paciente de cérebro dividido chamado de "P.S.", a quem Gazzaniga estudou nos anos 1970 ao lado de Joseph LeDoux; na época um estudante de pós-graduação e o mesmo pesquisador que mais tarde descobriu o "itinerário do medo".[21] Em um estacionamento de trailers coberto de neve em Burlington, Vermont, foi mostrada ao paciente P.S. a foto de um pé de galinha à direita (ou seja, vista pelo hemisfério esquerdo de seu cérebro) e uma foto de um banco de neve à esquerda (vista pelo hemisfério direito). Eles então pediram a P.S. para escolher uma imagem que tivesse relação com essas fotos a partir de uma série de outras imagens colocadas em frente a ele. Com a mão esquerda, o paciente selecionou a foto de uma pá e, com a mão direita, selecionou a foto de uma galinha. Esse era um resultado esperado, pois cada hemisfério processava a imagem particular em seu campo visual e escolhia a imagem correspondente apropriada — a pá para o banco de neve e a galinha para o pé de galinha.

Mas quando Gazzaniga perguntou ao paciente por que ele selecionou essas duas fotos, ele recebeu uma resposta totalmente inesperada. P.S. respondeu: "Ora, isso é simples. O pé de galinha vai com a galinha, e você precisa de uma pá para limpar o galinheiro." Isso é superficialmente plausível, mas não é a conexão que a maioria das pessoas faria, e Gazzaniga sabia o verdadeiro motivo. Quando solicitado a explicar suas escolhas, o hemisfério esquerdo do paciente respondeu construindo uma explicação plausível, mas incorreta, para o que a mão esquerda fez, em vez de responder "Não sei". A linguagem e a inteligência geralmente são funções do hemisfério esquerdo. Em razão da cirurgia do cérebro dividido, o hemisfério esquerdo desse paciente desconhecia completamente a imagem do banco de neve que fez com que a mão esquerda escolhesse a foto da pá. Só conseguiu ver a imagem do pé de galinha. Contudo, quando perguntado por quê, o hemisfério esquerdo forneceu uma *narrativa* para essa ação, de outro modo inexplicável, consistente com o que observou. A parte "inteligente" do cérebro também era a que gerava narrativas.

Em seu trabalho, Gazzaniga apresenta numerosos exemplos nos quais pacientes com cérebro dividido são de algum modo estimulados, e quando lhes é solicitado que expliquem suas reações, eles criam narrativas coerentes mas, de fato, constituídas de explicações irrelevantes e incorretas. Um dos exemplos favoritos de Gazzaniga vem do paciente J.W., a quem foi mostrada a palavra sorriso para o hemisfério direito e a palavra rosto para o hemisfério esquerdo. Como Gazzaniga relata: "Sua mão direita desenhou um rosto sorridente. 'Por que você fez isso?', perguntei. Ele disse: 'O que você quer, uma cara triste? Quem quer um cara triste por aí?'"[22]

A partir desses experimentos, Gazzaniga concluiu que o hemisfério direito do cérebro é responsável por quem, o quê, quando e o onde da realidade, enquanto o hemisfério esquerdo é responsável por interpretar o quanto e o porquê. O hemisfério esquerdo faz isso lindamente, construindo uma narrativa que se encaixa nos dados observados, mas nem sempre faz de forma correta.

Em um nível mais primitivo, isso é o que parece estar acontecendo com a correspondência de probabilidade na experiência "Psychic Hotline". A parte do cérebro que interpreta símbolos de texto tenta encaixá-los em uma narrativa de expectativas: 75% de "A", 25% de "B". A parte do cérebro que reconhece rostos tenta encaixar esses rostos em uma narrativa: o homem barbudo 75% das vezes, a mulher com o chapéu 25% das vezes. Ela não está otimizando o comportamento, mas produz uma narrativa consistente do futuro. A correspondência de probabilidade, dessa perspectiva, é uma forma muito primitiva de narrativa.

Essa capacidade de elaborar uma narrativa é central para o que queremos dizer com "inteligência". Lembre-se, nós humanos não somos tanto um "animal racional", e sim um animal *racionalizante*. Interpretamos o mundo não em termos de objetos e eventos, mas de sequências de objetos e eventos, de preferência levando a alguma conclusão, como se contássemos uma história. Nossa capacidade de escolher um comportamento ótimo aparece relacionada à nossa aptidão de apresentar a mais sólida e plausível explicação do mundo: a melhor narrativa. Acontece que, afinal, podemos ter o *Homo economicus* nos nossos cérebros, agindo como um crítico literário.

O CÓRTEX PRÉ-FRONTAL COMO UM CEO

Nós consideramos uma série de descobertas neurocientíficas, mas ainda mal nos referimos às várias maneiras pelas quais os componentes individuais do cérebro interagem para produzir o comportamento humano observado. De volta aos dólares e centavos financeiros, agora sabemos muito mais sobre como o medo e a ganância são gerados fisiologicamente, mas o que podemos dizer sobre como uma pessoa responderá a um declínio de 20% no valor de seu portfólio de ações, constituído para garantir sua aposentadoria? Apesar do fato de que a resposta de lutar ou fugir pode ser desencadeada por tal evento, sabemos que nem todos os indivíduos reagirão da mesma maneira. Alguns podem entrar em pânico e sacar o dinheiro imediatamente; outros podem apenas ficar inertes.

A neurociência pode fornecer informações sobre essas diferenças individuais? Essas questões são as mais relevantes que um economista pode perguntar, mas também são as mais difíceis para um neurocientista responder. Contudo, parte da resposta parece estar na hierarquia da organização do cérebro.

Quando se trata de controlar atitudes, um componente do cérebro pode substituir outro sob certas condições. Como a cadeia de comando nas forças armadas, a autoridade é determinada pela patente, mas as categorias dentro do cérebro não são corrigidas ao longo do tempo ou pelas circunstâncias. Como podemos determinar a "patente" desses componentes neurais? Como a amígdala, por exemplo, é encontrada em uma grande variedade de espécies, podemos concluir que é fundamental para a sobrevivência em uma ampla variedade de ambientes. Isso implica que a amígdala deve ter prioridade em certas situações; portanto, nossas reações de medo dominam nossas funções cerebrais superiores em circunstâncias suficientemente ameaçadoras, como deveria ser.

Ainda na analogia militar, quando um pelotão de soldados está fazendo a varredura de um edifício que pode estar ocupado por forças hostis, o tenente está no comando e suas ordens são seguidas de imediato e sem hesitação. No entanto, se eles encontrarem uma bomba nessa operação, o tenente irá imediatamente ceder o controle a um técnico do esquadrão antibombas que tem a experiência para desarmar o dispositivo. Durante esse delicado procedimento, todos os membros do pelotão, incluindo o tenente, seguirão as diretrizes do técnico; a cadeia de comando está temporariamente alterada para lidar de forma mais eficaz com a ameaça imediata. Uma vez que a ameaça foi neutralizada, a cadeia de comando usual é restabelecida. Na analogia, a amígdala é o técnico do esquadrão antibombas.

O cérebro se adapta às circunstâncias como um pelotão experiente. Um exemplo extremo dessa adaptabilidade é a notável história do montanhista de 27 anos de idade Aron Lee Ralston, cuja prova foi relatada no livro *127 Horas, uma empolgante história de sobrevivência* e no envolvente filme *127 Horas,* de Danny Boyle. Em 26 de abril de 2003, Ralston estava escalando por uma fenda de pouco menos de 1m de largura no Blue John Canyon, em uma região remota do sudeste do Utah, quando uma rocha de uns 360 kg escorregou e prendeu seu braço na parede da fenda. Ele ficou nessa situação durante cinco dias, e finalmente escapou amputando seu braço direito abaixo do cotovelo com uma faca.[23] Essa é uma história incrível, porque reconhecemos que Ralston voluntariamente infligiu uma dor extraordinária em si mesmo, planejando sua autoamputação com detalhes minuciosos, em contradição direta com os instintos humanos mais básicos de evitar a dor. Como ele conseguiu realizar essa façanha? Ralston substituiu seus circuitos de prevenção de dor, criando uma narrativa alternativa em sua mente que foi consideravelmente mais gratificante do que morrer sozinho no cânion, apesar de realizar a insatisfatória autoamputação. O mecanismo pelo qual Ralston criou essa narrativa está dentro de cada um de nós.

A porção do cérebro responsável pela incrível sobrevivência de Ralston é conhecida como córtex pré-frontal, que fica imediatamente atrás das frontes muito grandes da nossa espécie. Embora existam estruturas semelhantes em outros mamíferos, o *Homo sapiens* tem a maior e mais interconectada versão.[24] A capacidade de criar narrativas complexas e hipotéticas, pura produção ficcional de nossa imensa imaginação, é uma das vantagens mais importantes que desenvolvemos como espécie e, tanto quanto podemos dizer, parece ser exclusividade nossa. Os neurocientistas demonstraram que muitos dos traços únicos humanos, como linguagem, raciocínio matemático, planejamento complexo, autocontrole e gratificação tardia também se originam no córtex pré-frontal. Por esse motivo, essa região é, às vezes, chamada de "cérebro executivo".

Como o CEO de uma empresa bem administrada, o córtex pré-frontal é responsável por desenvolver uma visão para a organização, monitorar o desempenho das várias divisões e subordinados, e tomar decisões de alocação de recursos que pesam custos e benefícios de cada uma das divisões concorrentes. O córtex pré-frontal atua para maximizar as chances de alcançar os objetivos globais da organização, protegendo-a de ameaças atuais e potenciais, e às vezes passando por cima dos desejos do Conselho de Administração em situações de emergência. Essa hierarquia corporativa não é apenas uma analogia útil. Na verdade, é parte de nossa neurofisiologia.

O cérebro humano possui funções executivas que nos permitem praticar comportamentos muito mais complexos do que outras espécies. Podemos ver essa diferença ao observar como os outros animais se comportam. Em comparação com os seres humanos, os animais são muito mais previsíveis. Grandes tubarões brancos cercam suas presas antes de atacar, os gansos do Canadá migram para o sul durante o inverno, e o salmão do Pacífico retorna aos rios de água doce para a desova. Ainda que os seres humanos exibam, também, certos traços previsíveis, o número de comportamentos possíveis gerados pelo nosso córtex pré-frontal é exponencialmente maior, simplesmente graças à nossa capacidade de imaginar e escolher entre uma grande quantidade de narrativas hipotéticas.

Essa habilidade nos possibilita realizar coisas extraordinárias, tal como fez Aron Ralston. Em suas próprias palavras, foi isso que o salvou:

> Um garotinho loiro de três anos, vestido com uma camisa polo vermelha, atravessa um piso de madeira iluminado pelo sol onde eu, de alguma forma, sei que é minha futura casa. Intuitivamente, sei que o menino é meu. Inclino-me para erguê-lo com meu braço esquerdo, usando o direito sem mão para equilibrá-lo, e rimos juntos enquanto o aconchego em meu ombro [...] Então, com um choque, meus olhos piscam. Estou de volta ao cânion, o eco dos sons da alegria dele ressoa em minha mente, criando a garantia subconsciente de que, de alguma forma, sobreviverei a este aprisionamento. Apesar de já ter aceitado que vou morrer onde estou antes que a ajuda chegue, agora acredito que vou viver.
>
> Essa crença, aquele menino, mudou tudo para mim.[25]

Na ocasião de seu acidente, em 2003, Ralston não era casado ou envolvido com alguém, e não tinha filhos. No entanto, é tal o poder de nossa imaginação que podemos elaborar, e depois tornar reais, essas narrativas hipotéticas extraordinariamente detalhadas, superando as chances aparentemente impossíveis ao longo do caminho. Seis anos depois, em agosto de 2009, Ralston se casou com Jessica Trusty, e seu primeiro filho, Leo, nasceu em 2010.

Os psicólogos examinaram a capacidade do cérebro humano de adiar o mal do curto prazo a favor do bem a longo prazo, embora de forma muito menos dramática do que a provação de Ralston. A partir do final da década de 1960, o psicólogo norte-americano Walter Mischel realizou uma série de experimentos com mais de 600 crianças pré-escolares na Universidade de Stanford.[26] Cada criança recebeu uma bandeja de marshmallows e outros doces. A elas foi dada uma escolha: saboreá-los imediatamente ou esperar alguns minutos enquanto Mischel saísse da sala e quando ele voltasse a criança poderia ter o dobro dos doces. Houve uma série de variações experimentais: por exemplo, às vezes a criança era instruída a pensar em "coisas divertidas" ou "acontecimentos tristes" enquanto esperava. Mischel deixava a sala por 15 minutos ou até que fosse chamado de volta, e nesse meio tempo gravava as ações das crianças. Em média, as crianças cediam à tentação e comiam os doces, embora algumas delas esperassem os 15 minutos.

À medida que os anos foram passando, Mischel notou informalmente um padrão: um desempenho acadêmico pobre entre as crianças que comiam imediatamente seus marshmallows, e um bom desempenho acadêmico daquelas que esperaram mais, adiando sua gratificação. Estudos de acompanhamento mostraram que as crianças mais impulsivas apresentaram mais dificuldade no SAT (exame aplicado aos estudantes do ensino médio nos EUA), enquanto as com maior autocontrole tendiam a obter uma melhor avaliação. Surpreendentemente, essas mesmas pessoas mostraram a mesma habilidade ou incapacidade relativa de adiar a gratificação até sua idade adulta, quarenta anos depois.[27] A essa altura, as técnicas modernas de imagem cerebral já haviam sido inventadas, mostrando que o córtex pré-frontal era mais ativo nas pessoas que eram capazes de resistir ao apelo do marshmallow quarenta anos antes. Por outro lado, entre as pessoas mais impulsivas, uma região diferente e mais primitiva do cérebro era ativada: o estriado ventral, onde o núcleo accumbens está localizado, fortemente associado à dependência de drogas. Por que o cérebro possui uma região evolutivamente antiga associada ao impulso e ao vício? Há uma explicação simples: o estriado está associado à formação de hábitos, tanto bons quanto maus. Se o córtex pré-frontal atua como um CEO, o estriado é o pessoal do executivo que aprende a rotina da empresa para gerenciá-la no dia a dia.

Essa não é uma analogia despropositada. Pesquisas recentes indicam que o estriado envolve uma análise de custo-benefício para uso no processo de aprendizagem. No McGovern Institute for Brain Research e no Departamento de Cérebro e Ciências Cognitivas, no MIT, Theresa M. Desrochers, Ken-ichi Amemori e Ann M. Graybiel descobriram que o estriado codifica ativamente o custo e o benefício em um sinal neural utilizado na aprendizagem de macacos, nossos primos evolutivos.[28] Esses animais moviam seus olhos ao longo de uma grade de pontos verdes, e como reforço de aprendizagem, recebiam uma recompensa quando terminavam aprendendo a série correta de movimentos oculares. Tal como na descoberta de neurônios-espelhos, esse estudo usou microeletrodos de gravação avançada anexados a locais específicos no cérebro de um macaco para monitorar os sinais conforme os macacos aprendiam esse novo comportamento. Analisando esses sinais, Desrochers, Amemori e Graybiel descobriram que os neurônios no estriado integravam custos e benefícios em um sinal que ficava mais nítido à medida que os macacos se tornavam mais hábeis em suas tarefas.

Nosso córtex pré-frontal é uma peça notável de maquinaria neural que, em um piscar de olhos evolutivo, permitiu que os humanos dominassem o mundo e se espalhassem para praticamente todos os tipos de meio ambiente no planeta, e até mesmo na lua. O córtex pré-frontal é o mais próximo do *Homo economicus* que o cérebro tem a oferecer aos economistas. Se os agentes econômicos realmente "maximizam a utilidade esperada sujeita a restrições orçamentárias", ou "otimizam as carteiras por meio de programação quadrática", ou "se envolvem em subterfúgios estratégicos em um contexto de negociação dinâmico", ou quaisquer outros comportamentos enigmáticos que teorias econômicas como a das expectativas racionais ou a Hipótese dos Mercados Eficientes preveem, eles estarão usando o córtex pré-frontal para fazê-lo.

Entretanto, tal como qualquer órgão de qualquer ser vivo, o córtex pré-frontal está sujeito a limitações biológicas. Por mais impressionante e único que seja, ele não pode operar indefinida ou instantaneamente. Não pode ser multitarefas, contrariando a crença e o desejo popular.[29] Ele tem dificuldade em planejar cenários muito à frente ou para vários graus da teoria da mente. Logo, preferirá construir uma história plausível do que admitir sua ignorância. O estresse diminuirá seu desempenho.[30] Na verdade, em certas circunstâncias, o córtex pré-frontal absolutamente não opera — como vimos, uma forte emoção, mediada pela amígdala, pode reprimir o córtex pré-frontal. E os indivíduos que desmaiam quando confrontados com notícias chocantes fazem isso através de uma súbita perda de pressão arterial que desliga completamente o córtex pré-frontal, causando perda de consciência.

Voltemos ao investidor que acabou de perder 20% de seu portfólio de ações reservados para a aposentadoria e converteu o resto de suas participações em dinheiro. Quase todos os profissionais financeiros vão dizer que é o pânico que está agindo, e que essa não é necessariamente a melhor atitude. Mas e quanto ao investidor que vê a queda e decide deixar as coisas como estão e não fazer nada? Ele também pode ter sofrido os sintomas clássicos da descarga de adrenalina: aumento dos batimentos cardíacos, palmas suadas, vasos sanguíneos dilatando. Ocorre que sua capacidade de imaginar o futuro — uma narrativa hipotética em que os mercados se recuperam dentro de alguns anos, e bem antes da aposentadoria — superou sua reação interior inicial. A imaginação e o córtex pré-frontal tornaram isso possível.

O PODER DAS PROFECIAS AUTORREALIZÁVEIS

Há no cérebro humano uma máquina de previsão narrativa que antecipa o futuro. Agimos dessa maneira no mundo físico por conta de nosso comportamento (por exemplo, em um contexto financeiro, vendendo ou mantendo nossas ações). Se essas previsões são bem-sucedidas e úteis, tendemos a continuar com o mesmo comportamento, mas se elas falharem, é mais provável revisarmos nossas suposições. Com uma narrativa melhor, estamos mais propensos a ter um resultado mais desejável. No entanto, nossa confiança na narrativa para prever o futuro tem uma falha sutil. Nossos cérebros usarão inconscientemente as narrativas constituídas a partir de nossas expectativas para moldar nosso comportamento a fim de tornar o resultado previsto mais provável e, como os pacientes com cérebro dividido de Gazzaniga, nunca perceberemos que estamos fazendo isso.

No final da década de 1950, o psicólogo Robert Rosenthal descobriu um erro crítico no projeto experimental da pesquisa para sua tese de doutorado. Inconscientemente, ele separou seus voluntários em grupos cujas respostas confirmariam automaticamente suas descobertas, em vez de testar sua hipótese cientificamente. O fenômeno, conhecido como *viés do experimentador,* quase arruinou a carreira acadêmica de Rosenthal antes mesmo de começar. O viés do experimentador é o motivo pelo qual um forte design experimental depende de testes randomizados (executados aleatoriamente) e duplamente cegos, para evitar que o experimentador, inconscientemente, manipule o experimento de forma a favorecer a hipótese testada.

Outros pesquisadores aprenderam com seu quase infortúnio e tomaram-no como lição para os projetos subsequentes de pesquisa. Rosenthal resolveu enfrentar a questão com uma conduta diferente. Decidiu mudar inteiramente o foco de sua pesquisa para explicar como o viés do experimentador acontece.

Em um de seus experimentos clássicos, forneceu dois conjuntos de ratos de laboratório albinos a um grupo de 12 estudantes pesquisadores.[31] Um desses conjuntos, disse aos estudantes, tinha sido treinado para sair rapidamente de labirintos. Eles foram rotulados de ratos "labirinto-sagazes". O outro grupo de ratos, de acordo com Rosenthal, perdia-se nos labirintos e demorava a encontrar a saída, e ele os chamou de ratos "labirinto-obtusos". Os alunos descobriram rapidamente que Rosenthal estava correto: os ratos sagazes deixavam os labirintos 40% mais rapidamente do que os obtusos.

Contudo, eram na verdade 13 os estudantes pesquisadores que participaram do experimento de Rosenthal. Sem o conhecimento dos outros alunos, esse outro pesquisador conhecia o segredo de Rosenthal: não havia diferença entre os ratos "sagazes" e os "obtusos" — eles foram selecionados aleatoriamente de um fornecedor padrão. De fato, Rosenthal estava testando os estudantes, não os ratos. Os alunos que receberam os ratos "labirinto-sagazes" se empenharam em comportamentos que induziram ao melhor desempenho de seus ratos, enquanto os alunos com ratos "labirinto-obtusos" tratavam-nos com menos consideração, levando a tempos mais longos para que os ratos pudessem sair do labirinto. As narrativas que continham as expectativas do desempenho dos ratos fizeram com que os alunos de Rosenthal inconscientemente criassem uma profecia autorrealizável.

Durante os 30 anos que se seguiram, Rosenthal continuou a pesquisar esse viés sutil, que ele chamou de "efeito Pigmalião", em virtude do conhecido mito grego sobre o escultor que se apaixonou por uma estátua de sua própria criação.[32] Os pesquisadores encontraram evidências do efeito Pigmalião na gestão, no sistema judicial, no cuidado a longo prazo dos idosos e, repetidas vezes, nas escolas. Se os professores tivessem expectativas positivas para um aluno, esse aluno tenderia a se sair melhor do que os outros sem boas expectativas, e se os professores tivessem expectativas negativas para um aluno, este tenderia a corresponder a elas.[33] As expectativas dos professores afetaram diretamente o desempenho dos estudantes, criando um ciclo de profecia autorrealizável — e como suas previsões sempre se confirmavam, não havia motivo para que os professores mudassem de comportamento.

BARBARA FICALORA, A MELHOR PROFESSORA DO ENSINO FUNDAMENTAL DE TODOS OS TEMPOS

Tenho experiência exclusiva sobre a importância das expectativas dos professores. Em 1968, como estudante de terceira série na P. S. 13, uma escola fundamental pública do bairro Queens, Nova York, tive a sorte grande de estar na classe de Barbara Ficalora. A Sra. Ficalora mudou minha vida. Uma mulher esbelta e alta, com um sorriso radiante, um penteado à la Jackie Kennedy e uma presença calorosa, ela era tudo o que um aluno de terceiro ano desejava. Quando ela falava, todos nós ouvíamos, e apesar do fato de que havia cerca de 30 alunos em sua turma, ela sempre parecia estar conversando com cada um de nós individualmente, conseguindo fazer com que nos sentíssemos especiais, apreciados e cuidados. No meu caso, a Sra. Ficalora fez algo notável. Ela me nomeou "Cientista da Classe".

Como cheguei a essa posição invejável, ainda não tenho certeza — só sei que não solicitei isso. Ela pode ter notado meu fascínio pelos ímãs e limalha de ferro que ficavam no fundo da sala de aula. Ou talvez tenha sido porque me viu pegar emprestado mais do que o número usual de livros científicos da biblioteca da escola. Ou ainda porque sentia minha frustração e impaciência com certas disciplinas, especialmente aquelas envolvendo números e memorização.

Seja lá qual tenha sido o motivo, a Sra. Ficalora viu algo em mim que fazia com que ela me desse tempo todos os dias para trabalhar com experimentos simples sozinho, como fazer um galvanômetro com um limão, uma bússola com um fio de cobre, ou criar circuitos paralelos e em série com uma bateria, uma lâmpada e um interruptor. O melhor de tudo, no final dessas sessões, me era permitido mostrar a toda a classe o que havia aprendido. Considerando os padrões tecnológicos de hoje, aquilo era uma coisa muito chata, mas para um menino de oito anos em 1968 era emocionante. Após todos esses anos, eu ainda posso provar essa emoção da descoberta enquanto lembro os detalhes de cada uma dessas experiências.

O que torna essa história tão notável é que, durante minha infância, tive recorrentemente dificuldades de aprendizado em matemática (ao contrário de meu irmão e de minha irmã mais velha, não era o estereótipo do estudante asiático). Lutei demais para decorar a tabela de multiplicação, e não importava o quanto tentasse, eu simplesmente não conseguia me lembrar de quanto era 6x7 ou 7x8. Até hoje, tenho que parar e pensar antes de concluir que 7x8 é 56. Embora eu fosse um leitor avançado e me desse bem em outros assuntos, a matemática foi a penúria da minha existência ao longo do ensino fundamental e médio. No segundo ano, minha mãe recebeu uma nota do meu professor informando que eu poderia ser "retardado" — o termo especializado que se usava naqueles dias — e talvez precisasse de alguma ajuda extra.

Minha mãe, que criava sozinha três filhos em Nova York com renda de uma secretária, não tinha o luxo do tempo ou dinheiro para me levar a uma consulta com um especialista, mesmo se ela pudesse encontrar um com o conhecimento certo para me testar e até mesmo se esses testes existissem naquela época (não existiam). Hoje, qualquer psiquiatra infantil quase certamente diagnosticaria minha condição como um caso moderado de dislexia (ou, mais precisamente, discalculia) e provavelmente TDAH também. Mas esse conhecimento não estava disponível naquela época. Em 1968, a 2ª edição do agora famoso *Manual de Diagnóstico e Estatística de Distúrbios Mentais* (*DSM*) tinha apenas 119 páginas, e o verbete mais próximo de meus sintomas (além da seção "Retardo Mental") era "Perturbação da Aprendizagem Específica". Essa seção estava em branco, um espaço reservado para questões de aprendizado que não podiam ser atribuídas a outras condições. Atualmente em sua 5ª edição, o DSM tem agora mais de 900 páginas, pesa pouco menos de 2kg e contém muitas entradas detalhadas para transtornos de aprendizagem, bem como diagnósticos especificamente projetados para avaliar crianças.

Naquela época, eu era apenas considerado "lento" pelos meus professores e orientadores. Foi terrivelmente frustrante para mim. Minha mãe estava confiante de que eu não era mentalmente deficiente — segundo ela, eu era muito articulado ao discutir com ela e meus dois irmãos mais velhos —, então simplesmente me encorajou a fazer meu melhor e pediu a minha irmã mais velha que me desse problemas de matemática suplementares para praticar durante os finais de semana e férias (ótimo, mais lição de casa, todos os garotos hiperativos de oito anos sonham com isso...).

Não era à toa que ser nomeado Cientista da Classe foi tão importante para mim. A Sra. Ficalora criou o trabalho do nada e me deu um impulso de confiança tão necessário baseado em realizações específicas, e não apenas elogios vazios que até um aluno de terceiro ano podia reconhecer.

Ela também me estimulou a estabelecer novas metas e expectativas mais altas para mim a cada semana, pois tentei superar minhas apresentações anteriores — afinal, o cientista da classe tem que produzir! Apesar de meus problemas de aprendizagem, floresci na classe da Sra. Ficalora e acredito que essa experiência foi a semente que acabou por germinar em minha atual carreira acadêmica. Deram-me a oportunidade de superar as expectativas do meu jeito modesto, e isso foi o suficiente para contrabalançar minhas dificuldades com a matemática.

Não obstante ser Cientista da Classe ter renovado a confiança de que eu poderia ter sucesso apesar da minha desvantagem em matemática, continuei a lutar com ela. Tive que trabalhar muito mais do que meus colegas para compensar esse calcanhar de Aquiles. No entanto, quando cheguei ao ensino médio, ocorreu algo milagroso. Fui apresentado à "Matemática Moderna Unificada", também conhecida como "Nova Matemática", e a agarrei como um grande tubarão branco encalhado que retorna ao mar aberto (é hora de tirá-lo da praia).

Esse grande experimento pedagógico da década de 1970 envolveu a substituição do currículo padrão de matemática do ensino médio — álgebra, geometria e trigonometria — por temas abstratos, como conjuntos, grupos, anéis e campos. Em retrospectiva, a Nova Matemática é amplamente considerada como um fracasso colossal — embora uma nova implementação experimental desse currículo pareça estar desfrutando de algum sucesso em Broward County, Flórida. A maioria dos estudantes do ensino médio (e muitos de seus professores), na década de 1970, estava completamente incomodada com essas abstrações, mas as mesmas peculiaridades neurofisiológicas que me causaram tanto sofrimento com números agora me permitiam ver as coisas mais rápido e mais claramente do que meus colegas de classe. A transformação foi de tirar o fôlego. Quase do dia para a noite, eu passava de um aluno "C" para um estudante "A" em matemática. Foi só então que percebi que meu cérebro poderia estar conectado de maneira diferente.

Não acho que a Sra. Ficalora tivesse alguma ideia sobre esses sutis problemas de aprendizagem, mas sua vontade de ver além das minhas deficiências e nutrir minha curiosidade e amor pela aprendizagem me permitiu compensar minhas próprias limitações de maneira positiva. Muitas vezes me pergunto o que teria acontecido se eu tivesse sido designado para outro professor de terceira série, como a substituta que apareceu um dia e ameaçou "cair matando" em um de meus colegas de classe por falar sem ser chamado. Ela também poderia ter arrancado de mim o amor pelo aprendizado. Agradeço a Deus pela Sra. Ficalora. Se dissermos aos alunos com frequência que são lentos e não podem aprender matemática, por fim eles vão acreditar, mesmo que não seja verdade.

Fui abençoado com um número incomum de professores inspiradores que me guiaram ao longo da vida, e gostaria de agradecer a cada um sempre que me disponho a trabalhar e faço algo digno de respeito: Julia Lo (minha mãe), Henrietta Mazen, Sharon Oster, Andy Abel, Dick Caves, Nobu Kiyotaki, Jerry Hausman, Whitney Newey e Bob Merton, para citar apenas alguns. Mas tudo começou com Barbara Ficalora em 1968, e sempre serei grato pelo dom do amor, da sabedoria e da paixão por aprender, ao longo da vida, que ela me concedeu.

O efeito Pigmalião mostra que a narrativa das expectativas pode mudar nosso comportamento de maneira que nem sequer percebemos. É por isso que segundas opiniões provenientes de diferentes pontos de vista são tão importantes para descobrir a narrativa mais correta, seja sobre o valor de um bem financeiro, as causas de um desastre espacial, a validade de uma teoria científica ou o futuro de um estudante com desempenho inferior. Sem verificações independentes da nossa narrativa, não há como saber se a nossa é precisa ou se simplesmente seguimos o caminho de uma história convincente, mas absolutamente ficcional.

NARRATIVA É INTELIGÊNCIA

Agora que examinamos alguns dos componentes do cérebro e como eles interagem para produzir o comportamento humano, estamos finalmente em condições de responder (ou ao menos tentar) uma das maiores questões de todos os tempos: o que é inteligência? Com o benefício da recente pesquisa neurocientífica, a resposta é surpreendentemente direta: *a capacidade de elaborar boas narrativas.*

O que significa uma narrativa "boa?" Com isso quero dizer uma narrativa que preveja com precisão os resultados. Em outras palavras, "se X acontece, então Y acontecerá em seguida." Em linguagem simples, isso não é mais do que causa e efeito. *Inteligência é a capacidade de gerar descrições precisas de causa e efeito da realidade.*

Essa definição pode parecer suficientemente clara, mas contém várias sutilezas importantes. Por um lado, a precisão depende muito do contexto. Em alguns contextos, como dirigir (um carro), a precisão é bastante simples: ela é determinada pelas leis da física. Há pouca incerteza quanto às consequências de uma colisão frontal a 100km/h, dado que a força é igual à massa multiplicada pela aceleração. No entanto, na previsão do mercado de ações, uma taxa de precisão de 55% por dia geraria enormes quantidades de riqueza acumulada ao longo de um ano de negociação, mesmo que você estivesse equivocado 45% das vezes.

Eis aqui um exemplo mais realista. Durante uma recente viagem a trabalho pela Massachusetts Turnpike (uma estrada de rodagem, também conhecida como "Mass Pike" ou "The Pike"), eu estava na pista do meio (a rodovia tem três pistas) e notei o carro à minha esquerda de repente se desviando em minha direção, aparentemente para evitar um grande buraco em sua pista. Internamente, construí uma narrativa: "Se eu dirigir naquela pista, então o buraco poderia danificar meu carro ou causar um acidente." Desde aquele dia, evitei a faixa da esquerda logo antes dos pedágios de Weston.

Note que não tive que experimentar, de fato, conduzir meu carro sobre esse buraco para evitá-lo. Aquela narrativa existia apenas em meu cérebro — mas devido ao meu córtex pré-frontal ser capaz de gerar, avaliar e atuar sobre essa narrativa puramente hipotética, consegui mudar meu comportamento sem nunca ter que experimentar esse buraco em primeira mão. Ao evitar aquela pista, reduzi minhas chances de ter um pneu furado ou estar envolvido em um acidente graças à minha capacidade de criar e atuar sobre essa narrativa hipotética.

Muito inteligente, certo? Claro, minha narrativa poderia ter sido imprecisa. Os órgãos responsáveis de Massachusetts a esta altura já podem ter consertado o buraco, caso em que minha narrativa me levará a conduzir nas pistas mais lentas, causando maiores atrasos e usando mais combustível do que se eu tivesse dirigindo na pista da esquerda. Mas por ter utilizado aquela estrada há muitos anos, posso usar meu córtex pré-frontal para prever o comportamento do buraco. Observei que geralmente demora mais do que um dia para reparar os buracos, mas considerando a intensidade do tráfego, provavlemente não leva mais de um mês. Por outro lado, posso prever com um grau de precisão muito maior que um buraco enorme na Mass Pike irá danificar meu carro. O sucesso de qualquer narrativa é função do contexto. Em muitos casos, especialmente em aplicações financeiras, "se X, então talvez Y" pode ser extremamente inteligente.

Outra sutileza sobre a narrativa envolve a complexidade potencial de "se X, então Y". Aqui, X pode ser muito mais complexo do que "a pista esquerda tem um buraco". Voltando ao meu exemplo da Mass Pike, minha narrativa interna pode ser esta: "Se já se passou mais de uma semana desde que notei o buraco (X1), e se eu chegar atrasado para o trabalho (X2), e se houver muito pouco tráfego (X3), então *eu dirigir* na pista rápida é *correr o risco* de o buraco ainda não ter sido tapado". Não há nada na definição de uma boa narrativa que limite a complexidade de X ou Y.

As teorias científicas são um caso especial de boa narrativa. A teoria da relatividade de Einstein é uma narrativa tão complexa que levou anos para que ele a formulasse, e mesmo hoje poucas pessoas na população em geral a compreendem, em que pese o fato de que muitos de nossos dispositivos eletrônicos comuns dependerem de que ela seja correta. Na verdade, a teoria de Einstein fornece previsões muito certeiras para situações que ainda não ocorreram, e atualmente estão muito além de nossa capacidade para testar. Por exemplo, se um astronauta deixa a Terra em uma nave espacial viajando a 90% da velocidade da luz para o possível superplaneta circundando Epsilon Eridani, que está a uma distância de 10 anos luz da Terra, e retorna imediatamente, o astronauta levará 22,2 anos para ir e voltar, mas Einstein nos diz que ele, fisicamente, envelhecerá apenas 9,7 anos. Essa é uma narrativa surpreendentemente precisa e bizarra que não temos esperança de experimentar em nossas vidas. Contudo, temos excelentes razões para acreditar em sua precisão, porque outros elementos dessa narrativa foram testados rigorosamente e confirmados muitas vezes — comprovando o extraordinário poder da inteligência humana.

Essa noção de inteligência como previsão narrativa bem-sucedida é muito próxima da definição proposta por Jeff Hawkins, o inventor do Palm Pilot, que se tornou neurocientista. Em seu livro, *On Intelligence*, Hawkins argumenta que a inteligência tem duas características: memória e previsão. A maior parte do cérebro humano, acredita Hawkins, é dedicada a essas duas atividades. A estrutura micro-anatômica do córtex humano, composta por milhões de colunas corticais muito regulares — cada uma constituída por um pequeno número de neurônios —, lembrou a Hawkins a arquitetura muito regular da memória eletrônica e dos circuitos lógicos em um chip de silício. Na sua opinião, essas colunas corticais são as unidades básicas de previsão no cérebro humano. Em sua estrutura de inteligência de memória, usamos nossa memória para recuperar padrões a fim de prever resultados futuros com base nas condições atuais e nas ações propostas. "Essas previsões são nossos pensamentos e, quando combinados com a entrada sensorial, são nossas percepções."[34] No modelo de previsão de memória, a essência da inteligência e até mesmo a consciência humana é a previsão.

Se o modelo de previsão de memória de Hawkins estiver correto — e ainda é uma hipótese, apesar de uma análise atraente —, meu córtex é constituído por milhões de máquinas de previsão microscópicas que acessam grandes quantidades de memória e são organizadas para facilitar a recuperação rápida de padrões complexos, que me permitirão gerar uma narrativa relativamente precisa (mas necessariamente imperfeita) do futuro, o que determinará meu comportamento. Em outras palavras, o modelo de previsão de memória é o mecanismo que gera boas narrativas.

À primeira vista, o modelo de Hawkins parece muito limitado para explicar a diversidade do pensamento humano. O cérebro humano não é mais do que um motor de busca glorificado? A profundidade da teoria da relatividade especial parece fundamentalmente diferente da narrativa de dirigir na Mass Pike. Entretanto, observando mais de perto, o modelo de Hawkins sugere o contrário. Vamos reverter a analogia de Hawkins entre neurônios e computação por um momento e realizar um experimento de pensamento ligeiramente matemático.

A maioria dos leitores provavelmente saberá que um computador armazena informações em padrões de 0 e 1 de forma eletrônica. Isso significa que cada "bit" de informações em um computador tem dois estados possíveis, zero ou um (ou "off e on", como um interruptor de luz). O cérebro consiste em 86 bilhões de neurônios individuais altamente interconectados — em termos computacionais, em torno de 86 giganeurônios. Vamos assumir por um instante que um neurônio é como um bit em um computador. Se dissermos que um neurônio é "1" quando está ativo e "0" quando está descansando, então o estado de seu cérebro — seus pensamentos — em qualquer momento pode ser representado por uma série de 86 bilhões de 0 e 1.

Quantos pensamentos únicos pode ter o cérebro humano? Nesta experiência de pensamento, a questão se torna: "Quantas cadeias exclusivas de 86 bilhões de 1 e de 0 são possíveis?" Como cada neurônio possui dois estados viáveis, a resposta é 2 vezes 2 vezes 2 e assim por diante — 86 bilhões de vezes, ou $2^{86.000.000.000}$ possíveis estados. Esse número é quase inconcebivelmente grande — na verdade, só podemos pensar sobre isso de forma abstrata. A título de comparação, há apenas cerca de 2^{250} átomos no universo observável, e o número de pensamentos possíveis que o cérebro humano pode conceber é maior por um fator de $2^{85.999.999.750}$, um número com mais de 25 bilhões de dígitos.[35] Comparado com a vasta diversidade potencial do pensamento humano, a diferença entre ir a algum lugar dirigindo na Mass Pike e a teoria da relatividade especial de Einstein é imperceptível. O cérebro humano pode construir um número efetivamente ilimitado de narrativas — embora apenas alguns poucos entre eles serão úteis.

Esse tipo de cálculo foi feito há muito tempo por cientistas da computação como Jeff Hawkins, em especial aqueles que estudavam a inteligência artificial. A neurociência havia fascinado a ciência da computação desde seus primórdios — o primeiro modelo matemático do neurônio foi desenvolvido em 1943 por Warren McCulloch e Walter Pitts, quando os primeiros computadores digitais estavam sendo inventados.[36] Os primeiros cientistas da computação pensavam que seria fácil programar comportamentos inteligentes em um computador. Eles estavam tristemente enganados.

As primeiras tentativas de inteligência artificial tentaram imitar o pensamento humano de cima para baixo. Afinal, a lógica é uma forma de narrativa, e os computadores são extremamente bons em lógica. Descobriu-se que muitas tarefas que os seres humanos consideravam muito difíceis eram relativamente fáceis para os computadores. Por exemplo, o primeiro programa convincente de computador para jogar xadrez, "Kotok-McCarthy", foi desenvolvido no MIT em 1962 como o projeto de conclusão do curso de graduação de Alan Kotok. Naquele tempo, o domínio do xadrez era visto como o auge do intelecto humano. Apenas 35 anos depois, o Deep Blue da IBM venceria o campeão mundial Garry Kasparov, e hoje podemos baixar um aplicativo para o nosso smartphone que pode facilmente vencer a grande maioria dos jogadores de xadrez. Para a inteligência artificial, o xadrez é essencialmente um problema já equacionado.

Por outro lado, a inteligência artificial progrediu apenas até o ponto em que são necessários 16 mil computadores interligados para reconhecer gatos no YouTube, algo que qualquer bebê começando a andar faz instintivamente.[37]

Por que é tão difícil para os cientistas da computação alcançar a verdadeira inteligência artificial? Como vimos, o pensamento humano não é apenas a camada superior de abstração simbólica, como mover números em uma tela ou peças de xadrez em um tabuleiro. Nossas mentes "racionais" estão envoltas por um mar de emoção e complexidade narrativa. Paradoxalmente, os primeiros computadores primitivos poderiam lidar com o auge do pensamento humano — xadrez, lógica, matemática — muito mais facilmente do que com os fundamentos da vida humana.

Conforme a ciência da computação avançava, os computadores podiam imitar muitas habilidades humanas mais básicas, como reconhecimento de voz e síntese de fala. Hoje, temos sistemas especializados integrados, como a Siri do iPhone, ou o supercomputador Watson, vencedor do Jeopardy da IBM, que respondem perguntas como qualquer humano razoavelmente inteligente, mas de uma maneira completamente diferente de qualquer humano. A inteligência artificial alcançou muitos marcos, mas o maior desafio ainda permanece incólume: produzir um comportamento verdadeiramente inteligente. No entanto, a inteligência artificial pode estar se aproximando de seu objetivo, à medida que vários caminhos de pesquisa diferentes convergem.

Em 1987, um dos fundadores da inteligência artificial, o falecido professor do MIT, Marvin Minsky, publicou um importante livro chamado *The Society of Mind*.[38] Tratava-se de um olhar abrangente da inteligência humana de Minsky, na qual ele apresentava sua visão de como reproduzir a consciência e a inteligência humanas em forma de máquina. Desde a década de 1950, Minsky havia trabalhado com inteligência artificial a partir de vários ângulos diferentes: software, hardware, algoritmos e aplicativos. Insatisfeito com um comportamento humano simples em máquinas, Minsky procurava algo mais fundamental. Ele disse uma vez que seu objetivo final não era construir um computador do qual pudesse se orgulhar, mas sim construir um computador que pudesse se orgulhar dele.

Em *The Society of Mind*, Minsky argumenta que o pensamento complexo resulta de um grande número de componentes relativamente simples que interagem uns com os outros. Essa ideia deve parecer muito familiar. A complexidade do pensamento humano não vem de nenhum componente, mas de muitas interações possíveis entre eles. O título de seu livro refere-se à ideia de que a mente consiste em uma "sociedade" desses componentes simples. Nossa inteligência é o resultado do grande número de combinações possíveis nessa sociedade, de acordo com Minsky. "Que truque mágico nos torna inteligentes? O truque é que não há truques. O poder da inteligência decorre de nossa vasta diversidade, não de um princípio único e perfeito."[39] A neurociência moderna mostra que há alguma verdade para a sociedade mental de Minsky — por exemplo, como nossa racionalidade econômica é, na verdade, um bom equilíbrio entre nosso medo e nossa ganância. Mas acaba por aí?

Outro gigante da inteligência artificial, Patrick Winston, professor do MIT, se concentra na narrativa como sendo o futuro da inteligência artificial. Para Winston, a inteligência humana é a capacidade de contar, compreender e recombinar histórias, algo que ele chama de Hipótese da História Forte.[40] Não só os seres humanos criam histórias para nós mesmos, como nós compartilhamos histórias uns com os outros. As histórias nos permitem comunicarmo-nos de maneira muito rica. A narração e a compreensão de histórias exigem um pensamento simbólico complexo, algo exclusivo do *Homo sapiens*, tanto quanto sabemos, além delas reforçarem nossa natureza social como primatas. Contar histórias pode ter começado como uma simples tradição oral, mas o desenvolvimento da linguagem escrita significou que nossas narrativas poderiam recorrer com precisão às narrativas do passado. O idioma escrito atua como um amplificador de inteligência. Sem o conhecimento escrito acumulado do passado, Einstein nunca poderia ter criado uma narrativa tão complexa e refinada quanto a teoria da relatividade especial.[41]

Máquinas de previsão, sociedades mentais, habilidade de contar e entender histórias — mesmo quando a inteligência artificial e a neurociência começam a convergir para uma noção comum de inteligência, falta uma peça do quebra-cabeças. Os neurocientistas nos contam que temos máquinas mentais altamente refinadas para realizar uma variedade de tarefas. Os cientistas da computação dizem que a combinação de muitos componentes simples pode produzir um comportamento sofisticado. Mas como, para início de conversa, essas diferentes combinações de componentes do cérebro se estabeleceram? Como podem elas gerar comportamentos para situações que nunca havíamos encontrado antes?

A resposta nos desarma por ser ao mesmo tempo simples e incrivelmente complexa: a evolução e o poder simples da tentativa e erro fizeram-na acontecer. Graças aos 400 milhões de anos de seleção natural, o grande tubarão branco tornou-se um predador quase perfeito em seu elemento. As origens do comportamento humano diferem apenas quanto ao tempo que nossa espécie teve para se adaptar ao nosso ambiente e à rapidez com que o mesmo está mudando, graças ao ritmo crescente da tecnologia. As respostas "racionais" do *Homo sapiens* às ameaças físicas nas planícies das savanas africanas podem não ser eficazes no enfrentamento de ameaças financeiras em um terreno como o da Bolsa de Valores de Nova York.

Mesmo nossos comportamentos mentais mais "racionais" são realmente adaptações para ambientes passados. Porém, para apreciar plenamente o significado dessa perspectiva, precisamos fazer outro desvio, desta vez através do mundo da biologia evolutiva.

CAPÍTULO 5

A Evolução da Revolução

UM DIA NO ZOOLÓGICO

Anos atrás, quando meu filho mais velho era ainda uma criança pequena, fui convidado para uma conferência em Washington, DC, e ele e minha esposa me acompanharam para que pudéssemos aproveitar o fim de semana fazendo alguns passeios. O ponto alto da visita foi uma ida ao Zoológico Nacional, um parque maravilhosamente projetado com uma infinita variedade de animais, incluindo os famosos pandas gigantes. Para meu filho, a principal atração foi a Casa dos Grandes Macacos. Na época, seu livro favorito era *Good Night, Gorilla*, de Peggy Rathmann, um relato apaixonado sobre um gorila manso que liberta seus companheiros e os leva à casa do cuidador de animais do zoológico para acampar na hora de dormir.[1] Meu filho ficou encantado com a Casa dos Grandes Macacos, mas para mim aquela visita foi nada menos que transformacional.

Nós três estávamos de pé diante de um grupo de orangotangos, um dos quais parecia ser o macho alfa, juntamente com outro adulto e um terceiro, jovem e bem menor. O macho alfa aproximou-se de nós, chegando surpreendentemente perto da grade de ferro que nos separava, talvez esperando por algum amendoim ou pipoca. Sem pensar, pulei para a frente e puxei meu filho para longe. Ao fazê-lo, devo ter assustado o macaco ao lado do macho alfa, que instantaneamente se colocou à frente do orangotango mais novo como se fosse repelir meu avanço.

O cérebro humano funciona de maneira misteriosa. Naquele exato momento vi claramente como a Hipótese dos Mercados Eficientes e sua crítica comportamental poderiam ser conciliadas. Na verdade, compreendi imediatamente duas coisas que deveriam ter sido óbvias para mim o tempo todo, mas em que nunca havia pensado até então.

Primeiro, o macaco adulto que se interpôs entre o orangotango mais novo e eu provavelmente era a mãe, e ela reagiu exatamente como eu: quando confrontada com uma ameaça potencial, ela se moveu instintivamente para proteger seu filho. Era como se fôssemos imagens espelhadas um do outro. Dada nossa linhagem ancestral comum como primatas, não é surpreendente que compartilhemos certos arraigados padrões de comportamento — exceto pelo fato de eu ter ficado surpreso. Esse momento no zoológico me revelou quão profundamente entranhados são nossos comportamentos.

Em segundo lugar, apesar desse fato, ficou claro que havia um enorme fosso entre nós. Estávamos de pé nos lados opostos daquela cerca. No final do dia, eu voltaria para o hotel com minha família, pensaria sobre o que aconteceu, como esse momento resolveu uma controvérsia acadêmica de longa data para mim, decidiria escrever um livro sobre isso algum dia, no qual relataria esse incidente e, por fim, realizaria esse plano. Ela, por outro lado, daria continuidade à sua vida no zoológico, vivendo um dia depois do outro, bem cuidada, mas em cativeiro. Não obstante, de acordo com a análise genômica atual, 97% do nosso DNA é idêntico.[2] Que diferença 3% fazem! E explica como, de um lado da cerca, um primata curioso teve um *insight* enquanto, no outro lado da cerca, um primata igualmente curioso, não.

A chave para compreender a razão pela qual os mercados são às vezes eficientes e outras tantas não, é entender de onde esses 3% vêm. E a resposta, claro, está na evolução.

A REVOLUÇÃO DA EVOLUÇÃO

O que é evolução, exatamente? Simplificando, evolução é a mudança nas características de uma população que pode ser copiada de geração para geração. Agora, devo lhe dizer desde já que estou usando o termo "população" muito amplamente aqui, não apenas no sentido biológico da palavra. O uso do termo pode referir-se a seres vivos ou objetos inanimados, ou mesmo abstrações como softwares. Como estudante de pós-graduação de primeiro ano, lembro-me de fotocopiar antigos exames de qualificação, que peguei emprestado de colegas de classe superior, e percebi que minha cópia era quase ilegível, porque era uma cópia de uma cópia de uma cópia etc., transmitida por várias gerações de estudantes. (Aparentemente, há uma razão pela qual a Xerox é uma empresa da Fortune 500). No jogo infantil do telefone sem fio, uma mensagem pode mudar drasticamente, e as lendas urbanas e os boatos compartilham destinos semelhantes. Todas essas mudanças são uma forma de evolução, e para decidir quais os tipos mais relevantes para a compreensão dos mercados financeiros, precisamos de uma teoria da evolução.

Na verdade, é fácil chegar a teorias da evolução. Considere minhas fotocópias que se tornam mais borradas e mais ilegíveis, pois cada cópia sucessiva de uma cópia produz mais ruído e obscurece a imagem original.

Um descendente distante da cópia original pode fazer parecer que Jackson Pollock havia respingado tinta na página. Posso postular minha própria Teoria da Evolução da Fotocópia: cada geração de fotocópias irá introduzir ruído até que a cópia fique completamente ilegível.

Mas a evolução no mundo biológico é diferente. Muitas teorias de evolução biológica foram propostas desde o nascimento da ciência moderna, mas apenas uma se revelou à prova do tempo: a teoria da evolução de Charles Darwin por meio da seleção natural.[3] Já vimos os elementos de trabalho da evolução darwiniana. Em uma população biológica, os indivíduos irão naturalmente ser diferentes um do outro, com seus traços físicos refletindo sua herança genética. Em determinados ambientes, porém, essa variação levará diferentes indivíduos a ter diferentes números de descendentes. Ao longo do tempo e em média, aqueles que estão melhor adaptados a seu ambiente terão mais descendentes, e os que estão menos adaptados terão menos descendentes. Como consequência, esses traços associados aos indivíduos mais adaptados se tornarão mais comuns na população em geral, levando a população como um todo a tornar-se melhor adaptada a seu ambiente.

A teoria de Darwin parece bastante simples, mas tem profundas implicações. Quando Darwin começou a trabalhar nela, a ciência não tinha noção de como os traços eram transmitidos de uma geração para a outra, ou o que os fez variar de indivíduo para indivíduo. O DNA, a complexa molécula que codifica nossa informação genética feito uma antiquada fita perfurada telegráfica, ainda não havia sido descoberto; os químicos ainda estavam debatendo questões mais básicas sobre as formas das moléculas. E, no entanto, através de um exame cuidadoso de evidências biológicas, Darwin pôde inferir o que deveria ser necessariamente verdadeiro para que os seres vivos sejam do jeito que são.

Sabemos que todas as coisas vivas possuem profundos sinais de similaridade entre si, ainda que a olho nu isso não seja imediatamente evidente. Há na vida como um todo um código genético muito semelhante que "lê" seu DNA, cuja complexa estrutura foi descoberta por Watson e Crick em 1953. E hoje, após mais de 60 anos de avanços científicos, o DNA de cada ser vivo na Terra transformou-se em um livro que aprendemos a ler. Podemos ver nitidamente que, assim como as pessoas do mesmo grupo familiar têm sequências correlacionadas de DNA, espécies relacionadas têm sequências correlacionadas de DNA. A genética moderna e a biologia molecular confirmam a teoria da evolução — mas, o que é notável, Darwin foi capaz de desenvolver sua teoria sem elas.

Para apreciar plenamente a simplicidade e o poder da ideia de Darwin, considere o fascinante caso de uma certa mariposa cujo nome científico é *Biston betularia* — uma criatura voadora noturna encontrada em todo o hemisfério norte de clima temperado, incluindo o Reino Unido e os Estados Unidos. Em sua forma típica, essa mariposa tem corpo branco e asas que parecem ter sido polvilhadas com pimenta, daí seu nome (em inglês, *peppered*, veja a Figura 5.1a no caderno colorido). O visual atua como camuflagem contra predadores, tornando a mariposa virtualmente invisível quando pousada em cascas de árvores cobertas de líquen. Infelizmente para essa mariposa essa camuflagem tornou-se obsoleta durante a Revolução Industrial da Grã-Bretanha, quando a poluição das fábricas originada pela queima de carvão cobriu tudo com fuligem. Contra esse fundo preto, a mariposa esbranquiçada em uma árvore deve ter se destacado como uma bandeja de canapés em um coquetel. Elas não duraram muito.

No entanto, a mutação natural na população dessas mariposas produziu uma variante negra da espécie, a *Biston betularia f. carbonaria* (veja a Figura 5.1b no caderno colorido). A primeira amostra dessa mutação foi coletada na cidade industrial britânica de Manchester, em 1848. Passadas algumas décadas, esses insetos estavam espalhados pela região. Em cem anos, já eram o tipo mais comum no norte da Inglaterra. Uma história semelhante ocorreu em torno das grandes cidades industriais dos Estados Unidos. Ali, a mutação natural produziu uma forma negra diferente dessa mariposa, a *Biston betularia f. swettaria*, cuja existência foi primeiro registrada no sudeste da Pensilvânia em 1906; na década de 1950, elas eram, de longe, o tipo mais comum dessa espécie no entorno de Pittsburgh e Detroit.

APENAS HISTÓRIAS OU FATOS CIENTÍFICOS?

Os críticos da teoria da evolução muitas vezes descartam o exemplo da mariposa como nada mais do que uma "história da carochinha", uma versão científica dos contos de Rudyard Kipling para crianças — elaboradas justificativas ex-post de características biológicas que nunca podem ser provadas ou refutadas, mas que são artigos de fé científica. Sob tal ponto de vista, os defensores da evolução simplesmente conjuraram sua própria explicação baseada na crença de como chegamos a ser o que somos. Como o Dr. Pangloss da sátira de Voltaire, *Cândido*, que nunca se cansa de lembrar a seu aluno que "tudo é melhor no melhor de todos os mundos possíveis", os evolucionistas são acusados de argumentar que as adaptações de um animal são sempre ótimas para seu ambiente local, em um ecossistema que é o mais eficiente de todos os possíveis ecossistemas.

Embora essas críticas possam parecer superficialmente plausíveis, elas ignoram vários pontos-chave sobre como a evolução realmente funciona.[4] A ciência faz previsões testáveis e, ao contrário do "Como o Leopardo obteve suas manchas", de Kipling, a teoria da evolução de Darwin oferece uma previsão para aquela mariposa: se o desaparecimento da variedade branca e o aumento de sua prima mais escura se devem à seleção natural, então uma mudança no meio ambiente poderia reverter essa tendência. Essa previsão pode ser testada de várias maneiras — e foi.

O primeiro teste ocorreu naturalmente. Enquanto em muitas partes do mundo ainda se usa intensamente o carvão, causando grandes nuvens de poluição por fuligem, as fábricas da Grã-Bretanha e da América do Norte foram substituindo o carvão por outras fontes de energia; com isso, a poluição industrial declinou, fazendo com que as árvores locais retornassem a seu estado pré-industrial de casca de cor clara coberta de líquen. Pouco depois, a população de mariposas totalmente negras diminuiu rapidamente, e as variedades originais retornaram. Previsão confirmada.

Não satisfeitos com essa experiência natural, desde a década de 1950 gerações de biólogos na Grã-Bretanha testaram — por meio de experimentos repetidos no campo — a hipótese de que os predadores eram os responsáveis pela rápida mudança na coloração da mariposa.[5] A ideia básica desses testes é simples: medir a população de mariposas de cor escura, envolver a árvore em qualquer material escuro e mudar a população de mariposas novamente após algumas semanas para ver se houve uma alteração na proporção. É claro que o desafio nesses experimentos é o controle de outros fatores que não têm nada a ver com a evolução, porém, depois de uma série de experiências controladas, a conclusão foi inconfundível: sim, a evolução funciona.

Há uma nota destoante aqui, devido à sociologia da ciência. Aquele tipo de mariposa é um exemplo famoso de evolução ocorrendo em tempo real, e alguns críticos atacaram esse corpo de trabalho por razões sensacionalistas ou ideológicas, alegando incompetência ou fraude acadêmica absoluta por parte dos pesquisadores (lembre-se da acusação de "erro de programação" do Capítulo 2). É um testemunho da natureza autocorretiva da ciência que as críticas aos experimentos iniciais tenham aumentado as apostas intelectuais. Motivados por essas acusações, os cientistas realizaram experiências adicionais que apenas fortaleceram a credibilidade da teoria, tornando-a ainda mais difícil de refutar. As observações anteriores sobre a mariposa só foram reconfirmadas: aquelas que não se mesclam são preferencialmente consumidas pelos seus predadores a uma taxa muito alta. Essa taxa de seleção é mais do que alta, o suficiente para explicar a rápida transição documentada entre as formas daquele tipo de mariposa.

Eis uma diferença fundamental entre a teoria da evolução e muitas de suas alternativas: a fé não desempenha nenhum papel. O único dogma envolvido é uma devoção ao método científico — uma teoria é tão boa quanto suas previsões. Se apenas uma delas é contrariada pelos dados, a teoria pode e deve ser rejeitada, e passa-se para a próxima teoria (e, enquanto houver professores assistentes tentando seguir na carreira, sempre há uma próxima teoria).

Sendo a ciência um esforço humano, alguns cientistas podem ser difíceis de convencer, especialmente se desempenharam um papel na criação ou na manutenção de uma teoria anterior. Contudo, como a evolução, a própria ciência é um processo contínuo também sujeito à seleção natural. Paul Samuelson frequentemente observava: "A ciência progride funeral a funeral", parafraseando o grande físico Max Planck — uma caracterização contundente, ainda que um pouco mórbida, do processo de descoberta científica. Enfim, a melhor teoria é a que ri por último, e o conhecimento científico vai se acumulando, lenta mas seguramente, uma previsão de cada vez.

Na verdade, uma maneira de medir a força de uma teoria científica é pelo número de previsões corretas que ela faz. Vista por qualquer ângulo, a evolução é uma teoria com grande poder explicativo. A teoria da evolução fez tantas previsões corretas desde que Darwin publicou *A Origem das Espécies* em 1859, em contextos que variam do comportamento dos organismos microscópicos às implicações das extinções em massa de ecossistemas inteiros, que, como o biólogo evolucionista Theodosius Dobzhansky afirmou: "nada na biologia faz sentido exceto à luz da evolução."

O PODER DA SELEÇÃO

Há um mal-entendido comum sobre a evolução, segundo o qual ela é uma progressão deliberada ou direcionada para um objetivo ideal ou uma forma de ser superior. Embora a seleção natural tenda a eliminar indivíduos que são menos reprodutivos, esse é um processo de atrito passivo. Como disse Woody Allen, "80% do sucesso é apenas aparecer". De uma perspectiva evolutiva, ele subestimou a natureza do sucesso em cerca de 20%.

O exemplo da mariposa branca versus sua versão mais escura torna nítida essa falta de um objetivo final. Na verdade, o eminente teórico evolucionista Ernst Mayr escreveu: "É deveras chocante para alguns biólogos saber que a seleção natural, tomada estritamente, não é um processo de seleção, mas sim um processo de eliminação e reprodução diferencial. São os indivíduos menos adaptados que, em cada geração, são eliminados primeiro, enquanto aqueles que estão melhor adaptados têm maior chance de sobreviver e se reproduzir".[6] Se esse processo parece ser de tentativa e erro, é isso mesmo que ele é.

O fato surpreendente é o quão poderosa é a força da mudança por tentativa e erro. Considere uma pequena variação no experimento mental proposto pela primeira vez pelo astrofísico Arthur Eddington, em 1928: "Se um exército de macacos estivesse 'martelando' as teclas das máquinas de escrever, eles poderiam escrever todos os livros do Museu Britânico".[7] Vamos simplificar um pouco esse enunciado: quanto tempo é preciso para que um único macaco datilografe todo o texto de *Hamlet*, do Shakespeare? Intuitivamente sabemos que levaria uma grande quantidade de tempo para que isso acontecesse, muito mais do que a vida útil de um macaco típico. Porém, e se houvesse uma maneira secreta de podermos obter uma cópia legível de *Hamlet* de um macaco digitando aleatoriamente em um curto espaço de tempo? Talvez em apenas algumas centenas de tentativas na máquina de escrever?

O segredo está no poder da seleção. Aqui está o truque: toda vez que o macaco, por puro acaso, datilografa uma letra que corresponde à letra e posição correspondentes em *Hamlet*, mantém essa entrada inalterada para a próxima rodada no teclado. Muito rapidamente, o texto sem nexo produzido por macacos converge para algo parecido com a forma das frases em inglês, então em algo que se aproxima do inglês elizabetano e, em seguida, de repente, se converte em palavras que o próprio Shakespeare escreveu, excluindo uma pitada de erros tipográficos.

Se você não tem um macaco que digite aleatoriamente (acontece que a maioria dos macacos na verdade não escreve ao acaso), essa experiência é bastante fácil de simular em um computador. De fato, o biólogo evolucionista Richard Dawkins realizou uma simulação similar em seu computador doméstico há quase 30 anos, usando a breve descrição de *Hamlet* de uma nuvem, "parece que é como uma doninha", como frase de teste. Foram apenas 43 as tentativas para que o conjunto de letras inicial de Dawkins combinasse perfeitamente com a descrição da nuvem de Hamlet.[8]

Por que esse processo completamente aleatório converge para texto legível tão rápido? Ao manter as letras que correspondem ao texto de *Hamlet*, estamos *selecionando* o texto de *Hamlet*. Através do poder de seleção, estamos mantendo os melhores resultados e, em seguida, executando mais testes em um processo massivamente paralelo de tentativa e erro. É como se muitos milhares de jogos de forca estivessem sendo jogados simultaneamente em cada letra. Nenhum jogo de forca pode levar mais de 26 movimentos, o número de letras no alfabeto, não importa quão longa seja a palavra. Como o conjunto de personagens completos de Shakespeare é maior que 26 letras, no entanto, e porque os personagens estão sendo escolhidos aleatoriamente, levará um pouco mais de tempo para que surja um texto legível que seja claramente de *Hamlet* — mas não muito mais tempo.

A seleção é uma explicação poderosa para muitos outros fenômenos, e não apenas biológicos. Segundo um ditado bem conhecido na aviação: "Há pilotos velhos e há pilotos ousados, mas não há pilotos velhos e ousados". As palavras são precisas o suficiente: pilotos que correm muito risco são advertidos mais cedo ou sofrem um destino fatal. O processo de seleção atua como um filtro. Sempre que há uma diferença entre uma população inicial e uma população subsequente, é provável que tenha ocorrido algum processo de seleção, seja entre alunos matriculados na faculdade de Direito e os que se graduam, participantes e finalistas de uma maratona ou um bufê de casamento e o que sobra dele no final da festa. Por meio de uma cuidadosa observação e análise, muitas vezes podemos descobrir algumas das propriedades do filtro (por exemplo, os convidados do casamento achavam que o frango assado era muito mais saboroso do que o salmão). Às vezes, o filtro é mais misterioso ou aleatório (por exemplo, o maratonista que foi agarrado por um espectador, o estudante de Direito que se tornou sacerdote).

O poder da seleção é de conhecimento dos seres humanos há muito tempo. Milhares de anos atrás, as pessoas descobriram que podiam selecionar quais plantas e animais floresciam filtrando-os de acordo com as características deles que mais apreciavam. Assim, ao longo dos séculos, os jardineiros produziram brócolis, couves de Bruxelas, couve-flor e outros a partir do repolho selvagem, bem como a variedade doméstica. Criadores de cães inteligentes criaram raças de cães que exibiram comportamentos úteis, como recuperação de caça ou pastoreio de ovelhas, bem antes de se desenvolver qualquer teoria científica de genética ou de comportamento animal. Os biólogos chamam esse processo de *seleção artificial*.

Antes da seleção artificial, todavia, havia a seleção natural. O próprio mundo natural atuou como agente de seleção. Isso pode soar um pouco estranho, mas um exemplo familiar para a maioria dos proprietários de animais de estimação é o que acontece com seus animais quando são deixados para viverem na natureza. A maioria deles perece rapidamente

— o filtro de seleção para a vida na natureza é severo. No entanto, alguns sobrevivem e deixam descendência. Mas cada caso de sobrevivência pode ser diferente: alguns indivíduos sobrevivem porque possuem um "casaco de peles" mais pesado, enquanto outros têm alta imunidade aos vírus encontrados na natureza e alguns, talvez, simplesmente estarão no lugar certo na hora certa. Não há intenção na seleção natural, e pode haver muitas maneiras de um indivíduo sobreviver. Independentemente dos traços que possuem, sobreviver significa que seus genes serão transmitidos para a próxima geração.

Voltemos à minha visita ao Zoológico Nacional por um momento. Tanto o orangotango quanto eu somos herdeiros de uma linhagem extremamente longa de sobreviventes evolutivos. Na verdade, tudo o que está vivo hoje tem uma história evolutiva de sobrevivência de 4 bilhões de anos. Cientistas e leigos ainda falam sobre a "sobrevivência do mais apto", mas é uma expressão cunhada no século XIX que pode ser muito simplista para o século XXI. Em vez disso, devemos falar sobre a "sobrevivência dos indivíduos mais adaptados a seu ambiente". E em nossas famílias evolutivas — o orangotango das florestas tropicais da Indonésia, eu de uma região quente e seca da África — é perfeitamente possível que o orangotango possa estar melhor adaptado do que eu. Nossas diferenças, e os motivos que me colocam de um lado da cerca e o orangotango do outro, não são simplesmente devidos à "aptidão física" por si só. Algo mais é necessário para explicar os 3%.

VARIEDADE É O TEMPERO DA VIDA

A seleção natural pode parecer cruel e implacável. O poeta vitoriano Alfred Tennyson, matutando sobre ela, chamou a natureza de "violenta e selvagem". Mas, na maioria das vezes, a seleção natural é muito enfadonha. Os indivíduos de uma determinada espécie têm descendentes, que sobrevivem na mesma proporção que as gerações anteriores e que, por sua vez, têm outra geração de descendentes, e assim por diante.

A história até agora, porém, está incompleta. A seleção natural é um processo totalmente não planejado, mas depende da gama de variações dentro de uma espécie. Essas variações, por sua vez, dependem dos genes. Nós vimos como os indivíduos de uma mesma espécie, com características genéticas mais úteis para seu ambiente, são reprodutivamente mais bem-sucedidos do que indivíduos com características ligeiramente menos úteis, mas de onde provêm esses diferentes traços de uma espécie?

A resposta a esse enigma é a mutação. A famosa descoberta de Watson e Crick da estrutura de dupla hélice do DNA mostrou não apenas como o DNA poderia transportar informações, mas também como poderia atuar como seu próprio modelo ao copiar-se. O processo de replicação genética é muito preciso. Contudo, devido à estrutura física do DNA e às leis da termodinâmica, não é perfeito. Como resultado, variações inteiramente novas em traços genéticos ocorrem naturalmente no genoma de um organismo de tempos em tempos. Chamamos essas variações de "mutações".

Mutação significa simplesmente mudança. Com a sequência moderna do DNA, os biólogos moleculares descobriram que a maioria das mutações causa pouca mudança exterior aparente em um organismo, as chamadas mutações "silenciosas" ou "neutras". Algumas são prejudiciais, reduzindo as chances de sobrevivência de um organismo. Por exemplo, como vimos no Capítulo 3, a falta de medo de SM, causada por sua amígdala calcificada, foi causada por uma mutação em seu gene ECM1, que codifica uma proteína secretada por determinados tipos de células específicas (e cuja função completa ainda é desconhecida). Essa mutação provavelmente surgiu uma vez, no passado distante da árvore genealógica de SM, e foi levada sem conhecimento por gerações, até que uma má sorte genealógica fez com que ambos os pais a tivessem — e com essa anomalia em particular, a probabilidade de uma criança adquiri-la de pais assintomáticos carregando o gene era de um em cada quatro, ou 25%.

Por outro lado, algumas mutações podem ser benéficas, dado o ambiente de um indivíduo. Um exemplo em seres humanos é a capacidade de digerir lactose, produzindo a enzima lactase. Na maior parte da existência da humanidade, o leite materno foi o único tipo de leite que bebemos. Ao crescer, a maioria das pessoas perdeu a capacidade de decompor o açúcar característico do leite, a lactose. Tentar decompor a lactose no sistema digestivo de um adulto sem a lactase provoca desconforto significativo, agora conhecido como intolerância à lactose. Mas quando os seres humanos começaram a domesticar grandes mamíferos, como vacas e ovelhas, uma fonte de alimento inteiramente nova ficou disponível para eles: o leite animal. As pessoas poderiam usar leite cru para beber e obter algum benefício nutricional, mas, presumivelmente, seus estômagos não estavam inteiramente felizes com isso. (Provavelmente, eles o fermentaram para remover uma parte da lactose, embora isso ainda seja especulativo).

E então, por aleatoriedade, uma mutação ocorreu no gene que regulou a produção da enzima lactase, comutando-a. Essa mutação ocorreu em um indivíduo, de maneira desconhecida, e estendeu a habilidade natural de digerir o leite da infância até a idade adulta. Ao longo de milhares de anos, várias mutações funcionalmente semelhantes, mas geneticamente diferentes, ocorreram em diferentes partes do mundo, cada uma permitindo que os indivíduos digerissem lactose.

Nos lugares onde a população local criava gado, ovelhas ou camelos, essa mutação proporcionava às pessoas uma forte vantagem seletiva em seu ambiente pré-histórico: a de poder beber leite e absorver mais nutrientes, enquanto seus parentes que não possuíam o gene eram incapazes de fazê-lo. Em consequência, grande parte da população moderna da Europa, Oriente Médio e partes da África é descendente dos primeiros portadores desta mutação.[9] Por outro lado, em ambientes nos quais a população pré-histórica criava principalmente porcos, mantinha aves domésticas ou consumia pescado, como na Ásia Oriental, os portadores dessa mutação não apresentaram vantagem seletiva, e as populações modernas nessas regiões geralmente não possuem o gene da lactase. Como um adulto sino-americano que experimentou em primeira mão as consequências desconfortáveis dos sundaes e bananas split, posso atestar pessoalmente os efeitos desse gene faltante. Hoje, é claro, os laticínios podem tratar o leite com lactase diretamente para remover a lactose ofensiva, e todos podem desfrutar de uma taça de sorvete se desejarem, graças a comprimidos Lactaid mastigáveis. O ambiente mudou.

A mutação é onipresente. Somos todos mutantes em vários aspectos. A taxa de mutação geral é alta o suficiente para que todo ser humano na Terra, provavelmente, tenha várias novas mutações não encontradas em seus pais. Essas mudanças genéticas são uma fonte contínua de novidade biológica imprevisível — novidade que a seleção natural usa para impulsionar a mudança evolutiva. Essas mutações aleatórias, imprevisíveis e meio "bagunçadas" são a matéria-prima através da qual a seleção natural funciona. E quanto mais variedade existir, mais rapidamente a seleção natural produzirá adaptações propícias para o ambiente atual.

E aqui temos outra parte da resposta para o enigma do que torna os seres humanos tão simples de se adaptarem. Os orangotangos e humanos podem compartilhar 97% de seu DNA, mas ambas as espécies tiveram centenas de milhares de gerações de novas mutações e seleção natural para se adaptarem a seus diferentes ambientes desde o último antepassado comum. Eu sou diferente do orangotango no Zoológico Nacional porque essa diferença de 3% em nossos genomas não é apenas aleatória — ela inclui mutações para muitos traços úteis que foram selecionados ao longo de milhões de anos em ambientes muito diferentes dos do orangotango. Os seres humanos têm as habilidades que possuímos porque esses traços permitiram que nossos antepassados tivessem mais filhos a despeito dos difíceis ambientes do passado.

Em outras palavras, foi a evolução que me fez diferente do orangotango no Zoológico Nacional.

"É O AMBIENTE, ESTÚPIDO"

A evolução não é apenas um processo de eliminação; ela também envolve o que biólogos como Mayr chamam de *reprodução diferencial*. Mesmo diferenças muito ligeiras no sucesso reprodutivo podem levar um traço genético a se tornar comum em um período de tempo bastante curto, da mesma forma que os juros compostos podem transformar uma pequena quantidade de dinheiro em uma pequena fortuna ao longo dos anos. Um traço genético que proporciona a um indivíduo uma ligeira vantagem reprodutiva em seu meio ambiente — apenas 1% mais filhos do que os indivíduos que não possuem esse traço — fará com que a variante do gene desse traço varra a população em um período evolutivamente muito curto: alguns milhares ou mesmo algumas centenas de gerações. Nos seres humanos, isso pode ser tão curto como alguns poucos milhares de anos.

Do mesmo modo, uma característica genética que proporciona ao indivíduo uma ligeira desvantagem reprodutiva fará com que o gene dessa característica se torne muito raro no mesmo período. É por esta razão que os transtornos hereditários mais graves encontrados em seres humanos, como a doença de Huntington, a fenilcetonúria e a hemofilia, são muito raros. A longo prazo, mesmo aquelas pessoas que carregam esses genes sem aparentar sintomas apresentam significativamente menos descendentes do que seus homólogos que não os carregam.

O processo de seleção natural pode fazer com que uma espécie se torne perfeitamente bem ajustada a seu ambiente. Embora o tubarão moderno tenha existido por mais de 100 milhões de anos próximo à sua forma atual, nosso grande tubarão branco (*Carcharodon carcharias*) não surgiu até cerca de 16 milhões de anos atrás. Durante os 84 milhões de anos que separaram esses dois eventos, a seleção natural estava presumivelmente trabalhando, remodelando o grande tubarão branco da era dos dinossauros para o eficiente predador marinho que conhecemos hoje.

E ela fez um bom trabalho. Um grande tubarão branco adulto chega a pouco mais de 6m de comprimento e pode pesar mais de três toneladas, podendo nadar a quase 50km/h (o melhor tempo de Michael Phelps, 47:51

segundos para o nado livre de 100m equivale a cerca de 7,5km/h). Um grande tubarão branco tem sete fileiras de 300 dentes afiados, e sua mandíbula exercm uma força de mordida de aproximadamente 1,8 toneladas por polegada quadrada (a força de mordida de um Rottweiler típico é de cerca de 0,15 toneladas por polegada quadrada). Além disso, ele pode cheirar uma gota de sangue em 10 bilhões de gotas de água, tem visão noturna para condições de pouca luz e pode rolar os olhos para trás em suas órbitas para proteção quando ataca. Pode navegar sentindo o campo magnético da Terra e é capaz de detectar vibrações a mais de 800m de distância. Esses animais também se camuflam, com uma parte superior escura e um corpo inferior branco para combinar o fundo da superfície do oceano iluminada pelo sol com a parte mais profunda e escura abaixo do nível da água. Com uma vida útil de cerca de 30 anos, a seleção natural pôde fazer maravilhas ao longo de 16 milhões de anos/30 = 533.333 gerações, especialmente quando o ambiente do grande tubarão branco tem sido relativamente estável durante esse período.

Na verdade, o grande tubarão branco está tão afinado com seu ambiente que quase qualquer mudança em sua anatomia ou comportamento o deixaria em situação pior. E por causa da seleção natural, qualquer tubarão menos adaptado seria extinto no longo prazo, ou talvez mais depressa que isso. Nesse sentido, pode-se dizer que, para o grande tubarão branco, seu mundo atual é de fato o "melhor de todos os mundos possíveis".

Essa é uma característica básica da seleção, natural ou artificial: quanto mais diversificado for o grupo de candidatos, mais provável é que seja alcançado qualquer critério determinado de seleção. Um representante comum para a diversidade é o tamanho do grupo — os maiores grupos são os que têm maior diversidade. Por exemplo, o corredor mais rápido em termos locais normalmente não será tão rápido como o vencedor de uma competição nacional, e o campeão nacional provavelmente não será tão veloz quanto o campeão mundial. Ao aumentar o grupo do qual você seleciona o melhor desempenho, o equivalente a selecionar de uma sequência de grupos ao longo do tempo, é mais provável que encontre níveis mais extremos de desempenho.

Mas o que ocorre se o critério de seleção muda? É improvável que escolher o melhor cantor de ópera entre o grupo de velocistas mais rápido do mundo produza o próximo Pavarotti. E é exatamente aí que a mutação entra. Se o ambiente nunca muda — o que equivale a manter o mesmo critério de seleção geração após geração —, após muitas gerações a seleção natural provavelmente produzirá uma espécie perfeitamente adaptada, o grande tubarão branco no oceano, ou Usain Bolt nos 100 metros. Porém, se todos os tubarões são biologicamente idênticos (em outras palavras, não há mutantes) e o ambiente de repente muda para tornar-se inóspito para essa versão de tubarão, será o fim da linha para a espécie.

A esse respeito, a seleção natural carrega dentro de si as sementes da fragilidade. *Uma espécie pode tornar-se tão bem adaptada a um ambiente através da seleção natural que não consegue sobreviver a uma mudança nesse ambiente.* O grande tubarão branco é um predador temível, mas é tão bem adaptado à caça no oceano que vai morrer se parar de mover-se, pois requer movimento constante para passar água oxigenada em suas brânquias. E como já observamos, ninguém teme um tubarão contorcendo-se na areia. Suas adaptações mais perigosas são totalmente inúteis nesse ambiente diferente.

A variedade é, com certeza, o tempero da vida. Se houver uma variedade de mutantes dentro de cada geração, cada um com suas próprias adaptações únicas, a espécie terá melhores chances de sobreviver e se reproduzir; não importa como o ambiente mude. Podemos pensar em mutações e diversidade como uma espécie de apólice de seguro contra resultados ambientais desfavoráveis. Uma maior biodiversidade significa maiores chances de sobrevivência em diferentes ambientes.

Um exemplo ainda mais impressionante de como um ambiente em mudança pode alterar a sorte de uma espécie inteira é o dodô, um extinto pássaro não voador da República de Maurício; uma ilha localizada no Oceano Índico. Milhões de anos antes dos humanos habitarem a ilha, um pequeno número de pombos africanos instalou-se lá. Deve ter sido um paraíso para eles: a comida era abundante e não havia mamíferos como predadores. Na verdade, não havia mamíferos. A seleção natural fez com que seus descendentes perdessem a capacidade de voar; era energeticamente dispendioso e desnecessário em seu novo ambiente. Esses pombos que não voavam cresceram e ficaram bastante gordos. Então os primeiros colonizadores humanos vieram para Maurício, trazendo consigo ratos, gatos, porcos, cachorros e outras espécies concorrentes, mudando o ambiente biológico quase da noite para o dia. E o dodô, tendo evoluído por milhões de anos isoladamente, perdeu "o dom do medo" em relação aos grandes mamíferos. Os marinheiros podiam caminhar até um dodô, capturá-lo e levá-lo para o fogão. Em 100 anos do assentamento de Maurício, o dodô foi extinto.[10]

Claramente, a seleção e a adaptação natural nem sempre produzem o resultado mais bem-sucedido para um indivíduo ou uma espécie. Há um motivo pelo qual a língua inglesa tem a expressão "dead as a dodo" ("morto como um dodô"). A sobrevivência do mais apto não significa que ele se adeque a todos os ambientes. A aptidão física depende muito do contexto.

Uma espécie pode ser muito bem adaptada para seu ambiente doméstico, mas não para novos ambientes. "É o ambiente, estúpido!"

Essa é outra parte da explicação do porquê de eu estar de um lado da cerca no zoológico, enquanto o orangotango estava do outro. Os seres humanos e os orangotangos são parentes próximos e sobreviventes evolucionários, mas os orangotangos são muito adaptados ao seu ambiente de floresta tropical, vivendo em árvores e comendo frutas tropicais. Ele é melhor do que um humano em escalar uma árvore; porém um ser humano é melhor que um orangotango na programação de um computador e no planejamento da aposentadoria (geralmente).

No entanto, mesmo sem tecnologia avançada, os humanos parecem prosperar em ambientes totalmente diferentes. Nós somos possivelmente as espécies mais adaptáveis na história da Terra, tendo habitado praticamente todos os ambientes do planeta. Como conseguimos ser tão adaptáveis?

O ADVENTO DO HOMO SAPIENS

Estamos em meio a uma espetacular explosão de dados genéticos e paleontológicos sobre nossos ancestrais humanos, proporcionada por uma variedade de novas técnicas científicas. Grande parte da seguinte narrativa baseia-se nos excelentes relatos da evolução humana pelo antropólogo Ian Tattersall, curador emérito do Museu Americano de História Natural de Nova York. Entretanto, à medida que o registro fóssil é preenchido e as evidências genéticas analisadas, nossa história evolutiva pode estar mais clara no momento em que você ler este livro. Para um biólogo evolucionista, estes são tempos emocionantes.

Os seres humanos são primatas, e os primatas têm uma longa história evolutiva. O primeiro fóssil de um primata até agora descoberto remonta a 55 milhões de anos atrás. Esses primeiros primatas não se pareciam muito com macacos. Na verdade, a partir da evidência fóssil, eles pareciam muito com esquilos. Mas com o passar do tempo, lentamente, alguns de seus descendentes se desenvolveram em criaturas que nos parecem mais próximas: os macacos. O *procônsul*, um gênero de primata africano que é considerado um dos primeiros macacos, viveu há 25 milhões de anos. Não se sabe ao certo quando a linhagem humana divergiu do resto dos macacos, mas comparando as sequências de DNA de diferentes espécies, às vezes podemos obter uma estimativa aproximada de quando duas espécies tiveram um antepassado comum. O chamado "relógio molecular" data o tempo da divergência humano-orangotango até 13 milhões de anos atrás, e o humano-gorila e o humano-chimpanzé se dividem um pouco mais recentemente.

Mas avancemos rapidamente para 3,4 milhões de anos atrás na Etiópia, onde Lucy, a famosa "celebridade" fóssil, viveu — o primeiro parente humano que parecia caminhar em dois pés.[11] Nesse ponto, os antepassados humanos provavelmente caminhavam eretos, liberando as mãos para outros fins. As primeiras ferramentas de pedra, descobertas em Olduvai Gorge, na Tanzânia, aparecem no registro fóssil cerca de 2,5 milhões de anos atrás, marcando o início da Idade da Pedra. Não há muito para olhar: pedras lascadas e lâminas de rocha com bordas afiadas. Mas sabemos que essas ferramentas foram feitas deliberadamente, já que as rochas não se lascam de forma natural. Em alguns casos, podemos até datar a pedra original novamente — surpreendentemente, depois de 2 milhões de anos. Nós também sabemos que essas ferramentas de pedra foram usadas para desossar animais grandes.

A primeira evidência de nosso gênero biológico, *Homo*, aparece no registro fóssil nessa ocasião. Provavelmente não é uma coincidência. Nosso antepassado inicial podia fazer ferramentas, que costumavam cortar seções de carne de uma carcaça. Já podemos ver que nossa espécie tinha um conjunto notável de habilidades cognitivas. Tinha que escolher o tipo certo de pedra; saber como quebrá-la em lâminas do jeito certo (isso é muito mais difícil do que parece, há vídeos do processo na internet); lembrar-se de trazer o tipo certo de pedra para o local da desossa; saber onde usar as novas ferramentas para cortar a carne; e assim por diante. Já no registro fóssil podemos ver sinais de comportamento e planejamento extensivos para o futuro.[12]

Por volta de 1,5 milhão de anos atrás, vemos duas inovações no registro fóssil — a ferramenta de pedra bem esculpida e o uso do fogo —, o que implica que os primeiros humanos pensavam sobre formato, função e uso de energia em algum nível cognitivo. Todas as "oficinas" com machados de mão foram descobertas a partir dessa época. Chamamos as espécies humanas contemporâneas desse período de *Homo ergaster*, "Homem operário".

Conforme avançamos para o presente, a história fica mais complicada. Os seres humanos anatomicamente modernos — nossa espécie humana, *Homo sapiens*, "Homem sábio" — aparecem no registro fóssil na Etiópia há apenas 200 mil anos, um piscar de olhos em comparação com a passagem do tempo que já exploramos.[13] Por dezenas de milhares de anos, o *Homo sapiens* coexistiu no planeta com outros tipos de humanos, incluindo os famosos Neandertais, bem como outras variedades menos conhecidas pela ciência, agora extintas. Até recentemente, o consenso científico era que o

Homo sapiens saiu da África e de alguma forma superou esses outros tipos de humanos, seja em virtude de nosso maior intelecto e adaptabilidade, ou por razões mais violentas.[14]

Mas, em 2010, o consenso científico se desfez com a sequência do genoma do Neandertal descoberta pelo geneticista evolucionista molecular sueco Svante Pääbo. Isso mostrou algo muito surpreendente: a maioria dos humanos modernos tinha de 1% a 4% de ascendência neandertal.[15] Ainda mais incrível, o DNA de um osso de dedo de um tipo de humano previamente desconhecido — descoberto recentemente em uma caverna nos rincões da Sibéria — mostrou que esse humano recém-descoberto compartilhou de 4% a 6% de seu DNA com os melanésios modernos; embora as ilhas da Melanésia estejam a milhares de quilômetros da caverna da Sibéria onde esse osso foi descoberto.[16] O *Homo sapiens* pode ter superado esses outros seres humanos — certamente com os Neandertais já não sendo mais um grupo distinto —, mas também os incorporou geneticamente às populações humanas modernas. Aparentemente, nossos ancestrais circularam por aí. Consequentemente, os humanos modernos carregam o DNA de várias linhagens humanas.

Mesmo hoje, no auge das proezas tecnológicas de nossa espécie, os humanos não pararam de evoluir. Os conceitos de eliminação e fertilidade diferencial de Ernst Mayr ainda afetam nossas vidas diárias. Apesar dos quase milagrosos avanços na medicina moderna, mais de 30% de todas as concepções sofrem abortos espontâneos.[17] Ainda há nações onde mais de 10% dos recém-nascidos não completam o primeiro ano, como foi o caso dos Estados Unidos em 1910.[18] Essas perdas exercem tremenda pressão seletiva sobre o genoma humano.

Ainda assim, como seres humanos, queremos procurar uma característica evolutiva única em nós mesmos, uma que confirme nossa sensação de que somos de alguma forma diferentes de nossos antecessores. O candidato óbvio é o cérebro humano. Mas para entender o que pode ser evolutivamente novo lá, temos que viajar de volta no tempo para ver como ele se desenvolveu.

ENTRA EM CENA O *HOMO ECONOMICUS*

Não há estruturas radicalmente novas na anatomia do cérebro humano que possam ser responsáveis pelo *Homo economicus*.[19] Nem a anatomia comparativa nem a paleontologia encontrou candidatos óbvios. O que o registro fóssil mostra, no entanto, é uma vasta expansão das estruturas cerebrais existentes. Simplificando, nossos cérebros cresceram. Nossos antepassados australopitecíneos, como a Lucy, tiveram um volume cerebral de aproximadamente 400cm³, algo um pouco maior do que uma lata de refrigerante; do mesmo tamanho que o cérebro de um orangotango ou chimpanzé moderno. Todavia, com o surgimento de nosso gênero, *Homo*, 2 milhões de anos atrás, o tamanho do nosso cérebro duplicou. Essa nova variedade de humanos, *Homo ergaster*, tinha uma capacidade craniana de 850cm³, um pouco menos que um litro de leite.

O advento de nossa espécie particular dentro desse gênero, o *Homo sapiens*, mostra um segundo aumento rápido do volume cerebral no registro fóssil. Nos seres humanos modernos esse volume atinge, em média, 1.200cm³ (1,2 litro), embora haja ampla variação entre os indivíduos.[20] De fato, algumas formas arcaicas do *Homo sapiens* tinham um volume cerebral de 1.800cm³ (1,8 litro).

Muitas teorias foram sugeridas para explicar as expansões do tamanho do cérebro durante a evolução humana. Alguns pesquisadores teorizaram que essa tendência pode ser um efeito colateral afortunado de alguma outra pressão seletiva sobre o corpo humano, como a proposta do antropólogo Dean Falk de que o tamanho da cabeça evoluiu para irradiar o calor excessivo na savana africana.[21] Essa hipótese pode soar um pouco tola, mas não deveria — é uma aplicação sólida da lógica evolutiva para inferir um ambiente passado que causou uma adaptação presente.

Porém, uma explicação mais convincente liga a expansão do tamanho do cérebro humano a aumentos similares na inteligência humana. O antropólogo William R. Leonard acredita que a primeira expansão no tamanho do cérebro, associada à origem do nosso gênero *Homo* há 2 milhões de anos, estava relacionada a melhorias em nossa dieta.[22] Nosso gênero evoluiu assim que as primeiras ferramentas de pedra apareceram, exigindo considerável virtuosismo cognitivo, e essas ferramentas foram associadas a desossar uma carcaça, permitindo-nos comer muito mais carne do que conseguíamos tirando-a somente com as nossas mãos.

O cérebro humano expandiu-se muito rapidamente, mas nem todas as partes dele o fizeram no mesmo ritmo. As regiões cerebrais associadas ao processamento sensorial, controle motor e outras funções "superiores" expandiram-se muito mais do que se esperaria de um simples aumento no tamanho do cérebro. Os seres humanos também têm um número muito maior de prolongamentos de neurônios motores do que chimpanzés ou outros macacos. Esses prolongamentos parecem necessários nos humanos modernos para exercer um controle motor fino sobre as mãos, os olhos, o rosto e os vários órgãos necessários para a fala e a linguagem.

Nossa espécie teve uma segunda expansão muito mais recente no tamanho do cérebro, há apenas algumas centenas de milhares de anos, que levou ao moderno *Homo sapiens*. Pode ter sido o resultado de uma corrida armamentista intelectual, ou devido à competição social, sexual ou por recursos escassos. Essa segunda expansão, que levou aos humanos modernos, está tão perto da pré-história que uma explicação mais completa parece tentadoramente próxima, mas ainda não foi alcançado um consenso sobre suas causas exatas.

Uma coisa é clara, no entanto. Ao longo desse processo, o córtex pré-frontal aumentou consideravelmente em relação ao restante do cérebro humano. Lembre-se, do Capítulo 4, que o córtex pré-frontal é a parte do cérebro imediatamente atrás da testa e onde as funções "executivas" estão localizadas, incluindo personalidade, tomadas de decisão, gerenciamento de riscos e planejamento para o futuro — as funções de interesse imediato para psicólogos e economistas. Essa diferença não aparece nas medidas brutas do volume do cérebro, mas aparece na forma de nossos crânios: temos frontes muito mais "recheadas" do que nossos primos macacos de grande porte.

O que os primeiros humanos fizeram com seus novos córtex pré-frontais? Obviamente, o primeiro membro do *Homo sapiens* não usou seu novo cérebro para desenvolver o método científico do dia para a noite. Considere uma analogia com crianças analfabetas com seus próprios computadores portáteis. Algumas delas podem se contentar em virar o interruptor de energia para frente e para trás, observando as lindas luzes acenderem e apagarem. Outras podem tentar ver o que o teclado e o mouse fazem. Por acaso, uma criança pode iniciar um programa que tire mais vantagem das novas capacidades do computador. E algumas podem se tornar precoces fãs de computadores, programadores autodidatas ou mesmo hackers.

Esse exemplo pode soar um pouco exagerado, mas é exatamente o que aconteceu quando o programa One Laptop Per Child (Um Laptop por Criança) do MIT deixou uma caixa de laptops para crianças de duas aldeias da Etiópia rural. Em duas semanas, as crianças estavam cantando músicas que tinham aprendido com os programas pré-instalados e, cinco meses depois, uma delas havia pirateado o sistema operacional do computador.[23] Uma vez com os laptops na mão, as habilidades das crianças dispararam. Da mesma forma, na hora em que o cérebro humano desenvolveu uma capacidade maior para o pensamento cognitivo, as habilidades cognitivas dos humanos dispararam.

Ian Tattersall, do Museu Americano de História Natural, chama a isso processo de *exaptação*.[24] Tattersall acredita que esse grande córtex pré-frontal evoluiu bem antes dos humanos estarem capacitados para o pensamento complexo, a linguagem ou as demais realizações cognitivas do ser humano moderno. Ele foi explorado, mais tarde, pelas funções cognitivas superiores, incluindo o pensamento simbólico e o planejamento para um futuro distante, mas, por muitas gerações, essas funções não foram fortes contribuintes evolutivas para seu desenvolvimento.

Isso não é biologicamente improvável. Na verdade, é um processo evolutivo de rotina. Mudanças dramáticas na anatomia de um organismo levam naturalmente a mudanças adicionais em seu desenvolvimento e comportamento. Os biólogos do desenvolvimento estão familiarizados com o que a teórica evolucionista Mary Jane West-Eberhard chamou de "efeito da cabra de duas pernas."[25] Na década de 1940, um veterinário holandês publicou um relatório sobre uma cabra nascida sem as pernas dianteiras que aprendeu a ficar de pé e a caminhar sobre as pernas traseiras. Depois que a cabra morreu em um acidente, uma dissecção cuidadosa mostrou mudanças sistemáticas na anatomia esquelética e muscular dela, tornando sua pélvis e pernas mais parecidas com as de outras espécies que caminham em duas pernas (incluindo humanos), muito embora uma cabra normalmente desenvolva a anatomia e o comportamento para andar em quatro pernas.

Do mesmo modo, os seres humanos desenvolveram seus grandes cérebros antes de conhecer e perceber seu potencial total. Nenhuma cabra evoluiu para caminhar em duas pernas, contudo, dadas as condições certas, uma cabra pode desenvolver os músculos e as respostas nervosas para permitir que isso ocorra. Analogamente, com os estímulos certos, nossos cérebros em desenvolvimento adquirirão novas capacidades. O cérebro evoluiu em um ambiente de estímulos *humanos* cada vez maiores. Um "círculo virtuoso" descrito por nosso comportamento, nosso cérebro neurologicamente plástico e a seleção natural levaram à evolução rápida de um cérebro que era muito mais capaz de comportamento, planejamento e pensamento abstrato do que qualquer um de seus predecessores.

Os estímulos humanos tornaram-se necessários para o desenvolvimento cognitivo humano, um dos quais era a linguagem humana. Embora nunca possamos adquirir evidência paleontológica para o desenvolvimento da linguagem — a fala não pode ser fossilizada —, sabemos que ela é necessária para o desenvolvimento adequado do cérebro humano; pois conhecemos seu desenvolvimento na ausência de linguagem. O antigo historiador grego Heródoto registra a lenda de um faraó egípcio que queria saber qual era a língua mais antiga do mundo.[26] Com essa finalidade, ele teve dois filhos que foram criados isoladamente por um pastor que estava proibido de falar na presença deles. Um dia, continua a história, as crianças falaram suas primeiras palavras ao pastor, pedindo pão na antiga língua frígia. Portanto, concluíram os egípcios, a frígia era a língua mais antiga do mundo.

Heródoto conta uma história convincente, mas o mundo real forneceu exemplos bastante dolorosos de crianças criadas sem linguagem para saber o que realmente acontece.[27] Essas crianças geralmente nunca aprendem a falar fluentemente qualquer linguagem humana, não obstante tenham nascido com o potencial inato de aprender qualquer idioma. Sem exposição à linguagem nos primeiros estágios de amadurecimento, o cérebro humano se desenvolve de tal maneira que torna a aquisição completa do idioma extremamente difícil, se não impossível, quando adulto.

O que isso significa para a evolução do cérebro humano? O linguista e cientista cognitivo Steven Pinker acredita que os métodos de pensamento mais especializados no cérebro humano, como aqueles que lidam com a linguagem, são os que foram sujeitos à pressão mais evolucionária da seleção natural.[28] A capacidade de comunicar ideias complicadas entre os indivíduos deve ter sido tremendamente útil para os primeiros membros do *Homo sapiens*; portanto, não é de admirar que a seleção natural tenha favorecido as habilidades linguísticas. Em vez de uma criança ter que atuar como um criptógrafo especializado para decodificar um idioma a partir do zero, o cérebro humano desenvolveu a capacidade de capturar pistas contextuais e rapidamente aprender regras gramaticais da sua interação com outros falantes da linguagem quase automaticamente, antes que o cérebro da criança se torne menos plástico (você já tentou aprender um novo idioma quando adulto?).

Há um paralelo entre as ideias de Pinker sobre a evolução da aquisição da linguagem e as experiências psicológicas que utilizam a aprendizagem baseada no medo; que vimos no Capítulo 3. A evolução aparentemente desenvolveu várias maneiras de os seres humanos aprenderem conceitos vitais com pressa. Mas a evolução pode nos dizer algo mais sobre a inteligência humana?

UMA ORDEM DE PRIORIDADE EVOLUCIONÁRIA

As experiências neurológicas realizadas em ratos, macacos e outras criaturas — citadas nos Capítulos 3 e 4 — basearam-se na suposição básica de que estruturas cerebrais similares funcionam de forma semelhante em espécies evolutivamente relacionadas. Um cérebro de polvo pode nos contar coisas interessantes sobre como os sistemas nervosos funcionam em geral, mas é irrelevante para a condição humana, simplesmente porque um polvo está muito menos relacionado ao ser humano do que um rato ou um macaco.

Podemos avançar um pouco mais nessa linha de raciocínio evolucionista. Já vimos que nem todos os componentes neurais são criados iguais. Certos componentes do cérebro são encontrados em muitas espécies, além do *Homo sapiens*. Podemos usar a perspectiva evolucionária para formular a hipótese de que, como os mesmos componentes são encontrados em muitas espécies diferentes, eles devem estar presentes no antepassado comum mais recente dessas espécies. A unidade básica do próprio sistema nervoso, o neurônio, é encontrada em grande parte do reino animal: de moluscos, como o polvo e a lesma do mar, a insetos e outros artrópodes e em todos os vertebrados, dos peixes mais primitivos até nossa própria espécie. É graças a essa semelhança que podemos concluir que a evolução do neurônio data de antes que essas espécies seguissem seus diferentes caminhos evolutivos, muito lá atrás no passado primitivo. Mas uma estrutura específica como o neurônio-espelho — que automaticamente "se ilumina" em solidariedade às ações dos outros — só é encontrada em nossos primos relativamente próximos, os primatas, e tanto quanto sabemos, em nenhum outro lugar no reino animal. Por um raciocínio evolutivo, portanto, o neurônio-espelho deve ter evoluído muito mais recentemente, como uma inovação específica dos primatas.

Assim, a evolução nos permite ver como nossos comportamentos se desenvolveram ao longo do tempo. Por exemplo, as estruturas neurológicas do medo parecem ter centenas de milhões de anos. No Capítulo 3, vimos que o aprendizado pelo medo condicionado é muito mais rápido do que outras formas de aprendizagem, quase permanentes, encontradas em uma grande variedade de espécies. A adrenalina como resposta ao "lutar ou fugir" é inerente a todos os mamíferos. Um biólogo evolucionário chamaria a emoção do medo de "fundamental" para os mamíferos, e talvez colocasse suas origens mais profundamente no tempo evolutivo do que isso. (A ciência popular às vezes atribui nossas reações de medo ao "cérebro de lagarto", mas essa frase cativante se refere a um modelo desatualizado de evolução do cérebro. Como vimos, a ciência é um processo de melhoria sem fim). Na verdade, o neurocientista britânico Edmund Rolls mostrou que a emoção fornece uma base para sistemas de recompensa e punição no reino animal.²⁹ A emoção é uma adaptação evolutiva que melhora a eficiência com a qual os animais aprendem a partir de experiências passadas e do seu meio ambiente, dando a alguns animais uma vantagem seletiva sobre os outros.

A evolução também nos possibilita entender o *motivo* pelo qual nossos comportamentos evoluíram. Cada componente especializado no cérebro pode ser visto como uma adaptação evolutiva projetada para aumentar as chances de sobrevivência de um indivíduo em seu ambiente. Componentes comuns em muitas espécies são suscetíveis a serem cruciais para a sobrevivência básica. Uma vez que a neurologia e o comportamento do medo estão presentes em um grupo de espécies evolutivamente amplo, a capacidade de sentir medo deve ter sido crucial para a sobrevivência.

Ainda que SM, a mulher que não consegue sentir medo, tenha sido evolucionalmente bem-sucedida de uma perspectiva estritamente darwiniana — ela tem filhos que carregam seus genes —, fica claro a partir de sua história de vida que aquele resultado feliz se deu apesar de sua condição, não por causa dela. Do ponto de vista evolutivo, fortes emoções como o medo têm sido uma ferramenta poderosa e vantajosa para melhorar a eficiência com que os animais, e até mesmo os humanos, possam aprender em ambientes perigosos. Se tirássemos SM de seu ambiente urbano, industrializado e civilizado, e a colocássemos no meio da savana africana, com ferramentas de pedra e uma lança, suas chances de sobrevivência — e a probabilidade de ela ser capaz de reproduzir e passar seus genes para a próxima geração — seriam consideravelmente menores.

A evolução pode até explicar como nossos comportamentos interagem. Lembre-se de como a amígdala pode suprimir funções superiores do cérebro — por exemplo, na expressão "sua mente estava nublada pelo medo". Esse é um comportamento evidentemente irracional, mas faz todo o sentido do ponto de vista evolutivo. Emoções fortes como o medo são um urgente chamado às armas para sobreviver, selecionado pela evolução em milhões de gerações de vidas em ambientes hostis. Nossas funções cognitivas desenvolvidas mais recentemente, como linguagem e raciocínio lógico, são suprimidas até que o evento percebido como ameaça à nossa sobrevivência desapareça, isto é, até que nossa reação emocional diminua. A universalidade dessa resposta de medo significa que o medo tem sido tão útil em ambientes passados que evoluiu para anular todos os outros componentes neurais em caso de ameaça suficiente.

GÊMEOS SUECOS E POUPANÇAS

Enquanto a natureza desempenha claramente um papel importante na predisposição de todo tipo de respostas no cérebro graças a milhões de anos de tempo evolutivo, a criação também deve ser importante dada a grande diversidade do comportamento humano na vida cotidiana. Afinal, subjetivamente, sentimos (e sentimos intensamente) que não somos apenas produtos do determinismo biológico, uma coleção de movimentos evolutivos e impulsos no cérebro. No grande debate entre a natureza e a criação, no entanto, a evolução parece ter deixado muito pouco espaço para a criação, dando a parte do leão à natureza violenta e selvagem. É esse o caso, realmente?

Há muitas histórias sobre as estranhas semelhanças entre gêmeos idênticos separados no nascimento. Acontece que muitas são realmente verdadeiras. O caso clássico de James Lewis e James Springer foi revelado ao público em 1979.[30] A mãe deles tinha 15 anos de idade e desistiu de seus filhos gêmeos idênticos, que foram adotados por famílias diferentes pouco antes da II Guerra Mundial. Os dois irmãos se encontraram no dia 9 de fevereiro de 1979. Para espanto mútuo, descobriram que tinham vidas incrivelmente semelhantes. Ambos eram delegados assistentes trabalhando em meio expediente. Os dois tinham habilidades mecânicas para desenho e carpintaria. As mulheres casadas com eles se chamavam Linda, das quais se divorciaram e depois se casaram de novo com mulheres cujo nome era Betty. Ambos estavam de férias a uma distância de três quarteirões de uma praia na Flórida. Ambos chamaram seus filhos de James Alan ou James Allan, e os cães deles chamavam-se "Toy". O que está acontecendo aqui?

Os gêmeos são algo como uma experiência natural da natureza humana. Através do estudo do comportamento de gêmeos idênticos, que compartilham o mesmo DNA, e comparando-os com gêmeos fraternos — que, como outros irmãos, só compartilham metade do DNA — ou com irmãos não relacionados criados na mesma família, os cientistas podem analisar quais componentes da personalidade e comportamento são genéticos, e o que pode ser causado por um ambiente compartilhado, circunstâncias ou educação. Um caso como o de James Lewis e James Springer sugere que mesmo os detalhes diários da vida podem ser determinados geneticamente. Isso é um pouco preocupante para nossos conceitos de personalidade e livre arbítrio.

Nos Estados Unidos, gêmeos foram estudados intensamente na Universidade de Minnesota (localizado, sim, nas cidades gêmeas), começando com Lewis e Springer em 1979. O Minnesota Center for Twin & Family Research teve quase dez mil participantes em suas pesquisas ao longo dos anos. Seus estudos, e outros, descobriram que uma educação compartilhada não é suficientemente forte para explicar as semelhanças entre os gêmeos em conquistas acadêmicas, felicidade e tipo de personalidade, nem em transtornos de personalidade, abuso de substâncias e depressão. Presumivelmente, então, essas semelhanças são causadas por uma maior herança genética compartilhada.

Entretanto, opor natureza e criação é muito simplista. Os genes de um indivíduo interagem por meio dele com seu ambiente. Às vezes, os efeitos dos genes no indivíduo são fortes em relação ao meio ambiente. Por exemplo, alguém com hemofilia hereditária é simplesmente incapaz de produzir o fator de coagulação correto, independentemente do meio ambiente. E às vezes os efeitos do ambiente sobre o indivíduo são fortes em relação a qualquer componente genético que possa estar presente. Nem mesmo o mais ardente defensor do determinismo biológico no comportamento acredita que há uma razão genética pela qual as pessoas se tatuam, por exemplo. Isso é claramente cultural, e a cultura faz parte do ambiente de um indivíduo.

Grande parte do comportamento humano parece se inserir no meio da natureza e da criação. Nossos genes podem nos predispor a um certo tipo de comportamento, mas nosso meio ambiente pode impedir que esses genes nos influenciem. Um estudo famoso de 2003 examinou a natureza dessas interações gene/ambiente entre pessoas com predisposição genética para a depressão.[31] Os psicólogos Avshalom Caspi e Terrie Moffitt analisaram um grupo de 1.037 neozelandeses, todos nascidos no mesmo ano, que haviam sido avaliados regularmente entre seus 3 e 26 anos de idade como parte do Estudo de Saúde e Desenvolvimento Multidisciplinar de Dunedin; um dos principais estudos longitudinais em medicina e ciências sociais. Os pesquisadores analisaram as variantes de uma região reguladora para um gene envolvido na absorção do neurotransmissor serotonina, sob a teoria de que a regulação da serotonina está envolvida na depressão. A extensão dessa região determina o quanto da proteína que transporta a serotonina é fabricada, sendo a variante curta menos eficiente do que a longa. Alguns membros deste grupo tinham duas variantes longas, algumas apresentavam duas variantes curtas e outras tinham uma de cada.

Caspi, Moffitt e sua equipe estudaram esses neozelandeses e registraram a série de eventos estressantes que tiveram entre 21 e 26 anos de idade, incluindo mudanças de emprego, habitação, saúde e status financeiro e de relacionamento. Não houve correlação entre o número de eventos estressantes e as variantes genéticas presentes. Porém, depois de tabular a frequência de depressão, ideação suicida e tentativas de suicídio, Caspi e Moffitt descobriram que, de algum modo, as pessoas com a variante de genes curta eram mais propensas a experimentar sintomas de depressão após eventos estressantes do que as pessoas que possuíam a variante longa. Por outro lado, as pessoas que não experimentaram eventos estressantes apresentaram baixas taxas semelhantes de depressão, independente de quais variantes de genes estavam presentes.

Acontece que existem interações complexas de genes e fatores ambientais envolvidos na criação do comportamento humano como um todo. Sem eventos estressantes, esses jovens neozelandeses seriam muito menos propensos a experimentar os sintomas da depressão, não importando a variante de gene que possuíssem. É somente em um ambiente estressante que se verifica o efeito prejudicial da variante genética mais curta.

Outras formas de comportamento humano possuem aparentes componentes genéticos ou herdados, incluindo o comportamento financeiro. Estudos recentes mostraram que os comportamentos econômicos, como a aversão ao risco e a tomada de riscos, que vimos no Capítulo 3, são até certo ponto hereditários. Mas tais efeitos são medidos indiretamente; teriam eles efeitos diretos na tomada de decisões financeiras? Surpreendentemente, sim.

O Swedish Twin Registry é atualmente o maior banco de dados de gêmeos do mundo, com mais de 37 mil pares inseridos em seus registros. Até 2006 a Suécia também tinha requisitos de relatórios financeiros excepcionalmente incompletos para indivíduos. Esta combinação permitiu que três economistas financeiros — Amir Barnea, Henrik Cronqvist e Stephan Siegel — analisassem as diferenças relativas em portfólios financeiros entre pares de gêmeos idênticos, que compartilham o mesmo DNA, e pares de gêmeos fraternos, que são tão estreitamente relacionados quanto qualquer par de irmãos biológicos.[32] Eles analisaram a proporção de ativos mantidos em dinheiro, em títulos de renda fixa, em ações em carteira, em fundos de investimento em ações e em outros ativos financeiros, como direitos, conversíveis e *warrants*. E o que Barnea, Cronqvist e Siegel descobriram foi notável. Ao comparar o desempenho de pares de gêmeos fraternos e idênticos, eles descobriram que 1/3 do comportamento quanto a investimentos observado nos portfólios dos gêmeos suecos poderia ser atribuído à genética: 29% da participação no mercado de ações, 32% da participação das ações e 38% da volatilidade do portfólio.

Para algumas pessoas, o fato de 1/3 do nosso comportamento de poupar ser atribuível à genética pode soar ridiculamente alto. Como o comportamento financeiro pode estar conectado ao nosso DNA? Certamente, evoluímos para humanos modernos muito antes do mercado de ações ser inventado.

Isso é explicável em termos evolutivos: nosso hábito de economizar provavelmente recruta um comportamento preexistente que foi formado em ambientes evolutivos passados.

Contudo, considere a outra implicação: 2/3 do nosso comportamento de poupar *não são* genéticos. O comportamento é, de fato, uma função tanto da genética quanto do meio ambiente. A maior parte do nosso hábito de economizar é o resultado do meio ambiente, cultura, educação, políticas públicas e deliberações lógicas. Nossos genes podem nos levar a buscar ou evitar riscos, mas eles só podem explicar uma fração de nossas preferências.

EVOLUÇÃO NA VELOCIDADE DO PENSAMENTO

A última peça do enigma evolutivo que é necessária para explicar o aumento e o contínuo domínio do *Homo sapiens* (e com ele, o *Homo economicus*) é como a evolução opera em nossos processos cognitivos — isto é, a evolução do pensamento humano. O córtex pré-frontal é uma peça notável da maquinaria neural que, em um piscar de olhos na escala de tempo evolutiva, permitiu que os humanos controlassem seu mundo e preenchessem praticamente todos os tipos de ambientes neste planeta. Mas o que realmente faz o córtex pré-frontal para que a humanidade se afaste de outros tipos de vida na Terra?

Os biólogos evolucionários costumavam pensar que o uso deliberado de ferramentas era marca exclusiva da inteligência humana. Pesquisadores posteriores do comportamento animal, no entanto, encontraram exemplos de uso de ferramentas não apenas em nossos parentes próximos, os primatas, mas em outras espécies de mamíferos, em aves e, surpreendentemente, em polvos. Mesmo o golfinho nariz de garrafa, sem membros, usa ferramentas, arrancando tiras de esponja e envolvendo-as em torno de seu bico para pegar peixes no fundo do oceano.[33] Nosso uso de ferramentas está longe de ser único no reino animal.

Alguns antropólogos teorizaram que a linguagem torna os seres humanos únicos. Embora seja verdade que nenhum animal aprendeu uma linguagem humana, existem exemplos suficientes de animais usando partes da linguagem humana intencionalmente — como Kanzi, o bonobo (uma espécie de macaco) que usava um teclado especial como ferramenta para se comunicar, ou Alex, o papagaio africano cinza que conhecia mais de uma centena de palavras em inglês —, fazendo com que seja problemático definir claramente uma linha divisória linguística entre humanos e essas criaturas. Da mesma forma, algumas espécies foram observadas transmitindo comportamentos aprendidos, específicos do grupo, de uma geração para a próxima. Parece que o chauvinismo humano não chama esse comportamento de "cultura".

O que realmente nos separa do orangotango? *Em última análise, é a capacidade de formular essa pergunta.* A habilidade humana de criar cenários complexos, produtos puros de nossa enorme imaginação, é a vantagem evolutiva mais importante que desenvolvemos e parece ser algo exclusivo de nossa espécie.

Como espécie, os seres humanos têm sido incrivelmente bem-sucedidos. A Figura 5.2 representa a população mundial estimada de 10.000 a.C. até o presente em escala logarítmica.[34] Mostra quatro períodos distintos de crescimento da população humana nos últimos 12 milênios: baixo crescimento durante a Idade da Pedra, de 10.000 a.C. a 4.000 a.C.; crescimento moderado desde o início da Idade do Bronze, cerca de 4.000 a.C. até o século XIX; crescimento mais rápido desde a Revolução Industrial, que inaugurou a Era Industrial; e o crescimento mais rápido ao longo do século passado, que pode ser chamado de "Era Digital". Em 1900, a população mundial era estimada em aproximadamente um bilhão e meio de indivíduos. A estimativa mais recente coloca a população mundial atual em mais de 7,4 bilhões. No período de um século, mais do que quadruplicamos o número de *Homo sapiens* neste planeta.

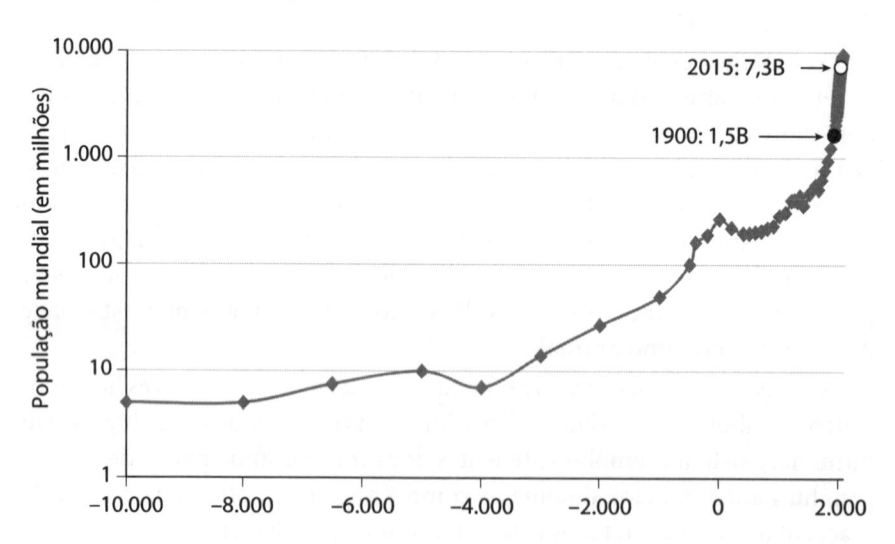

Figura 5.2 Sequência semilogarítmica da população mundial estimada de 10.000 a.C. a 2011 d.C. (valores após 2011 são projeções). Fonte: U.S. Census Bureau (International Data Base) e cálculo do autor.

Esse aumento dramático na população humana não é um acidente. É consequência direta dos avanços tecnológicos que nos permitiram manipular nosso meio ambiente para atender e, em última instância, superar nossas necessidades. Avanços em produtos agrícolas, medicina, manufatura, transporte, informação e, sim, até mesmo as tecnologias financeiras contribuíram para essa série extraordinária de sucesso reprodutivo do *Homo sapiens*; porém, sem a capacidade de imaginar e planejar, essas tecnologias nunca teriam sido inventadas.

Como nosso córtex pré-frontal nos permite realizar essas ações mentais ainda é um mistério. Pode ser simplesmente uma questão de escala. Na visão de Jeff Hawkins, a inteligência é o resultado direto do neocórtex expandido, que aumenta a memória e as habilidades preditivas dos primeiros humanos. De acordo com Hawkins, "nós ficamos inteligentes adicionando muito mais elementos de um algoritmo cortical comum", em vez de atualizar o poder de processamento de uma rede, adicionando mais e mais servidores duplicados.[35] Na teoria de Hawkins, a inteligência começou a emergir à medida que mais conexões se formaram entre o neocórtex e os neurônios responsáveis pelo movimento corporal, permitindo que nossos primeiros antepassados humanos experimentassem a vantagem seletiva de poder atuar em suas previsões. Nesse ponto, o poder preditivo do córtex pré-frontal pode ser usado para gerar novos comportamentos e manipular o meio ambiente para nosso benefício reprodutivo — exatamente o que parece ter acontecido na história evolutiva humana.

A evolução moldou nossos cérebros, mas nossos cérebros moldam ideias. Mesmo no campo das ideias, contudo, a evolução ainda tem um papel a desempenhar. Lembre-se de que a evolução pode ser amplamente definida como uma mudança nas características transmissíveis em uma população de geração em geração. Mas as ideias, apesar de serem conceitos abstratos, ainda podem ser transmitidas de pessoa para pessoa. Elas podem sofrer mutação na transmissão e encontrar ambientes mentais ambiciosos e difíceis. Em suma, todas as condições que tornaram a evolução darwinista aplicável aos seres vivos também se aplicam às ideias, mas com uma diferença adicional. Nós podemos usar nossos cérebros para testar nossas ideias em modelos mentais e remodelá-las se elas forem deficientes. *Essa é ainda uma forma de evolução, mas é a evolução na velocidade do pensamento.*

A evolução aplicada às ideias é a razão pela qual a abstração e o idioma têm sido tão importantes para o sucesso humano. Eles permitem a formulação de ideias mais complexas dentro de um indivíduo e, em seguida, a transmissão e a melhoria dessas ideias de pessoa para pessoa. O comportamento cooperativo está longe de ser desconhecido no mundo animal, mas a capacidade do cérebro humano de evoluir e comunicar suas ideias permite que nossa espécie organize seu comportamento em uma escala evolutivamente sem precedentes. Considere uma corporação multinacional como o Walmart — uma rede varejista com 2,3 milhões de funcionários, 260 milhões de clientes, lojas em 28 países e $482 bilhões em receitas em 2016 — e o que é alcançado através da evolução na velocidade do pensamento.

E embora o uso de ferramentas não seja mais considerado um traço exclusivamente humano, nós temos as melhores ferramentas da Terra. Podemos ver a evolução das ideias na história da tecnologia. No início, na Idade da Pedra, a melhoria tecnológica era muito lenta — não por falta de inteligência inata, mas porque as populações humanas eram escassas e isoladas. As ideias tinham pouca chance de encontrar novos ambientes mentais; as culturas daquele tempo parecem ter sido incrivelmente tradicionalistas pelos padrões modernos.

Devagar, à medida que as populações cresciam, as ideias encontraram novos ambientes mentais. As pessoas tornaram-se mais inovadoras e competitivas em suas inovações. Uma descoberta casual levou algumas culturas a trocar as ferramentas de pedra por ferramentas metálicas — mas como Louis Pasteur disse uma vez: "O acaso favorece a mente preparada". Escrita, alfabetização, impressão: essas invenções permitiram que as ideias fluíssem para milhões de diferentes ambientes mentais. Cada pessoa tornou-se um "campo de testes" para a utilidade de uma ideia. No início da Revolução Industrial, pode ter havido apenas alguns milhares de pessoas que realmente entenderam a utilidade da máquina a vapor de James Watt. Hoje, existem milhões de pessoas que pensam regularmente sobre como melhorar a tecnologia, que se comunicam e competem entre si. Com ideias circulando em tantas mentes ativas e em diferentes ambientes mentais, não é de se admirar que o progresso tecnológico moderno não mostre sinais de esgotamento.

Nem todas as ideias resistem ao teste do tempo, é claro. A história das ideias é repleta de impasses e becos sem saída evolutivos. Um exemplo é a seita religiosa conhecida como Shakers. Formada na Grã-Bretanha do século XVIII, em torno de uma profeta carismática, Ann Lee, os shakers finalmente migraram para os Estados Unidos; primeiro se estabelecendo em Nova York e depois espalhando-se pela costa leste e pelo oeste de Indiana. Centrados na pureza, os shakers se tornaram conhecidos pelo design simples de seus móveis, pela qualidade de suas ervas medicinais e pela simplicidade de sua comida e música. Entretanto, a seita está quase extinta hoje, e por uma razão simples: a mãe Lee esperava que seus adeptos continuassem celibatários durante toda a vida. Os shakers só poderiam aumentar a população através da conversão ou adoção. Com apenas um punhado de adeptos restantes, os shakers desapareceram quase tão completamente quanto o dodô.

A estética Shaker, porém, continua, enquanto é improvável que o dodô volte a andar novamente na Terra, impedindo um grande avanço na tecnologia. Se pessoas suficientes considerassem as ideias dos shakers atraentes, a seita poderia ser reconstituída. Ao contrário da evolução darwiniana, a evolução na velocidade do pensamento pode recombinar ideias de muitas fontes diferentes, passadas e presentes, vivas e mortas.

O exemplo mais relevante de como a forma narrativa é moldada envolve "fadiga de decisão", um fenômeno recente e dramaticamente documentado entre um grupo de juízes que preside as audiências de liberdade condicional de prisioneiros israelenses.[36] Esses juízes, com uma média de mais de 20 anos de experiência, ouviam de 14 a 35 casos por dia, 40% de todos os pedidos de liberdade condicional locais. Todos os dias, eles tinha duas paradas para as refeições que dividiram o dia em três sessões distintas. Três pesquisadores da escola de negócios — Shai Danziger, Jonathan Levav e Liora Avnaim-Pesso — encontraram um padrão impressionante nessas sessões: os juízes proferiram decisões de liberdade condicional favoráveis em cerca de 65% do tempo no início de uma sessão, mas a porcentagem diminuía sistematicamente para quase 0% no final de cada sessão. Após as paradas para as refeições — um sanduíche e uma fruta no meio da manhã, e uma pausa para o almoço —, os juízes estavam revigorados e prontos para retomar suas complexas deliberações; as taxas de concessão de liberdade condicional no início da sessão seguinte eram consideravelmente maiores.

Parece que decisões difíceis, mesmo para juízes experientes, podem ser mentalmente exaustivas. À medida que as sessões transcorriam, os juízes ficavam mais inclinados a evitar decisões difíceis — simplesmente negando a liberdade condicional. O fato de o aumento das taxas de concessão seguir as pausas para as refeições é consistente com achados recentes de que a glicose pode reverter os efeitos da fadiga de decisão.[37] Aparentemente, pode haver alguma verdade no velho dito que afirma que você nunca deve negociar de estômago vazio.

Contudo, seis meses após o estudo ter sido publicado em 2011, dois especialistas do sistema judicial israelense — Keren Weinshall-Margel e John Shapard — publicaram uma carta no mesmo jornal com uma explicação muito mais simples e convincente: a ordenação dos processos judiciais não é aleatória.[38] Acontece que o conselho de revisão de liberdade condicional israelense geralmente agrupa os casos por prisão e tenta concluir os casos de uma prisão antes de fazer uma pausa e passar para a próxima prisão. Dentro de cada sessão, prisioneiros sem representação legal geralmente ficam por último. Isso é relevante, porque ter um advogado oferece vantagens significativas em relação aos que representam a si próprios — os presos não representados compreendem 1/3 de todos os casos, mas são liberados apenas 15% das vezes, enquanto aqueles com advogados conseguem um veredito favorável em 35% das vezes. Esse fato simples é suficiente para explicar a tendência decrescente nas aprovações de liberdade condicional, independentemente da ingestão de alimentos. A fadiga de decisão já era.

Não chegamos, porém, ao fim da história. Danziger, Levav e Avnaim-Pesso responderam publicando uma refutação à refutação.[39] Refizeram toda a análise, mas desta vez, levando em consideração a presença ou ausência de representação legal. E descobriram que, embora a representação definitivamente melhorasse as chances de liberdade condicional, ainda havia um efeito incremental significativo das paradas para lanche e almoço. Além disso, em seu conjunto de dados, prisioneiros da mesma prisão apareceram diante do juiz antes e depois das pausas, de modo que o agrupamento por prisão, por si só, não pode explicar a tendência descendente. Danziger e seus colegas concluíram agradecendo a seus críticos por terem abordado essas questões, o que motivou análises adicionais que apenas reforçaram suas conclusões originais. Por enquanto, a fadiga de decisão existe, então continue ligado...

Para um não acadêmico, essas idas e vindas podem parecer algo incrivelmente cansativo e frustrante — só queremos a resposta, por favor! Mas isso foge do assunto — é a troca contínua de ideias que, em última instância, nos leva à resposta, e isso também é um processo evolutivo. *A seleção natural aplica-se tanto às narrativas quanto aos genes.* Na verdade, é o método científico, juntamente com a estrutura de recompensa das instituições acadêmicas, o motor que produz as grandes descobertas e tecnologias que permitiram ao *Homo sapiens* derrotar todos os nossos predadores naturais, estender nosso tempo de vida e dominar todos os ambientes deste planeta à lua.

Com o benefício da retrospectiva e da maturidade (e da segurança de um mandato), Craig MacKinlay e eu agora entendemos que a dura crítica que recebemos em nossa primeira conferência do NBER foi parte desse processo evolutivo. Nós desafiamos uma teoria firmemente estabelecida (a Hipótese do Passeio Aleatório), e o nosso desafio foi, por sua vez, desafiado por um colega sênior de alta credibilidade. Conseguimos responder a esse desafio produzindo vários estudos adicionais que confirmaram e ampliaram nossas descobertas — cada um avaliado pelo processo de revisão de publicação —, o que, em última instância, levou a uma nova compreensão de como os mercados de ações se comportam. Se, em qualquer momento durante esse processo, nossos resultados empíricos fossem invalidados, isso teria prestado mais apoio à Hipótese do Passeio Aleatório e você não estaria lendo este livro porque não teria sido escrito (pelo menos não por mim).

Assim como na natureza, a evolução das ideias não tem favoritos. Ao longo desse processo, cada participante — pesquisador, discutidor, editor e árbitro — tem muitos incentivos para descobrir a verdade, desenvolver novas verdades ou ajudar a desafiar verdades antigas que podem não ser mais verdadeiras. E esse processo nunca termina; ou pelo menos não deveria, porque se isso ocorrer vamos parar de aprender. Para alguém que esteja convencido de que conhece a resposta, não há esperança de mais esclarecimentos. Mesmo a teoria amplamente aceita da relatividade geral que Einstein propôs há um século continua a ser testada hoje e, aparentemente, ainda é satisfatória, pelo menos por ora.

Isso talvez pareça um processo desordenado, mas, de fato, existe um método nessa loucura acadêmica. A *evolução das ideias, realizada na velocidade do pensamento, é o cerne do que nos distingue de outras espécies e nos permite dominar nosso mundo.*

SOCIOBIOLOGIA E PSICOLOGIA EVOLUCIONISTA

Todas as espécies desenvolveram respostas próprias para enfrentar desafios ambientais específicos, moldados pelas forças de mutação, competição e seleção natural. Muitos biólogos evolucionistas propuseram modelos teóricos poderosos para explicar como os animais se comportam em resposta a esses desafios. Longe de descrever um mundo de "natureza violenta e selvagem", esses modelos explicam muitos comportamentos contraintuitivos entre indivíduos de diferentes espécies, incluindo altruísmo, cooperação, reciprocidade e autossacrifício — talvez até entre humanos.

Por que esses comportamentos são evolutivamente contraintuitivos? Todos têm uma coisa em comum: à primeira vista, nenhum deles parece ajudar a capacidade do indivíduo de se reproduzir. Na verdade, alguns comportamentos, como o autossacrifício, são francamente contraproducentes para a sobrevivência. Se a evolução depende do sucesso reprodutivo de um indivíduo, por que um indivíduo ajudaria outro a se tornar mais bem-sucedido em termos reprodutivos às suas próprias custas?

Na década de 1950, o geneticista populacional britânico J.B.S. Haldane chegou perto de resolver esse quebra-cabeças ao anunciar a seus alunos, em um pub londrino, que "ele daria a vida por dois irmãos ou oito primos".[40] Essa observação descartável continha, no fundo, uma profunda verdade genética: o irmão de Haldane seria 50% geneticamente idêntico a ele por descendência; da mesma forma que seu primo seria 12,5% idêntico a ele. Reprodutivamente falando, Haldane era equivalente a dois irmãos ou oito primos. Portanto, pela lógica da seleção natural, o autossacrifício altruísta de Haldane para seus dois irmãos (ou oito primos) era uma negociação evolutivamente justa.

Ainda que essas ideias estivessem definitivamente no ar entre os geneticistas populacionais, uma clara afirmação matemática só surgiu com a publicação, em 1964, do trabalho pioneiro do biólogo evolucionário britânico W. D. Hamilton. Em dois artigos clássicos,[41] Hamilton mostrou em que condições um indivíduo estaria preparado para sacrificar-se por outro — eles seriam mais propensos a ajudar um outro desinteressadamente se seu grau de parentesco fosse maior do que a relação custo-benefício reprodutivo. Um parente muito próximo poderia esperar um comportamento altruísta de outro, mesmo que o benefício reprodutivo fosse relativamente baixo, ou o custo para a outra parte fosse relativamente alto. Por outro lado, um estranho pode não ser o destinatário de qualquer comportamento altruísta, mesmo que seu possível benefício seja muito alto, ou o custo para a outra parte seja muito baixo. O geneticista populacional britânico John Maynard Smith denominou rapidamente essa sobrevivência preferencial de parentes próximos de *seleção por parentesco*.

Hamilton notou de imediato que a seleção por parentesco resolveria o velho enigma dos insetos sociais, incluindo formigas e abelhas. Entre esses insetos, em face de seu método incomum de determinação do sexo, o grau de relação genética entre mãe e filha é de 50%, e entre irmãs é de 75%. Uma formiga está literalmente mais intimamente relacionada com uma irmã do que com uma filha (que os nossos preconceitos humanos assumem naturalmente ser a relação mais íntima). Então, torna-se muito menos surpreendente que a evolução não só permitiria comportamentos em que as formigas se sacrificassem por suas irmãs, como também as tornariam reprodutivamente estéreis; uma vez que uma irmã está muito mais proximamente relacionada do que qualquer filha potencial poderia estar.

O *insight* genético de Hamilton sobre a evolução do comportamento social foi a ponta de um iceberg em rápido movimento. Passados poucos anos, vários teóricos adicionaram suas explicações evolutivas de outros comportamentos sociais, incluindo altruísmo recíproco,[42] seleção sexual e investimento parental na prole (e como os dois estão vinculados),[43] e o importante conceito teórico do jogo da estratégia estável evolutiva.[44] Embora esse estudo da evolução biológica do comportamento social tivesse muitos nomes, algumas pessoas começaram a chamar o novo campo de "sociobiologia".

Um dos mais importantes e controvertidos teóricos que surgiram desse fermento intelectual foi Edward O. Wilson. Ele já era um entomologista bem conhecido quando, em um passeio de trem de Boston a Miami, em 1965, leu os artigos de Hamilton sobre a seleção de parentes e se converteu por completo ao seu novo modo de pensamento sociobiológico.[45] Wilson imediatamente viu a aplicabilidade das ideias de Hamilton aos insetos sociais, em especial às formigas. Ao longo dos próximos anos, inspirado, escreveu uma grande síntese sobre os insetos sociais, usando as ideias de Hamilton como pano de fundo. Seu livro *The Insect Societies* foi publicado em 1971.

Mas Wilson decidiu definir um objetivo ainda mais alto. "Uma vez mais fui despertado pela anfetamina da ambição", relata ele em seu livro de memórias, *Naturalist*. "Vá em frente, eu disse a mim mesmo, faça tudo que puder. Organize toda a sociobiologia em torno dos princípios da biologia populacional". Por incrível que possa parecer, Wilson conseguiu assimilar em três anos o grosso do material conhecido sobre a evolução do comportamento social, enquanto conduzia, simultaneamente, um programa de pesquisa e cumpria seus deveres como professor em Harvard.[46]

O livro de Wilson, *Sociobiology: The New Synthesis* foi publicado no verão de 1975. Ele havia deliberadamente organizado sua obra para que culminasse com um capítulo sobre a sociobiologia da espécie humana. "Não hesitei em incluir o *Homo sapiens*, porque não fazer isso seria omitir uma grande parte da biologia. Por extensão reversa, acreditei que a biologia deve, algum dia, servir como parte da base das ciências sociais", escreveu mais tarde.[47]

Infelizmente para Wilson, *Sociobiology* rapidamente se tornou um trabalho polarizador nas ciências sociais. Para muitos estudiosos, as ideias de Wilson, embora aceitáveis o suficiente para descrever a base evolutiva do comportamento animal, remetiam ao determinismo biológico quando aplicado a seres humanos. As ciências sociais haviam acabado de fazer uma faxina na casa a partir do determinismo biológico do final do século XIX. Este trabalho era, muitas vezes, uma *junk science* (literalmente, "ciência lixo", no sentido de falsa ou fraudulenta), orientada ideologicamente pelos padrões da época em que foi escrito — mas grande parte dela teve enorme influência política. Nos Estados Unidos, as teorias do determinismo biológico e genético ajudaram a apoiar a discriminação racial, as quotas de imigração e, possivelmente, de forma mais perturbadora, o movimento da eugenia. Esse movimento, hoje não muito conhecido, tentou usar o poder político para eliminar indivíduos "defeituosos" do grupo genético da população, muitas vezes através de esterilizações involuntárias. Muitos estados americanos aprovaram estatutos para a esterilização de "impróprios", que frequentemente inclui pobres, presos e pessoas mentalmente debilitadas. Embora essas leis soem ofensivas e completamente ilegítimas aos ouvidos modernos, durante décadas foram confirmadas pela Suprema Corte americana. Eis como o juiz presidente dessa instituição, Oliver Wendell Holmes, se posicionou a favor da lei do estado da Virgínia no infame caso Buck versus Bell de 1927: "É melhor para todo o mundo que, em vez de esperar para executar filhos degenerados, perdidos para o crime, ou deixá-los morrer de fome por sua imbecilidade, a sociedade possa impedir aqueles que são manifestamente incapazes de dar continuidade a sua espécie [...] Três gerações de imbecis já são suficientes."[48] Os Estados Unidos não estavam sozinhos quanto a essa tendência. Na Europa, o abuso das ciências biológicas foi ainda pior, levando ao surgimento da ideologia nazista e aos horrores do Holocausto. Não é de admirar que muitos cientistas sociais adotassem uma abordagem do tipo "atirar primeiro e fazer perguntas depois" para qualquer teoria que remetesse ao determinismo genético.

Wilson também enfrentou críticas em seu próprio departamento. O biólogo Richard Lewontin — recomendado por Wilson para ingressar em Harvard — não era apenas um geneticista populacional qualificado por direito próprio, mas também um ativista de esquerda comprometido que se tornou um dos opositores mais ferozes da sociobiologia. Lewontin viu na sociobiologia um reducionismo e um determinismo em desacordo com sua própria visão de mundo, holística e dialética. Ele, então, logo se uniu ao biólogo, matemático e marxista Richard Levins e ao tardio teórico evolucionista Stephen Jay Gould; agora mais conhecido por seus excelentes artigos científicos populares.[49]

Lewontin fundou o Grupo de Estudo Sociobiológico, que se reunia regularmente em seu escritório — que ficava embaixo do escritório do próprio Wilson — para se opor aos pontos de vista do entomologista. O grupo rapidamente expandiu em âmbito nacional a controvérsia sobre a sociobiologia, enviando uma pesada carta ao *New York Review of Books*; um dos principais fóruns de mídia impressa para intelectuais americanos. A carta concluía: "Pelo que vimos do impacto social e político de tais teorias no passado, sentimos fortemente que devemos nos posicionar contra elas.

Devemos levar a sério a 'sociobiologia', não porque consideramos que forneça uma base científica para a discussão sobre o comportamento humano, mas porque parece indicar uma nova onda de teorias deterministas biológicas."[50]

A oposição do grupo à sociobiologia não se baseou em simples partidarismos políticos. Robert Trivers, o aliado de Wilson nos debates sobre o tema, era ele próprio um militante Pantera Negra (organização política fundada em 1966 para defender os direitos das pessoas de pele negra). Wilson acreditava que as diferenças entre ele e Lewontin, Levins, Gould e os outros membros do grupo decorriam da tradição filosófica marxista, cujas premissas não eram completamente familiares para Wilson e que, portanto, passou a estudar.[51] Trivers conta como ele e Wilson discutiriam a oposição: "Às vezes, nos divertimos imaginando o que aconteceria quando a revolução finalmente chegasse aos Estados Unidos. Eu acho que ambos concordamos que Richard Lewontin seria executado logo após a revolução e que Richard Levins estaria puxando o gatilho, mas que Stephen Jay Gould certamente sobreviveria. Sua habilidade fenomenal de racionalizar praticamente qualquer posição e apoiar-se em uma fala empolada expelida aos borbotões lhe serviriam bem em quase qualquer sociedade repleta de burocratas de nível médio."[52] Claramente, alguns dos participantes do debate não gostavam uns dos outros.

Ao contrário do drama paralelo entre Herbert Simon e os seguidores da revolução das expectativas racionais na Carnegie Mellon, nem o conceito de sociobiologia de Wilson nem o vigoroso contra-ataque de Lewontin acabaram predominando. Os ricos resultados teóricos de Wilson, Trivers, Maynard Smith, Hamilton e muitos outros não poderiam ser ignorados, mas tampouco as implicações políticas de qualquer lado do debate no clima acadêmico da época. O resultado disso foi que algo muito interessante aconteceu da perspectiva da sociologia da ciência. Os conceitos sociobiológicos aplicados às espécies não humanas permaneceram na esfera de atuação da biologia evolutiva, assim como as tentativas de explicar diferentes facetas das origens humanas (embora estando lá, muitas vezes foram criticadas). Contudo, as tentativas de aplicar conceitos sociobiológicos à sociedade humana moderna se transferiram da biologia evolutiva para as ciências sociais, colonizando campos como psicologia, linguística e ciências cognitivas. Podemos ver isso com mais clareza no surgimento da psicologia evolucionista.

O campo da psicologia evolucionista (ou evolutiva) começou como uma resposta direta à concepção de sociobiologia de Wilson pela psicóloga Leda Cosmides e o antropólogo John Tooby em meados da década de 1980. Eles assumiram que a psicologia humana foi moldada pela seleção natural ao longo de sua evolução, porém, se adaptou para resolver problemas do passado evolutivo — e não necessariamente os problemas do presente contemporâneo. Na visão de Cosmides e Tooby, muitas explicações sociobiológicas, ao assumir um vínculo muito mais estreito entre a biologia e a cultura, ignoraram esse importante passo, "buscando apenas correspondências entre a teoria evolutiva e o comportamento manifesto moderno".[53] Uma teoria psicológica evolutiva adequada deve ser necessariamente fundamentada na história evolutiva humana.

Tooby e Cosmides assumem que os comportamentos humanos universais são o resultado de muitos programas modulares no cérebro, que evoluíram ao longo de milhares de gerações passadas. Qualquer comportamento específico relacionado à cultura que se manifesta hoje pode ser simplesmente ruído no sinal. Além disso, simplesmente porque um comportamento era adaptável no passado remoto, isso não significa que ele seja adaptável no presente. Cosmides e Tooby afirmam: "Embora o comportamento que nossos programas desenvolvidos gerou pudesse ter sido, em média, adaptável (promoção da reprodução) em ambientes ancestrais, não há garantia de que seja assim agora".[54]

Devido a essa diferença, as teorias da psicologia evolucionista tendem a ter um "sabor" explicativo diferente do que as da sociobiologia. Generalizando grosseiramente, uma teoria sociobiológica tentará explicar um fenômeno social em termos de adaptação biológica atual. Enquanto uma teoria psicológica evolutiva tentará explicar um mesmo fenômeno em termos de adaptação neurológica passada. Um dos exemplos mais convincentes dessa abordagem é a teoria do desenvolvimento da linguagem, de Steven Pinker, mencionada anteriormente.[55] Quem não ficou fascinado com a rapidez com que as crianças pequenas passam da bagunça de bebê para frases completas, de alguma forma pegando a maioria das regras da gramática ao longo do caminho? Pinker acredita que esse é um exemplo de instinto biológico, que surgiu em um ponto da evolução humana quando a comunicação era uma vantagem seletiva essencial. Nossos cérebros evoluíram para poder aprender um idioma de forma rápida e inconsciente, na idade mais precoce possível. Há evidências genéticas de que nossa psicologia evoluiu dessa maneira. Por exemplo, mutações no gene FOXP2 em seres humanos causam um transtorno de fala muito específico, que afeta a formação de frases, tornando-as quase incompreensíveis, mas sem afetar a capacidade cognitiva.[56] Há evidências biológicas e neurofisiológicas crescentes para apoiar a noção de Pinker de um "instinto de linguagem".

Infelizmente, a psicologia evolucionista, assim como a sociobiologia, sua parente próxima, e também como a economia, pode ser facilmente mal utilizada. Uma explicação científica de um fenômeno social é muitas vezes tomada como justificativa para esse fenômeno, tão repulsiva quanto esse fenômeno pode ser; portanto, explicações desleixadas, enviesadas, tendenciosas ou mesmo fraudulentas nesses campos podem ser usadas como suporte para um fenômeno social. Algumas pessoas propuseram teorias psicológicas ou sociobiológicas evolutivas que se encaixam perfeitamente em suas agendas políticas. Embora possamos estar muito longe dos dias sombrios do século XX, quando a eugenia e as mal afamadas teorias raciais (*Rassentheorie*) foram usadas para justificar esterilizações em massa nos Estados Unidos e assassinatos em massa na Europa, nunca devemos esquecer esses exemplos de abuso da ciência.

Um argumento de psicologia evolucionista bem construído, de acordo com Cosmides e Tooby, leva em consideração o comportamento adaptativo no ambiente humano ancestral. O problema é que temos uma ideia muito inexpressiva do comportamento humano no Pleistoceno. Embora existam muitos exemplos de ferramentas, acampamentos e ossos da antiguidade, não temos registros fósseis da linguagem, das interações sociais ou da cultura faladas. Assim, somos obrigados a fazer especulações com base em informações (ou, às vezes, adivinhações extravagantes) sobre o comportamento de nossos antepassados a partir do registro arqueológico. É possível que informações genéticas e genômicas logo nos ajudarão a entender as adaptações específicas desse período da história. Mas com demasiada frequência, as inferências sobre o comportamento do Pleistoceno na psicologia evolucionista são baseadas na construção mental do pesquisador e não em qualquer evidência sólida.

E às vezes, a psicologia evolucionista popular é apenas tola. Em um exemplo recente, os pesquisadores tentaram justificar a base evolutiva para meninas que gostam de rosa: "Portanto, é plausível que, ao se especializar na coleta, o cérebro feminino aprimorou as adaptações tricromáticas (do olho humano), e isso sustenta a preferência feminina por objetos 'mais vermelhos'. Como coletora, a fêmea também precisaria estar mais consciente das informações de cores do que o caçador. Esse requisito emergiria como maior certeza e mais estabilidade na preferência de cor feminina que encontramos."[57] O problema com essa análise, como muitos apontaram depois que esse artigo viralizou na internet, é que a associação entre meninas e a cor rosa data do século XX. Antes desse momento, o rosa era frequentemente considerado uma cor masculina.

SOBREVIVÊNCIA DOS MAIS RICOS?

Parece que tivemos um desvio muito acentuado do mundo dos mercados financeiros para o universo profundo da teoria evolucionária. Mas sua paciência será finalmente recompensada. No próximo capítulo, vamos ver como essas ideias assumem uma urgência especial no mundo financeiro. Afinal, os mercados financeiros modernos são tão competitivos quanto qualquer savana africana, e as recompensas exageradas dos *traders* mais bem-sucedidos sugerem que a seleção natural já está trabalhando para determinar o perfil mental, físico e comportamental do *Homo economicus*. As medidas psicofisiológicas dos *traders* financeiros no Capítulo 3 nos dizem que gerenciar a emoção é fundamental para tomar boas decisões financeiras. Os profissionais de finanças e suas estratégias podem ser requintadamente ajustados ao atual ambiente financeiro — mas o que acontece quando esse ambiente muda? As antigas teorias das expectativas racionais e da Hipótese dos Mercados Eficientes têm muito pouco a dizer sobre o comportamento do mercado e ainda menos sobre a sua dinâmica.

No próximo capítulo, veremos como as ideias evolucionárias podem explicar e prever alguns dos mistérios da dinâmica do mercado através de uma nova estrutura — a Hipótese dos Mercados Adaptáveis.

CAPÍTULO 6

A Hipótese dos Mercados Adaptáveis

É PRECISO UMA TEORIA PARA DERRUBAR UMA TEORIA

Todos vimos as fotos: multidões de pessoas em dificuldades reunidas do lado de fora dos bancos, na esperança de retirar suas economias antes que o banco quebrasse. É um fenômeno internacional. Às vezes, a multidão está na Grécia; às vezes, na Argentina. Em fotos mais antigas, em preto e branco, ela pode estar na Alemanha ou nos Estados Unidos. A multidão pode estar ordenada, formando filas. Em outras ocasiões, no entanto, a multidão estará visivelmente instável ou à beira da violência, e as próximas séries de imagens serão de distúrbios, com a turba incendiando caixas eletrônicos e saqueando bancos.

Os economistas chamam essa forma de comportamento de corrida bancária, e quando muitos bancos estão envolvidos chamamos de pânico bancário. Entretanto, se um biólogo alienígena sem experiência do *Homo sapiens* observasse esse comportamento, teria dificuldade em distinguir a multidão de humanos de um bando de gansos ou um rebanho de antílopes ou gazelas. Qualitativamente, todos eles estão tendo o mesmo comportamento. Trata-se de adaptações às pressões ambientais, um produto da seleção natural. Na verdade, os economistas perceberam inconscientemente a natureza biológica desses comportamentos quando os descrevem como "corridas" e "pânico".

Do ponto de vista biológico, as limitações do *Homo economicus* são agora óbvias. A neurociência e a biologia evolutiva confirmam que as expectativas racionais e a Hipótese dos Mercados Eficientes capturam apenas uma parte da ampla variedade do comportamento humano. Essa parcela não é pequena ou sem importância e fornece uma excelente primeira aproximação de muitos mercados financeiros e circunstâncias. Ela nunca deve ser ignorada, mas ainda está incompleta. O comportamento do mercado, como todo comportamento humano, é resultado de éons de forças evolutivas.

Na verdade, os investidores agiriam sabiamente ao adotar a Hipótese dos Mercados Eficientes como ponto de partida de qualquer decisão de negócios. Antes de lançar-se em um empreendimento, perguntar por que sua ideia em particular deve dar certo e por que outra pessoa ainda não pensou nisso é uma atitude valiosa que pode poupar muito tempo e dinheiro. Mas a Hipótese dos Mercados Eficientes não resolve tudo. Afinal, empreendimentos bem-sucedidos são lançados o tempo todo, então os mercados não podem de fato ser perfeitamente eficientes, podem? Caso contrário, outra pessoa já teria trazido a mesma ideia para o mercado. Essa é a natureza contraintuitiva da Hipótese dos Mercados Eficientes. Na verdade, existem teorias econômicas que comprovam que os mercados não podem ser eficientes: se fossem, ninguém teria razão para negociar as informações que possui, e os mercados desapareceriam rapidamente devido à falta de interesse![1]

Portanto, é fácil encontrar buracos na Hipótese dos Mercados Eficientes. Porém, como vimos no Capítulo 1, é preciso de uma teoria para derrubar uma teoria, e a literatura de finanças comportamentais ainda não ofereceu uma alternativa claramente melhor. Nós também exploramos aspectos de psicologia, neurociência, biologia evolutiva e inteligência artificial, mas ainda que cada campo seja de importância crítica para a compreensão do comportamento do mercado, nenhum deles oferece uma solução completa. Se quisermos encontrar uma alternativa, teremos que procurar em outro lugar.

Em 1947, as sementes de uma teoria alternativa foram plantadas por um modesto estudante de pós-graduação que trabalhava em um tópico que a maioria dos economistas considerava irrelevante. Aquelas ideias foram por fim excluídas da corrente econômica predominante por verdadeiros apóstolos da racionalidade do mercado. Naquele ano, Herbert Simon publicou sua tese de doutorado, *Comportamento Administrativo*, por ironia, no mesmo ano da tese de doutorado de Paul Samuelson, *Fundamentos de Análise Econômica*. *Comportamento Administrativo* foi um título incrivelmente prejudicial para um clássico que se tornaria a Carta Magna do campo do comportamento organizacional e, como *Fundamentos*, de Samuelson, é reimpressa ainda hoje.

SIMON DIZ: SUFICIENTEMENTE SATISFEITO

Herbert Alexander Simon era um estranho para a economia: sua principal vivência não era em matemática ou física, mas no que hoje chamaríamos de ciência gerencial. Filho cabeça-dura de um engenheiro alemão que emigrou para Milwaukee, Simon obteve seu doutorado em ciência política na Universidade de Chicago; que completou por correspondência. Em seu trabalho de doutorado examinou os processos de tomada de decisão do mundo real de executivos de empresas, dos quais Simon extraiu princípios teóricos de gestão de pessoal, estruturas de remuneração e estratégia corporativa. Sua tese pode ser lida como um guia de consultoria de gerenciamento incrivelmente detalhado — porque é exatamente isso. As ideias de Simon transformaram esse campo.

Simon lidou com o conceito de racionalidade econômica desde o início de sua carreira. Ele comparou o "homem administrativo", que perseguia metas organizacionais com recursos limitados, ao "homem econômico", nosso amigo *Homo economicus* da economia clássica. Ambos se comportavam racionalmente, afirmou Simon, mas o homem administrativo era limitado por suas habilidades, valores e conhecimento, levando a diferenças de comportamento em relação ao ser econômico perfeitamente racional do *Homo economicus*. Em igualdade de circunstâncias, concluiu Simon, um indivíduo pode tomar uma decisão diferente de outro simplesmente devido a quais informações eles têm à mão.[2]

Simon tornou-se uma estrela acadêmica em ascenção. Em 1949 foi contratado pelo Carnegie Institute of Technology (agora Carnegie Mellon University), em Pittsburgh, para dirigir o Departamento de Administração Industrial em sua nova Escola de Pós-Graduação em Administração Industrial (GSIA). Com uma generosa doação, a GSIA contratou uma plêiade de economistas talentosos para preencher seus cargos. No Capítulo 1, vimos como o foco da GSIA era surpreendentemente diferente das outras escolas de negócios de seu tempo. Seus administradores introduziram as técnicas de ciência de gestão e pesquisa operacional que se desenvolveram durante a II Guerra Mundial em um ambiente acadêmico de escola de negócios — e queriam que Simon ensinasse suas teorias de "homem administrativo" ao lado das teorias clássicas do "homem econômico".

Simon não era contra a economia matemática, nem a ideia de que o comportamento humano poderia ser quantificado. Na verdade, aprendeu métodos matemáticos avançados precisamente para que pudesse trabalhar para o "endurecimento" das ciências sociais. Ele seguiu com interesse as inovações matemáticas de Paul Samuelson na economia e fez contribuições próprias significativas e tecnicamente exigentes para o meio. Mesmo assim, a GSIA se tornaria um campo de batalha entre esses dois pontos de vista opostos.

Em 1952, Simon foi convidado a participar como consultor de verão na RAND Corporation, onde Daniel Ellsberg desenvolveu seu paradoxo do risco. Simon ficou convencido de que o modelo da racionalidade humana perfeita, exigida pela teoria dos jogos da Guerra Fria e da economia neoclássica, estava mal orientado. A economia pressupunha o que Simon chamou de "racionalidade global do homem econômico", negligenciando o processo de tomada de decisão humana. Simon declarou que os indivíduos eram mentalmente incapazes para o tipo de otimização que o *Homo economicus* requer para funcionar. "Se examinarmos atentamente os conceitos 'clássicos' de racionalidade, perceberemos imediatamente quais exigências severas são impostas ao indivíduo que deve escolher", escreveu Simon.[3] O vasto número de escolhas possíveis, mesmo em situações muito limitadas, superaria rapidamente qualquer estratégia de otimização pura do *Homo economicus*.

Simon era um talentoso jogador amador de xadrez, e então voltou-se naturalmente para o tabuleiro.[4] O xadrez é um jogo de pura racionalidade. Qualquer posição no jogo pode ser classificada objetivamente como uma vitória, uma perda ou um empate, pressupondo uma jogada extraordinariamente perfeita. No entanto, Simon calculou que, para otimizar sua posição, um jogador perfeitamente racional precisaria examinar trilhões de trilhões de variações em uma sequência típica de 16 lances,[5] muito mais do que qualquer cérebro humano pode gerenciar. Simon comparou esse enorme número com sua experiência como jogador de xadrez de classificação média. Quando examinou seu jogo subjetivamente, apenas considerou conscientemente cerca de cem linhas de jogo por vez.

Era óbvio para Simon que os humanos tinham algum meio prático de reduzir essa vasta possibilidade de combinações no tabuleiro de xadrez. Em vez de resolver problemas complexos de otimização matemática — considerado por Simon fisiologicamente impossível —, os humanos devem ter desenvolvido regras mais simples, que não eram necessariamente ótimas, mas suficientemente boas. Como mencionamos no Capítulo 2, ele chamou essas regras de "heurísticas", uma palavra antiga que ele popularizou.

Simon tinha em mente a origem de uma teoria alternativa do comportamento econômico. Como essas heurísticas funcionavam economicamente? Simon supôs que cada vez que um indivíduo fizesse um cálculo econômico a fim de tomar uma decisão, teria um custo que poderia ser expresso monetariamente. (Pense, por exemplo, no desgaste necessário para calcular nosso imposto de renda, e por que muitas vezes estamos dispostos a pagar outra pessoa para fazê-lo para nós). Quando nós tomamos decisões, ponderamos a melhor solução até alcançar um ponto de equilíbrio, no qual quaisquer benefícios adicionais do cálculo são equilibrados pelo custo de chegar lá. Simon inventou o termo *satisficing* (algo como "satisfação suficiente") para se referir a esse comportamento. Os indivíduos não otimizam — eles ficam "satisfeitos o suficiente" tomando decisões que nem sempre eram ótimas, mas eram boas o suficiente. Simon chamou essa teoria de *racionalidade limitada*.

Eis um exemplo pessoal de "satisfação suficiente": todas as manhãs, tenho que tomar uma decisão; o que vestir nesse dia? Isso é matematicamente não trivial, pois o tamanho de um guarda-roupa típico leva a uma grande quantidade de combinações possíveis. Por exemplo, meu armário atualmente contém 10 camisas, 10 calças, 5 paletós, 20 gravatas, 4 cintos, 10 pares de meias e 4 pares de sapatos. Isso pode parecer uma seleção bastante limitada, mas um simples cálculo mostra que meu armário contém 2.016.000 combinações de vestimentas![6]

Evidentemente, nem todas essas combinações são igualmente atraentes da perspectiva da moda, então eu tenho que pensar em alguma coisa. Se demoro um segundo para avaliar cada roupa (uma subestimação grosseira, no meu caso), quanto tempo demorará para me vestir de manhã? A resposta é 23,3 dias, supondo que eu gaste 24 horas por dia nesse problema de otimização.

Asseguro a você que nunca passei 23,3 dias me vestindo. Ou tenho um motor de otimização incrível na minha cabeça ou, como Simon propôs, não otimizo nada. Na verdade, uso uma variedade de heurísticas para equilibrar o custo de avaliar diferentes combinações de roupas comparado ao desejo de chegar ao trabalho a tempo. Em outras palavras, eu me satisfaço o suficiente.

Veja como: todos os 5 paletós que eu possuo vêm com calças correspondentes, porque são ternos sociais, então esses conjuntos representam apenas 5 roupas. Isso, em si, é uma heurística. Nada me impede de usar meu paletó cinza escuro com as calças do meu terno azul claro além da convenção e da pressão do grupo. Do mesmo jeito, há um limite para quanto tempo e energia eu quero dedicar para me vestir pela manhã, o que impõe um limite à racionalidade da minha escolha de roupas. Se eu gastasse 23,3 dias me vestindo, poderia muito bem escolher uma roupa ainda mais satisfatória do que as que normalmente uso, mas também posso ser demitido do meu emprego. A escolha das roupas quando acordo em cada dia pode não ser otimizada, mas é boa o suficiente.

Simon propôs sua teoria da racionalidade limitada em 1952, ou, como ele originalmente chamou: "Uma Teoria do Comportamento da Escolha Racional".[7] Ele acreditava ter feito um avanço no estudo do processo de decisão, mas seus colegas economistas, inclusive em seu próprio departamento, eram abertamente céticos sobre a utilidade da racionalidade limitada. Mais de trinta anos depois, em sua autobiografia, Simon lembrou daqueles anos com certa intensidade: "Embora eu nunca tivesse pensado em falta de simpatia com as abordagens matemáticas das ciências sociais, logo me encontrei com frequência em uma posição minoritária quando tomei decisões contra o que considerava formalismo excessivo e pirotecnia matemática superficial. A situação piorou quando uma ortodoxia neoclássica rígida começou a ganhar destaque entre os economistas".[8]

Infelizmente para Simon, a GSIA rapidamente se tornou um rigoroso centro de ortodoxia neoclássica. O movimento intelectual na GSIA produziria em breve a "teoria das expectativas racionais" de John Muth eRobert Lucas, que vimos no Capítulo 1. Simon sempre foi argumentativo, e esse novo desenvolvimento o tornou uma figura polarizadora em seu departamento.[9] Em 1970, depois de muitas batalhas departamentais, Simon mudou seu escritório e sua afiliação para o Departamento de Psicologia — um enorme salto acadêmico — enquanto ainda continuava influenciando os assuntos universitários fora da escola de negócios. Durante sua longa carreira na Carnegie Mellon, Simon fez avanços importantes em psicologia, pesquisa operacional e ciência da computação, e também é reconhecido como um dos fundadores do campo da inteligência artificial. Seu programa de pesquisa na Carnegie Mellon ainda está dando frutos no âmbito da robótica. Mas seu impacto na GSIA e na profissão de economista tem sido menor do que seus seguidores, inclusive eu, esperavámos, apesar de Simon ter sido laureado com o Prêmio Nobel de economia em 1978 por seu trabalho sobre organizações, tomada de decisão e racionalidade limitada.

Por que a racionalidade limitada não se popularizou? Os economistas descartaram a teoria de Simon com uma crítica simples mas aparentemente devastadora. Como alguém sabe que uma decisão é "boa o suficiente" se ainda não conhece a resposta ótima? Calcular uma solução que seja "suficientemente boa" assume implicitamente que os indivíduos já conhecem a melhor solução possível. Caso contrário, como eles saberiam quais benefícios adicionais eles poderiam obter com a otimização adicional?

Imagine se vestir de manhã antes de uma entrevista de emprego importante. Como você sabe quando uma roupa em particular é boa o suficiente se você não sabe qual é sua melhor roupa? E se usar a melhor roupa fará com que a entrevista seja um sucesso, mas qualquer coisa menos lhe custará a vaga? Isso pode soar artificial, mas não é tão exagerado assim caso você seja um aspirante a ator de Hollywood sendo entrevistado para o papel da sua vida; é tão difícil imaginar passar 23 dias obcecado com o que vestir para essa ocasião crítica? A única maneira real de determinar o que é realmente "bom o suficiente" é descobrir a decisão ideal e depois compará-la com a que você está considerando. Mas, uma vez que você arcou com o custo de descobrir a decisão ideal, não deveria simplesmente adotar essa decisão ótima e não uma que seja suficientemente boa? Como os críticos economistas de Simon perguntaram, a satisfação não requer otimização?

Essa objeção frustrou Simon. Ele acreditava que o ponto de corte para a satisfação deveria ser determinado empiricamente, através da pesquisa psicológica. No entanto, o que o campo da economia perdeu ao rejeitar as ideias de Simon, outra área ganhou. Simon reutilizou suas ideias sobre racionalidade limitada, satisfação e heurística em sua pesquisa de inteligência artificial, onde elas não desafiaram o status quo — pelo contrário, se tornaram parte da base desse novo campo.

A JAQUETA DO SUPER-HOMEM

Os críticos de Simon dominaram por décadas as discussões em economia sobre a satisfação. A "satisfação suficiente" raramente era mencionada, e quando isso acontecia, era lembrada como mais uma teoria fracassada que contrariava a ortodoxia reinante da Hipótese dos Mercados Eficientes.

Em 2012, entretanto, meu coautor Tom Brennan e eu vimos o que consideramos uma resposta atraente para os críticos de Simon. Quando, no processo satisfatório para parar de otimizar, você sabe que chegou a uma decisão boa? Nossa resposta é esta: não sabe. Você desenvolve regras práticas por tentativa e erro. Geralmente, não sabemos se uma decisão está realmente otimizada. Ao longo do tempo, todavia, você experimenta *feedback*s positivos e negativos de suas decisões e as altera em resposta a esses *feedback*s. Em outras palavras, você aprende e se adapta ao ambiente atual. Nossa capacidade de aprender com a experiência e adaptar o comportamento de alguém à luz de novas circunstâncias é uma das características mais poderosas do *Homo sapiens*, e é o principal mecanismo que pode nos transformar ao longo do tempo e através da experiência no *Homo economicus*; ao menos enquanto o ambiente for estável.

Aprender é uma forma de evolução conceitual. Começamos a aprender um novo comportamento usando uma heurística (nossa regra geral) que pode estar muito longe de ser ótima. Se recebemos comentários negativos sobre aplicar essa heurística, a mudamos. Nem temos que fazer isso conscientemente. Reproduzimos o comportamento original, mas fazemos uma variação. Se essa mudança produz *feedback* positivo, continuamos usando a nova heurística; se o *feedback* ainda for negativo, nós a mudaremos novamente. Com o correr do tempo, e depois de um número suficiente de tentativas, mesmo o processo mais difícil de tentativa e erro pode levar a uma heurística eficiente; assim como a seleção natural depois que milhões de gerações finalmente produziram o grande tubarão branco.

Há, contudo, uma diferença muito importante entre a evolução biológica e a aprendizagem humana: nossas heurísticas podem evoluir na velocidade do pensamento. Essa é a chave para o sucesso do *Homo sapiens* como espécie. Não precisamos de milhões de anos para aprimorar uma ratoeira — podemos pensar em novas variações de uma ratoeira todos os dias, até mesmo muitas vezes ao dia. Em seguida, podemos construir protótipos dos projetos mais promissores, testá-los um após o outro, obter *feedback* de equipes de design e grupos de foco, revisar nosso modelo mental de armadilha para ratos de acordo com esses *feedback*s, e após alguns meses teremos um produto notavelmente eficaz. A capacidade de se envolver no pensamento abstrato, imaginar situações contrafactuais, criar novas heurísticas de forma individual e colaborativa, e prever as consequências, é atributo exclusivamente humano. Esse é precisamente o modelo de memória/previsão de Jeff Hawkins do Capítulo 4.

Quando Simon propôs a teoria do "bom o suficiente" seis décadas atrás, seus colegas o consideravam tolo e ingênuo. Com o benefício de nossa compreensão atual das neurociências cognitivas e da biologia evolutiva, fica claro que, quando combinadas com a dinâmica evolutiva, a racionalidade limitada é uma descrição mais precisa do comportamento humano do que otimizar a racionalidade. Porém, racionalidade limitada e otimização estão intimamente relacionadas. Embora nossos cérebros limitados nem sempre nos permitam calcular a decisão ótima em todas as circunstâncias, talvez possamos chegar lá após suficientes tentativas errôneas e *feedback* adequado.

A importância do *feedback* na aprendizagem é óbvia. É por isso que a emoção desempenha um papel tão crítico na racionalidade e por que o paciente de António Damásio, no Capítulo 4, teve tamanha dificuldade em se comportar racionalmente após a cirurgia à qual foi submetido ter eliminado sua capacidade de sentir. A emoção é o principal mecanismo de *feedback*, é o que nos faz atualizar nossas heurísticas. Amor, ódio, simpatia, ciúme, raiva, ansiedade, alegria, sofrimento e constrangimento servem para nos dizer algo sobre nosso meio ambiente e como podemos alterar nosso comportamento. A seguir, um exemplo de meu próprio repertório de heurísticas, um que tem a ver diretamente com minha heurística para me vestir de manhã.

Eu tinha seis anos e estava na primeira série. Um profissional de marketing inteligente descobriu que, se você costurasse um emblema do Super-homem em uma jaqueta de brim, todo garoto iria querer uma, inclusive eu. O Super-homem era o super-herói do momento, e o programa de televisão estrelado por George Reeves fazia um enorme sucesso. Não demorou muito para que eu me convencesse de que precisava ter aquela jaqueta; na verdade, minha própria existência dependia disso.

Convencer minha mãe já era uma questão diferente. O gerenciamento de uma família só com a mãe e três filhos não permitia muitos luxos, incluindo aquela jaqueta. Então fiz o que qualquer garoto de seis anos de idade que se dá ao respeito faria: atormentei minha mãe incessantemente por semanas até que, por puro esgotamento mental, ela cedeu. Ainda me lembro do dia em que fomos comprar a jaqueta. Era uma noite de sexta-feira. Após voltar para casa do trabalho, fazendo horas extras, morta de cansada e com fome, ela preparou uma ceia leve para nós; depois, caminhamos quase 1km até a loja de departamentos Alexander's na Queens Boulevard. Eu estava tão emocionado com aquela jaqueta que, quando a vesti naquela noite, recusei-me a tirá-la durante todo o fim de semana, exceto quando tomei banho e assim mesmo sob protesto.

Estava tão entusiasmado em usar aquela jaqueta para ir à escola que me levantei bem cedo na manhã de segunda-feira e fiquei me exibindo em frente ao espelho, me admirando vestido com a jaqueta. Passei tanto tempo fazendo isso que me atrasei 15 minutos para entrar na escola. Isso significava entrar primeiro na sala da diretoria para explicar o atraso, obter um visto do monitor de presença e depois ir à aula, onde tinha que apresentar o papel com o visto ao professor antes de sentar em meu lugar. Entrei na classe, interrompendo os avisos matinais da professora, coloquei a nota com a desculpa em sua mesa e depois deslizei para a minha carteira enquanto os olhos de todos estavam pregados em mim, ou assim eu sentia.

Aquela foi a primeira vez que eu entrava atrasado em minha jovem carreira acadêmica, e estava absolutamente mortificado pela experiência — o que é óbvio, dado que, décadas depois, ainda me lembro vividamente de todos os detalhes dolorosos daquela manhã. A partir desse dia, nunca levei mais de cinco minutos para me vestir para a escola. Essa experiência mudou para sempre minha heurística para me vestir de manhã. Não otimizei, fiquei "satisfeito o suficiente".

Essa heurística funcionou bem o suficiente para mim até a faculdade. Um dia, fui a um seminário vestindo tênis e jeans e percebi que todos os outros usavam roupas sociais, outra experiência mortificante que me levou a alterar minha heurística novamente. Não posso dizer que meu senso de moda agora seja ótimo, mas definitivamente se tornou mais refinado e complexo através dessas várias experiências. Minha heurística evoluiu graças aos comentários negativos e (ocasionalmente) positivos que recebi ao longo dos anos. Usar terno e gravata para lecionar em meu curso de

MBA é considerado adequado; já usar um terno e gravata em reuniões de pesquisa com colegas acadêmicos é considerado pretensioso.

Claro, alguém em um tipo de trabalho diferente pode muito bem desenvolver uma heurística completamente distinta para a mesma tarefa. Por exemplo, suspeito que Brad Pitt passe muito mais tempo se vestindo todas as manhãs do que eu. Como galã de cinema, ele requer um visual à parte, uma vez que uma derrapada mais séria na moda pode representar publicidade negativa. O ambiente dele moldou suas heurísticas de uma maneira completamente diferente do que meu ambiente moldou as minhas.

Nosso ambiente e nossa história de vida moldam ativa e continuamente nosso comportamento. Podemos dar nova vida à teoria da racionalidade limitada de Simon, modelando esse processo adaptativo. Não só podemos refutar facilmente as críticas a Simon, como também chegar a uma nova explicação para as contradições e paradoxos descobertos na batalha entre os racionalistas e os behavioristas. Eu chamo essa nova explicação de Hipótese dos Mercados Adaptáveis.

A HIPÓTESE DOS MERCADOS ADAPTÁVEIS

Nós viajamos milhões de anos por nosso passado, olhamos o cérebro humano lá no fundo e exploramos a vanguarda das atuais teorias científicas. Embora a Hipótese dos Mercados Eficientes tenha sido a teoria dominante nos mercados financeiros há décadas, é evidente que os indivíduos nem sempre são racionais. Não devemos nos surpreender, então, que os mercados nem sempre sejam eficientes, porque o *Homo sapiens* não é o *Homo economicus*. Não somos inteiramente racionais nem totalmente irracionais; portanto, nem racionalistas nem behavioristas são completamente convincentes. Precisamos de uma nova narrativa sobre o funcionamento dos mercados, e agora temos peças suficientes do quebra-cabeça para começar a montá-lo.

Comecemos com este simples reconhecimento: as ineficiências do mercado existem. Quando examinadas em conjunto, essas ineficiências e os vieses comportamentais que os criam são pistas importantes sobre como esse complicado sistema neurológico, o cérebro humano, toma decisões financeiras. Vimos como as medidas de *biofeedback* podem ser usadas para estudar o comportamento, e graças a novos desenvolvimentos tecnológicos como a ressonância magnética, agora é possível observar como o cérebro humano funciona em tempo real quando tomamos essas decisões. Contudo, a neuroeconomia é apenas uma camada da cebola. Sabemos que o comportamento humano, tanto o racional como o aparentemente irracional, é produzido por múltiplos componentes interagindo entre si no cérebro humano, e agora temos uma compreensão mais profunda de como esses componentes funcionam.

Aqui é o ponto em que um economista cético pode levantar a mão e dizer (como o nosso comentarista no NBER do Capítulo 2): "Realmente apreciei sua narrativa sobre evolução e neurociência, mas ...". Para o cético, aquela explicação parece varrer para debaixo do tapete comportamental da neurofisiologia e da biologia evolutiva os detalhes da economia financeira. Por exemplo, a neurociência pode nos dizer por que as pessoas com síndrome da desregulação da dopamina tornam-se viciadas em jogos de azar, mas nada explica sobre a questão mais ampla da tomada de decisão financeira. E embora o trabalho de Damásio e seus colaboradores nos tenha dado uma compreensão muito mais profunda do que entendemos por comportamento racional, os economistas acreditam já ter em mãos uma excelente teoria da racionalidade econômica: a teoria da utilidade esperada.

Para esse tipo de céticos, os comportamentos peculiares descritos nos estudos de caso neurocientíficos são apenas "bugs" (deficiências de pouca relevância) no programa básico da racionalidade econômica. É interessante saber quais são esses típicos "bugs", mesmo sendo uma atração secundária dentro do evento principal, as exceções que comprovam a regra.

É bem aqui que transformamos a visão econômica padrão da racionalidade humana em sua cabeça. *Nós não somos atores racionais com algumas poucas peculiaridades comportamentais — em vez disso, nossos cérebros são coleções de peculiaridades.* Não somos um sistema com bugs; somos um sistema *de* bugs. Trabalhando juntas, sob certas condições, essas peculiaridades muitas vezes produzem comportamentos que um economista chamaria de "racional". Mas sob outras condições, elas produzem comportamentos que um economista consideraria inteiramente irracionais. Essas peculiaridades não são acidentais, ad hoc ou não sistemáticas; elas são produto de estruturas cerebrais cujo principal objetivo não é a racionalidade econômica, mas a sobrevivência.

Nossa neuroanatomia foi moldada em um longo processo evolutivo, mudando lentamente através de milhões de gerações. Nossos comportamentos são moldados por nossos cérebros. Alguns deles são evolutivamente antigos e muito poderosos. A força bruta da seleção natural, sucesso reprodutivo ou falhas — em outras palavras, vida ou morte — gravaram esses comportamentos em nosso próprio DNA. Por exemplo, nossa resposta ao medo, controlada pela amígdala, tem centenas de milhões de anos. Nossos ancestrais animais primitivos que não responderam ao perigo rapidamente através do "dom do medo" passaram menos de seus genes, em média, para seus descendentes. Por outro lado, alguns de nossos antepassados cuja resposta ao medo estava mais bem afinada em suas circunstâncias, passaram mais de seus genes para seus descendentes. Ao longo de milhões de gerações, a pressão seletiva de vida ou morte atuou através dos genes de nossos ancestrais para criar o cérebro humano que produz nosso comportamento.

A seleção natural, o motor primário da evolução, nos proporcionou o pensamento abstrato, a linguagem e a estrutura de predição de memória, novas adaptações em seres humanos que eram criticamente importantes para nosso sucesso evolutivo. Essas adaptações nos dotaram do poder de mudar nosso comportamento dentro de uma única vida útil, em resposta a desafios ambientais imediatos e à antecipação de novos desafios no futuro.

A seleção natural também nos deu heurísticas, atalhos cognitivos, preconceitos comportamentais e outras regras conscientes e inconscientes — as adaptações que fazemos na velocidade do pensamento. A seleção natural não está interessada em soluções exatas e um ótimo comportamento, características do *Homo economicus*. Ela se preocupa apenas com reprodução e eliminação diferencial, ou seja, vida ou morte. Nossas adaptações comportamentais refletem essa lógica fria. No entanto, a evolução na velocidade do pensamento é muito mais eficiente e poderosa do que sua congênere da reprodução biológica, que se desenrola uma geração por vez. A evolução na velocidade do pensamento nos permitiu adaptar nossas funções cerebrais ao longo do tempo e em inúmeras circunstâncias para gerar comportamentos que melhoram as chances de sobrevivência.

Essa é a essência da Hipótese dos Mercados Adaptáveis. Demoramos um pouco para chegar a esse ponto, mas a ideia básica pode ser resumida em apenas cinco princípios fundamentais:

1. Nem sempre somos racionais (ou irracionais), e sim entidades biológicas cujas características e comportamentos são moldados pelas forças da evolução.
2. Exibimos comportamentos e tomamos decisões aparentemente não otimizadas, mas podemos aprender com a experiência passada e revisar nossas heurísticas em resposta ao *feedback* negativo.
3. Temos a capacidade do pensamento abstrato, especificamente a análise especulativa do futuro; de fazer previsões com base na experiência passada; e de preparação para mudanças em nosso ambiente. Essa é a evolução na velocidade do pensamento, que, embora diferente, está relacionada à evolução biológica.

4. A dinâmica do mercado financeiro é impulsionada por nossas interações enquanto nos comportamos, aprendemos e nos adaptamos uns aos outros, e aos ambientes sociais, culturais, políticos, econômicos e naturais em que vivemos.
5. A sobrevivência é a força definitiva que impulsiona competição, inovação e adaptação.

Esses princípios levam a uma conclusão muito diferente da que racionalistas ou behavioristas defendiam.

Sob a Hipótese dos Mercados Adaptáveis, os indivíduos nunca sabem com certeza se sua atual heurística é "boa o suficiente". Eles chegam a essa conclusão por meio de tentativa e erro. Os indivíduos fazem escolhas com base em sua experiência anterior e seu "melhor palpite" quanto ao que pode ser otimizado, e aprendem recebendo o reforço positivo ou negativo dos resultados (depois de um comentário sarcástico de um colega, nunca mais usarei minha gravata amarela com minha camisa vermelha listrada). Como resultado desse *feedback*, os indivíduos desenvolverão novas heurísticas e regras mentais para ajudá-los a resolver seus vários desafios econômicos. Enquanto esses desafios permanecerem estáveis ao longo do tempo, suas heurísticas eventualmente se adaptarão para produzir soluções aproximadamente ótimas para eles.

Tal como a teoria de Herbert Simon sobre a racionalidade limitada, a Hipótese dos Mercados Adaptáveis pode facilmente explicar o comportamento econômico, que é aproximadamente racional, ou que perde a racionalidade por pouco. Mas a Hipótese dos Mercados Adaptáveis vai mais longe e também pode explicar o comportamento econômico que parece completamente irracional. Indivíduos e espécies se adaptam ao meio ambiente. Se o ambiente mudar, as heurísticas do ambiente antigo podem não ser adequadas para o novo. Isso significa que seu comportamento parecerá "irracional". Se os indivíduos não receberem reforço de seu ambiente, positivo ou negativo, eles não aprenderão. Isso também parecerá "irracional". Se receberem reforço inapropriado, eles aprenderão um comportamento claramente inadequado, aparentando ser "irracional". E se o ambiente estiver constantemente mudando, é perfeitamente possível que, como um cão correndo eternamente atrás de seu rabo, os indivíduos nessas circunstâncias nunca alcançarão uma heurística ótima. Isso também parecerá "irracional".

Mas a Hipótese dos Mercados Adaptáveis se recusa a rotular tais comportamentos como "irracionais". Ela reconhece que o comportamento inadequado acontecerá quando tirarmos as heurísticas do contexto ambiental em que emergiram, como o grande tubarão branco na praia. Mesmo quando um comportamento econômico parece extremamente irracional, como se o *trader* desonesto dobrasse a aposta para recuperar perdas irrecuperáveis, ainda é possível uma explicação adaptativa. Emprestando uma palavra da biologia evolutiva, uma descrição mais precisa desse comportamento não é "irracional", mas "desajustada". O mosquito que coloca seus ovos em uma estrada de asfalto porque evoluiu o suficiente para identificar a luz refletida como se fosse a superfície da água é um exemplo de comportamento desajustado. A tartaruga marinha, que instintivamente come sacos de plástico porque evoluiu para identificar objetos transparentes que flutuam no oceano como nutritivas águas-vivas, é outro.[10] Do mesmo modo, o investidor que compra a um preço próximo da máxima expansão de uma bolha porque desenvolveu suas habilidades de gestão de portfólio durante esses períodos de forte expansão, é outro exemplo de comportamento desajustado. Pode haver uma razão convincente para o comportamento, mas não é o comportamento ideal *para o ambiente corrente*.

CORRESPONDÊNCIA DE PROBABILIDADE EXPLICADA

Sob a Hipótese dos Mercados Adaptáveis, são abundantes os preconceitos comportamentais, e por uma boa razão. Eles são simplesmente heurísticas que adaptamos de contextos não financeiros aplicados incorretamente em cenários financeiros: em outras palavras, comportamentos desajustados. A Hipótese dos Mercados Adaptáveis vai além das explicações da aparente irracionalidade do mercado — ela nos fornece uma estrutura preditiva para dar sentido aos comportamentos. Não só podemos entender como eles surgem, como conseguimos prever quando é provável que surjam e quais serão seus efeitos na dinâmica do mercado.

Um caso a pontuar é o estranho fenômeno da correspondência de probabilidade, um viés comportamental que encontramos no Capítulo 2. Lembre-se de que esse viés envolveu o jogo "Psychic Hotline", no qual você deve adivinhar repetidamente se "A" ou "B" serão exibidas em uma tela de computador. Mesmo que a estratégia ideal para maximizar seus ganhos esperados seja escolher a letra que aparece com mais frequência e manter essa opção o tempo todo — muitas vezes chamada de estratégia "determinista" —, as pessoas tendem a deixar ao acaso, escolhendo aleatoriamente A ou B, mas com a mesma frequência relativa com que as letras aparecem. Em outras palavras, se A aparecer 60% das vezes e B aparecer 40% das vezes, as pessoas tenderão a achar que A aparecerá 60% das vezes e B aparecerá 40% das vezes.

Depois de um tempo intrigados com isso, meu colaborador Tom Brennan e eu finalmente apresentamos uma teoria de por que isso pode estar acontecendo. Nós a chamamos de "modelo de escolha binária" por razões que se tornarão óbvias, e é uma maneira de ver como a Hipótese dos Mercados Adaptáveis funciona na prática. Aqui está um resumo dessa teoria em palavras simples, que leva um pouco mais de tempo e imaginação para configurar do que a versão matemática, mas prometo que sua paciência será recompensada com algumas ideias fundamentais sobre a Hipótese dos Mercados Adaptáveis.[11]

Começamos com uma criatura hipotética chamada "tribble", uma homenagem à criação estranha e fofa de David Gerrold na série original de televisão *Jornada nas Estrelas*. Essa pequena criatura será nosso rato de laboratório em uma série de experiências mentais e simulações de computador.

O tribble é uma criatura simples. Vive em uma região com duas geografias distintas, vale e planalto. Ele gesta apenas uma vez em sua vida, produzindo três descendentes — se tudo correr bem — e depois perece. A reprodução não requer nenhum tipo de acasalamento (lembre-se, isso é hipotético). Durante sua curta vida, o tribble tem apenas uma decisão importante a tomar: construir seu ninho no vale ou no planalto; não pode fazer as duas coisas. Cada um desses dois locais tem vantagens e desvantagens, dependendo do clima. Se o tempo estiver ensolarado, o vale proporcionará a sombra que protege o ninho do calor mortal do sol; e, lá, a água é abundante graças a um rio que atravessa o vale. Portanto, a instalação no vale quando o clima é ensolarado é ideal, permitindo que os três descendentes sobrevivam. No entanto, caso o tribble opte por construir seu ninho no planalto quando estiver ensolarado, a exposição aos raios solares e a falta de água nas planícies rochosas matarão todos os filhotes.

Entretanto, a situação é exatamente inversa quando chove. A chuva provoca inundações repentinas no vale que afogarão toda a prole do tribble, enquanto a elevação do planalto elimina qualquer possibilidade de inundação. Além disso, as nuvens de chuva bloqueiam o calor do sol enquanto fornecem água potável e fresca. Portanto, nos dias chuvosos, os três descendentes do tribble, cujo ninho esteja no planalto, sobreviverão. A Figura 6.1 (no caderno colorido) resume as várias consequências da decisão do tribble em função das condições climáticas.

Agora, suponha que a probabilidade de sol é de 75% e a probabilidade de chuva é de 25%. Em tal clima, qual é a decisão ideal sobre onde o tribble deve construir seu ninho? Um economista diria que depende de quais são os objetivos da criatura, então vamos dar ao tribble um imperativo biológico e dizer que deseja maximizar o número médio de sua prole sobrevivente. Se for esse o caso, a decisão ideal parece óbvia: optar por fazer o ninho no vale em 100% das vezes, pois resultará em mais chances de sobrevivência da prole (75%).

Se você prestou bastante atenção neste exemplo, reconhecerá esse cenário como uma versão muito disfarçada do Psychic Hotline. Se A for exibido na tela do computador 75% das vezes, a estratégia ideal para maximizar seus ganhos cumulativos é adivinhar A 100% das vezes.

Agora vamos apresentar algumas dinâmicas evolucinistas em nosso ecossistema tribble. Suponha que existam diferentes tipos de tribbles neste ecossistema; eles diferem nas heurísticas que usam para decidir onde fazer seus ninhos. Um grupo de tribbles sempre escolhe aninhar no vale (os economistas, é claro); seu comportamento é determinista. Outro conjunto de tribbles opta sempre por aninhar no planalto; seu comportamento também é determinista. Mas também há tribbles nesse ecossistema que usam uma heurística completamente diferente: eles agem aleatoriamente, escolhendo o vale com uma probabilidade fixa e o planalto com probabilidade 1-f. Por exemplo, um tribble com f = 50% jogará cara ou coroa e escolherá o vale se der cara e o planalto se der coroa. Para um tribble com f = 90%, ele escolherá o vale 90% das vezes e o planalto apenas 10% das vezes. Vamos assumir que essas heurísticas são passadas perfeitamente de uma geração de tribbles para a próxima, de modo que um tribble com heurística f terá filhos que usam a mesma heurística com o mesmo valor f. Na verdade, você pode pensar em cada valor de f como a definição de uma subespécie particular de tribbles, como subespécies de estrelas do mar. Existem mais de duas mil espécies de estrelas do mar da classe Asteroidea; enquanto a versão de cinco pontas é a versão corporal mais comum, existem espécies com sete, dez e até quarenta pontas.

Se começarmos com uma população que contenha um número igual de todas as subespécies de tribbles, de modo que, no início, todas as heurísticas sejam igualmente representadas na população, o que a heurística fará melhor para seus tribbles ao longo do tempo? Nessa ecologia simples, algo notável acontece com a população em todas as gerações, à medida que esses vários tribbles com suas diferentes heurísticas se reproduzem.

Primeiro, considere o grupo de tribbles com a heurística determinista que envolve a escolha do vale 100% das vezes. Esses são os tribbles economistas otimizadores. Como esperado, sua população cresce mais rapidamente quando o sol prevalece. Porém, porque todos aninham no vale, na primeira vez que chove, o extermínio é total. Como resultado, essa heurística é eliminada da população mais ampla. Apesar do fato de que essa heurística é otimizada a partir da perspectiva de um tribble individual, pois maximiza as chances de que a prole de tribbles sobreviva, não é sustentável a partir de uma perspectiva evolucionária. Assim que chover, a seleção natural afoga todos os tribbles economistas e seu comportamento determinista de aninhamento no vale 100% das vezes desaparece.

Do mesmo modo, os tribbles que sempre escolhem criar ninhos no planalto se extinguirão na primeira vez que o sol brilhar. Acontece que as únicas heurísticas que podem persistir ao longo do tempo são aquelas envolvendo alguma forma de comportamento aleatório. Para tribbles com essas heurísticas, alguns deles em cada geração escolherão aninhar no vale, e o restante aninhará no planalto. Não importa se chover ou fizer sol, uma fração desses tipos de tribbles sobreviverá e poderá se reproduzir, passando sua heurística para a próxima geração.

Contudo, nem todos os grupos crescerão na mesma média. Por exemplo, o grupo com heurística f = 90% crescerá quase tão rapidamente quanto os otimizadores puros — mas cada vez que chover, 90% da população será dizimada, diminuindo drasticamente seu crescimento.

Então, qual grupo irá crescer mais rápido? Essa é uma questão absolutamente fundamental para nossos propósitos, porque a heurística que cresce mais rápido — à qual chamaremos de heurística *de crescimento ótimo* — virá a dominar a população de tribbles após certo tempo, emergindo como o vencedor evolucionário da corrida pela sobrevivência. Para todos os efeitos, a evolução terá escolhido essa heurística como a mais efetiva para o ambiente existente, e um observador externo examinará os tribbles e concluirá que essa heurística de alto padrão é a forma como os tribbles se comportam porque ela dominará a população. E mesmo pequenas diferenças nas taxas de crescimento levarão a grandes diferenças na população após algum tempo. Por exemplo, em uma população que começa com dez indivíduos que crescem em 5% ou 6%, depois de 500 gerações a população de 5% terá cerca de 393 bilhões de membros, enquanto a população de 6% terá mais de 44 trilhões.

Bem, qual é, então, a heurística que maximiza o crescimento na população de tribbles? Notavelmente, resulta que em um ambiente que está ensolarado 75% das vezes, o grupo com heurística f = 75% — ou seja, os de correspondência de probabilidade — é o vencedor! A Tabela 6.1 mostra um exemplo numérico em que simulamos o crescimento de várias populações diferentes, e é claro que a população de f = 75% cresce mais rapidamente a longo prazo.

Com suposições muito simples, a Hipótese dos Mercados Adaptáveis foi capaz de explicar um comportamento aparentemente irracional. Embora a matemática formal esteja pouco envolvida,[12] a intuição por trás de nosso resultado é direta: ao deixar seu comportamento ao acaso para coincidir com a mesma probabilidade de sol e chuva, as correspondências de probabilidade cercaram suas apostas reprodutivas de modo que o número esperado de prole seja o mesmo, não importa se chova ou faça sol. Essa é uma versão evolutiva de "devagar e sempre se vai longe". Em vez de otimizar o número esperado de descendentes, a relação de probabilidade otimiza a taxa de crescimento de todo o grupo. Em consequência, o grupo sobrevive e se torna a população dominante após várias gerações. Aparentemente, os tribbles são um exemplo de correspondência de probabilidade.

Contudo, é importante notar que esse não é o resultado de nenhuma decisão consciente ou de estratégia coordenada entre os membros desse grupo. Na verdade, as 15 linhas de programação que escrevi no computador para simular esses tribbles são tão inteligentes quanto uma pedra. O domínio desse grupo — e o domínio da correspondência de probabilidade heurística — é meramente o resultado da seleção natural que opera nas diferentes variações possíveis do comportamento dos tribbles, e o fato de que o ambiente passou a ser ensolarado 75% do tempo e chuvoso 25% do tempo. Se os padrões climáticos em nossa simulação mudassem de modo que estivesse ensolarado 60% e chuvoso 40% do tempo, então no final, sob esse novo ambiente, o novo grupo de tribbles que viria a dominar a população seria o único com a heurística f = 60%. Em nosso quadro evolutivo, a correspondência de probabilidade surge de um comportamento totalmente insensato, da mesma forma que a mariposa branca do Capítulo 5 dá lugar uma nova versão sua, de corpo preto, pois o meio ambiente mudou de tronco de árvore claro para escuro, não por causa de quaisquer decisões conscientes por parte das mariposas ou de seus predadores.

Tabela 6.1
Simulação do crescimento populacional de tribbles hipotéticos de vários tipos f na presença de risco reprodutivo puramente sistêmico.

Geração	$f = 0{,}20$	$f = 0{,}50$	$f^* = 0{,}75$	$f = 0{,}90$	$f = 1$
1	21	6	**12**	24	30
2	12	6	**6**	57	90
3	6	12	**12**	144	270
4	18	9	**24**	387	810
5	45	18	**48**	1.020	2.430
6	96	21	**108**	2.766	7.290
7	60	42	**240**	834	21.870
8	45	54	**528**	2.292	65.610
9	18	87	**1.233**	690	196.830
10	9	138	**2.712**	204	590.490
11	12	204	**6.123**	555	1.771.470
12	36	294	**13.824**	159	5.314.410
13	87	462	**31.149**	435	15.943.230
14	42	768	**69.954**	1.155	0
15	27	1.161	**157.122**	3.114	0
16	15	1.668	**353.712**	8.448	0
17	3	2.451	**795.171**	22.860	0
18	3	3.648	**1.787.613**	61.734	0
19	9	5.469	**4.020.045**	166.878	0
20	21	8.022	**9.047.583**	450.672	0
21	6	12.213	**6.786.657**	1.215.723	0
22	0	18.306	**15.272.328**	366.051	0
23	0	27.429	**34.366.023**	987.813	0
24	0	41.019	**77.323.623**	2.667.984	0
25	0	61.131	**173.996.290**	7.203.495	0

A NATUREZA ABOMINA UMA APOSTA NÃO DIVERSIFICADA

As origens evolutivas da correspondência de probabilidade no modelo de escolha binária ilustram um importante tema de caráter universal: a seleção natural é um executor frio e implacável. Ela eliminará de imediato 100% dos tribbles mal-adaptados. A seleção natural elimina os menos ajustados ao ambiente que os cerca e só recompensa aqueles que são mais adequados a ele, e mesmo assim essa é apenas uma situação temporária e sujeita a execução. Para ambientes estáveis em que os "mais ajustados" e os "menos ajustados" estão bem definidos e fixados, este processo de depuração se estabelece com bastante rapidez, pois vencedores e perdedores são fáceis de identificar. Tal como os descendentes dos tribbles queimados pelo sol ou afogados, os perdedores saem de cena enquanto os vencedores passam para a próxima rodada da competição.

Contudo, quando o ambiente muda aleatoriamente — como no caso do exemplo de correspondência de probabilidade —, vencedores e perdedores assumem uma condição mais ambígua; tudo vai depender de qual ambiente está em jogo. Uma vez que uma mudança no ambiente pode acabar com um grupo inteiro (os tribbles economistas otimizadores, em nosso exemplo), a Hipótese dos Mercados Adaptáveis prevê que os únicos tipos de heurísticas que sobreviverão serão os que resguardam suas apostas até certo ponto. Quando a natureza atua ao acaso, as espécies que tendem a sobreviver são aquelas que adotam comportamentos aleatórios para contrariar o risco representado pela natureza. Os comportamentos que tendem a ter mais sucesso são aqueles em que os riscos são cobertos de forma mais eficaz, como no caso da correspondência de probabilidade. Em outras palavras, pegando emprestado uma frase da física, a natureza abomina uma aposta não diversificada.

Outro aspecto interessante desse exemplo é o fato de que, apesar da falta de consciência do comportamento dos tribbles, é fácil atribuir-lhes motivos. Por exemplo, os tribbles economistas parecem os mais egoístas, comportando-se de maneira a maximizar as chances de sobrevivência de sua própria prole, sem levar em consideração o futuro da sua própria população. Por outro lado, os tribbles com correspondência de probabilidade parecem mais altruístas, com uma fração de cada geração aninhada no planalto apesar da alta probabilidade (75% de chance de sol) de que não sobreviva. Não há dúvida de que cada um desses habitantes do planalto melhoraria as chances de sobrevivência para sua própria prole se mudassem para o vale, então, esses indivíduos claramente não estão maximizando suas taxas de crescimento. Na verdade, é como se uma parte desses "correspondentes de probabilidade" concordasse em "fazer um sacrifício" e ir para o planalto, garantindo assim a continuação de suas subespécies, mesmo com o provável sacrifício de sua própria prole. Isso é quase tocante, mas trata-se de uma invenção de nossa imaginação antropomórfica. Estamos tão acostumados a inferir motivos que, mesmo neste relato puramente ficcional do comportamento aleatório de criaturas inexistentes, podemos sentir um ligeiro aperto no coração imaginando-as indo para o planalto.

Mas, quem sabe, isso não está assim tão longe do altruísmo genuíno. Afinal, as fortes emoções tipicamente associadas ao autossacrifício podem ser o mecanismo biológico pelo qual a natureza escolheu um comportamento que confere benefícios de sobrevivência. Isso não altera o fato de que as circunstâncias ambientais particulares, que favorecem um determinado comportamento, podem ser bastante simples; como no caso dos tribbles.

Quando Tom e eu chegamos a esse resultado, percebemos que poderia muito bem ser uma teoria de como o altruísmo emergiu de uma mistura de comportamentos primordiais extremamente diversificados. A simplicidade de nosso modelo matemático — e você terá que confiar em minha palavra, a menos que queira dar uma olhada em nossa pesquisa — significa que nossas previsões são bastante gerais e provavelmente serão aplicadas em muitas circunstâncias. O fato do comportamento de correspondência de probabilidade ser encontrado em espécies animais muito diferentes, como formigas, peixes, pombos, ratos e primatas, dá mais evidência à ideia de que ele deve servir a algum propósito adaptável entre as espécies.

"É O AMBIENTE, ESTÚPIDO!", DE NOVO

O exemplo dos tribbles é uma maneira prolixa de ilustrar o poder da evolução — embora seja uma versão de evolução "lúdica" e altamente simplificada — em moldar o comportamento de modo surpreendente. Mas o que surpreendeu a Tom e a mim ainda mais foi o fato de que, alterando algumas características simples do meio ambiente, surgiram tipos completamente diferentes de comportamentos através do processo evolutivo. Por exemplo, se a escolha entre vale e planalto não envolvesse extremos tão opostos (onde um local era sustentador de vida enquanto o outro era mortal), a população de correspondentes de probabilidade não seria necessariamente o grupo que cresce mais rápido.

Na verdade, nós derivamos uma fórmula matemática que prediz a heurística econômica do crescimento em nosso modelo de escolha binária. Essa fórmula inclui insumos que dependem do ambiente particular enfrentado pelos indivíduos na população. Para certos ambientes, a seleção natural produz um comportamento aleatorizado que não corresponde às probabilidades de chuva ou sol. Por exemplo, se fazer um ninho no vale produz três descendentes sobreviventes quando o sol brilha e dois sobreviventes quando chove, enquanto aninhar no planalto produz um sobrevivente quando há sol e três sobreviventes quando há chuva, nossa fórmula nos diz que a heurística ideal para o crescimento é a subpopulação de tribbles que escolheu o vale 50% das vezes e o planalto 50% das vezes. Isso não é correspondência de probabilidade (a probabilidade de sol ainda é de 75% nesse cálculo), nem é o comportamento determinista dos economistas.

Agora, se fizermos uma pequena alteração neste ambiente — suponha que a nidificação no planalto produza dois sobreviventes, independentemente de chover ou fazer sol —, nossa fórmula nos diz que a heurística ideal para o crescimento é construir seu ninho no vale 100% das vezes. Finalmente, um ambiente em que os economistas são os tipos evolutivamente dominantes. A razão é clara: nesse caso, aninhar no vale é tão bom (ou até melhor) quanto aninhar no planalto, independente de chover (dois sobreviventes no vale versus dois no planalto) ou fazer sol (três sobreviventes no vale versus dois no planalto). São "cabeças que eu ganho, caudas que você perde" para os tribbles do vale. Portanto, da perspectiva da sobrevivência, escolher o vale 100% das vezes resultará em um crescimento mais rápido do que qualquer outro comportamento.

Se esses exemplos dão a impressão de que o comportamento selecionado pela evolução depende criticamente do meio ambiente, você está começando a entender a Hipótese dos Mercados Adaptáveis. "É o ambiente, estúpido!" aplica-se ao comportamento, bem como às espécies. Herbert Simon disse uma vez: "Uma formiga, vista como um sistema de comportamento, é bastante simples. A aparente complexidade de seu comportamento ao longo do tempo é em grande parte um reflexo da complexidade do ambiente em que se encontra".[13] A evolução em ambientes complexos e aleatoriamente em mudança pode gerar comportamentos surpreendentemente complexos e sutis, assim como exibiu a formiga de Simon ao rastejar através de um terreno difícil como uma duna de areia repleta de lascas de madeira. *Se queremos entender o comportamento atual, precisamos entender os ambientes passados e as pressões seletivas que deram origem a esse comportamento ao longo do tempo e entre gerações de tentativa e erro.* Essa ideia é a essência da Hipótese dos Mercados Adaptáveis, e o modelo de escolha binária fornece um quadro matemático conveniente e simples para capturá-la.

HOMO ECONOMICUS E RISCO IDIOSSINCRÁTICO

O exemplo anterior, no qual o comportamento dominante acabou por coincidir com a forma como os economistas otimistas se comportam, fez com que Tom e eu pensássemos se existiriam condições mais gerais em que isso seria verdade. Nosso exemplo foi um caso muito especial, onde o vale sempre dominou o planalto, independente do clima. Mas, se a autopreservação é um comportamento bastante universal, não deveria ser fácil encontrar um conjunto muito amplo de ambientes onde o *Homo economicus* dita as regras? Sim, é fácil.

Acontece que existe uma grande variedade de ambientes onde a otimização do comportamento — que descrevemos como "racional" — é exatamente a heurística produzida pela evolução. Isso não é necessariamente o que se poderia esperar de uma hipótese que procura revogar a racionalidade como base para o comportamento econômico, mas é um sinal revelador de que a Hipótese dos Mercados Adaptáveis é uma teoria mais completa do que a dos Mercados Eficientes ou suas críticas comportamentais. *Nossa teoria oferece condições que nos proporcionam racionalidade e irracionalidade, e ambas podem coexistir por um período de tempo; uma vez que a seleção natural funciona como mágica no comportamento.* Eis aí a ideia básica.

Na versão original de nosso experimento, quando choveu, choveu sobre toda a população de tribbles. Portanto, todos os ocupantes do vale foram exterminados imediatamente. Imaginemos uma pequena variação em nossa ecologia de chuva ou sol, em que os tribbles estão tão dispersos em um vale muito grande em que cada um experimenta seu próprio microclima. Em outras palavras, cada tribble enfrenta chuva ou sol como em um lance (separado e independente) de moeda que dá "sol" 75% das vezes e "chuva" 25% das vezes. Isso significa que em qualquer geração, 25% dos tribbles *daquela mesma geração* estarão sob chuva, enquanto os outros 75% verão a luz do sol. Esse é um mundo bem diferente do que o experimento mental original onde, quando choveu, choveu em todos os tribbles, e quando estava ensolarado, estava ensolarado para todos os tribbles.

As consequências dessa alteração no ambiente são enormes. Na terra dos microclimas, os tribbles economistas otimistas, que sempre escolhem a opção que maximiza o número esperado da prole, agora crescem mais rápido. Por quê? Por uma razão muito simples: praticamente não há chance de todos os economistas serem exterminados. A probabilidade de que haja chuva, ao mesmo tempo, em todos os microclimas é extremamente pequena para um grupo suficientemente grande de tribbles economistas. Por exemplo, se a probabilidade de chuva no microclima for de 25% de cada otimizador, a chance de chover simultaneamente em um grupo de 10 otimizadores é cerca de uma em cada um milhão.

Este simples fato tem implicações de longo alcance para o ecossistema. No ambiente do microclima, as forças da evolução deixarão de favorecer o comportamento aleatório entre os tribbles, porque a aleatoriedade não é mais necessária para sua sobrevivência. A natureza já diversificou o risco de extinção através de seus muitos microclimas; portanto, os tribbles adeptos da otimização não só evitarão a extinção, mas também crescerão o mais rápido possível. Passadas poucas gerações, a população será dominada por tribbles otimistas racionais, e os tribbles de correspondência de probabilidade, assim como o dodô, desaparecerão por completo.

A Hipótese dos Mercados Adaptáveis mostra que as diferenças de comportamento são reduzidas à reprodução e eliminação, dado o meio ambiente. Os dois cenários hipotéticos diferem no tipo de risco reprodutivo que a natureza coloca para a população de tribbles. No caso da correspondência de probabilidade, o risco de chuva ou sol afeta todos os habitantes do vale da mesma maneira e simultaneamente, e faz exatamente o inverso e com a mesma simultaneidade para os habitantes do planalto. Os economistas financeiros chamam esse tipo de risco de "sistêmico", pois ele afeta todos no sistema. Por exemplo, quando uma recessão se abate sobre uma economia, todas as empresas são prejudicadas de alguma maneira, de modo que o risco de uma recessão seja sistêmico. Na presença de risco sistêmico, todos os que se comportam da mesma forma — decidindo construir seus ninhos no vale — não são sustentáveis. Em algum momento, todo o sistema estará à mercê de um clima inóspito, o que levará à extinção dessa subpopulação, eliminando a heurística de otimização da população. Nesse tipo de ambiente, as heurísticas que favorecem o comportamento aleatório são as mais bem-sucedidas, e a mais bem-sucedida é a correspondência de probabilidade.

Todavia, o caso dos microclimas representa um tipo de risco reprodutivo muito diferente para os tribbles. Os economistas financeiros chamam esse tipo de risco de "idiossincrático", porque o risco enfrentado por um indivíduo não está completamente relacionado com o risco enfrentado por qualquer outro indivíduo, em oposição ao risco sistêmico. Quando a droga produzida por uma empresa farmacêutica causa efeitos colaterais sérios, o preço de suas ações pode desabar, mas não se espera que tenha algum impacto nos preços das ações de uma empresa automobilística; esse é um risco idiossincrático. Quando o risco reprodutivo é idiossincrático, o comportamento de otimização dos tribbles economistas pode persistir, pois não há impactos no sistema capazes de destruir uma subpopulação inteira que exiba o mesmo comportamento. É por isso que o comportamento de otimização acaba dominando essa população — não é porque os indivíduos são mais inteligentes ou mais ansiosos para otimizar, é porque o ambiente favorece essa heurística. A Tabela 6.2 retrata a mesma simulação que consideramos na Tabela 6.1, com apenas uma mudança: simulamos o risco idiossincrático em vez do sistêmico. Os otimistas deterministas — os tribbles economistas, que sempre exibem o mesmo comportamento — são agora os verdadeiros vencedores, conforme esperado.

Tabela 6.2
Simulação do crescimento populacional de tribbles hipotéticos de vários tipos f na presença de risco reprodutivo puramente idiossincrático.

Geração	$f = 0{,}20$	$f = 0{,}50$	$f = 0{,}75$	$f = 0{,}90$	$f^* = 1$
1	12	9	18	27	27
2	6	15	42	72	54
3	3	27	87	177	120
4	6	45	168	357	270
5	3	60	300	717	588
6	3	84	591	1.488	1.329
7	0	141	1.074	3.174	2.955
8	0	207	2.007	6.669	6.555
9	0	315	3.759	14.241	14.748
10	0	492	7.152	29.733	33.060
11	0	705	13.398	62.214	74.559
12	0	1.053	25.071	130.317	167.703
13	0	1.635	46.623	273.834	377.037
14	0	2.427	87.333	575.001	849.051
15	0	3.663	163.092	1.206.849	1.910.031
16	0	5.433	305.091	2.536.023	4.296.213
17	0	8.148	570.852	5.325.852	9.666.762
18	0	12.264	1.069.884	11.188.509	21.755.844
19	0	18.453	2.007.642	23.494.611	48.959.286
20	0	27.711	3.763.281	49.346.967	110.148.060

Os dois ambientes parecem apenas ligeiramente diferentes — na verdade, o risco para cada indivíduo é idêntico em ambos —, mas eles levam a heurística de crescimento ótimo de modo muito diferente. Ao comparar as implicações evolutivas do risco sistêmico e idiossincrático, podemos finalmente começar a ver como a racionalidade e a irracionalidade podem conviver. Não é importante apenas o *tipo* de indivíduo, mas também o *tipo* de ambiente a partir do qual esse indivíduo surgiu. ("É o ambiente, estúpido!")

O modelo de escolha binária nos dá uma ilustração concreta de como a racionalidade econômica não está errada, apenas incompleta. Os tribbles são certamente capazes de otimizar o comportamento racional, mas sob certas circunstâncias — a saber, ambientes com risco reprodutivo sistêmico — eles se envolvem em correspondências de probabilidade mesmo quando esse risco significa que alguns deles serão eliminados.

Mas o risco sistêmico é uma norma evolutiva. A história da vida na Terra está cheia de eventos catastróficos que afetaram espécies inteiras de uma só vez. Algumas das catástrofes foram extremas e certas espécies simplesmente não puderam se adaptar suficientemente rápido, sofrendo o que são conhecidos como eventos de extinção em massa. Para as espécies que sobreviveram, seus traços — incluindo seus comportamentos — deram-lhes certas vantagens que lhes permitiram escapar da extinção. Pelo processo de eliminação, esses comportamentos persistirão. Isso pode explicar por que espécies muito mais primitivas do que os humanos têm na correspondência de probabilidade um comportamento "entranhado". A correspondência de probabilidade provavelmente será uma adaptação evolutiva que pode não necessariamente aumentar as chances de sobrevivência em nosso ambiente atual, porém ainda faz parte de nosso repertório comportamental por razões históricas.

O fato de que o risco idiossincrático versus o sistêmico faz uma diferença tão grande na sobrevivência é um pouco sutil. Isso tem a ver com a Lei das Médias,[14] que diz que quando você executa uma série de experimentos aleatórios independentes, a média dos resultados cumulativos acabará por se estabelecer na média de cada experiência. Por exemplo, quando você joga cara ou coroa muitas vezes, a Lei das Médias diz que cerca de metade dos lances resultará em cara e metade em coroa porque a média para cada lance é 50/50. O que mais poderia ser? Bem, se você jogar cara ou coroa apenas três vezes, não há chance de que 50% dos lances resultem em cara (as únicas possibilidades são de 100%, 67%, 33% e 0%). De acordo com a Lei das Médias, quanto mais jogadas você fizer, mais perto virá a ter 50% de cara em sua amostra.

No caso de risco sistêmico, a Lei das Médias não se aplica à população de indivíduos em uma única geração, pois não há uma média em andamento — todos os tribbles experimentam o mesmo resultado (é o que significa risco sistêmico). Em outras palavras, há apenas uma jogada de moeda para toda a geração, em vez de cada tribble jogar sua própria moeda. Isso resulta em um risco muito maior da perspectiva da Mãe Natureza; todos os indivíduos, ao mesmo tempo, se beneficiam ou sofrem.

No entanto, no caso do risco idiossincrático, cada indivíduo tem seu próprio microclima, de modo que quaisquer dois indivíduos que façam a mesma escolha terão resultados independentes. Quando esses resultados são combinados em uma grande população dentro de uma única geração, a Lei das Médias se aplica, uma vez que há muitas experiências aleatórias independentes — uma para cada tribble em seu próprio microclima. Dessa forma, a população geral é deixada com um resultado muito menos arriscado: a média de uma experiência individual.

Qual o *insight* que nos traz essa diferença? Quando uma população de indivíduos enfrenta riscos comuns, deve haver um certo grau de diversidade em seus comportamentos individuais. Se todos se comportassem da mesma maneira, e esse comportamento comum coincidisse ser errado para um determinado resultado ambiental, por exemplo, seaninhar no vale quando chove, toda a população sofreria as consequências. Mas quando não há riscos comuns, toda a população pode se comportar exatamente da mesma maneira, porque praticamente não há chance de que todos os indivíduos experimentem um mau resultado ao mesmo tempo (uma chance em um milhão de todos os tribbles independentes tomarem chuva, como descrevemos antes). A diferença na adaptação entre risco sistêmico e idiossincrático é evolutivamente imensa, dando origem a comportamentos totalmente distintos. Como vimos anteriormente, a natureza abomina uma aposta não diversificada.

A ORIGEM DA AVERSÃO AO RISCO

A correspondência de probabilidade pode parecer um comportamento tolo em um laboratório de economia experimental, mas provavelmente se originou em um ambiente onde esse tipo de comportamento conferiu certos benefícios para a sobrevivência em relação a outros. Usando a estrutura matemática desenvolvida por Tom e eu, podemos identificar os ambientes específicos que deram origem a tal comportamento. Em outras palavras, podemos traçar a origem de todos os tipos de comportamentos por suas raízes evolutivas em vez de simplesmente afirmar que as pessoas se comportam de uma certa maneira; como costuma fazer a teoria econômica tradicional. De fato, a análise evolutiva do modelo de escolha binária é capaz de gerar uma variedade de comportamentos *econômicos* comumente observados, mesmo aqueles que os economistas consideram como reconhecidos, como a aversão ao risco.

A ideia de que os investidores não gostam do risco é o fundamento da teoria e prática financeira. Os economistas falam de compensações de risco/recompensa o tempo todo, da mesma forma que reconhecemos que não há almoço grátis, e você não ganha nada à toa. Porém, também entendemos que nem todos têm o mesmo nível de aversão e tolerância ao risco: há investidores conservadores que colocam seu dinheiro em títulos do Tesouro e há gestores de fundos de *hedge* que fazem apostas bilionárias no preço futuro de um título.

O que determina o nível de aversão ao risco de uma pessoa? A resposta do economista tradicional afirma que é um "parâmetro estrutural", uma característica fundamental de um indivíduo. O ponto de partida para a maioria das análises econômicas é a "função de utilidade" do indivíduo, um padrão matemático que mede o nível de felicidade ou satisfação de um consumidor em função da quantidade consumida. A definição padrão de aversão ao risco está embutida nessa função. Algumas pessoas têm funções de utilidade caracterizadas por muita aversão ao risco, enquanto outras têm funções muito tolerantes ao risco, mas os economistas raramente perguntam o porquê e o como disso. Seria como perguntar por que algumas pessoas gostam de peixe em vez de frango; elas simplesmente são assim.

Contudo, na perspectiva da Hipótese dos Mercados Adaptáveis, *podemos* perguntar por que — e mais importante, como — esses comportamentos surgem.

Imagine um tribble diante de duas ações possíveis, *a* e *b* (não necessariamente o vale ou planalto do exemplo anterior), onde *a* garante três descendentes com certeza, e *b* é um bilhete de loteria que oferece uma chance de 50% de dois descendentes e 50% de chance de quatro descendentes. Nas duas ações o número esperado para a prole é o mesmo, três, mas a escolha *b* é arriscada, enquanto na escolha *a* não há risco algum. Se você é avesso ao risco, sempre escolheria *a* em relação a *b*; se você não se preocupa em arriscar, seria indiferente entre as duas escolhas. Qual comportamento irá sobreviver ao teste evolutivo do tempo?

A resposta depende do ambiente. Vamos supor que, como antes, os descendentes dos tribbles têm preferências de risco idênticas às de seus pais — pais avessos ao risco terão descendência avessa ao risco, e pais neutros com relação ao risco, descendência idem. Vamos também assumir um ambiente com risco sistêmico, como em nosso primeiro exemplo de correspondência de probabilidade. Isso significa que, se dois tribbles na mesma geração escolherem b, uma única jogada de moeda no cara ou coroa determinará o número de filhos que ambos irão gerar, então eles experimentarão resultados idênticos — em vez de duas jogadas de cara ou coroa, em que eles experimentariam resultado diferentes, idiossincráticos.

Nesse ambiente sistêmico, com preferências de risco transmitidas perfeitamente de uma geração para outra, verifica-se que a aversão ao risco é evolutivamente mais vantajosa do que a neutralidade com relação a ele. No decorrer do tempo, a população de tribbles com aversão ao risco crescerá mais rapidamente do que a população neutra, e os indivíduos com comportamento avesso ao risco acabarão por ultrapassar os tribbles com outros tipos de comportamento.

Por que isso acontece? Mais uma vez, isso envolve a Lei das Médias. Após apenas duas gerações, o número de tribbles avessos ao risco decorrentes de um único avô com o mesmo comportamento será de $3\times3 = 9$ com certeza (lembre-se que esses tribbles têm sempre três descendentes), enquanto o número de tribbles neutros em relação ao risco provenientes de um um único avô neutro será, em média, $2\times4 = 8$ (esses tribbles podem ter dois ou quatro descendentes, com igual probabilidade), o que representa 11% menos. Trata-se de uma pequena diferença, mas ocorre em toda a população de avós. Como resultado, a Lei das Médias nos diz que o fosso entre o número de tribbles avessos ao risco e os neutros quanto a ele crescerá ao longo do tempo, até que a aversão ao risco se torne o comportamento dominante na população geral. Se começarmos com um número igual de tribbles com aversão e neutros em termos de risco, o simples processo de seleção natural levará a muitos outros tribbles avessos ao risco. Na verdade, o mesmo resultado ocorrerá mesmo se houver muito menos tribbles com aversão ao risco para começar.

A aversão ao risco nesse ambiente proporciona maior sucesso reprodutivo do que o comportamento neutro, ou seja, é adaptável a esse ambiente específico. Acabamos de produzir aversão ao risco a partir de um processo evolutivo, uma vitória fácil para a estrutura dos Mercados Adaptáveis.

Como em caso de risco sistêmico há aversão ao risco em nossos tribbles, vamos tentar o contrário. Se assumimos que o risco reprodutivo é idiossincrático no ambiente (em outras palavras, microclimas), obtemos um resultado radicalmente diferente. Cada tribble que escolhe b jogará as moedas, no cara ou coroa, separada e independentemente. Isso significa que dois indivíduos neutros em risco na mesma geração terão resultados diferentes, apesar de terem escolhido b.

Por que isso importa? No caso anterior de risco sistêmico, se um tribble neutro com relação ao risco der origem a dois descendentes em vez de quatro, todos os pais de risco neutro da mesma geração também darão origem a dois descendentes. Mas, no caso do risco idiossincrático, alguns tribbles neutros darão vida a dois descendentes, e outros na mesma geração terão à luz quatro. Na verdade, cerca de metade da população neutra em risco terá dois descendentes e a outra metade terá quatro, então, desta vez, a Lei das Médias se aplica a tribbles da mesma geração. Nessa situação, a Lei das Médias nos diz que, para uma população suficientemente grande, o número médio de filhotes por tribble caracterizado pela neutralidade em relação ao risco será de três, o mesmo que a população com aversão ao risco. Como resultado, ambos os tipos de tribbles devem sobreviver a longo prazo. Mais uma vez, "é o ambiente, estúpido!".

Esses cálculos podem parecer bastante distantes da realidade, porém, uma vez que reconhecemos a possibilidade de que as preferências e o comportamento individuais se adaptam aos ambientes em mutação, percebemos que essas adaptações são evidentes há décadas. Nos anos 1960, a segurança do automóvel tornou-se uma questão social importante nos Estados Unidos. Foram aprovadas leis exigindo que os carros tivessem cintos de segurança, painéis acolchoados, colunas de direção e para-brisas mais seguros para diminuir o número de mortes causadas por lesões fatais na cabeça e no peito. Mas quando o economista da Universidade de Chicago, Sam Peltzman, analisou os dados em 1975, chegou à controversa conclusão de que os aumentos na segurança foram neutralizados por um agravamento do comportamento do motorista.[15] A elevação das mortes de pedestres compensou a diminuição das mortes de motoristas ocorridas após a introdução dos novos itens de segurança.

Alguns pesquisadores discordaram das conclusões de Peltzman, argumentando que seu estudo não levou em conta uma série de fatores, como a habilidade dos motoristas, as condições mecânicas dos carros, se os acidentes ocorreram em estradas ou ruas locais, se os motoristas estavam viajando ou em férias, e assim por diante. Considerando que é muito difícil executar experiências controladas para acidentes de carro fatais, a polêmica continuou por décadas. No entanto, em 2007, Russell Sobel e Todd Nesbit encontraram a maneira perfeita de controlar todos esses fatores. Eles identificaram habilmente um local em que todos os carros e motoristas experimentam condições praticamente idênticas, de modo que a única coisa que importava era chegar ao destino um pouco mais rápido: as corridas da NASCAR.[16] Estudando esse contexto, Sobel e Nesbit descobriram que cada vez que um novo dispositivo de segurança era introduzido, o número de acidentes *aumentava*. Os pilotos adaptavam-se às novas medidas de segurança, ajustando as preferências de risco de seu comportamento, conforme previsto pela Hipótese dos Mercados Adaptáveis.

EFICIÊNCIA VERSUS MERCADOS ADAPTÁVEIS

Embora quase todos os economistas soubesse há anos que a Hipótese dos Mercados Eficientes não é uma descrição exata do comportamento do mercado, eles continuaram a usá-la porque não dispunham de nada mais forte para substituí-la. Se é preciso uma teoria para derrubar uma teoria, como a Hipótese dos Mercados Adaptáveis se compara à Hipótese dos Mercados Eficientes?

Vamos começar com a teoria do consumidor individual, assim como o jovem Paul Samuelson fez em 1947. Na visão de Samuelson — agora uma pedra angular da economia matemática moderna — os indivíduos sempre maximizam sua utilidade esperada. Isso significa que os consumidores sempre gastam seu dinheiro para obter o máximo que podem pagar pelas coisas que realmente desejam. Além disso, eles sempre encontram a maneira matematicamente ideal de fazer isso.

Samuelson sabia que a otimização matemática era psicologicamente não realista. Todavia, concordou com o economista do século XIX, Alfred Marshall, que a única maneira realista de medir a força do impulso consumista de um indivíduo era usar "o preço que ele está disposto a pagar pelo cumprimento ou satisfação de seu desejo".[17] Por que um consumidor não tentaria maximizar essa satisfação? Samuelson também foi profunda e fundamentalmente influenciado pela física matemática. Muitos fenômenos físicos se otimizam naturalmente, como o caminho de um feixe de luz através de diferentes materiais transparentes ou a forma de uma bolha de sabão em uma armação de arame. A maximização era uma estrutura já existente na física, a partir da qual Samuelson poderia naturalmente adaptar sua teoria do comportamento econômico.

A Hipótese dos Mercados Adaptáveis ainda tem espaço para maximização, mas faz uma suposição consideravelmente mais modesta do que Samuelson sobre a capacidade de um indivíduo otimizar seu comportamento. Ainda que possamos fazer cálculos, geralmente não os aplicamos aos nossos orçamentos diários. A Hipótese dos Mercados Adaptáveis percebe que, apesar das pressões evolutivas para maximizar, elas não podem levar a um comportamento ótimo. *Uma adaptação evolutivamente bem-sucedida não precisa ser a melhor: só precisa ser melhor do que o resto.* O final da velha piada sobre os dois homens acampados que são surpreendidos por um urso vindo em sua direção, e um deles pergunta porque numa hora daquelas o outro estava freneticamente calçando os tênis de corrida, tem sua dose de razão, evolutivamente falando: "Eu não tenho que fugir do urso; só tenho que correr mais rápido que você".

Entretanto, a Hipótese dos Mercados Adaptáveis não afirma que o comportamento de um indivíduo é determinado unicamente pela biologia. Ela é uma teoria evolutiva, mas não é uma teoria da psicologia evolucionista. Como muitos críticos da psicologia evolutiva apontaram corretamente, somos mais do que a soma de nossos genes. A adaptação funciona em vários níveis. A seleção é uma força poderosa o suficiente para que possamos compreender níveis mais altos de pensamento abstrato tão facilmente quanto em genes humanos. Ideias bem-sucedidas são repetidas e transmitidas, enquanto ideias malsucedidas são rapidamente esquecidas. Consequentemente, a seleção funciona não apenas em nossos genes, mas também em nossas normas sociais e culturais. Nosso comportamento adaptativo depende do ambiente particular em que a seleção ocorreu — nosso passado.

Isso significa que a teoria do consumidor individual, na perspectiva da Hipótese dos Mercados Adaptáveis, é fundamentalmente muito diferente da teoria neoclássica de Samuelson. Na teoria padrão, os consumidores calculam automaticamente o uso ideal de seu dinheiro com base nos preços daquilo que desejam (eles estão maximizando a utilidade esperada). Suas preferências são corrigidas ao longo do tempo, e seu comportamento só muda à medida que os preços mudam. Eles não têm memória das condições passadas — uma vez que, sob a Hipótese dos Mercados Eficientes, os preços já refletem toda a informação anterior e, sob expectativas racionais, a utilidade preditiva do passado é efetivamente zero. Para usar o termo matemático, o comportamento do consumidor é independente do caminho: apenas o ponto de partida e o de chegada são importantes. Um consumidor irá comprar bens de forma matematicamente favorável, de modo perfeitamente "racional".

Na Hipótese dos Mercados Adaptáveis, porém, os consumidores não calculam automaticamente o uso ideal de seu dinheiro. O que eles gastam não reflete necessariamente o que preferem. Em vez disso, o comportamento dos consumidores reflete seus ambientes evolucionários e econômicos — sua história. Os consumidores usam a herança humana comum de vieses comportamentais que se desenvolveram ao longo de escalas de tempo evolucionistas, além de heurísticas e regras de conduta que desenvolveram a partir de suas experiências pessoais.

Sob a Hipótese dos Mercados Adaptáveis, o comportamento do consumidor é altamente dependente do caminho. O que leva esse comportamento a ser totalmente caótico é o processo de seleção. Eliminando os maus comportamentos e mantendo os bons, o processo de seleção garante que o comportamento do consumidor seja, embora não necessariamente otimizado ou "racional", bom o suficiente.

ACOMETIDOS PELA INVEJA DA FÍSICA

Em face do peso das evidências que abordamos até agora, a Hipótese dos Mercados Adaptáveis parece ser lugar comum. É razoável o bastante, por exemplo, a ideia de que os indivíduos têm um grau de racionalidade limitado. Isso corresponde a nossa experiência subjetiva, e reflete em tudo as evidências provenientes dos testes psicológicos. Poucos de nós são capazes de entender teorias da mente de quinta ordem de forma consistente ou olhar mais do que cinco movimentos à frente em um jogo de xadrez. E muito poucos de nós são capazes de calcular otimizações econômicas em nossa cabeça. Nossa racionalidade é claramente delimitada, e a Hipótese dos Mercados Adaptáveis é uma consequência natural disso. De fato, a Hipótese dos Mercados Adaptáveis é tão sensata que um cético pode se perguntar por que os economistas não consideraram isso há muito tempo. Então, o que se passa aqui?

Os economistas resistiram à teoria de Herbert Simon sobre a racionalidade limitada e suas implicações para economia e finanças por mais de 60 anos. Na verdade, você pode pensar que isso é um tanto... "irracional". A explicação para a relutância dos economistas pode ser encontrada, não surpreendentemente, no comportamento humano, especificamente na sociologia da ciência — ou, para aqueles que não consideram a economia como uma ciência, na sociologia acadêmica.

Um fato pouco conhecido sobre a profissão de economista é que nós sofremos de uma condição psicológica melhor descrita como "inveja da física". Os físicos podem explicar 99% de todos os fenômenos físicos observáveis usando as três leis do movimento de Newton. O objeto de desejo dos economistas é que tivéssemos três leis capazes de explicar 99% de todos os comportamentos observáveis em nossa área profissional. Em vez disso, provavelmente temos 99 leis que explicam 3% de todo o comportamento econômico, e isso é uma fonte de frustração terrível para nós. Então, às vezes, escondemos nossas ideias nas armadilhas da física. Estabelecemos axiomas a partir dos quais derivamos princípios econômicos universais matematicamente rigorosos na aparência, simulações cuidadosamente calibradas e um teste empírico muito pontual dessas teorias.

No entanto, vários físicos me apontaram que, se os economistas realmente os invejassem, colocariam uma ênfase muito maior na verificação empírica das previsões teóricas e mostrariam menos apego às teorias rejeitadas pelos dados; nenhum dos quais parece caracterizar nossa profissão . Na verdade, acredito que sofremos uma aflição muito mais séria: inveja da teoria.

Não foi sempre assim. Nos séculos XVIII e XIX, não existia o que hoje chamamos de Economia no sentido de "Ciências Econômicas"; naquela época havia apenas o que era conhecido como "economia política", um ramo do conhecimento estudado em grande parte por filósofos e teólogos, e não matemáticos. Mas uma ruptura acentuada dessa tradição ocorreu em 1947, graças a ninguém menos que Paul Samuelson, o economista mais importante do século XX.

Como vimos no Capítulo 1, Samuelson teve um papel crítico na formulação da Hipótese dos Mercados Eficientes, mesmo antes da importante contribuição de Eugene Fama. No entanto, décadas antes de começar a pensar em finanças, Samuelson desempenhou um papel ainda mais significativo ao mudar a forma como os economistas tratavam seu ofício — como um mero estudante de pós-graduação. Samuelson mudou o curso da Economia, e no processo deu a todos nessa disciplina um caso de inveja da física, para o bem ou para o mal.

O impacto proporcionado por ele começou com sua tese de doutorado de 1947. Tese que, como mencionado anteriormente, foi ambiciosamente intitulada (especialmente para um estudante de pós-graduação) *Fundamentos da Análise Econômica*. Mesmo Albert Einstein nunca teve a petulância de intitular qualquer um de seus artigos de "Os Fundamentos da Física Moderna", como ele tinha todo o direito de fazer. Enfim, a história confirmou o que Samuelson já sabia em 1947 — sua tese, de fato, tornou-se a base da economia moderna. Ainda hoje, cada primeiro-anista do doutorado em economia é obrigado a absorver as ideias contidas em *Fundamentos*.

Samuelson encontrou sua inspiração na física matemática moderna. De fato, o físico matemático Edwin Bidwell Wilson orientou Samuelson em Harvard, algo que ele descreveu em um fascinante artigo de 1998 sobre as origens intelectuais de sua tese:

> Talvez o mais relevante de tudo para a gênese de *Fundamentos* tenha sido Edwin Bidwell Wilson (1879-1964), em Harvard. Wilson foi o último protegido (e, essencialmente, o único) do grande Willard Gibbs em Yale. Ele era um matemático, um físico matemático, um estatístico matemático, um economista matemático, um indivíduo estudado que havia feito trabalhos de primeira classe em muitos campos das ciências naturais e sociais. Eu talvez tenha sido seu único discípulo... Fui vacinado precocemente para entender que a economia e a física poderiam compartilhar os mesmos axiomas matemáticos formais (teorema de Euler em funções homogêneas, teorema dos extremos de Weierstrass, identidades determinantes de Jacobi subjacentes às reações de Le Chatelier, etc.), enquanto ainda não descansam nos mesmos fundamentos e certezas empíricos.[18]

Josiah Willard Gibbs, embora não seja um nome familiar hoje em dia, foi o primeiro físico teórico americano de nota, chamado por Einstein de "a maior mente na história americana". Wilson foi discípulo de Gibbs e Samuelson era discípulo de Wilson e, em certo sentido, todos os economistas hoje são discípulos de Samuelson. Não é de admirar que os economistas modernos tendam a invejar a física — a física é parte de nossa linhagem evolutiva intelectual direta!

Samuelson tomou emprestado os métodos da física matemática por atacado para usar em *Fundamentos*. De fato, em uma nota de rodapé para uma de suas ideias mais importantes, Samuelson anunciou sem rodeios que "este é essencialmente o método da termodinâmica, que pode ser considerado uma ciência puramente dedutiva baseada em certos postulados (a saber, a Primeira e Segunda Leis da Termodinâmica).[19] Desde 1947, a literatura econômica seguiu a liderança de Samuelson, tomando emprestado inspiração e métodos da física matemática, incluindo o desenvolvimento de expectativas racionais e a Hipótese dos Mercados Eficientes.

Tal empréstimo era, em si, adaptação a um ambiente. Muitas questões em economia tornaram-se muito mais intelectualmente gerenciáveis depois de receberem o tratamento de Samuelson. Podemos ler os clássicos dos economistas que vieram antes dele — grandes pensadores como Adam Smith, John Stuart Mill, Karl Marx ou John Maynard Keynes — e se perderam nas abstrações de sua longa prosa. Samuelson permitiu aos economistas cortar suas verborragias como uma faca afiada no queijo, analisando matemática e rigorosamente os problemas econômicos sem ter que interpretar um texto como um filósofo ou um teólogo. O ambiente intelectual da economia estava maduro, com problemas que poderiam ser resolvidos com essas técnicas ultramatemáticas.

Além disso, esse empréstimo da física também foi financeiramente lucrativo. Como vimos no Capítulo 1, os paralelos entre finanças e física podem ser muito próximos. Por exemplo, as semelhanças entre os movimentos do preço de um ativo e os movimentos de uma partícula no movimento browniano levaram à Hipótese do Passeio ao Acaso (ou Aleatório). Isso significa que os economistas financeiros geralmente podem usar a mesma matemática que os físicos: a fórmula de preços de opções Black-Scholes/Merton também é a solução para a equação de calor na termodinâmica (o calor também é produto do movimento aleatório).

Não deveria ser uma surpresa saber que Samuelson também foi instrumental no nascimento da economia financeira moderna. Ao recrutar, em 1967, um jovem engenheiro com mestrado em matemática aplicada da Caltech para cursar o programa de doutorado em Economia no MIT, Samuelson passou o bastão para a próxima geração do saber financeiro. Seu protegido, Robert C. Merton, agraciado com o Prêmio Nobel, deu início à criação de muito do que agora é conhecido como engenharia financeira, bem como as bases analíticas de pelo menos três atividades econômicas que giram vários trilhões de dólares: os mercados de opções negociadas em bolsa; de derivativos e produtos estruturados; e derivativos de créditos.

Mas o exaltado papel da teoria na economia não se deve apenas a Samuelson. Derivou dos esforços acumulados de vários gigantes intelectuais durante a metade do século após a II Guerra Mundial. Eles foram responsáveis por um renascimento da economia matemática. É de Gerard Debreu, um desses gigantes, o relato como testemunha ocular sobre esse período notavelmente fértil: "Antes do período contemporâneo das últimas cinco décadas, a física teórica tinha sido um ideal inacessível que a teoria econômica às vezes se empenhava em alcançar. Durante aquele período, essa luta tornou-se um poderoso estímulo na matemática da teoria econômica".[20] Debreu referia-se a uma série de avanços que não só ampliavam muito nossa compreensão da teoria econômica, mas também punham em evidência a tentadora possibilidade de aplicações práticas no setor fiscal e na política monetária, na estabilidade financeira e no planejamento central. Esses avanços incluem a teoria do jogo, a teoria do equilíbrio geral, a economia da incerteza, a teoria do crescimento econômico de longo prazo, a teoria do portfólio e o modelo de precificação de ativos de capital, a teoria de preços de opções, a modelagem macroeconométrica, a modelagem de equilíbrio geral computacional e expectativas racionais.[21] Diversas dessas contribuições foram reconhecidas pelo comitê do Prêmio Nobel e mudaram permanentemente o campo da economia, de um obscuro ramo da filosofia moral estudado por "senhores intelectuais", a um empreendimento científico de pleno direito semelhante ao processo dedutivo com o qual Isaac Newton explicou o movimento dos planetas a partir de três leis simples.

A matematização da Economia é agora integral, com modelos de equilíbrio estocástico dinâmico geral, expectativas racionais e sofisticadas técnicas econométricas que substituem os argumentos menos rigorosos da geração anterior de economistas. Contudo, mesmo quando Samuelson estava pondo para germinar as sementes da inveja da física nas futuras gerações de economistas, também estava profundamente consciente das limitações da dedução matemática na economia, como advertiu profeticamente na introdução de *Fundamentos* (o trecho em destaque é de Samuelson):

> Somente um pequeno número de escritos econômicos, teóricos e aplicados tem se preocupado com a derivação de teoremas *operacionalmente significativos*. Em parte, pelo menos, isso resultou de preconceitos metodológicos ruins que as leis econômicas deduziram de pressupostos *a priori* possuídos de rigor e validade independentemente de qualquer comportamento humano empírico. Mas apenas alguns economistas chegaram tão longe. A maioria teria gostado de enunciar teoremas significativos se algum deles lhes tivesse ocorrido. Na verdade, a literatura é abundante em falsas generalizações.
>
> Não precisamos cavar profundamente para encontrar exemplos. Literalmente, centenas de trabalhos foram escritos sobre o tema da utilidade. Tome um pouco de psicologia ruim, adicione uma pitada de filosofia e ética ruins, e quantidades liberais de lógica ruim, e qualquer economista pode provar que a curva de demanda para uma mercadoria é negativamente inclinada.[22]

Já mencionei que Samuelson era um aluno de pós-graduação quando escreveu isso?

De certa maneira, a inveja da física (ou, mais amplamente, a inveja da teoria) levou os economistas a trabalhar com "preconceitos metodológicos ruins". A racionalidade limitada de Simon superou claramente a teoria neoclássica de Samuelson sobre a maximização da utilidade em termos de plausibilidade psicológica, mas depois de Samuelson, a maioria dos economistas simplesmente não estavam interessados em representações realistas de estados internos. Eles se adaptaram ao novo ambiente intelectual. Queriam uma teoria econômica tão poderosa e abstrata quanto a física nuclear que havia dado aos Estados Unidos a bomba atômica. Eles desconfiavam da mensuração da subjetividade e da psicologia como um todo. Desejavam uma teoria que se assemelhasse à matemática e à física, não à biologia.

Por esse referencial, a Hipótese dos Mercados Eficientes, e a teoria das expectativas racionais, a ela relacionada, eram claramente concorrentes satisfatórias. A racionalidade limitada parecia operar no tipo de área cinzenta que uma ciência exata abomina. O epíteto pejorativo *"touchy-feely"*, dado a alguém que demonstra efusivamente suas emoções, tornou-se um termo depreciativo para destruir as ciências não exatas, e o "bom o suficiente" parecia muito *"touchy-feely"* para a maioria dos contemporâneos de Simon. E por uma geração ou duas, funcionou. Os economistas aplicaram suas teorias altamente matemáticas do comportamento racional de todas as formas imagináveis, sem perceber que seu ambiente estava se tornando exaurido de problemas onde essas teorias eram apropriadas e não percebendo que seu campo disciplinar estava retornando às suas raízes teológicas.

O problema com essa abordagem é que a biologia está mais próxima da economia do que a física. Vimos, de nossa excursão na neurociência em Raleigh, e da teoria evolutiva, que a biologia é muito mais relevante para o comportamento humano e a racionalidade limitada do que as teorias inspiradas pela física matemática. Na verdade, a maioria dos fenômenos econômicos do mundo real simplesmente se parece mais com a biologia do que com a física; é muito raro encontrar quaisquer ideias econômicas que se adaptam perfeitamente às derivações matemáticas elegantes.

Com desdém, o físico Ernest Rutherford considerava todos os campos que não eram da física como meros "colecionadores de selos". Mas a biologia possui fortes vantagens metodológicas sobre a física no estudo da economia. Os conceitos econômicos se traduzem naturalmente em suas contrapartes biológicas, e vice-versa, como a alocação de recursos escassos e a medida da diversidade em uma população. A biologia e a economia envolvem sistemas complexos, enquanto a bela simplicidade da física newtoniana tem dificuldades intratáveis com sistemas de mais de dois elementos, como no problema de três mecanismos da mecânica clássica.²³ Já existe uma literatura rica em biologia sobre competição, cooperação, dinâmica populacional, ecologia e comportamento em um nível muito mais profundo do que a filatelia. Mesmo sem a estrutura da Hipótese dos Mercados Adaptáveis, alguns economistas valeram-se de ideias biológicas em suas próprias teorias de dinâmica econômica e comportamento de mercado.

A diferença mais importante entre biologia e física, no entanto, e por implicação entre a Hipótese dos Mercados Adaptáveis (orientados pela biologia) e a Hipótese dos Mercados Eficientes (favoráveis à física), é que a biologia possui um princípio fundamental único, poderoso e unificador: a teoria da evolução por seleção natural de Darwin. Hoje, a física tem inúmeros rivais para uma "teoria de tudo", mas eles são de uso muito limitado para os economistas.

NOS OMBROS DOS GIGANTES

Não obstante a inveja da física e da teoria ter levado os economistas a extremos matemáticos irrealistas, há poucas dúvidas de que os economistas usufruíram de formidável inspiração ocasionada pelo sucesso das ciências físicas e naturais e que essa inspiração valeu a pena. Em uma carta a Robert Hooke, em 1676, Isaac Newton escreveu: "Se vi mais longe, foi por estar de pé sobre ombros de gigantes", uma declaração particularmente humilde de um gigante para outro. O progresso na academia raramente acontece no vácuo, mas ocorre sequencialmente à medida que construímos, sobre ideias e ferramentas de outros, a sabedoria das multidões ao longo do tempo. A Hipótese dos Mercados Adaptáveis certamente não é exceção. Na verdade, um padrão comum de uma descoberta científica genuína é quando vários programas de pesquisa diferentes parecem convergir para a mesma ideia, algo que o biólogo evolucionista Edward O. Wilson chama de "consiliência",²⁴ literalmente um "salto em conjunto" de conhecimento. Além da noção de racionalidade limitada de Herbert Simon, vale a pena revisar as outras vertentes da pesquisa acadêmica, tanto passadas como atuais, que dão suporte aos Mercados Adaptáveis.

A nossa certamente não é a primeira tentativa de fundir as ideias dos sistemas biológicos com o pensamento econômico — já mencionamos Thomas Malthus, que usou exemplos biológicos para ilustrar seus princípios sobre crescimento populacional. Na condição de clérigo anglicano, ele moldou seus argumentos em termos moralistas, mas seu raciocínio pode ser facilmente reformulado em termos familiares aos economistas de hoje.

Após a morte de Charles Darwin, a teoria evolucionista definhou, ficando décadas sem qualquer desenvolvimento; uma versão grosseira dela (o "darwinismo social") foi usada para justificar políticas de governo desumanas. Em razão disso, tendeu a atrair pessoas de fora. Um exemplo é Thorstein Veblen. Quando você usa a frase "consumo conspícuo" para descrever uma exibição de riqueza especialmente ostentatória, está usando um dos conceitos de Veblen. Hoje, Veblen é visto como um dos grandes sociólogos do século XX, mas em vida foi considerado um economista renegado.

Veblen acreditava que a economia precisava ser refeita como uma ciência evolucionista. Ele sentia que a economia estava muito preocupada com o "hedonista" — mas aqui devemos pensar em um maximizador do lucro, o *Homo economicus*, em vez de algum farrista no convés de um iate de luxo. Nas palavras de Veblen: "Os economistas aceitaram os preconceitos hedonistas relativos à natureza humana e à ação humana, e a concepção do interesse econômico que uma psicologia hedonista dá não oferece material para uma teoria do desenvolvimento da natureza humana [...]. Portanto, não há pronta receptividade ou apreciação em termos de um crescimento cumulativo de hábitos de pensamento e não provoca, mesmo que se preste a isso, um tratamento pelo método evolucionário".[25] Apesar do discurso acadêmico formal, isso deve soar muito familiar. Mas quando Veblen escreveu essas linhas em 1898, estava em disputa nada amigável com a academia. A seleção natural ainda era uma questão de debate entre os biólogos, e a teoria evolucionista estava em seu ponto mais baixo em termos de interesse acadêmico.

O que salvou a teoria da evolução foi uma síntese notável entre a biologia e as estatísticas conhecidas como genética populacional, propostas pela primeira vez pelo matemático britânico Ronald Aylmer Fisher.[26] Fisher mostrou que, sim, se poderia simular a seleção natural em uma população, observando sua quantidade numérica de genes. Se um gene fez um organismo menos adequado a seu ambiente — digamos, uma das mariposas brancas pousadas em uma árvore coberta de fuligem do Capítulo 5 —, a frequência desse gene diminuirá, e vice-versa, se um gene tornasse um organismo mais apto — uma mariposa preta em uma árvore coberta de fuligem —, a frequência desse gene aumentaria. (Esse cálculo foi feito pela primeira vez pelo grande poliestudioso britânico J.B.S. Haldane em 1924.)[27] Na verdade, nosso experimento mental com os tribbles, no presente capítulo, é descendente direto dos modelos de Fisher.

O desenvolvimento da genética populacional de Fisher foi a principal inovação que possibilitou os avanços da teoria evolucionista matemática moderna, estimulando uma série de novas ideias; incluindo sociobiologia e psicologia evolucionista, que abordamos no Capítulo 5. Um trabalho mais recente realizado por Wilson, em colaboração com o matemático Martin Nowak, na seleção do grupo — a ideia de que a seleção natural opera não apenas em genes ou indivíduos, mas em grupos de indivíduos — gerou nova controvérsia sobre a aplicabilidade de argumentos evolucionários para contextos sociais.[28] Mais versões mecanicistas da psicologia evolucionista foram propostas pelo influente psicólogo alemão Gerd Gigerenzer, atualmente diretor do Centro de Comportamento Adaptativo e Cognição (ABC) no Instituto Max Planck para o Desenvolvimento Humano. Gigerenzer e seus colaboradores do Grupo ABC levaram a noção de heurísticas e racionalidade limitada de Simon para suas conclusões algorítmicas lógicas em contextos de tomada de decisão legal, médica e de negócios.[29]

Muitos economistas estavam a par da sociobiologia, mesmo que só por intermédio da imprensa popular, mas poucos pensavam que os conceitos dela poderiam ser aplicados de maneira prática na Economia. Uma exceção notável foi Armen Alchian da Universidade da Califórnia, Los Angeles (UCLA). Alchian teve contato com o trabalho de Fisher por meio de seu estudo de estatísticas durante a II Guerra Mundial. Após a guerra, Alchian aplicou o princípio de variação e seleção natural de Darwin a uma questão fundamental na teoria da empresa, ou seja, por que algumas empresas têm êxito, enquanto outras fracassam? A resposta elegante de Alchian, publicada em 1950, era que a sobrevivência da empresa era um processo evolutivo. Obviamente, todas as empresas estão destinadas a maximizar o lucro, mas algumas, inteiramente através de variações fortuitas, estão melhor equipadas para lucrar em um determinado ambiente de negócios, enquanto outras perdem dinheiro e, portanto, saem de cena.[30]

Ao contrário da Hipótese dos Mercados Adaptáveis, Alchian aplicou sua análise somente ao nível da empresa, não ao investidor individual ou ao agente econômico, e não ao mercado mais amplo ou à macroeconomia. No entanto, pavimentou o caminho para que Jack Hirshleifer, seu colega da UCLA, discutisse, em 1977, as novas ideias sociobiológicas de Wilson em um contexto econômico.[31] Hirshleifer, após Wilson, viu forças evolucionárias em todos os níveis da economia. Para Hirshleifer, a evolução determinou a forma de preferências e funções de utilidade de um indivíduo, proporcionou a base para o comportamento não autocentrado da economia e explicou as forças da competição e especialização econômica. Essas são analogias altamente abstratas do relato de Hirshleifer — compreensivelmente, dado o nível de conhecimento neurocientífico na época —, e a base evolutiva para conceitos como a função de utilidade foi formada formalmente por pesquisadores como Arthur J. Robson e Larry Samuelson.[32] No entanto, Hirshleifer também assumiu a eficiência do mercado e um ambiente estático, com os processos econômicos evolutivos tendendo naturalmente para um estado de equilíbrio, no lugar da complexa dinâmica do mercado implícita na Hipótese dos Mercados Adaptáveis.

Mais recentemente, um número crescente de economistas começou a explorar outras conexões entre biologia e economia, incluindo extensões econômicas de sociobiologia; teoria evolutiva dos jogos; uma interpretação evolutiva das mudanças econômicas; economia como sistemas adaptativos complexos; o impacto da incerteza em relação ao número de descendentes nos padrões de consumo atuais; e a ampla aplicabilidade da biologia à economia neoclássica.[33] Embora não esteja diretamente relacionada aos mercados financeiros, essas linhas de pesquisa mostram que nem todos os economistas estão casados com o *Homo economicus* (não obstante essas alternativas ainda não façam parte do pensamento econômico dominante). Há menos aplicações do pensamento evolutivo nas finanças acadêmicas, mas elas existem. Um tema comum nesses casos são as propriedades de longo prazo dos mercados financeiros repletos de *traders* racionais e irracionais, e o fato de que a "sobrevivência dos mais ricos" nem sempre significa a eliminação de *traders* e estratégias irracionais.[34] Para criar mais visibilidade para essas contribuições, Ruixun Zhang e eu publicamos recentemente um volume editado do *Biological Economics*, em que vários desses artigos foram reimpressos.[35]

Um esforço mais planejado para fomentar colaborações entre economistas, biólogos, físicos e outros cientistas foi lançado em 1984 na bela cidade de Santa Fé, no Novo México. A atribuição do Instituto Santa Fe (SFI) foi realizar pesquisas pioneiras no novo campo de sistemas adaptáveis complexos. Usando um ramo da matemática conhecido como "sistemas dinâmicos não lineares", esses cientistas do SFI aplicaram seus consideráveis talentos em difíceis problemas práticos das ciências naturais, físicas e sociais. Uma vertente da pesquisa envolveu o uso de agentes econômicos simulados por computador, sujeitos a pressões adaptativas, para gerar dinâmicas de mercado familiares. Na verdade, W. Brian Arthur e outros colaboradores da SFI se inspiraram diretamente nas descobertas da biologia molecular e criaram um mercado de ações artificial constituído de *traders* que usaram instruções parecidas com o DNA como um programa para prever o comportamento do mercado, sujeito a períodos de mutação e seleção.[36]

Outras formas de abordagem, como a de J. Doyne Farmer, focaram a dinâmica e as interações entre participantes do mercado com estratégias conhecidas em uma estrutura matemática que descreve os mercados em termos ecológicos. Sua ideia-chave era que as estratégias de negociação "alimentem" as ineficiências do mercado, mas também as afetem, criando uma paisagem dinâmica na qual a eficiência perfeita nunca é alcançada (voltaremos a tais ideias, e a Doyne, no Capítulo 8).[37] O colega da McKinsey, Eric Beinhocker, ex-estudioso visitante da SFI, sintetizou grande parte do ponto de vista da complexidade evolucionária em *The Origin of Wealth*.[38] Muitas das críticas à ortodoxia econômica feitas pela escola SFI são semelhantes às da Hipótese dos Mercados Adaptáveis. Porém, a Hipótese dos Mercados Adaptáveis coloca um peso muito maior em ambientes e adaptações passados para explicar o comportamento do mercado e — assim como a teoria de Darwin, antes dele e do ecossistema de estratégias comerciais do agricultor — não prevê qualquer tendência ou estado final como inevitável.

A teoria da evolução de Darwin através da seleção natural foi uma das muitas tentativas do século XIX de ver o mundo como um sistema coerente. A tradição alemã, tentando resolver a antiga tensão filosófica entre o ideal e o real, analisou esses sistemas em termos de processos opostos, revelando uma conclusão mais profunda, desenvolvendo conceitos como a "tese, antítese, síntese" de Fichte e a dialética de Hegel. Esses dois se constituíram nos fundamentos teóricos de um jornalista revolucionário chamado Karl Marx, talvez o economista mais influente do planeta dos últimos cem anos (e talvez de todos os tempos, por determinadas métricas). As teorias de Marx eram atraentes não apenas por seu conteúdo político revolucionário, mas pelo seu poder explicativo das sociedades recentemente industrializadas, como Alemanha, Rússia e China. A abordagem dialética deu um relato dinâmico da mudança econômica que não foi convincentemente contraposto pela corrente econômica dominante até o desenvolvimento da teoria moderna do crescimento na década de 1950.

Em consequência disso, muitos pensadores econômicos na Europa reagiram às ideias marxistas, mesmo que desprezassem a política marxista. O grande campeão do empreendedorismo, Joseph Schumpeter, tomou emprestada a ideia marxista de que o capital se destruía periodicamente e a aplicou em sentido positivo, chamando-a de "destruição criativa", a inovação evolucionária necessária para a próxima fase do sistema capitalista.[39] As ideias de Schumpeter foram mais longe impulsionadas por Sidney Winter e Richard Nelson, que aplicaram a seleção natural à organização industrial e à teoria do crescimento, encontrando nelas possíveis explicações para as mudanças na produtividade econômica e na estrutura industrial.[40]

Outras figuras rejeitaram completamente o pensamento marxista, mas perceberam que a abordagem estática de mercados eficientes estava incompleta. O economista Friedrich Hayek usou ideias evolucionistas em seu sentido mais amplo ao longo de seu trabalho; no entanto, não acreditou nos princípios darwinianos de variação e seleção natural aplicados além da biologia.[41] Enquanto isso, as dúvidas do filósofo austríaco Karl Popper e seu aluno, George Soros, sobre o conhecimento absoluto levaram Soros a desenvolver sua teoria da reflexividade, que ele descobriu que poderia aplicar com bastante sucesso na exploração de mercados supostamente eficientes.[42] Ainda que sua teoria não seja estritamente evolucionista, compartilha os recorrentes *feedback*s encontrados na Hipótese dos Mercados Adaptáveis para explicar a dinâmica contraintuitiva do mercado. George Soros não é diletante quando se trata de dinâmicas de mercado, como veremos no próximo capítulo.

Ao longo deste capítulo, estamos fazendo paralelismos e analogias entre conceitos econômicos e biológicos. Isso pode parecer um tanto superficial ao eventual leitor, mas a universalidade da teoria da evolução nos permite usar o raciocínio biológico em contextos econômicos. Um investidor com uma estratégia de portfólio fracassada realmente se parece com um grande tubarão branco que se debate na praia? É o enorme poder e alcance da teoria evolutiva que faz o comportamento deles comparável. Tanto o investidor como o tubarão experimentaram fortes pressões seletivas para torná-los o que são: lucro e perda; vida e morte. Tanto o investidor como o tubarão se tornaram extremamente bem adaptados a seu meio ambiente. Em última análise, contudo, tanto o investidor quanto o tubarão debatem-se quando seu ambiente de repente muda e suas adaptações finamente sintonizadas falham com eles.

Em pesquisas subsequentes com Tom Brennan e Ruixun Zhang, ampliamos o modelo de escolha binária de várias maneiras, tornando-o mais realista biologicamente — por exemplo, introduzindo mutação, possibilitando múltiplas fontes de risco reprodutivo e mostrando que a seleção natural ocorre em vários níveis simultaneamente. Essas extensões confirmam que muitos dos preconceitos comportamentais, descobertos por psicólogos e economistas comportamentais, podem ser facilmente gerados através de processos evolutivos simples aplicados ao modelo de escolha binária. Você só precisa do ambiente certo — em muitos casos, risco reprodutivo sistêmico — e, em seguida, tempo suficiente. Como nosso modelo de escolha binária fornece um vínculo explícito entre o comportamento e o ambiente, podemos prever os tipos de ambientes com maior probabilidade de ter dado origem a comportamentos específicos. Essas previsões podem, então, ser testadas de várias formas: usando dados históricos sobre ambientes passados; realizando experiências ao vivo — em que recriamos esses ambientes e verificamos se os indivíduos se comportam conforme nossa teoria prevê —; e montagem de estudos de caso que ofereçam suporte "factual" para a teoria. Meus colaboradores e eu atualmente estamos seguindo as três direções de pesquisa, e você lerá algumas das primeiras descobertas nos próximos capítulos. Mas uma ilustração quase perfeita da Hipótese dos Mercados Adaptáveis pode ser encontrada em um grupo pequeno, mas elitista, de "insiders" do setor financeiro, envolvido em segredo e mistério: gestores de fundos de *hedge*.

É preciso uma teoria para derrubar uma teoria, e a Hipótese dos Mercados Adaptáveis é o novo contendor. Mas estes são ainda os primeiros dias para o desafiante — o titular teve uma vantagem de cinco décadas — e é preciso muito mais pesquisas antes que essas ideias se tornem tão úteis quanto os modelos de financiamento quantitativo existentes. Além disso, a própria ciência é um processo evolutivo. Entre a teoria, os dados e o experimento, a Hipótese dos Mercados Adaptáveis sobreviverá, e talvez seja substituída por uma teoria ainda mais convincente no futuro, ou terá vida breve e será esquecida. Mas mesmo na fase inicial, fica nítido que esta hipótese pode resolver elegantemente muitas das contradições entre a Hipótese de Mercados Eficientes e suas exceções.

De acordo com a nova configuração, o comportamento do mercado adapta-se a um determinado ambiente financeiro. *Um mercado eficiente é simplesmente o limite estável de um mercado em um ambiente financeiro imutável.* É improvável que um mercado tão idealizado exista na prática, mas ainda é uma abstração útil cujo desempenho pode ser aproximado sob certas condições (e vou oferecer alguns exemplos em breve). Para entender o que são essas condições, voltamos nosso foco para o único canto da Economia onde a competição é "violenta e selvagem": a indústria de fundos de *hedge*.

CAPÍTULO 7

As Ilhas Galápagos das Finanças

MECÂNICA QUÂNTICA*

Durante 300 anos, Londres foi um dos grandes centros financeiros do mundo, um paradigma de inovação e estabilidade financeira. Entretanto, em 1992, as forças da mudança evolucionária agiam poderosamente naquela cidade histórica. A queda do comunismo na Europa Oriental surpreendeu o ambiente financeiro internacional. Essa novidade geopolítica pareceu abrir um novo caminho para a maior integração econômica das nações da Europa — incluindo o Reino Unido. Depois de uma década de ceticismo sobre a proposta da moeda europeia unificada (ainda não chamada de euro), a Grã-Bretanha tornou-se um novo membro do Mecanismo Europeu de Taxas de Câmbio, levando sua moeda a entrar em sincronia com as outras moedas da Europa. Como prelúdio para substituir a libra, o governo britânico prometeu manter sua taxa de câmbio estável em relação ao marco alemão. Como um bônus, os responsáveis britânicos pela área monetária acreditavam que isso daria à Grã-Bretanha um pouco da lendária capacidade da Alemanha no combate à inflação.

Porém, em 1992, estava se tornando claro para certos observadores que a Grã-Bretanha havia estabelecido para aquele fim uma taxa de câmbio muito elevada. Em outras palavras, a libra britânica estava sobrevalorizada. Em termos práticos, isso não importava desde que o Tesouro Nacional do país continuasse disposto a comprar quantas libras fossem necessárias para manter a moeda dentro da taxa de câmbio do mecanismo. Uma vez que a Grã-Bretanha era a 6ª maior economia do mundo e a sorte do governo da vez estava ligada ao sucesso do plano europeu, ninguém acreditava seriamente que deixariam de manter sua taxa de câmbio.

Ninguém, isto é, com exceção de uma misteriosa entidade financeira chamada Quantum Fund, um fundo de *hedge* secreto administrado pelo investidor George Soros, anteriormente mencionado. Muito poucas pessoas, mesmo no mundo financeiro, sabiam exatamente o que era um fundo de

---

* Como se vê pelo texto a seguir, há no título desta seção um trocadilho envolvendo a palavra "quantum" (em português, "quântico") e o nome do fundo de *hedge*, "Quantum Fund", com o nome da ciência conhecida por "Quantum Mechanics" (em português, "Mecânica Quântica").

hedge em 1992. E ainda menos pessoas sabiam que, em agosto, o Fundo Quantum havia vendido a descoberto (uma prática financeira em que se vende um título ou moeda sem as possuir com o compromisso de entrega no prazo acordado) um montante de libras esterlinas equivalente a US$1,5 bilhão. Soros viu que a Grã-Bretanha havia criado a oportunidade perfeita para fazer uma aposta. Ou o Banco da Inglaterra manteria a libra contra as pressões econômicas que a levariam para baixo — uma situação na qual o Fundo Quantum perderia relativamente pouco — ou então não conseguiria suportar a cotação da libra, e o Fundo Quantum se beneficiaria generosamente com a queda.

Na segunda-feira, 14 de setembro de 1992, Helmut Schlesinger, presidente do Bundesbank — o equivalente alemão ao Banco Central —, declarou em uma entrevista para o *Wall Street Journal* que uma ou duas moedas poderiam ser pressionadas a mudar suas taxas de câmbio em um futuro próximo. Para Soros, essa era a luz verde. Em vez de aumentar apenas ligeiramente suas posições no dia 15 de setembro, ele disse a seus *traders* para "ir na jugular". O Fundo Quantum aumentou sua posição a curto prazo em libras esterlinas de US$1,5 bilhão para US$10 bilhões, e outros especuladores seguiram seu exemplo.[1]

O dia seguinte, 16 de setembro, seria conhecido como Quarta-Feira Negra. O Banco da Inglaterra comprou centenas de milhões de libras e aumentou as taxas de juros de curto prazo para níveis muito altos, mas não podia impedir a venda da libra abaixo da taxa de câmbio exigida pelo Mecanismo Europeu de Taxas de Câmbio. Naquela noite, a Grã-Bretanha se retirou formalmente da tentativa de se juntar a uma moeda europeia comum. Depois disso, a libra permaneceu independente do euro. Em 2016, o eleitorado no Reino Unido votou a favor de deixar a Comunidade Europeia por completo, acabando com a chance de que a libra esterlina fosse substituída pelo euro.

E quanto a Soros e seu reservado Fundo Quantum? Em outubro, o industrial italiano Gianni Agnelli revelou que ele ganhara mais dinheiro com sua participação no Fundo Quantum do que com a propriedade da gigante fabricante de automóveis italiana Fiat. Alguns cálculos rápidos revelaram que o fundo de Soros deve ter arrecadado um bilhão de dólares com a venda a descoberto da libra britânica.[2] Nada mal por alguns dias de trabalho.

Muitos economistas financeiros costumavam argumentar que, se os mercados realmente não fossem eficientes, então deveria haver estratégias sistemáticas que permitissem que os investidores explorassem essas ineficiências, levando-os rapidamente a ganhar enormes quantidades de dinheiro. Onde estavam aqueles bilionários míticos que de alguma maneira poderiam vencer o mercado?

Bem, esses bilionários míticos estavam bem embaixo de nossos narizes. Nós os chamamos de gestores de fundos de *hedge*.

MISSÃO IMPOSSÍVEL

A Hipótese dos Mercados Eficientes tem sido uma faca de dois gumes para os investidores. Se os mercados são verdadeiramente eficientes, não há análises que possam ajudar um investidor a vencer o mercado — então, por que não investir em um fundo indexado? Hoje, os fundos indexados e aplicações de gestão passiva ocupam uma parte enorme do cenário financeiro, uma incrível história de sucesso para a Hipótese dos Mercados Eficientes. No entanto, a hipótese tem uma implicação profundamente desconfortável em sentido inverso: se não há análise capaz de ajudar um investidor a vencer o mercado, o que devemos fazer com George Soros quebrando o Banco da Inglaterra, ou o lucro de $20 bilhões que John Paulson auferiu de 2007 para 2008 apostando contra a bolha imobiliária, ou ainda com as carreiras extraordinárias do cientista da computação David Shaw e do matemático James Simons, cujos fundos de *hedge* sempre conseguiram bater o mercado? A explicação padrão baseada na Hipótese dos Mercados Eficientes é que essas pessoas eram de alguma forma apenas "sortudas", que seus retornos eram simplesmente as caudas de uma distribuição estatística, e não o resultado de qualquer habilidade particular. Porém, quando analisamos os detalhes de seus feitos extraordinários, bem como os de muitos outros gestores de fundos de *hedge* bem-sucedidos, temos que nos perguntar se não há mais alguma coisa acontecendo.

Há na Hipótese dos Mercados Eficientes um paradoxo relacionado aos investidores. Em 1980, os economistas Sanford Grossman e Joseph Stiglitz argumentaram que, sem a oportunidade de lucrar com as imperfeições do mercado, os investidores não têm motivos para reunir e analisar as informações que o mercado usa para descobrir preços.[3] Afinal, para que serviria isso? O processo de descoberta de preços não é gratuito, e na ausência de incentivos econômicos — em outras palavras, oportunidades de lucro, também conhecidas como ineficiências do mercado — os mercados financeiros líquidos simplesmente deixarão de existir. Segundo Grossman e Stiglitz, um mercado perfeitamente eficiente é, de fato, impossível.

A Hipótese dos Mercados Adaptáveis resolve de forma sofisticada essas dificuldades, observando primeiro que os preços não refletem automaticamente todas as informações disponíveis — como poderiam? Verificamos que compradores e vendedores não usam todas as informações disponíveis para tomar suas decisões — eles usam alguns dados e heurísticas em vez disso. Essas heurísticas podem ser extraordinariamente sofisticadas, como as estratégias quantitativas de Shaw e Simons, mas ainda são heurísticas. Conforme os mercados se tornam mais competitivos, contudo, os investidores precisam adaptar suas heurísticas para manter o lucro. Em condições estáveis, um "círculo virtuoso" de estratégias cada vez mais eficientes pode evoluir para tirar proveito de quaisquer informações, preços incorretos ou oportunidade de arbitragem no mercado. Em seu limite teórico e na ausência de atritos, a Hipótese dos Mercados Adaptáveis inclui a Hipótese de Mercados Eficientes como um caso especial. Na prática, porém, esse limite raramente é alcançado e, se o for, geralmente não perdura.

Os mercados financeiros de hoje ainda estão distantes de um estado final teórico de mercados tidos como perfeitamente eficientes. Investidores tão diferentes quanto Warren Buffett e Jim Simons ganham consistentemente dos fundos indexados favorecidos pela Hipótese dos Mercados Eficientes, apesar de aplicarem estratégias de investimento muito diferentes. Ao contrário da Hipótese dos Mercados Eficientes, a Hipótese dos Mercados Adaptáveis não afirma que os mercados sempre se tornarão mais eficientes no decorrer do tempo. Em vez disso, ela prevê uma dinâmica de mercado mais complicada. Assim como algumas espécies na Terra se tornaram extintas enquanto emergiam outras novas, a história dos mercados financeiros foi marcada por falhas, pânico, manias, bolhas e outros fenômenos naturais do mercado. Qualquer tendência para uma maior eficiência nos mercados financeiros é um produto do intelecto humano aplicado ao mercado — evolução na velocidade do pensamento — e não necessariamente uma decorrência do próprio mercado.

É por isso que os fundos de *hedge* representam uma ilustração ideal da Hipótese dos Mercados Adaptáveis em ação, uma demonstração em tempo real de como essa teoria difere da Hipótese dos Mercados Eficientes. Um observador astuto pode perceber a evolução financeira acontecer diante de seus próprios olhos no setor de fundos de *hedge*, de uma forma impossível de encontrar em outros segmentos mais lentos dos mercados financeiros. A esse respeito, o setor de fundos de *hedge* é as Ilhas Galápagos das finanças.

AS ILHAS DA EVOLUÇÃO

Cerca de cinco milhões de anos atrás, a centenas de quilômetros da costa ocidental do que é agora a América do Sul, um vulcão rompeu a superfície do Oceano Pacífico. Esta terra era inteiramente nova, localizada quase no Equador, a centenas de quilômetros da costa mais próxima. Vulcões irmãos emergiram das profundezas, formando um grupo de ilhas que os cartógrafos mais tarde chamariam de Galápagos.

À medida que as ilhas resfriavam, a vida começou a brotar nas duras rochas vulcânicas. A maior parte dela chegou por acidente, transportada pelo vento ou pelas ondas do mar, vinda do continente, a quase mil quilômetros. Esses visitantes inesperados encontraram um ambiente quente e seco. Somente os espécimes com as habilidades certas para sobreviver em um ambiente tão hostil resistiram: plantas especiais como cactos, animais como iguanas e a famosa tartaruga gigante de Galápagos, além de um número surpreendente de espécies menores de plantas e animais — surpreendente em face da longa distância do continente. Poucos organismos poderiam sobreviver a uma perigosa viagem como essa. Todavia, porque os prazos evolutivos são tão longos, até uma chance anual de sobrevivência de uma em um milhão ocorrerá em média cinco vezes no prazo de cinco milhões de anos.

Alguns seres de uma determinada espécie de pássaro — um tentilhão sul-americano — conseguiram fazer essa jornada acidental, não só para permanecer, mas para se desenvolver nas Galápagos. Esses sobreviventes acidentais encontraram uma variedade de novos ambientes entre as plantas que já haviam se estabelecido nas ilhas. A evolução seguiu seu curso e nos diferentes e novos ambientes os pássaros se adaptaram de maneiras distintas. Para alguns essa adaptação significou bicos grandes e grossos, como as mandíbulas de uma chave inglesa, para quebrar sementes para se alimentar. Outros desenvolveram bicos longos e finos para se alimentar de insetos pequenos e do néctar das flores. Onde quer que houvesse uma fonte de alimento viável no meio ambiente, os descendentes dos sobreviventes se adaptaram para aproveitá-la melhor.[4]

Quando o jovem naturalista britânico Charles Darwin chegou às Ilhas Galápagos, cinco milhões de anos depois de elas serem formadas, ficou confuso com a variedade dos "tentilhões" que viu lá.[5] Eles variavam em dieta alimentar, tamanho e forma de bico, mas suas plumagens eram tão semelhantes que Darwin se confundia. Foi apenas alguns anos depois, enquanto revisava a 2ª edição de seu livro em suas viagens no H.M.S. Beagle, que Darwin chegou à conclusão evolucionária: "Vendo essa gradação e diversidade de estrutura em um pequeno grupo intimamente relacionado de pássaros, pode-se imaginar que, a partir de uma escassez original de pássaros neste arquipélago, uma espécie foi tomada e modificada para diferentes fins".[6]

Hoje, sabemos que 14 espécies de tentilhões vivem nas Ilhas Galápagos, cada uma adaptada a seu próprio ambiente, todas descendentes de um antepassado comum.[7] A biologia moderna considera os tentilhões de Darwin um exemplo clássico de radiação adaptativa, a proliferação de um novo grupo de espécies relacionadas em uma rápida explosão de inovação ecológica, cada nova espécie aproveitando uma estratégia ecológica diferente.

Por que estamos falando sobre pássaros e ilhas no Pacífico no meio de um livro sobre mercados financeiros? Acontece que há aqui uma analogia direta: os fundos de *hedge* são como as Ilhas Galápagos no mundo financeiro. Diferentes formas de fundos inovam e proliferam exatamente como os tentilhões das ilhas distantes de Darwin. Assim como uma dessas espécies desenvolveu um bico grosso para esmagar as sementes, e outra delas um bico fino para coletar néctar, um gerente como George Soros baseia sua estratégia em macroeconomia global, enquanto um gerente como John Paulson baseia sua estratégia em eventos de negócios previstos. Algumas estratégias de fundos de *hedge* ganham, enquanto outras perdem e, no fundo, há um processo constante de formação, inovação e extinção de fundos de *hedge*. A Hipótese dos Mercados Adaptáveis explica essa diversidade: por que alguns fundos de *hedge* são bem-sucedidos, por que a maioria não dá certo e por que maiores e mais bem-sucedidos fundos de *hedge* empregam uma grande diversidade de estratégias.

ARQUIPÉLAGO FUNDO DE HEDGE

O que é exatamente um fundo de *hedge*? Para algumas pessoas, esses fundos estão envoltos pela mística das personalidades poderosas que os operam e pelo fascínio de grandes riquezas que podem criar. Para outros, eles têm uma reputação sombria devido à sua falta de transparência. Fui apresentado aos fundos de *hedge* por um advogado que me explicou que: "Um fundo de *hedge* é uma parceria privada que tem um começo e um fim, e envolve um sócio geral e vários sócios limitados, cada um dos quais traz algo para a parceria. No início, o parceiro geral traz toda a experiência e os parceiros limitados trazem todo o dinheiro. No final, o parceiro geral sai com todo o dinheiro e os sócios limitados saem com toda a experiência."

Uma explicação mais séria diria que um fundo de *hedge* é basicamente uma parceria de investimento privado que não está aberta ao investidor geral nem é divulgada para o público. Ele é destinado ao chamado investidor "qualificado" ou "sofisticado", o que significa que o investidor deve ter dinheiro suficiente para não se preocupar em perder tudo. Atualmente, nos EUA, a definição legal de um investidor qualificado é alguém com pelo menos $2,5 milhões de patrimônio líquido. Uma vez que esses investidores podem suportar perdas financeiras significativas, e assumem que compreendem os riscos de uma parceria de investimento privado, os fundos de *hedge* estão, nos EUA, sob uma regulamentação muito menos rigorosa do que um fundo mútuo ou fundos de curto prazo. Os fundos de *hedge*, no mercado americano, costumavam ser quase completamente desregulamentados, mas, de acordo com o Dodd-Frank Act de 2010, agora são obrigados a se registrar na Securities and Exchange Commission (SEC) e fornecer determinadas informações ao governo.

Ainda assim, nos EUA, são poucas as restrições sobre o que um fundo de *hedge* pode ou não fazer. Eles podem assumir todo o tipo de oportunidades de investimento em diferentes classes de ativos, em diferentes países, comprar ou vender a descoberto, à velocidade da luz ou mais devagar, e assim por diante. Os fundos de *hedge* também cobram taxas elevadas — uma taxa de administração fixa, tipicamente de 1% a 2% dos ativos sob gestão, e uma taxa de performance, normalmente 20% do lucro. Mesmo após as taxas, os mais bem-sucedidos ainda conseguem gerar retornos muito superiores aos de um fundo mútuo típico. No entanto, o setor também apresenta alta rotatividade: muitos fundos de *hedge* antigos saem do negócio e vários novos são lançados para ocupar os lugares vagos.

Essas características permitem a eles adaptar-se muito rapidamente às mudanças nas condições do mercado. Mesmo após a recente crise financeira, os fundos de *hedge* permanecem levemente regulamentados nos EUA. Isso significa que eles têm barreiras relativamente baixas para a entrada — tal qual em Galápagos, podem facilmente ajeitar-se no piso duro das novas rochas vulcânicas do mercado. Os fundos de *hedge* têm níveis de remuneração muito altos para seus gestores, de modo que as apostas evolucionárias são significativas. Desse modo, os gestores de portfólio talentosos são atraídos para fundos de *hedge* de todos os cantos do mundo dos negócios. Não há nesse setor escassez de novas estratégias e empreendedores famintos, o que, por sua vez, significa que a concorrência é intensa e a adaptação a nichos lucrativos específicos é rápida e impiedosa.

Para entender melhor os aspectos únicos dos fundos de *hedge*, vamos compará-los com investimentos mais tradicionais como fundos mútuos. Suponha que um fundo mútuo tenha $10 milhões de capital e o aplique na Apricot Computers, antecipando-se ao lançamento da carteira eletrônica Apricard; um hardware de bolso que pode armazenar e gerenciar mais de mil cartões de crédito e débito além de outras funcionalidades. Se o Apricard decolar e o preço das ações da Apricot subir 10%, o fundo mútuo ganha milhões de dólares. Por outro lado, se o Apricard for um fiasco, as ações da Apricot caem 10% e o fundo perde um milhão de dólares. A maioria das pessoas entende como os fundos mútuos funcionam.

Agora, suponhamos que um fundo de *hedge* tenha $10 milhões de capital. Graças à magia da *alavancagem* — o que é apenas um termo elegante para empréstimo —, o fundo de *hedge* pode comprar $30 milhões de ações da Apricot com um índice de alavancagem de três para um. Isso aumentará consideravelmente o retorno do fundo se o Apricard for um sucesso. Mas o fundo de *hedge* também pode, simultaneamente, vender $30 milhões a descoberto da BlueBerry Devices, a principal concorrente da Apricot e produtora do BlueBerry; uma carteira de couro do tamanho de uma bolsa "clutch" (uma bolsa pequena ou média que pode ser carregada na mão) que armazena fisicamente até 25 cartões de crédito e ainda tem um excelente teclado.

O fundo de *hedge* está apostando que o Apricard tornará o BlueBerry obsoleto, fazendo com que o preço das ações baixe. Se essa aposta der certo e a BlueBerry Devices cair 10%, o fundo de *hedge* ganhará mais $3 milhões, além dos $3 milhões que ganhou em sua posição alavancada na Apricot, auferindo um total de $6 milhões de lucro. O gestor típico de um fundo de *hedge* se apropriará de 20% disso, além de uma taxa de administração de 2% sobre os $10 milhões de capital, que somam $1,4 milhão. Mas os investidores raramente se queixam das taxas, porque acabaram de ganhar incríveis 48% sobre seu investimento de $10 milhões.

Ao usar alavancagem e táticas de vendas a descoberto que não estão disponíveis para fundos mútuos, o fundo de *hedge* pode aumentar seu retorno quando aposta corretamente. Mas a capacidade do fundo de *hedge* de investir a longo e curto ao mesmo tempo tem outra propriedade interessante. Digamos que o pior ocorra, e todo o mercado de ações caia. Os preços da Apricot e da BlueBerry vão baixar, mas as vendas a descoberto do fundo de *hedge* no BlueBerry gerarão resultados positivos para o fundo. Isso ajudará a compensar suas perdas em suas compras a descoberto da Apricot. Em outras palavras, as compras a descoberto de um fundo de *hedge* podem ser vistas como uma proteção contra suas vendas a descoberto, tornando o capital do fundo menos sensível às mudanças no mercado. Esse é o motivo do "hedge" (em português, segurança, cobertura, proteção) em fundos de *hedge*. A maioria dos fundos desse tipo tenta ganhar dinheiro em ambos os sentidos no mercado e, ao fazê-lo, acaba protegendo sua exposição ao mercado.

Essa é a boa notícia. Agora, as más. Se a aposta do fundo de *hedge* der errado — talvez a tecnologia do Apricard tenha uma falha que permita que os hackers roubem milhões de números de cartão de crédito — e a Apricot sofrer uma perda de 10%, enquanto o BlueBerry se beneficia dos problemas de seu competidor e usufrui um ganho de 10%, o fundo de *hedge* vai perder $6 milhões, eliminando 60% do fundo. O poder de alavancagem e a venda a descoberto cortam pelos dois lados.

Atualmente, existem mais de nove mil fundos de *hedge* em todo o mundo, gerindo mais de $2 trilhões em ativos e um número desconhecido de instituições operando de modo similar a um fundo de *hedge*; só que aplicando estratégias de *proprietary trading*. Na verdade, o segmento de fundos de *hedge* está mais para um grupo de 20 ou 30 indústrias caseiras, cada qual com sua particular especialidade. Esse mix é nitidamente adaptável às condições do mercado: novos fundos começam a aproveitar as oportunidades emergentes de uma estratégia, enquanto outros fundos fecham depois de experimentar perdas advindas de outra estratégia.

Mas por que nos preocupamos com fundos de *hedge*? Um dos meus colegas de finanças acadêmicas me fez essa pergunta logo após a quebra do Long Term Capital Management, um fundo de *hedge*, em 1998: "Isso não é apenas um caso de um grupo de gente rica que perde seu dinheiro? Quem se importa com isso?". Vem da Hipótese dos Mercados Adaptáveis uma resposta atraente: os fundos de *hedge* são uma espécie importante no ecossistema financeiro. Durante os bons tempos, eles são a "linha de frente"; aproveitarão novas oportunidades de investimento assim que surgirem. Já nos maus momentos, os fundos de *hedge* são as "primeiras vítimas" a sofrer com os abalos financeiros.

Observar esse setor pode nos dar excelentes *insights* sobre o que está acontecendo com o ambiente de mercado. Os fundos de *hedge* inovam rapidamente e, porque tendem a ser altamente alavancados, têm um impacto desproporcional nos mercados. Bancos centrais e fundos soberanos, companhias de seguros e fundos de pensão investem em fundos de *hedge* ao lado de pessoas de elevado patrimônio líquido. Essas grandes instituições afetam a vida financeira do consumidor cotidiano, pessoas que ficam a apenas um passo da ecologia financeira. Você pode não estar interessado em fundos de *hedge*, mas eles podem estar interessados em você.

UMA HISTÓRIA EVOLUCIONÁRIA DO FUNDO DE HEDGE

Vamos usar a Hipótese dos Mercados Adaptáveis para examinar mais de perto os fundos de *hedge*. Os milhares de fundos de *hedge* ativos mostram uma gama impressionante de diversidade e inovação financeira. Há 40 anos, todavia, havia apenas algumas centenas deles, e a maioria estava em pleno declínio. Outros 40 anos antes disso, pode ter havido um punhado de parcerias de investimento estruturadas como um fundo de *hedge* moderno, batalhando nas profundezas da Grande Depressão. Se recuarmos no tempo mais 40 anos, não há nenhum sinal de fundos de *hedge* registrado em qualquer lugar no cenário financeiro.

Do ponto de vista evolutivo, esse é um padrão bastante marcante. A despeito da relativa simplicidade do fundo de *hedge* como forma de investimento — em essência, é simplesmente uma parceria privada — e seu notável crescimento nas últimas décadas, sua popularidade é bastante recente. A maior participação desses fundos no ambiente financeiro moderno é exatamente paralelo à evolução de uma espécie bem-sucedida em um ambiente biológico em mudança. Há falsos começos, súbitos aumentos de especiações, extinções em massa, adaptações e inovações na história de vida dos fundos de *hedge*, assim como na história evolutiva de qualquer animal. Ao contrário da evolução biológica, no entanto, a evolução financeira prossegue à velocidade do pensamento, em que várias ideias podem ir e vir no período de tempo de um almoço de trabalho produtivo.

Como muitas adaptações bem-sucedidas, é bastante difícil identificar exatamente quando surgiu o primeiro fundo de *hedge*. Sob diferentes nomes, eles podem ter estado presentes na cena financeira desde a década de 1920, se não antes. O lendário investidor Warren Buffett acredita que Benjamin Graham, o famoso proponente do investimento em valor, construiu uma sociedade semelhante a um fundo de *hedge* moderno nos anos 1920. Buffett acrescenta: "Não digo que o empreendimento de Ben, em meados da década de 1920, tenha sido o primeiro. É apenas o primeiro que eu conheço."[8]

Essas primeiras associações eram assuntos reservados, mantidos fora do conhecimento público. É precisamente por sua relativa obscuridade que poucas pessoas no mundo financeiro pensaram em usar um fundo de *hedge* de forma mais inovadora. Como resultado, esses protofundos permaneceram estagnados evolutivamente até 1949.

O desenvolvimento do primeiro "fundo protegido" moderno, em 1949, é geralmente creditado a Alfred Winslow Jones. Assim como muitos inovadores de fundos de *hedge*, Jones era um estranho no mundo financeiro.[9]

Um sociólogo e estatístico que se juntou a grupos comunistas no tenso ambiente político antes da II Guerra Mundial, Jones combinou sua considerável agudeza matemática com um interesse na análise técnica. Ele acreditava na necessidade econômica do mercado livre, mas também achava que o mercado estava sujeito às guinadas psicológicas dos investidores — a loucura das massas.

No início de 1949, depois de escrever uma série de artigos para a revista *Fortune* criticando as técnicas de previsão da cotação de ações de outras pessoas, Jones decidiu atacar sozinho.[10] Com 40 mil dólares de seu próprio bolso e 64 mil de quatro amigos, começou seu fundo em um pequeno escritório na Broad Street, em Lower Manhattan. Jones compraria ações que ele acreditava que aumentariam de valor, e se protegeria com vendas a descoberto de ações cujos preços presumia que cairiam. Essa estratégia foi excepcional o suficiente para dar seu nome a toda a nova classe de fundos. Jones usou várias das mesmas estratégias que vemos hoje. Por exemplo, caracterizaríamos o portfólio de seu primeiro fundo como seguindo uma estratégia de alavancagem neutra de longo e curto prazo.[11]

O "fundo protegido" de Jones se deu extremamente bem. Nos 20 anos que se seguiram obteria um retorno anualizado de mais de 20%. Dessa forma, como agora, os fundos de *hedge* mantiveram suas estratégias exatas em segredo. Entretanto, com base em registros privados do fundo e das lembranças dos colegas de Jones, parece que ele havia caracterizado, de forma independente, três medidas-chave das propriedades financeiras de uma ação, que correspondem, aproximadamente, aos conceitos modernos de alfa, o retorno acima e além do mercado; beta, a relação do retorno com o fluxo geral do mercado; e sigma, a volatilidade do retorno de uma ação, que Jones chamou de "velocidade". (Há muito mais a dizer sobre alfa, beta e sigma no próximo capítulo, quando olharmos para aplicações de mercados adaptáveis). Aqueles eram cálculos muito primitivos por padrões modernos, mas davam claramente a esse fundo de *hedge* inicial uma vantagem relevante.[12] Em termos evolutivos, essa nova mutação intelectual foi a inovação-chave do sucesso de Jones.

De certa forma, contudo, o fundo de *hedge* de Jones também se estagnou evolutivamente. Seu segredo impediu outros investidores de copiar suas estratégias, e ele adquiriu novos investidores apenas mediante um cuidadoso boca a boca. Enquanto os entendidos de Wall Street conheciam o sucesso notável de Jones, algumas pessoas, principalmente antigos associados ou corretores dele, tentaram reproduzir seu modelo — e reprodução é um elemento-chave de toda evolução. Em consequência, os fundos de *hedge* definharam por quase duas décadas — até que a jornalista financeira Carol Loomis publicasse o perfil de Jones na revista *Fortune* em 1966.[13]

O texto de Loomis inspirou centenas de investidores a procurar ou criar seus próprios fundos de *hedge*. Durante os anos de investimentos financeiros rápidos e agressivos do final da década de 1960, nos EUA, o número de fundos de *hedge* cresceu para quase 200, mantendo ativos de aproximadamente $1,5 bilhão, conforme estimado pela SEC no início de 1969.[14] Claro, todos os booms são relativos: o ritmo financeiro rápido dos anos 1960 seria um bolero dolorosamente lento segundo os padrões da era inicial do comércio virtual computadorizado, e pareceria congelado em âmbar em comparação com as plataformas atuais de negociação de microssegundos.

Em sua maioria, esses fundos minguaram ou foram extintos durante o mercado em baixa de 1969, e por uma razão muito básica: eles não conseguiram "fazer *hedge*".[15] Em parte, isso ocorreu porque a venda a descoberto era consideravelmente mais difícil na década de 1960 do que é hoje. Naquela época, estava em vigor uma regra chamada de *uptick rule*, que exigia que todas as vendas a descoberto ocorressem enquanto o preço de uma ação ainda estava aumentando e, como a negociação era muito leve pelos padrões atuais, era mais difícil montar uma posição corretamente coberta. Mas não era algo inteiramente inviável. Afinal, em anos anteriores, Jones conseguia vender a descoberto com bastante sucesso. Por que, então, tantos fundos não conseguiram prosperar?

Em termos evolutivos, a explicação é simples. O artigo de Loomis de 1966 desencadeou um novo movimento adaptativo entre os fundos de *hedge*. Esses fundos variaram naturalmente em suas estratégias, empregando algumas das ideias de Jones, descartando outras e usando suas próprias inovações. Na biologia, isso seria análogo à evolução de novas espécies de um antepassado comum. No clima financeiro amigável daquela época, era possível que um fundo tivesse êxito sem administrar corretamente o risco. Nesse ambiente favorável, os gestores dos fundos de *hedge* desprezaram a estratégia de *hedge* longo/curto, preferindo manter posições de longo prazo altamente alavancadas. Isso os tornou extremamente vulneráveis a uma recessão. Quando a mudança no ambiente financeiro aconteceu, atingiu esses fundos com mais intensidade. Essas novas espécies de fundos de *hedge*, muito adaptadas ao ambiente do *bull market* (mercado em que os preços estão em alta) do final da década de 1960, foram extintos. Até o próprio Jones admitiu ter sido seduzido pela "euforia" financeira, não conseguindo implementar sua estratégia de *hedge* totalmente, conquistando apenas um "honroso empate" em 1969. Foi a primeira extinção em massa entre os fundos de *hedge*, mas certamente não a última.

A década de 1970 foi outro período de estagnação financeira, e os fundos de *hedge* novamente saíram de cena. As lembranças das recentes extinções permaneceram em Wall Street, enquanto o sentimento dos investidores tradicionais a respeito do fundos de *hedge* era de profunda suspeição, ou pior. Em 1977, o jornalista financeiro John Thackray escreveu que os fundos de *hedge* ainda eram "alvo de um estranho número de rumores de mercado desagradáveis, as vítimas de campanhas de difamação eram acusadas de quase tudo, menos de roubar os pratos da sala de jantar da Bolsa de Valores de Nova York."[16]

Apesar desse ambiente hostil, muitos investidores continuaram a experimentar os fundos de *hedge*. Na evolução financeira, ao contrário da evolução biológica, uma ideia extinta pode, muitas vezes, ser ressuscitada, por exemplo, como acontece com Bachelier e a Hipótese do Passeio Aleatório. Mesmo assim, os gestores de fundos de *hedge* mais bem-sucedidos dessa época ainda se inspiravam no exemplo de Jones. George Soros, que iniciou seu original Double Eagle Fund em 1969, modelou-o com seu primeiro sócio na AW Jones & Co. Soros, Jim Rogers, que trabalhou para o corretor chefe de Jones, Neuberger & Berman.[17] Julian Robertson, que estabeleceu seu Tiger Fund em 1980, foi amigo de Robert L. Burch, o genro de Jones; os dois levariam Jones para almoçar, e nessa ocasião Robertson escolheria seu cérebro para os detalhes intrincados do gerenciamento de fundos de *hedge*.[18] Nisso podemos ver o alfa exclusivo de Jones sendo lentamente transmitido a seus descendentes intelectuais.

O que fez a academia com o persistente sucesso do fundo de *hedge*? Como vimos, esse foi o mesmo período em que a Hipótese dos Mercados Eficientes se enrijeceu na ortodoxia econômica. O sucesso de um selecionador de ações qualificado como Julian Robertson foi considerado como sendo um artefato estatístico. O próprio Warren Buffett foi confrontado diretamente com esse argumento em 1984, em um debate realizado na Columbia Business School para comemorar os 50 anos do texto clássico de Graham e Dodd sobre análise de títulos. Buffett argumentou contra a posição ortodoxa. Se o sucesso do fundo fosse o equivalente estatístico dos orangotangos obtendo cara 20 vezes ao jogar uma moeda para o alto, citou Buffett, então esses orangotangos bem-sucedidos devem estar distribuídos uniformemente em toda a população. Se, em vez disso, você achasse que esses orangotangos "vieram de um determinado zoológico em Omaha, você teria certeza de que havia alguma coisa ali."[19]

Embora Buffett estivesse falando sobre *value investing* (estratégia de investimento que procura selecionar ações que estão sendo negociadas por menos do que seu valor intrínseco), a mesma lógica básica se aplica aos fundos de *hedge*. Se a maioria dos fundos bem-sucedidos usasse os mesmos princípios subjacente de investimentos — por exemplo, aqueles de A. W. Jones —, você poderia ter certeza de que não seria algo devido ao acaso. Infelizmente, o argumento de Buffett não conseguiu convencer seu oponente no debate, o notável economista financeiro Michael Jensen, nem a academia de forma mais ampla. Os comentários de Buffett foram publicados na revista dos alunos da Columbia Business School, e lá em grande parte esquecidos.

O NASCIMENTO DOS "QUANTS"

Nesse meio tempo, longe do pensamento dominante econômico ou financeiro, um observador cuidadoso da Morgan Stanley notara um padrão recorrente nos *block trading*. Tratam-se de negociações de grande porte, tipicamente 10 mil ações ou mais, realizadas por investidores institucionais e tratadas de forma privada para minimizar seus efeitos no mercado aberto. No entanto, nesses grandes negócios ainda há o risco de interromper temporariamente o mercado. Para se proteger contra o risco de lidar com grandes quantidades de uma única ação, os *block traders* da Morgan venderiam a descoberto um pequeno lote de ações de empresas do mesmo setor de atividade que, em teoria, refletiria o impacto do *block trade* original. Voltando ao nosso exemplo anterior, um *block trader* comprando Apricot poderia vender a descoberto um pequeno lote de BlueBerry para se proteger contra o risco de que todas as ações caíssem de preço. Esse observador atento percebeu que os *block trades* causaram breves ondulações no mercado, enquanto aquelas pequenas vendas a descoberto, não. Um *trader* poderia tirar vantagem da breve diferença na propagação de preços entre aquelas duas ações antes que houvesse a reversão à média e a volta à normalidade? Um *trader* poderia ganhar dinheiro a partir dessa dupla de negociações?

A resposta foi sim, e bastante dinheiro. Por sua importância, a primeira pessoa a notar o padrão por trás daquela transação dupla tem sido motivo de disputa. Em termos de cronologia, contudo, Gerry Bamberger, graduado em informática na Universidade Columbia, foi o primeiro a implementar especificamente o *pairs trade* (nome em inglês para esse tipo de negociações) na Morgan Stanley no ano de 1983. Bamberger era outra figura estranha ao meio financeiro; na verdade, ele foi contratado pela Morgan Stanley para dar suporte técnico à mesa de *block trading*." Bamberger foi transferido para a área de mercado de ações da Morgan e lhe foi destinado um grupo de *traders* para implementar suas ideias. A estratégia de *pairs trade* (em português, negociação de pares) de Bamberger foi extremamente lucrativa.[20]

Dois anos mais tarde, a Morgan Stanley transferiu o grupo bem-sucedido de Bamberger para um antigo *trader*, Nunzio Tartaglia, um antigo seminarista jesuíta nascido no Brooklyn com um doutorado em astrofísica. (Bamberger deixou a Morgan Stanley, ressentido, devido à substituição). Sob Tartaglia, o grupo, rebatizado para Automated Proprietary Trading (APT), aumentou suas apostas e se associou diretamente à Bolsa de Valores de Nova York através do primeiro sistema de negociação eletrônica, o SuperDot, obtendo lucros inesperados. O segredo da APT tornou-se lendário em Wall Street, aumentando-lhe a mística. Mas talvez sua maior conquista tenha sido em 1986, quando contratou um jovem professor de ciência da computação, da Universidade Columbia, chamado David E. Shaw.[21]

A VINGANÇA DOS NERDS

Sem conhecimento ou interesse em finanças, Shaw era uma contratação improvável para uma das principais instituições financeiras de Wall Street. Como ele mesmo admitiu, foi a "aleatoriedade" que o levou à Morgan Stanley.[22] Ele buscava capital de risco para construir um novo tipo de supercomputador massivamente paralelo, mas várias startups similares lutavam para manter-se à tona. Suas tentativas não tiveram sucesso, mas chamaram a atenção de um recrutador da Morgan Stanley, que tinha a missão de contratar alguém para liderar um novo grupo de tecnologia. A pessoa em questão deveria ter experiência em lidar com inteligência artificial e computação de alto desempenho, e Shaw se encaixava no requisito.

Foi William Cook, o chefe de tecnologia da Morgan Stanley, que levou Shaw para a empresa. Cook acabara de supervisionar a implementação do sistema eletrônico de análise e processamento de comércio eletrônico da Morgan Stanley — que por anos permaneceu como padrão do setor — e reconheceu claramente o talento do jovem professor.[23]

Os pesquisadores de Tartaglia mantiveram seus métodos secretos, mas quando Shaw visitou o grupo, ficou surpreso com o êxito que obtiveram em suas negociações. Anos antes, ele havia aprendido sobre a Hipótese dos Mercados Eficientes com seu padrasto, Irving Pfeffer, professor de finanças da UCLA, o que lhe permitiu reconhecer a relevância do que a Morgan Stanley havia encontrado: uma anomalia robusta e financeiramente explorável nos mercados. "Quando eles me mostraram os retornos consistentemente elevados que haviam auferido, ficou evidente que não tinham tido apenas sorte. Havia mais ali."

Conversei com Shaw sobre esses primeiros anos. "Eles me fizeram uma proposta", Shaw me disse. "Eu não sabia quase nada sobre finanças, mas fiquei fascinado. Também tive alguma esperança de que me juntar a eles poderia, em algum momento, fornecer uma oportunidade para construir máquinas especiais para apoiar os cálculos que a Morgan Stanley estava interessado em fazer. As coisas que eles estavam fazendo no grupo APT pareciam oferecer muita diversão — e o salário era cerca de seis vezes mais do que eu ganhava como professor. Até então, nunca havia pensado em trabalhar em Wall Street, mas acabei dizendo sim."

Shaw ingressou na Morgan Stanley como vice-presidente de tecnologia de negociação proprietária automatizada ou, como ele mesmo descreveu, "o cara que fez a tecnologia lá." O que mais lhe interessava era a ideia de que métodos quantitativos e computacionais poderiam ser usados para bater o mercado. Ele ficou impressionado com o fato de a APT ter encontrado uma estratégia singular de negociação lucrativa. Usando a imaginação, percebeu como um projeto de pesquisa diferente poderia buscar de forma mais sistemática anomalias não detectadas nos mercados financeiros — um modelo acadêmico trazido para Wall Street. Shaw começou a contemplar estratégias de negociação próprias. Infelizmente, essa postura chocou-se com a de Tartaglia, que queria manter o pessoal de tecnologia separado dos *traders*.[24] Shaw, por sua vez, disse: "Ficou claro que seria difícil evitar pisar nos calos das pessoas". Em setembro de 1987, ele decidiu deixar a Morgan Stanley e trabalhar por conta própria.

Shaw formou seu próprio fundo, D. E. Shaw & Co., em 1988. Ironicamente (ou profeticamente), um dos primeiros escritórios ficava acima de uma pequena livraria comunista na 16th Street em Manhattan, a Revolution Books. Shaw escolhia como seus funcionários pessoas brilhantes com origens sólidas nas ciências matemáticas ou físicas, em vez de profissionais de finanças. Enquanto isso, o primo de Shaw, um proeminente advogado do rock and roll, apresentou Shaw a Donald Sussman, fundador da Paloma Partners. Sussman foi fundamental para injetar capital na nova startup — uma participação inicial de $28 milhões da Paloma e alguns outros investidores.[25] "Donald estava disposto a nos dar o tempo de que precisávamos para um trabalho de pesquisa rigoroso e sistemático antes de começarmos a negociar", relatou Shaw. "Ele realmente gostou dessa abordagem, ao contrário de apenas tolerá-la."

Esse *insight* — de que um fundo de *hedge* pode ser modelado em conformidade com uma organização de pesquisas acadêmicas — foi uma contribuição evolucionária essencial para o sucesso de Shaw. A D. E. Shaw & Co. foi rentável desde o início. "As óbvias técnicas matemáticas que alguém provavelmente tentaria primeiro pareciam ter sido arbitradas fora do mercado muito antes", lembra Shaw. "Mas ainda havia uma quantidade razoável de suco ali para ser espremido."

Logo ficou óbvio que a D. E. Shaw & Co. superou qualquer pesquisa acadêmica contemporânea sobre anomalias de mercado. Ela foi tão longe que quando alguém de fora da empresa se aproximava dela para lançar uma nova estratégia de negociação, podiam adivinhar o que era e o que estava errado apenas olhando a simulação de lucros. "As pessoas vinham com os resultados obtidos via 'paper-trading', uma estratégia proposta com dados históricos, dizendo: 'descobri este efeito incrível!'. E nós respondíamos: 'não queremos saber o que o seu sistema é, mas se você quiser algum *feedback*, mostre-nos quais são os retornos simulados mês a mês.' Após examiná-los, às vezes éramos capazes de dizer algo como: 'sua estratégia provavelmente foi uma variante do seguinte, e esta é a base de dados financeira que você provavelmente usou; seus lucros simulados neste mês, e neste e neste são atribuíveis a erros nesse banco de dados, e seus retornos globais são artificialmente altos por causa do seguinte tipo de viés de sobrevivência', e assim por diante."

Você pode ver com ceticismo que uma única empresa privada, independentemente de quão talentosa seja sua equipe de pesquisa, pudesse estar tão à frente do resto do mundo. Há, porém, uma analogia convincente — não do mundo da biologia, mas do mundo da criptografia. No início da década de 1970, uma equipe da IBM criou o algoritmo Data Encryption Standard (DES) para proteger dados sensíveis do governo. O algoritmo DES incluiu um componente misterioso chamado "S-box", que muitas pessoas suspeitavam ser um *backdoor* (recurso que permite acesso remoto ao sistema) para os criptógrafos do governo lerem os dados com mais facilidade. No final da década de 1980, dois matemáticos israelenses, Eli Biham e Adi Shamir, inventaram um novo ataque criptográfico chamado criptoanálise diferencial. Para sua surpresa, descobriram que o algoritmo DES era inesperadamente resistente ao ataque. Os misteriosos S-boxes foram especificamente concebidos para frustrar a criptoanálise diferencial! Em 1994, o matemático Don Coppersmith revelou que criou propositadamente os S-box para serem resistentes à criptoanálise diferencial, antecipada pela IBM e pela Agência de Segurança Nacional décadas antes.[26]

O domínio de D. E. Shaw & Co. não é algo de menos importância. Em um ciclo virtuoso, Shaw usou seus lucros para financiar mais pesquisas. Novas estratégias foram construídas com base em descobertas anteriores e financiaram o próximo ciclo de inovação, paralelamente ao crescimento moderno das tecnologias da informação. Como Shaw explicou: "Nós estávamos pegando os lucros e pagando pela experimentação. Pudemos executar ensaios controlados de forma aleatória, por exemplo, nos quais poderíamos comparar dois modelos ou valores de parâmetros para ver qual deles melhorava a negociação real. Analisar os resultados da negociação ao vivo nos ensinou coisas que não poderiam ser aprendidas estudando dados históricos. Estávamos fazendo muitas negociações, e os dados que acumulamos durante uma rodada de negociação nos ajudaram a aumentar nossos retornos na rodada seguinte."

"À medida que continuávamos a descobrir novas anomalias", disse Shaw, "também nos beneficiávamos de toda sorte de efeitos de segunda ordem: se o lucro que poderia ser obtido a partir de um determinado efeito único fosse excedido pelo custo de transação que seria incorrido para explorá-lo, seria um erro para alguém apostar nesse efeito isoladamente. Uma vez que identificávamos uma série de pequenas ineficiências, a oportunidade de lucro agregado era frequentemente suficiente para superar o limite de custo da transação. Isso nos permitiu extrair lucros das ineficiências do mercado, que eram muito pequenas para a maioria dos *traders* explorar, criando uma barreira para a entrada de potenciais concorrentes".

Shaw havia construído uma máquina organizacional para detectar e explorar inclusive as menores anomalias do mercado. Ao longo do caminho, entretanto, ele notou que a dinâmica do mercado não só estava mudando com o tempo, mas variando de forma a exigir de D. E. Shaw & Co. que trabalhasse mais para obter seus lucros. "Os efeitos tendem a desaparecer ao longo do tempo", lembrou Shaw. "Anomalias que anteriormente geravam lucros significativos deixaram de fazê-lo e você tinha que descobrir outros efeitos mais complexos que as pessoas não encontravam. O mercado nunca é completamente eficiente, mas certamente tende a se tornar mais eficiente ao longo do tempo." Em termos evolucionistas, os mercados se adaptaram. Na verdade, os mercados podem ter se adaptado *especificamente* à presença de D. E. Shaw & Co, embora Shaw diminua modestamente essa possibilidade. "Com o tempo, as coisas evoluíram. Não sei o quanto isso foi devido a nossa influência. O comentário geral que posso fazer é que o *quantitative trading* (estratégia de negociação que depende de cálculos matemáticos de detecção de oportunidades) tornou-se mais desafiador a cada ano." Na realidade, Shaw inspirou legiões de talentosos cientistas da computação, matemáticos e outros "quants" para fazerem carreira em finanças, elevando o nível do jogo nesse ramo altamente competitivo.

Depois de transformar a indústria de fundos de *hedge* em uma disciplina quantitativa, que agora emprega milhares de engenheiros, Shaw decidiu aplicar seus dons intelectuais em outro campo. Em 2001, entregou o gerenciamento diário do fundo de *hedge* a seus colegas e passou para o cargo de cientista-chefe da DE Shaw Research, um laboratório de pesquisa independente que ele fundou para desenvolver e aplicar novas tecnologias no campo da bioquímica computacional. Seu grupo de pesquisa executa simulações de computador tridimensionais para "ver" como as moléculas de proteínas se movem e mudam de forma à medida que desempenham suas várias funções dentro das células.

Historicamente, é preciso uma enorme quantidade de poder computacional para simular até alguns microssegundos de tempo biológico nesse nível. Mas o grupo de Shaw queria entender os fenômenos ao longo de um período de um milésimo de segundo, muito além da capacidade dos sistemas informáticos comuns. Isso deu a Shaw uma desculpa para realizar sua ambição de longa data: de construir um sistema computacional em grande escala, massivamente paralelo. Desta vez, no entanto, ele não precisava de financiamento externo de capitalistas de risco ou bancos de investimento. Sua equipe projetou e fabricou chips personalizados e conectou-os para criar uma máquina especial que executa simulações moleculares cerca de 200 vezes mais rápido do que os supercomputadores de uso geral mais rápidos do mundo. A esperança é que essas simulações da maquinaria molecular da vida ajudem a desenvolver uma nova geração de drogas que salvem vidas — um tópico ao qual retornaremos no Capítulo 12.

OS "QUANT" PASSAM A SER DOMINANTES

Do ponto de vista da Hipótese dos Mercados Adaptáveis, o sucesso inicial da Morgan Stanley com o *pairs trade* foi a primeira faísca de inovação que provocou um estalido de radiação adaptativa. Essa explosão se expandiu para o perímetro externo, à medida que o pessoal deixou o grupo APT da Morgan Stanley para fundar suas próprias empresas — assim como os pássaros de Darwin se espalharam pelas Ilhas Galápagos. O sucesso de David Shaw provocou uma onda ainda maior de radiações adaptativas, já que outros fundos de *hedge* tentaram reproduzir suas técnicas e, como os discípulos de D. E. Shaw, ocuparam novos territórios. A concorrência evolucionária levou os fundos de *hedge* a prospectar nas universidades talentos matemáticos de alto calibre, não apenas em finanças, mas em física, matemática e ciência da computação — a ascensão dos quants. Uma das experiências mais audaciosas nesse novo estilo de fundo de *hedge* se deu em Greenwich, Connecticut. Chamava-se Long-Term Capital Management, ou LTCM, como ficou conhecido.

O LTCM foi criado por John Meriwether, ex-chefe do grupo nacional de arbitragem de renda fixa do Salomon Brothers; na época um dos maiores bancos de investimento de Wall Street. Meriwether concebeu o LTCM para operar em grande escala. Se pensarmos em fundos de *hedge* como análogos a espécies biológicas, a visão de Meriwether sobre o LTCM seria a de uma das grandes baleias que se alimentam de nutrientes espalhados nas profundezas oceânicas; ou seja, usando flutuações muito pequenas nos mercados de títulos mundiais para seu sustento financeiro. Essas oportunidades semelhantes ao krill (um pequeno crustáceo planctônico) seriam muito difíceis de descobrir, então o LTCM precisava de talentos de primeira linha em finanças matemáticas para encontrá-las, e exigiam grande quantidade de capital para explorá-los corretamente. A Meriwether levantou $1 bilhão (para aquela época, um recorde) para começar seu fundo, mas uma parte essencial de sua estratégia era usar índices extremamente elevados de alavancagem — mais de 20 ou mesmo 30 — para ampliar essa participação inicial ainda mais.[27]

O LTCM veio com tudo em 1994. Meriwether não só conseguiu recrutar o núcleo de seu antigo grupo no Salomon Brothers, mas também eruditos intelectuais de finanças acadêmicas, como os futuros vencedores do Nobel, Robert C. Merton e Myron Scholes. O novo fundo teve êxito quase imediato, não obstante um novo nervosismo no mercado global de títulos. Esse sucesso inicial não dependia tanto dos modelos de negociação matemática da empresa, cujos princípios gerais eram bem conhecidos naquela época, mas de duas áreas de superioridade: experiência em leitura desses modelos e capacidade de aquisição de financiamento de menor custo para aproveitar as oportunidades detectadas por eles.[28] Essas adaptações importantes mantiveram o LTCM extremamente rentável até 1997, o ano da crise financeira asiática. Parecia que nem uma crise financeira que afligisse um continente poderia dar a esse gigante um mau ano.

Você provavelmente se recorda do que aconteceu depois. Como a chuva de meteoros de Chicxulub na península de Yucatán no México, cujos efeitos destrutivos extinguiram os dinossauros há 66 milhões de anos, um único evento cataclísmico, maior do que aquele que dizimou os primeiros fundos de *hedge* em 1969, causou o colapso do LTCM.

Em 17 de agosto de 1998, o governo russo, sob a liderança de Boris Yeltsin, declarou uma moratória da dívida em seus títulos GKO, o equivalente russo de contas do Tesouro. Esse *default* causou uma "revoada global para a qualidade" — os investidores abandonaram investimentos de risco aos bilhões em prol de segurança e liquidez, o que ampliou os *spreads* de crédito (diferença de rendimentos entre os títulos) em mercados ao redor do mundo. Infelizmente, foram precisamente aqueles amplos *spreads* que os analistas da LTCM predisseram que se estreitariam. Em setembro de 1998, houve um ciclo crescente de *margin calls* (requisições de capital para garantir acentuadas desvalorizações de títulos) no LTCM. Sua capacidade de garantir o financiamento se esgotou, ao passo que seu grande tamanho agora provou ser um obstáculo para sair de suas posições. Até 21 de setembro de 1998, o LTCM não tinha praticamente nenhum capital para cumprir suas obrigações.[29]

Ao contrário de colapsos menores em fundos menores, o desenrolar do portfólio gigantesco do LTCM ameaçou a segurança do sistema financeiro global. Essas posições, altamente alavancadas, tornaram o papel do LTCM no sistema financeiro análogo a uma "espécie-chave" em um ecossistema biológico, cujas interações com outras espécies na ecologia a tornam desproporcionalmente mais importante do que seu tamanho físico ou número de indivíduos podem sugerir. O exemplo clássico, descoberto pelo biólogo Robert Paine, é a estrela do mar púrpura *Pisaster*, encontrada nas zonas intermarés do noroeste do Pacífico.[30] O pequeno tamanho do *Pisaster* disfarçou o fato de ser o predador dominante em sua comunidade ecológica. Depois que Paine removeu a estrela do mar de uma área da praia, descobriu que a ecologia local mudou radicalmente, tornando-se significativamente menos diversificada — na verdade, a praia foi tomada por cracas e mexilhões.

Qual foi a posição do LTCM na ecologia financeira local? Cerca de 80% de suas posições no balanço financeiro de $125 bilhões estavam em títulos do governo dos Estados Unidos, Canadá, França, Alemanha, Itália, Japão e Reino Unido — nominalmente extremamente seguros, mas vulneráveis a uma perturbação no mercado de títulos globais. No papel, a LTCM não estava excepcionalmente alavancada em comparação com outras empresas importantes, possuía um índice de alavancagem financeira de 28:1 no início de sua crise; totalmente em linha com o índice de alavancagem da Goldman Sachs de 34:1 ou da Merrill Lynch, de 30:1.[31] Contudo, em 25 de setembro de 1998, o índice de alavancagem do LTCM aumentou para 250:1 e rapidamente disparou para o infinito.[32] Itens do balanço do LTCM adicionados a seus problemas: mais de $500 bilhões em contratos de futuros, mais de $750 bilhões em contratos de swaps e mais de $150 bilhões em opções e outros derivativos de balcão. As posições do LTCM representaram bem mais de 10% de alguns mercados de futuros.[33]

Apenas a ação rápida do Federal Reserve permitiu que o LTCM evitasse uma quebra sistêmica desastrosa. Poucos reguladores queriam um evento de extinção que pudesse transformar o sistema financeiro global em um deserto de crustáceos na praia. O Fed (Banco Central) ajudou a formar um consórcio dos principais credores do LTCM para recapitalizar a empresa a tempo de evitar uma aterrrissagem difícil.[34]

O LTCM não era o único fundo de *hedge* a ser atingido por essa chuva financeira de meteoros, mas certamente era o maior. O rescaldo da inadimplência russa desfez um grupo muito específico de fundos de *hedge* e mesas de negociação, aqueles que usam uma estratégia de arbitragem de renda fixa. Os fundos de arbitragem de renda fixa sofreram uma taxa de desistência de 18% em 1998, mais do que o dobro da taxa base até a crise financeira de 2008. De uma perspectiva evolucionária, o tamanho excepcional do LTCM fez com que seu colapso se destacasse. Curiosamente, os eventos de 1998 não conseguiram causar um impacto notável na taxa de destruição de outras categorias de fundos de *hedge*. Em vez de uma extinção financeira em massa, 1998 foi altamente seletivo, afetando um nicho particular na ecologia financeira. Veremos outro exemplo, no próximo capítulo, de fracassos nos fundos de *hedge* que também foram altamente seletivos, mas desta vez, ele previu um evento de quase extinção para o mundo financeiro.

O colapso do LTCM levou a maioria dos fundos de *hedge* a repensar seus modelos de risco. Alguns reavaliaram toda sua abordagem para investir. A evolução na velocidade do pensamento permite a troca de ideias. Na verdade, isso funciona melhor em um ambiente aberto. Os estrategistas de fundos de *hedge* puderam observar esse fracasso gigante e tirar suas próprias lições dele, poderiam se informar por relatórios, análises ou outra forma qualquer.

A adaptabilidade estratégica do fundo de *hedge* tornou-o resiliente diante de eventos financeiros imprevistos. Alguns fundos são capazes de reconhecer as dificuldades financeiras na medida em que acontecem, realizar os ajustes apropriados e enfrentar as inevitáveis repercussões para recuperar algumas de suas perdas. Atualmente, eles são muito mais sensíveis aos problemas de liquidez, precisamente por causa do alarme de incêndio disparado pelo colapso do LTCM.

Por outro lado, a evolução na velocidade do pensamento pode levar a uma armadilha diferente. O registro fóssil está cheio de exemplos de espécies que superestimaram seus ambientes e se extinguiram quando esses ambientes mudaram. Lembra-se do dodô? E séculos antes de Darwin encontrar suas espécies de tentilhões perfeitamente adaptados, os colonos polinésios haviam descoberto um fenômeno semelhante com aves nas ilhas havaianas — criaturas brilhantemente plumadas com bicos incomuns, cada uma afinada para seu nicho ecológico especializado, isolada dos desenvolvimentos evolutivos no continente por milhões de anos. A competição de espécies invasoras mais recentes, incluindo os próprios seres humanos, fez com que essas espécies se tornassem ameaçadas ou extintas em um período de tempo evolutivamente muito curto.

A analogia com o ambiente financeiro de hoje é óbvia. Desde o início da crise financeira de 2008, as taxas de destruição dos fundos de *hedge* foram duas vezes mais altas do que haviam sido nos dez anos anteriores, enquanto as taxas de criação caíram acentuadamente.[35] Antes de 2008, os fundos de *hedge* haviam experimentado um período surpreendente de crescimento exponencial, mas de 2008 a 2010 houve uma forte contração entre fundos de *hedge* de todas as estratégias, uma longa extinção em massa em uma escala nunca antes vista.

A EVOLUÇÃO DO PASSEIO ALEATÓRIO

Percorremos um longo caminho no mundo das finanças acadêmicas desde 1986, quando Craig MacKinlay e eu fomos atacados ferozmente em nossa discussão na reunião anual do NBER. Enquanto a academia se encastelava em sua crença em mercados eficientes, as pessoas envolvidas na prática do mercado — Shaw, Simons, Soros e outros — estavam encontrando maneiras de lucrar generosamente com anomalias, vieses comportamentais e outros fenômenos rejeitados pela Hipótese dos Mercados Eficientes e previstos pela Hipótese dos Mercados Adaptáveis. No entanto, no processo, eles tornaram os mercados mais eficientes, garantindo, ironicamente, que as evidências que contradissessem a Hipótese dos Mercados Eficientes fossem muito mais difíceis de detectar. Deve haver muito poucos campos na história humana que tenham tido uma concorrência tão clandestina, com "especialistas" externos cujo julgamento tem por base ideias já experimentadas e que encontram incontáveis ciclos anteriores de inovação.

Assim como a teoria da evolução de Darwin, a Hipótese dos Mercados Adaptáveis é uma teoria preditiva. Para o economista matematicamente treinado, às vezes é difícil pensar em termos evolutivos ou ecológicos, mas, mais cedo ou mais tarde, essa maneira de pensar será domesticada (outra metáfora biológica) e se tornará uma outra ferramenta padrão para os economistas usarem, assim como os biólogos moleculares a usam hoje. Qual uma casa em processo de construção, podemos pensar nos fenômenos do mercado em termos de analogias biologicamente apropriadas. Em vez de fundos de *hedge* com estratégias similares que perseguem o mesmo "suco", para usar o termo de Shaw, podemos pensar em um número crescente de predadores que perseguem a mesma presa. O que acontece com os predadores quando a população de presas diminui e desaparece?

Um exemplo atual da dinâmica evolucionária do mercado são o gradual processo de desenvolvimento e a diminuição das transações por HFT (em inglês, *high frequency trading*, plataforma de negociação que usa computadores poderosos).[36] A lógica evolutiva é fácil de entender. Os investidores querem que suas ordens sejam executadas o mais rápido possível para se beneficiar de suas ideias, reais ou imaginárias, antes que o preço se comporte de modo contrário a elas. Isso requer intermediários financeiros para manter uma presença contínua no mercado para colocar e consumar essas ordens. Não muito tempo atrás, especialistas e formadores de mercado desempenharam esse papel. Mas uma tecnologia mais rápida e mudanças na estrutura regulatória permitiram que os programas de negociação automatizados superassem as mesas especializadas em seu próprio jogo, em períodos de tempo originalmente medidos em segundos, em milésimos de segundo e hoje em bilionésimos de segundo.

De início, aqueles *traders* que operavam com HFT obtiveram ganhos extraordinários, uma vez que os especialistas humanos eram, comparativamente, lentos e ineficientes. Entretanto, ao fim e ao cabo, esses *traders* competiam principalmente entre si. Para ter sucesso nessa queda de braço financeira, as empresas que negociavam por meio do HFT tiveram que investir em hardwares mais rápidos e mais dispendiosos. Ao mesmo tempo, porém, essas empresas estavam explorando o mercado para qualquer vestígio de "suco" que pudesse ter sido deixado. Em um muito breve período de tempo, as negociações por HFT estavam extrapolando seus limites evolutivos naturais. Ele tornou-se inesperadamente um segmento maduro, com baixas margens nos negócios e baixos montantes de lucros. Também se tornou altamente adaptado e extremamente sensível às mudanças no ambiente regulatório, por exemplo, em face de um imposto Tobin (tributação sobre transações de curto prazo), e até para o ambiente físico e a velocidade da luz, uma vez que algumas dessas empresas HFT dependiam de sua proximidade física com os servidores para levar vantagem.

Em agosto de 2016, foi lançada uma nova bolsa de ações denominada IEX ("Investors Exchange"), que impôs limites eletrônicos de velocidade para evitar a participação de operadores HFT; outra ilustração dos mercados adaptando-se a ambientes em mudança. Claro, o IEX precisará atrair um fluxo de ordens suficiente para sustentar-se. Se o fizer, esse fluxo terá que vir de outro lugar, o que, por sua vez, pode causar o desaparecimento de bolsas menos adaptáveis. Enquanto isso, há rumores de que várias outras bolsas começam a desenvolver suas próprias zonas de "não comercialização via HFT". A Hipótese dos Mercados Adaptáveis prevê que as negociações HFT estão no auge de uma mudança evolutiva.

CELULARES E PESCADORES DE KERALA

Os desafios dos *traders* HFT são sintomas do fato de que a tecnologia sempre desempenhou um papel crítico na evolução dos mercados. Uma bela ilustração de baixa tecnologia dessa dinâmica pode ser encontrada entre os pescadores de Kerala, uma região que fica na costa sudoeste da Índia, onde a pesca é uma atividade importante. Pequenos barcos de pesca saem para o mar durante o dia e trazem o que capturam para vender em um dos muitos pequenos mercados de praia locais que pontilham a costa do norte de Kerala. A falta de refrigeração nesses barcos e nos mercados da praia significa que qualquer parcela do que os pescadores trazem do mar não vendida naquele dia rapidamente se torna inútil.

Em 1997, imediatamente antes da cobertura do telefone celular alcançar a costa, um economista de Harvard, Robert Jensen, examinou o preço das sardinhas nesses mercados de praia.[37] Antes dessa inovação puramente tecnológica, alguns barcos de pesca geravam lucros inesperados em alguns mercados de praia, enquanto outros barcos tiveram que despejar sua pescaria no mar, mesmo que muitos compradores pagassem um preço alto por suas capturas em outro mercado, a não menos de 16km de distância. O mercado global de peixes em Kerala era claramente ineficiente.

Depois que a cobertura do telefone celular foi estendida a Kerala, no entanto, os mercados de peixe mudaram rapidamente. Os pescadores podiam fazer chamadas de 20 a 25km mar a dentro, já que as torres eram colocadas perto da costa. O preço de um telefone celular era caro em relação à renda de um pescador, mas não proibitivamente. Como resultado, os pescadores de Kerala poderiam ligar para os mercados de praia locais para ver como estava a demanda e, em seguida, direcionar seus barcos para o mercado com o preço mais alto, aquele que, de acordo com a economia padrão, tem a maior demanda e/ou a menor oferta. O preço local das sardinhas se estabilizou rapidamente, a volatilidade nos mercados de praia caiu e os resíduos caíram quase a zero (veja a Figura 7.1). Em média, os lucros dos pescadores aumentaram 8%, enquanto os preços para o consumidor local de Kerala caíram 4%. O mercado tornou-se significativamente mais eficiente devido a uma simples mudança tecnológica no meio ambiente. Essa mudança ocorreu muito rapidamente, entre 1997 e 2001, e como Jensen teve o cuidado de apontar, beneficiou mais do que apenas os pescadores com telefones celulares. Aqueles que não tinham celular também se beneficiaram do mercado mais eficiente, com os lucros aumentados em 4%. Com os lucros adicionais causados pelo mercado mais eficiente, um pescador de Kerala poderia comprar um telefone celular em três meses.

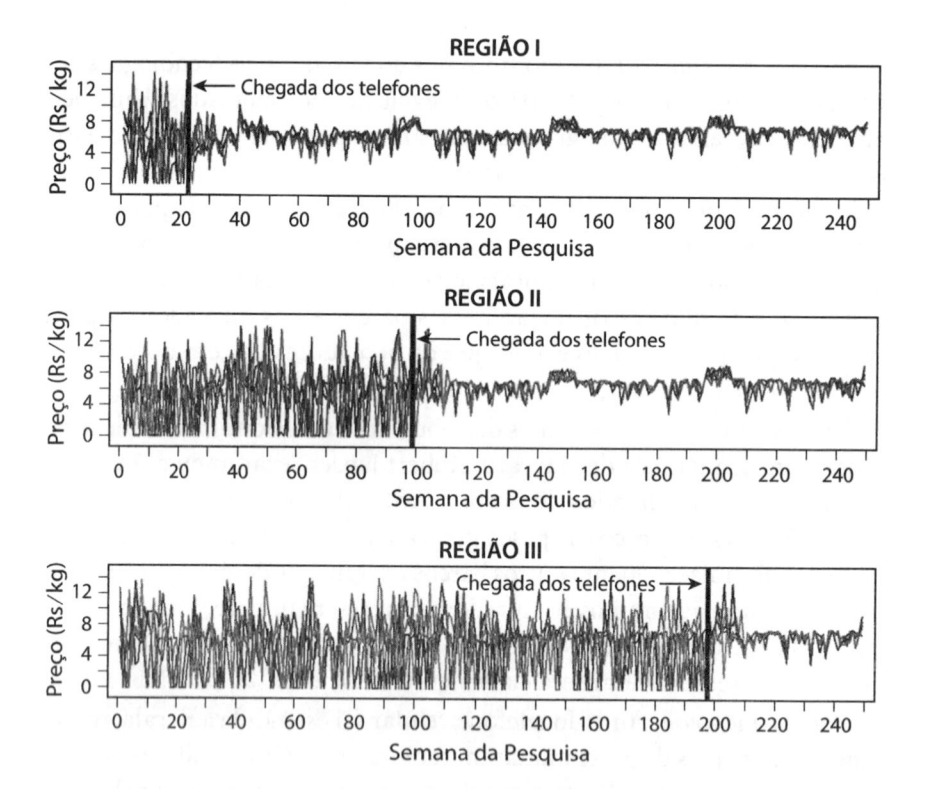

Figura 7.1 Média, entre 7h30 e 8 horas, dos preços das sardinhas nos mercados de praia obtida na Pesquisa sobre os Pescadores de Kerala, conduzida por Jensen (2007, figura IV) nas três regiões antes e depois do serviço de telefone celular ter sido introduzido. Todos os preços em 2011.

A Hipótese dos Mercados Eficientes tem pouco a dizer sobre o exemplo de Kerala. Se você fosse um verdadeiro adepto de mercados eficientes, poderia concluir que o preço dos peixes em cada mercado de praia refletiu todas as informações disponíveis antes e depois da introdução de telefones celulares, mas você não conseguiu prever a diferença de lucro, alocação e benefício ao consumidor antes e depois da mudança. A Hipótese dos Mercados Adaptáveis, por outro lado, fornece uma estrutura para prever novas mudanças na eficiência do mercado. Por exemplo, o que poderia acontecer se a cobertura do telefone celular fosse ampliada para o Oceano Índico, ou se os barcos de pesca de Kerala pudessem pagar pela refrigeração de suas capturas?

A história dos fundos de *hedge* deixa claro que a tecnologia é um componente-chave do ambiente financeiro. Não só o segredo, mas também a tecnologia limitaram o conceito de fundos de *hedge* nos tempos de Alfred Winslow Jones. Os custos das transações eram muito altos e a velocidade delas era muito lenta, para que muitas estratégias posteriores fossem bem-sucedidas. Mesmo algo tão simples como o reequilíbrio de um portfólio poderia ser um trabalho enorme e oneroso antes que avanços tecnológicos em hardware, software e telecomunicações transformassem o segmento. Não é por acaso que David Shaw foi originalmente "o cara que fez a tecnologia" na Morgan Stanley.

No entanto, qualquer tecnologia que ultrapasse as habilidades humanas tem o potencial de levar a consequências não intencionais. A tecnologia financeira hoje fornece enormes economias de escala na gestão de grandes carteiras em benefício ao consumidor, mas os erros nas negociações podem agora acumular perdas à velocidade da luz antes que a supervisão humana possa descobri-las e corrigi-las. Aumentar a velocidade significa um pior funcionamento, picos, falhas e fraudes. Os benefícios do desempenho moderno do computador podem ser rapidamente neutralizados pelos custos da Lei de Murphy: quando qualquer coisa que pode dar errado, dará errado — e quando computadores estiverem envolvidos, as coisas irão dar errado muito mais rápido e as perdas serão muito maiores.

Essa corrida armamentista tecnológica no setor financeiro é apenas uma das muitas previsões oferecidas pela Hipótese dos Mercados Adaptáveis. O próximo capítulo contém várias outras, incluindo um novo paradigma de investimento, uma explicação sobre o surgimento do antigo paradigma e por que essa diferença está diretamente relacionada à crise financeira de 2008.

CAPÍTULO 8

Mercados Adaptáveis em Ação

O PARADIGMA TRADICIONAL DO INVESTIMENTO

Uma teoria é apenas uma teoria até provar seu valor na prática. Então, quais são as implicações práticas da Hipótese dos Mercados Adaptáveis nas linhas de frente de investimento e gerenciamento de portfólio? Para apreciar plenamente a diferença adaptativa, precisamos começar com as principais convicções e princípios do paradigma de investimento tradicional gerado pela Hipótese dos Mercados Eficientes. Tratam-se de convicções arraigadas não apenas nos professores de finanças, mas também nos gestores de investimentos, corretores e consultores financeiros. Se você já recebeu algum conselho de investimento profissional, provavelmente foi apresentado a estes princípios:

> Princípio 1: *Troca Risco/Recompensa*. Existe uma associação positiva entre risco e recompensa em todos os investimentos financeiros. Os ativos com maior recompensa também têm o maior risco.

> Princípio 2: *Alfa, Beta e o CAPM*. O retorno esperado de um investimento está linearmente relacionado a seu risco (em outras palavras, planejar risco versus retorno esperado deve mostrar, em um gráfico, uma linha reta) e é regido por um modelo econômico conhecido como Modelo de Preços de Ativos de Capital, ou CAPM (sigla em inglês) — à frente, mais sobre isso.

> Princípio 3: *Otimização de Portfólio e Investimento Passivo*. Usando estimativas estatísticas derivadas do Princípio 2 e do CAPM, os gestores de portfólio (também conhecidos por "carteira") podem construir carteiras diversificadas de longo prazo de ativos financeiros que ofereçam aos investidores taxas de retorno atrativas ajustadas pelo risco a baixo custo.

> Princípio 4: *Alocação de Ativos*. Escolher o quanto investir em grandes classes de ativos é mais importante do que escolher títulos individuais, então, a decisão de alocação de recursos é suficiente para gerenciar o risco das poupanças de um investidor.

Princípio 5: *Ações para o Longo Prazo*. Os investidores devem manter ações principalmente para o longo prazo.

O princípio 1 é transparente e direto: a única maneira pela qual os investidores assumiriam voluntariamente um ativo de alto risco é se eles recebessem um incentivo para fazê-lo, e esse incentivo vem na forma de maior retorno esperado. É por isso que as contas do Tesouro dos EUA têm retornos tão baixos e o motivo pelo qual investir em empresas de valor de mercado relativamente baixo (empresas *small-cap*) e startups tecnológicas têm esses altos retornos esperados.

Os princípios 2 e 3 requerem um pouco mais de explicação por envolverem várias ideias de pesquisa acadêmica primária aplicadas ao gerenciamento de investimentos práticos. O princípio 2 tem a ver com a forma como medimos a relação entre risco e recompensa do princípio 1. A recompensa é clara: ela é simplesmente a taxa média de retorno de um investimento durante um determinado período de tempo. O risco, por outro lado, é mais sutil. Uma medida comum para o risco financeiro é a probabilidade de perda — uma ação é considerada arriscada se a probabilidade de inadimplência for, digamos, de 10%. Outra medida popular é a volatilidade, que capta o leque de flutuações do retorno de um investimento — uma ação é considerada arriscada se seu retorno mensal for maior que 15% em um mês e menor que 25% no próximo.

Mas em 1964, o economista financeiro William F. Sharpe publicou um brilhante artigo que alterou para sempre a maneira como encaramos a troca risco/recompensa.[1] Ele observou que as flutuações do retorno de um investimento podem ser separadas em dois componentes distintos: flutuações devidas unicamente às peculiaridades do ativo, e flutuações ocasionadas por fatores econômicos como crescimento econômico, desemprego, inflação, instabilidade política, e assim por diante. Ele chamou de "idiossincrático" o primeiro tipo de risco, e de "sistêmico" o último tipo (o uso dos mesmos termos do modelo de escolha binária do Capítulo 6 não é um acidente, mas chegaremos a isso em breve). Em seguida, ele fez um notável salto de lógica: o único tipo de risco pelo qual os investidores são recompensados é o risco sistêmico, e não o risco idiossincrático.

O raciocínio é, ao mesmo tempo, simples e profundo: por definição, o risco idiossincrático é exclusivo de um ativo individual, o que significa que, se você combinar um grande número de ativos dentro de um único portfólio, esses riscos devem cancelar-se mutuamente. É o mesmo princípio da ilustração clássica do pote de feijões da sabedoria das multidões — em média, uma grande quantidade de suposições aleatórias reduzirá os erros, desde que esses erros não estejam relacionados, da mesma forma que a estimativa média do número de feijões em um pote em uma feira se aproximará da resposta correta. Na análise de Sharpe, a média de um grande número de ativos com risco idiossincrático reduzirá drasticamente esses riscos, tanto que não há necessidade de recompensar os investidores. No jargão financeiro, os investimentos apenas com risco idiossincrático não terão nenhum prêmio de risco, pois o *prêmio de risco* se refere ao retorno adicional necessário para atrair os investidores a assumirem esse risco.

O risco sistêmico, contudo, é uma história completamente diferente. Como esse tipo de risco é compartilhado, a retenção de um grande número de ativos não o eliminará. Um bom exemplo é o índice S&P 500, uma cesta de 500 das maiores empresas dos EUA. Essa é uma coleção de ativos muito grande, e seus componentes individuais são empresas de alta qualidade; mas ninguém argumentaria que esse portfólio não é arriscado. Na verdade, o risco do S&P 500 é praticamente todo sistêmico. Por não ser possível reduzir muito mais o risco desse portfólio simplesmente aumentando o número de ativos, a única maneira de convencer os investidores a investir nele é oferecer um incentivo — em outras palavras, um prêmio de risco.

Sharpe desenvolveu uma forma explícita de mensuração para o risco sistêmico chamada beta — a versão moderna da medida de risco de Alfred Winslow Jones — e concluiu que o retorno esperado de um ativo é diretamente proporcional à sua versão beta. Um ativo cujo beta é 1 teria risco sistêmico comparável ao do portfólio mais amplo de todos os ativos de risco, que ele chamou de "portfólio de mercado". Esse ativo deve, portanto, ter um retorno esperado igual ao do portfólio de mercado. (Por conveniência, aproximamos o portfólio de mercado por índices amplos do mercado de ações, como o S&P 500 ou, para investidores globais, o MSCI World Index.) Por outro lado, um recurso com um beta igual a 0 não possui um risco sistêmico — o que não significa que não tenha risco, porque ainda há o risco idiossincrático — e, por conseguinte, não deve pagar nenhum retorno extra ou risco premium para os investidores. Da mesma forma, um recurso com uma versão beta igual a 2 tem duas vezes o risco sistêmico do portfólio de mercado. De acordo com o CAPM, ele deve oferecer aos investidores o dobro do prêmio de risco do portfólio de mercado.

Historicamente, o prêmio de risco de mercado gira em torno de 8% ao ano acima da taxa de retorno dos títulos do Tesouro dos EUA, embora a maioria das previsões e profissionais de finanças agora diga que esse risco premium provavelmente estará mais próximo de 6% no futuro. Uma vez que temos o beta de um ativo, a teoria de Sharpe oferece uma previsão concreta sobre o que a taxa esperada de retorno desse patrimônio deve ser: beta vezes 6% acima dos títulos do Tesouro dos EUA. Caso um portfólio seja cerca de uma vez e meia mais arriscado do que o mercado de ações, ele deve ganhar cerca de 1,5×6 = 9% acima do Tesouro, de acordo com o CAPM.

Não é exagero dizer que essa ideia revolucionou o setor de investimentos; e Sharpe recebeu um Prêmio Nobel em 1990 por isso. O CAPM criou um critério pelo qual podemos medir o desempenho de nosso portfólio e, mais importante, o valor agregado adicionado pelos gestores de portfólio profissionais. Na verdade, Sharpe e outros rapidamente viram o valor de calcular o excedente de retorno de um gestor de portfólio acima de seu *benchmark* CAPM. Eles chamaram essa diferença de "alfa". Um alfa positivo significava que o gerente estava ganhando um retorno maior do que o *benchmark* CAPM do portfólio, e deveria ser parabenizado (e compensado). Por outro lado, um alfa zero ou negativo significava que o gestor não estava adicionando muito valor e deveria ser dispensado — você também poderia simplesmente colocar seu dinheiro em um fundo de índice S&P 500 e ter feito o mesmo. Na verdade, muitos economistas e proeminentes profissionais de investimentos acreditam que, em média, os alfas de um fundo mútuo são iguais a zero ou negativos depois de deduzir as taxas, e argumentam que você deve sempre colocar todo seu dinheiro em fundos de índice de baixo custo de administração.

O princípio 3, logicamente, decorre do CAPM. Ao estimar os alfas e os betas dos investimentos financeiros, devemos construir bonificações passivas e altamente diversificadas de ações ponderadas pela capitalização de mercado para obter retornos razoavelmente atraentes. (O que "razoavelmente atraente" significa aqui? Um retorno esperado que seja consistente com o beta do portfólio). O alfa parece raro — quantos David Shaws você conhece e quão fácil é identificá-los antes que se tornem extremamente bem-sucedidos e se aposentem? As estatísticas corroboram essa intuição. A maioria dos alfas de portfólio é pequena e estatisticamente indistinguível de zero. Portanto, vamos apenas nos concentrar no beta. Matematicamente falando, um portfólio passivo é aquele que contém apenas beta, sem alfa. Esses serão apenas portfólios de longo prazo, ou seja, nunca serão liquidados em busca de lucros excedentes, e cobrarão taxas muito mais baixas porque não precisam de pagamento pelo talento gerencial; você está pagando alguém para implementar a formulação de Sharpe, que é de conhecimento público.

Se alfa é difícil de encontrar, então, escolher vencedores provavelmente não vale o esforço para o investidor médio. O princípio 4 diz para nos concentrarmos no quadro maior: quanto de suas economias manter em um portfólio passivo de ações e quanto em títulos. Isso deu origem à regra comum 60/40: colocar 60% de seu portfólio em ações e 40% em títulos. Existem heurísticas mais sofisticadas que tentam reduzir seu risco à medida que você se aproxima da aposentadoria, como investir uma porcentagem de "100 menos sua idade" em ações e o restante em títulos, então uma pessoa de 20 anos terá 80% em ações, enquanto alguém de 65 anos terá apenas 35%. A ideia é ajustar sua alocação de ativos de acordo com sua tolerância ao risco e seus objetivos de investimento de longo prazo.

Já o princípio 5 torna sua decisão de alocação de ativos ainda mais simples: apenas mantenha ações pensando no longo prazo. Esse princípio baseia-se em um livro muito influente chamado *Investindo em Ações no Longo Prazo*, escrito pelo economista financeiro de Wharton, Jeremy Siegel.[2] Inicialmente publicado em 1994, esse livro está agora em sua 5ª edição e tornou-se a "Bíblia da compra e espera" do setor de gestão de investimentos. O argumento de Siegel não é difícil de resumir: desde 1802, a data mais longínqua na qual se dispõe de dados sobre ações, o desempenho histórico do mercado de ações dos EUA tem sido muito atraente em períodos de espera suficientemente longos. Todos nós poderíamos ser ricos se tivéssemos mantido ações apenas para o longo prazo.

Esses cinco princípios tornaram-se a base do setor de gestão de investimentos, influenciando praticamente todos os produtos e serviços oferecidos pelos profissionais financeiros. Certamente, eles beneficiaram muitos milhões de investidores ao longo dos anos. Mas os princípios não são o mesmo que leis da Física; eles não têm necessariamente a mesma permanência que, digamos, a lei da gravidade. Na verdade, esses princípios são melhor vistos como heurísticas, aproximações de um sistema muito mais complexo. E sua utilidade e precisão dependem de uma série de pressupostos técnicos-chave não expressos que Sharpe e outros fizeram para determinar as relações econômicas e estatísticas entre risco e retorno médio.

Quais são esses pressupostos-chave? Eles incluem condições como: as propriedades estatísticas dos retornos de ativos não mudam ao longo do tempo ou em diferentes ambientes de mercado; a relação estatística entre retornos e riscos é estritamente linear, e também permanece igual ao longo do tempo e em diferentes ambientes de mercado; os valores particulares que definem essa relação estatística podem ser estimados com precisão usando dados históricos; os investidores são racionais e se comportam como *Homo economicus*; e os mercados são eficientes e continuamente equilibrados (em outras palavras, a oferta equivale à demanda). Do ponto de vista ecológico, esses pressupostos dizem respeito à estacionariedade do meio ambiente — ainda que o ambiente possa flutuar, ele o fará com as mesmas leis estatísticas ao longo do tempo — e a racionalidade dos participantes no mercado.

Cada um desses pressupostos pode ser discutido em termos teóricos, empíricos e experimentais. Por exemplo, como as propriedades estatísticas dos retornos de ações podem ser as mesmas hoje do que antes da Guerra Civil americana? E já sabemos que *Homo economicus* não é realista. Mas a questão relevante não é se essas premissas são literalmente verdadeiras — poucos pressupostos econômicos são — mas, sim, se os erros de aproximação associados a eles são pequenos o suficiente para que sejam ignorados para fins práticos. *A narrativa emergente da perspectiva da Hipótese dos Mercados Adaptáveis é que esses erros costumavam ser pequenos, mas cresceram consideravelmente nos últimos anos.*

A GRANDE MODULAÇÃO

De fato, desde meados da década de 1930 até meados dos anos 2000 — um período de mercados e regulamentos financeiros relativamente estáveis — esses pressupostos ofereceram aproximações razoáveis dos mercados financeiros dos EUA. A Hipótese dos Mercados Adaptáveis, porém, nos diz que longos períodos de eficiência e estabilidade do mercado não são algo garantido; eles dependem da estabilidade do ambiente geral. Quando há grandes mudanças que impactam significativamente esse ambiente — incluindo transições políticas, econômicas, sociais ou culturais —, os mercados refletem essas mudanças. No caso do mercado de ações dos EUA, o ambiente mudou tanto nas duas últimas décadas que os erros de assumir a estacionariedade e a racionalidade aumentaram muito, e por razões que podemos identificar explicitamente. Eles chegaram a um ponto crítico e já não podem mais ser ignorados.

A Figura 8.1 ilustra com simplicidade essa narrativa. Ela mostra o retorno total acumulado do mercado de ações dos EUA de janeiro de 1926 a dezembro de 2015, uma média ponderada pelo valor de todas as ações listadas no banco de dados do Center for Research in Security Prices (CRSP) da Universidade de Chicago. Ela é configurada em uma escala logarítmica, de modo que a mesma distância vertical no gráfico corresponde à mesma porcentagem de retorno, independentemente do período de tempo.

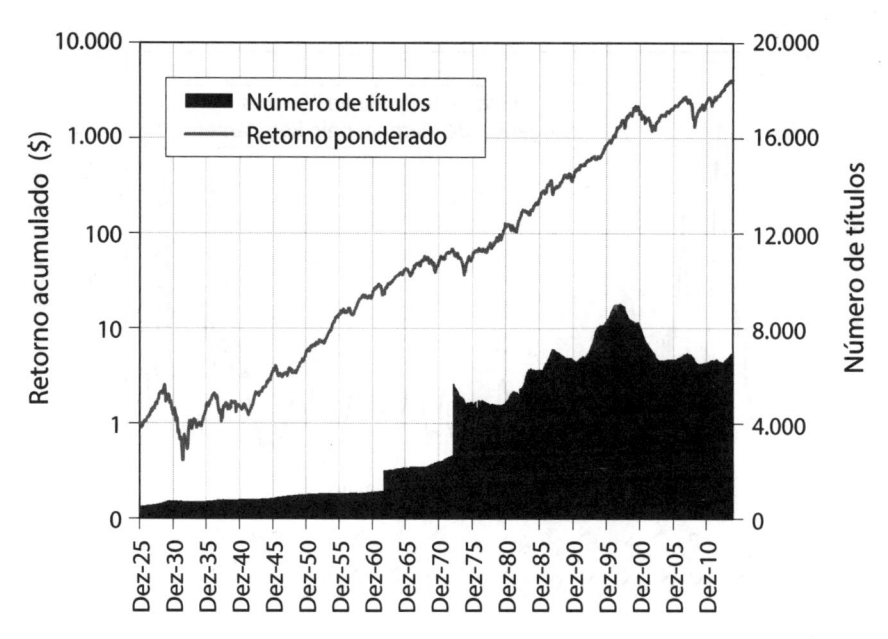

Figura 8.1 Retorno total acumulado, em escala semilogarítmica, do índice de retorno ponderado pelo valor CRSP — de janeiro de 1926 a dezembro de 2014 — e lote padrão do número total de ações utilizadas no índice. Fonte: CRSP e cálculos do autor.

O mercado era uma fonte de investimento incrivelmente confiável desde meados da década de 1930 até o meio do ano 2000, produzindo um crescimento relativamente ininterrupto e estável ao longo de sete décadas. Eu chamo esse período de "Grande Modulação" por causa da estabilidade incomum que caracterizou os mercados financeiros como um todo: veja, por exemplo, a volatilidade antes, durante e depois desse período de 70 anos na Figura 8.2.[3] Houve alguns altos e baixos consideráveis, mas se você fosse um investidor de longo prazo com um horizonte temporal de 20 anos, uma carteira de ações americanas bem diversificada teria gerado rendimentos e volatilidade médios comparáveis em quase dois pontos durante esse período de 70 anos; daí, a linha quase reta que percorre o gráfico. Com retornos cumulativos como este, você pode ver por que Jeremy Siegel concluiu que todos devemos manter ações no longo prazo.

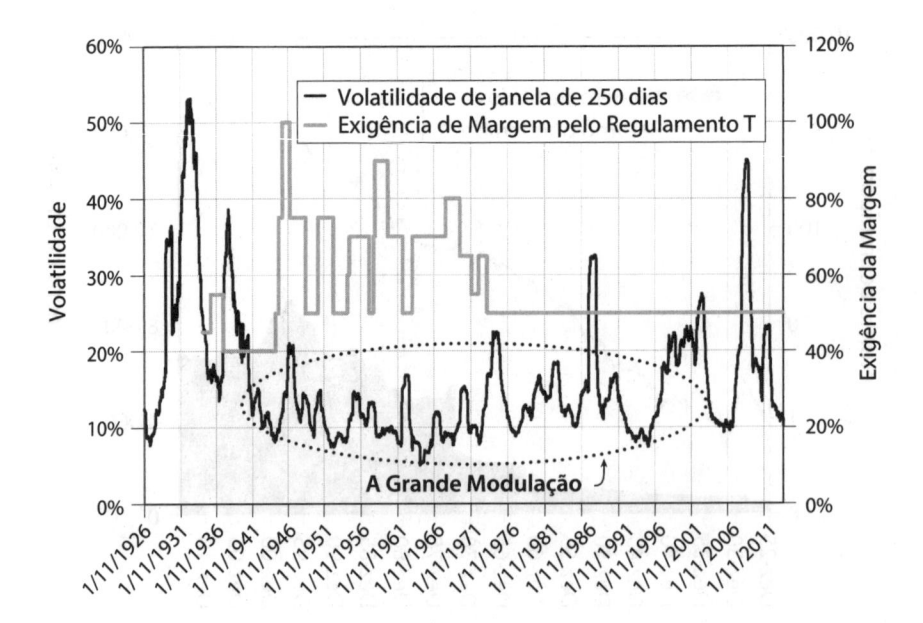

Figura 8.2 Volatilidade anualizada (análise de janela de 250 dias) do índice diário de retorno ponderado do CRSP, de 2 de janeiro de 1926 a 31 de dezembro de 2014, e exigência de margem pelo Regulamento T. Fonte: CRSP, Brennan e Lo (2012), e cálculos do autor.

No ambiente financeiro estável da Grande Modulação, a estacionariedade e a racionalidade parecem aproximações razoáveis. Não é surpreendente que o paradigma do investimento tradicional tenha surgido e se tornado popular durante esse período. O paradigma funcionou. Os fundos indexados passivos de compra e retenção funcionaram. As regras de atribuição de ativos, como a regra 60/40, funcionaram.

No entanto, a estacionariedade e a racionalidade têm influenciado os mercados recentemente? O gráfico de retorno cumulativo (Figura 8.1), após 2000, tem as mesmas propriedades estatísticas que os 70 anos anteriores? A questão urgente para o investidor de hoje é se os últimos 15 anos devem ser considerados como uma mudança temporária sem maior significado ou, ao contrário, uma trajetória ascendente, ou seja, um presságio de uma nova ordem mundial. Há evidências crescentes apontando para este último.

UMA NOVA ORDEM MUNDIAL

Cada geração de investidores pensa que seu ambiente financeiro é único e especial, com desafios e inovações sem precedentes. No entanto, existem razões objetivas para pensar que a última década e meia realmente é um ambiente diferente das sete décadas da Grande Modulação. Um indicador óbvio é a volatilidade. Nos últimos anos, todos os investidores tornaram-se dolorosamente conscientes dessa medida de risco, e é fácil ver o porquê. A Figura 8.2 mostra a volatilidade anualizada dos retornos diários de ações nos EUA (o índice CRSP ponderado em termos de valor) nas janelas de 250 dias que se seguem. O objetivo de usar janelas de 250 dias — o que equivale a cerca de um ano de dados diários — é medir a volatilidade de curto prazo. A Figura 8.2 mostra que, após a quebra do mercado de ações de 1929, houve uma extrema volatilidade, mas as décadas da Grande Modulação que se seguiram foram muito mais calmas. Por que a volatilidade diminuiu durante esse período? Parte do motivo era a regulamentação. A partir de 1934, o Fed (Banco Central) simpôs requisitos de margem na compra de ações. O chamado "Regulamento T" exigia um montante mínimo de capital depositado em uma conta de corretagem como garantia para a compra de ações. Inicialmente definido em 45%, esse requisito significava que os clientes tiveram que depositar 45 centavos por cada dólar de ações adquiridas em uma conta de corretagem. O requisito de margem variou de 40% a 100% (ou sem alavancagem), mas foi fixado em 50% a partir de 1974 (veja a linha cinza claro na Figura 8.2).

Houve 12 aumentos nessa exigência de margem desde seu estabelecimento em 1934. Em nove vezes a volatilidade de 250 dias aumentou, representando em média, nos 12 eventos, um aumento de 13,6%. A margem do Regulamento T diminuiu dez vezes, e a volatilidade diminuiu em quatro desses casos, com uma variação percentual média de 0,1%. Infelizmente, em virtude do pequeno conjunto de dados, esses resultados não são estatisticamente significativos, mas são consistentes com a intuição natural de que aumentos no requisito de margem ocorrem com mais frequência nas vezes em que a volatilidade está aumentando, enquanto as diminuições geralmente ocorrem quando há mais aleatoriedade. Em outras palavras, entre 1934 e 1974 (quando o requisito foi corrigido), o Fed aparentemente modulava ativamente a volatilidade do mercado de ações.

Então, qual foi o período mais volátil do mercado de ações dos EUA após a Grande Depressão? Foi no quarto trimestre de 2008, na sequência da falência do Lehman Brothers durante a crise financeira global. Esse pico de volatilidade não foi um indicador isolado. Outras estatísticas, como volume de negociação, capitalização de mercado, tempos de execução de negócios e a grande quantidade de títulos e investidores listados apontam para uma conclusão similar: os mercados de ações atuais são maiores, mais rápidos, mais diversos e mais estranhos do que em qualquer outro momento moderno da história. Nós vivemos em tempos financeiros genuinamente incomuns.

Esses padrões são provavelmente um reflexo de uma tendência muito mais ampla: o crescimento populacional. Lembra-se do gráfico do Capítulo 5 sobre a população mundial estimada de 10.000 a.C. até o presente (Figura 5.2)? O número de habitantes deste planeta mais que quadruplicou em cem anos. Esse crescimento vasto e rápido tem implicações financeiras e ecológicas. A grande maioria desses mais de 7 bilhões de pessoas nasce sem ativos, renda, educação ou habitação permanente; todas essas coisas devem ser adquiridas. Em decorrência disso, elas quase certamente participarão, em seu ciclo de vida, de alguma forma de poupança e atividade de investimento, mesmo que seja algo tão básico como guardar dinheiro para os dias ruins. Sem dúvida, essas atividades aumentam a escala necessária dos mercados financeiros, bem como a complexidade das interações entre as várias contrapartes.

Transformamos o mundo em um lugar bem diferente. Uma ilustração convincente dessa diferença pode ser vista no par de gráficos da Figura 8.3 (no caderno colorido) usando as excelentes ferramentas de visualização de dados do Gapminder do demógrafo sueco Hans Rosling. Esses dois gráficos apresentam medidas de saúde e riqueza — a expectativa de vida média e o produto interno bruto per capita (PIB) — para vários países do mundo em 1900 e 2013. Cada país é um círculo e o tamanho é proporcional à sua população. Em 1900, os Estados Unidos — o grande disco amarelo na faixa superior direita da Figura 8.3a — estava em uma posição privilegiada, com um dos maiores níveis de PIB per capita, uma das maiores expectativas de vida e apenas um punhado de concorrentes próximos.

A Figura 8.3b, todavia, conta uma história muito diferente. Um pouco mais de um século depois, os Estados Unidos não são mais a única força econômica dominante na economia global. O círculo amarelo agora está cercado por muitos concorrentes consideráveis, como o Japão — o grande disco vermelho perto dos Estados Unidos — e a Europa — os diversos discos alaranjados à esquerda dele. Observe como os dois países mais populosos do mundo, a China (o maior disco vermelho) e a Índia (o maior disco azul claro) estão rapidamente se movendo em direção ao canto do amarelo. Essas duas nações exerceram um enorme impacto nos padrões de comércio global, oferta de mão de obra, salários e custos de produção, taxas de câmbio e inovação e produtividade nos últimos vinte anos. E elas não estão sozinhas. Essas mudanças econômicas sísmicas — em última análise, refletindo a mudança da oferta e da demanda de ativos reais a partir do crescimento populacional e das mudanças sociopolíticas — tornaram a dinâmica dos preços dos ativos financeiros globais mais estável nos últimos anos. A Grande Modulação parece estar dando lugar a uma nova ordem mundial.

RISCO/RECOMPENSA E PUNIÇÃO

Uma das maiores implicações dessa nova ordem mundial é que o princípio 1, da troca de risco/recompensa, pode não mais subsistir. Durante décadas, a noção de que os ativos mais arriscados obtêm um retorno médio mais alto teve forte suporte empírico (veja a Tabela 8.1). Se avaliarmos o risco pela volatilidade dos retornos (a medida mais comum usada nas finanças), ocorre um *trade-off* positivo de risco/recompensa (ou seja, mais risco, mais recompensa). Com 28,8% de volatilidade, as *small-cap* (ações com uma capitalização de mercado menor) são claramente mais arriscadas do que as ações de maior capitalização (as *large-cups*), que têm apenas 18,8% de volatilidade. Em média, as *small-cups* ganham quase 2% a mais por ano do que as ações *large-cups*. O prêmio extra de 2% é, aparentemente, o que o mercado dita como recompensa pelo risco. Para os investimentos em títulos menos arriscados, os retornos médios são consideravelmente menores. Para o ativo menos arriscado — os títulos da dívida do Tesouro dos EUA — o retorno médio é de apenas 3,5% ao ano, mas esses são retornos nominais, então, depois de contabilizar a inflação, esse número é próximo de 0%. O *trade-off* aqui, em média, é menos risco, menos retorno. Corretores e consultores financeiros têm essa evidência em mente quando dizem a seus clientes para manter ações para o longo prazo. Durante um período de tempo suficientemente longo, investir em ações é melhor do que em títulos ou deixar seu dinheiro à mão.

Mas vamos dar uma olhada nos dados. O *trade-off* (ou, simplesmente, troca) de risco/recompensa na Tabela 8.1 abrange um período de tempo de 90 anos. Poucos de nós têm o luxo desse horizonte quando investimos. O que acontece com a troca de risco/recompensa quando usamos, digamos, horizontes de cinco anos? Afinal, pela maioria dos padrões de investimento, cinco anos não é exatamente um investimento de curto prazo. A Figura 8.4 mostra que a troca risco/recompensa não é tão consistente nesse horizonte.

Esse número contém dois gráficos, o primeiro um retorno médio de 1.250 dias para o mercado de ações (aproximadamente cinco anos de dados),[4] e o segundo é a volatilidade correspondente no mesmo período. As duas séries muitas vezes parecem estar se movendo em direções opostas. Quando a volatilidade era alta, durante a década de 1930, os retornos médios eram profundamente negativos; quando ela diminuiu, durante as décadas de 1940 e 1950, os rendimentos médios melhoraram, variando de 10% a 20%; e quando a volatilidade aumentou entre meados da década de 1990 e início dos anos 2000, os retornos médios diminuíram mais uma vez. A correlação dessas duas curvas é de -58%, dificilmente um endosso de uma relação risco/recompensa positiva. Se há algo a deduzir daí é que essas curvas sugerem que os investidores às vezes são punidos por se arriscarem.

Tabela 8.1
Resumo de desempenho de ações e títulos de janeiro de 1926 a dezembro de 2015.

	Ações Large-cups	Ações Small-cups	Títulos corporativos de longo prazo	Títulos governamentais de longo prazo	Títulos governamentais de médio prazo	Títulos governamentais de curto prazo
Retorno médio	10,0%	12,0%	6,0%	5,6%	5,2%	3,4%
Volatilidade	20,0%	32,0%	8,4%	10,0%	5,7%	3,1%
Retorno acumulado	$5.390	$26.433	$188	$132	$94	$21

Nota: Os retornos médios são compostos geograficamente e anualizados; a volatilidade é baseada em retornos mensais e anualizada, multiplicando estimativas mensais por $\sqrt{12}$.
Fonte: Ibbotson (2016).

Essa relação não é nova. Foi documentada pela primeira vez no início da década de 1970 por ninguém menos que Fischer Black,[5] da famosa fórmula Black-Scholes/Merton de precificação de opções. Black apresentou uma explicação extremamente inteligente para essa relação aparentemente inversa entre risco e recompensa, argumentando que foi causada por um "efeito alavanca". Os preços de ações em declínio geram retornos negativos para os investidores, ocasionando maior volatilidade; pois as empresas com dívida em sua estrutura de capitais são agora mais fortemente alavancadas.

Esse é o mesmo tipo de efeito que atingiu os proprietários de imóveis durante o declínio do mercado imobiliário dos EUA antes da recente crise financeira. Suponha que você compre uma casa por $200.000, com uma entrada de 20%, ou $40.000, e assina uma hipoteca pelos restantes $160.000. Se o valor da casa cair 10%, ou $20.000, no dia seguinte ao fechamento do negócio, você estará agora mais fortemente alavancado do que antes — você ainda deve o empréstimo hipotecário de $160.000, mas o valor de seu patrimônio (a casa) agora é de $20.000 em vez de $40.000. Isso significa que a taxa de retorno sobre seus restantes $20.000 de capital será muito mais volátil, dado o mesmo nível de flutuações nos preços das casas.

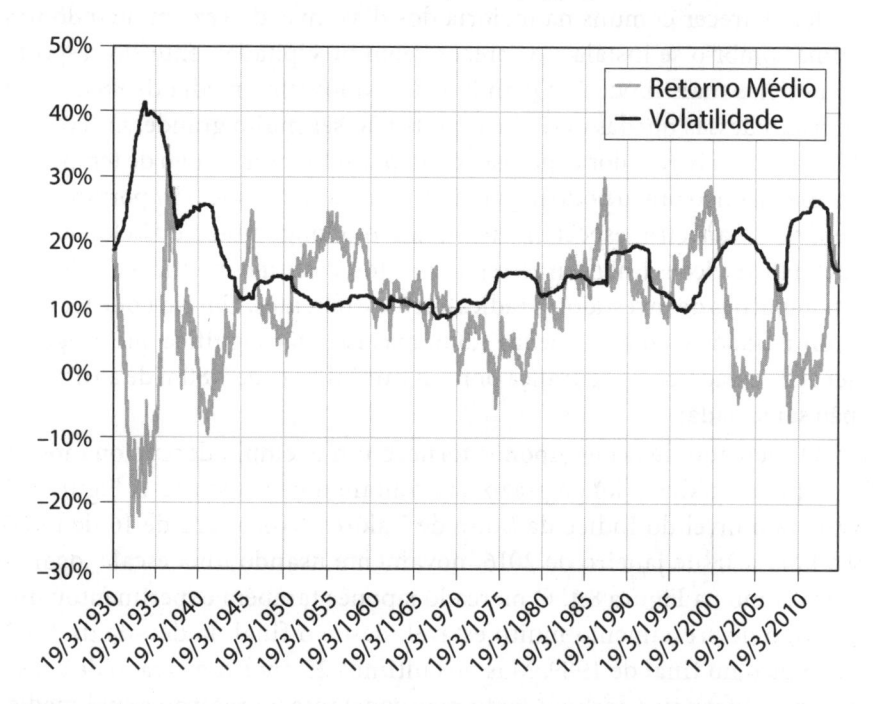

Figura 8.4 Retorno composto anualizado numa janela móvel de 1.250 dias e volatilidade do índice diário de retorno do mercado de ações, ponderado pelo valor CRSP, a partir de 2 de janeiro de 1926 (a primeira janela de 1.250 dias termina em 19 de março de 1930) até 31 de dezembro de 2014.

Essa explicação parece bastante plausível. Há apenas um problema: o chamado efeito alavanca é ainda mais forte entre as empresas que não possuem dívidas.[6] A alavancagem não pode ser o único motivo.

A Hipótese dos Mercados Adaptáveis fornece uma explicação alternativa. Aumentos súbitos na volatilidade do patrimônio fazem com que uma parte significativa dos investidores reduza rapidamente suas posições através de uma resposta de lutar ou fugir, mais conhecida em contextos financeiros como "surtar". Essas vendas motivadas pelo pânico pressionam os preços das ações para baixo e pressionam para cima os preços dos ativos mais seguros, que agora são mais demandados. As mudanças de preços ocasionadas pelo surto dos investidores leva a relação normalmente positiva entre risco e recompensa a ser temporariamente violada. Uma vez essas respostas emocionais diminuindo, a loucura das massas é substituída pela sabedoria das multidões, e a relação usual risco/recompensa é restaurada.

A esse respeito, podemos pensar que os mercados são bipolares — eles podem parecer comuns na maioria dos dias, mas de vez em quando um clima sombrio se instala e os preços caem precipitadamente em resposta às notícias mais inócuas. Quando calculamos uma média de 88 anos, o impacto dessas quedas periódicas pode não ser muito grande, mas o problema para o investidor é que esse é um período muito longo de tempo. As médias a longo prazo podem ocultar muitas características importantes do cenário financeiro, especialmente quando o longo prazo é tão longo que inclui instituições financeiras, regulamentos, costumes políticos e culturais e populações de investidores radicalmente diferentes. Um rio pode ter uma profundidade média de apenas 1,5m, mas isso não significa que ele possa ser atravessado com segurança por um caminhante de 1,80m de altura que não saiba nadar.

O mercado de ações japonês fornece um exemplo decepcionante do por que as médias a longo prazo não contam toda a história. A Figura 8.5 mostra o nível do Índice da Bolsa de Valores Nikkei 225 de 16 de maio de 1949 a 18 de janeiro de 2016, novamente usando uma escala logarítmica como na Figura 8.1. O mercado japonês também experimentou um período de crescimento muito estável, desde o final da década de 1940 até o pico no final de 1989. Mas nos últimos 25 anos o mercado de ações japonês sofreu um declínio lento mas constante. O retorno anual médio dos investidores japoneses (ignorando o rendimento de reinvestimento de dividendos), entre o pico do Nikkei 225 em 29 de dezembro de 1989 e 18 de janeiro de 2016, é de cerca de -3,2% ao ano, ao longo de duas décadas e meia. Esse também foi um período de volatilidade significativa, como mostram as barras pretas na Figura 8.5. As causas ambientais subjacentes das "décadas perdidas" do Japão — que incluem muitos fatores além da Economia — exigiriam um livro separado. Mas a lição para os investidores é clara: a troca de risco/recompensa pode haver tirado férias por um tempo. Como o analista financeiro A. Gary Shilling disse: "O mercado pode permanecer irracional muito mais tempo do que você e eu podemos permanecer solventes".

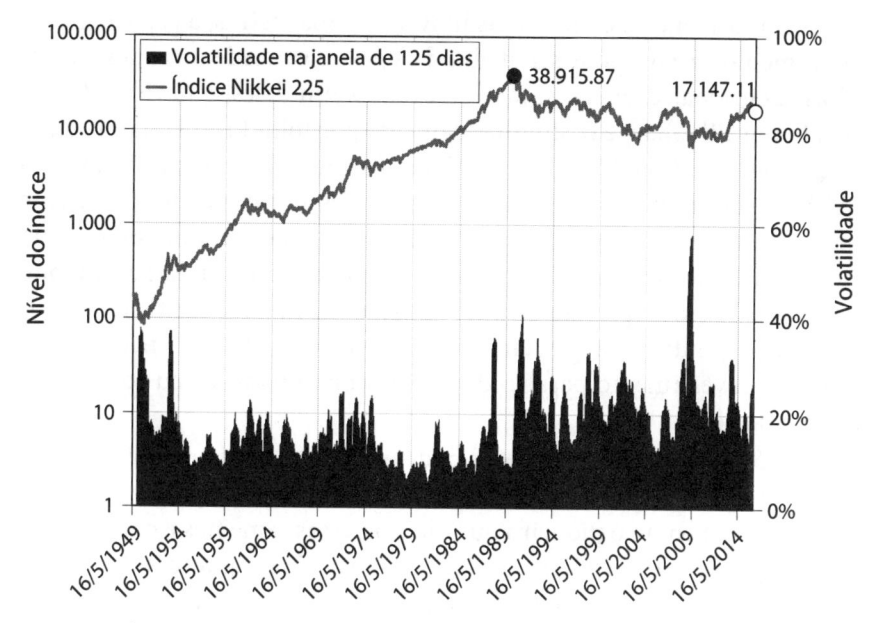

Figura 8.5 Índice Nikkei 225 de 16 de maio de 1949 a 18 de janeiro de 2016.

A Hipótese dos Mercados Adaptáveis nos diz que o risco não é sempre recompensado — depende do ambiente. Investir em ações para o longo prazo pode ou não ser um bom conselho, dependendo no que você está investindo, por quanto tempo e qual é sua tolerância ao risco. John Maynard Keynes disse: "a longo prazo, estamos todos mortos", mas foi um gestor de fundos de *hedge* que acrescentou a coda importante: "certifique-se de que o curto prazo não o mate antes".

A DEMOCRATIZAÇÃO EM INVESTIR

O investimento passivo — a noção de que você não pode vencer o mercado e deve investir em fundos indexados — é agora uma parte tão importante do paradigma de investimento tradicional que se torna difícil apreciar quão revolucionária foi a ideia de um fundo indexado (ou fundo de índices). Hoje em dia, no entanto, parece haver quase tantos índices como ações. De onde veio a ideia do índice, e para onde está indo? A Hipótese dos Mercados Adaptáveis também pode explicar a natureza evolutiva do investimento passivo e indexação.

Tal como acontece com muitas inovações financeiras, a genealogia do investimento passivo pode ser atribuída à pesquisa acadêmica, neste caso, a dois programas diferentes. Já descrevemos um deles, o CAPM, desenvolvido por Bill Sharpe (e simultaneamente por John Lintner, Jan Mossin e Jack Treynor). O outro é, claro, a Hipótese dos Mercados Eficientes. O CAPM permitiu que os investidores construíssem um portfólio eficiente simplesmente mantendo uma cesta de todas as ações proporcionalmente à sua capitalização de mercado — ou seja, um portfólio que simulava todo o mercado de ações (princípio 3). A Hipótese dos Mercados Eficientes, enquanto isso, pontificava que, em média, o investimento ativo não poderia superar o investimento passivo depois de contabilizar os custos e taxas das transações.

O negócio dos fundos indexados pode ter florescido a partir de sementes produzidas por pesquisas acadêmicas, mas a maioria das pessoas acredita em John Bogle como o pioneiro que plantou essas sementes e cultivou sua primeira safra em 1976: o Vanguard Index Trust. No entanto, esse foi apenas o primeiro fundo mútuo indexado. Bogle generosamente creditou as raízes de seu negócio a outros:

> As ideias básicas remontam a alguns anos antes. Entre 1969 e 1971, o Wells Fargo Bank havia trabalhado a partir de modelos acadêmicos para desenvolver os princípios e técnicas que levaram a investir em índices. John A. McQuown e William L. Fouse foram pioneiros no esforço, o que levou à construção de uma conta indexada de $6 milhões para o fundo de pensões da Samsonite Corporation. Com uma estratégia baseada em um índice ponderado de ações da Bolsa de Valores de Nova York, sua execução foi descrita como "um pesadelo". A estratégia foi abandonada em 1976, substituída por uma estratégia ponderada pelo mercado usando o preço de ações composto pelo Índice Standard & Poor's 500. Os primeiros desses modelos eram contas da Wells Fargo para seu próprio fundo de pensões e para a Illinois Bell.[7]

As duas observações fundamentais feitas por Bogle nessa passagem — que a conta indexada original era *equal-weighted* (ou seja, as ações tinham o mesmo peso) e que sua execução era "um pesadelo" — não estão relacionadas. O portfólio da Samsonite envolvia 100 ações na Bolsa de Valores de Nova York, e ponderação igual significava que o mesmo valor em dólares deveria ser investido em cada ação. Mas, à medida que os preços flutuam, os investimentos em dólares se descasam — as ações com aumento dos preços terão maior peso na carteira do que as ações com preços decrescentes. De vez em quando — neste caso, uma vez por mês —, o portfólio tinha que ser reequilibrado de modo a restaurar a mesma ponderação. O processo de cálculo dos negócios necessários, sua execução e confirmação, e realizar a documentação correspondente para um portfólio de 100 ações por mês foi o pesadelo que Bogle citou. Lembre-se de que os primeiros anos da década de 1970 foram anteriores à época dos computadores pessoais, comércio eletrônico ou e-mail, e as planilhas eram na verdade folhas de papel pautado sobre as quais filas de números tinham que ser escritas manualmente.

A solução para esse desafio operacional foi substituir a ponderação igual pela ponderação da capitalização do mercado. Isso foi inicialmente mais complicado, porque as alocações de investimentos diferiam entre os valores mobiliários, mas a beleza de investir em proporção à capitalização de mercado é que não são necessários reequilíbrios (a menos que as ações sejam adicionadas ou excluídas do índice, caso em que se requer algum reequilíbrio menor). Uma vez ponderado pelo mercado, sempre ponderado pelo mercado, pois os pesos se ajustam automaticamente da maneira certa conforme os preços flutuam: à medida que os preços aumentam, o limite de mercado também aumenta, assim como o peso do portfólio.

Essa mudança aparentemente pequena não só modificou muito a gestão de portfólio, como também reduziu consideravelmente a quantidade de negociação necessária. Carteiras (os portfólios) ponderadas de mercado são genuinamente "comprar e manter". E naquela época, negociar era muito mais caro do que é hoje. Na verdade, a conta Samsonite foi lançada durante a era de comissões fixas, quando havia uma comissão de corretagem padrão de 2% ou mais (os reguladores encerraram essa era em 1º de maio de 1975, mais sobre isso adiante). Os custos mais baixos para o gestor de carteira acabariam por se traduzir, através da concorrência, em custos mais baixos para o investidor, e isso se tornou uma das características do segmento de fundos de índice, graças em grande parte a John Bogle.

Bogle adiantou sua própria alternativa para a Hipótese dos Mercados Eficientes, que ele chamou de Hipótese do Custo que Importa; uma teoria que eu apoio de coração. As taxas de fundos mútuos podem causar danos notáveis ao patrimônio de um investidor ao longo do tempo. Em muitos casos, ele pode superar o alfa (se existir) de um gestor de portfólio. Ao usar índices ponderados no mercado, minimizando a negociação e mantendo os custos baixos, o Grupo Vanguard, de Bogle, criou uma revolução silenciosa para milhões de investidores.

A ponderação de mercado é agora o padrão do setor, usado por praticamente todos os índices e seus correspondentes fundos mútuos, *exchange traded funds* (fundos de índices comercializados como ações) e outros tipos de investimento projetados para rastreá-los. Na verdade, o investimento passivo tornou-se sinônimo de ponderação de mercado. Mas a transição da ponderação igual até a de mercado ocorreu por meio de tentativa e erro, não porque o mercado de novos produtos financeiros fosse particularmente eficiente. O surgimento da indústria de fundos de índices de vários milhões de dólares foi um processo evolutivo impulsionado pela concorrência, inovação e seleção natural. Essa é a Hipótese dos Mercados Adaptáveis em ação.

NOVAS ESPÉCIES DE FUNDOS INDEXADOS

O sucesso do fundo mútuo indexado, começando com o Vanguard Index Trust, levou a uma explosão evolucionária da inovação financeira. Três diferentes índices de futuros do mercado de ações estrearam em 1982, com base no Índice da Bolsa de Valores de Nova York (NYSE) Composite, S&P 500 e o índice Value Line, respectivamente. Índices para cada classe de ativos emergiram, e fundos indexados adicionais para acompanhá-los: o primeiro fundo de índice de títulos para investidores varejistas em 1986, o primeiro fundo de índice internacional de ações em 1990 e o primeiro *exchange traded fund* em 1993. Estes últimos eram semelhantes aos fundos mútuos indexados, na medida em que acompanhavam de perto um índice, mas poderiam ser comprados e vendidos ao longo do dia nas Bolsas.

Se a geração financeira anterior via "mercados em tudo", atualmente vemos "índices em tudo", bem como fundos e derivativos com base nesses índices. O ambiente tecnológico moderno tornou possível essa onda de inovação financeira, mas essas inovações nunca teriam florescido se o público investidor não encontrasse índices úteis. Por que os fundos indexados são tão atraentes para os investidores?

A Hipótese dos Mercados Adaptáveis nos diz que a forma financeira deve seguir a função financeira, um princípio aprovado pela evolução. Idealmente, a definição de um índice deve depender de seu uso, mas o padrão do setor é simplesmente um conjunto fixo de títulos ponderados pela capitalização de mercado. E se adotássemos, em vez disso, a perspectiva funcional de Robert C. Merton e perguntássemos quais funções de um índice servem, para então entendermos melhor sua forma?[8]

Podemos identificar pelo menos duas funções distintas de um índice moderno. A primeira é amplamente informativa. Um índice fornece uma medida rápida e fácil do desempenho do investimento agregado, separado dos excessivos vieses de qualquer componente individual, para destacar as balizas econômicas do mercado. Essa foi a função original de um índice na década de 1880, e continua a ser a razão pela qual os índices são amplamente relatados até hoje. A segunda função, contudo, é a mais prática para um investidor: atuar como um padrão pelo qual os gestores ativos possam ser comparados e como uma alternativa caso esses gestores falhem. Isso significa que um índice deve ser associado a um fundo indexado de investimento correspondente, com retornos que acompanham de perto esse índice.

Considerando que o índice deve funcionar como tal, podemos reverter as três propriedades fundamentais que ele deve ter. Primeiro, ele deve ser transparente, o que significa que todos os aspectos do índice devem ser informações públicas e verificáveis por qualquer terceiro interessado. Em segundo lugar, ele deve ser aplicável, isto é, um investidor pode investir um elevado montante de capital no portfólio em um curto período de tempo e realizar o retorno reportado pelo índice. Finalmente, ele deve ser sistemático, ou seja, a construção do índice deve ser baseada em regras, como uma boa receita, e não dependente de qualquer critério ou julgamento humano. Qualquer investidor deve poder seguir a receita e formar o portfólio (sujeito apenas a restrições tecnológicas).

Essa generalização pode parecer bastante direta, mas vamos analisar algumas de suas implicações. Por um lado, nos EUA, são excluídos índices comuns como o Federal Housing Finance Agency House Price Index (mede a tendência da evolução dos preços de residências nos EUA), assim como a maioria dos índices de fundos de *hedge*. Esses índices não são baseados em instrumentos líquidos e, portanto, não são destino de investimentos em larga escala. Eles fornecem informações importantes, ainda que aquilo que medem não seja uma oportunidade de investimento. Além disso, podem servir como base para outros títulos financeiros suscetíveis de investimentos, como fundos de investimento imobiliário e fundos beta alternativos. Porém, uma vez que um investidor não pode aplicar diretamente neles e obter os retornos que produzem no papel, eles não são, para os nossos padrões, considerados como índices.

Nossa nova definição cobre a maioria dos índices tradicionais. Qualquer carteira compreendendo títulos líquidos ponderados pela capitalização de mercado cabe em nossa nova definição. Vamos chamar essas carteiras de "índices estáticos", pois implicam um portfólio estático de compra e retenção e investimento passivo.

Mas o "estático" implica a possibilidade de "dinâmico". Não há nada em nossa redefinição de um índice que exclua portfólios com pesos fora do mercado de capitais, pesos que mudam sistematicamente de acordo com outras heurísticas. O novo ambiente de tecnologia de negociação automatizada, telecomunicações e outras inovações em tecnologia financeira nos deu a capacidade de construir esses novos veículos de investimento. Eles podem não ser considerados "passivos" no sentido tradicional, mas, enquanto satisfizerem nossas três condições, ainda atendem ao mesmo objetivo. Para evitar a confusão, nos referiremos a eles como índices dinâmicos.

BETA INTELIGENTE VERSUS SIGMA BURRO

Um número crescente de índices dinâmicos usa estratégias de investimento específicas, sistematicamente e sem intervenção humana. Por exemplo, em 2008, o analista de patrimônio Pankaj Patel e eu criamos um índice dinâmico para a estratégia subjacente de um fundo de capital "130/30", que faz alavancagem para investir 130% em posições longas e 30% em posições curtas.[9] Mesmo estratégias esotéricas de fundos de *hedge*, como a arbitragem de fusões — apostar em fusões corporativas anunciadas publicamente —, estão agora disponíveis para o investidor médio através de índices dinâmicos.

A teoria que dá sustentáculo a esses índices dinâmicos é bastante direta, fluindo naturalmente de variações na formulação original de CAPM, usando fatores além do portfólio de mercado para estimar e investir em relações de risco/recompensa linear. Os índices fundamentais (onde os pesos dependem das características da empresa, como o lucro por ação, a relação preço de mercado/preço contábil etc.) e os índices de baixa volatilidade (onde os pesos são escolhidos para minimizar a variância do portfólio) são exemplos populares recentes, que tentam capturar os prêmios ocultos do mercado. Mas eles são sistemáticos, ponderando e ajustando seus portfólios de acordo com regras transparentes bem definidas, sem intervenção humana. Este é um caso clássico de evolução na velocidade do pensamento.

Nesse bravo novo mundo indexado, praticamente qualquer estratégia de investimento plausível pode ser dividida em componentes como estilo de investimento, ponderação e outras condições, e reconstituída para o público em geral. O setor financeiro atualmente vende essas estratégias como "betas inteligentes", após a versão beta do CAPM. O nome diz tudo: beta como o mercado como um todo, mas mais inteligente do que o resto. Essa tendência chegou à sua conclusão lógica no processo de replicação beta do fundo de *hedge* desenvolvido pela ex-(minha)doutoranda, Jasmina Hasanhodzic e eu: se os retornos de uma estratégia específica de fundo de *hedge* contêm fatores comuns que podem ser "clonados", identificados, quantificados e replicados usando contratos de futuros líquidos, sem necessidade de gerenciamento ativo, por que não usá-los também como base para um índice?[10]

A questão-chave para os investidores, então, é se um determinado índice de estratégia traz consigo um prêmio de risco sustentável e suficientemente atraente e, em caso afirmativo, em que condições. Em outras palavras, a recompensa do índice vale seu risco? Como muitos investidores aprenderam, as vantagens do "beta inteligente" às vezes trazem as desvantagens do "sigma estúpido", riscos pelos quais os investidores não são compensados.

É aqui que a Hipótese dos Mercados Adaptáveis torna-se diretamente relevante para o investidor. A Hipótese dos Mercados Eficientes implica que nenhum investidor deve ser capaz de gerar um retorno consistente acima do CAPM ou um relacionamento semelhante ao risco/recompensa (princípio 3 do paradigma de investimento tradicional). Qualquer prêmio de risco sustentável acima dessa relação deve ser arbitrado pelos investidores em busca do lucro. Entretanto, a Hipótese dos Mercados Adaptáveis sugere que um prêmio de risco sustentável possa estar disponível para os investidores por um período de tempo, dado o ambiente financeiro e a história da população do mercado.[11] O desafio, é claro, é como encontrá-lo.

Para esse fim, a Hipótese dos Mercados Adaptáveis nos dá uma dica: concentrar-se mais na dinâmica do mercado do que em qualquer estado final estático ou de equilíbrio. Por exemplo, imagine que um novo grupo de investidores irracionais entre no mercado e seu comportamento nas negociações force o preço de um título para longe de seu valor racional. A disciplina do mercado normalmente puniria esses investidores, fazendo com que eles perdessem dinheiro sistematicamente até sair do mercado ou mudar sua estratégia. No entanto, com um fluxo contínuo de entrada de novos investidores irracionais no mercado, um prêmio comportamental pode ser mais persistente, tornando-se mesmo sustentável em casos raros. Como P. T. Barnum praticamente disse: "Um novo investidor nasce a cada minuto". Um índice dinâmico destinado a explorar anomalias poderia usar esse comportamento como fonte de retorno extra, um prêmio comportamental.

Sustentabilidade é importante para os investidores, mas o fundo da questão é a fonte do retorno esperado. Devo pagar taxas de fundos de *hedge* para meu gestor de portfólio, ou posso obter os mesmos retornos de investimento por meio de um fundo mútuo de índice passivo de baixo custo? Em outras palavras, é alfa — difícil de encontrar, caro e limitado pela capacidade — ou beta? A resposta da Hipótese dos Mercados Adaptáveis é que, ao longo do tempo, a concorrência faz com que o alfa se torne comoditizado a um nível em que os retornos são apenas suficientes para compensar os investidores pelos riscos associados à atividade. Dizendo de outro modo, o alfa por fim desaparecerá inteiramente, ou se tornará beta — menos limitado, fácil de encontrar e barato. A busca por alfa é, portanto, um desafio recorrente, não estático. Veremos um exemplo de como o alfa cresce gradualmente e diminui ainda neste capítulo, quando revisitarmos o Passeio Aleatório.

Embora a Hipótese dos Mercados Adaptáveis acomode uma visão mais fluida de alfa e beta, o paradigma de investimento tradicional trata os dois como se fossem estados separados e permanentes da natureza. Isso leva a uma consequência particularmente infeliz e não intencional: estratégias ativas administram riscos ativamente, e estratégias passivas não administram riscos de forma alguma. A reprodução fiel dos retornos de um índice é agora a preocupação primordial de um gestor de índices — mesmo que o índice leve seus investidores a um assustador passeio de montanha-russa. Uma perspectiva mais cínica pode ser que a miséria adora companhia. Se cada fundo de índice estiver experimentando perdas semelhantes, é improvável que um administrador de um índice individual seja punido.

Mas não é comum o investidor ser tão sortudo. Em 24 de outubro de 2008, em meio à crise financeira, a volatilidade da S&P 500 atingiu um nível recorde de 89,53, segundo o índice Chicago Travel Board Options Exchange VIX. O que esse número significa? Com uma volatilidade anualizada de 89%, a probabilidade de um retorno negativo é de 59% sob pressupostos plausíveis,[12] e a probabilidade de perder 25% ou mais é de 43%. Investidores passivos no S&P 500 foram expostos a montantes extraordinários de risco que certamente não pretendiam correr.

Outra medida de risco, comumente utilizada no segmento de fundos de *hedge*, é a estatística de retirada máxima, definida como a maior queda percentual do valor patrimonial líquido de um fundo; em qualquer período de investimento ao longo do histórico completo do fundo. É uma medida do pior cenário — o pior desempenho possível que um investidor poderia ter experimentado se investisse em um pico e fosse descontado pelo menor valor possível. A redução máxima do índice S&P 500, durante o período de 1º de janeiro de 2007 a 31 de dezembro de 2015, foi de -56,8% e ocorreu entre 9 de outubro de 2007 e 9 de março de 2009. Nenhum investidor absorve facilmente 56,8% de perda, especialmente aqueles que não estão monitorando seus portfólios em base regular. E é um triste consolo para o investidor que o resto do mercado tenha passado pela mesma experiência.

O investimento passivo deve sempre aceitar o risco de forma passiva e nunca ter os benefícios de uma gestão ativa do risco? A resposta é não. Um dos aspectos mais ignorados do gerenciamento de portfólio profissional é monitorar o portfólio em tempo real e decidir quando atuar em resposta a condições de mercado que se deterioram rapidamente. Contudo, grande parte desse monitoramento pode ser automatizado com regras predefinidas que alertam o investidor — mensagens de texto, notificação de smartphones e redes sociais, tornam isso algo simples — a prestar atenção e tomar uma decisão quando necessário. Isso é particularmente direto para estratégias passivas dedicadas a alcançar os retornos de um índice. A tecnologia existente pode integrar facilmente o gerenciamento ativo de riscos com investimento passivo através de negociação algorítmica, derivativos, design de troca de títulos, telecomunicações e infraestrutura de *back-office*. Graças a essas novas tecnologias, o elo existente entre gestão de risco ativo e investimento ativo, e gestão passiva de risco e investimento passivo, agora pode ser cortado.

DISSOLVENDO A FRATERNIDADE ALFA BETA SIGMA

Eis aqui um exemplo concreto de como cortar esse vínculo. Imagine um fundo de índice dinâmico, que não contém alfa, mas é um portfólio de ações diversificado que é gerenciado ativamente pelo nível de volatilidade alvo. Isso parece complicado, mas é tão simples como configurar o piloto automático de seu carro. Se a volatilidade estimada do índice em uma determinada data exceder um limite pré-especificado, ele investe uma parcela do fundo em dinheiro. Por outro lado, se for inferior a esse limite, ele investe mais de 100% do fundo no índice: em outras palavras, alavanca o fundo.

A volatilidade do limite é sua velocidade alvo. Regule o piloto automático a 100km/h, e o computador de bordo irá acionar automaticamente os freios quando o carro pegar uma descida e ultrapassar aquela velocidade. Da mesma forma, se o índice exceder a volatilidade do limite, o fundo investirá uma parcela em dinheiro, aplicando os freios à volatilidade. Quando o carro vai subindo e cai abaixo de 100 por hora, o computador de bordo injetará combustível; se o índice cair abaixo da volatilidade do limite, o fundo alavancará a si próprio. Assim como o computador de bordo ajusta automaticamente a frenagem ou a aceleração para manter uma velocidade fixa, uma estratégia dinâmica de gerenciamento de volatilidade pode oferecer aos investidores um portfólio automatizado que mantém um nível de risco mais estável.

Como o algoritmo de controle de volatilidade funciona na prática?[13] A Figura 8.6 mostra uma comparação da volatilidade do índice bruto e do índice controlado pela volatilidade no período entre 1925 e 2014. Usei uma volatilidade alvo de 16,9%, a volatilidade da amostra sobre todo o período de tempo. Para o algoritmo, usei para a análise *rolling windows* de 21 dias (janelas móveis de 21 dias) para calcular a volatilidade de curto prazo — um mês de negociações diárias — e, para comparação, usei janelas de 125 dias — seis meses — para estimar a volatilidade a um prazo mais longo. Essas duas ordens de informação visual confirmam a ideia de que o ajuste dinâmico do portfólio, em função da volatilidade de curto prazo, cria uma série temporal de retornos substancialmente menos voláteis. O algoritmo do "piloto automático" mantém o fundo mais estável, pelo menos no papel.

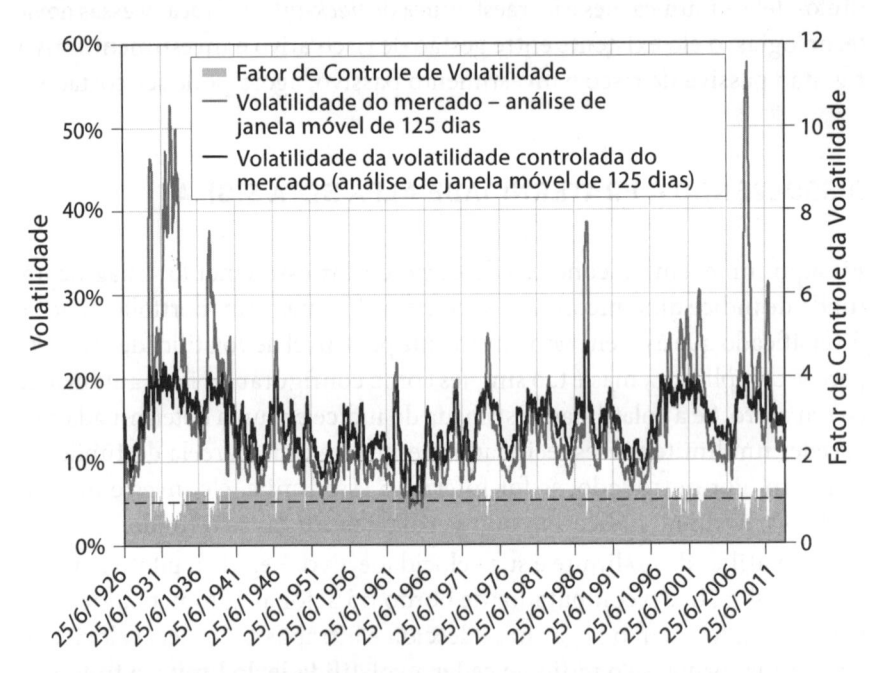

Figura 8.6 Estimativas de volatilidade anualizada de uma janela móvel de 125 dias para os retornos de índice ponderados pelo valor diário do CRSP de 25 de junho de 1926 até 31 de dezembro de 2014, com e sem gerenciamento de volatilidade dinâmica com uma volatilidade alvo de 16,9% e usando um estimador de volatilidade anualizado com janelas móveis de 21 dias. Fonte: Lo (2016).

Essa estabilidade não vem de graça. Dimensionar o portfólio diariamente requer uma gestão ativa do risco. O computador de bordo tem que frear ou acelerar. O fundo ajusta a exposição de sua carteira em resposta à volatilidade de curto prazo através da negociação dos componentes do índice ou, mais provável, usando futuros para escalar dinamicamente a exposição do índice para cima ou para baixo. O gráfico de barras cinza na parte inferior da Figura 8.6 exibe a quantidade de escala, κt, envolvida; a linha horizontal tracejada direita define o fator de escala para um valor 1. A maior parte do tempo, κt está no limite superior de 1,3. Isso implica que, na maioria das vezes, a volatilidade de curto prazo no mercado de ações dos EUA é menor do que a volatilidade alvo, 16,9%, dividida por 1,3 (coincidentemente, 13%), e o fundo é investido em 130% no mercado. No entanto, ocasionalmente κt cai abaixo da linha tracejada, indicando que a volatilidade de curto prazo excedeu o nível alvo de 16,9%, e uma parcela do portfólio é trocada por dinheiro.

Ao gerenciar ativamente o risco do fundo, esse algoritmo reflete o comportamento que um investidor típico pode querer ter, tendo o tempo e os recursos para gerenciar riscos ativamente. O fundo reduz a exposição do mercado quando o risco se torna muito alto e o restaura quando o risco volta ao normal. Porém, graças à tecnologia atual, o fundo é capaz de fazer isso de forma mais sistemática, e em maior frequência do que todos, exceto os *traders* mais ativos.

Quanto custa essa frequência maior para o fundo? Nossa simulação pressupõe que o dinheiro tem o rendimento das notas do Tesouro dos EUA correspondente a um mês e que todas as mudanças nos pesos do portfólio incorrem em custos de transações de 0,05%, ou 5 pontos base (bps), do porte da negociação. Esse é o ponto alto dos mercados modernos. Para o índice S&P 500, implementar o índice dinâmico usando o contrato E-Mini S&P 500 Futures da Chicago Mercantile Exchange renderia custos de transações consideravelmente menores que 5bps.[14] Nós deduzimos os custos de transação em nossos cálculos dos retornos diários.

A Tabela 8.2 mostra que um investidor que permanece em um fundo *cruise-control* (com controle de bordo) é recompensado. Um dólar investido em 1926 torna-se $11.141 em 2014, o que se compara mais do que favoravelmente com os $4.162 do índice não administrado. Mais importante, as catástrofes são menos trágicas. A redução máxima da estratégia gerenciada por risco, ao longo desse período de 80 anos, é de -72%, o que é reconhecidamente grave, mas o índice não gerenciado no mesmo período tem uma redução máxima de -84%.

Tabela 8.2
Estatística resumida para a estratégia de gerenciamento de volatilidade dinâmica aplicada aos índices diários de índice ponderado do valor CRSP, de 25 de janeiro de 1926 até 31 de dezembro de 2014, e para subperíodos selecionados.

	Retornos brutos de mercado	Retornos com controle de volatilidade	Estatísticas para controle de volatilidade			Retornos brutos de mercado	Retornos com controle de volatilidade	Estatísticas para controle de volatilidade	
1926 a 2014					**2010 a 2014**				
Média	9,26%	10,41%	Média	1.14	Média	14,1%	14,5%	Média	1.13
Desvio Padrão	16,86%	14,94%	Desvio Padrão	0.26	Desvio Padrão	16,2%	15,7%	Desvio Padrão	0.25
Sharpe	0.36	0.48	Mínimo	0.17	Sharpe	0.87	0.92	Mínimo	0.34
Assimetria	−0.12	−0.54	Mediana	1.30	Assimetria	−0.40	−0.51	Mediana	1.30
Curtose	16.87	4.85	Máximo	1.30	Curtose	4.53	1.80	Máximo	1.30
Redução Máxima	−84%	−72%			Redução Máxima	−21%	−21%		
Retorno Acumulado	$4.162	$11.141			Retorno Acumulado	$1.94	$1.98		
1926 a 1935					**2012 a 2014**				
Média	3,5%	5,0%	Média	0.92	Média	18,5%	20,3%	Média	1.24
Desvio Padrão	26,8%	17,2%	Desvio Padrão	0.36	Desvio Padrão	11,8%	14,5%	Desvio Padrão	0.11
Sharpe	0.06	0.18	Mínimo	0.17	Sharpe	1.57	1.39	Mínimo	0.81
Assimetria	0.44	−0.15	Mediana	0.96	Assimetria	−0.26	−0.32	Mediana	1.30
Curtose	9.64	3.14	Máximo	1.30	Curtose	1.09	1.17	Máximo	1.30
Redução Máxima	−84%	−72%			Redução Máxima	−10%	−13%		
Retorno Acumulado	$1.51	$1.77			Retorno Acumulado	$1.67	$1.74		
2005 a 2014					**2014**				
Média	7,7%	9,2%	Média	1.07	Média	10,5%	9,4%	Média	1.25
Desvio Padrão	20,4%	15,7%	Desvio Padrão	0.30	Desvio Padrão	11,3%	14,1%	Desvio Padrão	0.10
Sharpe	0.31	0.50	Mínimo	0.20	Sharpe	0.93	0.66	Mínimo	0.91
Assimetria	−0.18	−0.44	Mediana	1.26	Assimetria	−0.45	−0.57	Mediana	1.30
Curtose	10.09	1.37	Máximo	1.30	Curtose	1.19	1.39	Máximo	1.30
Redução Máxima	−55%	−38%			Redução Máxima	−8%	−10%		
Retorno Acumulado	$2.11	$2.42			Retorno Acumulado	$1.11	$1.09		

Nota: A estratégia de gerenciamento de volatilidade dinâmica tem uma volatilidade alvo de 16,9% e um limite de alavancagem de 1,3 (ou 30%), e usa um estimador de volatilidade com janela de 21 dias.

Fonte: Lo (2016).

Também podemos comparar a probabilidade de eventos improváveis entre os dois índices. Isso é um tanto técnico, mas uma estatística chamada *curtose* mede a frequência com que acontecimentos muito improváveis ocorrem em relação a uma distribuição estatística "normal". Lembre, no Capítulo 1, que a distribuição normal (ou gaussiana) às vezes é conhecida como curva do sino devido à sua forma. Por razões complicadas relacionadas à Hipótese do Passeio Aleatório, a distribuição normal é a distribuição estatística mais comum encontrada na natureza. No entanto, os retornos financeiros geralmente não mostram essa distribuição. O excesso de curtose para uma distribuição normal é 0. Para o índice bruto, de acordo com a Tabela 8.2, o excesso de curtose é 16,87. No jargão estatístico, essa distribuição tem uma "cauda longa". Eventos improváveis são muito mais prováveis de acontecer. Para o fundo gerenciado por riscos, contudo, o excesso de curtose é de apenas 4,85, significativamente mais próximo de uma curva de sino padrão.

Se você é um investidor experiente, sabe que já existe um produto financeiro para gerenciar a volatilidade: o seguro dinâmico de portfólio. É uma ideia antiga com uma reputação diversa, já que as primeiras versões não foram totalmente bem-sucedidas. Mas, o produto evoluiu para algo muito mais eficaz: uma opção de venda no índice S&P 500. Essa opção dá ao proprietário o direito de vender o índice em um valor pré-especificado, digamos 2.000, a qualquer momento nos próximos 60 dias. Se o valor atual do índice for 2.175, a opção de venda assegura que o valor do índice seja pelo menos de 2.000 durante esses 60 dias. A diferença entre esse valor segurado e o nível atual do índice pode ser considerada a "franquia" da apólice de seguro; a maior perda que o proprietário da opção de investir está exposto durante esse período é 175.

Uma estratégia dinâmica de volatilidade controlada *não* é um seguro em qualquer sentido da palavra. Mas o piloto automático de volatilidade às vezes é confundido com o seguro dinâmico de portfólio, porque o pagamento de uma opção de venda pode ser duplicado por uma estratégia de negociação dinâmica particular que se parece com o piloto automático de volatilidade. Em particular, os economistas financeiros Fischer Black e André Perold mostraram que essa estratégia dinâmica — conhecida como estratégia de *delta edging* — consiste em negociar uma carteira de títulos sem risco e com o índice S&P 500, de modo que a exposição de ações seja reduzida e a exposição de títulos seja aumentada conforme o índice cai, e vice-versa.[15] Em contrapartida, no piloto automático de volatilidade, a exposição ao capital é diminuída em resposta a um aumento da volatilidade de curto prazo, não por causa da direção do mercado.

Por que isso é importante? Os preços das ações e a volatilidade estão negativamente correlacionados — como o próprio Fischer Black descobriu em 1976[16] —, o que significa que períodos de maior volatilidade são frequentemente associados a períodos de menor retorno de capital; como acabamos de ver na Figura 8.4. Portanto, uma estratégia que reduz a exposição do mercado em resposta ao aumento da volatilidade, e vice-versa, em resposta à diminuição da volatilidade, tenderá a ter um impacto positivo no desempenho do investimento. Se a relação de Fischer Black entre o preço das ações e a volatilidade for persistente, um mecanismo de controle pode realmente elevar nosso desempenho geral graças ao piloto automático, que investe parcialmente dinheiro vivo durante os períodos em que a volatilidade excede o alvo. O seguro dinâmico de portfólio, por outro lado, não se beneficia diretamente desse efeito, pois suas posições em ações são inversamente relacionadas ao rumo do mercado de ações (o que é bastante aleatório de um dia para o outro), e não à volatilidade do mercado de ações.

Podemos confirmar o impacto do piloto automático de volatilidade no desempenho no Gráfico 8.7, que compara o retorno acumulado de um investimento de $1 no índice bruto versus o índice de volatilidade controlada. Durante um período de 89 anos, o índice de volatilidade controlada foi o vencedor por um fator de quatro. Ao reduzir a exposição ao patrimônio quando a volatilidade é alta, o *benchmark* gerenciado por risco detém mais dinheiro vivo quando o prêmio de risco patrimonial é menor do que a média, e possui mais patrimônio líquido quando o prêmio de risco patrimonial é superior à média, explorando a relação inversa entre os preços das ações e volatilidade documentada por Black há mais de quatro décadas.

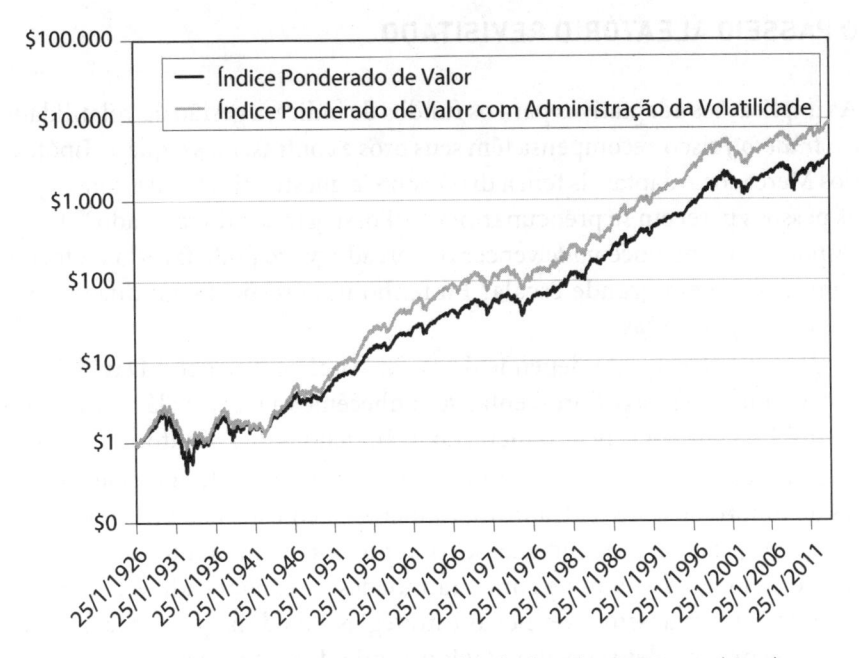

Figura 8.7 Retorno acumulado do índice ponderado de valor CRSP com (cinza) e sem (preta) administração de volatilidade dinâmica, de 25 de janeiro de 1926 até 31 de dezembro de 2014 (escala logarítmica). A estratégia de gerenciamento de volatilidade dinâmica tem uma volatilidade alvo de 16,9%, um limite de alavancagem de 1,3 (30%) e usa um estimador de volatilidade anualizado com uma janela móvel de 21 dias.

Apesar das semelhanças entre o seguro dinâmico de portfólio e o piloto automático de volatilidade, que são superficiais e coincidentes, o objetivo do segundo é mais simples: manter um nível de volatilidade mais estável, de modo a evitar o aumento das vendas por pânico dos investidores. Esse exemplo ilustra os benefícios de separar o gerenciamento de *risco* ativo do gerenciamento de *investimentos* ativos. Dada a atual tecnologia de negociações, estratégias algorítmicas e o amplo espectro de contratos de futuros de índice líquido, não há necessidade de uma coisa estar vinculada à outra.

Existem muitas maneiras de melhorar e personalizar essa estratégia simples de piloto automático para atender às circunstâncias únicas de cada investidor individual, especialmente devido às poderosas ferramentas de negociação e otimização de portfólio agora à nossa disposição. Isso abre as portas a uma série de novos produtos e serviços financeiros, limitados apenas pela imaginação do gestor de portfólio e do assessor financeiro.

O PASSEIO ALEATÓRIO REVISITADO

As implicações adaptativas para os fundos de índice, a gestão da volatilidade e o *trade-off* risco/recompensa têm seus prós e contras, mas o que a Hipótese dos Mercados Adaptáveis tem a dizer sobre a questão financeira com a qual as pessoas parecem se preocupar mais: "Posso ganhar do mercado?" E se a resposta for sim, você *pode* vencer o mercado, você pode fazê-lo de forma consistente e em grande escala? Eu tenho uma resposta em duas partes para essas perguntas.

A primeira resposta depende de quem "você" é. Se você é David Shaw, Jim Simons ou George Soros, então já conhecemos a resposta lá no Capítulo 7: sim! Eles podem vencer o mercado e têm feito isso. E muito.

Mas há um porém (não existe sempre um porém?). Mesmo esses gerentes de fundos de *hedge* extraordinariamente talentosos não possuíam uma estratégia perfeita que funcionasse o tempo todo. Para manter sua rentabilidade ao longo do tempo e com quantidades de capital cada vez maiores, eles precisavam desenvolver novas estratégias à medida que as mais velhas começavam a perder seu valor, devido a imitadores à procura de ideias semelhantes. Em outras palavras, eles precisavam se adaptar. É esse processo de adaptação — competição, inovação, exploração (nos dois sentidos da palavra, um deles pejorativo) e extinção — que torna os mercados eficientes.

Na verdade, o complexo ecossistema dinâmico das estratégias de negociação também pode ser visto como um processo evolutivo. David Shaw reconheceu isso no capítulo anterior ao descrever o crescimento da D. E. Shaw & Co. Qualquer pessoa que já tentou ganhar dinheiro ao negociar títulos financeiros sentiu a verdade dessa conclusão. Por exemplo, o lendário *trader* Victor Niederhoffer, que conhecemos no Capítulo 2, tem um capítulo em sua autobiografia de 1997, *The Education of a Speculator*, intitulado *The Ecology of Markets* (A Ecologia dos Mercados, em tradução livre), no qual ele mapeia a ampla tipificação de espécies do ecossistema financeiro, incluindo os herbívoros (os *dealers*), os carnívoros (os grandes especuladores) e os decompositores (os *floor traders*, que arriscam o próprio diheiro, e os *bankruptcy investors*, que procuram lucrar com processos de falência corporativa).[17] Niederhoffer e seu amigo de longa data e parceiro de negócios, Richard Zeckhauser — economista de Harvard —, apresentaram essas ideias em uma palestra de 1983, "Quão racionais são os participantes dos mercados financeiros?"; realizada na reunião anual da American Economic Association.[18] Zeckhauser atribui grande parte do sucesso de Niederhoffer ao reconhecimento de que os mercados se adaptam e evoluem. Mais recentemente, em um artigo de 2005 intitulado *Alpha Hunters and Beta Grazers* (*Caçadores Alfa e Herbívoros Beta*, em tradução livre), o renomado investidor Martin L. Leibowitz usa metáforas ecológicas para explicar a diferença entre investimento ativo e passivo.[19]

Alguns acadêmicos tentaram configurar formalmente essa dinâmica.[20] Um deles é J. Doyne Farmer, um proeminente físico, matemático, biólogo, gestor de fundos de *hedge* e meu coautor, cujas façanhas foram relatadas em uma série de artigos e em pelo menos dois livros.[21] Você lembra que no Capítulo 1 mencionei como uma pessoa muito inteligente foi capaz de prever o futuro de uma bolinha na roleta a partir de seu desempenho passado? Essa pessoa foi Doyne. Físico, jovem e impetuoso, ele desenvolveu um algoritmo para prever o resultado de uma jogada na roleta com base em sua rotação e outras propriedades físicas, e depois se beneficiou disso em um cassino em Vegas, codificando o algoritmo em um microchip escondido em seu sapato. Como um dos fundadores dos novos campos matemáticos da "teoria do caos" e dos "sistemas complexos", Doyne é um estudioso versado em várias disciplinas que aplica seus talentos consideráveis em diversas áreas. Ele me apresentou pela primeira vez a numerosos modelos de biologia teórica, que eram particularmente relevantes para a economia e, em 1999, publicamos juntos um artigo descrevendo a possibilidade de aplicar argumentos evolucionários à Hipótese dos Mercados Eficientes.[22] Depois, publicou muitos outros artigos aplicando ideias da física e da biologia nas finanças.

Além de suas atividades acadêmicas, Doyne cofundou um bem-sucedido fundo de *hedge* quantitativo chamado Prediction Company com seu colega físico, Norman Packard. Esse fundo usa múltiplas estratégias de negociação algorítmica para ganhar dinheiro nos mercados de ações em todo o mundo. Com base em sua experiência, Doyne publicou um artigo fascinante em 2002 intitulado "Market Force, Ecology and Evolution", no qual desenvolveu uma analogia precisa entre mercados financeiros e ecologias biológicas. Sua teoria baseia-se na visão de Grossman e Stiglitz de que, se os mercados fossem perfeitamente eficientes, não haveria motivos para negociação financeira, e então os mercados nunca podem ser perfeitamente eficientes. Essas ineficiências suportam uma rica ecologia de especializadas negociações estratégicas. Cada estratégia afeta os preços, o que, por sua vez, afeta a rentabilidade de outras estratégias. Ele mostrou como se poderia traçar a correspondente "rede de alimentos do mercado" e como conceitos-chave em ecologia se aplicam aos mercados financeiros.

Um dos resultados mais famosos em ecologia são as equações de Lotka-Volterra. Elas explicam por que as populações das espécies não necessariamente se estabelecem e permanecem fixas, mas podem oscilar espontaneamente ao longo do tempo; como o ciclo do porco no Capítulo 1. Doyne mostrou que o mesmo pode acontecer nos mercados financeiros, de modo que em vez de se estabelecer, a quantidade de dinheiro investido em um determinado tipo de estratégia de negociação pode oscilar espontaneamente, e o nível de ineficiência do mercado pode variar ao longo do tempo. Mesmo para um estatístico inteligente, o tempo necessário para explorar uma ineficiência é tipicamente mais de uma década nesse modelo, de modo que o caminho para a ineficiência do mercado pode ser lento e a eficiência perfeita jamais ser alcançada.[23] Esses resultados confirmam conclusões semelhantes de alguns economistas que mostraram que a seleção natural não garante a racionalidade ou a eficiência do mercado, inclusive a longo prazo.[24]

A Hipótese dos Mercados Adaptáveis baseia-se nessas ideias e lhes dá novos rumos. Ao contrário da Hipótese dos Mercados Eficientes, a Hipótese dos Mercados Adaptáveis implica que a eficiência do mercado não é uma condição de tudo ou nada, mas um continuum. A eficiência depende da proporção relativa dos participantes do mercado que estão tomando decisões de investimento com seus córtex pré-frontais, com aqueles que dependem de suas faculdades mais instintivas, como a opção fugir ou lutar. Em outras palavras, o *grau* de eficiência do mercado deve ser medido tal como a eficiência energética de um aparelho de ar condicionado ou de um aquecedor de água.

A eficiência está diretamente relacionada ao grau em que um determinado conjunto de participantes do mercado está adaptado ao ambiente em que o mercado se desenvolveu. Um mercado relativamente novo provavelmente será menos eficiente do que um que existe há décadas. Mesmo neste último caso, no entanto, podem surgir ineficiências se o meio ambiente mudar, ou a população de investidores mudar materialmente. Na verdade, muitas bolsas de valores mobiliários medem e gerenciam a eficiência do mercado rotineiramente como parte de seus esforços contínuos para melhorar a qualidade.

Voltemos aos pressupostos não expressos de estacionariedade e racionalidade no paradigma de investimento tradicional. Eles não devem ser vistos como verdadeiros ou falsos, mas sim como aproximações, ou "factoides", que se tornam mais ou menos precisos à medida que as condições do mercado e as populações dos investidores mudam e se adaptam.

Craig MacKinlay e eu mostramos que a Hipótese do Passeio Aleatório não era válida para o mercado acionário dos EUA de 1962 a 1985. Mas como o Passeio Aleatório lida com o passar do tempo? Foi sempre falso, ou mudou junto com as condições do mercado?

A Hipótese do Passeio Aleatório prevê que o retorno das ações de hoje não teria relação estatística com os retornos de amanhã. Podemos medir essa previsão com o coeficiente de autocorrelação, ρ, uma estatística que varia entre -1 e 1, portanto geralmente é declarada como porcentagem. Um valor de ρ de 100% significa que você pode prever o retorno de amanhã perfeitamente usando uma linha direta com o retorno de hoje. Um valor de -100% diz que existe uma relação linear perfeitamente negativa entre o retorno de hoje e o de amanhã. E um valor de 0% diz que não há nenhuma relação discernível, que é o que implica a Hipótese do Passeio Aleatório.

A resposta para a questão da Hipótese do Passeio Aleatório e o passar do tempo é mostrada na Figura 8.8. Usando dados diários de retorno de ações de 1 de janeiro de 1926 até 31 de dezembro de 2014, ρ é mostrado para índices de valor ponderado e índices *equal-weighted* de todas as ações dos EUA em janelas móveis de 750 dias — praticamente três anos. Os resultados mostram que a previsibilidade do mercado de ações cresce e diminui, em vez de declinar ao longo do tempo, como sugere a Hipótese dos Mercados Eficientes. A década de 1930 era um período de pouca previsibilidade, e ρ permaneceu dentro do intervalo de insignificância estatística (o intervalo em torno de 0 marcado pelas duas linhas pontilhadas), de modo que a Hipótese do Passeio Aleatório era uma aproximação razoável da realidade. A partir da década de 1940, ρ começou a escalar fora dessa faixa, tornando-se estatisticamente significativo e atingindo um pico em meados da década de 1970, e após declinou progressivamente, voltando ao alcance da insignificância estatística até a recente crise financeira. Após a crise, não só ρ continuou seu declínio, mas tornou-se significativamente negativo. Isso implica reversões do dia a dia, retornos positivos hoje prevendo retornos negativos amanhã. A dinâmica do mercado mudou.

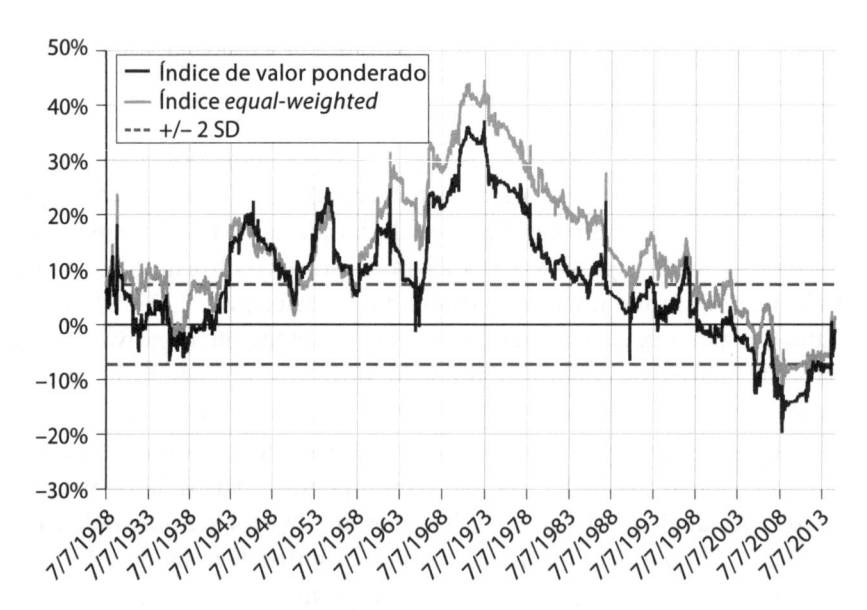

Figura 8.8 Autocorrelações de primeira ordem com janela móvel de 750 dias para os índices ponderados pelo valor CRSP e índices *equal-weighted* entre 7 de julho de 1928 e 31 de dezembro de 2014. As linhas tracejadas representam 2 bandas de desvio padrão em torno de 0.

Quais fatores explicam esse padrão de autocorrelação ao longo do século? Não podemos nem mesmo colocar a questão corretamente em termos da Hipótese dos Mercados Eficientes. Entretanto, a Hipótese dos Mercados Adaptáveis imediatamente sugere que esses fatores são ambientais, devido a mudanças no cenário financeiro. A tecnologia é um fator importante. O advento de computadores, comércio eletrônico, telecomunicações, bases de dados financeiras comercialmente disponíveis e maior concorrência entre comerciantes, criadores de mercado e investidores levaram a uma corrida armamentista tecnológica. Isso provavelmente explica alguns dos escorregões na autocorrelação após seu pico em meados da década de 1970, já que o "suco" na autocorrelação foi arbitrado. Mas as mudanças no cenário regulatório também desempenham um papel crítico na formação da ecologia do mercado. Por que o pico ocorreu na década de 1970, e não mais cedo ou mais tarde?

Uma possibilidade é o "May Day". Em 1º de maio de 1975, o sistema financeiro dos EUA sofreu uma mudança sísmica quando os reguladores do país exigiram que as taxas de corretagem fixas fossem, doravante, abolidas. No 40º aniversário do "May Day", o colunista do *Wall Street Journal*,

Jason Zweig, explicou o significado desse evento: "Com algumas pequenas exceções, por 183 anos custou o mesmo valor por ação negociar 100, 1.000 ou 100.000 em ações — e os corretores regularmente separavam para si mesmos 2% ou mais em uma negociação típica. O 'May Day' foi um vendaval que varreu os pedacinhos que sobraram daquele mundo aconchegante... O 'May Day' destroçou o monopólio de Wall Street, desencadeando a indústria da corretagem com desconto, promovendo pesquisas independentes e democratizando o mundo do investimento."[25]

Antes de maio, os corretores que tentavam oferecer aos clientes um desconto nas comissões eram muitas vezes expulsos da Bolsa de Valores. Ao diminuir o custo de negociação e aumentar o volume e a participação (e, consequentemente, a capacidade de coleta de informações dos negócios), o "May Day" facilitou muito o aumento da sabedoria das multidões. Esse pode ser o fator mais importante para explicar o declínio aparente da autocorrelação no mercado de ações em meados da década de 1970.

UM NOVO PARADIGMA DE INVESTIMENTO

A Hipótese dos Mercados Adaptáveis ainda está em sua infância. Todavia, os poucos exemplos neste capítulo já mostram quão diferentes são as implicações práticas em relação àquelas do status quo. Na verdade, um novo paradigma de investimento está emergindo. Vamos reconsiderar os cinco princípios do paradigma do investimento tradicional na perspectiva dos mercados adaptáveis:

Princípio 1A: *A Troca Risco/Recompensa*. Em condições normais de mercado, existe uma associação positiva entre risco e recompensa em todos os investimentos financeiros. Porém, quando a população de investidores é dominada por indivíduos que enfrentam ameaças financeiras extremas, ela pode atuar de forma afetada e irracional, caso em que o risco será punido. Esses períodos podem durar meses ou, em casos extremos, décadas.

Princípio 2A: *Alfa, Beta e o CAPM*. O CAPM e os modelos de fatores lineares relacionados são insumos úteis para a gestão de portfólios, mas eles dependem de vários pressupostos econômicos e estatísticos essenciais que podem ser aproximações fracas em determinados ambientes de mercado. Conhecer o meio ambiente e a dinâmica populacional dos participantes do mercado pode ser mais importante do que qualquer modelo de fator único.

Princípio 3A: *Otimização de Portfólio e Investimento Passivo.* As ferramentas de otimização de portfólio só são úteis se os pressupostos de estacionariedade e racionalidade forem boas aproximações da realidade. A noção de investimento passivo está mudando devido aos avanços tecnológicos, e a gestão de riscos deve ser uma prioridade maior, mesmo para os fundos indexados passivos.

Princípio 4A: *Alocação de Ativos.* Os limites entre as classes de ativos estão ficando indefinidos, pois fatores macro e novas instituições financeiras criam vínculos e contágios em ativos anteriormente não relacionados. Gerenciar o risco através da alocação de ativos não é tão eficaz hoje como foi durante a Grande Modulação.

Princípio 5A: *Ações para o Longo Prazo.* As ações oferecem retornos atraentes no longo prazo, mas poucos investidores podem se dar ao luxo de aguardar isso. Em horizontes de investimento mais realistas, as chances de perda são significativamente maiores, então, os investidores precisam ser mais proativos quanto ao gerenciamento de seus riscos.

Um livro poderia ser escrito sobre cada um desses princípios revisados, então fique atento. Mais pesquisas acadêmicas e não acadêmicas serão publicadas nos próximos anos à medida que investigamos todas as diferentes implicações da adaptação e seleção para o sistema financeiro.

O DERRETIMENTO DOS "QUANTS" EM AGOSTO DE 2007

Anteriormente, prometi uma resposta em duas partes à pergunta: "Você pode vencer o mercado?" A segunda e mais detalhada parte da resposta envolve uma daquelas narrativas que servem de alerta; tudo se passou ao longo de poucas semanas durante o verão de 2007. Na verdade, está mais para uma história de detetive.

O mistério começou para mim na terça-feira, 7 de agosto de 2007, quando recebi um telefonema de um ex-aluno meu que estava trabalhando em um fundo de *hedge* que permanecerá anônimo. Ele perguntou, um tanto casualmente, se eu tinha ouvido algo incomum ocorrendo no segmento de fundos de *hedge* ou nos mercados financeiros em geral. Disse a ele que não e lhe perguntei por quê. Ele respondeu que algo estranho estava acontecendo no mercado e que sua estratégia particular no fundo de *hedge* resultara em perda de dinheiro. Minha resposta foi: "E daí? Você administra um fundo de *hedge* — de vez em quando perde dinheiro mesmo." Mas ele respondeu: "Não, não, você não entendeu; perdemos muito dinheiro hoje." E quando perguntei "quanto é muito?", pediu-me desculpas mas não podia comentar o assunto, disse estar atrasado para uma reunião e rapidamente desligou.

Não pensei muito na conversa até o dia seguinte. Na quarta-feira, 8 de agosto, recebi mais dois telefonemas de outros ex-alunos trabalhando em diferentes fundos de *hedge*. Eles começaram suas conversas quase exatamente da mesma maneira: "Você já ouviu falar de algo incomum acontecendo com outros fundos de *hedge*...?" Depois da terceira chamada, percebi que algo significativo estava ocorrendo em Wall Street, algo que estava fora do radar da teoria acadêmica ou prática de fundos de *hedge*.

Eu sabia que os três ex-alunos estavam trabalhando em fundos de *hedge* envolvidos na mesma ampla categoria de estratégias conhecidas como "arbitragem estatística", ou *statarb* — algoritmos quantitativos e plataformas informatizadas de negociação altamente sofisticados que envolvem posições longas e curtas em centenas de ações. Esses foram os mesmos tipos de estratégias utilizadas por Morgan Stanley e D. E. Shaw na década de 1980 (ver Capítulo 7). Isso parecia ser muita coincidência. E o fato de que aqueles três estavam telefonando para seu antigo professor de finanças para perguntar o que estaria acontecendo no setor sugeria que eles deveriam estar realmente desesperados pela informação!

Mais tarde, os jornalistas financeiros apelidaram o que havia acontecido de "Quant Meltdown" ("O Derretimento dos Quants", com "quant" referindo-se aos fundos de *hedge* quantitativos) de agosto de 2007. Alguns fenômenos financeiros desconhecidos estavam causando perdas recordes em um grupo específico de fundos de *hedge*, fundos tão adaptados a seu ambiente atual que não estavam preparados para o choque. Mas esses fundos de *hedge* nada comentavam. Sua cultura de sigilo tornou quase impossível descobrir o que estava se passando e porque os fundos estavam (e ainda estão) amplamente desregulados, nenhuma agência do governo poderia obrigá-los a divulgar o que acontecera.

Tal como os tremores de terra que anunciam um grande terremoto, o Quant Meltdown foi um sinal da crise financeira que se avizinhava, embora poucas pessoas percebessem isso na época. Para a maioria, esses eram sinais de alerta que não ajudavam muito e vinham tarde demais. Foram necessários dois anos de pesquisa e muitas centenas de horas de simulações de computador antes que meu doutorando na época, Amir Khandani, e eu formássemos uma conjectura sobre o que aconteceu em agosto de 2007.

FINANÇA FORENSE

Em face da falta de transparência dos fundos de *hedge*, não temos acesso imediato a nenhuma das fontes primárias que, por exemplo, um historiador econômico usaria para reconstruir uma quebra do mercado de ações. Ao contrário de atividades onde as invenções são protegidas por patentes — um monopólio legal por 20 anos em troca da divulgação completa da invenção —, o segmento de fundos de *hedge* se baseia em segredo comercial para proteger sua propriedade intelectual. Isso certamente não é exclusivo; a fórmula da Coca-Cola e a mistura secreta de 11 ervas e especiarias do Kentucky Fried Chicken (KFC) são outros exemplos famosos. Mas, como ocorre em todas as boas histórias de detetive, pode haver pistas indiretas suficientes que nos permitem deduzir o que poderia ter acontecido.

O ponto de partida foi o fato de que nem todos os fundos de *hedge* foram afetados igualmente durante aquele mês. Um desses ex-alunos que me contataram descreveu sua experiência em agosto de 2007 como o equivalente financeiro da história bíblica da Páscoa, na qual o Anjo da Morte levou seletivamente o primogênito de todas as casas egípcias, mas poupou as casas dos israelitas. Para o *statarb* e outros fundos de *hedge* quantitativos, a segunda semana de agosto foi absolutamente aterrorizante, enquanto outros tipos de fundos e portfólios passaram o mês quase nada percebendo.

Amir Khandani acabava de voltar para o MIT de um estágio de verão e procurava um assunto de tese. Sugeri que tentássemos descobrir o que havia acontecido durante o Quant Meltdown simulando uma estratégia de negociação de ações de um fundo de *hedge* quantitativo.[26] Uma prática comum no negócio de investimentos é avaliar uma estratégia específica, realizando um *backtest* ou *paper trading* nos quais você usa preços históricos para calcular os lucros e perdas realizados de negociações que a estratégia exigiria. Por exemplo, suponha que um amigo supersticioso diga que você nunca deve comprar ações na sexta-feira 13 — esse é um bom conselho? Uma maneira de avaliar esse conselho é calcular o retorno médio do índice S&P 500 entre as sextas e as segundas-feiras para todas as sextas que caem no dia 13 e, em seguida, fazer o mesmo para todas as demais sextas e segundas e comparar as duas médias. Caso seu amigo esteja certo, haverá uma diferença significativa entre as duas médias; se não, talvez seu amigo tenha assistido a muitos filmes de terror.

Assim, Amir e eu decidimos calcular os retornos de uma estratégia que poderia ser usada por um fundo de *hedge* quantitativo típico, e não precisamos trabalhar muito para criar um. Duas décadas antes, Craig MacKinlay e eu desenvolvemos a estratégia *plain vanilla* (um "boneco", ou seja, uma versão básica ou padrão de um instrumento financeiro) desse tipo de fundo para explicar de onde vinha nossa rejeição à Hipótese do Passeio Aleatório.[27] Era uma estratégia simples: em um dia qualquer, comprar ações que tenham retornos abaixo da média e vender a descoberto o mesmo valor em dólares de ações que possuem rendimentos superiores à média, em que a média é um *benchmark* (uma referência) como o índice S&P 500. Além disso, ponderar essas posições na proporção da quantidade de ações que se desviam desse índice, ou seja, quanto maior o desvio, mais peso você dá a elas em seu portfólio. Essa é uma versão mais sofisticada do que o exemplo de fundos de *hedge* do Capítulo 7 — sobre comprar Apricot Computers e, simultaneamente, vender BlueBerry Devices, que é conhecida como "estratégia de pares". Desde que foram introduzidas na Morgan Stanley, no início dos anos 1980, as estratégias de pares espalharam centenas de diferentes variedades de arbitragem estatística, as estratégias ficando cada vez mais elaboradas e refinadas a cada iteração, como ocorre com as novas espécies que povoam nichos ecológicos desocupados.

A motivação para essas estratégias é muitas vezes a reversão média — a ideia pela qual o que sobe deve cair, e vice-versa. Se os preços das ações reverterem para a média, as "perdedoras" anteriores devem se valorizar e as ações antes "vencedoras" devem se depreciar. Portanto, comprar ações perdedoras e vender vencedoras deve, no final das contas, ser lucrativo.

Isso parece bastante simples, mas fica complicado muito rapidamente em razão do número de escolhas envolvidas na concepção e aplicação da estratégia. Por exemplo, quantas ações é preciso incluir nessa estratégia? Atualmente, existem mais de 6 mil ações listadas nas Bolsas de Valores de Nova York, Amex e NASDAQ, e muito mais, se você incluir empresas listadas em bolsas estrangeiras. Até onde ir na determinação de ações vencedoras e perdedoras? Uma semana? Um mês? Ou, digamos, 37 dias de negociação? E quanto tempo você deve manter essas posições antes de recalcular os pesos e reequilibrar seu portfólio? Quanto mais frequentemente você reequilibrar, mais provável será que você selecione as ações com preços baixos e ganhe quando houver reversão em direção à média, mas seus lucros escorrerão entre os dedos em função dos custos de negociação — taxas de corretagem, taxas de câmbio, custos de empréstimos para as posições de curto prazo e por aí vai. Ou talvez você tenha que manter suas posições por um tempo, como Warren Buffett, até que o verdadeiro valor da empresa seja totalmente reconhecido pelo mercado?

Há dezenas de decisões que influenciam o projeto de uma única estratégia quantitativa, e se cada decisão envolver apenas algumas opções possíveis, o número de configurações únicas para escolher rapidamente se torna astronômico. Por exemplo, se uma estratégia quantitativa envolver 20 decisões diferentes, e cada decisão tiver apenas 3 opções possíveis, existirão

3.486.784.401 estratégias possíveis. Como escolher? É por isso que Wall Street emprega tantos "quants"; criar, gerenciar e solucionar essas estratégias podem ser empregos em tempo integral para equipes de profissionais treinados quantitativamente, como meus antigos estudantes do MIT.

Amir e eu escolhemos uma configuração particularmente simples para nossa estratégia "boneco" de *statarb*: entre as maiores 1.500 ações (o S&P 1500), comprar ações perdedoras e vender vencedoras todos os dias com base nos retornos do dia anterior — em que vencedoras e perdedoras são determinadas em relação ao retorno médio do dia anterior entre as 1.500 ações — e reequilibrar o portfólio uma vez por dia. Quando simulamos essa estratégia em agosto de 2007, ficamos chocados com os resultados. A Tabela 8.3 contém os retornos diários dessa estratégia de segunda-feira, 30 de julho, a sexta-feira, 17 de agosto de 2007. Na segunda semana de agosto os retornos sobem como um foguete.

Tabela 8.3
Retorno diário da estratégia simulada de reversão à média de Khandani e Lo (2007) de 30 de julho a 17 de agosto de 2007.

	Data	Retorno
Segunda	30 de julho de 2007	1,77%
Terça	31 de julho de 2007	1,46%
Quarta	1 de agosto de 2007	0,43%
Quinta	2 de agosto de 2007	−1,22%
Sexta	3 de agosto de 2007	−0,10%
Segunda	6 de agosto de 2007	2,01%
Terça	**7 de agosto de 2007**	**−4,64%**
Quarta	**8 de agosto de 2007**	**−11,33%**
Quinta	**9 de agosto de 2007**	**−11,43%**
Sexta	**10 de agosto de 2007**	**23,67%**
Segunda	13 de agosto de 2007	−3,5%
Terça	14 de agosto de 2007	0,33%
Quarta	15 de agosto de 2007	−1,53%
Quinta	16 de agosto de 2007	−3,24%
Sexta	17 de agosto de 2007	1,53%

Fonte: Khandani e Lo (2007).

A primeira semana de retornos simulados não foi significativa, com valores variando de -1,22% a 1,77%. De fato, as propriedades estatísticas dessa estratégia implicavam que as chances de os retornos de um determinado dia serem inferiores a -4,00% eram de apenas cerca de 1 em 40 — isto é, uma vez a cada 40 dias ou mais —, e os retornos da primeira semana estavam bem dentro desse intervalo. Mas na terça-feira, 7 de agosto, esse evento de 1 em 40 aparentemente aconteceu: a estratégia perdeu 4,64%. Depois, na quarta-feira, 8 de agosto, a estratégia perdeu ainda mais, um retorno de -11,33%, o que deveria ter sido praticamente impossível de acordo com a construção da estratégia. E apenas para elevar o choque e o espanto dos dois dias anteriores, houve um retorno de -11,43% na quinta-feira, 9 de agosto. Foi como se os deuses do investimento decidissem punir os "quants" pela arrogância do sucesso da década anterior. Ao longo de três dias, essa simples estratégia simulada destruiu mais de 25% do valor da carteira. Amir e eu finalmente entendemos o que os meus ex-alunos queriam dizer quando disseram: "Perdemos *muito* dinheiro!".

O diretor financeiro da Goldman Sachs na época, David Viniar, foi entrevistado pela imprensa logo após esses eventos e observou que "estávamos vendo coisas que eram movimentos de 25 desvios padrão, vários dias seguidos [...] Houve problemas em alguns dos outros espaços quantitativos. Mas nada como o que vimos na semana passada."[28] (Um "movimento de 25 desvios padrão" é um jargão estatístico destinado a capturar o quão incomum era uma ocorrência desse tipo; matematicamente, esse evento deveria acontecer apenas uma vez a cada $1,3 \times 10.135$ anos, o que é consideravelmente maior do que 13,7 bilhões de anos, a idade estimada atual do universo).[29]

À luz desses eventos incríveis e chances absurdas — e do fato de que ninguém sabia *por que* essas perdas estavam acontecendo —, a maioria dos gestores do *statarb* fazia a única coisa responsável que podia fazer. Eles reduziram suas exposições de risco "rebobinando" seus investimentos. Venderam as ações que mantinham em carteira e recompraram as ações que haviam vendido a descoberto para fazer caixa, a fim de voltar da viagem naquela montanha-russa infernal.

Por fim, como que jogando a última pá de cal, nossa estratégia se vingou, mostrando na sexta-feira, 10 de agosto, um retorno de +23,67% em um dia! Aparentemente, sair da montanha-russa em 9 de agosto foi exatamente a coisa errada a se fazer e conseguiu apenas levar muitos gestores do *statarb* a não recuperar suas perdas no mês. O Quant Meltdown afogou esses infelizes e descompassados fundos. E tão rapidamente quanto caiu sobre os fundos quantitativos, a tempestade financeira perfeita de agosto de 2007 se foi.

Essa recuperação dramática em 10 de agosto foi o momento "eureka!" para Amir e para mim. Ela confirmou nossa intuição de que o Quant Meltdown não se deveu a uma falha na estratégia ou ao anúncio do FDA de que o *statarb* causa câncer. Em vez disso, a evidência apontou para uma "espiral de liquidez", um sintoma de problemas muito mais sérios no sistema financeiro. Eis aí algo que requer um pouco de explicação.

MERCADOS ADAPTÁVEIS E ESPIRAIS DE LIQUIDEZ

Liquidez é a medida de quão fácil é comprar ou vender um ativo. As ações da Apple são muito líquidas — você pode facilmente comprá-las ou vendê-las com o clique de um botão do mouse. Sua casa não é tão líquida; são necessárias semanas e meses para comprar ou vender uma casa, e as taxas associadas a qualquer transação imobiliária são enormes. Como surgiu a liquidez? Imagine que muito mais pessoas querem comprar ações da Apricot Computer do que aquelas que querem vendê-las — o que acontece? A economia básica nos diz que o preço desse ativo deve aumentar até que a demanda seja igual à oferta e o mercado atinja um equilíbrio.

Mas como isso se dá na prática? Afinal, quem quer vender uma ação, sabendo que o aumento da demanda vai fazer com que ela aumente de valor? Tradicionalmente, operadores de mercado designados, como os especialistas das bolsas de valores (nos EUA, NYSE/AMEX e NASDAQ), desempenham esse papel, fornecendo a oferta quando há excesso de demanda e providenciando demanda quando há excesso de oferta. Em outras palavras, os operadores tradicionais de mercado vendem quando você deseja comprar e compram quando você quer vender. Eles são recompensados por fazê-lo. As bolsas permitem aos operadores de mercado cobrar dois preços diferentes, um para comprar da gente (o preço da "oferta") e um maior para vender para a gente (o preço da "proposta"). Então, conseguem comprar na baixa e vender na alta em todos os negócios, e nós conseguimos fazer o contrário. Nós lhes damos um incentivo para assumir o outro lado da negociação, isto é, para nos fornecer liquidez. É por isso que eles são chamados de "criadores de mercado" — eles *criam* mercados em um sentido muito prático, e a proposta/oferta é a comissão deles por isso.

Há, ainda, estratégias de negociação contrárias que também fornecem liquidez ao mercado. Por definição, as ações perdedoras são as que apresentaram desempenho inferior ao do mercado, o que implica um excesso de oferta. Existem mais vendedores do que compradores para essa ação, razão pela qual o preço declina (a cotação da ação cai). As vencedoras, por outro lado, implicam a existência de uma demanda excessiva. Quando os contrários compram ações perdedoras e vendem ações vencedoras, eles aumentam a demanda pelas perdedoras e aumentam a oferta das vencedoras. Uma estratégia contrária estabiliza o desequilíbrio entre oferta e demanda, tal como um criador de mercado tradicional.

Em uma liquidação sustentável, o operador (ou criador) de mercado suportará as perdas assumindo o outro lado, perdendo valor à medida que os preços se movem em resposta à liquidação. Do mesmo modo, uma estratégia contrária, quando confrontada com uma liquidação em grande escala, arcará com perdas. Depois que a posição maior é totalmente liquidada, os preços devem voltar a seus níveis anteriores se a liquidação não for motivada por nenhuma notícia específica, como um evento terrorista ou uma crise financeira. Em outras palavras, deve haver uma recuperação — como aconteceu na sexta-feira do "Meltdown".

Com esses resultados da simulação em mãos, Amir e eu conseguimos juntos a seguinte hipótese. As grandes perdas em nosso portfólio simulado de terça-feira, 7 de agosto, a quinta-feira, 9 de agosto, implicaram que pelo menos um grande portfólio de *statarb* foi liquidado rapidamente durante esse período. Deve ter sido um dos grandes, dado seu forte impacto em nosso portfólio simulado, e deve ter sido liquidado rapidamente, uma vez que as perdas duraram apenas até a quinta-feira. Essa foi provavelmente uma liquidação forçada, feita sob grande coação, talvez por um grande banco comercial que precisasse levantar dinheiro rapidamente em resposta a chamadas de margem em suas posições perdedoras de créditos hipotecários e correlatos (lembre que foi no verão de 2007 que os títulos hipotecários nos mercados primários e secundários começaram sua espiral descendente).

A razão para esse palpite é que mesmo após a significativa perda na terça-feira, nossa estratégia simulada continuou a perder ainda mais na quarta-feira. Só o desespero motivaria um gestor do *statarb* a continuar rebobinando diante das crescentes perdas. O fato da maioria dos índices de mercado de ações e títulos nada registrar de incomum naqueles dois dias sugere que o portfólio que estava sendo liquidado era, de fato, neutro no mercado, como a maioria dos portfólios do *statarb* são (se o portfólio fosse, por exemplo, líquido no longo prazo, então uma liquidação grande e rápida deveria provocar uma pressão descendente somente sobre os índices de ações de longo prazo). Na quinta-feira, o impacto da liquidação se espalhou para outros fundos com estratégias e posições semelhantes, causando perdas generalizadas e desencadeando um contágio de liquidações adicionais entre os dois fundos *statarb* e os mais tradicionais, que iam reduzindo suas exposições ao risco conforme sentiam os efeitos do "Meltdown".

A forte reversão da sexta-feira provavelmente decorreu de vários fatores. A liquidação original do portfólio que desencadeou esse contágio certamente foi completada, eliminando a pressão de venda dessa única fonte. Além disso, muito embora o contágio tenha criado uma pressão de venda adicional, na sexta-feira as perdas acumuladas empurraram os preços das ações tão para fora da linha de seus valores de mercado justos, que vários investidores, intrépidos, decidiram tirar proveito desses erros temporários. Entraram na sexta-feira comprando ações *oversold* (ou seja, aquelas que estavam fortemente desvalorizadas em relação a seu "preço justo") e vendendo ações sobrevalorizadas, revertendo as perdas causadas pelas liquidações do *statarb*. Finalmente, na noite de quinta-feira, bancos centrais do mundo agiram em uníssono e injetaram bilhões de dólares no sistema bancário global por causa de uma desagregação temporária no mercado interbancário. Essa intervenção pode ter aliviado a pressão para liquidar várias participações entre os maiores bancos, incluindo os portfólios do *statarb*.

Amir Khandani e eu chamamos essa narrativa de *Unwind Hypothesis* (algo como "Hipótese da Rebobinação"). Essa explicação significou boas e más notícias para o segmento de fundos de *hedge* quantitativos. A boa notícia é que os fundos quantitativos se destacaram durante a semana de 6 de agosto de 2007, não por causa de uma quebra em qualquer estratégia quantitativa específica, mas provavelmente devido à súbita liquidação de um grande portfólio quantitativo.

A má notícia é que essas perdas implicam um crescente risco sistêmico no setor de fundos de *hedge* (não confundir com risco sistemático). Os gestores de fundos quantitativos estavam construindo portfólios muito similares. Com métodos completamente diferentes e secretos, todos formaram portfólios com muitos componentes comuns porque se adaptaram ao mesmo ambiente. Isso, por sua vez, reduziu a liquidez efetiva desses componentes, e era impossível para todos rebobinar suas posições ao mesmo tempo. Em linguagem financeira, esse era um "negócio lotado", uma referência aos perigos de um teatro lotado com poucas saídas.

1998 VERSUS 2007

O que fez esse "negócio lotado" ser tão chocante foi o fato de ter vindo de lugar algum e afetar os portfólios que consistiam principalmente em instrumentos negociados em bolsa — ações sem maior interesse, mas normalmente facilmente negociáveis. Sabíamos que muitas grandes instituições financeiras estavam sendo atingidas com perdas relacionadas à crise das hipotecas *subprime* (mercado secundário), mas essas perdas eram principalmente em títulos e outros instrumentos relacionados ao crédito. O que eles tinham a ver com o *statarb*?

Para responder a essa pergunta, Amir e eu administramos uma simulação de nossa estratégia de reversão média, desta vez usando dados de agosto de 1998, quando o sistema financeiro global estava enfrentando uma crise de crédito similar. Lembre-se do Capítulo 7, em que a Rússia inadimplente em seus títulos governamentais, em 17 de agosto de 1998, provocou uma corrida global pela segurança que levou os *spreads* de crédito a se ampliarem consideravelmente, assim como aconteceu em agosto de 2007. Esses movimentos de mercado infligiram grandes perdas ao LTCM e a muitos outros fundos de *hedge* de arbitragem estatística (ou *statarb*), bem como bancos comerciais de grande porte que estavam envolvidos em estratégias similares com posições parecidas. E em resposta a essas perdas, essas instituições começaram a rebobinar suas carteiras para reduzir o risco, causando novas perdas e desencadeando uma crise que obrigou o Fed de Nova York a intervir e organizar um resgate. Soa familiar?

Porém, quando analisamos os retornos simulados de nossa estratégia de reversão média durante as datas-chave em agosto e setembro de 1998, ficamos surpresos ao ver que não houve impacto discernível da crise de crédito em nossa estratégia (veja a Tabela 8.4). Em 17 de agosto, quando a Rússia declarou moratória, a estratégia retornou 0,96%; em 21 de agosto, quando a LTCM reportou uma perda de $550 milhões por dia, a estratégia retornou 1,04%; em 3 de setembro, quando a LTCM divulgou sua primeira carta aos investidores informando sobre suas perdas, a estratégia retornou 1,41%; e em 24 de setembro, quando as notícias sobre o resgate da LTCM foram anunciadas, a estratégia retornou 1,21%. Em contraste com agosto de 2007, agosto e setembro de 1998 pareciam um ótimo ambiente para os *statarb*, apesar de que, durante os dois períodos, as perdas de renda fixa relacionadas à deterioração do crédito causaram problemas maciços para o sistema financeiro, a tal ponto que precisaram da intervenção do Banco Central. Por que a diferença?

Tabela 8.4
Retorno diário da estratégia simulada de reversão média de Khandani e Lo (2007) de 17 de agosto de 1998 a 25 de setembro de 1998.

Dia	Data	Retorno	Dia	Data	Retorno
Segunda	**17 de agosto de 1998**	**0,96%**	Terça	8 de setembro de 1998	2,08%
Terça	18 de agosto de 1998	0,87%	Quarta	9 de setembro de 1998	2,42%
Quarta	19 de agosto de 1998	0,63%	Quinta	10 de setembro de 1998	0,29%
Quinta	20 de agosto de 1998	0,46%	Sexta	11 de setembro de 1998	1,24%
Sexta	**21 de agosto de 1998**	**1,04%**	Segunda	14 de setembro de 1998	0,33%
Segunda	24 de agosto de 1998	0,90%	Terça	15 de setembro de 1998	0,14%
Terça	25 de agosto de 1998	0,36%	Quarta	16 de setembro de 1998	1,01%
Quarta	26 de agosto de 1998	0,61%	Quinta	17 de setembro de 1998	0,79%
Quinta	27 de agosto de 1998	−0,78%	Sexta	18 de setembro de 1998	1,07%
Sexta	28 de agosto de 1998	0,39%	Segunda	21 de setembro de 1998	0,19%
Segunda	31 de agosto de 1998	−1,62%	Terça	22 de setembro de 1998	0,42%
Terça	1 de setembro de 1998	6,59%	Quarta	23 de setembro de 1998	−0,71%
Quarta	2 de setembro de 1998	0,63%	**Quinta**	**24 de setembro de 1998**	**1,21%**
Quinta	**3 de setembro de 1998**	**1,41%**	Sexta	25 de setembro de 1998	0,61%
Sexta	4 de setembro de 1998	0,26%			

Fonte: Khandani e Lo (2007).

A explicação que Amir e eu encontramos nos leva de volta à Hipótese dos Mercados Adaptáveis. Primeiro, o *statarb* não era tão popular em 1998 quanto em 2007. A base de dados do fundo de *hedge* da TASS que usamos em nosso estudo reportou 9 fundos *statarb* em julho de 1998, em comparação com 82 em julho de 2007, e os ativos sob gestão cresceram de $3 bilhões no início de 1998 para $19 bilhões no início de 2007 (e esses números não incluem alavancagem ou fundos que optam por não se reportar ao TASS, que inclui a D. E. Shaw, Renaissance Technologies e vários outros muito bem-sucedidos e sigilosos). Portanto, os *statarb* não estavam tão próximos de um "negócio lotado" em 1998 como em 2007.

Em segundo lugar, poucos bancos comerciais estiveram envolvidos com *statarb*s em 1998, mas devido ao desempenho de baixo risco/alto retorno de Shaw, o Renaissance e outros gestores de *statarb*, e a crescente necessidade de ativos de maior rendimento no ambiente de rendimento em declínio do início dos anos 2000, esses bancos começaram a se interessar. Em 2007, todos os principais bancos estavam administrando os portfólios do *statarb* por conta própria, o que significava que perdas suficientemente graves para suas participações em hipotecas de alto risco poderiam forçá-los a liquidar suas carteiras de *statarb* para arrecadar dinheiro para chamadas de margem (as *margin calls*). Essa ligação entre os mercados de crédito de renda fixa e as estratégias dos *statarb*s não existia em 1998, como demonstraram nossas simulações, mas claramente existia em 2007.

Finalmente, um canal adicional que vincula a crise das hipotecas e o *statarb* foi a crescente popularidade dos fundos de fundos de *hedge* (fundos que investem em uma carteira amplamente diversificada de outros fundos de *hedge*) e fundos multiestratégia (fundos que empregam muitos tipos diferentes de estratégias). Embora esses fundos existissem em 1998, eles eram menores em número e muito menores em tamanho. Em 2007, no entanto, eles se tornaram uma parte muito maior do ecossistema de fundos de *hedge*. Por exemplo, no início de 1998, o banco de dados de *hedge* Lipper/TASS reportou 587 fundos de fundos e 88 fundos de estratégia múltipla; no início de 2007, o banco de dados informou 4.134 fundos de fundos e 916 fundos de estratégia múltipla.[30] E, como os bancos comerciais, esses fundos criaram inadvertidamente elos entre mercados de crédito de renda fixa e carteiras de *statarb* simplesmente investindo em ambos.

Essas diferenças ressaltaram maneiras importantes de adaptação de investidores, gestores de fundos de *hedge* e mercados financeiros a ambientes em mudança, maneiras essas que às vezes criam novas vulnerabilidades. Conforme previsto pela Hipótese dos Mercados Adaptáveis, certas espécies podem e superam o mercado, mas isso não é fácil. Competição, inovação e seleção financeira — em outras palavras, a "sobrevivência dos mais ricos" — significa que os fundos de *hedge* lucrativos de hoje podem ser os fósseis do próximo ano, quando o ambiente mudar. Nada garante que os mercados se tornem progressivamente mais eficientes através desse processo. O impulso interminável para maiores lucros e menor risco semeou as sementes para uma crise ainda maior do que o desastre da LTCM em 1998. O ecossistema financeiro em 2007 era bastante diferente do ecossistema em 1998, e o Quant Meltdown estava entre os primeiros sinais de alerta de uma mudança de regime.

Preciso colocar uma explicação aqui: todas essas inferências sobre o Quant Meltdown são necessariamente indiretas e experimentais. Amir e eu não tivemos conhecimento interno sobre o funcionamento dos muitos fundos de *hedge* que foram afetados em agosto de 2007, nem tivemos acesso exclusivo a registros de corretagem ou histórias de negociação. Então, tenha para com esta narrativa a necessária cautela e uma dose saudável de ceticismo. Entretanto, a Hipótese de Rebobinação é consistente com os rumores, relatórios e relatos tornados públicos durante e desde a crise (um exemplo esclarecedor é a palestra pública sobre o Quant Meltdown dada por Bob Litterman, que fazia parte do comitê de risco da Goldman Sachs durante aquele período).[31] Diversos participantes nos eventos de agosto de 2007 examinaram nossa simulação, e não disseram que está errada. Do ponto de vista científico, ninguém apresentou uma hipótese mais forte nos anos que se seguiram desde que a propusemos pela primeira vez. Enquanto este livro estava sendo escrito, a Hipótese da Rebobinação ainda é a principal narrativa para os eventos de agosto de 2007 e o Quant Meltdown.

Esse evento singular nos dá uma narrativa muito mais rica de como os mercados financeiros evoluem e se adaptam, e ainda que haja, de fato, sabedoria na multidão, também há loucura na multidão. Pouco sabíamos, lá atrás em 2007, que essa loucura foi um ato de aquecimento para um choque muito maior no sistema financeiro, um choque que quase o espatifou.

CAPÍTULO 9

Medo, Ganância e Crise Financeira

ECOLOGIA DO ECOSSISTEMA

Nenhuma nova teoria dos mercados financeiros deve ser levada a sério a menos que tenha algo útil a dizer sobre a crise financeira de 2008, e isso inclui a Hipótese dos Mercados Adaptáveis. De fato, antes da crise, a Hipótese dos Mercados Adaptáveis parecia muito menos prática do que agora. A "abalada incredulidade" de Alan Greenspan com o fracasso de seus interesses esclarecidos sublinha a incapacidade de a Hipótese dos Mercados Eficientes explicar a crise e, menos ainda, como evitar futuras crises. Afinal, o quase colapso do sistema financeiro global dificilmente parece racional ou eficiente. Por outro lado, a perspectiva comportamental não pode explicar completamente o longo período de crescimento econômico que levou à crise, possibilitado por mercados financeiros altamente eficientes e inovação financeira aparentemente racional. Em vez de reviver os vários argumentos e posições em torno da crise, este capítulo está focado mais estreitamente no que a Hipótese dos Mercados Adaptáveis pode nos dizer sobre a origem e a natureza das crises financeiras.

O ponto de partida é que *o sistema financeiro não é um sistema físico ou mecânico, mas um ecossistema — uma coleção de espécies interdependentes que lutam pela sobrevivência e pelo sucesso reprodutivo em um ambiente em constante mudança.* Se pretendemos ser ecologistas encarregados da missão de estudar um novo ecossistema, determinando suas principais vulnerabilidades e propondo políticas para protegê-lo, a questão é: como fazer isso?

Um ecologista típico pode começar realizando um inventário da flora e fauna, identificando as fontes mais importantes de energia e nutrientes no sistema e estudando como eles fluem através desse sistema. Uma vez que a dinâmica básica do ecossistema é entendida, o ecologista pode começar a explorar os piores cenários e desenvolver métodos para prevê-los e preveni-los. Ao longo desse processo, ele precisará compreender os comportamentos específicos das espécies-chave no ecossistema. Se uma espécie-chave em perigo de extinção é altamente territorial e competitiva, e cada macho alfa exige 100m² de floresta para se acasalar com sucesso, a área total de terras florestais no ecossistema irá impor um limite superior à população dessa espécie. Esse comportamento deve ser levado em consideração em qualquer política de proteção às espécies. Por exemplo, uma das recomendações políticas pode ser limitar a quantidade de desmatamento, de modo a garantir um número mínimo de prole para essa espécie durante cada época de acasalamento.

Nesse exemplo hipotético, é evidente que um componente crítico para o sucesso é modelar com precisão o comportamento das principais espécies. Se, por exemplo, o ecologista teoriza incorretamente que os machos alfa requerem apenas $10m^2$ de floresta para se reproduzir, as políticas baseadas nessa teoria equivocada podem ser desastrosas. Portanto, medir o comportamento deve ser feito com cuidado, com precisão, e no habitat natural dos animais, em vez de no laboratório ou em teoria. E, depois, todos esses comportamentos para todas as espécies-chave devem ser considerados em conjunto, como um sistema, em um ambiente que experimenta choques externos e forças geradas internamente.

Agora imagine que nós, os ecologistas, somos convidados a estudar o ecossistema financeiro, e você começará a entender como olhar através da lente da Hipótese dos Mercados Adaptáveis muda a maneira de abordar o estudo da crise financeira. Em lugar de concentrar a atenção apenas nas causas imediatas da crise — hipotecas *subprime*, bancos subcapitalizados, securitização e espirais de liquidez —, um ecologista investigaria o comportamento e o meio ambiente, e a forma como os dois interagem ao longo do tempo.

Ainda não reunimos todos os fatos sobre o meio ambiente que levaram à crise, nem documentamos sistematicamente os comportamentos reais de muitas espécies no ecossistema; incluindo bancos, fundos de *hedge*, companhias de seguros, reguladores, legisladores e investidores. Temos teorias econômicas sobre como elas devem se comportar em ambientes ideais, mas não os tipos de estudos observacionais que os ecologistas realizarão desses *stakeholders* que operam em seus habitats naturais. Uma vez tomando ciência dos fatos sobre comportamento animal e condições ambientais, podemos começar a desenvolver narrativas sobre a crise. E são apenas as narrativas mais convincentes — como aquela que salvou a vida de Aron Lee Ralston, no Capítulo 4 — que nos levarão a aceitar uma dor imediata em troca de evitar a perspectiva de uma dor futura ainda maior. Então, vamos começar com alguns fatos básicos.

INTRODUÇÃO À CRISE FINANCEIRA

Nos anos 1990, várias instituições financeiras, além de bancos comerciais tradicionais, começaram a participar do mercado imobiliário mediante a concessão de hipotecas diretamente aos proprietários. Esses corretores repassavam os títulos lastreados nesses empréstimos para o mercado secundário (revenda), onde eram adquiridos por empresas patrocinadas pelo governo — como Fannie Mae e Freddie Mac — ou por bancos de investimento, que os utilizavam como matéria-prima para criar novos produtos financeiros, como ABS (*asset-backed securities*) e CDO (*collateralized debt obligations*).

Essa mudança ecológica não ocorreu em um vácuo político ou cultural. Os políticos em todo o espectro partidário incentivaram a concessão de empréstimos hipotecários a uma variedade de compradores diferentes, muitos dos quais nunca haviam considerado possuir uma casa antes. Ser proprietário de onde morava tornou-se parte do novo sonho americano para mais pessoas. Os credores seguiram o exemplo, e muitos até afrouxaram seus padrões de empréstimos, encorajados pela assim chamada "sociedade da casa própria" que vários políticos adotaram.

Durante esse período, houve uma enorme evolução financeira à velocidade do pensamento. Havia uma radiação adaptativa de novos tipos de hipotecas: as de taxa ajustável, hipotecas de *pick-a-payment* (fatiamento de uma prestação "balão") e até mesmo o famigerado empréstimo NINJA (sigla para *No Income, No Job, No Assets*, em português, "Sem Renda, Sem Emprego, Sem Ativos"), aprovado pelos programas de revisão de crédito. Ao mesmo tempo, os bancos de investimento emitiram obrigações de dívida garantidas, o que permitiu que grandes lotes de hipotecas fossem embalados e subdivididos em uma variedade de novos títulos e negociados com as bênçãos das agências de rating. Em última análise, emergiu o mercado de swap de inadimplência de crédito, a fim de fornecer seguros para alguns desses títulos de dívida, o que incentivou ainda mais investidores a participar desses mercados.

Esse processo expandiu o tamanho e o alcance do ecossistema hipotecário. Em 1996, foram emitidos $480 bilhões em títulos de financiamento hipotecário nos Estados Unidos, incluindo os ABS e CDO. Em 2003, apenas sete anos depois, o valor alcançava cerca de $3 trilhões. Por qualquer padrão essa é uma taxa de crescimento incrível. Perto do pico do mercado imobiliário em 2006, um imigrante russo declarou ao economista Paul Krugman: "Este lugar parece muito rico, mas nunca vejo ninguém fazer nada. Como o país ganha seu dinheiro?". A resposta de Krugman foi: "Hoje em dia, os americanos ganham a vida vendendo casas pagas com o dinheiro emprestado dos chineses".[1] Nós, americanos, fomos dramaticamente bem-sucedidos em trazer para o mercado hipotecário novas espécies de grandes investidores que nunca antes haviam participado desses tipos de títulos: fundos de pensão, fundos mútuos, fundos soberanos, dotações e fundos de *hedge*.

Isso não aconteceu por acidente. Todo esse dinheiro foi canalizado através de um grande número de corretores que tiveram um incentivo financeiro para originar novas hipotecas. As enormes quantias de dinheiro lançadas em imóveis residenciais dos EUA, durante um período de tempo relativamente curto, causaram um enorme boom na indústria da habitação, que construiu casas para todos os compradores recém-qualificados para empréstimos. Os americanos compraram tantas casas que o valor médio dos imóveis residenciais dos EUA quase dobrou entre julho de 1996 e junho de 2006.[2] Foi uma grande mudança na cadeia alimentar financeira.

Claro, os credores não emprestaram esse dinheiro movidos pela bondade de seus corações. Os empréstimos deveriam ser reembolsados, com juros. As taxas de juros foram baixas no início da década e a maioria dos proprietários podia pagar suas hipotecas com facilidade. E se não pudessem, apenas as refinanciariam, aproveitando o aumento dos preços das casas e a queda das taxas de juros. E foi o que eles fizeram — até que as taxas começassem a subir em 2004. Entre junho de 2004 e junho de 2006, o Fed aumentou as taxas de juros 17 vezes e a taxa de desconto subiu de 2,00% para 6,25%. Bancos e outros credores hipotecários seguiram o exemplo. Os preços domésticos atingiram o pico em junho de 2006 e começaram a cair depois disso. O aumento das taxas e a queda dos preços por fim levou um número substancial de proprietários — muitos deles com empréstimos de hipotecas com taxa ajustável — à inadimplência. Uma vez instalada a inadimplência, o fluxo de dinheiro que mantinha seguros os vários grupos de títulos garantidos por hipotecas foi interrompido.

Essa interrupção de caixa foi um desastre, o equivalente a um colapso ecológico para todo o setor de hipotecas. Vamos observar as pedras de dominó enquanto vão caindo. Primeiro, faliram os credores hipotecários que assumiram riscos. Suas hipotecas já haviam sido incorporadas a títulos garantidos por hipotecas e obrigações de dívida garantida, agora mantidas em grandes portfólios em todo o mundo. Esses títulos foram depreciados. Não só perderam valor, tornaram-se muito difíceis de vender, e sua iliquidez tornou difícil valorizá-los. Valores que antes eram os queridinhos da indústria de renda fixa agora eram chamados de "ativos tóxicos".

As empresas que seguraram esses títulos através de swaps de inadimplência de crédito agora se viram obrigadas a pagar. Mas porque os swaps de inadimplência de crédito não foram regulados como contratos de seguro, seguradoras como Ambac, MBIA e AIG não foram obrigadas a manter o capital suficiente para cobrir possíveis reclamações. Essas seguradoras começaram a fraquejar. Sem a proteção dos seguros, os grandes bancos de investimento que compraram esses títulos com já elevada relação dívida/ativos agora viram seus índices de alavancagem galgar o infinito. E também começaram a fraquejar. O sistema interbancário de empréstimos começou a congelar; os bancos achavam cada vez mais difícil pedir emprestado um do outro, pois ninguém sabia com certeza se a contraparte ainda estaria solvente na semana seguinte.

Após o Lehman Brothers haver declarado falência em 15 de setembro de 2008, os títulos emitidos por esse venerável banco de investimento de 158 anos tornaram-se quase inúteis. No dia seguinte, o Reserve Primary Fund, um fundo de *money market* com cerca de $65 bilhões em ativos, anunciou que estavam *breaking the buck* — as ações em seu fundo que deveriam ser avaliadas em $1,00 agora valiam $0,97. Muitos clientes tratam seus fundos *money market* como a conta corrente de um banco; o que você faria caso seu banco lhe dissesse que os ativos em sua conta corrente perderam 3% de valor da noite para o dia? A diferença é que o Federal Deposit Insurance Corporation (FDIC) assegurava os ativos em sua conta corrente até $100.000, enquanto os fundos *money market* não estavam segurados naquela época (agora estão).

Na quinta-feira, 18 de setembro de 2008, o presidente do Federal Reserve, Ben Bernanke, dizia aos principais legisladores que, sem ação imediata, "talvez não tenhamos uma economia na segunda-feira".[3] Há poucas evidências de que ele estava enganado.

Hoje, os preços dos imóveis residenciais dos EUA se recuperaram até certo ponto, a meio caminho entre a média pré-1990 e o pico da bolha imobiliária de 2006.[4] Porém, o que aconteceu nesse ínterim não teve precedentes. Com a possível exceção de alguns fundos de *hedge*, cada classe de instituição financeira perdeu dinheiro quando os preços das residências começaram a cair e a inadimplência dos empréstimos hipotecários subiu. Algumas instituições fracassaram catastroficamente. No processo, chegamos muito perto de uma crise econômica global, e a economia americana provavelmente sentirá os efeitos secundários nos próximos anos.

Então, para onde todo o dinheiro emprestado foi? No pico do mercado em 2006, havia $11 trilhões de hipotecas pendentes. Muitos desses proprietários acabaram ganhando dinheiro com suas casas refinanciando suas hipotecas à medida que os mercados subiam, já que a valorização da casa geralmente beneficia o proprietário. Esse tipo de refinanciamento é um procedimento financeiro relativamente direto. Em termos cumulativos, a partir de 1991, os proprietários de imóveis residenciais dos EUA ganharam cerca de $6,5 trilhões refinanciando suas casas.[5] E o que eles fizeram com o dinheiro? Aparentemente, gastaram-no pagando dívidas antigas, comprando carros novos e com outros gastos pessoais — talvez umas férias agradáveis, por que não? Foi como servir-se de um variado bufê. Alimentado pelo aumento dos preços das casas e um mercado de refinanciamento altamente eficiente, os Estados Unidos festejaram até tarde da noite; e a crise financeira foi uma ressaca dolorosa.

Quem se beneficiou de todo esse excesso? A resposta curta é: todos. Pelo menos enquanto os preços habitacionais estavam aumentando e as taxas de juros estavam caindo. As espécies do ecossistema financeiro que se beneficiaram em particular do boom imobiliário foram: Bancos Centrais; bancos comerciais; agências de rating; economistas; empresas patrocinadas pelo governo; fundos de *hedge*; proprietários de imóveis residenciais; companhias de seguros; bancos de investimento; investidores; fundos de *money market*; credores hipotecários, corretores, administradores e curadores; fundos mútuos, reguladores e políticos. Todos tiveram um incentivo para manter a bolha crescendo, uma vez que a maré alta emerge todos os barcos. No entanto, como Warren Buffett advertiu, é só quando a maré baixa que você descobre quem está pelado. Aparentemente, uma grande quantidade de gente estava nadando de braçada, nua.

CLARO COMO RASHOMON

Considerando esses fatos, dar sentido à crise financeira é um desafio recorrente. Afinal, economistas e formuladores de políticas ainda estão debatendo certos aspectos da Grande Depressão mais de oito décadas depois. Uma narrativa para os eventos de 2008 é que a crise foi provocada pela ação imprudente de milhões de compradores irresponsáveis de residências. Outra é que foram os empréstimos predatórios, juntamente com um punhado de banqueiros ricos e malévolos conspirando contra o público — Wall Street versus Main Street. Alguns culpam inovações financeiras muito específicas, enquanto outros apontam a cultura que permeia o setor financeiro. Para algo tão sério como uma quase derrocada do sistema financeiro global, você talvez imaginasse que a esta altura já teríamos chegado a uma única narrativa definitiva.

Quando fui convidado a contribuir com o *Journal of Economic Literature*, em 2001, para resenhar um ou dois dos meus livros favoritos sobre a crise financeira, pensei que seria uma escolha fácil. Mas toda vez que terminava um livro, sentia a necessidade de ler outro devido a lacunas ou incoerências no que acabara de ler. Quase um ano depois, o editor da publicação, muito paciente, finalmente me obrigou a enviar meu manuscrito; acabei submetendo uma resenha de 21 livros sobre a crise financeira.[6] Não há escassez de artigos, relatórios governamentais, resumos de políticas, palestras e livros que pretendem explicar a crise e resolvê-la, impondo regulamentos mais rigorosos, colocando certas pessoas atrás das grades ou proibindo determinados tipos de atividades comerciais e instituições financeiras. Mas se você está procurando um consenso sobre o que aconteceu, como aconteceu, por que aconteceu e o que pode ser feito para evitar que aconteça novamente, ficará muito desapontado. Foi exatamente o que eu estava procurando quando escrevi minha resenha. E ainda estou procurando.

Isso me faz lembrar do filme de *Rashomon*, de 1950, de Akira Kurosawa. Nesse conto assombroso, o suposto assassinato de um samurai e o estupro de sua esposa são descritos de maneira contraditória por quatro pessoas: um bandido que confessou o crime; a esposa; o samurai morto (através de um meio espiritual); e um lenhador que testemunhou os eventos. Apesar do conjunto relativamente claro de fatos apresentados pelos diferentes narradores — a perda da honra da mulher e a morte de seu marido —, não há nada claro sobre a interpretação desses fatos. No final do filme, ficamos com várias narrativas mutuamente inconsistentes, nenhuma das quais satisfaz completamente nossa necessidade de redenção e encerramento.

Apesar de haver sido premiado com o Oscar de Melhor Filme Estrangeiro em 1952, *Rashomon* nunca foi um sucesso comercial nos Estados Unidos. Isso não é surpreendente; a maioria do público não quer se sentar em uma sala de cinema durante 88 minutos de histórias vívidas que apenas o deixará se perguntando "quem foi?" e "por quê?" Uma narrativa poderosa não é necessariamente popular. Mais de seis décadas depois, no entanto, a mensagem de múltiplas verdades de Kurosawa não poderia ser mais relevante à medida que examinamos os destroços da pior crise financeira desde a Grande Depressão. Somente por meio da coleta de um conjunto de narrativas diversas, e muitas vezes mutuamente contraditórias, podemos desenvolver uma compreensão mais completa da crise.

Tal como os personagens de *Rashomon*, temos que reconhecer a possibilidade de que verdades complexas muitas vezes estão nos olhos de quem as veem. Esse é um fato singular da cognição humana; nós evoluímos para criar narrativas que atendam às nossas necessidades e desejos particulares (lembre-se da capacidade do cérebro esquerdo de gerar narrativas). Não se deve inferir desse fato que o relativismo é correto ou desejável. Nem todas as verdades são igualmente válidas. Contudo, a narrativa particular que alguém adota pode colorir e influenciar o curso subsequente de pesquisas e debates. Devemos nos esforçar para acolher tantas interpretações do mesmo conjunto de fatos objetivos quanto possamos e esperar que uma compreensão com mais nuances e internamente consistente da crise emerja na plenitude dos tempos. Algumas narrativas estão erradas, incorretas ou são deliberadamente falsas. Quando os fatos podem ser verificados ou refutados, devemos fazê-lo de forma rápida e implacável. Aqui estão dois exemplos de narrativas populares que podem não ser tão precisas quanto aparentam.

NÃO HAVIA PELE EM JOGO?

Uma narrativa popular da crise financeira culpa a "cultura do bônus" de Wall Street pela criação de um clima de excessiva tomada de risco. Grande parte do público ficou indignada com o fato de que os executivos da área financeira receberam generosos bônus depois que o mundo chegou à beira da ruína financeira. Por que o governo dos EUA resgatou os bancos, se o dinheiro entrava imediatamente no bolso das pessoas cujas decisões de risco provocaram a crise? Muitas pessoas no calor do momento acreditavam que Wall Street havia criado a crise financeira para "privatizar os ganhos e socializar as perdas", mas mentes mais tranquilas concordaram que os executivos estavam naturalmente respondendo a incentivos financeiros que os levaram a assumir riscos indevidos.

Essa é uma narrativa convincente, mas será verdadeira? Os CEOs de Wall Street deixaram seus núcleos accumbens substituírem sua amígdala e deixaram a ganância dominar seu medo? Para que tal narrativa seja mais do que uma história convincente, precisamos saber mais sobre como os executivos de nível superior são remunerados.

A remuneração dos executivos nos Estados Unidos vem crescendo há décadas. Wall Street assumiu essa prática agora comum e a tornou ainda mais sensível à motivação do lucro. Os profissionais de uma empresa típica de Wall Street recebem um salário base baixo e bônus adicionais de acordo com sua rentabilidade para a empresa. São os *broker-dealers*, que negociam em nome de clientes, e os *traders*, que negociam para si mesmos, que são notáveis por seus bônus extremamente elevados. Por exemplo, em 2006, o lendário CEO da Bear Stearns, Jimmy Cayne, recebeu um salário base de

$250.000; substancial, mas não muito superior ao salário médio de um médico de família nos Estados Unidos. No entanto, Cayne recebeu um bônus de $34 milhões em 2006, sendo $17 milhões em dinheiro, $15 milhões em ações restritas (só alienáveis sob certas condições) e $2 milhões em opções. O ano de 2006 foi muito bom para Cayne e para a Bear Stearns.

Isso parece um exemplo de causa e efeito em que não cabe discussão. Todavia, quando Kevin Murphy — um economista financeiro da Marshall School of Business da Universidade da Califórnia do Sul — examinou mais de perto os dados da remuneração dos executivos, descobriu algo surpreendente.[7] Os cinco principais executivos dos bancos tradicionais no S&P 500, excluindo os *broker-dealers* (corretores que compram e/ou vendem ações), não tiveram remuneração muito maior que os cinco principais executivos em empresas industriais no S&P 500. Se os altos executivos em bancos tradicionais assumiam riscos excepcionais, eles não eram excepcionalmente compensados por seu comportamento.

E quanto aos *broker-dealers*? Murphy descobriu que, em 2005, as cinco melhores equipes de gerenciamento da S&P 500 detinham, em média, mais de $1 bilhão de dólares em ações; dez vezes o valor médio detido pelos executivos nas empresas industriais da S&P. Isso representa uma participação pessoal enorme e direta desses executivos no bem-estar financeiro de uma empresa, o que poderia ser descrito como "muita pele em jogo". Para essa participação aumentar a tendência de risco entre esses executivos, o benefício potencial no comportamento de risco deveria ser mais do que dez vezes o benefício potencial em empresas industriais, uma quase impossibilidade.

Os bônus executivos também são oferecidos sob a forma de opções, o que aumentará o incentivo para que os executivos assumam riscos. O valor de um bônus desse tipo aumenta se o preço das ações exceder o preço de exercício — o lucro está embutido —, mas a opção só pode cair até zero, não importa quão baixo o preço das ações caia abaixo do preço de exercício. Esse cronograma de pagamento assimétrico significa que um executivo pago em opções de ações tem um incentivo para aumentar a volatilidade do preço da ação, pois isso irá elevar o valor da opção. Murphy descobriu que o aumento do valor da opção devido à volatilidade foi muito maior para os executivos dos *broker-dealers* que em outras empresas — $1,3 milhão por ponto percentual de aumento de volatilidade, comparado com $400 mil por ponto percentual de aumento nas empresas industriais —, mas como fração do total da remuneração, foi significativamente menor do que valores comparáveis em outras empresas.

Murphy concluiu que, no alto escalão das firmas de Wall Street, não havia evidência de uma tomada de risco adicional entre os executivos financeiros, nem mesmo entre *broker-dealers* mais ousados. Os altos executivos dessas empresas receberam bônus proporcionais em relação aos altos executivos em empresas não financeiras; seus incentivos financeiros foram alinhados de forma diferente dos outros executivos no S&P 500. Podemos ver como isso aconteceu na prática com o CEO da Bear Stearns, Jimmy Cayne. Quando a Bear Stearns entrou em colapso em março de 2008, os bônus em ações de Cayne em 2006 caíram para magros 6% de seu valor original, e seu bônus em opções de 2006 expirou, sem valor. É exatamente assim que a cultura de bônus de Wall Street é destinada a funcionar.

No entanto, a conclusão de Murphy vem com uma ressalva importante. Seus resultados são aplicáveis apenas ao alto escalão de executivos financeiros — eles não se aplicam para outros funcionários. Os funcionários de menor nível hierárquico e de riqueza também tiveram muito menos a perder com a tomada de riscos. As penalidades financeiras que importam para um indivíduo de elevado patrimônio líquido podem não importar para alguém menos aquinhoado materialmente ou com menor participação em uma empresa. Os funcionários de baixo escalão das empresas financeiras assumiram riscos excessivos na busca de lucros potenciais? Como vimos com *traders* inescrupulosos, a cultura do bônus de Wall Street não é suficiente para evitar que os empregados de baixo nível hierárquico assumam riscos excessivos; são necessárias outras formas de monitoramento e gerenciamento de riscos. Eis aí uma possível contranarrativa, mas que exigirá novas evidências para ser verificada ou refutada.

A despeito de sua imprecisão, essa narrativa sobre a cultura de bônus de Wall Street é difícil de desalojar da mente das pessoas, precisamente porque está em conformidade com a heurística delas sobre como o mundo funciona. Nós somos propensos ao viés da confirmação. Se acreditarmos que em Wall Street são todos criminosos, essa narrativa sobre a cultura de bônus não só confirma essa heurística, mas também a reforça. Mais sutilmente, se acreditarmos que "as pessoas respondem aos incentivos" — a heurística do economista —, estaremos satisfeitos com uma explicação que confirma essa heurística sem nunca nos preocuparmos em nos aprofundar nos detalhes para verificar se nossa heurística foi aplicada corretamente.

Há toda sorte de narrativas falsas nas quais estamos predispostos a acreditar. Valorizamos a opinião e testemunhos de especialistas e confiamos neles para apresentar fatos corretos. Uma vez que temos tempo e recursos limitados, normalmente não podemos verificar cada dado que cruza nosso caminho, então usamos uma heurística de reputação como atalho. Em suma, somos adaptados, cultural e talvez evolutivamente, para acreditar em declarações de autoridade. Infelizmente, essa heurística às vezes pode nos desnortear.

OS REGULADORES ESTÃO DORMINDO NO PONTO?

O que acontece quando um argumento de autoridade assume a narrativa errada? Isso aconteceu com a Regra 15c3-1 da SEC — às vezes conhecida como a *regra do capital líquido* — e seu suposto papel na crise financeira. Por intermédio dessa regra bastante complexa e obscura, a SEC impõe requisitos de capital aos *broker-dealers* para assegurar que possuam ativos líquidos suficientes para atender às retiradas de caixa do dia a dia de seus clientes, bem como a quantidade de dinheiro vivo que um banco deve manter em seus cofres para satisfazer as retiradas diárias de seus depositantes. O resultado é que essa regra governa indiretamente o montante de alavancagem empregado pelos *broker-dealers*, e já vimos como a alavancagem afetou a crise financeira.

Em 21 de junho de 2004 essa regra foi modificada. Um grupo dos maiores *broker-dealers*, que se ofereceu para se submeter a regulamentações e supervisão adicionais pela SEC, foi autorizado a usar um método matemático alternativo para calcular seus requisitos de capital líquido. Por que a SEC fez essa mudança? O motivo declarado era que os grandes bancos de investimento americanos estavam em desvantagem competitiva na Europa, pois não conseguiam satisfazer certos requisitos regulamentares europeus. Com a criação da figura das "Entidades Supervisionadas Consolidadas", em essência glorificando as holdings (empresas modeladas na prática do Federal Reserve), aqueles *broker-dealers* estariam em pé de igualdade com as empresas europeias comparáveis. A partir de 1º de janeiro de 2005, o Merrill Lynch foi o primeiro a se voluntariar, seguido por Goldman Sachs, depois Bear Stearns, Lehman Brothers e Morgan Stanley no início do ano fiscal de 2006.[8] Como veremos em breve, essa cronologia é importante para a compreensão da narrativa.

Normalmente, essa alteração de regra seria um item menor no histórico regulatório. No entanto, em 8 de agosto de 2008, naquele mês nervoso antes do colapso do Lehman Brothers, o ex-diretor da Divisão de Comércio e Mercados da SEC, Lee Pickard, publicou um artigo no *American Banker* com uma afirmação chocante: a mudança de regra pela SEC, em 2004, permitiu que os *broker-dealers* negociassem para aumentar significativamente sua alavancagem, criando assim as condições para a crise financeira.⁹ Esse foi o revólver fumegante que os observadores da crise estavam procurando.

Pickard afirmou que, antes da alteração da regra, o valor da dívida em que "o *broker-dealer* poderia incorrer era limitado em cerca de 12 vezes seu capital líquido, embora por várias razões eles operassem em índices significativamente mais baixos". Após a alteração regulamentar, corretores como Bear Stearns (que entraram em colapso em março) poderiam usar modelos matemáticos complexos para calcular seus requisitos de capital, e a SEC aparentemente não conseguiu acompanhá-los. De acordo com Pickard:

> A abordagem alternativa também requer recursos substanciais da SEC para uma supervisão complexa, que aparentemente nem sempre estão disponíveis [...] Se, no entanto, Bear Stearns e outros grandes corretores já estivessem [...] de acordo com os padrões tradicionais, eles não teriam podido incorrer em sua alta alavancagem da dívida sem aumentar substancialmente sua base de capital. As perdas sofridas por Bear Stearns e outros grandes *broker-dealers* não foram causadas por "rumores" ou por "crise de confiança", mas sim por falta de capital líquido e pela falta de restrições ao incorrer em dívidas.¹⁰

Em resumo, Pickard argumentou que a mudança de regras da SEC em 2004 permitiu o colapso do Bear Stearns.

Este é um ponto importante. A narrativa de Pickard era eminentemente crível e suas credenciais eram impecáveis: ele havia ajudado a formular a Regra 15c3-1 original em 1975. Ele publicou suas alegações no *American Banker*, uma das principais revistas de negócios do setor bancário fundada em 1835. Mais importante, após a queda do Lehman Brothers, Pickard estava disposto a conversar com jornalistas, ao contrário de muitos outros funcionários do governo. Em 18 de setembro de 2008, Julie Satow, do *New York Sun*, citou Pickard dizendo: "Construíram um mecanismo que simplesmente não funcionava. A prova dos nove: três dos cinco *broker-dealers* já explodiram [...] A modificação da SEC em 2004 é o principal motivo para todas as perdas que ocorreram".¹¹

O problema é que essa narrativa simplesmente não é verdadeira. Em 9 de abril de 2009, Erik Sirri, diretor da Division of Trading and Markets da SEC — a mesma posição que Pickard já ocupara antes — tentou esclarecer as coisas em um discurso no National Economists Club em Washington, DC¹². Sirri começou dizendo com firmeza: "Em primeiro lugar, e o mais importante, a Comissão não anulou quaisquer restrições de alavancagem em 2004". Ocorre que os métodos matemáticos alternativos para o cálculo dos requisitos de capital líquido estavam em vigor para os bancos comerciais desde 1997 e para derivativos negociados diretamente pelos *broker-dealers* desde 1998. A mudança na regulamentação realmente aumentou o requisito de capital líquido mínimo efetivo para os grandes *broker-dealers* de $250.000 para $5 bilhões. Mais importante, a restrição da relação de 12 para 1 não foi tocada; e, mesmo que isso acontecesse, não teria sido aplicada a esses grandes *broker-dealers* de qualquer maneira. Na verdade, a regra aplicável exigia que essas empresas mantivessem um nível mínimo de capital líquido igual a 2% de seus itens de débito de clientes.

Embora as observações de Sirri não fossem uma declaração oficial da política da SEC, Michael Macchiaroli, diretor associado da Division of Trading and Markets, confirmou-as em uma carta ao Government Accountability Office (GAO) em 17 de julho de 2009, que, por sua vez, incluiu em seu relatório sobre a regulamentação dos mercados financeiros ao Congresso mais tarde, naquele mês.[13] Quando o GAO analisou os relatórios anuais dos grandes *broker-dealers* alegadamente afetados pela alteração regulamentar, não detectou nenhum pico na alavancagem. A alavancagem foi consistentemente maior do que o mítico 12 para 1. Pickard mencionou pela primeira vez a razão de 33 para 1 do Bear Stearns como tendo ocasionado seu colapso, mas Goldman Sachs, Merrill Lynch e Morgan Stanley tiveram índices de alavancagem (relação ativo total/patrimônio líquido) acima de 30 para 1 bem antes da mudança regulatória em 2004, conforme a Figura 9.1, reproduzida a partir do relatório do GAO, confirma.[14]

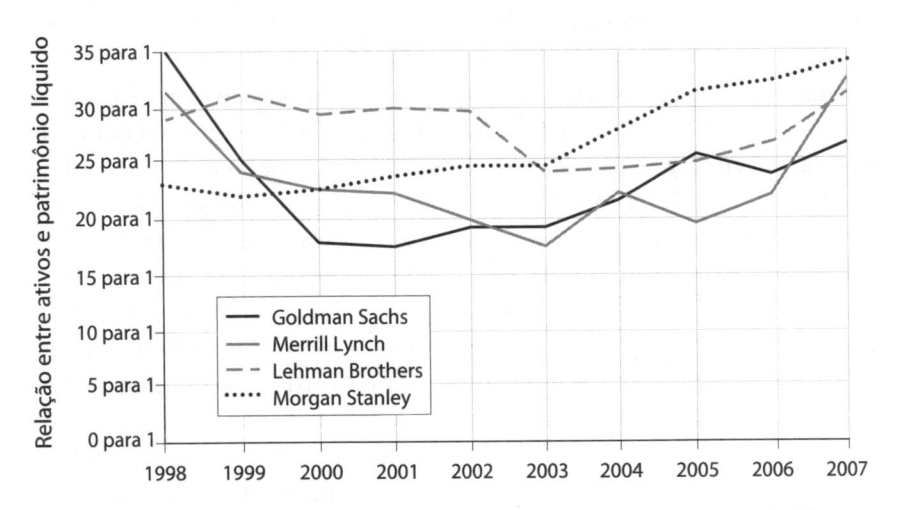

Figura 9.1 Relação entre o total de ativos e o patrimônio líquido para quatro holdings de *broker-dealers*, de 1998 a 2007. Fonte: GAO (2009, GAO-09-739).

Ainda mais surpreendente é que esses números não eram informações confidenciais que apenas alguns privilegiados podiam acessar, e sim de domínio público, facilmente calculados a partir dos relatórios anuais da empresa e dos registros da SEC.

Essa narrativa equivocada infiltrou-se na mídia até o dia 3 de outubro de 2008, alcançando a primeira página do New York Times com a história de Stephen Labaton: *Agency's '04 Rule Let Banks Pile Up New Debt* ("A regra da agência faz os bancos acumularem novas dívidas", em tradução livre).[15] A essa altura, essa interpretação errada deve ter se tornado uma verdade entre jornalistas; Labaton não dá nenhuma indicação de que Pickard foi a fonte da alegação original. "Nos próximos meses e anos, as empresas levariam vantagem com as regras mais brandas", escreveu. "No Bear Stearns, o índice de alavancagem [...] subiu bruscamente, para 33 para 1. Em outras palavras, para cada dólar de patrimônio líquido, ele tinha $33 de dívida. Os índices nas demais empresas também aumentaram significativamente."

Esse equívoco fazia todo o sentido. A SEC cometeu um erro regulatório crítico, os cinco maiores *broker-dealers* aproveitaram-se disso, e as consequências foram óbvias. O Bear Stearns se deu mal porque sua relação dívida/patrimônio líquido aumentou de 12:1, segura e monitorada pela SEC, para uma imprudente e temerária relação de 33:1 sob supervisão mínima da SEC. Essa foi a arma do crime, as impressões digitais e tudo o mais que explica a morte do Bear Stearns, Merrill Lynch e Lehman Brothers. Tal explicação atraiu as heurísticas de todos. Pessoas hostis à desregulamentação financeira usaram essa narrativa como evidência de que a desregulamentação causou a crise financeira. Pessoas hostis ao Governo usaram como evidência de que a má regulamentação causou a crise financeira.

Como um vírus, esse erro rapidamente se espalhou do jornalismo para a academia. John C. Coffee da Columbia School of Law, um reconhecido especialista em regulação de valores mobiliários, repetiu o mal-entendido na edição de 5 de dezembro de 2008 do *New York Law Journal*: "O resultado foi previsível: esses cinco grandes bancos de investimento aumentaram seus índices de alavancagem significativamente no período após sua entrada no programa CSE".[16] Na reunião anual da American Economic Association, em São Francisco, em um painel de discussão sobre a crise financeira em curso, em 3 de janeiro de 2009, Susan Woodward, ex-economista chefe da SEC, citou aquela alteração de regra como causadora do aumento da alavancagem.[17] Alan Blinder, da Princeton, também estava nesse painel. Em 24 de janeiro de 2009, Blinder, ex-vice-presidente do Federal Reserve, publicou sua lista de "Seis erros no caminho da crise financeira" nas páginas de negócios do *New York Times*. "O segundo erro ocorreu em 2004, quando a SEC deixou as empresas de valores mobiliários aumentarem sua alavancagem bruscamente. Antes disso, a alavancagem de 12 para 1 era típica; depois, ela disparou para algo como 33 para 1. O que será que a SEC e os dirigentes das empresas estavam pensando?"[18]

A narrativa não ficou restrita à imprensa financeira ou acadêmica. O economista Joseph Stiglitz, laureado com o Prêmio Nobel, listou cinco erros importantes na edição de janeiro de 2009 da revista *Vanity Fair* que, na opinião dele, levaram à crise financeira. O segundo erro na lista de Stiglitz foi: "A decisão, em abril de 2004, da SEC, em uma reunião da qual não participou praticamente ninguém e que foi amplamente negligenciada na época, permitiu que grandes bancos de investimentos aumentassem sua relação dívida/patrimônio líquido (de 12:1 para 30:1 ou mais) para que pudessem comprar mais títulos garantidos por hipotecas, inflando a bolha imobiliária no processo."[19]

Essa narrativa alcançou um recorde histórico com a obra *This Time Is Different*, uma pesquisa meticulosa e respeitada dos economistas Carmen Reinhart e Ken Rogoff abrangendo oito séculos de crises financeiras: "O que poderia retrospectivamente ser reconhecido como enormes erros regulatórios, incluindo a desregulamentação do mercado de hipotecas *subprime* e a decisão de 2004 da Securities and Exchange Commission de permitir que os bancos de investimento triplicassem seus índices de alavancagem (ou seja, o índice que mede a quantidade de risco para o capital), parecia benigno no momento."[20]

E em janeiro de 2011, quase dois anos após o discurso de Sirri — corrigindo a interpretação equivocada da mudança de regra da SEC de 2004 —, o macroeconomista Robert Hall criticou a "assim chamada desregulamentação" por sua contribuição para a crise em um discurso que fez no MIT:

> Eu acho que a única falha na regulamentação é fácil de identificar. Em 2004, a SEC retirou os requisitos de capital dos bancos de investimento [...] A razão pela qual o Lehman conseguiu fazer o que fez, e que se mostrou tão destrutivo, se deu porque não tinha limites para a quantidade de alavancagem que poderia adotar. E nos inteiramos que ele adotou uma enorme quantidade, e depois quebrou. Assim que os preços dos ativos diminuíram um pouco, o Lehman necessariamente quebrou, pois estava extremamente alavancado.[21]

A cronologia de Hall falha aqui, já que sabemos que a proporção dívidas/ativos totais do Lehman já era elevada desde o final da década de 1990. Apesar das correções feitas na SEC e no GAO — mas não, ainda, pelo *New York Times* —, podemos ver que essa falsa narrativa ainda influencia nosso pensamento sobre a crise financeira.

É verdade que as minúcias misteriosas das regras de capital líquido da SEC não são de conhecimento comum, mesmo entre economistas profissionais e reguladores. Eu pessoalmente estou em dívida com Jacob Goldfield, um insider de Wall Street e brilhante investidor, e Bob Lockner, um advogado aposentado de Chicago, por levar esse exemplo à minha atenção e me orientar com respeito às sutilezas da regra. No entanto, a afirmação de que o índice de alavancagem havia triplicado entre os principais *broker-dealers* do país, sem que ninguém percebesse, deveria ter acionado o alarme de incêndio entre esses indivíduos sofisticados e bem informados. Mas não. Por que se preocupar em verificar, quando você sabe que tem que ser verdade? Uma vez que fui alertado para esse exemplo fascinante, levei apenas cerca de dez minutos de busca online para refutar a alegação do índice de alavancagem.

Dois aspectos desse incidente são particularmente dignos de nota. Primeiro, a narrativa incorreta parece ter se originado com a alegação de Lee Pickard, que ocupou a mesma posição que Erik Sirri na SEC de 1973 a 1977 e participou da redação da versão original da Regra 15c3-1. Normalmente, é impossível traçar a origem dessas narrativas, uma vez que o rumor é especialmente propenso às forças de mutação e seleção natural. Mas aqui podemos identificar o "paciente zero", o indivíduo que deu origem a essa nova mutação que infectou a mídia. Os antecedentes de Pickard tornaram críveis suas afirmações. Se um blogueiro aleatório fizesse as mesmas alegações, parece improvável que essa narrativa teria ganhado a mesma tração.

Em segundo lugar, a acusação foi usada por uma série de economistas, reguladores e formuladores de políticas, todos proeminentes e altamente capacitados, antes de verificar os méritos científicos da afirmação de que "mudanças nas regras de capital líquido de 2004 levaram os bancos de investimento a aumentar a alavancagem". Essa política é equivalente a uma falsa condenação por assassinato. Além de julgar a parte errada e puni-la por um crime que não cometeu, o verdadeiro assassino ainda está por aí, com motivos e intenções desconhecidos.

PÍLULA VERMELHA OU PÍLULA AZUL?

Para lidar com narrativas falsas como essa, devemos reconhecer que os seres humanos evoluíram ao usar a descrição para explicar o mundo. Nossa confiança na explicação narrativa teve efeitos que mudaram o planeta. Uma história é uma maneira muito melhor de entender o mundo do que o instinto, não importa quanta evolução possa ter refinado este último. Entretanto, temos tendências enraizadas em relação a tipos específicos de narrativas. Quem não quer ver o mocinho vencer o bandido no final do filme? Como o filósofo americano William James apontou um século atrás, as pessoas acreditam que as narrativas são verdadeiras porque elas lhes são úteis. Queremos acreditar que o bem triunfará sobre o mal, o herói vencerá o vilão e todos terão um final feliz (pelo menos, aquelas pessoas que o merecem), por crer que essas coisas nos proporcionam conforto psicológico em um mundo onde elas podem não ser verdade com muita frequência.

Nossa confiança na narrativa nos deixa órfãos quando nossos preconceitos anteriores e as heurísticas predispõem-nos a acreditar em histórias ruins. Bem, não sou um crítico literário; o que quero dizer com "ruim" é uma narrativa cujas implicações fazem más predições. Isso traz de volta a ideia do cérebro como máquina de previsão. Podemos pensar na narrativa como uma forma avançada de simulação, usando um alto grau de abstração para descrever fenômenos. Assim como um astrofísico confia na simulação para fazer previsões sobre eclipses solares — que não podem acontecer no laboratório —, o cérebro humano também depende da narrativa. Porém, quando uma simulação da formação de uma galáxia retorna resultados que não correspondem aos dados astrofísicos, o astrofísico depurará o programa, tentará consertar seu modelo subjacente e, se tudo o mais falhar, descartará completamente a simulação. O cérebro humano, por outro lado, evoluiu para conciliar previsões ruins, obter desculpas para os dados e dar asas à fantasia; como os pacientes com cérebro dividido estudados por Michael Gazzaniga no Capítulo 4.

Pessoas com más narrativas precisam de uma contranarrativa superior para se tornarem melhores preditores. Essa solução tem duas partes: primeiro, devemos encontrar uma narrativa superior; e em segundo lugar precisamos adotá-la. Felizmente, há uma excelente técnica para encontrar narrativas superiores à mão: o método científico. Contudo, não existe uma única receita, pronta e acabada, para o método científico. Um biólogo de campo acharia os métodos do macroeconomista bizarros e vice-versa — na verdade, essas diferenças explicam em grande parte as lutas internas entre as ciências e nos sagrados salões da academia.

No entanto, para a maioria das formas de investigação científica, podemos subdividir o método científico em quatro fases. Primeiro, reunimos as evidências empíricas. (Isto é especialmente difícil em economia, que historicamente se caracteriza pela disponibilidade de dados muito pequena, como na macroeconomia, ou superabundância deles, como na economia financeira.) Em segundo lugar, elaboramos uma hipótese. Na verdade, essas são narrativas que são candidatas a explicar os dados. Em terceiro lugar, fazemos previsões com base nessa hipótese, que na quarta e última fase são testadas experimentalmente.

Ao contrário de outras formas de determinar boas narrativas, por exemplo em um tribunal de justiça, é muito importante no método científico que a hipótese possa ser visivelmente comprovada como estando errada. E precisamente por causa da natureza competitiva da ciência acadêmica, muitas pessoas tentarão fazer exatamente isso. Se a hipótese se sustenta sob essa investida, sendo recorrentemente verificada estudo após estudo, e continua a fazer boas previsões, podemos mover a hipótese do status de uma narrativa candidata para a de uma teoria, que é tão próxima quanto o método científico nos permite chegar a um fato, também conhecido como uma boa narrativa.

Uma vez que encontramos uma boa narrativa, ainda é preciso um certo grau de coragem para adotá-la. Como Neo no filme de ficção científica *Matrix* — que oferece uma escolha entre a pílula azul (que o manterá em seu mundo de fantasia) e a pílula vermelha (que o despertará para a realidade) — devemos *decidir* engolir a vermelha antes de podermos nos libertar de nossas crenças mais caras, algumas das quais acalentamos por décadas. Isso não é fácil. Deixados por nossa conta, preferimos manter o conforto de nossas percepções errôneas e perspectivas enviesadas. Ninguém gosta de estar errado. Essa é uma das razões pelas quais o racismo, o preconceito de gênero e a homofobia são tão difíceis de combater. Nós não queremos engolir a pílula vermelha até experimentar algum "momento Morpheus" (o personagem que oferece as duas pílulas a Neo) quando somos confrontados com uma inconsistência irreconciliável entre nossas convicções e a realidade. Foi exatamente isso que aconteceu com os "quants" em agosto de 2007, como vimos no último capítulo.

PODERÍAMOS TER EVITADO A CRISE?

O método científico é capaz de construir narrativas poderosas e precisas sobre a crise financeira. No entanto, mesmo a melhor narrativa do mundo é inadequada se ninguém quiser ouvi-la. Considere o seguinte experimento mental. E se soubéssemos antecipadamente, digamos, já em 2004, que a crise financeira estava chegando? E se o nosso eu interior tivesse as ideias corretas bem antes que a crise chegasse, talvez através de uma máquina do tempo vinda das páginas de um livro de ficção científica ou de uma leitura precisa dos dados. O que poderíamos ter feito? Poderíamos ter evitado a crise?

Alguns de vocês podem estar sonhando acordados com esse cenário como uma oportunidade para se tornarem extremamente ricos. Afinal, John Paulson não colocou em prática o *insight* que teve, de vender a descoberto no mercado imobiliário e fazer bilhões de dólares? Mas Paulson era um dentre várias pessoas que se deram bem fazendo aquilo, lutando contra um ambiente financeiro hostil a cada passo do caminho. Ao contrário de outros investidores que suspeitavam que a bolha imobiliária estava perto do auge, Paulson teve os recursos, habilidades, conexões e boa sorte para bancar sua aposta até o fim.

Mas, e se não quiséssemos lucrar com a catástrofe, e sim evitá-la? Infelizmente, o registro de tais tentativas parece bastante sombrio. Em janeiro de 2005, o economista de Yale, Robert Shiller, deixou suas crenças bastante claras. Shiller foi (e é) um dos principais especialistas mundiais em preços de imóveis residenciais. O índice de preços das casas que ele construiu com Karl Case é a medida mais importante que temos de como os preços habitacionais mudam ao longo do tempo. Ele afirmou: "Não há como explicar os preços das casas apenas em termos de população, custos de construção ou taxas de juros. Nada disso pode explicar o efeito 'foguete decolando' a partir de 1998 [...] O comportamento mutável dos preços das casas é um sinal de mudanças na percepção do público quanto ao valor da propriedade e de uma maior atenção aos movimentos de preços especulativos. É um sinal de bolha, e as bolhas carregam dentro delas as causas de sua destruição final."[22]

Isso ocorreu em janeiro de 2005. Shiller falou com a voz da autoridade, mas também forneceu dados para apoiar sua hipótese. Apesar de sua opinião como especialista, os preços das casas continuaram a aumentar mais 15% a partir do seu anúncio público em janeiro de 2005 até o pico em junho de 2006.

Talvez um alerta de desastre iminente pudesse ter sido disparado entre os decisores políticos? Voltemos ao Raghuram Rajan da Universidade de Chicago e suas experiências no influente Simpósio de Política Econômica Jackson Hole. Todo mês de agosto, o Federal Reserve Bank de Kansas City patrocina esse simpósio, determinando um tema especial. Em 2005, a conferência Jackson Hole foi realizada em homenagem à aposentadoria de Alan Greenspan como o "maestro" da economia americana. Rajan, não intimidado com o cenário majestoso do simpósio e com a presença do próprio Greenspan na plateia, trouxe à baila a seguinte e provocativa questão: "O desenvolvimento financeiro tornou o mundo mais arriscado?" Sua resposta: a natureza do risco financeiro foi alterada pelos novos desenvolvimentos no ambiente financeiro. "Enquanto, agora, o sistema aproveita melhor a capacidade de risco da economia, alocando os riscos de forma mais ampla, ele também assume mais riscos do que antes. Além disso, as ligações entre mercados e entre mercados e instituições são hoje mais pronunciadas. Embora isso ajude o sistema a se diversificar através de pequenos choques, também expõe o sistema a grandes choques sistêmicos — grandes mudanças nos preços dos ativos ou na liquidez agregada."[23]

Após a crise financeira global, a conversa de Rajan parece incrivelmente presciente. Quem pode esquecer as terríveis semanas menos de mil dias depois, quando os decisores políticos assumiram constantemente o papel de bombeiros ante o incêndio da catástrofe financeira? Mas como o distinto público de Jackson Hole, em 2005, acolheu a fala de Rajan? Larry Summers, de Harvard, conduziu a discussão geral depois, e em sua primeira frase Rajan foi tachado de "mal orientado" e "um tanto ludita" (expressão baseada em um acontecimento da época da Revolução Industrial e utilizada como sinônimo de tentativas inúteis de reverter avanços tecnológicos). Na atenuação ritualizada da academia, isso equivalia a um tiro à queima-roupa. Rajan disse mais tarde que se sentira "como um antigo cristão que entrou em uma convenção de leões ligeiramente famintos".[24] Em 2005, no entanto, as observações de Summers cristalizaram um consenso que garantiu que a análise de Rajan fosse considerada, na melhor das hipóteses, uma opinião minoritária e contrária — ao menos até que o "colapso potencialmente catastrófico do setor financeiro" de Rajan realmente chegasse.

Minha própria pesquisa sobre o segmento de fundos de *hedge* também mostrou sinais de alerta precoce da crise financeira. No início dos anos 2000, meus alunos e eu começamos a investigar o retorno dos fundos de *hedge* e a forma como eles foram se modificando ao longo do tempo. Os retornos mensais foram excepcionalmente regulares, tanto que, na verdade, você poderia usar os retornos de um mês para prever os do próximo mês com certo grau de precisão. Se os fundos de *hedge* fossem ações, eles claramente violariam a eficiência do mercado! Seria coisa de criança construir uma estratégia para explorar esses retornos consistentes. Mas fundos de *hedge* são associações privadas, e seus lucros não podem ser facilmente arbitrados. Ainda assim, continuava a questão: o que estava originando esses retornos muito regulares nos fundos de *hedge*?

Uma causa foi a iliquidez. Os imóveis residenciais tradicionalmente mostravam retornos muito previsíveis, mas o mercado imobiliário simplesmente não é líquido o suficiente para que um investidor aproveite sua previsibilidade. Por outro lado, os fundos mútuos são extremamente líquidos, mas seus retornos não possuem padrões facilmente previsíveis. Se os rendimentos dos fundos de *hedge* fossem previsíveis, a única maneira pela qual isso poderia persistir é se o custo de explorar essa previsibilidade excedesse os benefícios. Em outras palavras, os ativos devem ser difíceis de negociar, o que significa que eles são ilíquidos. De fato, quanto mais previsíveis eles forem e quanto mais persistente for sua previsibilidade, mais ilíquidos serão seus ativos. Portanto, podemos usar a magnitude de sua previsibilidade como medida de sua iliquidez. A iliquidez, combinada com a alta alavancagem, é precisamente o agente explosivo subjacente à maioria das explosões financeiras catastróficas, como LTCM, Bear Stearns e Lehman Brothers.

Vamos considerar o ecossistema financeiro dos fundos de *hedge* novamente por um momento. Vimos que os retornos diminuem quando uma estratégia de fundos de *hedge* é muito utilizada. Mas esse é precisamente o ponto em que os fundos de *hedge* tentarão usar a alavancagem para aumentar seus lucros. O que acontece quando o ecossistema financeiro mostra cada vez mais fundos de *hedge* usando uma estratégia particular com retornos muito consistentes de um mês para o próximo? Todos estão lutando por fatias de um bolo altamente ilíquido, usando maior alavanca para obter mais de menos. É um ambiente financeiro altamente inflamável.

Em outubro de 2004, meus ex-alunos Nicholas Chan, Mila Getmansky, Shane M. Haas e eu apresentamos os resultados de testes estatísticos que mediram essa forma de risco sistêmico no setor de fundos de *hedge*.[25] Notamos um aumento de risco, especialmente na categoria ações de curto e longo prazo — a mesma envolvida no Quant Meltdown — e na macro global, uma categoria de apostas de fundos de *hedge* sobre os desenvolvimentos macroeconômicos internacionais desde o início de 2001. Mais notavelmente, vimos um aumento no risco sistêmico a partir de meados de 2002, talvez relacionado à exuberância do mercado de ações dos EUA. Perdemos por pouco a ocorrência de uma crise financeira anterior?

Nossos resultados podem ter passado batido entre os participantes da conferência NBER (ao contrário da minha primeira conferência, essa fala foi bem recebida), principalmente entre economistas financeiros e seus estudantes de pós-graduação. Contudo, o jornalista financeiro Mark Gimein leu o artigo de pesquisa que foi postado no site da conferência e publicou uma peça sobre o nosso trabalho na edição de domingo do *New York Times*, em 4 de setembro de 2005.[26] O último parágrafo do artigo de Gimein pareceu ridículo na época: "O roteiro de pesadelo do Sr. Lo seria uma série de colapsos de fundos de *hedge* altamente alavancados que derrubam os principais bancos ou corretoras que emprestam a eles". Mas em retrospectiva, com os vários colapsos dos fundos de *hedge* que começaram em 2006, e o fato do Bear Stearns e Lehman Brothers terem experimentado sua primeira onda de perdas através de seus fundos de *hedge*, ele não estava propriamente inexato.

E o que dizer dos avisos iniciais no setor privado? Certamente, o interesse próprio esclarecido entre os banqueiros prevaleceria, se ao menos um caso racional pudesse ter demonstrado que o rumo tomado em 2005 levaria ao desastre? E se um gestor de risco informando o Conselho de Administração soasse o alarme?

Infelizmente, sabemos o que aconteceu nesse caso também, graças ao insider do Lehman, Lawrence McDonald; que era vice-presidente de negociação de valores mobiliários conversíveis e débitos de difícil conversibilidade durante esse período. Em seu livro de 2009, *Uma Colossal Falta de Bom Senso*, em coautoria com Patrick Robinson, McDonald descreve a experiência de Madelyn Antoncic, que era a principal responsável pelo risco no Lehman Brothers em 2005.[27] Sua carreira a levou a ser a pessoa certa no momento certo para lidar com a crise do *subprime*. Antoncic tinha começado como economista de pesquisa no Federal Reserve, antes de se tornar líder do risco de mercado na Goldman Sachs e depois no Barclays Capital, antes de se juntar ao Lehman Brothers. O trabalho de Antoncic no Lehman a tornou a gerente de risco bancário da revista *Risk* no ano de 2005.

Todavia, a diretoria do Lehman Brothers aparentemente se recusou a atender o conselho de Antoncic. À medida que o mercado imobiliário se aproximava de seu pico, ela argumentou contra o aumento do limite de endividamento do Lehman Brothers, apenas para que suas recomendações fossem recusadas pessoalmente pelo CEO Dick Fuld e pelo presidente Joe Gregory. Fuld e Gregory pediram que ela deixasse a sala enquanto discutiam os méritos de potenciais ofertas de negociações, e o corredor não era o melhor lugar para a principal gestora de risco ficar. Um insider do Lehman até comentou que Fuld disse a Antoncic que "calasse a boca" durante uma reunião particularmente tensa.[28] Em 2007, Fuld e Gregory nomearam Antoncic como Gerente Mundial de Políticas dos Mercados Financeiros, um grande título, mas com pouca autoridade de supervisão no risco empresarial. Um ano depois, o Lehman Brothers decretava falência, quase levando ao colapso o sistema financeiro americano. Antoncic ficou mais um ano como diretora gerente da área imobiliária do Lehman para maximizar o valor para seus muitos credores.

Todos esses avisos não conseguiram convencer o resto do mundo a tempo. Mesmo John Paulson achou tremendamente difícil convencer outras pessoas a ajudarem a configurar sua aposta de vários bilhões de dólares contra a bolha imobiliária. Por que não pudemos fazer com que nossas vozes fossem ouvidas?

Esses não são casos isolados. A Comissão de Inquérito sobre a Crise Financeira do Governo encontrou pessoas dispostas a emitir alertas sobre o desastre iminente em todos os níveis do sistema financeiro.[29] Talvez você tenha pensado que a ideia de que os preços das casas continuaria crescendo fosse um tanto suspeita, mesmo que seus vizinhos estivessem usando suas novas hipotecas para presentearem-se com boas férias. Ou talvez você estivesse em dúvida, angustiado, enquanto usufruía das agradáveis férias... afinal, algo que é bom demais para ser verdade geralmente é. O que aconteceu?

A HIPÓTESE DOS MERCADOS ADAPTÁVEIS EXPLICA

No agitado verão de 2007, o CEO do Citigroup, Chuck Prince, ao ser perguntado se o Citigroup retiraria os empréstimos à medida que as taxas de juros aumentassem e o mercado de hipotecas dos EUA fosse se deteriorando, respondeu simplesmente: "Enquanto a música estiver tocando, você precisa se levantar e dançar. Ainda estamos dançando".[30] Quatro meses depois, Prince se aposentaria após resultados inesperadamente ruins do terceiro trimestre para o Citigroup, causado por grandes quedas em suas participações em títulos garantidos por hipotecas.[31]

Isso não era para ser um "viu só, peguei você". Prince era um dos CEOs mais poderosos do setor bancário. Ele estava afirmando sua narrativa fundamental. Um profissional financeiro qualificado tentará encontrar maneiras de ganhar dinheiro mesmo nas condições de mercado mais adversas. E para Prince, as condições de mercado não pareciam tão ruins: "Em algum momento, o evento disruptivo será tão significativo que a liquidez, em vez de esgotar, seguirá outro caminho. Eu não acho que estamos nesse ponto".

A Hipótese dos Mercados Adaptáveis nos diz que, no nível mais básico da crise financeira, a ganância sobrepujou o medo. Ignorando o ambiente em mudança, as pessoas em todos os níveis do sistema criaram narrativas para se convencer de que a ganância era algo bom. O impulso de fazer ouvidos moucos aos alertas sobre a crise que se avizinhava foi mais forte, fazendo com que os alertas fossem ignorados até que fosse tarde demais. O autor e ativista político Upton Sinclair observou certa vez: "É difícil conseguir que um homem compreenda algo quando seu salário depende de não o entender!" E como é difícil convencer os céticos quando eles estão ganhando dinheiro diretamente do mercado! A corrida coletiva ao núcleo accumbens do mercado suplantou a resposta ao medo gerada por sua amígdala e induziu o hemisfério esquerdo a apresentar uma justificativa. Aparentemente, o mercado inteiro queria seus marshmallows imediatamente, em vez de esperar uma gratificação lá na frente. Era o risco em uma escala que abrangia toda a economia: o risco sistêmico.

Mas por que o medo não foi suficiente? Voltemos à reunião de Jackson Hole no final de agosto de 2005. Larry Summers, em sua resposta a Raghuram Rajan, comparou o sistema financeiro com o sistema de transporte:

> Ao longo do tempo, as pessoas ficaram quase inteiramente complacentes quanto à segurança dos meios de transporte de que dependiam. Grandes setores da economia passaram a ser organizados dependendo da capacidade de aviões e trens. Nos EUA, o grau de dependência de hubs (polos de viagens aéreas) individuais, como o O'Hare Airport, aumentou substancialmente. Os piores acidentes vieram a ser conflagrações substancialmente maiores do que em uma era anterior. No entanto, todos nós diremos com certeza que algo positivo, mas muito positivo, ocorreu nesse processo [...] o número de pessoas que morrem em episódios relacionados ao transporte é substancialmente menor do que era em uma época anterior.[32]

Essa é uma verdade indiscutível. A inovação financeira trouxe grandes benefícios para o mundo. Porém, para ampliar a analogia de Summers, a crise financeira era como se os dez maiores polos de viagens aéreas nos Estados Unidos fossem paralisados simultaneamente, e dois deles destruídos por quedas inexplicáveis de avião. Mesmo que o número total de mortes tenha sido uma pequena fração daqueles que experimentamos nos Estados Unidos todos os anos em acidentes com veículos motorizados (cerca de 38 mil em 2015), ainda consideramos isso um desastre nacional, exigimos que nossa viagem aérea seja mais segura, e que se reduza drasticamente o uso do transporte aéreo até que novas políticas e procedimentos sejam instaurados. Não nos dá muito conforto considerar que, de fato, mais pessoas morreram naquele ano por causa de sua confiança em dirigir na estrada de forma independente e por sua conta e risco.

Por que nosso sistema de transporte parece ser muito mais seguro do que nosso sistema financeiro? Em termos absolutos não é, certamente; é preciso uma crise financeira muito grave para, por si só, matar milhares de pessoas por privação econômica. Mas, em termos de potencial perdido, as horas não vividas tão plenamente quanto economicamente possível se avolumam rapidamente. Alguns economistas japoneses falam sobre a "década perdida", e mais recentemente "as duas décadas perdidas", para descrever o fraco desempenho da economia daquele país após o colapso do mercado imobiliário em 1989. Uma crise financeira pode ser tão perigosa para a vida das pessoas quanto uma grande guerra.

ACIDENTES (A)NORMAIS

Nos anos 1990, fiquei impressionado com as "conflagrações substancialmente maiores" que pareciam estar ligadas ao crescimento de novos produtos financeiros. Os nomes desses incêndios financeiros — o fracasso do *hedge* de 1993 da Metallgesellschaft, a falência do Condado de Orange em 1994, o processo da Procter & Gamble contra o Bankers Trust em 1995 — não são muito familiares hoje, mesmo que a perda de bilhões de dólares estivesse envolvida. Eu não sabia disso naquele momento, mas o que ocorreria com o LTCM já estava escrito nas estrelas. Agora, é claro, temos os exemplos do Quant Meltdown e da crise financeira global. Existe uma teoria simples e convincente que poderia explicar essas calamidades tão diferentes?

Algumas pessoas julgaram que a proliferação de inovações financeiras tornou possível esses novos desastres financeiros. Por exemplo, os complexos (para a época) derivativos financeiros são por vezes considerados responsáveis pelo desastre do *hedge* da Metallgesellschaft. Quando a crise do *subprime* começou, muitos economistas não familiarizados com o setor financeiro se concentraram no processo de securitização — o reempacotamento de conjuntos de hipotecas em títulos garantidos por hipotecas e obrigações de dívida garantida —, pelo seu papel na transmissão da recessão do mercado imobiliário para os grandes bancos. Mas uma crise não requer a existência de instrumentos financeiros "exóticos". O Quant Meltdown de agosto de 2007 foi, aparentemente, impulsionado por fundos de *hedge* que compartilhavam portfólios muito similares nos mercados de ações, ações simples que qualquer um poderia comprar e vender.

O que essas conflagrações têm em comum são novas conexões entre ativos anteriormente não relacionados. A construção de um portfólio compartilhado ou o reempacotamento de um conjunto de hipotecas cria um "acoplamento ultra-justo" — um termo de engenharia a ser definido em breve — no sistema financeiro, um elemento que não existia antes.

Isso faz lembrar uma teoria antiga que o sociólogo Charles Perrow, de Yale, fez em seu livro *Normal Accidents*, de 1984.[33] Perrow argumentou, com persuasão, que combinar as condições de complexidade e acoplamento ultra-justo era a receita do desastre anunciado em uma variedade de contextos. A complexidade refere-se a um sistema que tem muitas partes cujas relações entre si podem ser altamente não lineares e de difícil compreensão. E o acoplamento ultra-justo significa que para o sistema funcionar corretamente cada componente deve atuar de forma impecável, pois se apenas um falhar, todo o sistema irá paralisar. De acordo com Perrow, a complexidade e o acoplamento ultra-justo explicam não só derramamentos de petróleo, desastres de avião, derretimentos nucleares e explosões de indústrias químicas, mas também porque devemos esperar que ocorram regularmente.

É fácil ver que o sistema financeiro é complexo e estreitamente acoplado, e que a crise de poupança e empréstimo dos anos 1980 e 1990, o LTCM e as quebras do Lehman e do Reserve Fund se constituem de excelentes exemplos disso. Porém, em um artigo de 2010 com o título inequívoco de "O derretimento financeiro não foi um acidente", Perrow rejeitou categoricamente essa indesejável aplicação de sua teoria da crise financeira.[34] A razão que ele deu foi o comportamento humano: "Embora essas características estruturais fossem evidentes, o caso não se enquadra na teoria porque a causa não era o sistema, mas o comportamento de agentes importantes que estavam conscientes dos grandes riscos a que estavam expondo suas empresas, clientes e sociedade [...] A complexidade e o acoplamento apenas tornaram mais fácil a decepção e mais extensas as consequências". Sem dúvida, Perrow levantou um ponto correto. Não há escassez de mau comportamento no setor financeiro, e os excessos das décadas de 1990 e 2000 só confirmaram o estereótipo de Wall Street como o Mestre do Universo; popularizado pela icônica *A Fogueira das Vaidades*, obra literária de Tom Wolfe.[35] Vamos examinar esses maus comportamentos no próximo capítulo.

Mas o comportamento humano não é a fonte de todos os acidentes, normais ou não? Através da lente da Hipótese dos Mercados Adaptáveis, podemos ver por que o mundo das finanças produz um acoplamento apertado: em um ambiente financeiro altamente competitivo, as empresas se adaptam naturalmente para produzir maiores ganhos em eficiência e lucro. Esse novo acoplamento cria novos riscos, mas ocorrem acidentes porque os investidores necessitarão de suas antigas adaptações até aprenderem as novas regras do jogo. Pedindo emprestado de Lewis Carroll, a inovação financeira requer uma evolução constante da "Corrida da Rainha Vermelha" dos investidores: é como alguém se exercitando em uma esteira com uma velocidade crescente, aumentando os passos cada vez mais apenas para permanecer no mesmo lugar; depois de um tempo assim, um único passo em falso pode levar a uma catástrofe financeira. Os acidentes em uma esteira rolante raramente são bonitos.

Não se trata com isso de eximir de culpa as fraudes, roubos e outros comportamentos não éticos e ilegais, inaceitáveis em qualquer setor de atividade e que devem ser prevenidos e punidos. Mas, e se isso não for suficiente? E se for o caso de todos no sistema atuarem de maneira ética e fizerem o que deveriam fazer, os acidentes ainda seriam normais?

Amir Khandani, Bob Merton e eu oferecemos um exemplo relacionado à crise financeira: durante os períodos em que as taxas de juros estão caindo, os preços das casas estão aumentando e o financiamento e refinanciamento de hipotecas são baratos e facilmente acessíveis (sem ficha cadastral, sem taxas de fechamento, sem problemas), todos se beneficiam.[36] Cada uma dessas três tendências é totalmente inócua por direito próprio; na verdade, elas geralmente são consideradas boas notícias para o crescimento econômico. *Mas quando ocorrem simultaneamente, os efeitos combinados dessa trindade ímpia podem ser fatais.* As taxas mais baixas e o acesso mais fácil ao financiamento atraem mais compradores de imóveis de primeira viagem, e os já existentes proprietários de imóveis podem refinanciá-los, esticando o prazo de financiamento ou obtendo dinheiro no processo, ou as duas coisas juntas. Mas uma vez que as taxas de juros começam a aumentar e os preços das casas começam a diminuir — como é inevitável —, os proprietários de imóveis com hipotecas de taxa de juros ajustável serão confrontados com amortizações mais elevadas, menores empréstimos tipo "home equity" (empréstimos pessoais com garantia do imóvel) e nenhuma saída fácil, já que as casas são mais difíceis de vender quando os mercados estão em baixa. E, ao contrário de uma operação de *margin account*, na qual você tem que vender a metade de suas ações da Apricot para reduzir sua alavancagem quando o preço cai, um proprietário não pode vender metade de uma cozinha ou dois banheiros para reduzir sua alavancagem quando o valor de sua casa cai. Mesmo que todas as partes interessadas na economia estejam se comportando de forma íntegra e responsável, o reflexo combinado dessas três tendências econômicas, que chamamos de "efeito cascata de refinanciamento", abre caminho para um choque em todo o sistema.

Por que a crise provocou um grande impacto no sistema financeiro americano? Do ponto de vista dos Mercados Adaptáveis, uma explicação imediata é que as instituições financeiras americanas se adaptaram à Grande Moderação, o longo período de diminuição da volatilidade econômica a partir de meados da década de 1980, e terminando com a crise financeira de 2008 (não confundir com a Grande Modulação descrita no Capítulo 8).[37] Investidores, legisladores, gerentes e reguladores se adaptaram a tempos menos voláteis e negligenciaram as adaptações financeiras anteriores, que permitiram a prosperidade em tempos mais voláteis. As instituições do sistema financeiro foram adaptadas ao antigo ambiente financeiro e lutaram para sobreviver no novo.

A crise financeira é um caso especial de um problema mais geral: o *comportamento humano unido à livre iniciativa*. Se eliminarmos um ou ambos os elementos, podemos excluir as crises financeiras. Nós somos o George Curioso do reino animal, sem o homem do chapéu amarelo para nos resgatar (alusão a personagens de uma série de livros infantis). O comportamento humano é a última razão pela qual os acidentes acontecem e se tornam a norma. A ausência prolongada de acidentes faz com que as pessoas subestimem o verdadeiro volume de risco. Esse é um exemplo de adaptação, ou melhor, de adaptação inadequada. Ao longo do tempo, na ausência de experiências ruins, perdemos a capacidade de aprender com essas experiências: "O que não é visto não é lembrado". Em consequência disso, perdemos nosso senso de medo; como a mulher SM do Capítulo 3 e sua amígdala calcificada.

Essa é uma desvantagem da evolução na velocidade do pensamento. Quando as condições mudam, nossas heurísticas humanas falíveis usam nossas antigas adaptações em resposta a eventos inesperados. E se os eventos são bastante incomuns — por exemplo, os eventos de 25 desvios-padrão relatados pela Goldman Sachs durante o Quant Meltdown, ou aquele momento em 2007 quando os investidores perceberam que absolutamente ninguém sabia qual proporção dos ativos subjacentes no mercado de dívida garantida eram *subprime* — então estão dadas as condições para estragos financeiros: um mercado congelado, uma "flight to quality" (mudança para investimento em ativos mais seguros) ou outros comportamentos mais típicos da loucura das massas.

SINTOMAS DE AUSÊNCIA DE LIQUIDEZ

Se há um tema recorrente nas várias narrativas da crise financeira, é a abrupta iliquidez do mercado. O pânico bancário, a derrocada do mercado de ações, as perdas no mercado de hipotecas *subprime* e o Quant Meltdown de agosto de 2007 são exemplos da repentina carência de liquidez. Mas liquidez não é algo fácil de medir — não dá para procurar em um terminal da Bloomberg — e talvez não tenhamos percebido as mudanças ao longo do tempo e, portanto, não podemos nos adaptar adequadamente. Isso ficou dolorosamente claro para Amir Khandani e para mim quando realizamos uma nova simulação em nossa pesquisa de agosto de 2007.[38]

No capítulo anterior, descrevi nossa simulação de uma estratégia diária de reversão média baseada no desempenho das ações no dia anterior. Mas as negociações dos fundos de *hedge* quantitativos mais sofisticados ocorrem de minuto a minuto, segundo a segundo, e hoje em dia, mesmo de microssegundo a microssegundo. Então, Amir e eu decidimos simular uma estratégia de maior frequência usando os preços das transações para todas as negociações no S&P 1500, com intervalos de um décimo de segundo, de 2 de julho de 2007 a 30 de setembro de 2007, um período de três meses ao redor do Quant Meltdown. Isso envolveu o processamento de um total de 805 milhões de transações — um excelente exemplo de uso de "Big Data" (em tecnologia da informação, esse termo refere-se a um grande conjunto de dados armazenados).

Nós simulamos as mesmas estratégias de reversão média de antes, mas em vez de usar os retornos de ontem para determinar quais ações comprar e vender hoje, desta vez usamos os retornos de 60 minutos para decidir quais ações comprar e vender considerando intervalos de 60 minutos. Nesse contexto de alta frequência, nossa estratégia de reversão média deveria capturar o comportamento dos *market makers* — os *traders* que não possuem uma visão particular sobre se uma ação subirá ou diminuirá, mas ganhará dinheiro fornecendo liquidez. Nesse caso, prover liquidez significa comprar quando outros querem vender e vender quando outros querem comprar, o que é muito semelhante a uma estratégia de reversão média de horizonte curto como a nossa.

Nós adicionamos os lucros e perdas no dia, e depois somamos os lucros e perdas diários durante o período de três meses para calcular nossos retornos simulados. Para aferir o impacto da frequência de negociação na rentabilidade, também simulamos estratégias usando intervalos de 30, 15, 10 e 5 minutos (em 2007, negociar em intervalos de 5 minutos era considerado de alta frequência, mas segundo os padrões atuais isso está mais para investimentos de longo prazo).

Os resultados de nossa simulação, resumidos na Figura 9.2, mostram um padrão fascinante de lucratividade. As curvas individuais são os lucros e perdas acumulados para a estratégia de reversão média a partir de 2 de julho de 2007, utilizando os diferentes intervalos de tempo. Para uma estratégia de reversão de 60 minutos, os lucros acumulados são modestos; a linha preta inclina-se para cima, muito suavemente, indicando um retorno médio pequeno, mas positivo, ao longo desse período de três meses. Porém, à medida que os intervalos se tornam mais frequentes, as inclinações ficam mais íngremes, até alcançar a estratégia de cinco minutos (a linha pontilhada), que tem a inclinação mais íngreme e os maiores lucros acumulados. Agora você pode entender por que os *traders* de alta frequência de hoje estão "esticando a corda" em termos de rapidez de negociação.

Mas a Figura 9.2 também mostra outra coisa. Há uma interrupção na tendência ascendente de rentabilidade no meio da amostra, onde o lucro acumulado diminui temporariamente e, em seguida, recupera-se e continua como antes. Essa interrupção ocorre precisamente durante a segunda semana de agosto de 2007 — o Quant Meltdown. No entanto, a diminuição da rentabilidade não começou na terça-feira, 7 de agosto, mas sim na segunda-feira, 6 de agosto, logo na abertura do mercado. A ação de pior desempenho em nossa estratégia reversa de cinco minutos naquele dia foi Radian Group, Inc., uma seguradora de hipotecas. O quarto pior foi IndyMac Bancorp, um credor hipotecário hoje desaparecido. O sexto pior foi o MGIC Investment, outra seguradora de hipotecas. O sétimo foi Bezear Homes, uma empresa de construção de casas. Countrywide Financial era décima sétima. Tenha em mente que nossa estratégia de reversão média não visava empresas associadas ao mercado imobiliário.

Com base no padrão de lucro e perda na Figura 9.2, podemos formular uma narrativa ainda mais detalhada sobre o Quant Meltdown do que aquela descrita no último capítulo. Anteriormente, conjecturávamos que, devido às crescentes perdas nos mercados hipotecários, as instituições financeiras começaram a liquidar vários investimentos para levantar dinheiro em caso de chamadas de margem causadas pela perda de títulos relacionados a hipotecas. À medida que as liquidações começaram, os preços foram empurrados exatamente na direção oposta da lucratividade por essas estratégias de reversão média. Afinal, a liquidação da nossa estratégia de reversão é o oposto dessa estratégia: comprar ações anteriormente vencedoras e comprar as anteriormente perdedoras. Se fosse feito rápido o suficiente e com volume grande o suficiente, essa liquidação faria com que as vencedoras continuassem ganhando e as perdedoras continuassem perdendo, ou seja, o oposto da reversão média, implicando que as carteiras de reversão média experimentariam perdas ao mesmo tempo.

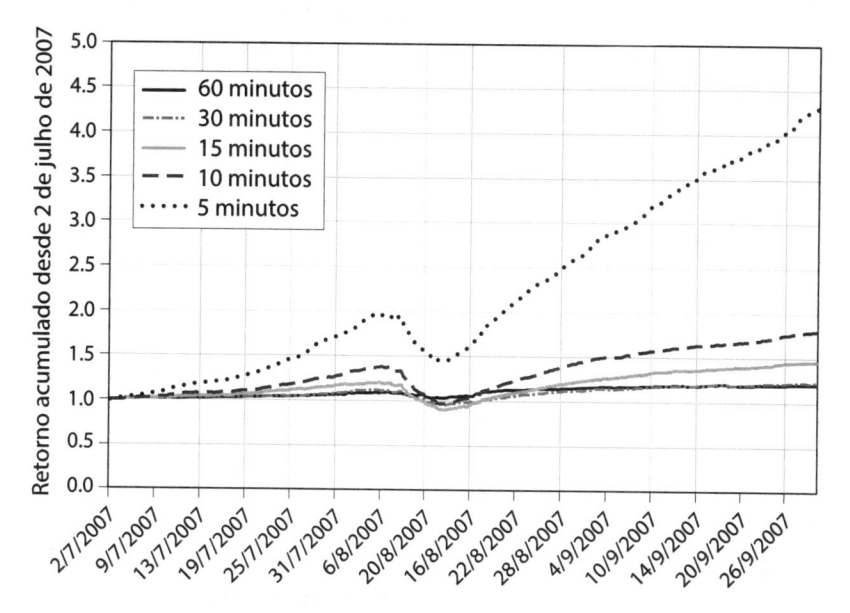

Figura 9.2 Retorno acumulado da estratégia de reversão média de k-minutos aplicada às ações no universo da S&P 1500 de 2 de julho de 2007 a 28 de setembro de 2007 para k = 5, 10, 15, 30 e 60 minutos. Nenhuma posição durante a noite é permitida, as posições iniciais são estabelecidas às 9:30 da manhã mais k minutos por dia e todas as posições estão fechadas às 4:00. Os componentes do S&P 1500 são baseados em associações a partir do último dia do mês anterior. Fonte: Khandani e Lo (2011, Figura 8).

Nossas novas simulações usando dados de negociações intradiárias agora confirmaram esse efeito, que pode ser detectado muito rapidamente em retornos de cinco minutos, conforme a Figura 9.2 atesta. Aparentemente, um portfólio muito grande de longo prazo/curto prazo misto contendo uma série de ações relacionadas ao mercado de hipotecas *subprime* estava sendo rebobinado na segunda-feira, uma onda que começou na abertura do mercado e terminou por volta das 13h00 (hora do leste nos EUA) daquele dia. O Quant Meltdown completo na quarta-feira parece ter sido uma réplica dessa onda original, piorada por provedores de liquidez de alta frequência que deixaram o mercado na terça-feira em consequência de suas perdas na segunda-feira. Tendo se acostumado a uma certa rentabilidade virtual a cada dia, esses *market makers* detectaram uma anomalia de mercado quase instantaneamente quando experimentaram o primeiro dia perdedor em meses. Eles conseguiram sair completamente do mercado até que a rentabilidade retornasse na semana seguinte. Isso seria bom para um único *market maker*, mas se um grande número de *market makers* se adaptassem da mesma maneira, surgiria uma grande lacuna na provisão de liquidez. Como uma gangorra com uma criança em uma extremidade e um adulto muito mais pesado na outra, seria muito perturbador se o adulto de repente pulasse fora.

Esses resultados ilustram uma importante mudança no ecossistema financeiro. Antes de 2001, os preços das ações negociadas em bolsas dos EUA se moviam em unidades discretas de $0,125; você veria os negócios acontecerem entre $40,250 e $40,875, mas nunca a $40,270. Uma convenção destinada a simplificar os cálculos na era pré-digital, negociou em oitavos tendo um impacto muito interessante na liquidez. Os *market makers* designados — *traders* que recebem direitos exclusivos de transacionar com o público e cobrar um *spread* por concordar em permanecer abertos para negociar — ganhariam pelo menos $0,125 por transação de ida e volta. Embora isso não pareça muito, os lucros eram praticamente sem risco, e poderiam se acumular rapidamente enquanto negociavam o dia inteiro.

Em 2001, a SEC ordenou que todas as operações nas bolsas dos EUA mudassem para a decimalização, ou seja, preços denominados em unidades de um centavo. Essa regra pareceu sensata no início. Ao reduzir o *spread*, os custos de negociação diminuiriam e os investidores se beneficiariam. Mas às custas de quem? Claramente, às custas dos *market makers*, que agora poderiam ganhar apenas $0,01 por transação de ida e volta, uma queda de 92% na receita.

Os efeitos da decimalização foram ainda piores para os *market makers*, porque agora concorrentes como os fundos de *hedge* e *traders* de alta frequência poderiam cortar seus *spreads* mais facilmente. Antes da decimalização, se um fundo de *hedge* desejasse oferecer ao cliente um preço melhor do que um *market maker* (e assim substituí-lo como contraparte de negociação do cliente), o fundo teria que pagar pelo menos $0,125 por uma ordem de compra ou aceitar $0,125 menos para uma ordem de venda. Após a decimalização, só custaria ao fundo de *hedge* $0,01 em qualquer direção para superar o "market maker". Consequentemente, estes estariam "marcados para morrer" pelos fundos de *hedge* e outros *traders*. Vários *market makers* ficaram fora do mercado logo após a decimalização.

Por que os *market makers* estavam em desvantagem? Eles não podiam competir baixando seus preços também? A resposta tem a ver com o papel deles no mercado, que é concordar em comprar sempre que o público deseja vender, e vender sempre que o público deseja comprar. Esse acordo parece bastante inócuo, mas isso significa que os *market makers* serão sistematicamente desfavorecidos quando negociarem com alguém com informações reais sobre o valor da ação. Se, por exemplo, um investidor perceber que é improvável que o principal candidato a medicamento de uma empresa farmacêutica obtenha a aprovação da FDA por causa da publicação de alguns resultados científicos críveis, ela venderá as ações dessa empresa para um *market maker*. Da mesma forma, se outro investidor quiser comprar ações de uma empresa de automóveis elétricos porque sua pesquisa indica que a tecnologia da bateria está a ponto de melhorar dramaticamente, ele comprará as ações de um *market maker*. Em ambos os casos, o *market maker* está no lado perdedor dos negócios. Contudo, como concordou em representar esse papel em troca de cobrar um *spread* por isso, ele é obrigado pela Bolsa de Valores a participar desses negócios. As perdas que o *market maker* enfrenta com as negociações informadas devem ser mais do que compensadas pelos *spreads* que ele aufere em todas as outras transações desinformadas (das quais há muitas).

Não seria ideal se pudéssemos desempenhar o papel de um *market maker*, mas não ser forçado a negociar em todos os momentos? Foi exatamente isso o que os fundos de *hedge* fizeram, e mais recentemente os *traders* de alta frequência. Eles estão comendo os almoços da pós-decimalização dos *market maker*, tornando proibitivos os preços se eles optam por participar do mercado e retirando-se do mercado quando suas estratégias começam a perder dinheiro. Todavia, à medida que esses fundos aumentam em número, capital e impacto, a liquidez que eles fornecem tem um custo. Os membros dessa espécie emergente agora representam uma ameaça à estabilidade do ecossistema financeiro quando retiram liquidez em uníssono, como aparentemente aconteceu durante a segunda semana de agosto de 2007. Nossas simulações sugerem que mesmo uma mudança aparentemente menor no meio financeiro, como a decimalização, pode levar a grandes mudanças no ecossistema. A menos que estudemos esses eventos no contexto dos Mercados Adaptáveis, podemos deixar passar essas ameaças até que seja tarde demais.

Nos anos que se seguiram à crise financeira nos Estados Unidos, tem havido muitas narrativas conflitantes sobre o que deve ser feito para evitar crises semelhantes no futuro. Elas variam por todo o mapa ideológico, desde a nacionalização dos bancos (e talvez o encarceramento dos banqueiros) até remover o controle do governo sobre a moeda.

Contudo, com o passar do tempo, a urgência e o alcance das propostas iniciais desapareceram. Podemos ver isso de forma empírica, ao longo do tempo, em mudanças na chamada "Regra Volcker". O ex-presidente do Federal Reserve, Paul Volcker, propôs no ano de 2009 que os bancos fossem proibidos de utilizar capital próprio em negociações envolvendo seus produtos financeiros (proprietary trading), de investir em um fundo de *hedge* ou um fundo de *private equity* (fundos que investem na participação e aquisição de empresas) e limitados em sua responsabilidade global. Essa regra foi incorporada na lei Dodd–Frank Wall Street Reform and Consumer Protection, de 2010, mas imediatamente enfrentou desafios políticos e legais para sua implementação. A cada sucessivo desafio, a intenção original de Volcker foi modificada, cada iteração se tornando progressivamente mais fraca. Quando este livro estava sendo escrito, os regulamentos finais revisados foram aprovados, mas os fundos ainda estão em um período de carência para se adaptarem à nova regulamentação. Quem sabe se a implementação da reforma de fato ocorrerá na forma que Volcker originalmente imaginou quando os legisladores que a votaram tiverem seus mandatos expirados, e outros estiverem trazendo novas políticas e formuladores de políticas junto com eles. Há um ditado frequentemente ouvido em Washington nos últimos anos: "Uma crise é uma coisa terrível para se perder". Esse ditado bastante cínico é um reflexo da realidade de nossa resposta ao medo. Após a recente crise financeira, precisamos aproveitar a oportunidade de uma nova legislação antes que a memória dela desapareça completamente, usando as melhores evidências empíricas e análise que temos. Idealmente, isso exigirá contínuos e apropriados *feedback*s para que o sistema possa se autocorrigir ou, para usar a analogia adaptativa, para manter o equilíbrio adequado de medo e ganância no sistema financeiro. No processo, teremos de desenvolver novas narrativas financeiras para determinar por que devemos nos abster de uma atividade imediatamente gratificante. Como Aron Lee Ralston, preso na fenda de uma rocha naquele cânion de Utah (Capítulo 4), temos que manter nossos olhos em um futuro muito melhor. Para fazer isso, precisamos entender a origem das patologias financeiras — as finanças se comportam mal.

CAPÍTULO 10

As Finanças se Comportam Mal

REGRAS FINANCEIRAS

Embora o mundo conheça bem crises financeiras, o tamanho, a amplitude e a duração da crise de 2008 nos dizem que algo mudou. A população de *homo sapiens* representada na curva de crescimento do Capítulo 5 trouxe consigo alguns desafios de grande porte, incluindo ameaças à estabilidade financeira. Essas ameaças fazem parte de um tema mais amplo na evolução humana, que é a natureza ambígua dos avanços tecnológicos — juntamente com os benefícios da tecnologia, muitas vezes há consequências não intencionais, uma das quais é a crescente dependência das finanças.

A Figura 10.1 apresenta quatro ilustrações dessa tendência. A Figura 10.1a compara o emprego nos Estados Unidos no setor financeiro em relação ao setor manufatureiro. Nos EUA, o total de empregos nos setores de finanças e seguros tem aumentado de forma constante, ao contrário do setor manufatureiro, que emprega aproximadamente o mesmo número de trabalhadores hoje que na década de 1940. O setor industrial é capaz de produzir um PIB muito maior com a mesma quantidade de trabalho devido ao progresso tecnológico, especialmente a automação. A Figura 10.1b confirma essa explicação comparando o valor agregado per capita entre os setores, uma medida de produtividade. Ambos os setores têm um gráfico inclinado para cima do valor comparado per capita, mostrando aumento da produtividade. No entanto, a Figura 10.1b também mostra que a curva dos setores de finanças e seguros está mais inclinada que a curva de produtividade da indústria: cada pessoa no setor financeiro adiciona mais valor ao longo do tempo do que no setor manufatureiro.

Essa diferença no valor agregado per capita deve se traduzir em salários mais altos para profissionais de finanças e seguros do que para profissionais da indústria, uma previsão confirmada pelas Figuras 10.1c e 10.1d, que contêm parcelas comparando a renda anual média de graduados e pós-graduados em engenharia e finanças. As finanças estão se tornando cada vez mais importantes.

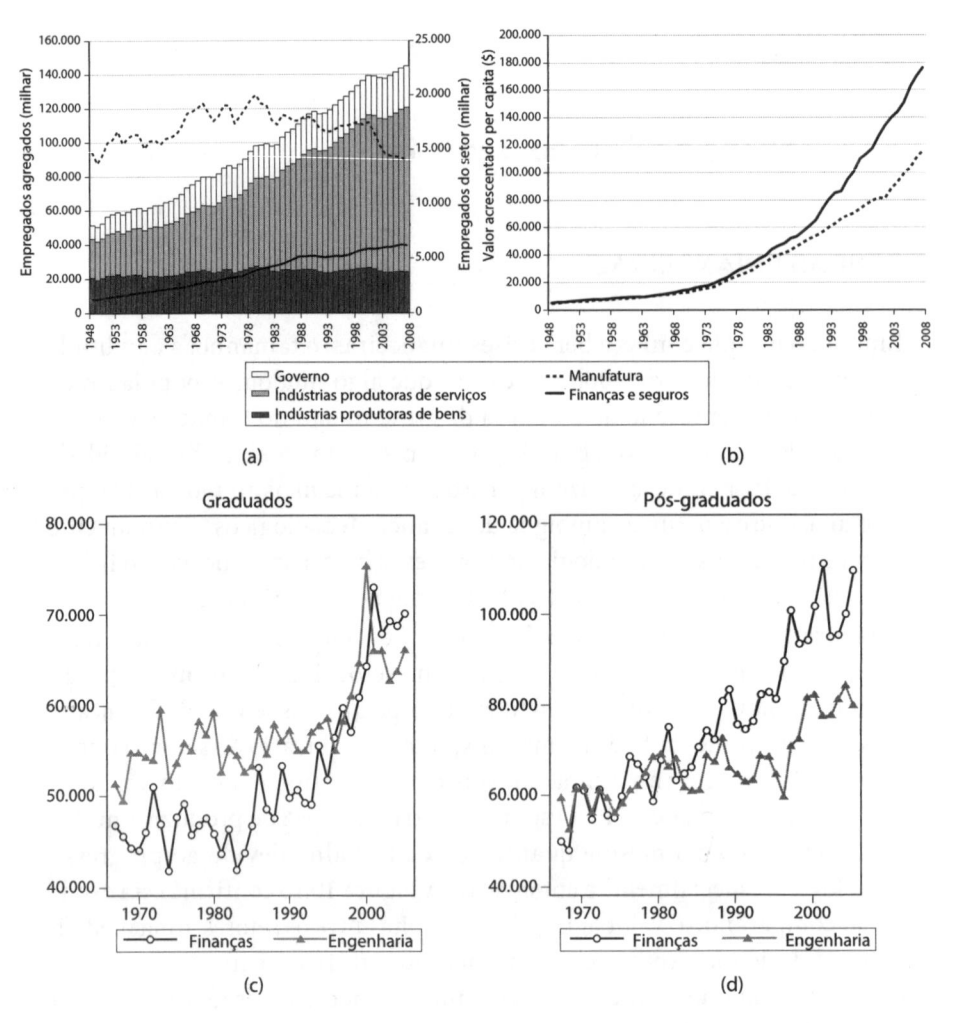

Figura 10.1 Quatro ilustrações da crescente importância das finanças: (a) total de empregos dos EUA nos setores de manufatura versus finanças e seguros; (b) valor acumulado per capita no setor manufatureiro versus finanças e seguros; (c, d) renda anual de graduados e pós-graduados em engenharia e finanças (todos os salários estão em dólares americanos do ano 2000 e são ponderados usando pesos de amostragem).
Fonte: Philippon (2009, Figura 7).

Isso não é necessariamente bom ou ruim; é apenas algo que precisamos ter em mente quando perguntamos por que as crises acontecem e o que podemos fazer a respeito delas. A importância crescente das finanças significa que devemos começar a prestar mais atenção às três principais características do ecossistema financeiro destacado pelos Mercados Adaptáveis: os comportamentos das diferentes espécies, o ambiente em que os comportamentos ocorrem e como os dois interagem e evoluem ao longo do tempo. Começaremos por nos concentrarmos no comportamento, incluindo o péssimo comportamento.

O ENTRA E SAI DO ESQUEMA PONZI

Quanto risco você está disposto a correr por um determinado nível de retorno financeiro para sua aposentadoria? Dê uma olhada nos retornos acumulados de um investimento de um dólar em cada um dos quatro ativos financeiros possíveis na Figura 10.2 durante um período não especificado. (Deixei as datas em branco para adicionar um pouco de suspense.) Se você pudesse investir as economias de sua vida em apenas um desses quatro recursos, qual escolheria?

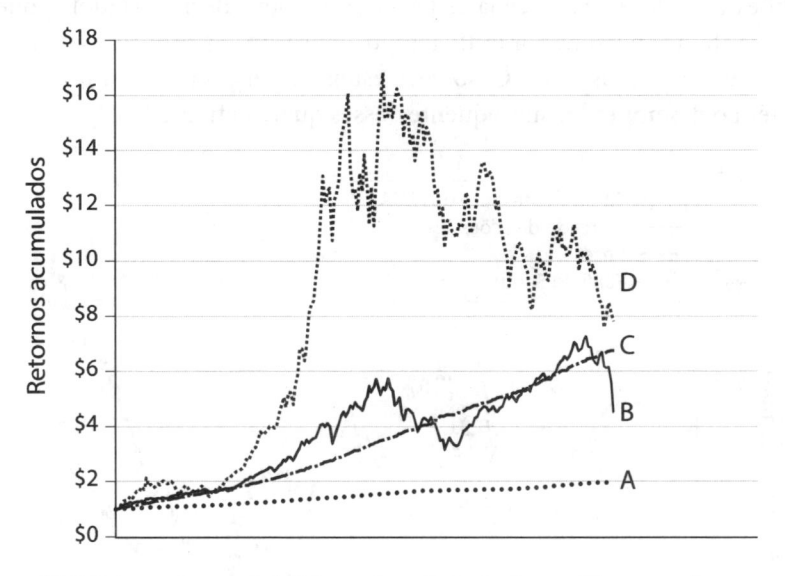

Figura 10.2 Retornos acumulados de um investimento de um dólar em cada um dos quatro ativos financeiros durante um período de tempo não especificado.
Fonte: cálculos do autor.

Cada ativo tem um perfil de risco/recompensa muito diferente. O recurso com a curva de crescimento rotulada A é muito estável, mas sua taxa de crescimento é bastante modesta. O recurso B é consideravelmente melhor, mas tem muitos altos e baixos. O recurso C acaba em algum lugar entre B e D, mas seu crescimento é constante como uma rocha. E o recurso D tem o maior retorno, mas também tem as maiores oscilações.

Quando coloco essa questão aos meus alunos de MBA, quase todos eles escolhem o recurso C, embora haja alguns que optam pelo ativo D (futuros gestores de fundos de *hedge* e empreendedores de startups, eu suspeito). O recurso C parece ter a combinação certa de desempenho razoável e volatilidade relativamente baixa. Então, quais são esses quatro ativos e qual o período de tempo dos retornos acumulados?

O período de tempo vai de dezembro de 1990 a outubro de 2008. O ativo A é um título de curto prazo do Tesouro dos EUA, muito estável e muito modesto. B, o ativo mais volátil, é o mercado acionário dos EUA. O ativo D é a Pfizer, uma empresa farmacêutica. Finalmente, o ativo C é um do qual você pode nunca ter ouvido falar, o fundo do Fairfield Sentry.

O que é o fundo Fairfield Sentry? Foi um dos fundos que alimentavam o esquema Ponzi de Bernie Madoff, uma fraude de várias décadas e muitos bilhões de dólares. Se você já se perguntou como Bernie Madoff poderia enganar tantas pessoas por tanto tempo, pense em sua própria escolha apenas alguns minutos atrás. Caso você esteja se perguntando, a Figura 10.3 contém o desempenho subsequente desses quatro ativos.

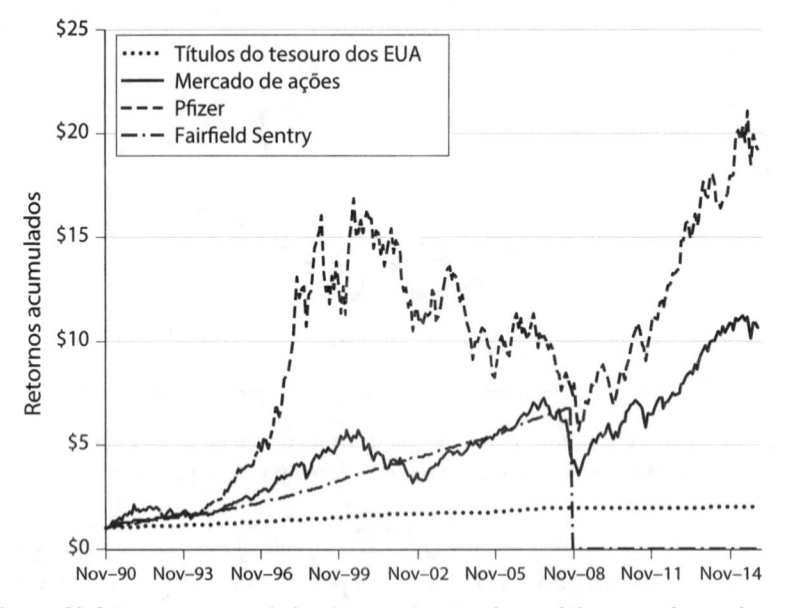

Figura 10.3 Retornos acumulados do investimento de um dólar em cada um dos quatro ativos de dezembro de 1990 a dezembro de 2015: títulos do Tesouro dos EUA, índice de mercado de ações do índice CRSP, Pfizer e Fundo Fairfield Sentry; que foi o fundo alimentador do esquema Ponzi de Bernie Madoff Ponzi.

Em 14 de fevereiro de 2008, apenas 10 meses antes de seus esquemas naufragarem, Madoff voou para Palm Beach, Flórida, para comemorar os 95 anos de seu mentor, amigo e parceiro de negócios Carl Shapiro.[1] Madoff era quase um filho de Shapiro, o "rei do algodão da indústria do vestuário", que se tornou filantropo. As pessoas sussurravam que Madoff, uma figura de destaque de Wall Street, era responsável por transformar a considerável fortuna de Shapiro em algo ainda mais grandioso. No início de dezembro, Madoff tirou $250 milhões de Shapiro, um homem que o considerava quase como um filho, e fez isso sabendo que o dinheiro desapareceria completamente.[2] Menos de duas semanas depois, em 11 de dezembro de 2008, Madoff foi preso.

Como Madoff conseguiu fazer isso? Ele foi um ex-presidente da NASDAQ, a Bolsa de Valores eletrônica, e presidente da Madoff Investment Securities, um importante *market maker* de Wall Street.[3] Paralelamente, também administrava as ações filantrópicas de pessoas muito ricas. Sua reputação era mais do que sólida e, até o final muito amargo, seus clientes estavam encantados com seu serviço.

Na verdade, Madoff estava envolvido no que é conhecido como "fraude por afinidade", deliberadamente cortejando os investidores que sentiam ter uma conexão pessoal com ele. As instituições de caridade eram um tema popular. Madoff afirmou investir em *proprietary strategies*, mas na realidade não fazia transações desde o início dos anos 1990. A base de seu esquema de gestão da riqueza era simples. Primeiro, pegue o dinheiro de investidores confiantes e, em seguida, mantenha-o com você. Seu fundo de gerenciamento de riqueza mostrou retornos estáveis e sem oscilações ao longo do tempo no papel, algo que, em retrospectiva, não poderia ser real. De fato, esta é uma forma de ficção científica financeira.

O fundo de Madoff era, em suas palavras, "um esquema de Ponzi gigante", um jogo de confiança que exige fluxo de dinheiro de novos fraudados para pagar obrigações mais antigas. Os investidores podiam retirar dinheiro à vontade, exatamente como um fundo mútuo, mas Madoff usava o dinheiro de novos investidores para honrar essas retiradas. O resto do dinheiro desapareceu. Esse estado de coisas foi mantido por mais de 20 anos. Contudo, durante o naufrágio financeiro, após setembro de 2008, os investidores começaram a sacar, exigindo $7 bilhões que Madoff não tinha, quando então o esquema foi desvendado em questão de dias.

De onde vem esse comportamento, essa capacidade de ludibriar amigos, mentores e instituições de caridade durante tantos anos? Madoff é uma discrepância, a exceção que confirma a regra, ou é de fato um de nós, completamente comum e meramente um produto evolutivo do ambiente financeiro? Para começar a responder a essa pergunta, vamos agora retornar brevemente à neurociência, explorando algumas pesquisas recentes sobre as origens da equidade, ética e moralidade. Uma vez que desenvolvemos uma compreensão mais profunda de como o mau comportamento surge e se transmite, a conexão com as finanças e a Hipótese dos Mercados Adaptáveis se tornará evidente.

O JOGO DO ULTIMATO

No capítulo anterior vimos como a crise financeira quase pôs no chão o sistema financeiro global. Uma vítima da crise, inesperada e aparentemente permanente, foi a reputação do setor financeiro dos EUA. Todos os anos, em agosto, o Gallup realiza uma pesquisa entre os americanos para avaliar o que sentem com relação a diferentes setores de atividade. Pode ser difícil imaginar agora, mas antes da crise financeira, a maioria dos americanos considerava a atividade bancária positiva. Em agosto de 2007 foi atribuída a classificação +32 para o setor bancário, um valor calculado considerando a porcentagem de pessoas com sentimento positivo sobre os bancos (inacreditáveis 50%) e subtraindo a porcentagem de pessoas com sentimentos negativos, 18%. Essa é uma classificação muito positiva, comparável à maneira como eles avaliam as mercearias.[4]

A pesquisa Gallup nos dá uma narrativa diferente após a crise financeira. Em 2009, o setor bancário foi insultado. O público americano classificou-o com um -23, e esse desdém parece ter se espalhado para além dos bancos comerciais, alcançando as mesas de negociação, bancos de investimento e agora, especialmente, fundos de *hedge*. Quando digo aos não economistas que estudo fundos de *hedge*, a reação que costumo obter é semelhante à de um membro do corpo docente visitante quando o levei para jantar em uma churrascaria rodízio; ninguém se preocupou em me dizer que ele era vegano.

A razão é simples. As finanças, às vezes, violam nosso senso de moral e jogo limpo. Moralidade é difícil de definir, mas toda tradição cultural tem seu senso de moral, e subjacente a todos eles estão conceitos como confiança, justiça, cooperação, reciprocidade, lealdade, honestidade, compromisso e altruísmo.

Ao pensar sobre moralidade, muitas pessoas lembram a Regra de Ouro, "faça aos outros o que você faria para você". O setor financeiro parece ter sua própria versão, "faça aos outros antes que eles façam com você". Mas a versão mais recente é de um amigo capitalista de risco: "Quem tem o ouro dita as regras". Quase todos nós temos uma bússola moral interna, mas é muito difícil de conciliar com a racionalidade econômica. O *Homo economicus* não tem moral ou ética em sua programação interna. Caso verifique que um conjunto de normas morais ou éticas é algo economicamente vantajoso, então o *Homo economicus* irá adotá-lo, mas, em última análise, trata-se simplesmente de uma decisão baseada em interesse próprio esclarecido.

O que a racionalidade econômica tem a ver com moralidade? Deixe-me abordar isso de uma perspectiva de economista. Os economistas gostam de pensar em termos de estratégia. Na teoria do jogo, geralmente existe uma estratégia ótima que você usa contra seu oponente. Essa é, naturalmente, uma visão contraditória do comportamento humano. É moral seguir uma estratégia contraditória?

Há um conhecido experimento mental que utilizo em algumas das minhas aulas chamado Jogo do Ultimato.[5] Existem dois jogadores — vamos chamá-los de Alice e Bob. Alice recebe $100 da casa (é por isso que chamo de experimento mental), mas ela precisa criar um mecanismo para dividir os $100 entre ela e Bob. Se Bob aceitar a oferta de Alice, ambos recebem os montantes acordados, mas se ele rejeitar, nenhum dos dois recebe nada. O jogo acontece apenas uma vez; não há repetições que possam transmitir informações de jogador para jogador ou gerar uma reputação.

Quando meus alunos de MBA desempenham o papel de Alice no Jogo do Ultimato, a maioria deles divide os $100, uma divisão 50/50. Os pesquisadores descobriram que esse é um resultado típico para os jogadores do mundo industrializado moderno. Mas então eu viro o jogo: na condição de Alice, ofereço a Bob exatamente $1, o que significa $99 para mim. A grande maioria dos estudantes que não participou desse jogo antes rejeita a oferta. Do ponto de vista de um economista, a escolha não é entre justo ou injusto, mas entre obter algo e não obter nada, então eles deveriam estar felizes em obter $1, um valor que eles de outra forma não teriam conseguido. E, no entanto, eles ainda rejeitam a oferta. Esse resultado é o mesmo em outros países desenvolvidos em todo o mundo. Uma vez que Alice propõe manter a maior parte para si mesma — geralmente em torno de 80% —, Bob vai recusar o negócio na maioria das vezes, deixando ambos sem nada.

A estratégia economicamente racional para Alice é oferecer a Bob o mínimo possível dos $100, e a estratégia economicamente racional para Bob é levar o que for oferecido, desde que ele leve algo. Mas os seres humanos não se comportam dessa maneira. A equidade parece ser algo instalado no cérebro humano pelas forças da evolução. Vamos rejeitar um acordo de algo versus nada se acreditarmos que a oferta é injusta.

Quando Alan Sanfey, James Rilling e seu grupo em Princeton analisaram o Jogo do Ultimato em 2003 usando as técnicas de neuroimagem do fMRI descritas no Capítulo 3, viram que as ofertas injustas desencadearam tanto a ínsula anterior — que o cérebro usa para processar sentimentos de dor e desgosto — quanto o córtex pré-frontal dorsolateral "racional" — associado ao planejamento e à função executiva.[6] Tanto o cérebro emocional quanto o cérebro racional se ativam quando enfrentamos uma situação financeira injusta.

Como os chimpanzés se comportam quando confrontados com o Jogo do Ultimato? À primeira vista, esse jogo parece muito difícil para os chimpanzés jogarem, mas em 2013, Darby Proctor, Rebecca A. Williamson e Sarah F. Brosnan, da Universidade Estadual da Geórgia, ao lado do lendário primatologista Frans de Waal, da Universidade Emory, encontraram uma maneira sutil de superar a dificuldade dos chimpanzés em entender o dinheiro.[7] Os experimentadores treinaram chimpanzés para ligar fichas a diferentes quantidades de alimentos (eles usavam fatias de banana) e escolher qual ficha eles prefeririam. Quando emparelhados com um parceiro que não influenciava a quantidade — a literatura chama isso de *Dictator Game* (em português, algo como Jogo do Ditador) —, os chimpanzés naturalmente escolheram o resultado mais egoísta. Mas quando emparelhados com um parceiro ativo no Jogo do Ultimato, eles normalmente escolhiam a distribuição mais equitativa.

Estamos começando a aprender que certos produtos químicos modulam a generosidade no cérebro. Por exemplo, o hormônio testosterona é frequentemente associado ao comportamento de busca de dominância em várias espécies, incluindo o *Homo sapiens*. Portanto, podemos esperar uma certa correlação entre os níveis de testosterona e a vontade de se comprometer. O economista comportamental (e autor de *A Culpa é da Genética*) Terry Burnham confirmou essa intuição em experimentos onde sujeitos do sexo masculino foram convidados a participar do Jogo do Ultimato. Burnham descobriu que os que rejeitaram as ofertas baixas apresentaram níveis mais elevados de testosterona.[8] Evidentemente, os machos alfa não estão entre os que chegam facilmente a um acordo.

Outro hormônio importante é a oxitocina, às vezes chamado de "hormônio do amor" (não deve ser confundido com o analgésico viciante OxyContin). Ele foi identificado pela primeira vez como uma substância que causava contrações do útero durante um trabalho de parto, e depois, que estimulava a secreção de leite materno. Mas a oxitocina é encontrada em homens e mulheres. Facilita a ligação, não só entre mãe e filho, mas também entre parceiros românticos, amigos e até estranhos. A resposta a esse hormônio parece ser a base neurofisiológica da confiança.

Bem, é claro que neurocientistas e economistas tiveram que descobrir se a oxitocina causou qualquer alteração no comportamento econômico. Em 2007, Paul J. Zak, Angela Stanton e Sheila Ahmadi descobriram que a oxitocina aumentava a generosidade no Jogo do Ultimato entre os homens jovens em 80%.[9] (As mulheres foram excluídas do estudo por causa da possibilidade de um aborto induzido pelo hormônio.) Os alunos que assumiram o papel de Alice dividiram o dinheiro, em média, quase exatamente 50/50. A oxitocina tornou os participantes quase perfeitos. Por outro lado, a substância não teve efeito algum sobre a oferta mínima aceitável para Bob. A oxitocina não nos torna mais propensos a aceitar promoções "injustas", mesmo que alguma coisa seja melhor do que nada.

UMA NEUROCIÊNCIA DA MORALIDADE?

Essas descobertas e outros resultados semelhantes, são os primeiros pequenos passos em direção a uma neurociência da moralidade. Ainda que os códigos morais variem fortemente de pessoa para pessoa, e de cultura para cultura, parece haver mecanismos inatos que o cérebro recruta ao fazer julgamentos morais. Quando exercemos nosso sentido moral, ativamos sistemas concorrentes no cérebro: maior cognição, que evoluiu para avaliar a utilidade impessoal, versus a emoção, que evoluiu para preservar a sobrevivência pessoal. Mas em 2001, o neurocientista Joshua D. Greene e seus colegas, então em Princeton, descobriram um fato notável sobre como pensamos moralmente. Usando técnicas de imagem de fMRI, eles descobriram que diferentes partes do cérebro estão envolvidas quando experimentamos dilemas morais impessoais em relação aos pessoais.[10]

Considere um dilema moral impessoal, algo que os filósofos morais chamam de "dilema do bonde". A premissa é simples: você vê um bonde correndo nos trilhos cujo trajeto matará cinco pessoas com absoluta certeza, a menos que seja desviado do curso. A única maneira de salvar essas cinco pessoas é puxar uma alavanca e mudar o bonde para um trilho diferente, mas que matará uma pessoa. O que você deveria fazer? A maioria das pessoas, incluindo quase todos os meus alunos, dizem que é melhor salvar essas cinco pessoas, mesmo com o ônus de matar a outra pessoa. Quando

Greene e seus colegas apresentaram a seus sujeitos dilemas morais desse tipo, encontraram uma resposta semelhante e mostraram que partes do córtex pré-frontal dorsolateral — que conhecemos no Capítulo 4 e estão associadas a funções cognitivas superiores — foram ativadas nessa decisão.

Agora considere um cenário intimamente relacionado que os filósofos chamam de "dilema da passarela": um bonde corre pelos trilhos e matará cinco pessoas com certeza absoluta. Mas nesse cenário, você está de pé em uma passarela sobre os trilhos ao lado de um estranho. Você pode parar o bonde e salvar essas cinco pessoas, mas apenas empurrando esse estranho para baixo e em cima dos trilhos.

Isso de repente tornou-se um dilema muito mais pessoal. Você salva essas cinco pessoas empurrando um completo estranho para morrer nos trilhos? A maioria das pessoas, novamente incluindo a maioria dos meus alunos, não o faria, mesmo que, de uma perspectiva numérica estritamente racional, o problema seja o mesmo. Com a exceção de que nesse segundo dilema, é você que está matando o estranho. Nesse caso, os estudos de fMRI mostram a ativação de uma região cerebral diferente, envolvendo resposta emocional e em conflito com o córtex pré-frontal dorsolateral. Parece que evoluímos para um mecanismo em que o cérebro emocional substitui o cérebro racional, utilitário, quando há uma sensação de conexão pessoal em um dilema moral.

Mas como o cérebro julga o que é (ou não) um dilema moral pessoal? Greene acredita que a explicação pode ser condensada em três palavras simples: "MIM MACHUCAR VOCÊ" (do inglês, "ME HURT YOU").[11] O "MACHUCAR" significa que a ação é uma forma concreta e primitiva de causar danos. Um soco no estômago é "MACHUCAR", mas puxar uma alavanca não é; o "VOCÊ" significa que a vítima é outro indivíduo, não um membro sem rosto de um grupo ou uma abstração. Finalmente, o "MIM" significa que você está sendo o agente direto da ação. Você não foi removido da situação; você é o autor da situação, não o editor.

A narrativa "MIM MACHUCAR VOCÊ" — e, com ela, o raciocínio moral — provavelmente evoluiu nas estruturas altamente sociais das comunidades humanas iniciais. Nós entendemos "MIM MACHUCAR VOCÊ" em um nível mental, primordial. Será que minhas ações causam diretamente esse dano físico individual? Será que suas ações diretas me causam danos físicos? "MIM MACHUCAR VOCÊ" foi essencial para identificar e neutralizar as ameaças sociais. Quando nossos cérebros tornaram-se complexos o suficiente para lidar com dilemas morais mais abstratos, eles ainda processaram os dilemas pessoais usando a narrativa "MIM MACHUCAR VOCÊ". Em outras palavras, o mecanismo subjacente ao nosso sentido moral é uma adaptação evolutiva.

Isso nos leva de volta à Hipótese dos Mercados Adaptáveis. Por que muitos de nós concluíram que as finanças modernas foram imorais após a crise financeira, mas antes apenas uma minoria pensava assim? A resposta simples é "MIM MACHUCAR VOCÊ". Mesmo crianças na pré-escola e chimpanzés são capazes de compreender a falta de generosidade. Enquanto o setor financeiro parecer generoso — a maré alta emerge todos os barcos — ignoramos suas falhas. Uma vez que a crise eclodiu, no entanto, o mesmo comportamento "racional" começou a parecer não apenas genérico, mas também prejudicial para nós pessoalmente. A ameaça de execução da hipoteca da nossa casa pode ocasionar muito mais dor mental em nós do que um soco no estômago causa dor física.

Nosso senso de moralidade é uma adaptação aos ambientes do passados: nossa história, cultura e biologia. Essas adaptações tornaram possíveis a cooperação e a inteligência coletiva, além de melhorar o sucesso reprodutivo. Nossa moralidade pode mudar com o tempo, mas temos esse núcleo de justiça que foi evolucionariamente instalado em nossos cérebros há milhões de anos. Nosso ambiente financeiro moderno, por outro lado, tem apenas alguns séculos de idade. O que para nós parece "racional" financeiramente pode nos parecer injusto em um nível humano bem básico. Existe alguma maneira de conciliar essas duas forças opostas?

AS FINANÇAS SÃO ALGO JUSTO?

Em 2009, uma mulher na Carolina do Norte levou sua coleção de esculturas de jade, comprada por seu pai, um oficial de ligação com o exército da China nas décadas de 1930 e 1940, para que fosse avaliada por especialistas no popular programa de televisão *Antiques Roadshow*. Ficou atônita ao saber que suas peças eram na verdade jade Qianlong do século XVIII da dinastia Qing, cujo valor, em uma estimativa conservadora, situava-se entre $700.000 e $1,07 milhões (veja a Figura 10.4 no caderno colorido).

Bem, às vezes acontece que ótimas obras de arte são vendidas em bazares por uma pequena fração de seu valor real. Podemos usar esse exemplo para testar nosso índice de equidade pessoal. Vamos assumir que Alice compra essa coleção de jade de Bob por $500. Após a compra, ela descobre que vale $1,07 milhão. É ético para Alice ficar com o dinheiro? Ela deveria compartilhar o valor com Bob? Deveria devolver a coleção de jade a ele?

Quando apresento esse dilema em sala de aula, muitos dos alunos sugerem que ela pode querer compensar Bob, não com base no valor total de $1,07 milhão, mas uma fração significativa, como $10.000. Ora, eles são estudantes de MBA, matriculados em Sloan para aprender a se tornar tão bem-sucedidos financeiramente quanto possível. Mesmo assim, sua intuição moral de "MIM MACHUCAR VOCÊ" é ativada por esse dilema imaginário. Alice tem uma conexão pessoal com Bob, ela o vê como um indivíduo, e suas ações o afetam diretamente. Naturalmente, eles querem mitigar essa dor apresentando a Bob uma soma significativa.

Então, eu torno o dilema mais difícil. E se Alice, antes de fazer a oferta, fizesse alguma pesquisa sobre a história do jade que lhe desse uma ideia do verdadeiro valor do item? Alice é obrigada a divulgar essa pesquisa para Bob primeiro? Isso altera o caráter da transação. Ele coloca isso em uma categoria diferente, longe do "MIM MACHUCAR VOCÊ", mesmo que a transação básica ainda seja a mesma.

Nesse momento, considere um segundo exemplo em que invertemos esse cenário. Agora, Alice compra essa bela coleção de jade Qianlong de Bob por $1,07 milhão, e logo depois seu valor cai para $500 porque um grande número de peças similares foi descoberto pelos arqueólogos. É ético para Bob manter o dinheiro? Embora essa situação pareça ser a imagem espelhada do nosso primeiro exemplo, poucas pessoas pensam que Bob deve devolver o dinheiro, ou mesmo dar a Alice uma soma simbólica. Isso ocorre porque nossa intuição moral de "MIM MACHUCAR VOCÊ" não se aplica. Em vez disso, parece ser um caso de dano auto-infligido ou fruto do acaso.

Suponhamos que Bob tenha previsto que o mercado entraria em colapso, mas que ele era tão completamente sincero com Alice que não conseguia confirmar a raridade dessa coleção de jade Qianlong, e que Alice escolheu comprar de qualquer maneira. Muito poucas pessoas pensam que Alice deve ser compensada de qualquer maneira por sua decisão. Mas vamos complicar um pouco mais o dilema, supondo que Bob sabia sobre o novo achado arqueológico, mas manteve essa informação para si mesmo. O *caveat emptor*, "deixe o comprador se certificar", aplica-se aqui?

Sabemos que não se aplica no caso de falsas declarações deliberadamente efetuadas. Bob poderia ir para a prisão por fraude se, sabendo que eram peças baratas, as tivesse comercializado como valiosas antiguidades. Mas, e quanto às informações privadas sobre oferta e demanda, que Bob obteve com grande custo e esforço pessoal, e manteve escondidas de Alice para obter o melhor preço possível? Se você está começando a se sentir um pouco desconfortável, é porque sua intuição moral sente um conflito entre seu cérebro emocional e suas funções cognitivas mais altas.

Vamos agora mudar os contextos e nos concentrar no setor imobiliário. Em 2010, na Califórnia, o evangélico Harold Camping previu que o Arrebatamento — um evento profetizado pelo Novo Testamento segundo o qual os justos seriam levados para o Céu — ocorreria em 21 de maio de 2011.[12] Muitos seguidores de Camping venderam seus bens e abandonaram seus empregos em preparação para o Arrebatamento, apenas para se decepcionar quando esse dia passou sem incidentes religiosos.

Suponha que José da Silva seja um discípulo de Camping, e quer vender sua casa que vale $500.000 rapidamente para usar esse dinheiro para avisar os incrédulos. Silva é um vendedor motivado; ele está disposto a vendê-la para você por apenas $400.000 para que ele possa viajar pelo país em sua van, espalhando o evangelho. É ético para você comprar a casa de José da Silva por $400.000? Você tem a obrigação de "educar" a contraparte nessa transação bilateral? Sabemos que o Arrebatamento não aconteceu — mas, da perspectiva de Silva, ele está recebendo $400.000 de incrédulos por uma casa que será inútil para ele depois de 21 de maio. É ético para você comprar a casa antes do dia 21 de maio e você tem a obrigação moral de cancelar a venda no dia seguinte?

Esse exemplo não está tão longe assim das finanças. Muitos investidores têm uma convicção quase religiosa de que o preço de um ativo aumentará ou diminuirá drasticamente em resposta a algum evento previsto. Em condições normais, se a narrativa é defeituosa e o arrebatamento metafórico não ocorre no cronograma, suas contrapartes receberão seu dinheiro sem um segundo de hesitação. Podemos sentir escrúpulos morais sobre o caso particular de José da Silva, mas isso é porque a narrativa do nosso exemplo o personalizou. Ele tem um nome e um motivo; ele foi transformado em um "VOCÊ".

Agora vamos considerar uma situação no âmbito das finanças. Imagine que você é o chefe da área de crédito de um banco de investimentos. Você emite obrigações de dívida garantidas que, com base em seus modelos proprietários (análises de situação de mercado), são susceptíveis de inadimplência, mas seus potenciais compradores acreditam no contrário e estão ansiosos para investir. Como *broker-dealer* desses instrumentos, é ético vendê-los a esses investidores? Você é obrigado a divulgar seus modelos proprietários? Esses modelos foram desenvolvidos através de inúmeras horas de pesquisa por dezenas de analistas financeiros altamente treinados contratados e pagos pela sua empresa a um custo de milhões de dólares. Revelar esta informação permitiria que seus concorrentes duplicassem seus negócios. O *proprietary trading* é efetivamente um jogo de soma zero; seus ganhos são as perdas de outra pessoa; e então, essa atividade não é ética? Não há "a maré alta emerge todos os barcos" aqui. É tudo "eu ganho, você perde". Finalmente, onde sua "responsabilidade corporativa" começa e acaba? Nossa intuição moral tem algo a dizer aqui?

Esses exemplos mostram que nossa intuição moral sobre justiça simplesmente não está totalmente adaptada ao mundo das finanças modernas. Na verdade, sob a Hipótese dos Mercados Adaptáveis, seria surpreendente se fosse. Os mercados financeiros existem há apenas alguns milhares de anos, um piscar de olhos nas escalas de tempo evolutivas humanas. Para compensar essa deficiência, usamos a evolução na velocidade do pensamento para criar substitutos para nossa intuição moral, coisas como costumes, regulamentos e leis, que aplicamos às nossas transações financeiras. A razão pela qual temos leis é impedir que façamos coisas que são erradas, mas que nos beneficiam mesmo assm. Isso é especialmente importante no setor financeiro, onde a euforia "cocaínica" com que os ganhos monetários atingem o nucleus accumbens (que discutimos no Capítulo 3) pode sobrecarregar a resposta racional do córtex pré-frontal. É fácil para nós, quando confrontados com um ganho potencial, criar uma narrativa interna que justifique "MIM MACHUCAR VOCÊ". Usamos a evolução na velocidade do pensamento para criar outro nível de controle no caso de nossos córtex pré-frontais estarem sobrecarregados pela ganância ou pelo medo.

A despeito dessa tentação, a grande maioria das transações financeiras são confiáveis. O sistema financeiro desenvolveu um "círculo virtuoso" de confiança que permite que acordos de milhões de dólares sejam feitos em milissegundos. Em 25 de junho de 2010, a Bolsa de Valores de Nova York negociou 4.474.476.550 ações, um volume verdadeiramente surpreendente para um único dia.[13] A chave é a confiança, e em um grau tão alto que pode ser automatizada. Nossas transações financeiras básicas são fidedignas, confiáveis e previsíveis. A estabilidade financeira depende desse nível de certeza e confiança.

Entretanto, qualquer sistema com um alto nível de confiança tem potencial de abuso. A dependência da confiança traz consigo os perigos do risco sistêmico. A Hipótese dos Mercados Adaptáveis nos diz que os participantes do mercado se adaptarão às condições dele; porém, nem todas as adaptações são benignas. Existe a analogia biológica da epidemia do solo virgem, que ocorre quando uma população encontra uma nova doença para a qual não tem resistência, como no caso da varíola; que devastou os povos indígenas das Américas após a chegada dos europeus no século XVI. Nos últimos anos, o sistema financeiro foi atacado por todos os tipos de comportamentos fraudulentos, de forma descarada como no caso do escândalo Madoff; declarações deliberadamente falsas, como nas ações do Bankers Trust contra a Procter & Gamble (e os casos atualmente em litígio relacionados à crise financeira); ou a inacreditável manipulação da London Interbank Offered Rate, possivelmente a maior fraude financeira da história dos mercados.

Mas o que acontece se adotarmos o lema "confiar, mas verificar?" Considere um cenário que deve parecer bastante familiar. Uma instituição toma dinheiro de investidores confiantes e afirma usá-lo para fazer investimentos. Ela permite que os investidores retirem seu dinheiro à vontade, mas, na realidade, usa o dinheiro do novo investidor para satisfazer as retiradas solicitadas. No papel, mostra retornos constantes ao longo do tempo, talvez até anuncie suas taxas. E é sustentável, a menos que todos desejem tudo ao mesmo tempo; caso em que revela sua verdadeira natureza.

Esse é outro esquema Ponzi? Não, é o sistema de reserva fracionária, o procedimento operacional padrão dos bancos em todo o mundo. Um banco geralmente mantém muito pouco de seus depósitos à mão. O resto é usado para investir — tradicionalmente, fazendo empréstimos a outros clientes bancários. Existe algum tipo de abuso aqui? Certamente. A história inicial dos Estados Unidos está repleta de histórias sobre "transações bancárias selvagens", bancos que operavam ainda menos responsavelmente do que o fundo Madoff de gestão de riqueza. Mas o sistema de reserva fracionária nos EUA foi sendo alterado no decorrer do tempo — mais uma vez, a evolução na velocidade do pensamento — para melhor adaptar-se ao nosso ambiente financeiro: os requisitos de reserva do Regulamento D, o seguro de depósitos fornecido pela FDIC, e as políticas do *lender of last resort* (algo como "fiador de último recurso") do Federal Reserve, que prevê empréstimos federais a bancos em estado de pré-falência quando há risco sistêmico. No Brasil há regulamentação análoga quanto aos dois primeiros itens: estabelecimento de níveis mínimos de disponibilidade de caixa e o Fundo Garantidor de Créditos; já quanto ao terceiro item, o risco sistêmico é prevenido pela reforma do SPB (Sistema de Pagamentos Brasileiro) em 2002 e subsequentes modernizações dos sistemas de pagamento.

Se podemos adaptar algo tão propenso ao fracasso e à fraude, como um esquema Ponzi, para servir a um propósito útil, podemos transformar o sistema financeiro em algo que não só faz bem para os investidores, mas também é bom para a sociedade como um todo? É possível adaptar as finanças para atender aos nossos conceitos de equidade?

AS FINANÇAS E O EFEITO GORDON GEKKO

Ao pensar sobre a justiça nas finanças, parte do desafio está na cultura. Nós geralmente não perguntamos se uma transação de mercado é justa ou não, desde que dois adultos concordem mutuamente com uma troca, o que parece bastante justo. Mas a cultura do *Homo economicus* às vezes pode ser levada ao extremo, como reflete uma das linhas mais famosas da história dos filmes: "A ganância é boa". Na verdade, essa é uma ligeira adaptação da fala de Michael Douglas no filme *Wall Street*, de 1987, em que ele interpreta o sórdido e carismático homem do mercado financeiro Gordon Gekko. "O fato é, senhoras e senhores, que a ganância, por falta de uma palavra melhor, é boa". O desempenho de Douglas é fascinante e até se poderia desejar que as reuniões corporativas típicas fossem tão dramáticas. Milhões de pessoas viram *Wall Street*. As palavras de Gekko, adaptadas para serem transmitidas facilmente, tornaram-se parte da cultura popular e o filme virou "cult", especialmente nos campus de escolas de negócios. Um banqueiro sênior que começou na área naquela época lembrou que o filme "inspirou gerações de pessoas nos mercados financeiros a imitar os personagens. De repente, nos andares de escritórios, houve uma proliferação de suspensórios, cabelos alisado, penteados para trás e o livro de Sun Tzu, *A Arte da Guerra* (livro favorito de Gekko)".[14]

O que realmente faz com que esse fenômeno seja surpreendente e irônico, no entanto, é que Gekko não deveria ser o herói de *Wall Street*. Pois, na verdade, ele é o vilão. Se a narrativa "MIM MACHUCAR VOCÊ" fosse um traço humano básico, por que alguém se inspiraria nesse filme para fazer carreira em finanças?

A resposta está na cultura. Os antropólogos diferem sobre a definição precisa de cultura, mas todos concordam que ela é transmitida e adquirida de pessoa para pessoa, em vez de se desenvolver de modo inato. Do ponto de vista da Hipótese dos Mercados Adaptáveis, isso significa que a cultura também está sujeita à evolução, aos mesmos processos de variação, seleção e replicação como uma espécie biológica ou uma narrativa mental. Na verdade, podemos pensar na cultura como um pacote muito grande de narrativas inter-relacionadas, transmitidas ao longo das gerações e que muda com o meio ambiente humano.

O personagem Gordon Gekko, não obstante ser o vilão do jogo de moralidade de Oliver Stone, possui características que nossa cultura percebe como importantes. Gekko é rico, altamente qualificado, poderoso e fisicamente atraente. Alguém que aspira a esses traços pode tentar imitar o comportamento dele, como aparentemente muitos fizeram na vida real; como Bud Fox, o herói nominal de *Wall Street*, faz no filme. A habilidade artística do cineasta nos faz quase sentir a presença de Gekko através da tela. Sua personalidade é o que o grande sociólogo alemão Max Weber descreveria como uma autoridade carismática, alguém com as qualidades indescritíveis que arrebatam as pessoas e as fazem tomá-la como exemplo. Em termos adaptativos, a personalidade de Gekko (transmitida por Douglas e dirigida por Stone) é como um vírus altamente infeccioso, ou uma melodia cativante que não sai da cabeça. A narrativa dele é convincente.

Muito antes de *Wall Street*, os psicólogos sociais já estudavam o papel da cultura em vários contextos patológicos e apresentavam conclusões chocantes sobre como pessoas comuns podem ser levadas a atitudes de extrema crueldade e maldade. No famigerado experimento de obediência à autoridade, originalmente conduzido pelo psicólogo Stanley Milgram na Universidade de Yale em 1961, os voluntários administraram o que acreditavam ser choques elétricos de alta tensão em uma pessoa — um ator remunerado que gritava de dor nos momentos apropriados — simplesmente porque uma figura de autoridade temporária vestindo um jaleco branco de laboratório fazia sugestões verbais para continuar.[15] Das sugestões do script, "Você não tem outra escolha, precisa continuar", foi a mais contundente. Se um voluntário ainda se recusasse após ouvir essa sugestão, o experimento era interrompido. Em resumo, 26 das 40 pessoas administraram o que acreditavam ser um choque perigoso, talvez fatal, de 450 volts em um outro ser humano, embora todos expressassem dúvidas verbalmente e muitos exibissem manifestações fisiológicas óbvias de estresse; três até experimentaram o que pareciam ser convulsões. Um voluntário, que era um empresário, "balbuciante, trêmulo, à beira de um colapso nervoso [...] ainda assim continuou a obedecer a cada palavra do experimentador até o fim".

Se você nunca viu um vídeo de uma dessas sessões, vale a pena assistir.[16] Apenas uma vez. Achei profundamente perturbador, principalmente devido a sua total simplicidade. Em primeiro lugar, o vídeo granulado em preto e branco parece ser apenas um outro experimento chato de psicologia, com um sujeito sentado em uma mesa, e um experimentador com uma prancheta em pé nas proximidades. Mas enquanto eu assistia, o sujeito aplicava o que ele, claramente, pensava serem choques elétricos cada vez mais dolorosos em um ator remunerado em uma sala separada, gritando em agonia em resposta a esses choques falsos. Um arrepio percorreu meu corpo inteiro. Lentamente, comecei a compreender o que estava presenciando — uma reconstituição hipotética de atrocidades que ocorreram nos campos de concentração nazistas, complementada com os protestos do sujeito durante o interrogatório tentando parar com aquilo, mas a quem foi ordenado que continuasse. Acho que nunca mais olharei para a cultura da mesma maneira.

O experimento da prisão de Stanford, conduzido pelo psicólogo da Universidade de Stanford, Philip Zimbardo, em 1971, ganhou ainda mais notoriedade. No experimento de duas semanas realizado no porão do departamento de psicologia de Stanford, Zimbardo atribuiu aleatoriamente a voluntários os papéis de guardas e prisioneiros.[17] Quase imediatamente após o início do experimento, os "guardas" começaram a se comportar de forma desumana com relação aos "prisioneiros". Observou-se a ocorrência de assédio verbal, exercícios forçados, manipulação das condições de sono, manipulação dos privilégios do banheiro (partes deste notoriamente sujas) e utilização da nudez para humilhar os "prisioneiros". Zimbardo, que desempenhava o papel de superintendente da prisão, encerrou o experimento após seis dias, a pedido da futura esposa, Christina Maslach; a quem ele havia trazido como alguém "fora do sistema prisional" para conduzir entrevistas com os voluntários.

Zimbardo chamou esse fenômeno de "Efeito Lúcifer", uma referência bíblica ao anjo favorito de Deus que se torna Satanás. Pessoas boas, quando colocadas em um ambiente errado, são capazes de fazer um grande mal. É especialmente preocupante que os voluntários nas experiências de Milgram e Zimbardo não tenham recebido incentivos financeiros significativos para se comportar daquela maneira (Milgram pagou $4,00 por hora mais $0,50 para gastos de transporte, ou cerca de $36 de hoje, e Zimbardo pagou-lhes $15 por dia, $90 a preços de hoje).

Imagine uma situação em que você foi instruído a se engajar em práticas financeiras questionáveis — ações que não chegam nem perto de algo tão extremamente desagradável como aplicar choques elétricos em alguém — por um diretor-gerente ou vice-presidente de terno e gravata, recebendo enormes vantagens financeiras a título de incentivo — como bônus de fim de ano de vários milhões de dólares — para fazer isso. À luz do Efeito Lúcifer, não é difícil entender como contexto e cultura podem levar até indivíduos éticos, que se importam com os outros, a fazer coisas represensíveis para clientes desavisados. Esse é o Efeito Gekko.

Mas a cultura é apenas parte da história. Nem todos em uma determinada cultura compartilham todos os valores que ela contém. Há sempre variação entre os indivíduos, mesmo dentro da cultura mais rígida. Ao mesmo tempo, nossa sensibilidade moral inata também está sujeita a variações. Dado o grande componente neurofisiológico da moral humana, faz sentido que os indivíduos possam ser díspares em sua bússola moral inata através de variações neurológicas, por exemplo, devido a pequenas diferenças aleatórias no desenvolvimento inicial do cérebro. Mesmo gêmeos idênticos, com o mesmo genoma e a mesma educação, muitas vezes diferirão de maneiras importantes, apesar de sua famosa semelhança de pontos de vista. E, dada a variação do ambiente cultural ao longo da história e da pré-história humana, faz sentido, adaptativamente, que essas variações persistam no intuito de evitar uma monocultura de perspectiva diante do risco sistêmico.

O psicólogo social Jonathan Haidt documentou recentemente cinco dimensões morais inatas, cuja importância varia entre os indivíduos: cuidado versus dano (em relação ao próximo); equidade versus desonestidade; lealdade versus traição; autoridade versus subversão; e pureza versus degradação.[18] Uma pessoa pode sentir que um acordo justo é mais importante do que obedecer a autoridade, por exemplo, enquanto outra pessoa pode acreditar no contrário. O trabalho de Haidt ainda está em andamento, mas já existem potenciais explicações neurocientíficas para algumas dessas dimensões morais (por exemplo, equidade versus desonestidade). Por enquanto, a questão importante aqui é a variação, que tem sido repetidamente consubstanciada.

De que modo essas variações interagem com a cultura? Se os traços morais inatos propostos por Haidt não tivessem interação com a cultura, as pessoas de um grupo de amostragem com membros selecionados livremente — fãs de diferentes equipes esportivas, universidades, partidos políticos — deveriam ter a mesma variação que as pessoas de outro grupo livremente escolhido dentro da mesma categoria. Se, no entanto, a distribuição desses traços diferisse entre os grupos, então se poderia concluir que esses traços de alguma forma influenciavam os indivíduos na seleção de qual grupo se juntar.

Haidt e seus colegas descobriram que esses traços inatos não eram uniformemente distribuídos em todo o cenário político americano, mas na verdade tinham alguns padrões sistemáticos relacionados às crenças políticas.[19] Os americanos que se identificavam como liberais acreditavam que questões de cuidado versus dano, e equidade versus desonestidade eram quase sempre relevantes para tomar decisões morais. Os outros três fundamentos morais identificados por Haidt (lealdade versus traição; autoridade versus subversão; e pureza versus degradação) eram muito menos importantes para os liberais. Contudo, os conservadores autoidentificados como tal acreditavam que todos os cinco fundamentos morais eram igualmente importantes, embora para eles nenhum atingisse o grau de relevância que os quesitos equidade versus desonestidade, ou cuidado versus dano, tinham para os liberais. Esses traços inatos predispunham as pessoas a se classificar em diferentes facções políticas.

Não é preciso muita imaginação para ver que esse processo de classificação ocorre em todas as profissões. Alguém que acredita que a justiça é o valor moral mais alto vai querer praticar essa vocação onde possa exercê-la, talvez como defensor público, professor de crianças desfavorecidas ou árbitro esportivo. Aqueles que acreditam, em vez disso, que esse é um valor de menor importância podem encontrar-se atraídos para o lado acusatório da lei, ou vendas que requerem uma dose elevada de agressividade, ou mesmo, a caricatura de Gordon Gekko como predador financeiro. Nem todos nessas profissões vão compartilhar esses valores, é claro, mas indivíduos com esses valores podem achar essas profissões mais agradáveis do que outras, e, consequentemente, estarão representados em maior proporção nelas.

A Hipótese dos Mercados Adaptáveis implica que uma cultura não é apenas o resultado das tendências inatas de seus membros. Em vez disso, seus membros interagem com o meio ambiente em contextos altamente específicos. Estes, por sua vez, configuram uma cultura que por seu turno molda o ambiente permeado por ela.

CULTURA REGULATÓRIA

A relevância do papel adaptativo da cultura não se restringe apenas ao mundo dos negócios. O desvendamento da fraude de Madoff ofereceu um vislumbre raro de alguns dos vieses culturais dos reguladores, uma característica importante no cenário financeiro.

A SEC acusou formalmente Madoff de fraude de valores mobiliários em 11 de dezembro de 2008, um dia após seus filhos se entregarem ao FBI. A justiça foi rápida. Em 12 de março de 2009, Madoff se declarou culpado de todas as acusações.[20] Em 29 de junho de 2009, no Tribunal Distrital Federal de Manhattan, Madoff foi condenado a 150 anos de prisão, a pena máxima por seus crimes. Isso parece um caso indiscutível de ação reguladora.

Embora a justiça fosse rápida, as investigações internas da SEC revelaram que ela própria não havia tido o mesmo comportamento. Descobriu-se que a SEC havia recebido seis queixas de "alerta vermelho" sobre as operações de fundos de *hedge* de Madoff, que remontavam a 1992, e que havia tomado conhecimento de dois artigos respeitáveis na imprensa de negócios, desde 2001, que questionavam os retornos anormalmente consistentes de Madoff.[21]

Como a cultura da SEC lidou com essas afirmações é um estudo de caso fascinante. Um investigador independente chamado Harry Markopolos apresentou as primeiras análises denunciando o desempenho de Madoff para a SEC. Markopolos, que fora gestor de portfólio da Rampart Investment Management, não conseguia replicar os retornos de Madoff sem fazer hipóteses impossíveis. Ele enviou várias vezes suas descobertas à SEC: em 2000, através do escritório regional de Boston (NERO)[22]; em 2001, que o NERO decidiu não acatar após um dia de análise;[23] em 2005, mais sobre o assunto abaixo; através de um importante e-mail de acompanhamento em 2007, que foi "ignorado", nas palavras do relatório do Office of Investigations;[24] e em abril de 2008, quando as descobertas não foram recepcionadas devido a um endereço de e-mail incorreto.[25]

Duas análises semelhantes foram trazidas à atenção da SEC, uma direta e outra indiretamente. Em maio de 2003, um gerente de fundos de *hedge* não identificado entrou em contato com o OCIE (Office of Compliance Inspections and Examinations) da SEC com uma análise paralela.[26] Em novembro de 2003, a alta administração do Renaissance Technologies (o fundo de *hedge* quantitativo iniciado por James Simons, visto no Capítulo 7) revelou sua preocupação com o fato de os retornos de Madoff serem "altamente incomuns" e que "nada disso parece fazer sentido".[27] Em abril de 2004, essa correspondência do Renaissance foi marcada com um "atenção" por um analista de "compliance" do NERO durante um exame de rotina.

O OCIE e o NERO examinaram Madoff separada e independentemente. Cada exame desconhecia o outro, até que o próprio Madoff informou aos examinadores sobre a existência deles. (O OCIE não usou o sistema de rastreamento da SEC para atualizar o status de seu exame; no entanto, o NERO não verificou o sistema, deixando a questão aberta à discussão.)[28] O OCIE repassou os documentos não resolvidos que compunham sua análise para o NERO e não fez mais nenhuma comunicação com eles sobre o caso.[29] Embora seus investigadores ainda tivessem questões importantes sobre as ações de Madoff, o NERO encerrou a questão antes que fossem respondidas; devido a restrições de tempo que podem ser atribuídas à cultura do escritório. "Não há uma regra rígida sobre o trabalho de campo, mas [...] o trabalho de campo não pode continuar indefinidamente porque as pessoas tiveram um palpite", testemunhou mais tarde um assistente de direção do NERO.[30]

A reclamação de Markopolos em 2005 chegou ao NERO com o forte endosso do escritório de Boston da SEC.[31] Porém, o infrutífero exame prévio de alegações contra Madoff influenciou os examinadores do NERO contra as afirmações de Markopolos.[32] Os examinadores rapidamente deram um desconto à ideia de Markopolos de que Madoff estava executando um esquema Ponzi. O corpo jurídico envolvido no exame escreveu no início da investigação que não havia "nenhuma razão *real* para suspeitar de algum tipo de irregularidade [...] tudo o que suspeitamos é de haver problemas de divulgação" (ênfase no original).[33] O Escritório de Investigações foi áspero em seu veredicto: "Como resultado desse fracasso inicial, a equipe encarregada nunca realmente conduziu uma investigação adequada e completa da afirmação de Markopolos de que Madoff estava operando um esquema Ponzi."[34]

O desastre de Madoff, que simplifiquei, foi apenas um dos muitos eventos que fizeram com que a cultura interna da SEC fosse posta em xeque. Um extenso estudo da SEC em 2012 e 2013 feito pelo Government Accountability Office (GAO) encontrou problemas sistêmicos ao longo de sua cultura organizacional:

> Com base na análise de pontos de vista dos funcionários da Securities and Exchange Commission (SEC) e estudos anteriores da GAO, SEC e terceiros, a GAO determinou que a cultura organizacional da SEC não é construtiva e poderia dificultar sua capacidade de cumprir sua missão de modo eficaz. As organizações com culturas construtivas são mais eficazes e os funcionários também apresentam um compromisso mais sério com o foco da missão. Ao descrever a cultura da SEC, muitos funcionários atuais e anteriores da SEC mencionaram baixo moral, desconfiança na gestão e a natureza compartimentada, hierárquica e avessa ao risco da organização. De acordo com uma pesquisa do Office of Personnel Management (OPM) com funcionários federais, a SEC atualmente ocupa o 19º lugar entre 22 agências federais de tamanho similar com base na satisfação e compromisso dos funcionários. O trabalho anterior da GAO na gestão de resultados indica que um sistema eficaz de gerenciamento de pessoal será crítico para transformar a cultura organizacional da SEC.[35]

Aparentemente, a cultura hierárquica da SEC estratificou-se em áreas estanques, o que impediu que as informações fluíssem de uma divisão para outra e entre a gerência e o pessoal.[36] O moral era baixo entre os funcionários, mas a administração acreditava no contrário.[37] A cultura da SEC já havia sido avessa ao risco, mas essa aversão cresceu ainda mais ao longo do tempo. A maioria dos funcionários e altos funcionários concordava explicitamente que isso se devia ao medo do escândalo público. Em anonimato, alguns membros da equipe disseram que "os gerentes têm receio de fechar casos ou tomar decisões porque os oficiais superiores querem minimizar as chances de serem criticados depois".[38]

No final, o GAO fez sete recomendações específicas para mudar a cultura da SEC, incluindo melhorias na comunicação entre departamentos internos e com agências externas — presumivelmente para evitar que futuros casos, como o de Madoff, escorressem entre os dedos — e mudanças na gestão de pessoal para melhor alinhar o desempenho funcional com compensações e promoções. A SEC concordou com as sete recomendações. Por sua própria conta, fez um progresso significativo ao lidar com cada uma delas a partir de então.[39]

O AMBIENTE ATACA DE NOVO

A resposta da SEC à fraude de Madoff mostra que mesmo uma cultura burocrática e regulatória pode ser alterada se o alarme de fogo metafórico for suficientemente estridente. Mas a perspectiva dos Mercados Adaptáveis nos lembra que existem importantes interações entre cultura e meio ambiente, em alguns casos reforçando o mau comportamento.

Em nenhum lugar isso é mais verdadeiro do que na cultura financeira. Alain Cohn, Ernst Fehr e Michel André Maréchal da Universidade de Zurique documentaram o impacto do contexto na cultura financeira em um experimento notável.[40] Eles recrutaram 128 indivíduos de um grande banco internacional e pediram que eles se envolvessem em um simples exercício de cara ou coroa que mediu sua honestidade: os resultados autorrelatados determinaram se receberiam um prêmio em dinheiro. Mas, antes do exercício, essas pessoas foram divididas em dois grupos. Em um grupo, os participantes receberam sete perguntas sobre seus empregos bancários. No outro grupo, foram questionados sobre questões não relacionadas ao banco. Ao colocar o setor bancário só antes do exercício, os pesquisadores esperavam que os indivíduos aplicassem os padrões culturais do setor bancário à tarefa em questão.

Cohn, Fehr e Maréchal descobriram que os funcionários do banco no primeiro grupo apresentaram comportamento significativamente mais *desonesto* do que os do último grupo, que apresentaram o mesmo nível de honestidade que os participantes de setores de atividades não bancárias. Aparentemente, apenas por mudar o contexto do experimento com um punhado de perguntas sobre o setor bancário fez com que esses funcionários mudassem de comportamento e se tornassem mais desonestos. Os pesquisadores concluíram que "a cultura de negócios prevalecente no setor bancário enfraquece e prejudica a norma de honestidade, implicando que medidas para restabelecer uma cultura honesta são muito importantes".[41]

É preciso ter em mente, contudo, que aqueles são comportamentos grupais. A variação inata, aquilo que pode ser chamado de "caráter", determina o quanto o indivíduo é influenciado pelo contexto. Também na Suíça, os pesquisadores Rajna Gibson, Carmen Tanner e Alexander F. Wagner mostraram que, mesmo em culturas de grupos, onde o comportamento honesto foi dominado por normas situacionais, indivíduos com fortes preferências intrínsecas pela honestidade resistem às más normas e podem até ser capazes de formar o núcleo básico de uma boa norma em uma situação alterada.[42]

O contexto ambiental é capaz de afetar a cultura financeira como um todo. Às vezes, passa por sua cabeça que Wall Street vive ciclos de escândalos e fraudes? Se assim lhe parece, você não está enganado; dois estudos empíricos recentes sobre fraudes corroboram essa visão. Recentemente, I. J. Alexander Dyck, Adair Morse e Luigi Zingales analisaram processos judiciais relativos a valores mobiliários de 1996 a 2004, para estimar a incidência de fraudes em empresas americanas de capital aberto com pelo menos $750 milhões de valor de mercado.[43] Quão generalizada foi a fraude corporativa? Eles documentaram uma crescente quantidade de atividades fraudulentas à medida que o mercado de ações subia, o que por fim diminuiu na sequência do estouro da bolha da internet em 2001/2002 (veja a Figura 10.5). Esse padrão sugere que uma maré crescente faça de ações fraudulentas um comportamento corporativo mais aceitável para o risco, mas um barco naufragando tem o efeito oposto.

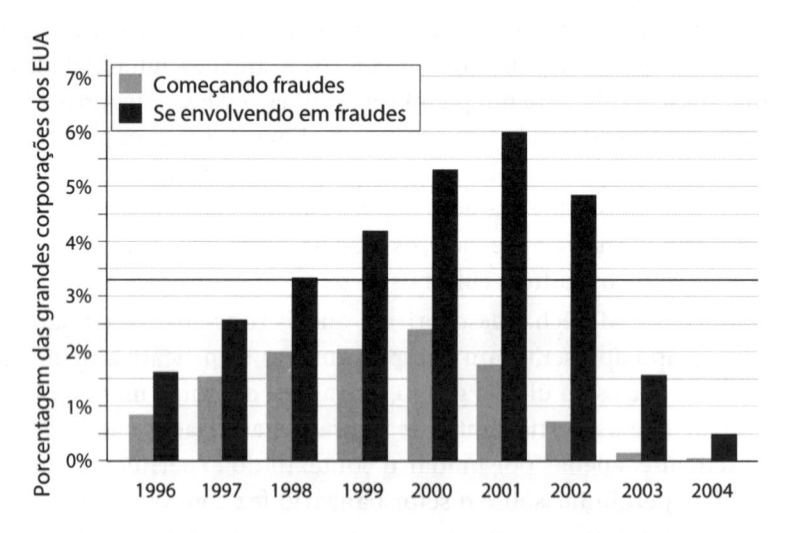

Figura 10.5 Estimativas de Dyck, Morse e Zingales (2013, Figura 1) da porcentagem de grandes empresas começando e se envolvendo em fraudes, de 1996 a 2004.

E quanto à fraude como o esquema Ponzi de Madoff? Os pesquisadores Stephen Deason, Shivaram Rajgopal e Gregory B. Waymire encontraram um padrão muito semelhante no número de esquemas Ponzi processados pela SEC entre 1988 e 2012 (veja a Figura 10.6). Houve uma tendência ascendente durante o mercado em expansão do final da década de 1990, um declínio após o estouro na internet de 2001/2002 e outro aumento à medida que o mercado crescia. Após a crise financeira e o declínio do mercado de ações subsequente entre 2008 e 2009, no entanto, o número de esquemas Ponzi caiu fortemente.[44] Na verdade, Deason, Rajgopol e Waymire estimaram que houve uma correlação de 47,9% entre o retorno trimestral da S&P 500 e o número de esquemas Ponzi processados pela SEC por trimestre.

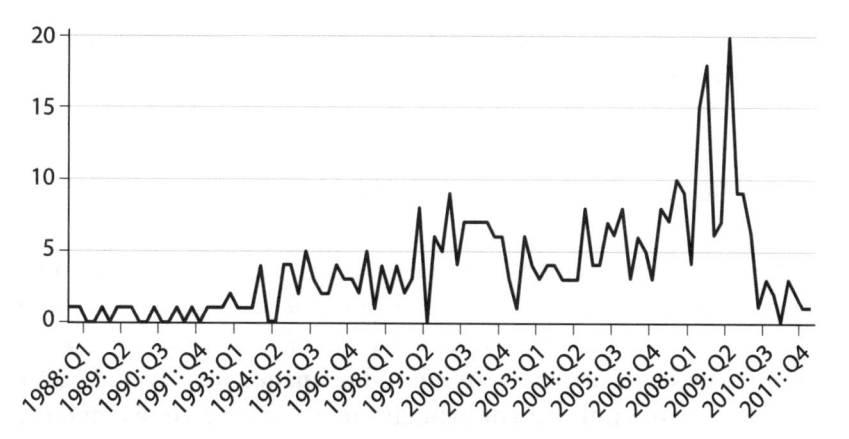

Figura 10.6 Frequência dos esquemas Ponzi processados pela SEC por trimestre civil de 1988 a 2012. Fonte: Deason, Rajgopal e Waymire (2015, Figura 1).

Por que os esquemas Ponzi são tão populares durante os períodos de crescimento econômico em comparação com os períodos de declínio econômico? Não deveria ser o contrário, pois as pessoas naturalmente gostam de se dar melhor nos tempos mais difíceis? Deason, Rajgopol e Waymire observaram que os esquemas Ponzi são mais difíceis de sustentar em mercados declinantes, como vimos com Madoff. Além disso, os orçamentos para a atuação da SEC tendem a aumentar após bolhas estourarem, e pode haver mais demanda dessas ações por parte dos políticos e do público. Eles também confirmaram que os esquemas Ponzi são mais prováveis quando há alguma afinidade entre o perpetrador e a vítima, como uma base religiosa comum ou uma associação compartilhada em um grupo étnico, ou quando o grupo da vítima tende a confiar mais nos outros (por exemplo, cidadãos idosos), lembrando-nos de que a cultura pode ser maliciosamente explorada.

Esses dois estudos confirmam o que você provavelmente já sabia: a cultura é em grande parte um produto do meio ambiente e, à medida que os ambientes mudam, muda também a cultura. A Hipótese dos Mercados Adaptáveis nos diz que essas mudanças vão acontecendo de acordo com as adaptações decorrentes das mudanças ambientais, evoluindo na velocidade do pensamento. Portanto, se desejamos mudar a cultura financeira, primeiro temos que entender as forças contextuais e ambientais mais amplas que a moldaram ao longo do tempo e em todas as circunstâncias. Precisaremos de todas as ferramentas do quadro adaptativo provenientes da psicologia, da teoria evolutiva e da neurociência, quantificadas através de medições empíricas, para entender o que pode ser feito sobre a cultura a partir de uma perspectiva prática.

LEI DE MOORE VERSUS LEI DE MURPHY

Se cultura e comportamento são os principais responsáveis pelo mau comportamento das finanças, a tecnologia deve ser considerada um dos principais cúmplices de muitas patologias financeiras recentes. Qualquer pessoa que tenha participado dos mercados financeiros durante a última década terá testemunhado em primeira mão, ao investir, as mudanças radicais trazidas pelas novas tecnologias. Os avanços em computação, telecomunicações, armazenamento de dados, execução e processamento de pedidos, bem como software de gerenciamento contábil e de portfólio aumentaram a eficiência e reduziram os custos ao longo de todo o processo de negociação. Essa evolução da tecnologia financeira pode ser atribuída diretamente à Lei de Moore.

Em 1965, Gordon Moore publicou um artigo na *Electronics Magazine* no qual observou que o número de transistores que poderiam ser colocados em um chip parecia duplicar todos os anos — três anos antes, ele cofundou a Intel, hoje o maior fabricante de chips semicondutores do mundo. Tal afirmação o levou a extrapolar uma taxa constante de aumento no potencial de computação de 60 transistores por chip em 1965 para 60 mil em 1975. Esse número parecia absurdo naquele momento, mas foi obtido uma década depois. Mais tarde, revisada por Moore para duplicações a cada dois anos, a Lei de Moore tem dado uma previsão notavelmente precisa do crescimento da indústria de semicondutores nos últimos quarenta anos.

Como a computação tornou-se mais rápida, mais barata e melhor na automatização de uma variedade de tarefas, as instituições financeiras conseguiram aumentar consideravelmente a escala e a sofisticação de seus serviços. O surgimento de negócios automatizados, algorítmicos e online, bancos móveis, criptomoedas como o Bitcoin, crowdfunding e robôs assessores financeiros são todos consequências da Lei de Moore.

A inovação tecnológica sempre esteve intimamente interligada com a inovação financeira, um processo coevolutivo em que as adaptações em um domínio influenciaram a inovação no outro. Novos processos de estampagem e impressão, utilizados para evitar o *coin clipping* (processo criminoso de recortar pedaços de moedas confeccionadas em ouro ou prata para lucrar com o metal precioso assim obtido), falsificações e outras formas de fraudes financeiras, nos levaram diretamente ao sistema moderno de notas de papel e cunhagem simbólica. A invenção do telégrafo provocou uma revolução abrangente nas comunicações e estimulou a criação do moderno mercado futuro na Chicago do século XIX. E as melhorias nas máquinas de fita ticker, que transmite as informações dos preços das ações em linhas telegráfica e foi o símbolo de Wall Street durante mais de um século, fez a fortuna inicial de Thomas Edison.

A simbiose entre tecnologia e finanças acelerou o ritmo dos mercados financeiros além da mera capacidade humana. Um exemplo sofisticado vem do mercado de opções. O Chicago Board Options Exchange (CBOE) — o primeiro de seu tipo — foi inaugurado antes de Fischer Black, Myron Scholes e Robert Merton publicarem seus artigos fundamentais sobre preços de opções em 1973.[45] Todavia, o rápido crescimento do CBOE teria sido impossível, pois os profissionais não possuíam uma maneira fácil de usar a fórmula de preços de opções Black-Scholes/Merton, que exige o uso preciso das funções exponenciais e logarítmicas. Se você tem mais de 50 anos, ainda pode se lembrar das longas tabelas de logaritmos na parte de trás dos livros de matemática da escola. Imagine ter que procurá-los nos prédio comerciais de Chicago. Por sorte, em 1975, a Texas Instruments apresentou a SR-52, a primeira calculadora de mão programável e capaz de lidar com as funções logarítmicas e exponenciais da fórmula Black-Scholes/Merton (ver Figura 10.7 no caderno colorido).

Com $395 (cerca de $1.767 em dólares de 2016), a SR-52 foi uma maravilha tecnológica. Poderia armazenar programas de até 224 batimentos de teclas em uma tira magnética fina alimentada através de um slot motorizado na calculadora. Claro, hoje existem termostatos que possuem mais poder de computação. Pouco depois da estreia do SR-52, um dos fundadores do CBOE — um comerciante de opções experiente chamado Irwin Guttag — comprou uma para seu filho adolescente John e pediu-lhe para programar a fórmula Black-Scholes/Merton nela.[46] Em um ano, muitos *traders* do CBOE estavam ostentando suas próprias SR-52. Em 1977, a Texas Instruments introduziu uma nova TI-59 programável com um "Módulo de Análise de Valores" que calcularia automaticamente os preços usando a fórmula Black-Scholes/Merton. (Quando o próprio Myron Scholes confrontou a Texas Instruments sobre o uso não autorizado da fórmula, eles responderam que era de domínio público. Quando ele pediu uma calculadora, a Texas Instruments respondeu que deveria comprar uma.)[47]

As publicações Black, Scholes e Merton lançaram bem mais de mil artigos, e ainda aumentando.[48] Eles se tornaram a base intelectual para três setores da indústria de derivativos: opções negociadas em bolsa, derivativos e produtos estruturados e derivativos de crédito. A partir de março de 2016, havia $48 trilhões de opções negociadas em bolsa pendentes, e desde o segundo semestre de 2016, havia $493 trilhões em valor nocional (ativos em uma posição alavancada) de câmbio, taxa de juros, crédito e outros derivativos de balcão.[49] Na história moderna de todas as ciências sociais, poucas ideias tiveram tanto impacto tanto na teoria como na prática em tão curto período de tempo.[50] A razão é a serendipidade: a convergência da ciência, com a fórmula Black-Scholes/Merton; tecnologia, com a formação do CBOE; e ambiente, uma vez que a turbulência econômica de meados da década de 1970 criou uma necessidade de mitigação de riscos em uma escala muito maior.

A Figura 10.8 destaca uma consequência dessa serendipidade. O gráfico mostra o volume de negociação diário médio bruto e a média logarítmica das opções e futuros da Options Clearing Corporation, entre 1973 e 2014. As distâncias verticais no gráfico são multiplicadas, não adicionadas, de modo que o crescimento exponencial aparecerá como linha direta; como realmente ocorre nos nossos dados. Um cálculo simples nos dá o equivalente financeiro da Lei de Moore: o volume de derivativos negociados em bolsa duplica aproximadamente a cada cinco anos. Mesmo a crise financeira só poderia travar esse crescimento temporariamente.

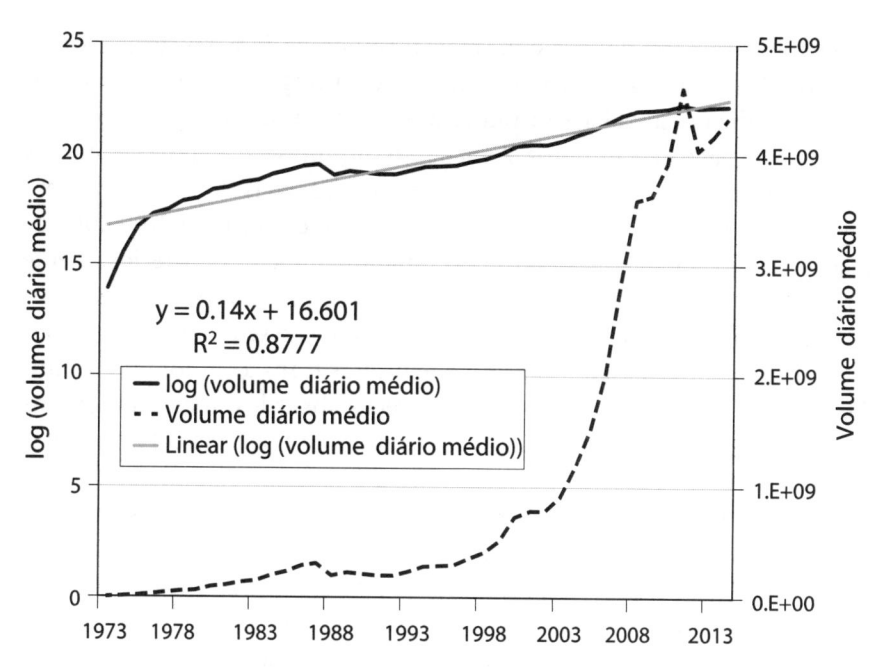

Figura 10.8 Lei de Moore Financeira: logaritmo bruto e natural do volume de negociação diário médio por ano de opções e futuros cotados na Bolsa de Opções, 1973-2014, e estimativa de regressão linear da taxa de crescimento geométrico, o que implica duplicar a cada (log 2) /0,14 = 4,95 anos.

No entanto, a mudança tecnológica é muitas vezes acompanhada de consequências não intencionais. A Revolução Industrial do século XIX aumentou consideravelmente o padrão de vida, mas também elevou a poluição do ar e da água. A introdução de pesticidas químicos aumentou o suprimento de alimentos, mas levou, antes que entendêssemos suas propriedades, a uma série de problemas em bebês desde o nascimento. O surgimento de um sistema financeiro global interligado reduziu consideravelmente o custo e aumentou a disponibilidade de capital para empresas e consumidores em todo o mundo, mas essas mesmas interconexões também serviram como vetores de contágio financeiro que facilitaram a crise financeira de 2008. Em suma, a Lei de Moore tem que lidar com a Lei de Murphy: "tudo o que pode dar errado, vai dar errado". E quando computadores estão envolvidos, os erros em geral acontecem mais rapidamente, e são maiores e mais difíceis de consertar.

Um exemplo disso foi o que aconteceu em 6 de maio de 2010. Aproximadamente às 13h32 (Hora Central), os mercados financeiros dos EUA experimentaram um dos períodos mais turbulentos de sua história. Foram cerca de 33 minutos. A Dow Jones Industrial Average sofreu o maior declínio de um dia em uma base intradiária, em certa altura mergulhando 600 pontos no espaço de 5 minutos. As ações de algumas das maiores empresas do mundo eram negociadas a preços incompreensíveis — a Accenture era negociada a 1 centavo por ação, enquanto a Apple chegava a $100.000 por ação. Cerca de meia hora depois, tão rapidamente e tão misteriosamente quanto começou, o incidente se foi e os preços retornaram aos níveis anteriores, como se dissesse: "Agora os devolvemos ao seu mercado de ações regularmente programado". Exceto que muitas transações foram concluídas durante essa meia hora com esses preços absurdos, incluindo ordens de *stop-loss* (instrução de limitação das perdas a uma certa cotação) feitas por investidores prudentes cujos investimentos foram liquidados quando as quedas de preços alcançaram essas ordens. Posteriormente, as bolsas de valores concordaram coletivamente em cancelar todas as negociações que ocorreram durante esse período se seus preços se desviassem 60% ou mais das cotações anteriores àquele horário. Isso foi um balde de água fria nos investidores cujas ações caíram 59% e foram liquidadas com base em suas ordens de *stop-loss* — seus portfólios não retornaram aos valores programados regularmente. Esse evento extraordinário ficou confinado às lembranças de investidores e *market makers* e, devido à velocidade com que começou e terminou, é agora conhecido como Flash Crash.

A Comissão de Negociação (CFTC) e a SEC concluíram em sua investigação que o evento ocorreu em função de três condições que criaram a tempestade financeira perfeita. A primeira foi uma venda automatizada excepcionalmente grande de 75 mil contratos de futuros no índice S&P 500 por um fundo mútuo de investimentos que procurava proteger sua exposição ao mercado de ações,[51] que ocorreu em um período de tempo extremamente curto, gerando um desequilíbrio tão grande que aparentemente sobrecarregou a pequena capacidade de risco dos *traders* de alta frequência agindo como *market makers*.[52] A segunda condição foi a resposta desses *traders*, que consistiu em cancelar suas ordens e sair temporariamente do mercado. E a terceira condição era a existência de *stub quotes* — ordens para comprar ou vender títulos a preços de 1 centavo ou $100.000 —, que não foram feitas para serem executadas, mas que funcionavam apenas para reservar espaço na planilha eletrônica de encomendas, inscritas por *market makers* apenas para satisfazer a exigência de garantir os mercados em todos os momentos (essa prática foi abolida pela SEC e pela Financial Regulatory Authority [FINRA]). Quando as ofertas reais desapareceram, sobraram somente as *stub quotes*, explicando como a Accenture foi cotada a 1 centavo e a Apple a $100.000.

Essa foi a narrativa em 30 de setembro de 2010, quando o relatório conjunto da CFTC/SEC foi publicado. Entretanto, a narrativa mudou. Em 21 de abril de 2015, o Departamento de Justiça dos EUA formalizou acusações contra Navinder Singh Sarao, um cidadão britânico. A denúncia criminal, feita em conjunto com a CFTC, alegou que Sarao tentou manipular o preço dos contratos de futuros E-Mini S&P 500 na Chicago Mercantile Exchange, um efeito colateral do que foi o Flash Crash. Em 9 de novembro de 2016, o Sr. Sarao se declarou culpado das acusações de fraude eletrônica e de *spoofing* (uma forma de manipulação de preços). O júri ainda não sabe se esse *trader* solitário foi o causador do Flash Crash.

O aspecto mais notável desse evento é que, passados seis anos, ainda não identificamos as causas de uma disrupção do mercado que envolveu um número finito de ações com um número finito de participantes e que durou pouco mais de meia hora. A partir de então, ocorreram fenômenos desse tipo (Flash Crash) nos títulos do Tesouro dos EUA (14 de outubro de 2014), moedas estrangeiras (18 de março de 2015) e fundos negociados em bolsa (24 de agosto de 2015). Se adicionarmos a esses eventos as falhas tecnológicas associadas às ofertas públicas iniciais (IPOs, sigla em inglês) da BATS e do Facebook (23 de março e 18 de maio de 2012), a perda de $458 milhões do Knight Capital Group por negociações eletrônicas acidentais e as duas horas e meia de interrupção do terminal Bloomberg (17 de abril de 2015) — que adiou uma questão de dívida pública de vários bilhões de dólares — surge um padrão. A evolução na velocidade do pensamento ainda não se adaptou completamente às negociações na velocidade da luz.

Os mercados não podem desistir da tecnologia financeira e entrar em uma condição de síndrome de abstinência, as vantagens dos mercados de negociação algorítmica e eletrônicos são simplesmente muito grandes. Em vez disso, temos que exigir uma tecnologia melhor e mais robusta, tão avançada que se torne infalível e invisível para o operador humano. Toda tecnologia bem-sucedida passou por um processo de maturação: o telefone de disco, o bisturi, a lâmpada incandescente e os mapas rodoviários em papel cederam seus lugares para o iPhone, o laser, os Leds e o Google Maps/GPS, respectivamente. Com a tecnologia financeira não é diferente.

Para resolver o conflito entre a Lei de Moore e a Lei de Murphy, precisamos de uma versão 2.0 do sistema financeiro, e isso requer uma maneira inteiramente nova de pensar e um conjunto diferente de ferramentas.

A TIRANIA DA COMPLEXIDADE

Os desafios colocados pela tecnologia fazem parte de uma tendência mais ampla de crescente complexidade. À medida que o sistema financeiro se torna cada vez mais complexo, torna-se cada vez mais difícil de entender, quanto mais de gerenciar. Nossas tentativas de regular esse sistema complexo impondo regras sobre regras de fato aumentaram a complexidade e a incerteza. Como a minha colega de MIT, Debbie Lucas, muitas vezes me lembra: "O governo é uma fonte de risco sistêmico".[53] Já analisamos a Teoria de Perrow dos Acidentes Normais, em que a complexidade e o acoplamento apertado conduzem inevitavelmente a disrupções sistêmicas. Embora Perrow não acredite que a crise financeira se encaixa em sua teoria, há poucas dúvidas de que a complexidade desempenhou um papel na crise e dificulta a prevenção de futuras crises; a menos que tenhamos conhecimento suficiente para superá-la. O que isso significa?

Complexidade é, na verdade, uma maneira educada de dizer "ignorância". Se algo é muito complexo, significa que não o compreendemos. Pesquisadores de sistemas complexos citam com frequência relações matemáticas não lineares simples que podem gerar gráficos tremendamente complicados, tão complicados que uma pequena alteração no ponto de partida torna impossível prever aonde o gráfico acabará apenas alguns passos depois. A ilustração clássica desse tipo de complexidade é o "efeito borboleta" — como o clima é um sistema complexo, o bater das asas de uma borboleta em Pequim poderia ser a causa de um furacão em Nova Orleans várias semanas depois. Por definição, os sistemas complexos são difíceis de entender e, portanto, difíceis de regularizar.

Na estrutura dos Mercados Adaptáveis, complexidade significa que não temos uma boa narrativa para o sistema. A solução é óbvia: precisamos ficar mais inteligentes. A complexidade às vezes pode ser reduzida através do desenvolvimento de uma compreensão mais profunda da estrutura subjacente do sistema. Por exemplo, agora que entendemos o potencial de espirais de liquidez nos portfólios de arbitragem estatística, graças a agosto de 2007, podemos nos preparar melhor para eles.

Mas a estrutura dos Mercados Adaptáveis aponta para um segundo problema com a complexidade, que é a divisão potencial do conhecimento especial e do potencial de conflito. Se o sistema financeiro se torna tão complexo que apenas um pequeno e elitizado número realmente compreende sua função e manutenção adequadas, esse conhecimento divide a população entre aqueles que o conhecem e os que o ignoram. Claro, essa situação surge com qualquer informação exclusiva — eu sei como fazer panquecas de uma maneira particular, deixando-as crocantes por fora e macias por dentro, e você provavelmente não sabe. Mas esse conhecimento não vale a pena manter em segredo, e o fato de você não tê-lo não vai deixar você tão aborrecido assim.

Mas suponha que eu saiba curar diabetes e você não. Ou prevenir o câncer evitando certos alimentos comuns e você não. Ou precificar valores mobiliários garantidos por hipotecas e *swaps* de títulos inadimplentes e você não. Nesses casos, o conhecimento que possuo me confere certo poder e status. A complexidade cria a necessidade de melhores narrativas e aqueles que têm essas narrativas se tornarão os sumos sacerdotes de sistemas complexos, os guardiões do conhecimento crítico que altera a vida. E a dificuldade em se juntar ao sacerdócio — ganhando um mestrado ou doutorado em biologia molecular e ter vinte anos de experiência profissional em empresas biotecnológicas e farmacêuticas, no caso da cura para o diabetes —, ao lado do valor social do conhecimento especial, determinará a distribuição desse elitismo.

Em um projeto de pesquisa com Ruixun Zhang e Tom Brennan, descobrimos que os grupos surgem naturalmente no modelo de escolha binária se certos indivíduos enfrentarem ameaças ambientais comuns das quais outros se isentam.[54] Em outras palavras, os grupos nem sempre são o produto da biologia, como machos versus fêmeas, mas às vezes são criados pelo meio ambiente, como aqueles que gostam de aprender biologia e aqueles que não gostam. E mesmo que a seleção natural ainda opere em cada indivíduo da mesma forma que antes, a existência de certos choques ambientais, como doenças que ameaçam a vida e que podem ser curadas por aqueles que conhecem bastante biologia, cria esses grupos. Como diz o velho ditado: "O inimigo do meu inimigo é meu amigo".

Então, qual é o problema com o elitismo, especialmente se ele é baseado em conhecimentos especiais que são úteis? Na verdade, contamos com experiência de terceiros o tempo todo quando contratamos um encanador, vamos ao dentista ou nos inscrevemos na faculdade de administração. Mas esses grupos não representam problemas sistêmicos, porque as barreiras à entrada nesses sacerdócios são significativas, mas não impossíveis de transpor. Com trabalho duro suficiente e treinamento certo, você também pode se tornar um de nós, então não há paredes impenetráveis que separam você de mim.

Mas os problemas surgem nos casos em que isso se torna impossível, e quando o conhecimento é essencial para a própria vida. O sacerdócio agora pode usar esse conhecimento para exercer controle sobre os não iniciados — eu sei como curar o diabetes, mas não vou compartilhar esse grande benefício com você a menos que você aja segundo meus interesses.

O conhecimento realmente é poder nesses casos, especialmente se posso curar sua doença sem ceder meu conhecimento especial — por exemplo, dando-lhe uma pílula que só eu sei fabricar — para que você não possa compartilhá-la com outras pessoas. Em alguns casos, uma distribuição de poder fortemente assimétrica pode ser sustentável, como no caso de certos governos totalitários com tiranos no comando. Porém, em outros casos, os tiranos são finalmente derrubados. E um dos impulsionadores da revolta é o grau de desigualdade e, mais importante, as oportunidades percebidas de se juntar à elite um dia. Se a diferença entre os ricos e os demais não é grande, e os desfavorecidos não têm qualquer esperança de se juntar às fileiras dos ricos, então eles não têm "nada a perder senão suas correntes".

A tirania da complexidade é aquela em que o conhecimento é poder, e pode-se abusar do poder. Talvez o abuso não suba ao nível da advertência de Lord Acton de que "o poder tende a corromper, e o poder absoluto corrompe absolutamente". Talvez seja apenas que o elitismo resulta de conhecimentos profundos. Mas para as pessoas que não possuem esse conhecimento, isso pode soar como arrogância, paternalismo e, em casos extremos, despotismo intelectual. É uma reação natural daqueles que não compõem a elite rejeitar esse conhecimento. Isso é racional? Não. Mas é a natureza humana.

Ao mesmo tempo, o conhecimento também se torna politizado, especialmente o conhecimento econômico e financeiro. Isso abalou ainda mais a relação entre os especialistas e a população em geral. O procedimento operacional padrão para um candidato político é encontrar especialistas que concordem com seus pontos de vista, tornado-os consultores de políticas. Você pode imaginar escolher um cirurgião cardíaco dessa maneira? Misturar agendas políticas com experiência científica é uma maneira infalível de minar a credibilidade do cientista e da ciência, dando às pessoas ainda mais razões para rejeitar o conhecimento.

Estamos começando a perceber evidências dessa rejeição em vários contextos, financeiros ou não: cortes orçamentários para as agências reguladoras, apesar do aumento da carga de trabalho após a crise; diminuição do financiamento do governo para ciências básicas e universidades; a negação absoluta da ciência das mudanças climáticas por certos políticos e seus eleitores; e as dificuldades em financiar programas de vacinas para se preparar para as pandemias mais perigosas. Embora muito diferentes em suas origens e motivações, essas tendências contêm algum elemento populista de antielitismo. A menos que possamos reverter essa tendência, ficará cada vez mais difícil entender e gerenciar a complexidade, como no sistema financeiro. Felizmente, na Hipótese dos Mercados Adaptáveis há diversas indicações sobre como corrigir as finanças.

CAPÍTULO 11

Consertando as Finanças

UMA PITADA DE PREVENÇÃO

Após analisar a crise financeira e outras falhas do sistema financeiro nos dois últimos capítulos, agora é hora de perguntar o que podemos fazer a respeito. Não há soluções fáceis, mas há na Hipótese dos Mercados Adaptáveis um método sistemático de identificação das causas profundas das patologias financeiras e seus possíveis remédios. Ao reconhecer que o comportamento humano se adapta a vários ambientes em vez de assumir idealizações como o *Homo economicus*, ficamos muito mais propensos a desenvolver narrativas precisas para orientar nossas respostas às crises. Este capítulo oferece várias dessas narrativas, bem como algumas novas ferramentas motivadas por elas.

Prevenir uma catástrofe financeira amanhã pode muito bem exigir sacrifícios significativos hoje. Você pode estar meneando sua cabeça de forma complacente neste momento, imaginando-se protegido dos efeitos negativos da prevenção, enquanto outras pessoas sentem a dor. Não é isso o que quero dizer. Imagine Aron Lee Ralston amputando seu próprio braço para libertar-se em Blue John Canyon. Você seria capaz de fazer isso para sobreviver? Você poderia fazer isso, de forma metafórica, para sobreviver a uma crise financeira? Esse é o poder da narrativa — para evitar uma crise, precisamos de uma nova narrativa que afirme que a dor atual é muito melhor do que a catástrofe futura, especialmente para as pessoas que acreditam estar à parte dessa questão.

Ao ajudar a estabelecer uma nova narrativa, a Hipótese dos Mercados Adaptáveis pode atuar como uma ferramenta preditiva. Não basta dizer: "Todos os banqueiros são maus". Em certo sentido, eles não são. Mas mesmo que fossem, essa não é uma narrativa suficientemente convincente — substituir todos os banqueiros do sistema não resolveria o problema. Precisamos encontrar uma maneira de imaginar como decisões diferentes se desenrolariam em vários cenários futuros — uma narrativa das narrativas, por assim dizer.

Samuel Johnson, o grande literato inglês, disse: "Quando um homem sabe que vai ser enforcado em uma quinzena, ele concentra sua mente maravilhosamente". Mas muito melhor seria concentrar o poder de nosso córtex pré-frontal bem antes de uma catástrofe tão iminente. Precisamos ver essas crises como fendas no Mass Pike, e ter uma sólida memória institucional sobre como lidar com as elas caso aconteçam.

Talvez nunca possamos prevenir completamente as crises financeiras. Quando o livre empreendimento é acoplado à natureza humana, a ganância dominará o medo de vez em quando. Mas somos capazes de tornar o sistema mais robusto e resiliente. Podemos pensar em uma crise financeira como uma forma de reação em cadeia, feito uma avalanche ou um incêndio florestal. Todas as reações em cadeia têm um ponto de partida que as iniciam, mas é a propagação dos efeitos daquela primeira pedrinha minúscula deslizando pela encosta que cria o dano. Em primeiro lugar, podemos e devemos tentar garantir que as crises financeiras não comecem. No entanto, em um ambiente onde qualquer faísca pode ocasionar uma conflagração financeira, uma estratégia de prevenção também precisa reduzir sua potencial propagação, em vez de se concentrar apenas em impedir que ocorra. Não podemos proibir as crises financeiras da mesma forma que não podemos proibir os incêndios florestais — embora possamos certamente mandar os incendiários para a cadeia e criminalizar os piromaníacos.

GESTÃO DO ECOSSISTEMA

Na perspectiva dos Mercados Adaptáveis, a questão do gerenciamento de crises passa pela observação de que o sistema financeiro é mais como um ecossistema de organismos vivos do que um sistema mecânico de partes inanimadas, sendo necessário, assim, gerenciar o sistema de acordo com tal condição. Essa é uma grande desvantagem da abordagem tradicional da regulamentação financeira, mas há um punhado de reguladores e biólogos evolucionistas que chegaram à mesma conclusão através de rotas um tanto diferentes, incluindo J. Doyne Farmer, a quem conhecemos no Capítulo 6; Andrew G. Haldane, economista-chefe do Banco da Inglaterra; Simon A. Levin, um ecologista da Universidade de Princeton; Robert M. May, um ecologista da Universidade de Oxford; e George Sugihara, biólogo teórico do Instituto Scripps de Oceanografia.[1] Embora poucos em número, esse impressionante grupo já está agindo de forma a provocar uma mudança na maneira como os reguladores e acadêmicos pensam sobre crises financeiras. De fato, o Banco da Inglaterra desempenhou um papel de liderança na mensuração do risco sistêmico incorporando essas medidas na política monetária e, como diretor executivo da divisão de Análise e Estatística Monetária do Banco da Inglaterra, Haldane tem sido particularmente influente na agenda de pesquisas e diretivas políticas do Banco Central.

A evolução do meu próprio pensamento nessa área foi bastante influenciada por Simon A. Levin. Como biólogo evolucionista ativo e ecologista matemático, Simon tem modelado ecossistemas há muito mais tempo do que eu, e ao longo dos anos seu trabalho o levou naturalmente a aplicações econômicas e financeiras. Minha jornada foi na direção exatamente oposta, passando da economia financeira para os ecossistemas. Quando nos conhecemos e começamos a falar sobre nossos interesses, descobrimos que estávamos falando sobre o mesmo fenômeno, mas usando diferentes vocabulários. Isso nos mostrou estar no caminho certo ao olhar para o sistema financeiro como um ecossistema orgânico e, assim, iniciamos nossa colaboração na aplicação da ecologia à regulamentação financeira.[2]

A primeira observação que fizemos é que devemos olhar para o sistema financeiro como tal e perguntar se ele é ou não sustentável e resiliente aos choques ambientais, e se opera o mais eficientemente possível, com as restrições tecnológicas e de recursos existentes. Em vez de simplesmente impor regras contra o mau comportamento, uma melhor abordagem é desenvolver uma compreensão mais profunda de como estes comportamentos surgem e determinar quais aspectos do meio ambiente precisam ser alterados para reduzi-los ou eliminá-los.

De fato, os sistemas biológicos oferecem muitos exemplos de mecanismos regulatórios altamente efetivos, produto de milhões de anos de evolução. Por exemplo, os seres humanos são dotados de "homeostase térmica", a capacidade de regular a temperatura do corpo dentro de uma faixa estreita em torno de 37º C. Quando a temperatura corporal cai devido à exposição ao frio, o hipotálamo detecta a mudança e responde fazendo com que o corpo trema, gerando calor; quando o corpo fica muito quente, o hipotálamo faz com que transpire, esfriando-o através da evaporação. Esses processos evoluíram ao longo de milhões de anos para manter uma temperatura corporal relativamente constante, especialmente dentro do cérebro humano, altamente sensível à temperatura.

No núcleo de muitos desses processos regulatórios biológicos, os circuitos de *feedback* são projetados para evitar que o sistema fique muito próximo do ponto de não retorno. No caso da homeostase térmica, a hipotermia ocorre quando a temperatura do núcleo do corpo cai abaixo de 35º C, e abaixo de 26,7º C a morte geralmente ocorre devido à insuficiência cardíaca ou parada respiratória. É por isso que temos circuitos de *feedback*; um grama de prevenção vale um quilo de cura.

O termo "*feedback*" tem origem na eletrônica — o som de um microfone que está muito perto de um alto-falante. A saída do alto-falante torna-se a entrada no microfone, uma e outra vez recorrentemente, até produzir um ruído estranho e ensurdecedor. Os engenheiros chamam a isso de um exemplo de "*feedback* positivo", que é exatamente o oposto de como a maioria usa a frase. O *feedback* positivo, no âmbito da engenharia, significa que as mudanças serão multiplicadas até o limite do sistema, enquanto "*feedback* negativo" significa que as mudanças no sistema serão amortizadas, voltando ao status quo. As crises financeiras são uma forma de *feedback* positivo, como aquele ruído do microfone, em que pequenas mudanças são amplificadas em grandes efeitos sonoros. Para evitar esse tipo de amplificação, precisamos de mais *feedback* negativo em todo o sistema e o *feedback* precisa ser mais adaptável aos ambientes em mutação.

Os reguladores financeiros já estão bem cientes dessa necessidade. Os bancos centrais descrevem rotineiramente um de seus papéis como "jogar um pouco de água no chope", mesmo quando nosso núcleo comum accumbens está nos dizendo que a festa continuará para sempre. O problema é que os reguladores também são humanos e, como exploramos no Capítulo 2, os mesmos vieses comportamentais que levam aos *traders* desonestos — aversão à perda — também podem fazer com que os diretores dos bancos centrais aguardem muito tempo antes de aguar o chope. A estrutura dos Mercados Adaptáveis inclui reguladores como parte do ecossistema, e uma proposta natural é desenvolver regulação adaptável que não seja propensa aos mesmos vieses comportamentais que os reguladores humanos.

REGULAÇÃO ADAPTÁVEL

Um exemplo de regulação adaptável que já foi proposto por vários órgãos reguladores são os "*buffers* de capital contra-cíclicos" — requisitos de capital mínimo que variam inversa e automaticamente segundo os ciclos de negócios e crédito. Uma proposta relacionada, relativa aos EUA, é inspirada no Chicago Mercantile Exchange (CME), e é semelhante em essência à Regulação T e ao mecanismo de controle de velocidade de volatilidade do Capítulo 8. (Os "*buffers*" fazem parte do acordo da Basileia, que se refere a normas de atuação dos bancos comerciais, de âmbito internacional, do qual o Brasil é signatário.)

A CME é uma das maiores bolsas financeiras organizadas do mundo e atualmente usa requisitos dinâmicos de margem para determinar quanto dinheiro um participante do mercado deve manter em conta para proteger a bolsa e os participantes do mercado de inadimplência devido a perdas extremas.[3] Para fazer isso, usa seu sistema interno de gerenciamento de riscos, Standard Portfolio Analysis of Risk (SPAN), um conjunto de softwares originalmente desenvolvido em 1988, agora em sua quarta geração, e amplamente adotado como padrão do setor.[4] O SPAN estima a perda máxima de mercado de um portfólio em vários cenários (geralmente 16, no entanto, o número é definido pelo usuário) e, em seguida, determina qual o requisito de margem apropriado.[5] Tom Brennan e eu mostramos que os requisitos de margem calculados pelo SPAN para futuros de moeda no CME se correlacionam bastante com a recente volatilidade em dólares norte-americanos no mercado do euro e outras moedas (ver Figura 11.1).

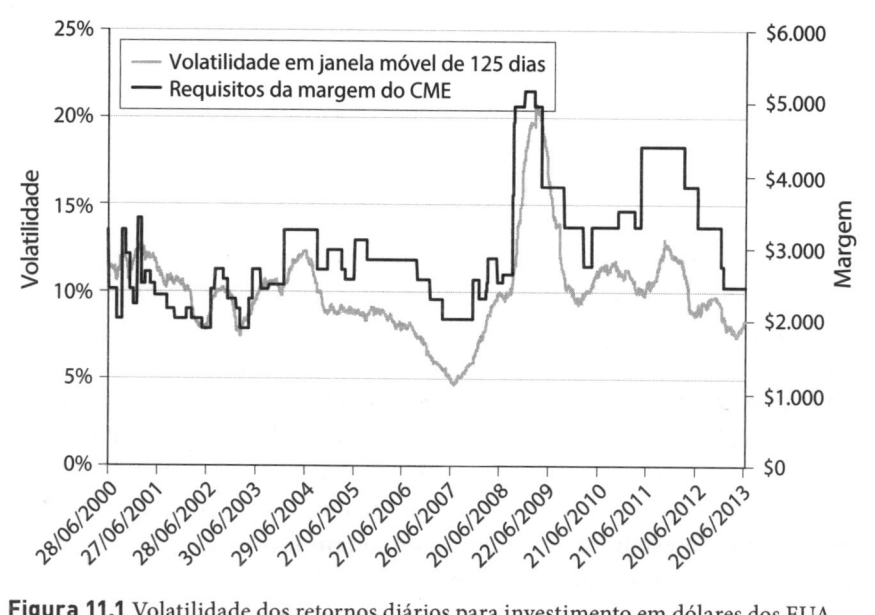

Figura 11.1 Volatilidade dos retornos diários para investimento em dólares dos EUA no euro, juntamente com os requisitos de margem histórica do CME para os contratos de futuros do euro. A volatilidade é calculada para os 125 dias anteriores e anualizada multiplicando-se por $\sqrt{250}$. A margem CME é o nível exigido para um investimento inicial por um investidor especulativo. A margem reportada é a porcentagem de dólares investidos no contrato, conforme explicado mais adiante no texto. Fonte: Brennan e Lo (2014, Figura 3).

O SPAN parece ter muitas das propriedades necessárias para a regulação dinâmica. Sistemas de gerenciamento de riscos como esse são uma prova de conceito útil para o tipo de regulação adaptável que o sistema financeiro precisa. O SPAN protege a câmara de compensação do CME contra inadimplências. No entanto, ele apenas se preocupa com os riscos para os intermediários no sistema financeiro, protegendo as câmaras de compensação individuais que lidam com instrumentos abertamente negociados e altamente líquidos. O sistema SPAN pode observar facilmente as mudanças na volatilidade e os processos de preços nesses instrumentos e incorporar essa informação em novos requisitos de margem. Ele não está preocupado com o gerenciamento do risco sistêmico — é a regulação adaptável, mas ao nível do órgão, não do organismo inteiro.

A regulação financeira adaptativa requer uma abordagem semelhante ao SPAN, mas aplicada a todo o sistema financeiro, e suas políticas não devem ser apenas prudenciais, mas macroprudenciais. Os sistemas do CME são capazes de tratar uma crise inesperada como um evento externo. Mas no caso de risco sistêmico, a chamada vem de dentro da casa e não há um "fora" para o sistema financeiro global. Qualquer regulação adaptável deve ser capaz de abordar a natureza endógena do risco sistêmico para o sistema financeiro. Isso inclui o impacto da própria regulação. Precisamos de um *piloto automático macroeconômico que mantenha o controle da velocidade.*

A biologia evolutiva oferece muitas outras lições para a regulação financeira. Na verdade, grande parte da biologia é dedicada à regulação. Além da homeostase térmica, o corpo possui muitos outros mecanismos regulatórios para pressão arterial, batimentos cardíacos, respiração, crescimento ósseo e assim por diante. Esses mecanismos se parecem muito com a política monetária anticíclica, mas não são atos deliberados, pois surgiram ao longo do tempo através do processo de seleção natural. De fato, é relativamente comum na biologia evolutiva encontrar várias soluções diferentes para o mesmo problema estrutural enfrentado por uma espécie ou uma linhagem. Além disso, a teoria evolutiva explica fortemente por que surgem esses mecanismos: a estabilidade que proporcionam favorece a sobrevivência e o sucesso reprodutivo do organismo.

Em uma pesquisa em andamento, Simon A. Levin e eu estamos usando várias ideias da regulação biológica — mecanismo de controle de *feedback*, resposta imune e técnicas de gerenciamento de ecossistemas — para propor melhorias na regulamentação financeira.[6] Por exemplo, as instituições financeiras que eram "muito grandes para fracassar" foram um importante impulsionador da recente crise financeira — deixando que o monstruoso seguro da AIG não fosse simplesmente uma opção, daí seu resgate pelo Fed. Tanto a abordagem ecológica como a econômica implicam que o tamanho das instituições "muito grandes para fracassar" deve dar a elas uma vantagem dentro do sistema financeiro. Contudo, a ecologia tem uma teoria mais prática sobre como e por que o tamanho importa para a escala dos organismos.[7] Como o biólogo John Bonner assinala, o topo da escala está sempre aberto para um desenvolvimento evolutivo adicional.[8] Salvo outras restrições, não há competição nesse nicho para um novo participante. Aparentemente, maior é realmente melhor em muitos casos.

Uma viagem ao museu é suficiente para nos lembrar que as maiores criaturas que já passaram pelo planeta desapareceram 65 milhões de anos atrás, para nunca mais serem vistas novamente. Por que não? Claramente, o ambiente mudou, não mais favorecendo os dinossauros do tamanho de um enorme caminhão-baú. Em vez de simplesmente exigir que os bancos comerciais e as companhias de seguros não possam superar um determinado tamanho, primeiro devemos entender qual é o tamanho ideal de uma instituição no atual ambiente de negócios. Aí então podemos conceber um mecanismo de regulamentação mais eficaz e sustentável para gerenciar o crescimento dessas importantes organizações, como a adaptação do limite superior do tamanho da empresa para corresponder às condições do negócio e ameaças potenciais à estabilidade financeira.

Mas se houver uma proposta única que nos mova inequivocamente mais perto de um ecossistema financeiro mais estável e robusto, essa proposta é desenvolver melhores medidas de risco sistêmico. Há uma bem conhecida máxima de gestão segundo a qual você não consegue gerenciar o que você não mede, e os economistas financeiros realmente não fizeram tentativas verdadeiras de medir o risco sistêmico até depois da crise de 2008. Ao quantificar o nível de risco sistêmico, não somente os reguladores podem ser mais proativos para aguar o chope, como os investidores e as instituições também podem se comportar de maneira autocorretiva. Se os investidores soubessem em 2006 o quão concentrado estava o mercado de swaps de inadimplência de crédito, talvez não tivessem sido tão agressivos ao fazer uso desses derivativos. Vamos, então, explorar algumas dessas medidas e ferramentas.

LEI É CÓDIGO

Para regular o sistema financeiro como um todo, precisamos entender melhor o corpus existente da regulamentação financeira como um todo. Isso pode parecer uma tarefa impossível. Nenhuma pessoa, seja o advogado mais bem pago, seja o político mais bem-sucedido, é capaz de manter todo o regulamento financeiro moderno em sua cabeça. E, dado o crescimento exponencial das finanças, o que implica crescimento semelhante para as regras e regulamentos financeiros, não há nenhuma razão pela qual devamos esperar isso de alguém. Mas a tecnologia oferece uma solução interessante.

O sistema jurídico dos EUA é um exemplo de trabalho de regulação adaptável. Com base em princípios de direito comum que remontam à Idade Média na Europa, ele muda gradualmente em resposta às necessidades da sociedade e à pressão política. Todavia, não foi projetado para períodos de mudança rápida. Na verdade, muitos dos Fundadores viram o ritmo lento e determinado das mudanças legais como um objetivo louvável. A codificação da lei federal começou surpreendentemente tarde na história dos Estados Unidos (1926), e os estatutos federais ainda estão mal organizados.

E se olharmos para a lei como um software, o sistema operacional dos Estados Unidos? Afinal, as leis desempenham o mesmo papel que o software ao fornecer instruções para um determinado sistema — se isso, então aquilo, e assim por diante. Se uma equipe de engenheiros de software fosse convidada a analisar todo o corpo de leis federais, eles veriam dezenas de milhares de páginas de um código mal documentado, com uma infinidade de interdependências complexas e macarrônicas entre os componentes individuais.[9] Poderiam os princípios de um bom design de software serem usados para melhorar a forma como escrevemos regulamentos financeiros?

Para descobrir, comecei a trabalhar com uma equipe de talentosos estudantes de pós-graduação em Ciência da Computação e um advogado — Pablo Azar, Phil Hill, David Larochelle e William Li — para analisar todo o texto do código legal dos EUA usando cinco conjuntos de métricas para avaliar a qualidade do software (veja a Tabela 11.1).

Tabela 11.1
Princípios de bom design de software e métrica proposta correspondente.

Princípio		Métrica proposta
1.	*Concisão*: um bom código deve ser tão longo quanto precise, mas não logo demais.	Número de palavras
2.	*Coesão*: os módulos no código devem fazer uma coisa boa, não múltiplas coisas ruins.	Confusão da linguagem
3.	*Mudança*: códigos que mostram grandes ou frequentes mudanças podem sugerir defeitos.	Número de seções/subseções afetadas
4.	*Acoplamento*: o código modular é mais robusto e mais fácil de manter do que um código com dependências cruzadas desnecessárias.	Tamanho do núcleo da rede de referência cruzada versus periferia
5.	*Complexidade*: o código com um grande número de condições, casos e exceções é difícil de entender e propenso a erros.	Número de condições estabelecidas no código (complexidade de McCabe)

Fonte: Li et al. (2015).

Vou poupar você dos detalhes técnicos pelos quais os acadêmicos adoram ficar obcecados, e descrever apenas uma medida particularmente interessante que captura o acoplamento (item 4 na Tabela 11.1). Já encontramos essa noção na Teoria de Perrow dos Acidentes Normais — complexidade e acoplamento apertado — e os mesmos problemas surgem com o design de software, especialmente para sistemas grandes como o Microsoft Windows, o kernel do Linux e o Facebook. Se diferentes partes desses sistemas de software estiverem fortemente acopladas, as mudanças em um componente podem causar falhas em outros, e o tamanho e a complexidade desses sistemas podem tornar praticamente impossível antecipar todas as formas em que as falhas podem ocorrer. Considerando que alterações nesses sistemas estão sendo feitas o tempo todo por milhares de engenheiros, muitos deles trabalhando independentemente um do outro, os acidentes não são apenas normais, eles estão quase garantidos. Foi o que motivou a mudança da indústria de software em direção à "programação orientada a objetos", a prática de escrever códigos como módulos independentes menores, cada um responsável por uma função diferente, em vez de escrever um grande programa.

Para visualizar a quantidade de acoplamentos em um trecho de software, vamos criar um gráfico no qual cada módulo é representado por um ponto e, a qualquer momento, um módulo fará referência a outro, e desenharemos uma seta a partir do módulo referenciado ao módulo que faz a referência. O resultado é um mapa de rede de todas as interdependências entre diferentes partes do código, e o acoplamento pode ser medido por quão denso ou escasso esse mapa parece. Um gráfico muito denso significa que há muitas interdependências (um sinal de um sistema mal concebido), e um gráfico esparso significa que a maioria dos módulos é autônomo e as chances de que a mudança de um módulo faça com que outro falhe são menores.

Uma vez construído esse gráfico, podemos distinguir entre o corpo principal do código e sua periferia usando um conceito de análise de rede chamado "núcleo". O núcleo de uma rede é o maior grupo de pontos que satisfazem uma propriedade muito especial: você sempre pode encontrar uma sequência de setas que o levará de um ponto a qualquer outro ponto nesse grupo. Por exemplo, na Figura 11.2, os pontos D, F, G e H constituem o maior grupo de pontos onde você pode passar de um ponto para qualquer outro nesse grupo. Se tentarmos ir de D para A, não será possível; portanto, A não satisfaz a propriedade do núcleo. O maior grupo de pontos que satisfaz essa propriedade — chamado de "forte conexão", por razões óbvias — é a parte mais complexa da rede, pois qualquer alteração em um ponto do núcleo pode afetar qualquer outro ponto no núcleo. É por isso que os engenheiros de software querem que o núcleo seja o menor possível.

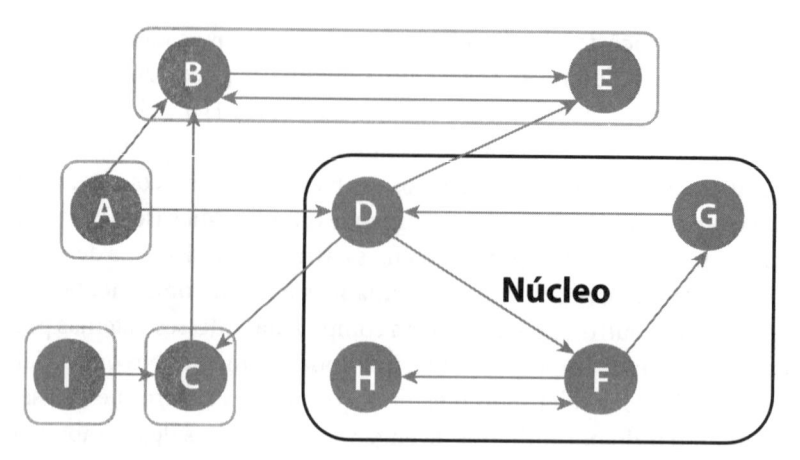

Figura 11.2 Ilustração do conceito de "núcleo" de um gráfico direcionado.
Fonte: Li et al. (2015).

Aplicamos essa medida de complexidade em várias partes do código legal dos EUA, onde os pontos representam módulos individuais chamados de "seções". (O código dos EUA está organizado em cinquenta "títulos" focados em grandes temas, como "Patentes" e "Bancos e Atividade Bancária". E cada título contém muitas seções individuais, totalizando mais de 36 mil em todos os títulos). Cada linha desenhada entre dois pontos é uma referência cruzada entre uma seção e outra; o núcleo é o ponto vermelho, e a periferia são os pontos azuis. Os gráficos resultantes na Figura 11.3 (no caderno colorido) mostram algumas quantidades surpreendentes de acoplamento em certos casos. A Figura 11.3a é o gráfico da Omnibus Appropriations Act de 2009. O projeto de lei foi, em grande parte, uma sequência de dotações para uma série de programas não relacionados, por isso não é surpreendente que a rede seja relativamente simples: um núcleo muito pequeno, cercado por seções periféricas que estão principalmente isoladas, indicando poucas referências cruzadas.

No entanto, a Figura 11.3b, que é o gráfico de rede para o DoddFrank Wall Street Reform Act, é muito mais complexa. Essa rede representa uma legislação aprovada em 21 de julho de 2010 que abrange 2.319 páginas; dos 390 requisitos de regulamentação constantes da Dodd-Frank, apenas 271 foram contemplados por regras finalizadas a partir de seu aniversário de seis anos[10]. Ela é incrivelmente complexa, como mostram os muitos links e o tamanho do núcleo.

Mas a complexidade de Dodd-Frank não se aproxima da do Título 12 do código legal dos EUA, que é mostrado na Figura 11.3c. O Título 12 engloba

"Bancos e Atividade Bancária", o título que rege todo o setor bancário. Com um núcleo extremamente grande e muitas conexões entre o núcleo e a periferia, é fácil ver como pequenas mudanças podem levar a consequências imprevisíveis e não intencionais em outras partes da rede.

Esses gráficos de rede e as outras ferramentas que desenvolvemos para medir a complexidade regulatória fornecem um raio-X das estruturas escondidas dentro da regulamentação bancária atual. As seções centrais regulam os poderes da corporação, fundos de seguros e holdings, os locais onde a grande maioria dos ativos financeiros estão organizados. Essas seções da lei são de importância crítica para o sistema financeiro dos EUA, porque governam os órgãos que possuem os ativos financeiros; e como todos sabemos, a posse representa 9/10 da lei. Ao usar uma melhor tecnologia para entender a complexidade desses regulamentos, podemos projetar um sistema melhor, que se adapte à crescente complexidade do mundo financeiro.

MAPEANDO REDES FINANCEIRAS

Outra característica útil dos gráficos de rede é a capacidade de modelar o contágio. Se admitirmos que os pontos representam instituições financeiras, um gráfico de rede das relações de contraparte entre essas instituições poderia mostrar como as perdas em uma instituição podem ser transmitidas para outras ao longo de conexões financeiras inesperadas. Esse gráfico teria sido extremamente útil antes de agosto de 2007. Embora possa não ter sido capaz de parar o Quant Meltdown, saber quais as instituições mais expostas poderia ter permitido criar uma quarentena financeira, limitando o impacto do contágio. Como um epidemiologista que estuda a propagação de uma doença contagiosa a partir de seu ponto de origem, devemos identificar os possíveis vínculos através dos quais uma crise financeira pode se expandir.

Existe alguma maneira de identificar essas ligações antecipadamente? Monica Billio e Loriana Pelizzon, da Universidade de Veneza e SSAV (Escola de Estudos Avançados em Veneza), Mila Getmansky, da Universidade de Massachusetts, e eu propusemo-nos a identificar possíveis conexões antes de acontecerem, como parte de um sistema de alerta precoce para o risco financeiro sistêmico.[11] Isso envolveu alguma matemática, mas o princípio é simples. Analisamos os retornos mensais das 25 maiores instituições em quatro categorias: bancos, corretoras, seguradoras e fundos de *hedge*, e analisamos como cada instituição procedeu em relação às outras 99 ao longo do tempo. Há quase 10 mil interconexões possíveis, mas acreditamos que apenas um punhado delas mostraria correlações fortes e estatisticamente significativas no desempenho mensal. Esses seriam os canais através dos quais um choque financeiro seria transmitido.

Descobrimos algo surpreendente. Em tempos de relativa tranquilidade financeira, foi muito difícil distinguir nossos resultados de fatos aleatórios. Entretanto, imediatamente antes e durante uma crise financeira, o número de vínculos estatisticamente significativos entre as empresas duplicava ou quase triplicava. Tudo se tornava muito mais interconectado no início de uma crise financeira em todo o sistema, tanto para o colapso do LTCM quanto para a crise do *subprime*. A Figura 11.4 (no caderno colorido) ilustra a diferença na interligação entre dois períodos: 1994 a 1996 e 2006 a 2008.

Esses mapas de rede podem ser usados para medir mudanças na complexidade do sistema financeiro, bem como para identificar com antecedência instituições-chave que, como a AIG, podem fracassar por estarem muito interconectadas. Conceitos como o núcleo também podem ser aplicados aqui, e se a rede for atualizada com frequência suficiente, os reguladores podem rapidamente saber se uma crise é iminente e qual a melhor forma de intervir.

Levamos essa abordagem um pouco mais à frente: a equipe está colaborando com Dale Gray do FMI e Bob Merton para medir o mapa de rede de bancos, companhias de seguros e nações soberanas.[12] A ideia é ver como os problemas macroeconômicos que os países enfrentam podem ser transmitidos para o sistema financeiro e vice-versa. Para os bancos e as companhias de seguros, usamos os retornos de suas ações nas Bolsas para estimar as conexões de rede e, para os países, utilizamos *spreads* de swaps de créditos inadimplentes sobre a dívida nacional dos países como medida de sua saúde financeira. A Figura 11.5a (no caderno colorido) mostra como essa rede se parecia em 24 de junho de 2016, antes do referendo do Reino Unido para decidir se permanecia ou não na União Europeia (também conhecido como Brexit), e a Figura 11.5b é a mesma rede três dias depois, após a votação. A diferença é óbvia: a rede não é apenas mais densa; existem algumas instituições financeiras e países específicos (e não apenas o Reino Unido) que claramente se tornaram mais proeminentes no mundo pós-Brexit.

Quando tudo está interligado, uma crise financeira pode começar em qualquer lugar e afetar todos. Contudo, a estrutura reguladora atual não foi projetada para lidar a contento com esse nível de risco sistêmico sem precedentes. Cada agência na sopa de letrinhas dos reguladores dos Estados Unidos — CFTC, FDIC, OCC (Office of the Comptroller of the Currency), OTS (Office of Thrift Supervision), SEC, Conselho do Federal Reserve,

Departamento do Tesouro, e assim por diante — tem seu próprio conjunto de objetivos e ferramentas com mandato legislativo. Uma lição sobre a crise do *subprime* ficou clara: é extremamente difícil coordenar essas agências rapidamente em resposta a uma crise. E esse não é um problema exclusivo dos Estados Unidos. A capacidade de coordenação entre países, cada vez mais necessária por causa da natureza global do sistema financeiro, é ainda mais desafiadora.

Por outro lado, o setor privado não tem realmente como enfrentar riscos sistêmicos. Primeiro, nenhuma instituição financeira individual tem acesso a informações sistêmicas tal como a que existe no relacionamento entre todos os participantes do sistema financeiro (os reguladores nem sequer possuem essas informações ainda, embora estejam trabalhando para isso). Em segundo lugar, as instituições, individualmente, não têm nem o incentivo econômico nem o mandato para gerenciar riscos em todo o sistema. Pegando emprestado uma analogia com os economistas financeiros da Universidade de Nova York, Viral Acharya e Matthew Richardson, o risco de uma instituição financeira está para o sistema financeiro assim como a ação de um poluidor está para o meio ambiente: trata-se de uma "externalidade negativa" — a qualidade de vida de todos é negativamente afetada pelas ações deletérias, não apenas do poluidor ou da instituição financeira em questão.[13] O método econômico clássico para lidar com externalidades negativas é tributar as pessoas que as produzem, essencialmente convertendo um problema de todo o sistema no problema do poluidor. Mas mesmo um pequeno imposto sobre o risco sistêmico pode ser politicamente difícil, devido à influência que as instituições financeiras podem exercer sobre os legisladores.

Consequentemente, o sistema financeiro carece de um mecanismo de *feedback* essencial para monitorar e gerenciar o risco sistêmico. Como já vimos, o cérebro humano possui vários sistemas que avaliam o risco, especificamente o "dom do medo" e a amígdala, mas às vezes, como imediatamente após a crise financeira, o sistema financeiro padece de muito medo. *Em vez disso, a perspectiva dos Mercados Adaptáveis sugere que o sistema financeiro precisa de um presente diferente: o dom da dor.*

O CSI DAS CRISES

Do ponto de vista evolutivo, a dor é boa. O *feedback* negativo da dor provoca uma resposta imediata. Retiramos nossa mão quando ela toca um fogão quente antes que nossos sistemas possam ser danificados pela queimadura. A dor desencadeia nossa resposta inata de aprendizado sobre o medo através da nossa amígdala, mas não sentimos necessariamente medo do fogão quente, simplesmente compreendemos o suficiente para não fazer isso de novo. Há pessoas nascidas sem a capacidade de sentir dor, como Steven Pete — um jovem pai de três filhos do estado de Washington — que possui analgesia congênita; conforme descrito pela BBC.[14] As pessoas com essa síndrome são propensas a lesões e infecções. Elas podem morder a ponta de suas línguas quando crianças, ou quebrar os ossos sem perceber fazendo-os "colar" de maneira inadequada. Ainda criança, Pete foi levado pelo Serviço de Proteção à Criança por causa de seus ferimentos frequentes e foi mantido sob observação em um hospital local, onde quebrou o pé e o fato não foi percebido durante um dia e meio. Já adulto, Pete experimentou tantas lesões no joelho esquerdo que pode haver a necessidade de amputar sua perna. Por que isso acontece? Porque pessoas com analgesia congênita não têm *feedback* para prevenir os comportamentos prejudiciais que a dor nos dá.

Muitos regulamentos decorrem da dor. Aprendi na escola primária sobre o terrível incêndio na Fábrica Triangle Shirtwaist em Manhattan, em 25 de março de 1911, quando 146 jovens trabalhadores do ramo de vestuário —129 mulheres e 17 homens — morreram, muitos deles ao pular dos andares superiores do prédio da fábrica para fugir das chamas. O estado de Nova York aprovou 60 novas leis em relação à segurança dos trabalhadores nos dois anos seguintes, e novas organizações como a American Society of Safety Engineers foram formadas. Hoje, todos os edifícios comerciais devem ter uma série de características de segurança, tais como sistemas de *sprinklers*, alarmes de incêndio, limites máximos de ocupação e saídas de emergência claramente marcadas que acionam os alarmes quando usadas. A dor protege, mesmo que com um atraso.

Mas a regulação por si só não é suficiente. Os reguladores também podem não sentir dor alguma quando as coisas estão indo bem, deixando de aplicar regulamentos que poderiam evitar dores muito maiores depois. Além disso, em ambientes regulatórios agressivos, as empresas se adaptarão para escapar à regulamentação em vez de obedecê-las — é por isso que o mercado de swaps de inadimplência de crédito cresceu tanto antes da crise financeira. Em alguns casos, as empresas podem até mesmo pressionar a agência reguladora para criar um ambiente mais favorável para a empresa (um procedimento apelidado de "captura regulatória"). De fato, as políticas governamentais, como a garantia de hipotecas, são uma forma de anestesia, que adormece certas partes do setor financeiro, tornando menos provável que essas instituições sintam dor e reduzam o risco quando apropriado. O tamanho do resgate das duas empresas patrocinadas pelo governo, Fannie Mae e Freddie Mac, que chegou a $100 bilhões para cada uma, lhe dá uma ideia de quão poderosa pode ser uma garantia implícita. É por isso que os dentistas lhe dizem para não comer por pelo menos uma hora depois de uma obturação. Um pedaço de sua língua ou bochecha pode ser mastigada por você antes que passe o efeito da novocaína.

Para motivar as instituições financeiras a tomarem decisões dolorosas agora, a fim de evitar a possibilidade de um potencial desastre no futuro, precisamos de uma nova narrativa, tão convincente como a que levou Aron Lee Ralston a suportar uma dor inimaginável. Felizmente, há um exemplo brilhante de uma agência governamental encarregada de abordar tais narrativas: a National Transportation Safety Board (NTSB).

Em Jackson Hole, Larry Summers comparou o sistema financeiro com o sistema de transporte americano. Nessa linha, proponho que criemos uma versão financeira do NTSB para analisar todas as explosões financeiras, um CSI para fracassos financeiros e desastres nas finanças evitados por pouco, que fornecerão as narrativas necessárias para que mudemos o comportamento atual. Ao escrever um estudo de caso no NTSB com Eric Fielding, um funcionário da NTSB, e Helen Yang, uma ex-estudante do MIT,[15] passei a admirar essa instituição extremamente eficaz, e estou convencido de que há muito o que podemos aprender com isso. Por que reinventar a roda quando temos um conjunto de pneus Michelin de ultra desempenho esperando para ser montado?

A NTSB é uma agência federal independente cuja função é investigar acidentes de transporte e desenvolver recomendações de segurança. Ela não faz parte de nenhum departamento de assessoria governamental. Em 1974, a NTSB foi desligada do Departamento de Transportes porque o Congresso determinou que "nenhuma agência federal pode executar adequadamente tais funções (investigativas), a menos que seja totalmente autônoma e independente de qualquer outro departamento, repartição, comissão ou agência dos Estados Unidos".

A NTSB não tem autoridade reguladora. Isso surpreende algumas pessoas quando recomendo usar a NTSB como modelo dentro do setor financeiro, mas essa falta de autoridade reguladora é realmente útil. Uma vez que não possui qualquer mandato regulatório, ela é livre para criticar regulamentos e reguladores; eles não têm nenhum cavalo na corrida. Isso diminui a oportunidade e os incentivos para a "captura regulatória". Não há uma reciprocidade profissional tácita em um relatório da NTSB — se você me apresentar um parecer favorável, eu retornarei o favor na próxima vez —, decorrendo daí que a organização pode se concentrar na coleta e análise dos fatos. Graças a isso, a NTSB é uma agência simples e de enorme impacto.

Os funcionários da NTSB estão de plantão 24 horas por dia, 7 dias por semana, 365 dias por ano. Quando ocorre um acidente de transporte, um "Go Team" chega ao local em algumas horas; composto por especialistas em cada campo relevante, o "Go Team" é liderado por um investigador experiente que se responsabiliza pelo gerenciamento do processo. A NTSB mantém contato frequente com a mídia, pela qual comunica os fatos conhecidos sobre a investigação. A filosofia por detrás da NTSB sustenta que os fatos são fundamentais, não a especulação.

Essa política de centralização e gerenciamento de todas as comunicações em torno do acidente não é uma característica menor. O NTSB aprendeu há muito tempo que é a *imprensa que informará* sobre o acidente (esse é o trabalho dela) e, nos casos em que ela não dispõe de fatos concretos, publicará rumores. Ao se manter em contato regular com a mídia e dar-lhe informações assim que coletadas e verificadas, a NTSB tem condições de reduzir as chances de pânico em massa e moldar uma narrativa mais correta à medida que sua investigação avança. Essa função de comunicação também é um antídoto muito eficaz para a tirania de complexidade e elitismo abordada no Capítulo 10. Apesar da extraordinária complexidade de determinar as causas de um acidente de avião, a NTSB consegue comunicar uma narrativa definitiva que satisfaz todas as partes interessadas, e não apenas aquelas com conhecimento especializado.

Um exemplo disso é o pouso no rio Hudson do Voo 1549, pilotado pelo capitão Chesley Sullenberger, em 15 de janeiro de 2009. Com o histórico de atos terroristas em Nova York ao longo dos anos, você pode imaginar como os nova-iorquinos reagiram à ocorrência de um avião pousando (ou navegando) a uma curta distância do distrito financeiro. Na tarde daquele mesmo dia, a NTSB liberou uma declaração de que, na pendência de uma investigação mais detalhada, o melhor palpite inicial sobre a causa do acidente é que um pássaro havia adentrado a turbina do avião. Com essa declaração oficial, claramente qualificada como especulativa, a NTSB conseguiu acalmar os nervos dos nova-iorquinos e de todos os viajantes que assistiram ao desenrolar desse evento extraordinário.

A investigação completa leva muito mais tempo, muitas vezes um ano ou mais, e é estruturada em duas partes. A primeira consiste em reunir e estabelecer todos os fatos relevantes em torno do acidente, e a segunda, na análise desses fatos. Como a NTSB é pequena, com apenas 400 funcionários, ela emprega o "sistema de partidos", convidando outras organizações e terceiros interessados para ajudar a juntar os fatos. Todas as partes interessadas que dispõem dos necessários conhecimentos técnicos ou especializados estão incluídas. Por exemplo, se a NTSB investigar um acidente de avião, estarão presentes a transportadora aérea, os pilotos, os comissários de bordo, os funcionários encarregados das bagagens, mecânicos etc. Mas há uma importante exceção para o sistema de partidos: não são permitidas pessoas externas, litigantes ou em funções legais, dentro da investigação. Se necessário, ela tem autoridade para emitir intimações para obter as informações de que necessita. Todas as partes recebem acesso às informações tal como são recolhidas, mas o acesso pode ser retirado se as partes se comportarem indevidamente (por exemplo, dando entrevistas à imprensa criticando outras).

Por que motivo os interessados concordariam com tais regras? Primeiro, eles querem uma cadeira na mesa para ter acesso aos fatos conforme vão sendo descobertos. Em segundo lugar, querem ser capazes de colocar sua interpretação desses fatos ou corrigir erros cometidos por outros que poderiam refletir mal sobre eles. E, finalmente, o relatório do acidente da NTSB não é admissível como prova em ações judiciais por danos civis, o que permite que as partes envolvidas sejam muito mais francas sobre seu papel no acidente do que poderiam ser caso houvesse risco jurídico.

Uma vez os fatos coletados e acordados pelas várias partes, a segunda fase da investigação começa. Para reduzir as chances de conflito de interesses, a análise é realizada somente pela equipe interna da NTSB. Essa análise apresenta uma teoria da causa provável do acidente e exclui as teorias opostas. O relatório final contém os fatos do acidente, a análise do acidente e as recomendações de políticas relativas ao acidente.[16]

A seguir, um exemplo de como ele funciona na prática. Em 22 de março de 1992, o voo USAir 405, saindo do aeroporto LaGuardia em Nova York, teve que ser abortado logo após a decolagem por causa do acúmulo de gelo nas asas, não obstante o líquido de degelo ter sido aplicado antes de deixar seu portão.[17] A decolagem havia sido adiada devido ao tráfego aéreo, e o gelo novamente acumulou-se nas asas enquanto aguardava uma nova oportunidade em meio à chuva congelante. O avião não conseguiu obter sustentação suficiente para ganhar altura no final da pista, e a asa esquerda arrastou-se pelo chão por mais de 30m, levando consigo vários pedaços de equipamentos do aeroporto antes que se separasse da fuselagem, a qual acabou submersa em Flushing Bay. Das 51 pessoas a bordo, 27 morreram.

Ao longo dos meses subsequentes, a NTSB fez um estudo factual abrangente sobre o acidente. O histórico do voo foi documentado até o último segundo. As biografias da tripulação da aeronave, as entrevistas com o primeiro oficial sobrevivente, o histórico do avião, o clima, os procedimentos do aeroporto para o degelo — todos os detalhes relevantes possíveis foram incluídos nesse estudo factual. A NTSB realizou um exame forense completo e concluiu que uma aplicação incorreta da tecnologia, esperando muito tempo após o degelo, e a não verificação do acúmulo de gelo imediatamente antes da decolagem, causaram o acidente. Em seguida, a agência fez sua análise interna formal e, em 17 de fevereiro de 1993, divulgou sua conclusão:

> A National Transportation Safety Board determina que a causa provável desse acidente foi a falha do setor aéreo e da Administração Federal de Aviação em providenciar uma tripulação de bordo com procedimentos, requisitos e critérios compatíveis com atrasos de partidas em condições propícias para a formação de gelo e a decisão daquela tripulação de decolar sem garantia positiva de que as asas do avião estavam livres da acumulação de gelo após 35 minutos de exposição à precipitação que se seguiu ao degelo. A contaminação do gelo nas asas resultou em uma barreira aerodinâmica e perda de controle após a decolagem. Para a causa do acidente contribuíram os procedimentos inapropriados utilizados e a coordenação inadequada da tripulação que levou a rotação da decolagem a uma velocidade do ar inferior à prescrita.[18]

Essa é uma conclusão notável. Em vez de colocar a culpa na falha na tecnologia de degelo ou em um erro do piloto, a NTSB culpou o sistema de aviação civil como um todo pelo acidente. No julgamento especializado da NTSB, a indústria de aviação civil e seus reguladores governamentais foram responsáveis pelo acidente ao não fornecer uma tripulação de voo com a orientação adequada para usar a tecnologia de degelo de forma correta. Apenas secundariamente a tripulação era culpada pelo acidente.

Isso nos leva à questão de $700 bilhões: o modelo da NTSB funcionará para o sistema financeiro? Existem várias razões pelas quais talvez não funcione tão bem. Os acidentes de transporte são pontuais e com escopo limitado, o que permite que os Go Teams da NTSB tenham tempo para realizar investigações forenses detalhadas. Em contrapartida, as crises financeiras estão em constante evolução, e os mercados financeiros não podem ser facilmente paralisados para que se faça uma análise (embora eles *tenham* sido fechados em ocasiões de grande aflição). As crises financeiras são muito mais amorfas e complexas do que os acidentes de transporte, que geralmente são assuntos simples de causa e efeito, como já vimos com o Quant Meltdown. Finalmente, no transporte, ninguém lucrará com um acidente. Como Jeff Marcus, um especialista em segurança para a NTSB, afirmou: "Você pode confiar que as pessoas sejam honestas e morais sobre não se matarem". No setor financeiro, infelizmente, algumas das partes podem lucrar, e generosamente, com a dor dos outros. O risco moral é um modo de vida no mundo financeiro.

No entanto, acredito que os principais elementos da comunicação da NTSB com o público, a coleta de informações e a análise precisam ser incorporados ao sistema financeiro. Durante o Quant Meltdown, meus ex-alunos me telefonaram para obter informação e esclarecimento. Quantas calamidades financeiras poderiam ser evitadas, ou seu impacto reduzido, se houvesse uma câmara de compensação oficial para proporcionar informes da crise além dos terminais da Bloomberg e do Twitter? Quantas teorias incorretas, como o mito do papel da SEC Rule 15c3-1 na crise financeira, poderiam ser cortadas pela raiz? De que modo mais seremos capazes de criar os principais laços de *feedback* negativos para impedir possíveis crises antes que comecem?

Para que o sistema financeiro sobreviva e prospere a longo prazo, ele deve se adaptar a seu novo ambiente. Precisamos descrever as cadeias de causalidade financeira com precisão e de forma testável, usando o método científico, e não o discurso político. Precisamos criar novos circuitos de *feedback* para monitorar o ambiente financeiro, análogo aos sentidos humanos do medo e da dor. E precisamos de uma melhor memória institucional, para que nós, e todas as futuras gerações, possamos aprender as lições corretas de sua história passada à medida que avança no futuro. No entanto, o mais importante é que o sistema financeiro do futuro precisará de narrativas mais convincentes que sejam cientificamente precisas e mais alinhadas com os valores humanos.

PRIVACIDADE E TRANSPARÊNCIA

A regulação adaptável promete ser uma abordagem sistêmica e macroprudencial da regulamentação financeira. Todavia, uma preocupação convincente é a privacidade financeira. Como um regulamento pode se adaptar efetivamente sem incorporar informações financeiras privadas em uma escala que alcance todo o sistema? A maior parte do setor financeiro depende de processos de negócios não patenteáveis para ganhar a vida, como Myron Scholes descobriu quando confrontou a Texas Instruments sobre o uso de sua fórmula. Em decorrência, o setor financeiro necessariamente pratica "segurança através da obscuridade", usando segredos comerciais para proteger sua propriedade intelectual; como Coca-Cola e KFC. Os fundos de *hedge* e as mesas de negociação proprietária são tão opacos quanto a lei permite, inclusive para seus próprios investidores. Mas a instituição financeira média também precisa limitar a divulgação de seus processos, métodos e dados de negócios no intuito de proteger a privacidade de seus clientes (ou você gostaria que seu extrato bancário mensal aparecesse no WikiLeaks?). Assim, a política do governo teve que lidar cuidadosamente com relação aos requisitos de divulgação do setor financeiro.

Como as instituições financeiras podem fornecer informações que a regulamentação adaptativa requer sem se sentirem ameaçadas? Uma solução é tornar secretas as interações entre instituições financeiras e reguladores. Isso porém é, compreensivelmente, inaceitável para o público, pois não proporciona a transparência sobre o risco sistêmico que as pessoas exigem cada vez mais do sistema financeiro. O sigilo também colocaria outro enorme fardo sobre os reguladores, de resto já sobrecarregados.

Afortunadamente, a aceleração no poder de computação sob a Lei de Moore oferece uma ótima maneira de resolver esse dilema, usando criptografia. Tradicionalmente, a criptografia tem sido o estudo de códigos secretos — material para filmes de espionagem, como fazê-los e como quebrá-los —, mas, sob a Lei de Moore, isso é desenvolvido em um campo de estudo mais amplo e profundo, povoado por cientistas de computação e matemáticos puros. A criptografia agora inclui o estudo de métodos matemáticos de segurança da informação, e é aqui que ela se torna útil para a regulamentação financeira.

Há uma técnica bem conhecida da literatura da ciência da computação chamada "computação multipartidária segura", uma maneira sofisticada de compartilhar certos tipos de informação, preservando a confidencialidade dos dados de cada parte. Eis um exemplo simples. Suponha que quereremos descobrir o salário médio de 1/4 dos participantes de uma conferência. Como podemos realizar essa computação intrusiva mantendo intacta a sensibilidade de todos?

A resposta é o disfarce. Suponha que a pessoa 1 pegue seu salário S_1 e adicione a ele um número aleatório de sua escolha, X_1, que ela mantém em segredo, obtendo a soma $Y_1 = S_1 + X_1$. Ela então compartilha essa quantia com a pessoa 2. Esta executa o mesmo cálculo, adicionando um número aleatório privado de sua escolha, X_2, em seu salário, S_2, e em seguida soma esses dois valores à informação da pessoa 1 para obter $Y_2 = Y_1 + S_2 + X_2$.

Ela então passa Y_2 para a pessoa 3, que acrescenta nele seu número aleatório privado e salário antes de passá-lo para a próxima pessoa, e assim por diante. Tal processo continua de uma pessoa para a outra até a última, n, que soma seu salário e número aleatório privado, produzindo $Y_n = S_1 + S_2 + \ldots + S_n + X_1 + X_2 + \ldots X_n$. Todo mundo disfarçou com sucesso o salário com um número aleatório de sua escolha.

Em seguida, damos esse grande total para a pessoa 1 e lhe pedimos para subtrair seu número aleatório X_1 antes de passá-lo para a pessoa 2. A pessoa 2 faz a mesma operação, subtraindo seu número aleatório X_2, antes de passar o valor para a pessoa 3 e por aí vai. Finalmente, chega a vez da pessoa n, que subtrai seu número aleatório, X_n, da soma acumulada. A essa altura, o valor restante é a soma de todos os salários $S_1 + S_2 + \ldots + S_n$, que, quando dividimos pelo número n, nos dá o salário médio da sala.

A Figura 11.6 resume esse algoritmo simples. Em nenhum momento durante esse processo alguém precisou revelar sua informação privada, e no final o salário médio foi calculado. Tais algoritmos são a essência da computação multipartidária segura.

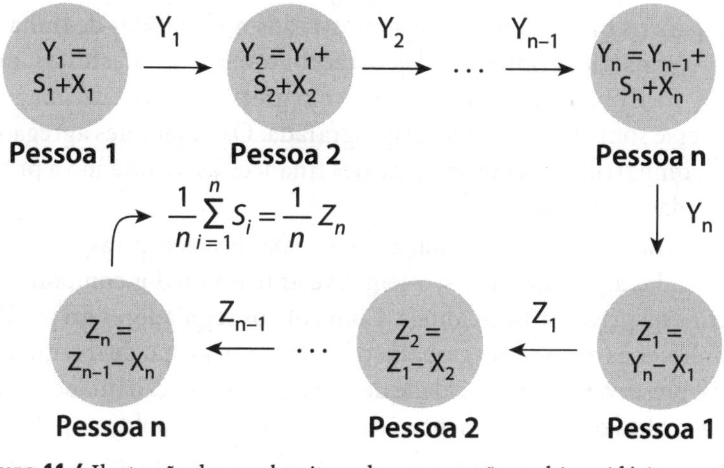

Figura 11.6 Ilustração de um algoritmo de computação multipartidária segura e simples para calcular o salário médio de um grupo de n indivíduos, sem exigir que nenhum deles revelasse seu salário.

Por certo dois participantes poderiam facilmente entrar em conluio para descobrir o salário de um terceiro indivíduo. Por exemplo, se as pessoas 1 e 3 compararem suas somas acumuladas antes e depois que a pessoa 2 subtraia seu número aleatório, poderiam inferir qual é o número aleatório dela e por dedução saber seu salário. No entanto, essa é uma falha do exemplo e não do método geral. Existem formas fáceis de construir algoritmos à prova de trapaça que permitem que todas as partes compartilhem certos tipos de informações mantendo seus dados brutos confidenciais. Emmanuel A. Abbe, Amir E. Khandani e eu idealizamos algoritmos de computação multipartidária seguros que podem criptografar informações proprietárias de instituições financeiras, mantendo esses dados longe de olhos curiosos, ao mesmo tempo que permitem aos reguladores computar medidas de risco agregado.[19]

A Figura 11.7 (no caderno colorido) ilustra essa técnica com um exemplo do mundo real: os tamanhos das carteiras de crédito imobiliário do Bank of America, J.P. Morgan e Wells Fargo. Ela mostra as séries temporais individuais para essas três instituições (os gráficos de linha). Essa é uma informação altamente proprietária para um banco e apenas divulgada publicamente após um intervalo de tempo significativo. Entretanto, se estamos preocupados com o risco sistêmico, os valores individuais para cada banco são menos importantes que a quantidade total, representada pelo gráfico de área na Figura 11.7a. Depois, nós criamos um algoritmo de computação multipartidária seguro apenas para esse propósito e criptografamos as séries temporais para os bancos individuais, mostrados nos gráficos de linha na Figura 11.7b. As séries criptografadas parecem totalmente aleatórias, mas ao somá-las você obtém exatamente o mesmo gráfico de área da imagem, como se tivesse somado a série não criptografada. Os montantes agregados podem ser compartilhados por instituições financeiras, mantendo a privacidade de cada instituição.

Usando ferramentas de computação multipartidárias seguras, podemos calcular medidas agregadas de risco sem revelar nenhum dos componentes proprietários ou privados individuais. Com isso, os reguladores e o público podem conhecer as exposições globais ao risco de um grupo de instituições financeiras, preservando a privacidade de qualquer instituição financeira individual, algo ideal para regulamentação adaptativa e para políticas públicas.

Técnicas como essas não eliminam a necessidade de regulamentos ou reguladores. Por exemplo, não há como garantir que as instituições financeiras sejam sinceras além do exame periódico. Contudo, esses métodos podem reduzir o custo econômico de compartilhar certos tipos de informações e podem até proporcionar incentivos para que o setor privado o faça voluntariamente. Se as instituições financeiras podem manter a privacidade de seus segredos comerciais ao mesmo tempo em que compartilham informações que levam a avaliações precisas da ameaça da crise financeira, elas podem se beneficiar tanto quanto as autoridades reguladoras e o público. Esse seria um grande passo para recuperar a confiança que o público já teve no sistema financeiro até pouco tempo atrás.

TERAPIAS ANTI-GEKKO

Até agora, as ferramentas e técnicas que apresentamos aplicam-se ao ambiente financeiro, obtendo *feedback* seja em forma de sinais de alerta precoce ou de novas narrativas para prevenir crises financeiras. Ainda não abordamos o comportamento humano. Como podemos evitar que o próximo Bernie Madoff dê um calote de bilhões nos aposentados que pensaram que ele era seu amigo? Como podemos impedir que os Gordon Gekko da vida real convençam jovens mentes de que a ganância é sempre boa?

O psicólogo Philip Zimbardo foi bastante sucinto: resista a influências situacionais.[20] A partir da experiência original da prisão, Zimbardo investigou a forma como pessoas boas podem ser influenciadas a fazer coisas más pela cultura circundante. Ele oferece dez comportamentos-chave que acredita que minimizarão a eficácia de uma cultura destrutiva na divulgação de seus valores, financeiros ou não. Entre eles estão a disposição de admitir erros; a recusa de respeitar a autoridade injusta; a capacidade de considerar o futuro em vez do presente imediato; e os valores individuais de honestidade, responsabilidade e independência de pensamento.

Alguns de vocês podem estar céticos. Afinal, mudar a cultura de todo o sistema financeiro é como tentar enganar a morte — uma tarefa impossível. Eu acredito que esse ceticismo está mal colocado. É difícil mudar o comportamento inato, por definição. Mas a Hipótese dos Mercados Adaptáveis nos diz que a cultura pode ser alterada, mudando o ambiente dos que são participantes dela. Os mercados adaptáveis oferecem uma formulação prática na qual podemos pensar sistematicamente sobre assumir esse desafio.

O primeiro passo requer uma mudança sutil, mas importante, em nossa linguagem. Em vez de procurar "mudar a cultura", o que parece ingênuo e irremediavelmente ambicioso, suponha que nosso objetivo seja nos envolvermos em "gerenciamento de riscos comportamentais."[21] Como vimos Tversky e Kahneman demonstrarem no Capítulo 2, os efeitos de enquadramento são importantes.[22] Apesar do fato de que estamos nos referindo essencialmente ao mesmo objetivo, a última frase é mais concreta, viável e — isso é importante — indiscutível do ponto de vista de uma diretoria corporativa.

Usando o quadro de gerenciamento de risco comportamental, vemos que o comportamento humano está envolvido em todos os tipos de malversação corporativa. Para um membro da diretoria, é prudente tomar medidas para gerir os comportamentos mais susceptíveis de prejudicar a empresa. Uma vez efetuado esse salto semântico, é notável a prontidão das implicações mais práticas. Podemos aproveitar os protocolos tradicionais de gestão de riscos utilizados em todas as principais instituições financeiras para desenvolver um processo paralelo de gerenciamento de risco comportamental.

Talvez seja a primeira vez que você vê como são feitas as salsichas, mas aqui está um processo típico de gestão de um portfólio financeiro.[23] Podemos resumir o processo de gerenciamento de risco com o mnemônico SIMON: Selecionar, Identificar, Medir, Otimizar e Notar (este último no sentido de "observar, verificar").

1. Selecione os fatores de risco significativos que conduzem aos retornos do portfólio.
2. Identifique o objetivo de otimizar (juntamente com quaisquer restrições).
3. Meça as leis estatísticas de movimento da dinâmica dos retornos do portfólio.
4. Otimize o objetivo de formar o portfólio ideal (sujeito à dinâmica dos retornos e quaisquer restrições).
5. Note (verifique a existência de) qualquer nova alteração no sistema e repita as etapas anteriores conforme necessário.

Qualquer protocolo sistemático de gerenciamento de risco financeiro deve necessariamente ter cada elemento do SIMON representado de alguma forma. Agora vamos aplicar o SIMON à gestão dos riscos comportamentais em uma instituição financeira problemática e imaginária.

Primeiro, "Selecionamos" os principais riscos comportamentais que a empresa enfrenta. Por exemplo, nossa empresa hipotética tem uma falta de apreciação e respeito pelos procedimentos de *compliance* (conformidade com as regras); a gerência sênior é intolerante com relação a pontos de vista contrários aos dela; ou menospreza políticas e procedimentos operacionais e faz qualquer coisa para alcançar metas de crescimento e lucratividade. E esses são apenas os três principais riscos...

Em segundo lugar, "Identificamos" nossos objetivos. Todos os diretores executivos querem deixar sua marca na empresa, e isso dará mais força a quaisquer declarações oficiais sobre valores corporativos, objetivos de curto e longo prazo e à missão da empresa.

Em terceiro lugar, "Medimos" as leis do movimento que governam o comportamento interno. A análise corporativa típica do desempenho mede o valor adicionado pelos empregados, como eles usam o tempo efetivamente e assim por diante. Análises como o modelo de cinco fatores de Haidt e o Índice de Satisfação Global do Office of Personnel Management, por outro lado, têm o potencial de medir se um funcionário torna a empresa mais escrupulosa, mais acessível a novas ideias e mais disposta a valorizar o longo prazo em relação ao curto prazo.

Em quarto lugar, "Otimizamos" os objetivos. Na gestão de risco financeiro isso significa criar ótimas estruturas de compensação e instrumentos de *hedge*. Já no gerenciamento de risco comportamental isso pode envolver a criação de incentivos para que os funcionários honrem os procedimentos de conformidade e os requisitos de relatórios para alinhar seu comportamento com os objetivos, ou a instauração de papéis de supervisão em áreas onde o risco comportamental é concentrado.

Finalmente, o mais importante, precisamos "notar" quaisquer novas mudanças no sistema para garantir que o protocolo de gerenciamento de risco comportamental alcance o resultado desejado.

O elo mais fraco dessa analogia é o terceiro: mensurar o comportamento. Ainda somos iniciantes na compreensão quantitativa do comportamento humano. Anos podem se passar antes que as finanças tenham uma revolução *quant psych* (referência à psicologia quantitativa, campo que envolve modelagem matemática e análise estatística do comportamento humano). Sem números razoavelmente precisos, o gerenciamento de risco comportamental é mais ambicioso do que operacional. A gestão de riscos financeiros tem uma base analítica enorme, até e incluindo plataformas de software de milhões de dólares e fornecedores de dados em tempo real. Não há nada comparável em termos de apoio aos gerentes de risco comportamental... ainda. Atualmente, perfis psicológicos, mapas de redes sociais e pesquisas de satisfação no trabalho são atribuídos aos departamentos de recursos humanos, não a comitês de risco ou a conselhos corporativos. No entanto, o ponto de partida para qualquer empreendimento científico é sempre a mensuração.

Enquanto os modelos quantitativos de risco comportamental estão em construção, a Hipótese dos Mercados Adaptáveis sugere algo que podemos fazer: desenvolver uma visão integrada do ecossistema corporativo. Podemos aprender muito sobre riscos comportamentais de forma qualitativa, documentando a estrutura de recompensas para os indivíduos dentro de uma organização. Por exemplo, se o principal agente de risco da instituição financeira é remunerado por intermédio de bônus vinculados apenas à rentabilidade e não à estabilidade da empresa, o risco não é necessariamente o foco principal desse indivíduo. Isso alimenta diretamente o item "Medir" do protocolo SIMON.

Como seria um modelo quantitativo de risco comportamental? Em última análise, seria baseado em dados empíricos fortes — sem pressupostos do *Homo economicus* aqui — para prever o comportamento individual e grupal em função de fatores gerais e específicos observáveis. Por exemplo, imagine poder quantificar o apetite de risco de um executivo financeiro pela seguinte fórmula matemática:

$$\text{Apetite de Risco}_i = \beta_{i1}(\text{Recompensa}) + \beta_{i2}(\text{Perda Potencial}) + \beta_{i3}(\text{Risco da Carreira}) + \beta_{i4}(\text{Pressão da Competição}) + \beta_{i5}(\text{Pressão dos Pares}) + \beta_{i6}(\text{Autoimagem}) + \beta_{i7}(\text{Ambiente Regulatório}) + \epsilon_i$$

em que os coeficientes medem a importância de cada fator para o apetite de risco do executivo, e os fatores variam ao longo do tempo, circunstâncias e instituições.

Se pudéssemos estimar esse modelo de risco comportamental para cada executivo, então poderíamos definir quantitativamente uma "cultura" financeira: um grupo de colegas com fatores numericamente similares. Uma cultura de tomada de risco excessiva e desrespeito flagrante para regras e regulamentos pode consistir em uma divisão inteira de indivíduos que compartilham cargas muito altas para os fatores "Recompensa" e "Pressão da Competição" e cargas muito baixas para "Perda Potencial" e "Ambiente Regulatório".

Se pudéssemos estimar empiricamente esse modelo de risco comportamental, começaríamos a entender o efeito Gekko em um nível granular, individual e específico, e a desenvolver maneiras de abordá-lo. A esta altura isso pode parecer mais como ficção científica do que ciência, mas seu desenvolvimento já começou. Em 2009, no rescaldo da crise financeira, o Nederlandsche Bank (DNB), o Banco Central holandês, propôs uma nova abordagem para a supervisão dos bancos em um memorando intitulado "Os sete elementos de cultura ética":

> Este documento apresenta a estratégia do DNB sobre a questão do comportamento e da cultura. Ele descreve os antecedentes e as razões pelas quais é importante incluir o comportamento e a cultura ética na supervisão, estabelece o quadro legal para fazê-lo e explica qual é a situação atual, tanto dentro das instituições quanto no exercício da supervisão pelo DNB. Ao apresentar esses elementos de cultura ética e conduta sadia, este

documento descreve o modelo de supervisão que o DNB deseja seguir na determinação de seus esforços de supervisão e, em sentido geral, do plano de ação para 2010-2014.[24]

Quando o DNB criou o Centro de Especialistas em Cultura, Organização e Integridade, contratou psicólogos organizacionais e especialistas em mudança para coletar rigorosamente os dados empíricos necessários dos bancos holandeses para construir esse modelo de risco comportamental. Em um esforço paralelo, lançou vários projetos internos de pesquisa para desenvolver novos métodos de supervisão bancária específicos da cultura corporativa.[25] No documento mais recente que resume sua estratégia de supervisão para 2014-18, publicado em 2014, o DNB afirma que "a supervisão adotou um caráter mais progressista, voltado à inovação e ao desenvolvimento. Os modelos de negócios das instituições e sua cultura corporativa e processos de tomada de decisão (que são fatores que podem ter uma influência importante na solidez a longo prazo) agora são parte integrante da supervisão."[26]

Tradicionalmente, há uma relação menos contraditória entre os reguladores e as empresas do setor financeiro na Holanda do que a existente nos Estados Unidos. Pode ocorrer algo similar nos EUA? Recentemente, os pesquisadores do Federal Reserve de Nova York realizaram um primeiro passo empírico importante: elaboraram e publicaram um levantamento das atividades de supervisão do Fed em grandes instituições financeiras, descrevendo como essas atividades são equipadas, organizadas e implementadas cotidianamente.[27] Essa pesquisa oferece um nível de transparência sem precedentes na supervisão bancária — outro raio X do sistema financeiro para as muitas partes envolvidas que desconhecem essas políticas e procedimentos. Os autores da pesquisa entenderam tal necessidade muito bem, afirmando: "Compreender como a supervisão prudencial funciona é um precursor crítico para determinar como medir seu impacto e eficácia".

Voltemos ao SIMON por um momento. Uma vez que os objetivos e comportamentos específicos que queremos no sistema financeiro são identificados e medidos, como proceder quanto à otimização? Não deve surpreendê-lo que a maioria dos economistas e o setor privado sejam a favor de incentivos econômicos, e essa pode ser a abordagem mais direta. No entanto, existem outras ferramentas disponíveis para o gestor de risco comportamental. Idealmente, queremos mudar o ambiente para que as pessoas se adaptem aos novos objetivos. Essas possíveis mudanças ambientais incluem mudanças na governança corporativa, uso de redes sociais e arbitragens, e reconhecimento (ou constrangimento) público.

Por exemplo, se a cultura de uma organização equivale à tomada de riscos com poder e prestígio, considere as três medidas a seguir. A primeira solução é uma mudança na governança corporativa para adicionar um nível de checagens e contrapesos. Nós nomeamos um diretor de risco (CRO) que se reporta diretamente ao Conselho de Administração da empresa e só pode ser removido por votação do Conselho. O CRO tem a autoridade e a responsabilidade de afastar temporariamente o diretor executivo de suas funções caso determine que os níveis de risco da empresa são inaceitavelmente altos e se o CEO não respondeu de boa fé ao pedido do CRO de reduzir o risco.

Uma segunda medida, mais radical, é fazer com que todos os funcionários que são remunerados acima de um limite (por exemplo $1 milhão) sejam solidariamente responsáveis por todas as ações judiciais contra a empresa. Tal medida aumentaria consideravelmente o exame minucioso das atividades da empresa, reduzindo as chances de mau comportamento e imprudência. Ademais, uma empresa pode, ainda, manter seu status legal de responsabilidade limitada, e evitar altos níveis de compensação financeira.

Finalmente, uma medida ainda mais extrema é uma proposta feita por Edward J. Kane, do Boston College, que consiste em responsabilizar criminalmente os executivos individuais por não cumprir um dever fiduciário para com o público.[28] Há poucas dúvidas de que isso mudaria a cultura corporativa de algumas das mais importantes instituições financeiras. É certo que isso também diminuiria consideravelmente o valor do risco que a empresa estaria disposta a correr, o que pode não se coadunar bem com os interesses de seus acionistas, podendo ter um efeito desanimador sobre o sistema financeiro como um todo.

Otimizar os objetivos comportamentais de uma organização não deixa de ser muito parecido com a simples maximização de lucro que vimos com o *Homo economicus*. Isso envolverá equilibrar os *trade-offs* entre vários incentivos e mecanismos de governança consistentes com os valores fundamentais e missão da corporação. Haverá compromissos, verificações e balanços, e até propósitos transversais deliberados para fornecer *feedback* negativo essencial, por isso é improvável que qualquer indivíduo o ache pessoalmente ótimo. Isso, contudo, se parecerá com o "satisfação suficiente" de Herbert Simon. Pode não ser perfeito, mas deve ser bom o suficiente.

A mesma necessidade de modelagem de risco comportamental existe para os reguladores. Como vimos no último capítulo, a SEC não percebeu a gigantesca fraude de Madoff por anos, em parte porque estava mais preocupada com o erro do que em realizar uma investigação. Isso foi aversão ao risco com vingança. As reformas recentes na SEC oferecem uma oportunidade de perceber de que modo as métricas quantitativas — como a pesquisa do Office of Personnel Management — podem ser combinadas com padrões empíricos de fraude e malversação para produzir mais regulamentação adaptativa. Por exemplo, quando os mercados aumentam, os reguladores devem considerar aumentar sua vigilância para possíveis esquemas Ponzi entre os grupos de afinidade mais vulneráveis. Esses modelos também ajudarão os reguladores a direcionar seus exames para as instituições com culturas mais propensas (conforme definido por seus modelos de risco comportamental) a violar os principais regulamentos.

A Hipótese dos Mercados Adaptáveis prevê que os reguladores financeiros e as instituições financeiras terão a forte tendência de se adaptar ao comportamento um do outro. Os reguladores podem facilmente incorporar os elementos de uma cultura disfuncional das corporações que eles regulam, tal como os trabalhadores da saúde pública podem ser infectados pela doença contra a qual estão lutando. Às vezes, isso leva a casos de captura regulatória de pleno direito, onde os regulados se tornaram essencialmente os reguladores. Em outros casos, simplesmente leva a uma avaliação positiva incorreta. Para se manterem efetivos, os reguladores precisam permanecer imunes aos valores de outras culturas corporativas, mantendo um conhecimento profundo delas. Isso é mais fácil dito do que feito, mas um ponto de partida potencial estará aplicando os mesmos modelos de risco comportamental em si mesmo para identificar problemas potenciais antes de se transformarem em deslizes mais sérios.

A cultura financeira não precisa ser uma restrição fixa, mas uma escolha deliberada e feita após profunda reflexão. Graças aos avanços nas ciências comportamentais e sociais, *big data* e gestão de recursos humanos, pela primeira vez na história reguladora temos os meios intelectuais para construir modelos de risco comportamental. A disciplina emergente de gerenciamento de risco comportamental oferece uma maneira de medir e administrar a cultura de uma corporação.

Tomando emprestado a oração de serenidade bem conhecida de Reinhold Niebuhr: o gerente de risco comportamental deve buscar a serenidade para aceitar as partes da cultura que não podem ser mudadas, a coragem e os meios para mudar as partes da cultura que podem e devem ser mudadas, e os modelos de risco comportamental e estudos forenses necessários para distinguir um do outro. Só precisamos da vontade de fazê-lo.

CAPÍTULO 12

Audaciosamente Indo Aonde Nenhum Financista Jamais Esteve

FINANÇAS *JORNADA NAS ESTRELAS*

Em 1964, um ex-policial de Los Angeles submeteu uma proposta de 16 páginas para a Desilu Productions, uma produtora de televisão que pertencia à comediante Lucille Ball. O diretor de produção da Desilu, Herbert Solow, ficou intrigado. A jogada era diferente de qualquer coisa que ele já tivesse visto em sua carreira de Hollywood — indômita, utópica e aventureira — e rapidamente assinou com o ex-policial um contrato de três anos. Solow convenceu Grant Tinker, que em breve viria a ser um lendário produtor de televisão e que naquela ocasião estava na NBC, a comandar um piloto de uma hora para a rede. Os executivos da emissora rejeitaram o piloto, chamando-o de "muito cabeçudo" para uma audiência geral. No entanto e inesperadamente, pediram um segundo piloto, que a lenda urbana afirma ser obra da insistência de Lucille Ball. Essa segunda versão do piloto foi um sucesso, e o programa de televisão foi ao ar por três temporadas, exercendo grande influência.

Você já deve ter ouvido falar desse programa: *Jornada nas Estrelas*.[1] O ex-policial transformou-se no produtor de Hollywood Gene Roddenberry, que se valeu de suas experiências não apenas como policial em Los Angeles, mas também como piloto de bombardeiros durante a II Guerra Mundial e piloto civil de voos de longa distância no Oriente Médio, para extrair a matéria-prima das histórias. Mas a visão de Roddenberry era mais profunda do que a de uma simples aventura, mesmo que às vezes ele tivesse que promover sua série feito uma "*Caravana* entre as estrelas". Hoje, dificilmente lembramos de *Caravana*, um antigo faroeste — na verdade, nós quase não nos lembramos de faroeste algum. Mas não só nos lembramos de *Jornada nas Estrelas*, como ainda assistimos *Jornada nas Estrelas* e, o mais importante, ainda pensamos em *Jornada nas Estrelas*.

O show não foi um sucesso em termos de audiência. Como muitos programas imaginativos das antigas redes de televisão, ninguém na NBC estava certo do que fazer com aquilo. Mas *Jornada nas Estrelas* permaneceu na memória do público muito depoisde outros programas de televisão já serem esquecidos porque reimaginou corajosamente o futuro. Foi construído em um tempo em que não havia pobreza, existiam poucas doenças, a raça não importava, os conflitos políticos da Guerra Fria eram fatos antigos que pertenciam aos livros de história, a tecnologia resolvia quase todos os problemas práticos e viagens espaciais eram lugar-comum. A tripulação da U.S.S. Enterprise era negra, branca e asiática, masculina e feminina, russa e americana, humana e alienígena. A Terra estava em paz (embora houvesse os Klingons), e a tecnologia tornara todos ricos muito além dos sonhos de 1967. Na verdade, haviam tão poucos problemas no futuro de *Jornada nas Estrelas* que os escritores costumavam criar alienígenas com poderes divinos para adicionar mais conflitos aos episódios.

Jornada nas Estrelas foi inspirador para gerações de jovens telespectadores, inclusive eu. A série levou inúmeras pessoas a buscar carreiras em ciências, tecnologia e engenharia, bem como no cinema, na televisão e outras artes cênicas. A primeira astronauta afro-americana, Mae Jemison, juntou-se à NASA graças à performance de Nichelle Nichols no papel da tenente Uhura. *Jornada nas Estrelas* mudou o ambiente cultural como um todo, e é difícil imaginar a vida moderna sem essa série. O programa antecipou uma série de tecnologias nos pequenos detalhes da vida cotidiana, muitas vezes décadas antes de se tornarem realidade. Em *Jornada nas Estrelas* havia o comunicador, hoje temos o celular; lá havia o *tricorder*, aqui temos o smartphone e o FitBit — embora eles não sejam suficientemente inteligentes para diagnosticar doenças (ainda). O Spock podia fazer perguntas à Enterprise e ouvir as respostas pela voz de Majel Barrett, esposa de Gene Roddenberry; hoje, temos Siri, Cortana e Alexa para responder perguntas diárias sobre nossas próprias empresas. Quando chegamos em casa, podemos sentar em nossa cadeira ergonômica enquanto observamos os eventos do mundo em nossa televisão de tela grande ou ao rolarmos as pequenas telas de um tablet, assim como o Capitão Kirk. Só nos faltam ainda os torpedos de fótons.

O único aspecto da vida moderna em que *Jornada nas Estrelas* não estava além de seu tempo eram as finanças. Isso não me ocorreu até bastante recentemente, uma vez que, quando criança, não tinha noção nem interesse em finanças. Mas após assistir a um dos filmes recentes de *Jornada nas Estrelas*, comecei a me perguntar com que as finanças do futuro poderiam parecer. Se a Hipótese dos Mercados Adaptáveis revelar-se mais do que uma hipótese, o que podemos fazer com esse conhecimento? O motivo desse meu interesse não é apenas acadêmico. Embora eu não tenha uma bola de cristal para saber o que o futuro pode trazer em termos de desafios para nossa sobrevivência — mudanças climáticas, pandemias ou colisão de asteroides — ou sobre as incríveis inovações tecnológicas que nos permitirão superá-las, uma coisa é certa: de uma forma ou de outra, as finanças terão que desempenhar um papel central. Se for esse o caso, não devemos começar a nos preparar agora?

Jornada nas Estrelas me ensinou que, às vezes, é preciso acreditar nas coisas antes que elas possam ser vistas. Precisamos de especulação otimista e visão para ir aonde ninguém foi antes. Isso inclui reimaginar o sistema financeiro. Então, nesse espírito, gostaria de fazer algumas considerações imaginativas neste capítulo de conclusão e especular sobre o futuro das finanças e as finanças do futuro.

"COMPUTADOR, GERENCIE MEU PORTFÓLIO!"

Em seu importante ensaio, *Possibilidades econômicas para nossos netos*, John Maynard Keynes escreveu que "haverá classes e grupos de pessoas cada vez maiores cujos problemas de necessidade econômica foram praticamente removidos."[2] Keynes acreditava, como eu, que uma "era de lazer e de abundância" para todos, como havia em *Jornada nas Estrelas*, está dentro do alcance humano. Keynes escreveu em 1930, durante as profundezas da Grande Depressão, um momento catastrófico na história econômica, mas ele enxergava lá na frente, após a catástrofe financeira global, um tempo muito melhor. Isso não ocorreria em sua vida — Keynes previra que aquilo poderia demorar cem anos ou mais — mas hoje essa condição está quase ao alcance das mãos.

Mas essa não é a citação que realmente me impressionou. Keynes concluiu seu ensaio com as palavras: "Se os economistas conseguissem pensar em si mesmos como sendo pessoas humildes e competentes no mesmo nível que os dentistas, isso seria esplêndido!" Ora, esse é um objetivo digno de respeito. E um lugar onde isso é extremamente necessário é na gestão financeira. Precisaremos de métodos humildes e competentes para gerir a riqueza do mundo, principalmente quando a nova classe média global procura investir para si mesma.

Um modelo para essa forma humilde de odontologia financeira é, sem dúvida, a dos fundos indexados. Os fundos de índices estáticos tradicionais ponderados pela capitalização de mercado ainda funcionam muito bem para o investidor médio, mesmo que a Hipótese dos Mercados Eficientes esteja incompleta (lembre-se da Hipótese do Custo que Importa, de Bogle). Mas alguns investidores continuam a procurar uma vantagem, na esperança de encontrar um alfa em um oceano de betas. No processo, eles investem em fundos que empregam estratégias difíceis de entender, opacas para pessoas de fora e às vezes inteiramente secretas, como no caso dos fundos de *hedge*. Embora isso possa ser rentável para o investidor, está tão longe da odontologia financeira quanto se pode imaginar. Você colocaria seus dentes nas mãos de um dentista cujo dever profissional requer que seu tratamento seja o mais secreto o possível?

Os índices financeiros dinâmicos descritos no Capítulo 8 são um primeiro passo essencial para essa odontologia financeira. Esses novos índices não serão passivos no sentido estrito, mas serão totalmente automáticos e não terão intervenção discricionária humana. Não devem ser necessárias habilidades especiais para usar um índice dinâmico; na verdade, tal como um smartphone, qualquer investidor deve poder usar um.

Os índices dinâmicos têm o potencial de desmistificar estratégias de investimento para o investidor médio. Com o clique de um botão ou um toque na tela, um investidor poderá ver em detalhes como uma versão genérica de uma estratégia funcionou ao longo do tempo em comparação com outras estratégias e em comparação com o mercado como um todo. Alguns fundos já existentes podem ser considerados como fundos indexados dinâmicos. Por exemplo, existem fundos (*life-cycle funds*, em português, "fundos de ciclo de vida") que ajustam suas participações de dívida e patrimônio ao longo do tempo de acordo com uma fórmula automática. À medida que esses fundos se aproximam de sua data alvo, em geral a da aposentadoria planejada pelo investidor, o portfólio se torna mais conservador.

No entanto, é fácil imaginar índices dinâmicos mais sofisticados concebidos para fins mais específicos. Podemos até imaginar uma constelação de índices dinâmicos, cada um implementando uma estratégia automática específica, como os aplicativos disponíveis em um smartphone. Eles podem incluir versões genéricas de estilos de investimento famosos e estratégias de fundos de *hedge*, métodos de ponderação de ações em um portfólio, metas de data alvo e assim por diante.

Mas índices dinâmicos podem realizar muito mais. Assim como o fundo indexado de John Bogle democratizou o mundo das finanças de uma forma sem precedentes, índices dinâmicos podem continuar esse processo. As versões mais sofisticadas dessas estratégias levarão em consideração seus objetivos financeiros específicos, suas restrições, suas circunstâncias futuras atuais e prováveis, assim como todos os tipos de outros atributos pessoais, como saúde física e características psicológicas. Se você tem 29 anos, é solteiro, saudável, não tem dívidas, $10.000 na poupança e é um empreendedor de tecnologia, deve ter uma carteira de investimentos muito diferente de alguém que tem 75 anos, é aposentado, casado, com três filhos e dois netos, $500.000 na poupança e sofre de câncer de cólon no estágio 4. Imagine se, como o Capitão Kirk, você pudesse simplesmente falar com seu smartphone e dizer: "Computador, gerencie meu portfólio" e ter seu próprio índice dinâmico pessoal construído de acordo com suas necessidades e objetivos específicos.

Agora imagine que seu FitBit ou Apple Watch — que monitoram sua condição fisiológica — está conectado a um aplicativo de gerenciamento de portfólio chamado "Warren". Usando dados financeiros e fisiológicos de milhões de outros investidores fornecidos por corretoras participantes e seus clientes, Warren pode determinar se você está enlouquecendo em decorrência de uma queda do mercado e o ajuda a gerenciar seu risco e estado emocional durante essa fase. Por exemplo, em resposta à sua ordem de corretagem para liquidar todas as suas participações em ações, fazendo caixa depois que o índice S&P 500 caiu 10%, Warren pode dizer: "Você tem certeza de que deseja fazer isso? Investidores como você, mas com retornos entre os 10% superiores nos últimos 20 anos, normalmente não agem assim nesse ambiente de mercado. Que tal vender 1/3 de seus valores mobiliários em vez de 100%?" E se você ignora Warren e liquida tudo de qualquer maneira, ele pode lembrá-lo após um mês ou dois, quando for determinado que seu estado fisiológico está pronto para isso, que é um bom momento para voltar ao mercado.

Parece ficção científica? Por enquanto, é. Mas já existem tecnologia e know-how hoje para criar todos esses produtos e serviços (inclusive o Warren), é só uma questão de tempo e dinheiro. A tecnologia financeira, ou "fintech", como é conhecida, está transformando rapidamente o investimento pessoal e o panorama das finanças do consumidor e promete continuar o que Bogle e o Vanguard começaram há quase meio século. Uma vez que os índices dinâmicos são, em certo sentido, formas de software, eles podem até experimentar a mesma queda dramática de custo e aumentar a capacidade de outros tipos de software. E assim como o fundo indexado original provocou uma grande mudança evolutiva no ecossistema de investimento, os fundos indexados dinâmicos têm o potencial de criar uma mudança semelhante à medida que mais pessoas com mais opiniões agreguem seus conhecimentos ao mercado, reduzindo o potencial para o pensamento coletivo.

O ex-presidente do Federal Reserve, Paul Volcker, disse em 2009 que a única inovação útil feita pelos bancos nos últimos 20 anos foi o caixa eletrônico (ATM). Eu discordaria fortemente, mas isso não deveria nos cegar quanto à utilidade do caixa eletrônico para o consumidor financeiro. Imagine o gerenciamento de portfólio sendo simples e confiável como um caixa eletrônico. Isso não dispensaria o papel de gestão ativa, assim como a proliferação de caixas eletrônicos não eliminou a necessidade de caixas humanos nos bancos. Esses produtos seriam confiáveis, comuns e desmistificadores, e de certa forma ajudariam a tornar a entrada no mundo do investimento financeiro uma experiência tão humilde e competente como uma ida ao dentista.

CURANDO O CÂNCER

O poder dos mercados de capitais globais é enorme. Os mercados financeiros concentram a inteligência coletiva de centenas de milhares de profissionais em todo o mundo, formando um supercomputador humano na rede ainda maior de inteligência em massa que chamamos de economia global. Como já vimos, esse supercomputador não é infalível, por sólidas razões evolucionárias, mas ainda assim extremamente poderoso. E se pudéssemos aproveitar esse extraordinário supercomputador para assumir alguns dos maiores desafios que a humanidade enfrenta? *Vou fazer uma previsão ousada: com as estruturas financeiras apropriadas, e utilizando adequadamente os mercados financeiros globais, podemos resolver alguns dos problemas mais intratáveis do mundo nas próximas duas décadas.* Problemas como o câncer, a pobreza global e a crise energética. Comecemos pelo câncer.

O câncer é um dos problemas de saúde mais urgentes que o mundo desenvolvido enfrenta. Nos Estados Unidos, mais de 1,5 milhão de pessoas são diagnosticadas com câncer anualmente.[3] Quase 600 mil americanos morrem dessa doença todos os anos; a atual taxa de sobrevivência de 5 anos é de apenas 67%. O câncer prejudica essa nação também economicamente: os Institutos Nacionais de Saúde (NIH) estimam que o custo aos Estados Unidos é de mais de $200 bilhões a cada ano, metade em contas médicas, metade devido à morte prematura. Isso é bem mais de 1% do PIB do país, o custo de uma pequena guerra a cada ano. Eu perdi vários amigos e familiares para o câncer nos últimos anos, e as chances são de que você também perca.

Felizmente, cientistas e clínicos estão fazendo avanços quase todas as semanas no tratamento de todos os tipos de câncer. Diagnósticos como de melanoma do estágio 4 que eram uma sentença de morte há apenas alguns anos agora podem ser tratados com bastante sucesso e, em alguns casos, até curados, como ocorreu recentemente com o ex-presidente Jimmy Carter, acometido por esse tipo de câncer. Sim, usei a palavra com "C" que a maioria dos oncologistas não ousaria falar uma década atrás, mas finalmente chegamos a um ponto em que as curas estão à vista.

No entanto, parece que há algo de errado nos negócios de pesquisa biomédica e desenvolvimento de drogas.[4] No momento em que estamos preparados para fazer avanços reais no tratamento de uma série de doenças que ameaçam a vida, reduzimos o financiamento público para a P&D biomédica, o que é fundamental para a construção de bases científicas que apoiem todo o setor de desenvolvimento de medicamentos. A Figura 12.1 ilustra essa tendência recente, mostrando que, entre 2003 e 2015, o orçamento do NIH — a maior fonte de financiamento para a pesquisa biomédica no mundo — diminuiu em termos reais em cerca de 22%. Parte desse declínio é devido ao sequestro do orçamento iniciado em 1 de março de 2013, que impôs cortes transversais nos orçamentos de todas as agências federais, incluindo o NIH. Mas a tendência já era declinante, mesmo antes desse corte.

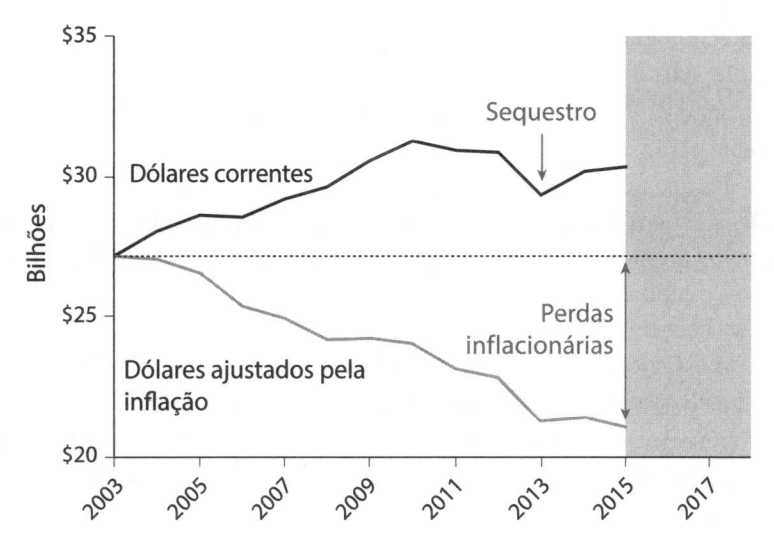

Figura 12.1 Orçamentos do NIH de 2003 a 2015, dólares correntes e ajustados pela inflação. Fonte: Federação das Sociedades Estaduais de Biologia Experimental (faseb.org).

O setor privado também despejou dezenas de bilhões de dólares por ano em biomedicina, mas a natureza desse financiamento é bastante diferente. Os investidores exigem uma taxa de retorno sobre seu capital e não financiarão ciência pura, uma vez que não há como extrair um retorno financeiro sobre novos conhecimentos, a menos que sejam patenteáveis ou economicamente viáveis. Grande parte da ciência pura, como a descoberta de Watson e Crick da estrutura de dupla hélice do DNA, ou o sequenciamento do genoma humano, não é patenteável, mas é extremamente valiosa por sua contribuição a uma infinidade de aplicações que, estas sim, *são* patenteáveis. Em consequência disso, os investimentos do setor privado em biomedicina são crescentes ou decrescentes dependendo dos riscos percebidos e das recompensas das empresas que procuram financiamento.

No final da década de 1990, as empresas de biotecnologia estavam em efervescência, e em alguns casos, até mais do que as empresas de internet que estavam decolando ao mesmo tempo. Entre 2002 e 2012, contudo, as empresas de biotecnologia e os investimentos em capital de risco tiveram um desempenho fraco, ocasionando um êxodo de financiamento conforme os investidores procuravam oportunidades mais promissoras. Por exemplo, em 2002, os capitalistas de risco de biotecnologia aplicaram $700 milhões em investimentos de "primeira sequência" (a primeira vez que um investidor institucional externo investe); até 2012, esse número diminuiu mais de 1/3, caindo para $444 milhões.[5] Em 2002, havia 440 empresas de capital de risco de biotecnologia ativas nos Estados Unidos, mas até 2012, esse número caiu bastante, para 141.[6]

A contar de 2013, a situação do financiamento vem melhorando, particularmente para as empresas de biotecnologia mais maduras que chegaram a um ponto em que podem aumentar o capital através de ofertas públicas iniciais (IPOs, sigla em inglês). Mesmo nesses casos, porém, a imprevisibilidade dos ciclos do mercado de ações, cujo impacto na capacidade das empresas abrirem o capital é direto, torna difícil confiar nos IPOs para levantar capital quando necessário. Ainda há uma lacuna entre o financiamento entre um IPO e os estágios mais iniciais de P&D, conhecido como o "vale da morte".

O que deixa essa diferença particularmente frustrante é que parece não haver uma desaceleração comparável na descoberta científica. Estranhamente, as fronteiras da ciência na biotecnologia estão se alargando a uma taxa exponencial. Uma medida bruta é o crescimento do número de patentes de pesquisa biotecnológica deferidas: 3.056 em 2011 contra 4.257 em 2015.[7] Outro indicador é o número de sequências de DNA publicamente disponíveis, compiladas pelo banco de dados GenBank do NIH.[8] Em 1982, houve uma somatória de 606 sequências genéticas disponíveis para o público, algo que pode preencher um livro pequeno. Em fevereiro de 2016, havia mais de 190 milhões de sequências de DNA, uma vasta biblioteca de informação genética duplicando em tamanho a cada 21 meses. E o GenBank já está sendo superado pelo seu sucessor, o projeto Whole Genome Shotgun, com o *shotgun* ("espingarda", em português) referindo-se ao método de explosão do sequenciamento de DNA envolvido. Nosso conhecimento de como esses genes se traduzem em traços humanos e funções biológicas também tem crescido, até o ponto em que agora não podemos apenas identificar os genes que causam algumas doenças mortais, como também podemos fazer acertos, assim como corrigimos erros de digitação em um manuscrito.

Mas o vale da morte, bem como a natureza cíclica do capital de risco biotecnológico e dos mercados de ações, não conseguem acompanhar esse incrível crescimento do conhecimento biomédico. Com isso, torna-se cada vez mais difícil traduzir novas pesquisas em tratamentos úteis para nossas necessidades médicas mais prementes. Por quê?

Existem vários motivos para esses desafios de financiamento, mas um dos mais importantes é o fato de que o processo de desenvolvimento de medicamentos está ficando cada vez mais desafiador, mesmo quando nos tornamos mais conhecedores das origens da doença humana. Na verdade, é *porque* estamos ficando mais inteligentes que o desenvolvimento de drogas é mais complicado e financeiramente mais arriscado. Isso parece realmente contraintuitivo, especialmente no mundo dos investimentos, em que ser mais inteligente geralmente significa correr menos risco e obter maiores lucros — pense em Warren Buffett, Jim Simons e David Shaw. Não é assim em biomedicina.

Eis um exemplo. Nos últimos anos, os cientistas descobriram que certos medicamentos são extremamente eficazes quando usados em conjunto, mesmo que individualmente isso não aconteça. Um exemplo relevante de tais terapias de combinação é a antirretroviral altamente ativa (HAART) para tratar a AIDS. Mais conhecida como "coquetel contra a AIDS", essa mistura de cinco medicamentos antirretrovirais transformou a infecção por HIV de uma sentença de morte para uma condição crônica, mas administrável. Estima-se que, em 2010, o tratamento poupou cerca de 700 mil vidas em todo o mundo.[9] Agora que sabemos sobre terapias combinadas, parece sensato tentar várias combinações para todas as doenças que queremos tratar. De fato, alguns especialistas biomédicos argumentaram que não precisamos de mais drogas novas; devemos ser capazes de tratar praticamente qualquer tipo de doença com alguma combinação de drogas já existentes.

Então vamos fazer algumas contas. Atualmente existem cerca de 2.800 medicamentos aprovados. Se quisermos encontrar apenas o par certo para tratar uma determinada doença, quantas combinações únicas precisamos pesquisar? A resposta é 3.918.600. Se expandirmos nossos pontos de vista para trios, temos que pesquisar 3,6 bilhões de combinações, e cinco drogas ao mesmo tempo envolvem combinações de 1,4 quadrilhões. E por razões científicas e éticas, cada uma dessas combinações requer um ensaio clínico separado e independente que dura cerca de uma década, custando centenas de milhões de dólares, exigindo de centenas a milhares de pacientes e com uma probabilidade de sucesso relativamente baixa. É por isso que o desenvolvimento de drogas está ficando cada vez mais difícil, mesmo quando nos tornamos mais inteligentes. E à medida que o desenvolvimento de medicamentos vai ficando mais difícil, os riscos financeiros vão aumentando.

Suponha que eu lhe ofereça a seguinte oportunidade de investimento: estou levantando $200 milhões para um projeto de investimento que levará 10 anos antes de proporcionar qualquer retorno, e no final da década há uma chance de 5% de retorno positivo e 95% de chance de não se conseguir nada. Você investiria? A maioria do público que pesquisei declinou, polida mas firmemente, sem mesmo me perguntar o tipo de retorno que receberiam em caso de sucesso. As pessoas normalmente respondem que, com uma probabilidade contrária de 95%, eles não precisam saber mais nada sobre o investimento. Não interessa!

Bem, esses são os cálculos primários para desenvolver em laboratório um composto anticancerígeno típico, mediante ensaios clínicos em seres humanos e, por fim, ser aprovado pela US Food and Drug Administration (FDA). A demora é de cerca de 10 a 15 anos e $200 milhões por composto considerando apenas os desembolsos de caixa diretos, com probabilidade histórica de sucesso em oncologia de cerca de 6%[10]. Em consequência, o custo do desenvolvimento de uma droga *bem-sucedida*, algo que normalmente envolve investigar compostos múltiplos e realização de vários ensaios diferentes, cresceu para enormes $2,6 bilhões em média.[11]

Nas ocasiões em que apresento esse exemplo em minhas aulas de MBA, um estudante curioso pergunta qual o tipo de retorno que uma droga anticancerígena geraria. No caso improvável de que você tenha sucesso na obtenção de uma droga para câncer aprovada, os lucros são, em média, de cerca de $2 bilhões por ano por 10 anos (as patentes de drogas duram 20 anos, mas as dez primeiras são normalmente realizadas na realização de ensaios clínicos para obter a aprovação da FDA). Isso equivale a $12,3 bilhões no ano 10, quando o FDA aprova o medicamento.[12] A Figura 12.2 resume esses vários parâmetros de investimento e mostra o cronograma do capital inicial e os eventuais lucros. É essencialmente jogar na roleta, com uma chance de 5% de uma taxa de retorno anual composta de 51%, contra uma chance de 95% de um retorno negativo de -100%. Alternativamente, para os otimizadores de portfólio Markowitz/Sharpe, esse investimento tem um retorno esperado de 11,9% e um desvio padrão anualizado de 423,5%. Que tal lhe parece?

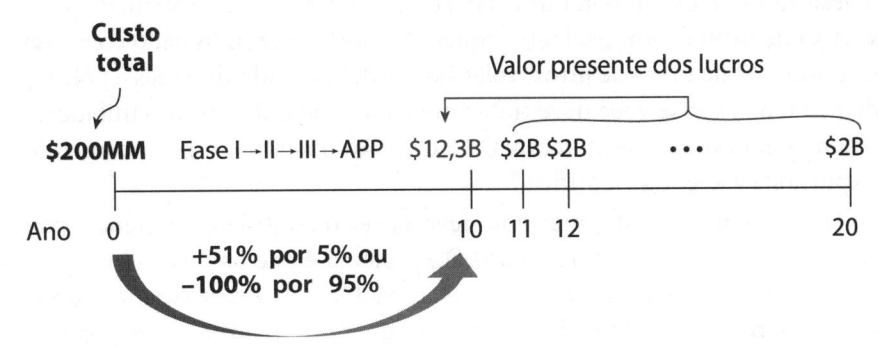

Figura 12.2 Custos hipotéticos, lucros e probabilidade de um único projeto de desenvolvimento de uma droga contra o câncer. Fonte: Fernandez, Stein e Lo (2012).

Para a maioria das pessoas a quem perguntei, a resposta ainda é a mesma: "Fico agradecido mas, não, obrigado". Não é suficientemente atraente dado o nível de risco.

Essas estatísticas explicam por que o financiamento é tão escasso para a biomedicina de estágio inicial, quando a incerteza científica é a maior e o risco financeiro é o mais alto. Um risco maior significa menos investimento. Em vez disso, o capital de risco vem fluindo para segmentos em que a colheita é mais fácil, como as redes sociais, comércio eletrônico e fintech. Por que investir dezenas a centenas de milhões de dólares, esperar dez anos e muito provavelmente dar com os burros n'água, quando você pode investir alguns milhões de dólares em um aplicativo, esperar dois anos e vender o empreendimento por $25 milhões para o Facebook ou Google?

Essas estatísticas estão tendo um impacto real na inovação biomédica e nos pacientes. Quando minha mãe estava lidando com um câncer de pulmão, um amigo me apresentou a uma empresa de biotecnologia muito bem-sucedida que estava desenvolvendo novos tratamentos experimentais para a doença. Tive o privilégio de me encontrar com o diretor científico, que trouxe seu diretor financeiro porque ele ouviu que eu era um economista financeiro. Durante nossa reunião, perguntei a ambos o que pensava ser uma pergunta inocente: "Sua fonte de financiamento tem alguma influência em seus compromissos científicos?"

O diretor científico dirigiu-se ao diretor financeiro, sacudiu a cabeça tristemente e voltou-se para mim e disse: "Influência?! Nosso financiamento *conduz* nossa agenda científica."

Bem, como economista, acho que entendo — P&D custa dinheiro e os investidores precisam obter uma taxa de retorno razoável. Porém, da perspectiva de filho de um paciente, fiquei absolutamente indignado com essa resposta. O que taxas de juros, volatilidade do mercado de ações e política do Fed têm a ver se você deve tratar um câncer de pulmão com inibidores da angiogênese ou imunoterapia? Nada. Não obstante, o financiamento impulsiona a agenda científica."

Não sou oncologista, mas não deveria ser o contrário? A ciência não deveria conduzir o financiamento? O problema é que os investidores não gostam de risco, mas as terapias mais inovadoras às vezes são mais arriscadas. Parodiando o futebol, quando você quer muito fazer um gol, precisa ir ao ataque e não ficar trocando passes no meio do campo.

Eis, então, em que pé estão as coisas: o desenvolvimento de medicamentos está ficando mais difícil; os riscos financeiros estão ficando maiores, e o financiamento da fase inicial está desmilinguindo. O que podemos fazer sobre isso? Bem, e se pudéssemos mudar o perfil de risco/recompensa do processo de desenvolvimento de medicamentos através da engenharia financeira? Nós fazemos isso o tempo todo para outros investimentos. Veja como.

Em vez de investir em um projeto por vez, suponha que o façamos em 150 deles, todos ao mesmo tempo. Sei que isso parece louco. Primeiro, você precisaria de 150 x $200 milhões, ou $30 bilhões; onde vai conseguir todo esse dinheiro? Como economista, a minha resposta é simples: suponha que temos $30 bilhões. Voltarei a essa **suposição** um pouco mais tarde. A questão mais preocupante é esta: se você não quer *um* projeto porque ele só tem 5% de chance de sucesso, por que iria querer 150 deles?

A chave é a diversificação. Mesmo que cada projeto individual tenha uma chance de sucesso de 5%, quanto mais projetos você tiver em seu portfólio, mais chances haverá de pelo menos um deles ser bem-sucedido. Se você tiver 14 projetos, terá uma chance melhor que 50/50. Acontece que, através do poder da diversificação, as chances de obter pelo menos três sucessos em 150 projetos independentes são de incríveis 98%. Com três sucessos, esse portfólio valeria pelo menos 3 vezes $12,3 bilhões, ou cerca de $37 bilhões. Esse é o *Moneyball* para o desenvolvimento de medicamentos contra o câncer.

Agora que temos uma visão clara do sucesso, e quanto ao primeiro problema? Onde vamos conseguir os $30 bilhões para investir em 150 projetos contra o câncer? Em 2015, a quantidade total de capital de risco dos

EUA investido em biotecnologia era de $7,6 bilhões — simplesmente não há capital suficiente entre os capitalistas de risco em biotecnologia para financiar algo deste tamanho.[13]

A resposta está no mercado de títulos. Se tivermos uma chance de 98% de obter pelo menos $37 bilhões em 10 anos, tendo em vista as taxas de juros atuais, verifica-se que podemos financiar mais da metade dos $30 bilhões com a emissão de dívida de longo prazo, em que esses 150 projetos servem como garantia colateral. Em outras palavras, havendo inadimplência dos títulos, a propriedade desses projetos é transferida para os detentores das obrigações. (Essa não é uma perda total para eles: a propriedade intelectual de 150 projetos de biofarmacêutica, mesmo que infrutíferos, provavelmente ainda é valiosa.) Às taxas de juros correntes, mais de $27 bilhões podem ser financiados pela emissão de títulos de longo prazo de grau de investimento "A"[14]. E se utilizarmos todas as outras ferramentas de engenharia financeira — securitização, obrigações de dívida garantida, swaps de inadimplência de crédito e outros tipos de derivativos — podemos fazer ainda melhor.

Neste ponto você provavelmente está se perguntando se essa é realmente uma boa ideia. Afinal, não encontramos essas mesmas inovações financeiras no Capítulo 10, quando estávamos revisando a recente crise financeira? Tenho que admitir que foi o estudo da crise financeira que motivou meu pensamento nessa direção. A crise financeira não aconteceu porque essas técnicas não funcionaram; aconteceu porque elas funcionaram muito bem. Existe um elemento de verdade para a caracterização de Warren Buffett dessas técnicas como "armas financeiras de destruição em massa". Securitização, *swaps* de inadimplência de crédito e outros títulos derivativos são o equivalente financeiro do $E=mc^2$ de Einstein. Há nos mercados financeiros globais enormes energias financeiras, que quando liberadas sem controle e irresponsavelmente ocasionam bolhas, quebras e anos de chuva radioativa. Mas a analogia funciona de ambos os lados — também implica que quando usamos essas ferramentas de forma cuidadosa e responsável obtemos um poder praticamente ilimitado para alimentar a inovação e o crescimento econômico.

Por que não tentar engendrar um boom deliberado no desenvolvimento de medicamentos contra o câncer? Esse mercado é mil vezes menor do que o mercado imobiliário dos EUA, portanto há poucas chances de efeitos sistêmicos amplos sobre a economia — embora potenciais efeitos sistêmicos certamente devam ser considerados e gerenciados. As estatísticas históricas para o desenvolvimento de terapias anticancerígenas estão bem documentadas e não estão altamente correlacionadas com o ciclo econômico, de modo que o processo de securitização será menos sensível aos booms e declínios econômicos do que o equivalente no mercado hipotecário. Finalmente, em termos de bem-estar humano, curar o câncer parece um objetivo mais digno do que simplesmente incrementar a propriedade de casas.

Já vimos o lado negativo da inovação financeira no mercado imobiliário; agora deixe-me descrever um possível lado positivo. Imagine criar um megafundo "CancerCures" de vários bilhões de dólares gerenciado por alguns dos mais talentosos especialistas biomédicos e investidores na área de saúde no mundo. Imagine que esse fundo investe em um grande número de terapias de câncer realmente arriscadas, mas que salvam vidas — eu falo de curas, não apenas de dois ou três meses adicionais de sofrimento para pacientes com câncer. E imagine financiar esse fundo através da emissão de "títulos de câncer" em que todos possamos investir, como os "títulos de guerra" que o governo dos Estados Unidos emitiu para financiar a II Guerra Mundial. Mais de 85 milhões de americanos compraram esses títulos de guerra e, em 1946, foram levantados mais de $185 bilhões, que corresponde a $2,3 trilhões em dólares de hoje, uma soma extraordinária.

Podemos fazer o mesmo para financiar a guerra contra o câncer. Caso o fizéssemos, você investiria? Quase todos a quem pergunto imediatamente dizem "sim", ao contrário da resposta que recebo pelo projeto individual de câncer. Agora imagine fundos de pensões corporativos, fundações e recursos investindo também. As companhias de seguros têm uma forma peculiar de risco em seus negócios de seguros de vida e anuidades denominado "risco de longevidade". É algo não muito agradável de se dizer, mas elas perdem dinheiro se as pessoas vivem mais do que o previsto. Essas companhias poderiam colocar alguns de seus enormes investimentos nesse fundo como *hedge* pelo risco de longevidade que eles assumem em seu modelo de negócios. E como o câncer é um assassino apartidário, os legisladores devem estar dispostos a aplicar também.

Um megafundo de câncer de vários bilhões de dólares é realmente possível? Eu acredito que sim. Claro, o exemplo simples que usamos para ilustrar as características mais importantes de um megafundo de câncer ignora uma série de desafios práticos e, certamente, não tenho conhecimentos de negócios biomédicos ou farmacêuticos para tocar esse fundo. Mas tive a sorte de ter encontrado uma série de colaboradores que, coletivamente, possuem essa *expertise*. Desenvolvemos um conjunto mais detalhado de propostas para novas estruturas de financiamento e modelos de negócios capazes de financiar uma variedade de esforços biomédicos para combater o câncer, doenças raras como a esclerose lateral amiotrófica (doença de Lou Gehrig) e a distrofia muscular de Duchenne, e mesmo algumas doenças mais complicadas, como o Alzheimer, para as quais nenhum novo medicamento foi aprovado em mais de uma década. Em muitos desses casos, mostramos que, com o tipo de financiamento certo, os investidores desses "megafundos" podem obter atraentes taxas de retorno. Para encorajar outras partes interessadas a experimentar esses tipos de estruturas de financiamento, meus coautores e eu disponibilizamos nosso software de computador com uma licença ilimitada de código aberto para usá-lo e modificá-lo, de modo que qualquer um possa testar seus próprios pressupostos e ver os resultados.[15]

Nossos estudos têm um tema comum: queremos agrupar projetos arriscados em um único portfólio para reduzir o risco e melhorar as chances de sucesso. Em virtude da rentabilidade de um único medicamento aprovado, apenas um ou dois sucessos são suficientes para cobrir os que falham, especialmente se o medicamento for realmente eficaz. Ao reduzir o risco e melhorar o retorno, tornamos a oportunidade de investimento mais atrativa para uma população mais ampla de investidores. É por isso que podemos aumentar quantidades muito maiores de capital a despeito de usar técnicas de financiamento como a securitização, que normalmente não são usadas na indústria da biotecnologia. O poder do financiamento adequado pode tornar um investimento muito menos assustador para nossa amígdala e muito mais atraente para nossos receptores de dopamina.

Os investidores têm capacidade suficiente para financiar o CancerCures? Já sabemos que a necessidade é grande demais para ele ser financiado por capital de risco. É aqui que o financiamento da dívida desempenha um papel fundamental. Em 2015, o tamanho do mercado de títulos dos EUA era de $40 trilhões, e nosso megafundo CancerCures é um erro de arredondamento em comparação. Havia $16 trilhões em fundos de investimento e $2,7 trilhões em *money-market funds* nos Estados Unidos em julho de 2016. O Sistema de Aposentadoria dos Funcionários Públicos da Califórnia — um único fundo que investe rotineiramente em títulos de renda fixa de todos os tipos — gerenciava $305 bilhões em ativos em agosto de 2016.

Mas não há razão para se limitar às fontes domésticas de capital; podemos ir para o exterior, uma vez que as finanças e o câncer são internacionais. O Oljefondet, o fundo soberano norueguês, reunia $855 bilhões em junho de 2016 e atualmente detém mais de 2% de todas as ações europeias. Ninguém realmente sabe quão grande é o fundo soberano da China, mas também se estima-se algo por volta de centenas de bilhões de dólares, e a China tem uma grande participação no desenvolvimento de terapêuticas contra o câncer, considerando o tamanho e a idade de sua população. Há mais do que suficiente capital de investimento disponível para um megafundo de câncer, desde que estruturemos o financiamento corretamente.

Não se engane, o CancerCures será um projeto desafiante por pelo menos dois motivos. O primeiro é seu porte. A gestão de grandes carteiras de projetos complexos de pesquisa e desenvolvimento exigirá novas estruturas de gerenciamento e governança. Pense nos esforços necessários para mobilizar os recursos nacionais dos Estados Unidos para outros projetos tecnológicos de vários bilhões de dólares, como os desembarques na Lua com as missões Apolo ou o Projeto Manhattan. Um gestor de portfólio também terá que garantir que o fundo permaneça diversificado conforme seu tamanho aumenta. Um fundo que gerencia o desenvolvimento de 150 tipos de tratamentos anticancerígenos muito semelhantes será muito mais propenso ao risco sistemático do que um fundo que gerencia 150 tratamentos anticancerígenos radicalmente diferentes. Para esse assunto, talvez ainda não haja talento suficiente nos campos biomédicos ou financeiros apropriados para combinar a escala desse empreendimento.

O outro desafio é ético. Títulos de Câncer são inerentemente complexos. Para reduzir a possibilidade de uma crise financeira, os riscos e os benefícios desses títulos deverão ser claros para os potenciais investidores. (A crise do *subprime* ainda ocorreria se todos os elos da corrente estivessem cientes dos verdadeiros riscos?) Gestores com o objetivo social de curar o câncer entrarão em desacordo com o propósito de lucro dos investidores, enquanto gestores cujo objetivo é financeiro, de obtenção de lucro, não se alinharão com o objetivo médico final do projeto. O potencial de abuso aumentará à medida que mais dinheiro entra no fundo, desde pesquisas fraudulentas no nível de programas de drogas individuais, até malversações no gerenciamento do dinheiro no alto escalão.

Esses desafios podem ser superados, mas isso não acontecerá apenas por intermédio de incentivos econômicos. Precisamos visualizar o objetivo final de curar o câncer a despeito dos recorrentes reveses. Cada linha de pesquisa individual terá apenas uma pequena probabilidade de sucesso. Pode ser desanimador, às vezes. As forças da ganância e do medo podem nos dominar individualmente conforme vamos nos adaptando a um ambiente de repetidos fracassos. Mas se formos capazes de construir o ecossistema certo e desenvolver as narrativas corretas, podemos curar o câncer.

ELIMINANDO A POBREZA

Um dos aspectos mais interessantes do universo de *Jornada nas Estrelas* de Roddenberry é a ausência de pobreza, pelo menos dentro da Federação (quem sabe como os klingons e os romulanos tratam seus pobres?). Não que Roddenberry tenha evitado tratar de questões sociais importantes — dependência das drogas, racismo e fanatismo religioso obtiveram destaque em vários episódios. Mas a pobreza era uma coisa do passado em *Jornada nas Estrelas*, porque a sociedade do futuro descobrira como atender às necessidades básicas de todos; talvez através de tecnologias como o replicador de alimentos ou a fonte de energia aparentemente ilimitada fornecida pelos cristais de dilítio. Seria essa visão tão inacreditável assim? Em especial, considerando que as inovações tecnológicas nos permitiram quase quintuplicar a população humana ao longo do século passado (reveja a Figura 5.2)?

Há não muito tempo o mundo estava dividido em três blocos: o Primeiro Mundo, as ricas nações democráticas da Europa, América do Norte e Japão; o Segundo Mundo, as nações comunistas, incluindo a antiga União Soviética e a República Popular da China, onde o governo controlava diretamente a maior parte da economia; e o Terceiro Mundo, uma coleção de nações estranhamente diferentes, com apenas uma coisa fundamental em comum — a pobreza. Apesar de algumas pequenas histórias de sucesso locais, como Cingapura e Hong Kong, parecia que o mundo ficaria para sempre dividido entre os ricos, os países pobres submetidos a regimes opressores, e os muito pobres de fato.

O mundo mudou bastante, e para melhor, na geração após a queda do Muro de Berlim. No lugar de um mundo dividido eternamente entre ricos e pobres, entramos na era da grande média global, ou seja, a maioria do mundo de hoje é pelo menos da classe média segundo os padrões do século XX. Houve uma extraordinária onda de riqueza, sem paralelo na história humana. A China, a Índia, e mais recentemente, as nações na África, foram os principais beneficiários dessa incrível expansão econômica, mas os Estados Unidos também se beneficiaram, não só através de preços mais baixos, que são as explicações econômicas padrão, mas também por meio de novos mercados de trabalho, aumento do contato cultural e a flexibilização gradual da ameaça da guerra global. Hoje, como Jeffrey Sachs acredita, o fim da pobreza pode estar à vista.[16]

Eis aí um começo incrível para um futuro de prosperidade global. Mas ainda não estamos lá e não se sabe quando virá a próxima crise econômica mundial. No momento presente, o mundo tem recursos suficientes para que ninguém seja realmente pobre. O Banco Mundial define a pobreza extrema como vivendo com menos de US$1,25 por dia, o que resulta em menos de US$456 por ano. Ainda há um bilhão de pessoas na Terra nessas condições, uma em cada sete. Se tomarmos o PIB mundial total, cerca de $76 trilhões, e sua população atual por volta de 7 bilhões, e dividirmos um pelo outro, vemos que o produto mundial bruto per capita é de US$10.900, muito acima do limite de US$456 de pobreza extrema definida pelo Banco Mundial. Tendo em conta a mudança histórica, esse é aproximadamente o PIB por pessoa nos Estados Unidos em 1940, que não recordamos como uma época de pobreza. Embora a maioria dos que leem este livro seria muito mais pobre se a renda mundial fosse dividida igualmente, bilhões de pessoas seriam mais ricas.

É claro que esse tipo de socialismo radicalmente redistributivo raramente leva a bons resultados a longo prazo. Mas o capitalismo puro, com sangue nos dentes e nas garras, tampouco funcionará. A renda per capita não cresceu quando a China foi "aberta" pelos canhões dos navios de guerra estrangeiros, ou enquanto a Companhia das Índias Ocidentais controlava a Índia. No Estado Livre do Congo, o livre mercado resultou na criação de condições que levaram a algumas das piores atrocidades na história africana, deixando o centro do continente destruído economicamente por gerações. Quando olhamos para trás no século XX, não devemos nos surpreender que tantas nações tenham se voltado para o socialismo revolucionário por tanto tempo. Tudo o que eles queriam era sua fatia do bolo.

Como chegar a um mundo onde todos têm oportunidades econômicas e ninguém morrerá por falta delas? Como podemos garantir que o "bilhão inferior", para usar a frase evocativa de Paul Collier, tenha mais de um dólar e pouco por dia para viver?[17] Na verdade, isso é pensar pequeno demais — deveríamos perguntar como ajudar essas pessoas a ficar ricas.

Pense na diferença entre água e gelo. Mesmo a água fria não congelará necessariamente de imediato. Existe uma barreira de energia entre as fases de líquido e sólido que precisa ser superada. O termo técnico para essa barreira é *calor latente de fusão*, mas o efeito prático é que a água resfriará rapidamente mas permanecerá no ponto de congelamento até que todo seu calor latente de fusão seja absorvido pelo entorno. É até possível descongelar a água abaixo do ponto de congelação e mantê-la líquida. Nesse ponto, no entanto, acontece algo notável. Se você soltar um cristal de gelo microscópico nesse líquido super-resfriado, ele se solidificará quase que imediatamente.

A velocidade do crescimento econômico é como esse líquido super-resfriado depois de encontrar esse pequeno pedaço de gelo. Em um período de tempo inferior ao de uma vida humana, uma sociedade pode se transformar de camponeses em estrelas pop, de nômades a físicos nucleares. Praticamente nenhum economista previu a onda atual de melhoria econômica, que foi desencadeada por um descongelamento no ambiente político global e uma erupção de inovação tecnológica. O próximo passo, trazer os pobres e classe média globais para o nível dos ricos, pode ser mais difícil.

Seja qual for a solução, porém, acho positivo envolver inovações financeiras — formas novas e adaptativas de redistribuição de capital global, destinadas a melhorar as condições locais. Nós até conhecemos algumas das grandes linhas do que precisa ser feito.[18] As finanças do futuro precisarão proteger as economias locais da "doença holandesa", que ocorre quando uma economia se adapta muito estreitamente ao "boom" de um recurso natural recentemente descoberto, fazendo com que a moeda local se valorize e tornando os produtos domésticos menos competitivos na economia global.[19] Também será necessário resfriar os efeitos dos fluxos de "dinheiro quente", causados por investidores externos que transferem seu capital de país para país em busca de melhor rendimento. E parte disso estará na construção de fundamentos financeiros. Um sistema bancário forte e seguro irá, por si só, melhorar imensamente a vida em muitos países. Uma alta taxa de poupança é fundamental para aumentar o capital que induz o crescimento local. Esses novos consumidores também querem os mesmos serviços financeiros básicos que a maioria dos americanos modernos tem como certos, coisas como seguro, aposentadoria e fundos de pensão, e acesso ao crédito. Esses serviços ajudarão a manter os novos consumidores seguros e capazes de planejar o futuro à medida que a economia mudar ao redor deles.

Por que estou tão confiante de que isso é possível em nossas vidas? Há um número crescente de pesquisas mostrando que as pessoas que vivem na pobreza estão sob tanta pressão que sua resposta ao estresse fisiológico os leva a fazer escolhas financeiras ruins (lembre-se dos traços dos piores *traders* em nossos estudos psicofisiológicos do Capítulo 3).[20] Essa resposta parece ser universal, quer a privação seja absoluta, como na África subsaariana, ou relativa, como na Suécia, Austrália e Estados Unidos. O estresse de não ser capaz de se manter, a preocupação cotidiana de viver, cobram um pedágio fisiológico, seja do lavrador que planta para comer e está com medo que não chova, seja de uma mãe com um emprego não especializado de baixa remuneração procurando desesperadamente nos bolsos uns trocados esquecidos para comprar um pedaço de pão antes do próximo salário.

Como uma testemunha ocular do pedágio físico e psicológico que as preocupações econômicas cobraram de minha mãe enquanto lutava para criar três filhos e transformá-los em adultos, posso atestar as poderosas forças da irracionalidade que muitas vezes surgem em circunstâncias tão difíceis.

Mas há um aspecto favorável nessas pesquisas. Como o psicólogo da Universidade de Princeton, Johannes Haushofer, mostrou, o simples fato de receber dinheiro destrói incondicionalmente os efeitos fisiológicos do estresse.[21] Usando ensaios controlados aleatoriamente entre os agregados familiares rurais no Quênia, Haushofer e o coautor Jeremy Shapiro descobriram que os ganhos de caixa melhoraram drasticamente o estresse fisiológico dos destinatários. Os níveis do hormônio do estresse cortisol, intimamente envolvidos na resposta "lutar ou fugir", diminuíram, enquanto os receptores relataram níveis mais baixos de ansiedade e depressão e melhorias em seu senso de bem-estar. Por outro lado, a mesma pesquisa mostra que uma redução no estresse permite que as pessoas processem os riscos financeiros e adiem o ganho financeiro com mais precisão, em vez de permitir que a resposta do medo dite seu comportamento financeiro. Simplesmente ter dinheiro suficiente para poupar converte o ciclo vicioso do estresse e a tomada de decisões precárias em um ciclo virtuoso de crescimento pessoal.

Isso me lembra de um episódio muito interessante de *Jornada nas Estrelas*, "The Cloud Minders". Era sobre o planeta Ardana, onde a maioria dos habitantes, chamados troglitas, vivia na superfície do planeta e trabalhava em minas, enquanto a classe dominante, uma pequena elite, habitava uma cidade nas nuvens, Stratos. Para estes, os troglites eram vistos, literal e figurativamente, como uma espécie agressiva, bruta e inferior. Os mineiros e os moradores da cidade nas nuvens estavam envolvidos em uma amarga guerra de classes, que incluía atos de terrorismo pelos troglites e represálias brutais de Stratos, até que a equipe da Enterprise descobriu que um gás nas minas era responsável por prejudicar a inteligência dos mineiros e estimular sua agressividade. Tudo o que era necessário para colocar os mineiros em pé de igualdade com os habitantes se Stratos era uma simples máscara para filtrar aquele gás. A solução para a pobreza pode ser tão simples assim?

Pode parecer ingênuo, mas até que comecemos a descriminalizar a pobreza e a olhar além do estigma para as causas subjacentes, não faremos muito progresso. Imagine se começarmos a pensar na pobreza não como resultado de preguiça ou inferioridade, mas sim uma consequência de circunstâncias que podem envolver quaisquer um de nós (como uma doença infecciosa) levando aos mesmos resultados infelizes. Nesse ponto, é possível começar a romper o círculo vicioso com intervenções mais eficazes, incluindo inovações tecnológicas para reduzir o estresse, apoio parental, gerenciar as finanças do consumidor e ajudar os indivíduos a tomar melhores decisões. O primeiro passo para eliminar a pobreza é reconhecer que ela não precisa existir.

UMA NOVA NARRATIVA

O futuro é sempre incerto. O grande filósofo americano Yogi Berra disse uma vez: "O futuro não é o que costumava ser." Mas foi o economista americano Frank Knight quem nos ensinou como separar o risco da incerteza. O risco é mensurável e quantificável; a incerteza é desconhecer o desconhecido. Uma das grandes realizações da economia financeira moderna tem sido repelir a incerteza, converter as incógnitas em quantidades conhecidas e familiares, para subjugar a incerteza e subordinar o risco aos nossos próprios propósitos. A Hipótese dos Mercados Adaptáveis nos diz que, ao transformar a incerteza em risco, os investidores se adaptarão e o capital virá.

Economista financeiro há três décadas, estou convencido de que com uma estrutura financeira adequada quase tudo é possível. Considere um mundo onde muitos megafundos trabalham duro, não só na difícil tarefa de curar o câncer, mas onde quer que exista um importante objetivo social com uma possível solução tecnológica, seja curando doenças raras e órfãs (aquelas que, no mundo desenvolvido, são ignoradas devido ocorrerem mais no mundo em desenvolvimento como, por exemplo, a malária), desenvolvendo novas fontes de energia, moderando os efeitos das mudanças climáticas, ou procurando novos tratamentos para doenças cardíacas, diabetes, doença de Alzheimer e demência. Isso soa utópico, muito parecido com um episódio de *Jornada nas Estrelas*? Não deveria. O dinheiro está lá, e é possível estruturar a pesquisa para proporcionar um retorno atraente.

A engenharia financeira é especialmente importante para metas de longo prazo. Existem fundações privadas cujas origens remontam ao Renascimento, que sobreviveram a conquistas, tirania, genocídio e guerras mundiais. Com as estruturas financeiras adequadas, deve ser possível patrocinar metas louváveis por séculos.

Considere as mudanças climáticas, um desafio que provavelmente não será resolvido em nossas vidas, ou na de nossos filhos. O que as finanças poderiam fazer para resolver esse problema? De fato, ideias de cunho financeiro já estão participando intimamente dos debates políticos. Quando os especialistas em políticas discutem os méritos de um imposto sobre o carbono em relação a um sistema de *cap-and-trade* (tributação para emissões de poluentes acima de um limite, e permissão para negociar no mercado quando houver menor emissão), eles estão explicitamente falando sobre o uso do poder dos mercados financeiros para encontrar o melhor preço para as emissões de carbono. Quando os pontos de vista concorrentes consideram os maiores ou menores efeitos econômicos das mudanças climáticas, eles estão usando uma taxa de desconto para calcular um valor presente líquido, e grande parte do debate é implicitamente sobre o número correto dessa taxa. Quanto valerá uma vida humana daqui a um século? O modo como você pensa sobre essa questão determina o que você acredita que o mundo deveria estar fazendo sobre mudanças climáticas. As finanças são fundamentais para esse debate.

Se não houver uma solução política para as mudanças climáticas, as finanças também podem ser úteis no financiamento de soluções tecnológicas inovadoras. Isso envolveria megaprojetos em escala global, como a liquefação de dióxido de carbono atmosférico, encerrando-o profundamente no subsolo, processo também conhecido como geoengenharia. Alguns desses projetos exigirão pesquisa e desenvolvimento em escala considerável para serem implementados. Por exemplo, há algumas espécies de bactérias que metabolizam o metano, um dos gases de efeito estufa mais potentes da atmosfera.[22] Seria possível espargir essas bactérias na atmosfera superior, para que elas possam eliminar uma grande fonte de efeito estufa? Se tudo mais falhar, deve ser possível lançar satélites para proteger a Terra de forma seletiva — e talvez seja possível captar a energia solar e transmiti-la à Terra para alimentar nossa rede elétrica, substituindo grande parte de nosso consumo de combustível fóssil. (Isso provavelmente não seria economicamente rentável, mas tal situação seria *in extremis*.)

Não há soluções fáceis. A sociedade enfrenta os maiores desafios de sua história, já que aproveitamos tudo que estava mais à mão. A bomba que causaria a "explosão populacional" foi desarmada até o ponto em que algumas pessoas agora se preocupam com o declínio populacional. Encontramos soluções para problemas dolorosos como a mortalidade infantil e a maioria das doenças letais infantis. Hoje, a maior parte das crianças aprende a ler e escrever. A maioria da humanidade está acima do nível da pobreza. O que isso significa, é claro, é que os desafios que restam são os realmente difíceis, os que definirão nosso futuro como espécie. O fato de que podemos contemplar isso é um testemunho da evolução da capacidade cognitiva ao longo de milhões de anos; porém, não há nada em nossa biologia afirmando que continuaremos a ter sucesso no futuro.

Parece que estamos em um ponto de inflexão na evolução humana. Dispomos agora dos meios para nos salvar, e talvez colonizar outros planetas, ou nos destruir. Gene Roddenberry nos deu uma visão de um mundo utópico, onde as pessoas viajavam entre as estrelas em cadeiras confortáveis, e uma xícara de chá quente estava instantaneamente disponível, bastando pedir por ela. Mas podemos facilmente imaginar distopias, mundos de exterminadores e holocaustos robóticos, terrenos baldios nucleares, catástrofes ambientais e outras imagens de nossos pesadelos. Uma distopia muito mais aborrecida, no entanto, é aquela em que a disfunção política e o pensamento convencional nos levam ao caminho da procrastinação, deixando o trabalho de solucionar problemas importantes para as gerações futuras resolverem — até que em algum ponto futuro existam tantos problemas prementes que o mundo se veja diante de algumas escolhas muito difíceis.

Os grandes desafios da sociedade exigem níveis de colaboração e inteligência coletiva sem precedentes. O financiamento é o meio mais eficiente para facilitar esse tipo de inteligência coletiva já descoberta. Ao contrário do discurso (ficcional) de Gordon Gekko, essa eficiência não resulta na ideia de que a ganância seja boa. A Hipótese dos Mercados Adaptáveis nos diz que a obtenção de lucros por si só não é suficiente para explicar o sucesso do mercado na organização do comportamento humano. Nós somos motivados pelo medo e ganância, mas também por uma sensação de justiça e, talvez o mais importante, por nossa imaginação.

O estadista alemão Otto von Bismarck chamou a política de "a arte do possível". Nessa linha, o financiamento é o "facilitador do possível". Através das finanças, podemos mudar o que está sob o jugo da política, tornando alcançável o que antes era impossível. Se a capacidade de Aron Lee Ralston de imaginar um futuro melhor lhe dava a enorme disciplina para superar sua provação em Blue John Canyon, talvez possamos fazer o mesmo com a visão certa.

Os políticos geralmente não são mais ousados do que o resto de nós. Antes que possam convencer seus eleitores, eles precisam ter uma visão para comunicar. Se queremos que nossos políticos trabalhem de forma mais eficaz, precisamos comunicar essa visão para eles. É a essência da liderança criar essa visão e inspirar o resto de nós com ela.

Mais do que qualquer outra espécie, o *Homo sapiens* formula expectativas e responde à visão: se os investidores esperam que você cure o câncer, e compartilham sua visão, estarão mais do que felizes em financiá-la. Com as expectativas, o financiamento e a visão corretos, podemos realizar coisas incríveis.

QUERO SER HARVEY LODISH

Quero dar a você um exemplo realmente convincente de tal visão. Isso mudou para sempre meu pensamento sobre o impacto que as finanças podem ter, mesmo que a história nada tenha a ver com finanças.[23] Envolve um colega meu do MIT, Harvey Lodish, um reconhecido biólogo molecular e membro fundador do renomado Whitehead Institute for Biomedical Research. Quando ouvi a história de Harvey decidi que queria ser Harvey Lodish. Deixe-me explicar.

Em 1983, Harvey cofundou uma pequena empresa de biotecnologia focada no tratamento da doença de Gaucher, uma desordem genética rara que afeta apenas cerca de 1 em 20 mil nascimentos nos Estados Unidos. Essa doença é causada por uma mutação muito específica, um erro de digitação no DNA que impede o corpo de produzir uma importante enzima "faxineira" que quebra as substâncias gordurosas. Sem essa enzima, as substâncias gordurosas se acumulam em glóbulos brancos, no fígado, baço e medula óssea. Com isso, o fígado e o baço aumentam dramaticamente de tamanho; as células do sangue são destruídas prematuramente, levando à anemia e à tendência de se machucar facilmente; e isso afeta a estrutura óssea, levando a fortes dores nas articulações e à osteoporose. Para muitos pacientes de Gaucher isso era uma debilidade terrível e, com frequência, uma doença fatal. Não é mais.

Harvey utilizou pela primeira vez sua *expertise* propondo tratar a doença de Gaucher fornecendo aos pacientes a enzima desaparecida obtida a partir de placenta humana. Na época, essa enzima era incrivelmente preciosa, exigindo 22 mil placentas para tratar um único paciente com a doença. O *insight* da empresa de biotecnologia, e também de Lodish, era que a enzima exigia açúcares específicos em sua superfície, agindo como etiquetas de bagagem em um aeroporto, para permitir que a enzima fosse absorvida pelos tipos certos de células. Isso funcionou perfeitamente e, em 1991, a FDA aprovou o novo tratamento, chamado Ceradase. No entanto, o custo de tratamento extremamente elevado, acima de $100.000 por ano, fez desse esforço uma controversa história de sucesso.

O custo desse medicamento decorria da extração da placenta humana, que é uma mercadoria rara. Mas Harvey é um biólogo molecular que iniciou sua carreira investigando de que maneira as células humanas utilizavam o DNA como código fonte para construir enzimas como a glucocerebrosidase. Ele argumentou que deveria ser possível encontrar o segmento preciso de DNA que codificasse a glucocerebrosidase e elaborasse uma versão muito mais barata da enzima usando técnicas de recombinação. Acontece que isso foi muito mais fácil do que ele pensava — ele descobriu que outro pesquisador do Gaucher, Ernest Beutler, já havia clonado o gene com sucesso, e simplesmente pediu para usá-lo. Beutler deu-lhe permissão sem quaisquer restrições. Essa versão do tratamento, Cerezyme, foi lançada em 1994. A partir daí, milhares de vidas foram salvas. Você pode ter ouvido falar da pequena startup de Harvey. Chama-se Genzyme, e em 2011 foi adquirida pela Sanofi por cerca de $20 bilhões.

Mas não é por isso que eu quero ser Harvey Lodish. A razão pela qual quero ser ele é o que aconteceu em 2002. Naquele ano, a filha de Harvey deu à luz um menino chamado Andrew, o primeiro neto de Harvey e sua esposa. Andrew nasceu com a mutação da doença de Gaucher. Quais são as chances de isso acontecer?

Ter a mutação nem sempre significa que você terá a doença imediatamente, mas quando Andrew completou dez anos, começou a desenvolver os sintomas. Ele, contudo, está indo bem e leva uma vida perfeitamente normal e saudável graças à droga que seu avô desenvolveu ao longo de uma década antes de Andrew nascer. Muito legal, não?

Perguntei a Harvey se ele tinha algum pressentimento de que, quando cofundou a Genzyme em 1983, esse ato crucial iria um dia salvar a vida de seu neto. É um tópico emocional por razões óbvias, e ambos, Harvey e eu, lutamos para manter nossa compostura, quando ele reconheceu que não tinha ideia das consequências pessoais surpreendentes de sua pesquisa pioneira. Ele apenas queria ajudar os pacientes que precisavam usando o conhecimento que possuía na época. O que vai, volta.

É por isso que eu quero ser Harvey Lodish. Nunca tive o privilégio de salvar uma vida, e não falo aqui da vida dos meus dois meninos, nem dos meus futuros netos, nem da minha mãe. Eu não posso, porque eu não sou um médico e não fiz doutorado em biologia celular. Nem mesmo sou um economista da área da saúde.

Mas finalmente percebi que *eu* poderia ser Harvey Lodish. Se um megafundo existisse e eu investisse nele, esse fundo poderia algum dia financiar uma cura para as doenças de meus netos, seja câncer, Alzheimer ou uma doença rara como Gaucher. Pensar nos retornos dos investimentos no mesmo contexto de questões de vida ou morte, como o câncer, podem parecer incrivelmente insensível e obsceno — minha mãe morreu de câncer, então entendi. Mas se não pensarmos nos retornos dos investimentos, não vamos conseguir a quantidade de financiamento que precisamos para lidar com essas terríveis aflições, para não mencionar outras prioridades sociais, como pobreza, mudanças climáticas e pandemias. Não devemos deixar o financiamento determinar nossos objetivos; nossos objetivos devem determinar o financiamento.

Estou convencido de que as finanças do futuro serão capazes de se voltar para todas essas prioridades sociais. Nossa inteligência humana aproveitará o medo e a ganância coletiva para resolver nossos problemas globais. Por fim, levaria um verdadeiro crente na Hipótese dos Mercados Eficientes a assumir que os mercados estão alocando dinheiro para seus melhores usos e que não são necessárias intervenções políticas. A Hipótese dos Mercados Adaptáveis nos diz que podemos melhorar um mercado, um método ou todo um sistema financeiro, adaptando-o às nossas necessidades e aos desafios do nosso meio ambiente. Os mesmos traços que tornam o sistema financeiro propenso à loucura das massas também tornam o sistema financeiro extremamente eficaz na coleta e implantação da sabedoria das multidões.

As finanças não precisam ser um jogo de soma zero, se não deixarmos. Podemos fazer o bem fazendo o bom, e se todos trabalharmos juntos, podemos fazer isso agora. Eu posso ser Harvey Lodish, e você também.

Notas

INTRODUÇÃO

1. Veja de Becker (1997, 27–28).
2. Lo (2004; 2005; 2012a).
3. O nome apropriado para esse prêmio é Sveriges Riksbank Prize em Ciências Econômicas em Memória de Alfred Nobel.
4. Surowiecki (2004).
5. Para mais informações sobre as origens fascinantes de Vanguard, veja https://about.vanguard.com/who-we-are/ [conteúdo em inglês].
6. Blinder e Reis (2005, 3).
7. Andrews (2008).
8. Por exemplo, Vorzimmer (1969) escreve: "Sem dúvida, no entanto, o grande divisor de águas no desenvolvimento da teoria da evolução de Darwin veio com sua leitura de Malthus. Não só Malthus forneceu um elemento faltante vital, mas serviu para precipitar outros elementos, igualmente necessários, em seu próprio lugar no pensamento de Darwin". Veja também Hirshleifer (1977).
9. Berkshire Hathaway (2002). A propósito, Berkshire Hathaway fez uso liberal dessas armas nas últimas duas décadas.

CAPÍTULO 1 SOMOS TODOS *HOMO ECONOMICUS* AGORA?

1. *New York Times* (1986).
2. Wilford (1986).
3. Sanger (1986).
4. Presidential Commission on the Space Shuttle Challenger Accident (1986, capítulo 4). Em 6 de junho de 1986, comissão apresentou seu relatório, cujo resumo era o seguinte:

> O consenso da Comissão e das agências de investigação participantes é que a perda do ônibus espacial Challenger decorreu de uma falha na junção entre os dois segmentos inferiores do Foguete de Propulsão Sólido. A falha específica foi a destruição das vedações que se destinam a evitar que os gases quentes escapem

através da articulação durante a queima do propulsor do foguete. As provas reunidas pela Comissão indicam que nenhum outro elemento do sistema do ônibus espacial contribuiu para essa falha.

5. A questão do O-ring já havia sido identificada em 1985 pelos engenheiros de Morton Thiokol. Na verdade, um desses engenheiros, Roger Boisjoly, colocou-a aos participantes de uma reunião de outubro da conferência da Society of Automotive Engineers para obter informações sobre o problema. Além disso, em 31 de julho de 1985 — seis meses antes do desastre do Challenger — Boisjoly (1985) enviou um memorando interno ao vice-presidente de engenharia de Morton Thiokol, R. K. Lund, nos seguintes termos:

> Esta carta está escrita para garantir que a gestão esteja plenamente consciente da gravidade do problema atual da erosão no O-ring nas juntas SRM do ponto de vista da engenharia [...] O resultado seria uma catástrofe da mais alta ordem — perda de vidas humanas [...] Meu medo honesto e muito real é que, se não tomarmos medidas imediatas para designar uma equipe para resolver o problema com a *joint venture* com prioridade número um, estamos correndo o perigo de perder um voo junto com todas as instalações da plataforma de lançamento.

E em uma teleconferência durante a noite anterior ao lançamento de 28 de janeiro, vários engenheiros da Morton Thiokol, incluindo Boisjoly, expuseram suas preocupações sobre a baixa temperatura e argumentaram que o lançamento deveria ser adiado, o que foi rejeitado pela Morton Thiokol e pela alta administração da NASA. Muitos estudos dos processos de tomada de decisão e estruturas de gestão que levaram a esse trágico evento vinham sendo concluídos desde 1986, e a NASA, Morton Thiokol e outras organizações mudaram alguns dos seus procedimentos operacionais em decorrência deles. Por suas tentativas repetidas de alertar seus superiores da Morton Thiokol e da NASA, Roger Boisjoly recebeu o Prêmio de Responsabilidade e Liberdade Científica da Associação Americana para o Avanço da Ciência em 1988.

6. Maloney e Mulherin (2003).
7. Ibid., tabela 1.
8. Surowiecki (2004).
9. Aristóteles (1944), *Politics*, 1259a.
10. Lo e Hasanhodzic (2010).
11. Hald (1990, Capítulo 4).

12. Este termo incomum deriva de uma estratégia de aposentadoria do século XVIII em que os apostadores dobrariam suas apostas para cobrir suas perdas anteriores (o que definitivamente não é uma boa ideia, mas muitas vezes é tentador demais para resistir por razões às quais chegaremos nos Capítulos 3 e 4).

13. Veja Bass (1985) e o conto ficcional de Mezrich (2002) para exemplos.

14. Einstein (1905).

15. Ao avaliar a tese de doutorado pouco ortodoxa de seu aluno, Poincaré destacou a curiosa ligação entre ciência e economia financeira (Mandelbrot [1982, 395]):

> A maneira pela qual o candidato obtém a lei de Gauss é mais original e ainda mais interessante, pois o mesmo raciocínio pode, com algumas mudanças, ser estendido à teoria dos erros. Ele desenvolve isso em um capítulo que, a princípio, parece estranho, pois ele o intitula "Radiação de Probabilidade". Com efeito, o autor recorre a uma comparação com a teoria analítica da propagação do calor. Um pequeno reflexo mostra que a analogia é real e a comparação é legítima. O raciocínio de Fourier é aplicável quase sem mudança para esse problema, tão diferente daquele para o qual foi criado. É lamentável que (o autor) não tenha desenvolvido ainda mais essa parte de sua tese.

16. Lévy mais tarde reconheceu que interpretou incorretamente o trabalho de Bachelier e pediu desculpas a ele por sua avaliação negativa.

17. Samuelson (1941; 1947; 1948) e Samuelson e Nordhaus (2010).

18. Samuelson (1973, 6). Em um artigo de 1973 sobre os fundamentos matemáticos da especulação financeira, Samuelson incluiu uma maravilhosa homenagem a Bachelier:

> Como os ilustres geômetros franceses quase nunca morrem, é possível que Bachelier ainda sobreviva em Paris, suplementando sua aposentadoria como professor com judiciosas arbitragens. Mas meus estudos genéricos sobre ele nos últimos vinte anos não levaram a nenhuma informação sobre o assunto. Quanto Poincaré, a quem ele dedica a tese, contribuiu para ela, não tenho conhecimento. Finalmente, como os trabalhos citados de Bachelier sugerem, ele parece ter tido uma única coisa em mente. Mas que coisa! As referências bastante arrogantes a ele, como um pioneiro não rigoroso nos processos estocásticos e estimulador do trabalho nessa área, por

matemáticos mais rigorosos, como Kolmogorov, dificilmente fazem justiça a Bachelier. Seus métodos equivalem em rigor ao melhor trabalho científico de seu tempo, e sua produtividade foi excelente. Einstein é devidamente reverenciado por sua descoberta básica e independente da teoria do movimento browniano cinco anos após Bachelier. Mas anos atrás, na avaliação que realizei sobre os dois textos (e que não chequei novamente), verifiquei que os métodos de Bachelier dominavam os de Einstein em todos os elementos do vetor. Assim, a equação Einstein/Fokker/Planck Fourier para difusão de probabilidades já está em Bachelier, juntamente com usos sutis do agora método padrão de imagens refletidas.

19. Kendall (1953).

20. Como Samuelson (1965, 42) colocou, "Quem disse que o tempo em si não deve mostrar correlação em série?".

21. Samuelson (1965).

22. Em anos posteriores, o interesse permanente de Samuelson pela mecânica e cinemática dos preços, com e sem incerteza, levou-o e a seus alunos a várias pesquisas muito frutíferas, incluindo os modelos de precificação Black-Scholes e Merton; pilares da engenharia financeira moderna. Black e Scholes (1973) e Merton (1973).

23. Em 1992, Fama ingressou no Hall da Fama da Malden Catholic High School por suas proezas atléticas no futebol, beisebol e trilha durante sua juventude e mauridade.

24. Fama (1963; 1965a).

25. Fama (1965b).

26. Fama (1970).

27. Veja, para exemplo, os estudos em Lo (1997).

28. Fama, Fisher, Jensen e Roll (1969).

29. Jensen (1978).

30. A Hipótese dos Mercados Eficientes é uma reminiscência do papel que a incerteza desempenha na mecânica quântica. Assim como o princípio de incerteza de Heisenberg coloca um limite sobre o que podemos saber sobre posição e impulso de um elétron, se a mecânica quântica se mantiver, a Hipótese dos Mercados Eficientes coloca um limite sobre o que podemos saber sobre as futuras mudanças nos preços se as forças do interesse próprio econômico se mantiverem.

31. Smith (1776 [2005], 236).

32. Benner (1876).

33. Haas e Ezekiel (1926).

34. Kaldor (1934).

35. Ezekiel (1938).

36. Breimyer (1959), Harlow (1960).

37. Muth (1961).

38. Na verdade, Muth (ibid., 318) usou argumentos semelhantes a Samuelson e Fama, mas também os aplicou a mercados não financeiros: "Se a previsão da teoria fosse substancialmente melhor do que as expectativas das empresas, haveria oportunidades para o insider se beneficiar do conhecimento — por meio de especulações de estoque, se possível, operando uma empresa ou vendendo um serviço de previsão de preços para as empresas. As oportunidades de lucro já não existiriam se a expectativa agregada das empresas fosse a mesma que a previsão da teoria."

39. William Pounds, comunicação pessoal, 21 de abril de 2011.

40. Simon (1991, 249).

41. Lucas (1972).

42. Finn E. Kydland e Edward C. Prescott foram agraciados com o Prêmio Nobel em 2004 por seus trabalhos em teoria macroeconômica dinâmica, e Thomas J. Sargent e Christopher A. Sims ganharam o Nobel em 2011 por desenvolverem métodos sofisticados para estimar modelos de expectativas racionais utilizando dados macroeconômicos históricos.

43. Klamer (1983, 38).

44. Rhode e Strumpf (2004).

45. *New York Times* (1924).

46. Forsythe et al. (1992).

47. Dahan, Kim, Lo, Poggio e Chan (2011).

CAPÍTULO 2 SE VOCÊ É TÃO INTELIGENTE, POR QUE NÃO ESTÁ RICO?

1. Dabbs et al. (1990).

2. Essa história — que pode muito bem ter sido enfeitada e alterada ao longo das décadas — alcançou o status de lenda urbana e se tornou uma parte permanente do folclore da academia. Como uma herança preciosa, passou de uma geração de estudiosos para a próxima tanto como lição de moralidade para professores insolentes quanto por carinhosa admiração

pelo brilhante intelecto de Morganbesser. Veja Gumbel (2004) e Ryerson (2004) para registros da perspicácia de Morganbesser.

3. Mais precisamente, a variância dos incrementos do passeio aleatório é linear no intervalo de tempo do incremento. Veja Lo e MacKinlay (1988) para obter detalhes.

4. Claro, o retorno esperado da maioria dos investimentos também aumenta com o horizonte de investimento, o suficiente para seduzir muita gente a investir no longo prazo. Voltaremos a essa questão mais tarde, no Capítulo 8, quando explorarmos o estranho mundo dos fundos de hedge, mas por ora vamos nos concentrar na variância.

5. O valor p de um escore z de 7,51 é $2,9564 \times 10^{-14}$. Esse resultado foi baseado em um índice igualmente ponderado de todas as ações negociadas nas Bolsas de Valores de Nova York, American e NASDAQ durante a nossa amostra. Quando aplicamos nosso teste a uma versão de valor ponderado desse índice de ações — um em que as ações maiores obtiveram maior peso proporcional —, a rejeição foi menos dramática, mas ainda relevante: as probabilidades da Hipótese do Passeio Aleatório nesse caso foram ligeiramente inferiores a 1: 100.

6. Para celebrar seu centenário, a Oxford University Press publicou uma coleção dos 100 artigos mais influentes de suas 180 revistas, e nosso artigo sobre a rejeição do Passeio ao Acaso foi selecionado.

7. De fato, RAND é um acrônimo para "Research ANd Development".

8. A vida incomum de Ellsberg é registrada em crônica de Wells (2001).

9. Ellsberg (1961). Os axiomas de Savage referem-se ao quadro matemático amplamente aceito para quantificar e gerenciar o risco formulado pelo bem conhecido estatístico Leonard Jimmie Savage (o mesmo Savage que apresentou Paul Samuelson à tese de Bachelier) em seu livro pioneiro *Fundamentos de Estatística*.

10. Knight (1921).

11. Kahneman e Tversky (1984).

12. Clark (2008).

13. Société Générale (2008).

14. Huizinga e Laevan (2010) e Brown e Dinç (2011).

15. Espinosa-Vega, Kahn, Matta e Solé (2011).

16. Para detalhes sobre o que os supervisores bancários realmente fazem, veja o fascinante relato de Eisenbach et al. (2015).

17. Grant, Hake e Hornseth (1951).

18. Veja, para exemplo, Deneubourg, Aron, Goss e Pasteels (1987), Pasteels, Deneubourg e Goss (1987), Kirman (1993), Hölldobler e Wilson (1990), Harder e Real (1987), Thuijsman, Peleg, Amitai e Shmida (1995), Keasar, Rashkovich, Cohen e Shmida (2002), Bitterman, Wodinsky e Candland (1958), Behrend e Bitterman (1961), Graf, Bullock e Bitterman (1964), Young (1981) e Woolverton e Rowlett (1998).

19. Sou grato ao Steve Ross por me obsequiar com essa fascinante ilustração da correspondência de probabilidade. Ross credita a Amos Tversky esse exemplo, mas Tversky faleceu antes que pudéssemos confirmar os detalhes.

20. Bakalar (2010).

21. Matematicamente falando, os *playoffs* consistem de 64 times, seis rodadas, previsão de torneio eliminatório, árvore binária reversa.

22. McCrea e Hirt (2009).

23. Tversky e Kahneman (1971).

24. Tversky e Kahneman (1974).

25. A resposta é 23 pessoas.

26. Veja http://www.npr.org/templates/story/story.php?storyId=4542341 (acessado em 15 de agosto de 2016 para detalhes desse cálculo).

27. Gilovich, Vallone e Tversky (1985).

28. Bocskocsky, Ezekowitz e Stein (2014).

29. Kahneman e Tversky (1979).

30. Veja, por exemplo, Alexander (1961), Osborne (1962), Larson (1960), Cootner (1962), Steiger (1964), Niederhoffer e Osborne (1966) e Schwartz e Whitcomb (1977). Na verdade, tanto Alexander (1961) quanto Schwartz e Whitcomb (1977) usam coeficientes de variação para testar a Hipótese do Passeio ao Acaso, e embora não empregassem o tipo de inferência estatística rigorosa que produzimos em nosso estudo, erramos em ter ignorado suas contribuições. Nossa única desculpa é que nenhum de nossos colegas estava ciente desses estudos, pois ninguém apontou essas referências para nós antes ou depois que nossos trabalhos foram publicados.

31. Niederhoffer (1997).

32. Ibid., 270.

CAPÍTULO 3 SE VOCÊ É TÃO RICO, POR QUE NÃO É INTELIGENTE

1. Keynes (1936, 161).

2. O próprio Keynes emprestou o termo do filósofo do Iluminismo escocês David Hume, autor de *Investigação sobre o Etendimento Humano*.

3. Em comparação, o antigo eletroencefalógrafo poderia registrar mudanças na atividade elétrica da superfície do cérebro em milissegundos, mil vezes mais rápido.

4. Essa analogia é um tanto injusta porque, nos estudos de RMF, controlamos as atividades do sujeito. Se pedimos a todos na cidade para tirar férias, exceto profissionais de finanças, provavelmente veríamos muito consumo de energia em Manhattan, o que é um mapeamento bastante preciso da função para a geografia.

5. Klüver e Bucy (1937). A síndrome de Klüver-Bucy foi encontrada em seres humanos, embora seja muito rara.

6. Kapp et al. (1979).

7. LeDoux (1996).

8. Um dos livros de referência do setor, *Guided Flight Discovery: Private Pilot* (2007, 3-38), enumera três etapas principais para se recuperar de uma parada, e a primeira é a seguinte: "Diminua o ângulo de ataque. Dependendo do tipo de aeronave, você pode achar que é necessário alterar a pressão para a frente no manche. Muito pouco movimento para a frente pode não ser suficiente para recuperar a ascensão; muito pode impor uma carga negativa na asa, dificultando a recuperação."

9. Adolphs et al. (1994).

10. Bechara et al. (1995).

11. Feinstein et al. (2011).

12. Slovic (1999).

13. Lichtenstein et al. (1978).

14. National Transportation Safety Board (2000).

15. Hahn (1997).

16. Eisenberger, Lieberman e Williams (2003).

17. O'Connor et al. (2008).

18. Takahashi et al. (2009).

19. Olds e Milner (1954).

20. Sacks (1974).

21. Carlsson et al. (1957).

22. Breiter et al. (2001).

23. Como os experimentadores observaram, "os ganhos foram maiores do que as perdas para compensar a tendência bem definida dos indivíduos de atribuir maior peso a uma perda do que a um ganho de igual magnitude", um resultado psicológico que vem diretamente da pesquisa de Kahneman e Tversky.

24. Kuhnen e Knutson (2005).

25. Wicker et al. (2003), Wright et al. (2004).

26. Sanfey et al. (2003).

27. Schüll (2012).

28. Clark et al. (2009).

29. Lo e Repin (2002).

30. Lo, Repin e Steenbarger (2005).

31. Montague e Berns (2002).

32. McClure et al. (2004).

33. Kable e Glimcher (2007).

34. Smith et al. (2010).

35. Bartra et al. (2013).

36. Pessiglione e Lebreton (2015).

37. Knutson e Bossaerts (2007).

CAPÍTULO 4 O PODER DA NARRATIVA

1. Damásio (1994, 34-37), Eslinger e Damásio (1985).

2. Damásio (1994, 41-45), Saver e Damásio (1991), Damásio, Tranel e Damásio (1991; 1998).

3. Veja, para exemplo, Damásio (1994) e Rolls (1990; 1994; 1999). Pesquisas recentes nas neurociências cognitivas e na Economia sugerem um vínculo importante entre racionalidade na tomada de decisão e emoção (Grossberg e Gutowski 1987, Damásio 1994, Elster 1998, Lo 1999, Lo e Repin 2002, Loewenstein 2000 e Peters e Slovic 2000), o que implica que os dois não são mutuamente excludentes, mas de fato complementares. Por exemplo, ao contrário da crença comum de que as emoções não têm lugar nos processos racionais de tomada de decisão financeira, Lo e Repin (2002) apresentam evidências preliminares de que as variáveis fisiológicas associadas ao sistema nervoso autônomo estão altamente correlacionadas com os eventos do

mercado, mesmo para traders altamente experientes em lidar com valores mobiliários. Eles argumentam que as respostas emocionais são um fator significativo no processamento em tempo real dos riscos financeiros e que um componente importante das habilidades de um profissional desses reside na capacidade de canalizar a emoção, consciente ou inconscientemente, de maneiras específicas durante certas condições de mercado.

4. Veja Capítulo 10.3, Rolls (1999).
5. Veja seção 1.2, de Becker (1997); e Zajonc (1980; 1984).
6. Veja Baumeister, Heatherton e Tice (1994).
7. Veja Damásio (1994, 141–143 e Figura 7.3).
8. Bechara et al. (1994).
9. Damásio (1994, 212–217).
10. Kamstra, Kramer e Levi (2003).
11. Lo e Repin (2002) e Lo, Repin, e Steenbarger (2005).
12. Coates e Herbert (2008).
13. Di Pellegrino et al. (1992).
14. Rizzolatti e Fabbri-Destro (2010).
15. Baron-Cohen (1989).
16. Perner e Wimmer (1985).
17. Kinderman, Dunbar e Bentall (1998).
18. Veja Kasparov e Greengard (2007, 50–51), embora Kasparov relate uma partida com o "Búlgaro Batalhador", Veselin Topalov, na qual ele viu de alguma forma uma posição vencedora, 15 movimentos à frente.
19. Wolford, Miller e Gazzaniga (2000).
20. Miller e Valsangkar-Smyth (2005).
21. Gazzaniga (2008, 294) e Gazzaniga e LeDoux (1978).
22. Gazzaniga (2013).
23. Para ter uma ideia da magnitude da dor que Ralston sofreu, segue um breve resumo da autoamputação de Ralston escrito por um blogueiro alpinista, Shane Burrows (veja http://climb-utah.com/Roost/bluejohn2.htm). ADVERTÊNCIA: leitores mais sensíveis não devem continuar a ler:

> Ralston preparou-se para amputar o braço direito abaixo do cotovelo usando a lâmina da faca em seu box multiferramenta. Percebendo que a lâmina não era afiada o suficiente para cortar o osso, ele forçou seu braço contra a rocha e quebrou os ossos para que pudesse cortar o tecido. Primeiro ele quebrou o rádio, que

liga o cotovelo ao polegar. Após alguns minutos quebrou o cúbito, o osso no lado de fora do antebraço. Em seguida, aplicou um torniquete no braço. E então usou sua lâmina de faca para amputar o braço direito abaixo do cotovelo. Todo o procedimento exigiu aproximadamente uma hora.

Para os interessados nos detalhes sangrentos, uma descrição ainda mais crua está em Ralston (2004, 281-285).

24. Schoenemann et al. (2005) e Smaers et al. (2011).
25. Ralston (2004, 248).
26. Mischel et al. (1972).
27. Casey et al. (2011).
28. Desrochers, Amemori e Graybiel (2015).
29. Ophir, Nass e Wagner (2009).
30. Liston et al. (2009).
31. Rosenthal e Fode (1963).
32. Rosenthal (1994).
33. Rosenthal e Jacobson (1968).
34. Hawkins e Blakeslee (2004, 104).
35. A propósito, o número relativamente pequeno de átomos na comparação também significa que você poderia especificar qualquer átomo no universo observável da parte traseira de um cartão postal.
36. McCulloch e Pitts (1943).
37. Le et al. (2012).
38. Minsky (1986).
39. Ibid., 308.
40. Winston (2012).
41. Sem dúvida, esse fato não diminui de maneira alguma a conquista notável de Einstein. Muitos outros físicos antes dele se basearam no mesmo rol de conhecimentos, mas não se aproximaram da narrativa que Einstein elaborou.

CAPÍTULO 5 A REVOLUÇÃO DA EVOLUÇÃO

1. Rathmann (1994).
2. Chen e Li (2001).
3. Darwin (1859).

4. Richard Dawkins, o grande biólogo evolucionista de Oxford e autor best seller de *O Gene Egosíta* e *O Relojoeiro Cego*, é talvez quem expõe de modo mais admirável a teoria da evolução em nossa época. Ao longo dos anos, ele respondeu a todas as críticas sérias formuladas contra a teoria da evolução, por isso não vou tentar repetir suas eloquentes e convincentes refutações aqui, mas exorto os leitores interessados a consultar as obras de seu magnífico trabalho.

5. Cook (2003), Cook et al. (2012).
6. Mayr (2004, 31).
7. Eddington (1928, 72).
8. Dawkins (1986, 46-49).
9. Bersaglieri et al. (2004).
10. Hume (2006).
11. Tattersall (1998, 110-124).
12. Ibid., 126-134.
13. McDougall (2005).
14. Tattersall (1998, 176-177).
15. Burbano et al. (2010), Green et al. (2010).
16. Reich et al. (2010).
17. Wilcox et al. (1988).
18. Haines (2008).
19. Devo muito para o que se discute a seguir ao trabalho de Georg Striedter (2005; 2006).
20. Tattersall (1998, 136-140).
21. Falk (1990).
22. Leonard e Robertson (1994).
23. Talbot (2012).
24. Tattersall (2010).
25. West-Eberhard (2003, 51-55).
26. Herodotus 2.2, (1987, 131-132).
27. Veja, para exemplo, Rymer (1993).
28. Pinker (1991; 1994).
29. Rolls (1999; 2013).
30. Rawson (1979).
31. Caspi et al. (2003).

32. Barnea et al. (2010).
33. Krützen et al. (2005).
34. Os dados da população mundial são obtidos da base de dados internacionais do Departamento de Recenseamento dos EUA (U.S. Census Bureau). Essa agência relata várias fontes para as estimativas da população mundial de 10.000 aC a 1950, algumas das quais divergem para mais ou para menos; calculei uma média dessas estimativas para unificar os dados para cada ano em que os números estão disponíveis. De 1951 a 2011, aquela agência fornece uma estimativa única por ano. Para mais detalhes, consulte https://www.census.gov/population/international/ data/idb/information-Gateway.php
35. Hawkins e Blakeslee (2004, 99).
36. Danziger, Levav e Avnaim-Pesso (2011a).
37. Tierney (2011).
38. Weinshall-Margel e Shapard (2011).
39. Danziger, Levav e Avnaim-Pesso (2011b).
40. Maynard Smith (1975).
41. Hamilton (1964a; 1964b).
42. Trivers (1971).
43. Trivers (1972).
44. Maynard Smith (1982).
45. Wilson (1994, 319–320).
46. Wilson (1994, 322–323).
47. Wilson (1994, 328).
48. Buck versus Bell, 274 U.S. 200, at 207.
49. Wilson (1994, 336–347).
50. Sociobiology Study Group (1975).
51. Wilson (1994, 340).
52. Trivers (2002, 161).
53. Cosmides e Tooby (1987, 303).
54. Tooby e Cosmides (2005, 16–19).
55. Pinker (1994).
56. Lai et al. (2001).
57. Hurlbert e Ling (2007).

CAPÍTULO 6 A HIPÓTESE DOS MERCADOS ADAPTÁVEIS

1. Veja Grossman e Stiglitz (1980).

2. Simon (1997).

3. Simon (1955).

4. Simon teve uma classificação respeitável (1853º antes de desistir do jogo competitivo. Simon (1991, 241-242).

5. Simon (1955n4).

6. O número de maneiras de arranjar todos esses itens é simplesmente o produto do número de itens: $10 \times 10 \times 6 \times 21 \times 4 \times 10 \times 4 = 2.016.100$. Observe que o número de jaquetas e gravatas possíveis é 6 e 21, não 5 e 20, porque eu tenho a opção de não usar jaqueta ou gravata. Imagine quão mais desafiador esse problema de decisão seria em um resort onde as roupas são opcionais!

7. Simon (1953).

8. Simon (1991, 249).

9. Crowther-Heyck (2005, 161).

10. Schlaepfer et al. (2002).

11. Veja Brennan e Lo (2011; 2012) para uma versão matemática formal de nosso modelo.

12. Veja Brennan e Lo (2012).

13. Simon (1969).

14. Também conhecida como Lei dos Grandes Números.

15. Peltzman (1975).

16. Sobel e Nesbit (2007).

17. Marshall (2009, 78).

18. Samuelson (1998, 1376).

19. Samuelson (1947, 21).

20. Debreu (1991, 2).

21. Teoria dos Jogos (von Neumann e Morgenstern 1944, Nash 1951); teoria do equilíbrio geral (Debreu 1959); Economia e incerteza (Arrow 1964); crescimento econômico no longo prazo (Solow 1956); teoria do portfólio e precificação de ativos de capital (Markowitz 1952, Sharpe 1964, Tobin 1958); teoria de preços de opções (Black e Scholes 1973, Merton 1973); modelos macroeconométricos (Tinbergen 1956, Klein 1970); modelos de equilíbrio geral computável (Scarf 1973); expectativas racionais (Muth 1961, Lucas 1972).

22. Samuelson (1947, 3).

23. Apesar de mais de três séculos de pesquisas, até 2013 os físicos ainda estavam procurando novas soluções para descrever o movimento de três corpos exercendo forças gravitacionais entre si (Šuvakov e Dmitrašinović 2013).
24. Wilson (1998).
25. Veblen (1898).
26. Fisher (1930).
27. Haldane (1924).
28. Wilson (1975), Nowak, Tarnita e Wilson (2010).
29. Gigerenzer (2015), Gigerenzer e Gaissmaier (2011).
30. Alchian (1950).
31. Hirshleifer (1977).
32. Robson (1996a, b; 2001a, b) e Robson e Samuelson (2007; 2009).
33. Veja Becker (1976), Hirshleifer (1977) e Tullock (1979) para extensões econômicas da sociobiologia; Maynard Smith (1982; 1984) e Weibull (1995) para teoria do jogo evolucionário; Nelson e Winter (1982) e Andersen (1994) para uma interpretação evolucionária da mudança econômica; Anderson, Arrow e Pines (1988) para economias como sistemas adaptáveis complexos; Arrow e Levin (2009) para o impacto da incerteza quanto ao número de descendentes nos padrões de consumo atuais; e Burnham (2013) para uma síntese evolutiva da Economia neoclássica e comportamental. Em Hodgson (1995), mais exemplos de estudos da intersecção entre Economia e Biologia, e publicações como o Journal of Evolutionary Economics e Electronic Journal of Evolutionary Modeling e Economic Dynamics agora abrigam essa crescente literatura.
34. Para exemplo, DeLong et al. (1991) e Blume e Easley (1992) exploram a sobrevivência no longo prazo de *traders* racionais e irracionais e mostram que a irracionalidade pode persistir; Waldman (1994) mostra que a seleção natural e a reprodução sexual muitas vezes podem produzir comportamentos que são inadequados ou "o segundo melhor"; Luo (1995; 1998; 1999; 2001; 2003) explora as implicações da seleção natural em mercados futuros e o dinheiro como meio de troca; a literatura sobre modelagem baseada em agentes foi pioneira em Arthur et al. (1997), no qual as interações entre agentes de software programados com heurísticas simples são simuladas, depende fortemente da dinâmica evolutiva; Hirshleifer e Luo (2001) consideram as perspectivas a longo prazo de traders excessivamente confiantes em um mercado de valores mobiliários competitivo; e Kogan et al. (2006) mostram que os *traders* irracionais podem influenciar os preços de mercado mesmo

quando a riqueza deles se torna insignificante; Lensberg e Schenk-Hoppé (2007) derivam as propriedades assintóticas das estratégias de investimento que seguem o critério de Kelly; e Hens et al. (2011) derivam uma explicação evolutiva do enigma do valor premium.

35. Lo e Zhang (2017).
36. Arthur et al. (1997).
37. Farmer (2002), Farmer e Skouras (2013).
38. Beinhocker (2006).
39. Schumpeter (1942).
40. Nelson e Winter (1982).
41. Hayek e Bartley (1988, 23–25).
42. Soros (1987).

CAPÍTULO 7 AS ILHAS GALÁPAGOS DAS FINANÇAS

1. Mallaby (2010, 160–161).
2. Ibid., 167.
3. Grossman e Stiglitz (1980).
4. Para o leitor curioso, recomendo três livros excelentes e estreitamente relacionados sobre os tentilhões de Darwin e sua evolução: Peter R. Grant e B. Rosemary Grant, *How and Why Species Multiply: The Radiation of Darwin's Finches*; Peter R. Grant, *Ecology and Evolution of Darwin's Finches*; e o livro premiado com o premio Pulitzer, de Jonathan Weiner, sobre a pesquisa Grants nas Galápagos, *O Bico do Tentilhão: Uma História de Evolução no nosso Tempo*.
5. Sulloway (1982).
6. Darwin (1845).
7. Sato et al. (1999).
8. Currier (2006).
9. Mallaby (2010, 16–22).
10. Jones (1949).
11. Mallaby (2010, 22–28).
12. Ibid., 411n32.
13. Loomis (1966).
14. SEC (1969).
15. Loomis (1970).

16. Thackray (1977).
17. Mallaby (2010, 422n3).
18. Ibid., 112.
19. Buffett (1984).
20. Patterson (2009, 41-42).
21. Ibid., 42-43.
22. Entrevista por telefone com David E. Shaw, 8 de agosto de 2012. Todas as citações de David E. Shaw são provenientes diretamente dessa entrevista.
23. Sobre TAPS, Eichenwald (1991).
24. Para um relato possivelmente não confiável da partida de Shaw com base nas recordações de Tartaglia, veja Patterson (2009, 44).
25. Informação disponível publicamente.
26. Coppersmith (1994).
27. Lowenstein (2000, 26-27).
28. Ibid., 59.
29. President's Working Group (1999, 12-13).
30. Paine (1966).
31. GAO (1999, 7).
32. Lowenstein (2000, 211).
33. President's Working Group (1999, 10-12).
34. GAO (2000, 5-14).
35. Ibid., tabela 3.
36. Philips (2013).
37. Jensen (2007).

CAPÍTULO 8 MERCADOS ADAPTÁVEIS EM AÇÃO

1. Sharpe (1964). O CAPM foi originado independentemente ao mesmo tempo por John Lintner (1965), Jan Mossin (1966) e Jack Treynor (1961; 1962), embora Treynor nunca tenha publicado seus resultados. É por isso que o CAPM é frequentemente chamado de Sharp-Lintner CAPM. Nossa exposição acompanha Sharpe bem de perto.

2. Siegel (2014).

3. Este termo também se refere às reformas econômicas e regulatórias que foram implementadas na sequência da Grande Depressão para modular a atividade financeira, incluindo grande parte do código dos EUA

que agora regula todo o sistema financeiro: a Lei GlassSteagall de 1932, a Lei Bancária de 1933, o Securities Act de 1933, o Securities Exchange Act de 1934, a Investment Company Act de 1940 e a Investment Advisers Act de 1940. A Grande Modulação não deve ser confundida com a "Grande Moderação", um termo cunhado por Stock e Watson (2002) que se refere ao período 1987-2007 de menor volatilidade no ciclo econômico dos EUA. Os dois conceitos estão claramente relacionados.

4. Especificamente, é um gráfico de retornos anualizados de 1.250 dias geometricamente compostos para o índice de retorno de valor ponderado CRSP.

5. Black (1972).

6. Hasanhodzic e Lo (2011).

7. Bogle (1997).

8. Merton (1989; 1995a, b) e Merton e Bodie (2005).

9. Lo e Patel (2008).

10. Hasanhodzic e Lo (2007).

11. Lo (2004; 2005; 2012a).

12. Tecnicamente, assumindo que os índices de retorno lognormalmente distribuídos com uma média anualizada de 10%.

13. Mais detalhes técnicos: apliquei o algoritmo para os índices diários de retorno ponderado de valor CRSP de 1925 a 2014 usando um estimador de volatilidade numa janela móvel de 21 dias com um atraso e um valor de 16,9% para o objetivo de volatilidade anualizada (que é a volatilidade do índice de retorno ponderado pelo CRSP ao longo de todo o período de amostragem). Usei uma janela mais longa de 125 dias para essa comparação para mostrar que o controle de volatilidade tem efeito mesmo fora da janela de 21 dias usada para dimensionar o portfólio. Para mais, veja Lo (2016).

14. O valor do contrato para o E-Mini S&P 500 é 50 vezes o valor do índice, portanto, um índice de 2.000 produz um valor de contrato de $100.000. O *spread* de lance/oferta para esse contrato é tipicamente de 1 ticket, que é de $12,50 por contrato; assim, o custo unidirecional pode ser aproximadamente a metade desse valor, ou 0,625 pontos base (bps). Taxas adicionais para o E-Mini S&P 500 (comissão, NFA, câmbio etc.) variam de $1,87 a $2,46 por contrato, dependendo do método de execução, que equivale a 0,221 pb em média; desse modo, o custo total da execução de um único contrato é um pouco menor que 1bp a partir de 30 de março de 2015.

15. Black e Pérold (1992).

16. Black (1976).

17. Niederhoffer (1997, Capítulo 15).
18. Niederhoffer e Zeckhauser (1983).
19. Leibowitz (2005).
20. Veja, para exemplo, Zeckhauser e Niederhoffer (1983), Blume e Easley (1992), Luo (1995), Niederhoffer (1997), Hirshleifer e Luo (2001), Farmer (2002) e Kogan, Ross, Wang e Westerfield (2006).
21. Bass (1985; 2000).
22. Farmer e Lo (1999).
23. Em um artigo posterior, Doyne e seus colaboradores mostraram em um modelo mais estilizado que a taxa em que as ineficiências desaparecem diminui à medida que a ineficiência diminui, de modo que o intervalo de tempo típico para alcançar um mercado eficiente pode ser ainda maior do que sugerido pela primeira vez. Veja Cherkashin, Farmer e Lloyd (2009) para obter detalhes.
24. DeLong et al. (1991), Blume e Easley (1992), Waldman (1994), Luo (1995; 1998; 1999; 2001; 2003), Hirshleifer e Luo (2001) e Kogan, Ross, Wang, e Westerfield (2006).
25. Zweig (2015).
26. Khandani e Lo (2007).
27. Lo e MacKinlay (1990).
28. Thal Larsen (2007).
29. Dowd, Cotter, Humphrey e Woods (2011, Tabela 2).
30. Getmansky, Lee e Lo (2015).
31. https://www.youtube.com/watch?v=oIKbWTdKfHs.

CAPÍTULO 9 MEDO, GANÂNCIA E CRISE FINANCEIRA

1. Krugman (2005).
2. O índice Case-Shiller Real Home Price aumentou de 113,73 em julho de 1996 para 194,63 em junho de 2006. Veja http://www.econ.yale.edu/~shiller/data/Fig3-1.xls.
3. Sorkin et al. (2008).
4. O índice Case-Shiller Real Home Price em junho de 2015 era de 155,87. Veja http://www. econ.yale.edu/~shiller/data/Fig3-1.xls.
5. Greenspan e Kennedy (2005), Greenspan e Kennedy (2008).
6. Lo (2012b).

7. Murphy (2012).

8. Informações retiradas da Merrill Lynch & Co., Inc., Formulário 10-K para o exercício social encerrado em 31 de dezembro de 2004, 16; Goldman Sachs Group, Inc., Formulário 10-Q para o trimestre fiscal encerrado em 27 de maio de 2005, 33; Bear Stearns Companies Inc., Formulário 10-K para o exercício social encerrado em 30 de novembro de 2005, 17; Lehman Brothers Holdings Inc., Formulário 10-K para o exercício social encerrado em 30 de novembro de 2005, 65-66; Morgan Stanley, para o ano fiscal encerrado em 30 de novembro de 2005, 11. Agradeço a Bob Lockner por essa informação.

9. Pickard (2008). Agradeço a Jacob Goldfield por trazer esse exemplo à minha atenção.

10. Ibid.

11. Satow (2008).

12. Sirri (2009).

13. GAO (2009).

14. Ibid., 41, Figura 6.

15. Labaton (2008).

16. Coffee (2008).

17. Woodward (2009).

18. Blinder (2009).

19. Stiglitz (2009).

20. Reinhart e Rogoff (2009, 213-214).

21. MIT150 Symposium, 27 de janeiro de 2011, Cambridge, MA: https://www.you tube.com/watch?v=vAKwujWKs-U&feature=youtu.be, 43:30 a 44:30 (acessado em 17 de janeiro de 2017).

22. Shiller (2005).

23. Rajan (2005).

24. Rajan (2010, 3).

25. Chan et al. (2006).

26. Gimein (2005).

27. McDonald e Robinson (2009).

28. Ibid., 268-269.

29. Financial Crisis Inquiry Commission (2011, 3-22).

30. Nakamoto e Wighton (2007).

31. Dash e Thomas (2007).

32. Knight (2005).
33. Perrow (1984).
34. Perrow (2010).
35. Wolfe (1987).
36. Khandani, Lo e Merton (2013).
37. Stock e Watson (2003).
38. Khandani e Lo (2011).

CAPÍTULO 10 AS FINANÇAS SE COMPORTAM MAL

1. Henriques (2011).
2. Seal (2009).
3. Henriques e Kouwe (2008).
4. Dados dos ratings setorial e de empresas disponíveis em http://www.gallup.com/poll/12748/business-industry-sector-ratings.aspx.
5. Güth et al. (1982).
6. Sanfey et al. (2003).
7. Proctor et al. (2013)
8. Burnham (2007).
9. Zak et al. (2007).
10. Greene et al. (2001).
11. Greene et al. (2004).
12. Berton (2010).
13. Dados obtidos do NYSE, http://www.nyxdata.com/nysedata/asp/factbook/viewer_edition.asp?mode=table&key=3294&category=3 (acessado em 10 de setembro de 2016).
14. Guerrera (2010).
15. Milgram (1963).
16. Veja, para exemplo, https://www.youtube.com/watch?v=Kzd6Ew-3TraA (acessado em 17 de janeiro de 2017).
17. Haney, Banks e Zimbardo (1973a; 1973b).
18. Haidt (2007). Em seus escritos mais recentes, Haidt adicionou uma sexta dimensão: liberdade versus opressão.
19. Graham et al. (2009).
20. SEC Office of Investigations (2009, 1).

21. Ibid., 21–22, Ocrant (2001), Arvedlund (2001).
22. SEC Office of Investigations (2009, 61–67).
23. Ibid., 67–74.
24. Ibid., 61, 354.
25. Ibid., 361–363.
26. Ibid., 77–80.
27. Ibid., 145–149.
28. Ibid., 195–197.
29. Ibid., 136–138.
30. Ibid., 223.
31. Ibid., 240–244.
32. Ibid., 255–259.
33. Ibid., 266–268.
34. Ibid., 368.
35. GAO (2013).
36. Ibid., 33–38.
37. Ibid., 11.
38. Ibid., 16–17.
39. SEC (2014, 132). Essas mudanças parecem estar repercutindo. A pontuação da SEC no Índice de Satisfação Global do Office of Personnel Management — com base na mesma pesquisa constante no citado relatório da GAO — melhorou de 59 em 2012 para 65 em 2014 (Office of Personnel Management, 2014). Para fins de comparação, em 2014 a agência com a maior classificação de satisfação no trabalho foi a Administração Nacional da Aeronáutica e Espaço (um índice de 74), a agência com menor rating foi o Departamento de Segurança Interna (um índice de 48), e o índice médio governamental totalizou 59 pontos.
40. Cohn, Fehr e Maréchal (2014).
41. Ibid., 86.
42. Gibson, Tanner e Wagner (2016).
43. Dyck, Morse e Zingales (2013).
44. Deason, Rajgopal e Waymire (2015).
45. Black e Scholes (1973), Merton (1973).
46. Comunicação privada com o filho de John V. Guttag (Irwin Guttag e programador SR-52) que se tornou um cientista da computação, depois

presidente do Departamento de Engenharia Elétrica e Ciência da Computação do MIT, e atualmente é professor de Engenharia Elétrica e Ciência da Computação, na cadeira Dugald Jackson, no MIT.

47. Scholes (2006).

48. Lim et al. (2006).

49. Bank for International Settlements (2016, tabela D1 em http://stats.bis.org/statx/srs/table/d1 and table D5.1 at http://stats.bis.org/statx/srs/table/d5.1).

50. Kirilenko e Lo (2013).

51. Especificamente, a venda envolveu os contratos de futuros do índice de ações E-Mini S&P 500 de junho de 2010.

52. CFTC/SEC (2010).

53. Lucas (2014).

54. Zhang, Brennan e Lo (2014).

CAPÍTULO 11 CONSERTANDO AS FINANÇAS

1. May, Levin e Sugihara (2008), Haldane e May (2011), Levin e Lo (2016).

2. Levin e Lo (2016).

3. Brennan e Lo (2014).

4. CME Group (2015).

5. CME Group (2010).

6. Levin e Lo (2015).

7. Chave e Levin (2003).

8. Bonner (2006, 62–65).

9. Li et al. (2015).

10. Davis Polk (2015, 2).

11. Billio et al. (2012).

12. Merton et al. (2013) e Billio et al. (2016).

13. Acharya et al. (2009).

14. BBC News Magazine (2012).

15. Fielding et al. (2011).

16. Para o resumo oficial do NTSB sobre seu processo de investigação, veja http:// www.ntsb.gov/investigations/process.html.

17. NTSB (1993).

18. Ibid., vi.
19. Abbe, Khandani e Lo (2012).
20. Zimbardo (2007, 451–456).
21. Agradeço a Hamid Mehran por sugerir essa terminologia.
22. Tversky e Kahneman (1981).
23. Lo (1999).
24. De Nederlandsche Bank (2009).
25. Veja Nuijts e de Haan (2013) para mais detalhes sobre os atuais esforços da DNB na supervisão da cultura bancária.
26. De Nederlandsche Bank (2014).
27. Eisenbach et al. (2015).
28. Kane (2015).

CAPÍTULO 12 AUDACIOSAMENTE INDO AONDE NENHUM FINANCISTA JAMAIS ESTEVE

1. Veja Pearson e Davies (2014).
2. Keynes (1963).
3. American Cancer Society (2016).
4. Esses desafios, bem como algumas soluções financeiras potenciais descritas nesta seção, são explorados com mais profundidade em Fernández, Stein e Lo (2012), Fagnan, Fernandez, Lo e Stein (2013), Lo e Pisano (2016), e Montazerhodjat, Weinstock e Lo (2016).
5. Dados Nacionais Agregados, PricewaterhouseCoopers/National Venture Capital Association MoneyTree™ Report, Dados: Thomson Reuters, https://www.pwcmoneytree.com/ (acessado em 3 de setembro de 2016).
6. Dibner, Trull e Howell (2003), Huggett (2015).
7. Huggett e Paisner (2016).
8. Dados disponíveis no site do National Center for Biotechnology Information: http://www.ncbi.nlm.nih.gov/genbank/statistics.
9. Fauci e Folkers (2012).
10. Thomas (2012).
11. DiMasi, Grabowski e Hansen (2016).
12. Esse número é o valor presente líquido de um fluxo de $2 bilhões por ano por dez anos, usando um custo de capital de 10%, o valor normalmente usado para a indústria farmacêutica.

13. National Venture Capital Association (2016, Figura 3.14).

14. A partir de 24 de novembro de 2016, o rendimento efetivo do índice de títulos corporativos nível A do Bank of America Merrill Lynch US Corporate era de 3,07% e a emissão de um título de dez anos com um valor nominal de $37 bilhões com esse rendimento geraria $27,2 bilhões em termos líquidos hoje. De acordo com a Moody's Investor Services (2008, exposição 28), a taxa de inadimplência acumulada no ano 10 para títulos com rating A é de 1,095%; uma vez que existe uma chance de 2% de que o fundo não gere $37 bilhões no ano 10, o risco padrão desses títulos de câncer é conservadoramente obtido pela classificação A.

15. Veja http://cancerx.mit.edu.

16. Sachs (2005).

17. Collier (2007).

18. Sachs (2005, 244–265).

19. Collier (2007, 38–52).

20. Haushofer e Fehr (2014).

21. Haushofer e Shapiro (2013).

22. Methylobacter tundripaludum.

23. Fearer (2014), Dockser Marcus (2014).

Referências

Abbe, Emmanuel A., Amir E. Khandani e, and Andrew W. Lo. 2012. "Privacy-Preserving Methods for Sharing Financial Risk Exposures." *American Economic Review* 102, nº 3: 65–70.

Acharya, Viral V., Lasse Pedersen, Thomas Philippon e Matthew Richardson. 2009. "Regulating Systemic Risk." Em *Restoring Financial Stability: How to Repair a Failed System*, editado por Viral V. Acharya e Matthew Richardson, 283–303. Hoboken, NJ: John Wiley & Sons.

Adolphs, Ralph, Daniel Tranel, Hanna Damásio e António R. Damásio. 1994. "Impaired Recognition of Emotion in Facial Expressions Following Bilateral Damage to the Human Amygdala." *Nature* 372: 669–672.

Alchian, Armen. 1950. "Uncertainty, Evolution and Economic Theory." *Journal of Political Economy* 58: 211–221.

Alexander, Sidney S. 1961. "Price Movements in Speculative Markets: Trends or Random Walks." *Industrial Management Review* 2: 7–26.

American Cancer Society. 2016. *Cancer Facts and Figures 2016*. Atlanta, GA: American Cancer Society.

Andersen, Espen S. 1994. *Evolutionary Economics: Post-Schumpeterian Contributions*. London, UK: Pinter.

Anderson, Philip W., Kenneth J. Arrow e David Pines, eds. 1988. *The Economy as an Evolving Complex System*. Reading, MA: Addison-Wesley.

Andrews, Edmund L. 2008. "Greenspan Concedes Error on Regulation." *New York Times*, 23 de outubro.

Aristóteles. 1944. *Aristotle in 23 Volumes*. Vol. 21. Tradução de Harris Rackham. Cambridge, MA: Harvard University Press.

Arrow, Kenneth J. 1964. "The Role of Securities in the Optimal Allocation of Riskbearing." *Review of Economic Studies* 31: 91–96.

Arrow, Kenneth J e Simon A. Levin. 2009. "Intergenerational Resource Transfers with Random Offspring Numbers." *Proceedings of the National Academy of Sciences* 106: 13702–13706.

Arthur, W. Brian, John H. Holland, Blake LeBaron, Richard Palmer e Paul Tayler. 1997. "Asset Pricing under Endogenous Expectations in an Artificial Stock Market." Em *The Economy as an Evolving Complex System*

II, editado por Arthur, W. Brian, Steven N. Durlauf e David A. Lane, 15–44. Reading, PA: Addison-Wesley.

Bakalar, Nicholas. 2010. "In N.C.A.A. Pools, Picking Underdogs Is Overrated." *New York Times*, 14 de março.

Barnea, Amir, Henrik Cronqvist e Stephan Siegel. 2010. "Nature or Nurture: What Determines Investor Behavior?" *Journal of Financial Economics* 98: 583–604.

Baron-Cohen, Simon. 1989. "The Autistic Child's Theory of Mind: A Case of Specific Developmental Delay." *Journal of Child Psychology and Psychiatry* 30: 285–297.

Bartra, Oscar, Joseph T. McGuire e Joseph W. Kable. 2013. "The Valuation System: A Coordinate-Based Meta-Analysis of BOLD fMRI Experiments Examining Neural Correlates of Subjective Value." *NeuroImage* 76: 412–427.

Bass, Thomas A. 1985. *The Eudaemonic Pie*. Boston: Houghton Mifflin. 2000. *The Predictors*. Nova York: Henry Holt.

Baumeister, Roy F., Todd F. Heatherton e Dianne M. Tice. 1994. *Losing Control: How and Why People Fail at Self-Regulation*. San Diego: Academic Press.

BBC News Magazine. 2012. "Congenital Analgesia: The Agony of Feeling No Pain." 16 de julho. http://www.bbc.co.uk/news/magazine-18713585.

Bechara, Antoine, António R. Damásio, Hanna Damásio e Steven W. Anderson. 1994. "Insensitivity to Future Consequences Following Damage to Human Prefrontal Cortex." *Cognition* 50: 7–15.

Bechara, Antoine, Daniel Tranel, Hanna Damásio, Ralph Adolphs, Charles Rockland e António R. Damásio. 1995. "Double Dissociation of Conditioning and Declarative Knowledge Relative to the Amygdala and Hippocampus in Humans." *Science* 269: 1115–1118.

Behrend, Erika R. e M. E. Bitterman. 1961. "Probability-Matching in the Fish."

American Journal of Psychology 74: 542–551.

Beinhocker, Eric D. 2006. *The Origin of Wealth: Evolution, Complexity and the Radical Remaking of Economics*. Boston, MA: Harvard Business School Press.

Benner, Samuel. 1876. *Benner's Prophecies of Future Ups and Downs in Prices: What Years to Make Money on Pig-Iron, Hogs, Corn, and Provisions*. Cincinnati: Publicado pelo autor.

Berkshire Hathaway. 2002. Relatório Anual.

Bersaglieri, Todd, Pardis C. Sabeti, Nick Patterson, Trisha Vanderploeg, Steve F. Schaffner, Jared A. Drake, Matthew Rhodes, David E. Reich e Joel N. Hirschhorn. 2004. "Genetic Signatures of Strong Recent Positive Selection at the Lactase Gene." *American Journal of Human Genetics* 74: 1111–1120.

Berton, Justin. 2010. "Biblical Scholar's Date for Rapture: May 21, 2011." *SFGate.com*, 1 de janeiro. http://www.sfgate.com/bayarea/article/Biblical-scholar-s-date-forrapture-May-21-2011-3204226.php.

Billio, Monica, Mila Getmansky, Dale Gray, Andrew W. Lo, Robert C. Merton, e Loriana Pelizzon. 2016. "Granger-Causality Networks of Sovereign Risk." Artigo acadêmico, MIT Laboratory for Financial Engineering.

Billio, Monica, Mila Getmansky, Andrew W. Lo e Loriana Pelizzon. 2012. "Econometric Measures of Connectedness and Systemic Risk in the Finance and Insurance Sectors." *Journal of Financial Economics*, 104: 535–559.

Bitterman, M. E., Jerome Wodinsky e Douglas K. Candland. 1958. "Some Comparative Psychology." *American Journal of Psychology* 71: 94–110.

Black, Fischer. 1972. "Capital Market Equilibrium with Restricted Borrowing." *Journal of Business* 45: 444–455.

———. 1976. "Studies of Stock Price Volatility Changes." *Proceedings of the 1976 Meeting of the American Statistical Association (Business and Economics Section)*, 177–181. Alexandria, VA: ASA.

Black, Fischer e André F. Pérold. 1992. "Theory of Constant Proportion Portfolio Insurance." *Journal of Economic Dynamics and Control* 16: 403–426.

Black, Fischer e Myron Scholes. 1973. "Pricing of Options and Corporate Liabilities." *Journal of Political Economy* 81: 637–654.

Blinder, Alan S. 2009. "Six Errors on the Path to the Financial Crisis." *New York Times*, 24 de janeiro.

Blinder, Alan S. e Ricardo Reis. 2005. "Understanding the Greenspan Standard." Em *The Greenspan Era: Lessons for the Future: A Symposium*, 11–96. Kansas City, MO: Federal Reserve Bank of Kansas City.

Blume, Larry e David Easley. 1992. "Evolution and Market Behavior." *Journal of Economic Theory* 58: 9–40.

Bocskocsky, Andrew, John Ezekowitz e Carolyn Stein. 2014. "Heat Check: New Evidence on the Hot Hand in Basketball." Disponível em SSRN: http://ssrn.com/abstract=2481494.

Bogle, John C. 1997. "The First Index Mutual Fund: A History of Vanguard Index Trust and the Vanguard Index Strategy." Cópia eletrônica disponível em http://www.van guard.com/bogle_site/bogle_lib.html#1997.

Boisjoly, Roger M. 1985. Memorando interno para R. K. Lund, Morton Thiokol, 15 de julho. Registros de Comissões Temporárias, Comissões e Diretorias, 1893–2008, Record Group 220. Arquivos Nacionaisd do College Park, College Park, Maryland. Versão online disponível (conteúdo em inglês) através do Online Public Access (Identificador Arquivos Nacionais 596263) em www.archives.gov.

Bonner, John Tyler. 2006. *Why Size Matters: From Bacteria to Blue Whales.* Princeton: Princeton University Press.

Breimyer, Harold F. 1959. "Emerging Phenomenon: A Cycle in Hogs." *Journal of Farm Economics* 41: 760–768.

Breiter, Hans C., Itzhak Aharon, Daniel Kahneman, Anders Dale e Peter Shizgal. 2001. "Functional Imaging of Neural Responses to Expectancy and Experience of Monetary Gains and Losses." *Neuron* 30: 619–639.

Brennan, Thomas J. e Andrew W. Lo. 2011. "The Origin of Behavior." *Quarterly Journal of Finance* 1: 55–108.

Brennan, Thomas J. e Andrew W. Lo. 2012 "An Evolutionary Model of Bounded Rationality and Intelligence." *PLoS ONE* 7, nº 11: e50310.

___. 2014. "Dynamic Loss Probabilities and Implications for Financial Regulation." *Yale Journal on Regulation* 31: 667–694.

Brown, Craig O. e I. Serdar Dinç. 2011. "Too Many To Fail? Evidence of Regulatory Forbearance When the Banking Sector Is Weak." *Review of Financial Studies* 24: 1378–1405.

Buffett, Warren. 1984. "The Superinvestors of Graham-and-Doddsville." *Hermes* (fall): 4–15.

Burbano, Hernán A., Emily Hodges, Richard E. Green, Adrian W. Briggs, Johannes Krause, Matthias Meyer, Jeffrey M. Good, Tomislav Maricic, Philip L. F. Johnson, Zhenyu Xuan, Michelle Rooks, Arindam Bhattacharjee, Leonardo Brizuela, Frank W. Albert, Marco de la Rasilla, Javier Fortea, Antonio Rosas, Michael Lachmann, Gregory J. Hannon e Svante Pääbo. 2010. "Targeted Investigation of the Neandertal Genome by Array-Based Sequence Capture." *Science* 328: 723–725.

Burnham, Terence C. 2007. "High-Testosterone Men Reject Low Ultimatum Game Offers." *Proceedings of the Royal Society B: Biological Sciences* 274: 2327–2330.

___. 2013. "Toward a Neo-Darwinian Synthesis of Neoclassical and Behavioral Economics." *Journal of Economic Behavior and Organization* 90: S113–S127.

Carlsson, Arvid, Margit Lindqvist e Tor Magnusson. 1957. "3,4-Dihydroxy phenylalanine and 5-Hydroxytryptophan As Reserpine Antagonists." *Nature* 180: 1200.

Casey, B. J., Leah H. Somerville, Ian H. Gotlib, Ozlem Ayduk, Nicholas T. Franklin, Mary K. Askren, John Jonides, Marc G. Berman, Nicole L. Wilson, Theresa Teslovich, Gary Glover, Vivian Zayas, Walter Mischel e Yuichi Shoda. 2011. "Behavioral and neural correlates of delay of gratification 40 years later." *Proceedings of the National Academy of Sciences* 108: 14998–15003.

Caspi, Avshalom, Karen Sugden, Terrie E. Moffitt, Alan Taylor, Ian W. Craig, HonaLee Harrington, Joseph McClay, Jonathan Mill, Judy Martin, Antony Braithwaite e Richie Poulton. 2003. "Influence of Life Stress on Depression: Moderation by a Polymorphism in the 5-HTT Gene." *Science* 301: 386–389.

Chan, Nicholas, Mila Getmansky, Shane M. Haas e Andrew W. Lo. 2006. "Systemic Risk and Hedge Funds." Em *The Risks of Financial Institutions*, editado por Mark Carey e Rene M. Stulz, 235–338. Chicago: University of Chicago Press.

Chave, Jérôme e Simon Levin. 2003. "Scale and Scaling in Ecological and Economic Systems." *Environmental and Resource Economics* 26: 527–557.

Chen, Feng-Chi e Wen-Hsiung Li. 2001. "Genomic Divergences between Humans and Other Hominoids and the Effective Population Size of the Common Ancestor of Humans and Chimpanzees." *American Journal of Human Genetics* 68: 444–456.

Cherkashin, Dmitriy, J. Doyne Farmer e Seth Lloyd. 2009. "The Reality Game." *Journal of Economic Dynamics and Control* 33: 1091–1105.

Clark, Luke, Andrew J. Lawrence, Frances Astley-Jones e Nicola Gray. 2009. "Gambling Near-Misses Enhance Motivation to Gamble and Recruit Win-Related Brain Circuitry." *Neuron* 61: 481–490.

Clark, Nicola. 2008. "Bank Outlines How Trader Hid His Activities." *New York Times*, 28 de janeiro.

CME Group. 2010. "CME SPAN: Standard Portfolio Analysis of Risk." Disponível em http://www.cmegroup.com/clearing/files/span-methodology.pdf.

___. 2015. Risk Management Overview. Disponível em http://www.cmegroup.com/clearing/risk-management.

Coates, John M. e Joe Herbert. 2008. "Endogenous Steroids and Financial Risk Taking on a London Trading Floor." *Proceedings of the National Academy of Sciences* 105: 6167–6172.

Coffee, John C. 2008. "Analyzing the Credit Crisis: Was the SEC Missing in Action?" *New York Law Journal*, 5 de dezembro.

Cohn, Alain, Ernst Fehr e Michel André Maréchal. 2014. "Business Culture and Dishonesty in the Banking Industry." *Nature* 516: 86–89.

Collier, Paul. 2007. *The Bottom Billion: Why the Poorest Countries Are Failing and What Can Be Done*. Nova York: Oxford University Press.

Commodity Futures Trading Commission/Securities and Exchange Commission (CFTC/SEC). 2010. *Preliminary Findings Regarding the Market Events of May 6, 2010*. Relatório do estafe da CFTC e SEC para Joint Advisory Committee on Emerging Regulatory Issues. 18 de maio. http://www.sec.gov/sec-cftc-prelimreport.pdf. Cook, Laurence M. 2003, "The Rise and Fall of the Carbonaria Form of the Peppered Moth." *Quarterly Review of Biology* 78: 399–417.

Comissão Presidencial sobre o Acidente do Ônibus Espacial Challenger. 1986. *Report to the President* (Conteúdo em inglês).http://history.nasa.gov/rogersrep/genindex.htm.

Cook, Laurence M., B. S. Grant, I. J. Saccheri e J. Mallet. 2012. "Selective Bird Predation on the Peppered Moth: The Last Experiment of Michael Majerus." *Biology Letters*, publicado antes da impressão em 8 de fevereiro de 2012. doi:10.1098/rsbl.2011.1136.

Cootner, Paul H. 1962. "Stock Prices: Random vs. Systematic Changes." *Industrial Management Review* 3: 24–45.

Coppersmith, Don. 1994. "The Data Encryption Standard (DES) and Its Strength against Attacks." *IBM Journal of Research and Development* 38: 243–250.

Cosmides, Leda e John Tooby. 1987. "From Evolution to Behavior: Evolutionary Psychology as the Missing Link," in *The Latest on the Best: Essays on Evolution and Optimality*, editado por John Dupre, 227–306. Cambridge, MA: MIT Press.

Crowther-Heyck, Hunter. 2005. *Herbert A. Simon: The Bounds of Reason in Modern America*. Baltimore: Johns Hopkins University Press.

Currier, Chet. 2006. "Hedge Funds Are Older Than You Think, Buffett Says." *OC Register*, 6 de outubro. http://www.ocregister.com/articles/buffett-3150-says-hedge.html.

Dabbs, James M. Jr., Denise de La Rue e Paula M. Williams. 1990. "Testosterone and Occupational Choice: Actors, Ministers, and Other Men." *Journal of Personality and Social Psychology* 59: 1261–1265.

Dahan, Ely, Adlar J. Kim, Andrew W. Lo, Tomaso Poggio e Nicholas Chan. 2011. "Securities Trading of Concepts (STOC)." *Journal of Marketing Research* 48: 497–517.

Damásio, António R. 1994. *Descartes' Error: Emotion, Reason, and the Human Brain*. Nova York: Putnam.

Damásio, António R., Daniel Tranel e Hanna Damásio. 1991. "Somatic Markers and the Guidance of Behaviour: Theory and Preliminary Testing." Em *Frontal Lobe Function and Dysfunction*, editado por Harvey S. Levin, Howard M. Eisenberg e Arthur Lester Benton, 217–229. Nova York: Oxford University Press.

___. 1998. "Somatic Markers and the Guidance of Behavior." Em *Human Emotions: A Reader*, editado por Jennifer M. Jenkins, Keith Oatley e Nancy L. Stein, 122–135. Oxford: Blackwell.

Danziger, Shai, Jonathan Levav e Liora Avnaim-Pesso. 2011a. "Extraneous Factors in Judicial Decisions." *Proceedings of the National Academy of Sciences* 108: 6889–6892.

___. 2011b. "Reply to Weinshall-Margel and Shapard: Extraneous Factors in Judicial Decisions Persist." *Proceedings of the National Academy of Science* 108, nº 42: E834.

Darwin, Charles. 1845. *Journal of Researches into the Natural History and Geology of the Countries Visited during the Voyage of H.M.S. Beagle Round the World, Under the Command of Capt. Fitz Roy, R.N.* Londres: John Murray.

___. 1859. *On the Origin of Species by Means of Natural Selection, or the Preservation of Favoured Races in the Struggle for Life*. Londres: John Murray.

Dash, Eric e Landon Thomas Jr. 2007. "Citigroup Chief Is Set to Exit Amid Losses." *New York Times*, 3 de novembro.

Davis Polk. 2015. Dodd Frank Progress Report: Fourth Quarter 2015. Nova York: Davis Polk. http://prod.davispolk.com/sites/default/files/Q4_2015_Dodd-Frank_Progress_Report.pdf.

Dawkins, Richard. 1986. *The Blind Watchmaker.* Nova York: W. W. Norton.

___. 1989. *The Selfish Gene.* Oxford: Oxford University Press.

Deason, Stephen, Shivaram Rajgopal e Gregory Waymire. 2015. "Who Gets Swindled in Ponzi Schemes?" Artigo não publicado, Goizeta Business School, Emory University, Atlanta, GA.

De Becker, Gavin. 1997. *The Gift of Fear: Survival Signals that Protect Us from Violence.* Boston: Little Brown.

Debreu, Gérard. 1959. *The Theory of Value: An Axiomatic Analysis of Economic Equilibrium.* Nova York: John Wiley & Sons.

___. 1991. "The Mathematization of Economic Theory." *American Economic Review* 81: 1-7.

Delong, J. Bradford, Andrei Shleifer, Lawrence Summers e Robert J. Waldmann. 1991. "The Survival of Noise Traders in Financial Markets." *Journal of Business* 64: 1-19.

De Nederlandsche Bank (DNB). 2009. "The Seven Elements of an Ethical Culture." http://www.dnb.nl/en/binaries/The%20Seven%20Elements%20of%20an%20Ethical%20Culture_tcm47-233197.pdf.

___. 2014. *Supervisory Strategy 2014-2018.* Amsterdã: De Nederlandsche Bank.

Deneubourg, Jean-Louis, Serge Aron, Simon Goss e Jacques Marie Pasteels. 1987. "Error, Communication, and Learning in Ant Societies." *European Journal of Operational Research* 30: 168-172.

Desrochers, Theresa, Ken-ichi Amemori e Ann M Graybiel. 2015. "Habit Learning by Naive Macaques Is Marked by Response Sharpening of Striatal Neurons Representing the Cost and Outcome of Acquired Action Sequences." *Neuron* 87: 853-868.

Dibner, Mark D., Melanie Trull e Michael Howell. 2003. "U.S. Venture Capital for Biotechnology." *Nature Biotechnology* 21: 613-617.

DiMasi, Joseph, Henry G. Grabowski e Ronald W. Hansen. 2016. "Innovation in the Pharmaceutical Industry: New Estimates of R&D Costs." *Journal of Health Economics* 47, nº C: 20-33.

Di Pellegrino, Giuseppe, Luciano Fadiga, Leonardo Fogassi, Vittorio Gallese e Giacomo Rizzolatti. 1992. "Understanding Motor Events: A Neurophysiological Study." *Experimental Brain Research* 91: 176-180.

Dockser Marcus, Amy. 2014. "When Parents Start Companies to Cure Their Children." *Wall Street Journal*. 26 de Dezembro. Disponível em http://www.wsj.com/articles/when-parents-start-companies-to-cure-their-children-1419639500.

Dowd, Kevin, John Cotter, Chris Humphrey e Margaret Woods. 2011. "How Unlucky Is 25-Sigma?" Disponível em http://arxiv.org/abs/1103.5672.

Dyck, Alexander, Adair Morse e Luigi Zingales. 2013. "How Pervasive Is Corporate Fraud?" Disponível em SSRN http://ssrn.com/abstract=2222608.

Eddington, Arthur. 1928. *The Nature of the Physical World: The Gifford Lectures*. Nova York: Macmillan.

Eichenwald, Kurt. 1991. "All About/Wall Street Technology; Wall Street's Cutbacks Sidestep Fat Budgets for High-Tech Trading." *New York Times*, 7 de abril.

Einstein, Albert. 1905. "Über die von der molekularkinetischen Theorie der Wärme geforderte Bewegung von in ruhenden Flüssigkeiten suspendierten Teilchen." *Annalen der Physik* 17: 549-560.

Eisenbach, Thomas, Andrew Haughwout, Beverly Hirtle, Anna Kovner, David Lucca e Matthew Plosser. 2015. "Supervising Large, Complex Financial Institutions: What Do Supervisors Do?" Federal Reserve Bank of New York Staff Report Nº 729. http://www.ny.frb.org/research/staff_reports/sr729.pdf.

Eisenberger, Naomi I., Matthew D. Lieberman e Kipling D. Williams. 2003. "Does Rejection Hurt? An fMRI Study of Social Exclusion." *Science* 302: 290-292.

Ellsberg, Daniel. 1961. "Risk, Ambiguity, and the Savage Axioms." *Quarterly Journal of Economics* 75: 643-669.

Elster, Jon. 1998. "Emotions and Economic Theory." *Journal of Economic Literature* 36: 47-74.

Eslinger, Paul J. e António R. Damásio. 1985. "Severe Disturbance of Higher Cognition after Bilateral Frontal Lobe Ablation: Patient EVR." *Neurology* 35: 1731-1741. Espinosa-Vega, Marco A., Charles Kahn, Rafael Matta, and Juan Solé. 2011. "Systemic Risk and Optimal Regulatory Architecture." Artigo do Fundo Monetário Internacional (conteúdo em inglês) WP/11/193.

Ezekiel, Mordecai. 1938. "The Cobweb Theorem." *Quarterly Journal of Economics* 52: 255–280.

Fagnan, David, Jose Maria Fernandez, Andrew W. Lo, and Roger M. Stein. 2013. "Can Financial Engineering Cure Cancer?" *American Economic Review* 103: 406–411.

Falk, Dean. 1990. "Brain Evolution in Homo: The "Radiator" Theory." *Behavioral and Brain Sciences* 13: 333–344.

Fama, Eugene. 1963. "Mandelbrot and the Stable Paretian Hypothesis." *Journal of Business* 36: 420–29.

___. 1965a. "The Behavior of Stock Market Prices." *Journal of Business* 38: 34–105.

___. 1965b. "Random Walks in Stock Market Prices." *Financial Analysts Journal* 21: 55–59.

___. 1970. "Efficient Capital Markets: A Review of Theory and Empirical Work." *Journal of Finance* 25: 383–417.

Fama, Eugene, Lawrence Fisher, Michael Jensen e Richard Roll. 1969. "The Adjustment of Stock Prices to New Information." *International Economic Review* 10: 1–21.

Farmer, J. Doyne. 2002. "Market Force, Ecology, and Evolution." *Industrial and Corporate Change* 11: 895–953.

Farmer, J. Doyne e Andrew W. Lo. 1999. "Frontiers of Finance: Evolution and Efficient Markets." *Proceedings of the National Academy of Sciences* 96: 9991–9992.

Farmer, J. Doyne e Spyros Skouras. 2013. "An Ecological Perspective on the Future of Computer Trading." *Quantitative Finance* 13: 325–346.

Fauci, Anthony S. e Gregory K. Folkers. 2012. "Toward an AIDS-Free Generation." *Journal of the American Medical Association* 308: 343–344.

Fearer, Matthew. 2014. "An Improbable Circle of Life." *Paradigm: Life Sciences at Whitehead Institute For Biomedical Research* (Spring): 8–13. Disponível em http:// wi.mit.edu/files/wi/pdf/726/spring2014.pdf.

Feinstein, Justin S., Ralph Adolphs, António Damásio e Daniel Tranel. 2011. "The Human Amygdala and the Induction and Experience of Fear." *Current Biology* 21: 34–38.

Fernandez, Jose-Maria, Roger M. Stein e Andrew W. Lo. 2012. "Commercializing Biomedical Research through Securitization Techniques." *Nature Biotechnology* 30: 964–975.

Fielding, Eric, Andrew W. Lo e Jian Helen Yang. 2011. "The National Transportation Safety Board: A Model for Systemic Risk Management." *Journal of Investment Management* 9: 17-49.

Financial Crisis Inquiry Commission. 2011. *The Financial Crisis Inquiry Report: Final Report of the National Commission on the Causes of the Financial and Economic Crisis in the United States.* Washington, DC: Government Printing Office.

Fisher, Ronald Aylmer. 1930. *The Genetical Theory of Natural Selection.* Oxford: Clarendon Press.

Forsythe, Robert, Forrest Nelson, George R. Neumann e Jack Wright. 1992. "Anatomy of an Experimental Political Stock Market." *American Economic Review* 82: 1142-1161.

Gazzaniga, Michael S. 2008. *Human: The Science behind What Makes Us Unique.* Nova York: Ecco.

___. 2013. "Shifting Gears: Seeking New Approaches for Mind/Brain Mechanisms." *Annual Review of Psychology* 64:1-20.

Gazzaniga, Michael S. e Joseph E. LeDoux. 1978. *The Integrated Mind.* New York: Plenum Press.

Getmansky, Mila, Peter A. Lee, Andrew W. Lo. 2015. "Hedge Funds: A Dynamic Industry in Transition." *Annual Review of Financial Economics* 7, nº 1: 483-577.

Gibson, Rajna, Carmen Tanner eAlexander F. Wagner. 2016. "How Effective are Social Norm Interventions? Evidence from a Laboratory Experiment on Managerial Honesty." Disponível em SSRN: http://ssrn.com/abstract= 2557480.

Gigerenzer, Gerd. 2015. *Simply Rational: Decision Making in the Real World.* New York: Oxford University Press.

Gigerenzer, Gerd e Wolfgang Gaissmaier. 2011. "Heuristic Decision Making." *Annual Review of Psychology* 62: 451-482.

Gilovich, Thomas, Robert Vallone e Amos Tversky. 1985. "The Hot Hand in Basketball: On the Misperception of Random Sequences." *Cognitive Psychology* 17: 295-314.

Gimein, Mark. 2005. "Is a Hedge Fund Shakeout Coming Soon? This Insider Thinks So." *New York Times*, 4 de setembro.

Government Accountability Office (GAO). 1999. "Long-Term Capital Management: Regulators Need to Focus Greater Attention on Systemic Risk." GAO/GGD-00-3.

___. 2000. "Auditing and Financial Management: Responses to Questions Concerning Long-Term Capital Management and Related Events." GAO/GGD-00-67R.

___. 2009. "Financial Markets Regulation: Financial Crisis Highlights Need to Improve Oversight of Leverage at Financial Institutions and across System." GAO-09-739.

___. 2013. "Securities and Exchange Commission: Improving Personnel Management Is Critical for Agency's Effectiveness." GAO-13-621. Julho.

Graf, Virgil, D. H. Bullock e M. E. Bitterman. 1964. "Further Experiments on Probability-Matching in the Pigeon." *Journal of the Experimental Analysis of Behavior* 7: 151–157.

Graham, Jesse, Jonathan Haidt e Brian A. Nosek. 2009. "Liberals and Conservatives Use Different Sets of Moral Foundations." *Journal of Personality and Social Psychology* 96, 1029–1046.

Grant, David A., Harold W. Hake e John P. Hornseth. 1951. "Acquisition and Extinction of a Verbal Conditioned Response with Differing Percentages of Reinforcement." *Journal of Experimental Psychology* 42: 1–5.

Grant, Peter R. 1999. *Ecology and Evolution of Darwin's Finches*. Princeton, NJ: Princeton University Press.

Grant, Peter R. e B. Rosemary Grant. 2008. *How and Why Species Multiply: The Radiation of Darwin's Finches*. Princeton, NJ: Princeton University Press.

Green, Richard E., Johannes Krause, Adrian W. Briggs, Tomislav Maricic, Udo Stenzel, Martin Kircher, Nick Patterson, Heng Li, Weiwei Zhai, Markus Hsi-Yang Fritz, Nancy F. Hansen, Eric Y. Durand, Anna-Sapfo Malaspinas, Jeffrey D. Jensen, Tomas Marques-Bonet, Can Alkan, Kay Prüfer, Matthias Meyer, Hernán A. Burbano, Jeffrey M. Good, Rigo Schultz, Ayinuer Aximu-Petri, Anne Butthof, Barbara Höber, Barbara Höffner, Madlen Siegemund, Antje Weihmann, Chad Nusbaum, Eric S. Lander, Carsten Russ, Nathaniel Novod, Jason Affourtit, Michael Egholm, Christine Verna, Pavao Rudan, Dejana Brajkovic, Željko Kucan, Ivan Gušic, Vladimir B. Doronichev, Liubov V. Golovanova, Carles Lalueza-Fox, Marco de la Rasilla, Javier Fortea, Antonio Rosas, Ralf W. Schmitz, Philip L. F. Johnson, Evan E. Eichler, Daniel Falush, Ewan Birney, James C. Mullikin, Montgomery Slatkin, Rasmus Nielsen, Janet Kelso, Michael Lachmann, David Reich e Svante Pääbo. 2010. "A Draft Sequence of the Neandertal Genome." *Science* 328: 710–722.

Greene, Joshua D., Leigh E. Nystrom, Andrew D. Engell, John M. Darley e Jonathan D. Cohen. 2004. "The Neural Bases of Cognitive Conflict and Control in Moral Judgment." *Neuron* 44: 389–400.

Greene, Joshua D., R. Brian Sommerville, Leigh E. Nystrom, John M. Darley e Jonathan D. Cohen. 2001. "An fMRI Investigation of Emotional Engagement in Moral Judgment." *Science* 293: 2105–2108.

Greenspan, Alan e James Kennedy. 2005. "Estimates of Home Mortgage Originations, Repayments, and Debt on One-to-Four-Family Residences." Federal Reserve Board, Finance and Economics Discussion Series Working Paper 2005-41.

___. 2008. "Sources and Uses of Equity Extracted From Homes." *Oxford Review of Economic Policy* 24: 120–144.

Grossberg, Stephen e William E. Gutowski. 1987. "Neural Dynamics of Decision Making Under Risk: Affective Balance and Cognitive-Emotional Interactions." *Psychological Review* 94: 300–318.

Grossman, Sanford J. e Joseph Stiglitz. 1980. "On the Impossibility of Informationally Efficient Markets." *American Economic Review* 70: 393–408.

Guerrera, Francesco. 2010. "How 'Wall Street' Changed Wall Street." *Financial Times*, 24 de setembro.

Gumbel, Andrew. 2004. "Obituaries: Professor Sidney Morgenbesser." *The Independent*, 6 de agosto.

Grupo de Trabalho Presidencial sobre Mercados Financeiros. 1999. *Hedge Funds, Leverage, and the Lessons of Long-Term Capital Management*. (Conteúdo em inglês) http://www.treasury.gov/resource-center/fin-mkts/Documents/hedgfund.pdf.

Güth, Werner, Rolf Schmittberger e Bernd Schwarze. 1982. "An Experimental Analysis of Ultimatum Bargaining." *Journal of Economic Behavior and Organization* 3: 367–388.

Haas, G. C. e Mordecai Ezekiel. 1926. *Factors Affecting the Price of Hogs*. Washington, DC: Departamento de Agricultura dos EUA.

Hahn, Robert W. 1997. "The Economics of Airline Safety and Security: An Analysis of the White House Commission's Recommendations." *Harvard Journal of Law and Public Policy* 20: 791–828.

Haidt, Jonathan. 2007. "The New Synthesis in Moral Psychology." *Science* 316: 998–1002.

Haines, Michael. 2008. "Fertility and Mortality in the United States." EH. Net Encyclopedia, editado por Robert Whaples. (Conteúdo em inglês) http://eh.net/encyclopedia/fertility-and-mortalityin-the-united-states/. Acesso em 17 de janeiro de 2017.

Hald, Anders. 1990. *A History of Probability and Statistics and Their Applications before 1750*. Nova York: John Wiley & Sons.

Haldane, Andrew G. e Robert M. May. 2011. "Systemic Risk in Banking Ecosystems." *Nature* 469: 351–355.

Haldane, J.B.S. 1924. "A Mathematical Theory of Natural and Artificial Selection." *Transactions of the Cambridge Philosophical Society* 23: 19–41.

Hamilton, William D. 1964a. "The Genetical Evolution of Social Behavior I." *Journal of Theoretical Biology* 7: 1–16.

___. 1964b. "The Genetical Evolution of Social Behavior II." *Journal of Theoretical Biology* 7: 17–52.

Haney, Craig, Curtis Banks e Philip Zimbardo. 1973a. "Interpersonal Dynam ics in a Simulated Prison." *International Journal of Criminology and Penology* 1: 69–97.

___. 1973b. "Study of Prisoners and Guards in a Simulated Prison." *Naval Research Reviews* 9: 1–17.

Harder, Lawrence D. e Leslie A. Real. 1987. "Why Are Bumble Bees Risk Averse?" *Ecology* 68: 1104–1108.

Harlow, Arthur A. 1960. "The Hog Cycle and the Cobweb Theorem." *Journal of Farm Economics* 42: 842–853.

Hasanhodzic, Jasmina e Andrew W. Lo. 2007. "Can Hedge-Fund Returns Be Replicated? The Linear Case." *Journal of Investment Management* 5: 5–45.

___. 2011. "Black's Leverage Effect is Not Due to Leverage." Disponível em SSRN: http:// ssrn.com/abstract=1762363.

Haushofer, Johannes e Ernst Fehr. 2014. "On the Psychology of Poverty." *Science* 344: 862–867.

Haushofer, Johannes e Jeremy Shapiro. 2013. "Household Response to Income Changes: Evidence from an Unconditional Cash Transfer Program in Kenya." Working paper. Disponível em https://www.princeton.edu/~joha/publications/Haus hofer_Shapiro_UCT_2013.pdf.

Hawkins, Jeff e Sandra Blakeslee. 2004. *On Intelligence*. Nova York: Times Books. Hayek, Friedrich A. von e William Warren Bartley. 1988. *The Fatal Conceit: The Errors of Socialism*. Chicago: University of Chicago Press.

Henriques, Diana B. 2011. *The Wizard of Lies: Bernie Madoff and the Death of Trust*. Nova York: Henry Holt.

Henriques, Diana B. e Zachery Kouwe. 2008. "Prominent Trader Accused of Defrauding Clients." *New York Times*, 11 de dezembro.

Hens, Thorsten, Terje Lensberg, Klaus Reiner Schenk-Hoppe e Peter Wöhrmann. 2011. "An Evolutionary Explanation of the Value Premium Puzzle." *Journal of Evolutionary Economics* 21: 803–815.

Heródoto. 1987. *The History*. Tradução de David Grene. Chicago: University of Chicago Press.

Hirshleifer, David e Guo Ying Luo. 2001. "On the Survival of Overconfident Traders in a Competitive Securities Market." *Journal of Financial Markets* 4: 73–84.

Hirshleifer, Jack. 1977. "Economics from a Biological Viewpoint." *Journal of Law and Economics* 20: 1–52.

Hodgson, Geoffrey, ed. 1995. *Economics and Biology*. Cheltenham, UK: Edward Elgar.

Hölldobler, Bert e Edward O. Wilson. 1990. *The Ants*. Cambridge, MA: Belknap Press.

Huggett, Brady. 2015. "Biotech's Wellspring—A Survey of the Health of the Private Sector in 2014." *Nature Biotechnology* 33: 470–477.

Huggett, Brady e Kathryn Paisner. 2016. "Research Biotech Patenting 2015." *Nature Biotechnology* 34: 801–802.

Huizinga, Harry e Luc Laeven. 2010. "Bank Valuation and Regulatory Forbearance during a Financial Crisis." European Banking Center Discussion Artigo Nº. 2009–Disponível em SSRN: http://ssrn.com/abstract=1434359.

Hume, Julian Pender. 2006. "The History of the Dodo *Raphus cucullatus* and the Penguin of Mauritius." *Historical Biology* 18: 69–93.

Hurlbert, Anya C. e Yazhu Ling. 2007. "Biological Components of Sex Differences in Color Preference." *Current Biology* 17: R623–R625.

Ibbotson, Roger. 2016. 2016 SBBI Yearbook. Nova York: John Wiley & Sons.

Jensen, Michael. 1978. "Some Anomalous Evidence Regarding Market Efficiency." *Journal of Financial Economics* 6: 95–101.

Jensen, Robert. 2007. "The Digital Provide: Information (Technology), Market Performance, and Welfare in the South Indian Fisheries Sector." *Quarterly Journal of Economics* 72: 879–924.

Jeppesen Sanderson. 2007. *Guided Flight Discovery: Private Pilot*. Englewood, CO: Jeppesen Sanderson.

Jones, Alfred Winslow. 1949. "Fashions in Forecasting." *Fortune* (março): 88–91, 180, 182, 184, 186.

Kable, Joseph W. e Paul W. Glimcher. 2007. "The Neural Correlates of Subjective Value during Intertemporal Choice." *Nature Neuroscience* 10: 1625–1633.

Kahneman, Daniel e Amos Tversky. 1979. "Prospect Theory: An Analysis of Decision under Risk." *Econometrica* 47: 263–292.

___. 1984. "Choices, Values and Frames." *American Psychologist* 39: 341–350.

Kaldor, Nicholas. 1934. "A Classificatory Note on the Determinateness of Equilibrium." *Review of Economic Studies* 1: 122–136.

Kamstra, Mark J., Lisa A. Kramer e Maurice D. Levi. 2003. "Winter Blues: Seasonal Affective Disorder (SAD) and Stock Market Returns." *American Economic Review* 93: 324–343.

Kane, E. J. 2015. "A Theory of How and Why Central-Bank Culture Supports Predatory Risk-Taking at Megabanks." Disponível em SSRN: http://ssrn.com/abstract=2594923. Kapp, Bruce S., Robert C. Frysinger, Michela Gallagher e James R. Haselton. 1979.

"Amygdala Central Nucleus Lesions: Effect on Heart Rate Conditioning in the Rabbit." *Physiology and Behavior* 23: 1109–1117.

Kasparov, G. K. e Mig Greengard. 2007. *How Life Imitates Chess: Making the Right Moves, from the Board to the Boardroom*. Nova York: Bloomsbury USA.

Keasar, Tamar, Ella Rashkovich, Dan Cohen e Avi Shmida. 2002. "Bees in TwoArmed Bandit Situations: Foraging Choices and Possible Decision Mechanisms." *Behavioral Ecology* 13: 757–765.

Kendall, Maurice G. 1953. "The Analysis of Economic Time-Series, Part I: Prices." *Journal of the Royal Statistical Society, Ser. A*. 96: 11–25.

Keynes, John Maynard. 1936. *The General Theory of Employment, Interest and Money*. London: Macmillan.

___. 1963. "Economic Possibilities for our Grandchildren." Em *Essays in Persuasion*, 358–373. Nova York: W. W. Norton.

Khandani, Amir e Andrew W. Lo. 2007. "What Happened to the Quants in August 2007?" *Journal of Investment Management* 5: 5–54.

___. 2011. "What Happened to the Quants in August 2007? Evidence from Factors and Transactions Data." *Journal of Financial Markets* 14: 1–46.

Khandani, Amir E., Andrew W. Lo e Robert C. Merton. 2013. "Systemic Risk and the Refinancing Ratchet Effect." *Journal of Financial Economics* 108: 29–45.

Kinderman, Peter, Robin Dunbar e Richard P. Bentall. 1998. "Theory of Mind Deficits and Causal Attributions." *British Journal of Psychology* 89: 191–204.

Kirilenko, Andrei A. e Andrew W. Lo. 2013. "Moore's Law versus Murphy's Law: Algorithmic Trading and Its Discontents." *Journal of Economic Perspectives* 27: 51–72.

Kirman, Alan. 1993. "Ants, Rationality, and Recruitment." *Quarterly Journal of Economics* 108: 137–156.

Klamer, Arjo. 1983. *Conversations with Economists: New Classical Economists and Opponents Speak Out on the Current Controversy in Macroeconomics.* Lanham, MD: Rowman & Littlefield.

Klein, Lawrence Robert. 1970. *An Essay on the Theory of Economic Prediction.* Chicago: Markham.

Klüver, Heinrich e Paul Bucy. 1937. " 'Psychic Blindness' and Other Symptoms Following Bilateral Temporal Lobotomy in Rhesus Monkeys." *American Journal of Physiology* 119: 352–523.

Knight, Frank H. 1921. *Risk, Uncertainty, and Profit.* Boston: Houghton Mifflin. Knight, Malcolm D., chair. 2005. "General Discussion: Has Financial Development Made the World Riskier?" Em *The Greenspan Era: Lessons for the Future: A Symposium,* 387–397. Kansas City, MO: Federal Reserve Bank of Kansas City.

Knutson, Brian e Peter Bossaerts. 2007. "Neural Antecedents of Financial Decisions." *Journal of Neuroscience* 27: 8174–8177.

Kogan, Leonid, Stephen Ross, Jiang Wang e Mark Westerfield. 2006. "The Price Impact Survival and Survival of Irrational Traders." *Journal of Finance* 61: 195–229.

Krugman, Paul. 2005. "Safe as Houses." *New York Times,* 12 de agosto.

Krützen, Michael, Janet Mann, Michael R. Heithaus, Richard C. Connor, Lars Bejder e William B. Sherwin. 2005. "Cultural Transmission of Tool Use in Bottlenose Dolphins." *Proceedings of the National Academy of Sciences* 102: 8939–8943.

Kuhnen, Camelia M. e Brian Knutson. 2005. "The Neural Basis of Financial Risk Taking." *Neuron* 47: 763–770.

Labaton, Stephen. 2008. "Agency's '04 Rule Let Banks Pile up New Debt." *New York Times*, 3 de outubro.

Lai, Cecilia S. L., Simon E. Fisher, Jane A. Hurst, Faraneh Vargha-Khadem e Anthony P. Monaco. 2001. "A Forkhead-Domain Gene Is Mutated in a Severe Speech and Language Disorder." *Nature* 413: 519–523.

Larson, Arnold B. 1960. "Measurement of a Random Process in Futures Prices." *Food Research Institute* 1: 313–324.

Le, Quoc V., Rajat Monga, Matthieu Devin, Greg Corrado, Kai Chen, Marc'Aurelio Ranzato, Jeff Dean e Andrew Y. Ng. 2012. "Building High-Level Features Using Large Scale Unsupervised Learning." arXiv:1112.6209 [cs.LG].

LeDoux, Joseph E. 1996. *The Emotional Brain: The Mysterious Underpinnings of Emotional Life*. Nova York: Simon and Schuster.

Leibowitz, Martin L. 2005. "Alpha Hunters and Beta Grazers." *Financial Analysts Journal* 61: 32–39.

Lensberg, Terje e Klaus Reiner Schenk-Hoppé. 2007. "On the Evolution of Investment Strategies and the Kelly Rule–A Darwinian Approach." *Review of Finance* 11: 25–50.

Leonard, William R. e Marcia L. Robertson. 1994. "Evolutionary Perspectives on Human Nutrition: The Influence of Brain and Body Size on Diet and Metabolism." *American Journal of Human Biology* 6: 77–88.

Levin, Simon A. e Andrew W. Lo. 2015. "A New Approach to Financial Regulation." *Proceedings of the National Academy of Sciences* 112: 12543–12544.

Li, William, Pablo Azar, David Larochelle, Phil Hill e Andrew W. Lo. 2015. "Law Is Code: A Software Engineering Approach to Analyzing the United States Code." *Journal of Business and Technology Law* 10: 297.

Lichtenstein, Sarah, Paul Slovic, Baruch Fischhoff, Mark Layman e Barbara Combs. 1978. "Judged Frequency of Lethal Events." *Journal of Experimental Psychology: Human Learning and Memory* 4: 551–578.

Lim, Terence, Andrew W. Lo, Robert C. Merton, Myron S. Scholes e Martin B. Haugh. 2006. *The Derivatives Sourcebook*. Boston: Now Publishers.

Lintner, John. 1965. "The Valuation of Risk Assets and the Selection of Risky Investments in Stock Portfolios and Capital Budgets." *Review of Economics and Statistics* 47: 13–37.

Liston, Conor, Bruce S. McEwen e B. J. Casey. 2009. "Psychosocial Stress Reversibly Disrupts Prefrontal Processing and Attentional Control." *Proceedings of the National Academy of Sciences* 106: 912–917.

Lo, Andrew W. 1997. *Market Efficiency: Stock Market Behaviour in Theory and Practice.* Cheltenham, UK: Edward Elgar.

___. 1999. "The Three P's of Total Risk Management." *Financial Analysts Journal* 55: 13–26.

___. 2004. "The Adaptive Markets Hypothesis: Market Efficiency from an Evolutionary Perspective." *Journal of Portfolio Management* 30: 15–29.

___. 2005. "Reconciling Efficient Markets with Behavioral Finance: The Adaptive Markets Hypothesis." *Journal of Investment Consulting* 7: 21–44.

___. 2012a. "Adaptive Markets and the New World Order." *Financial Analysts Journal* 68: 18–29.

___. 2012b. "Reading About the Financial Crisis: A 21-Book Review." *Journal of Economic Literature* 50: 151–178.

___. 2016. "What Is an Index?" *Journal of Portfolio Management* 42: 21–36.

Lo, Andrew W. e Jasmina Hasanhodzic. 2010. *The Evolution of Technical Analysis: Financial Prediction from Babylonian Tablets to Bloomberg Terminals.* Hoboken, NJ: John Wiley & Sons.

Lo, Andrew W. e A. Craig MacKinlay. 1988. "Stock Market Prices Do Not Follow Random Walks: Evidence from a Simple Specification Test." *Review of Financial Studies* 1: 41–66.

___. 1990. "When Are Contrarian Profits Due to Stock Market Overreaction?" *Review of Financial Studies* 3: 175–206.

Lo, Andrew W. e Pankaj Patel. 2008. "130/30: The New Long-Only." *Journal of Portfolio Management* 34: 12–38.

Lo, Andrew W. e Gary P. Pisano. 2015. "Lessons From Hollywood: A New Approach to Funding Innovation." *Sloan Management Review* 57: 47–57.

Lo, Andrew W. e Dmitry V. Repin. 2002. "The Psychophysiology of Real-Time Financial Risk Processing." *Journal of Cognitive Neuroscience* 14: 323–339.

Lo, Andrew W., Dmitry V. Repin e Brett N. Steenbarger. 2005. "Fear and Greed in Financial Markets: An Online Clinical Study." *American Economic Review* 95: 352–359.

Lo, Andrew W. e Ruixun Zhang. 2017. *Biological Economics.* Cheltenham, UK: Edward Elgar.

Loewenstein, George. 2000. "Emotions in Economic Theory and Economic Behavior." *American Economic Review* 90: 426–432.

Loomis, Carol J. 1966. "The Jones Nobody Keeps Up With." *Fortune* (abril): 237–242.

———. 1970. "Hard Times Come to Hedge Funds." *Fortune* (junho): 100–103, 136–140. Lowenstein, Roger. 2000. *When Genius Failed: The Rise and Fall of Long-Term Capital Management*. Nova York: Random House.

Lucas, Deborah. 2014. "Evaluating the Government as a Source of Systemic Risk." *Journal of Financial Perspectives* 2: 45–58.

Lucas, Robert E. 1972. "Expectations and the Neutrality of Money." *Journal of Economic Theory* 4: 103–124.

Luo, Guo Ying. 1995. "Evolution and Market Competition." *Journal of Economic Theory* 67: 223–250.

———. 1998. "Market Efficiency and Natural Selection in a Commodity Futures Market." *Review of Financial Studies* 11: 647–674.

———. 1999. "The Evolution of Money as a Medium of Exchange." *Journal of Economic Dynamics and Control* 23: 415–458.

———. 2001. "Natural Selection and Market Efficiency in a Futures Market with Random Shocks." *Journal of Futures Markets* 21: 489–516.

———. 2003. "Evolution, Efficiency, and Noise Traders in a One-Sided Auction." *Journal of Financial Markets* 6: 163–197.

Mallaby, Sebastian. 2010. *More Money than God: Hedge Funds and the Making of a New Elite*. Nova York: Penguin Books.

Maloney, Michael T. e J. Harold Mulherin. 2003. "The Complexity of Price Discovery in an Efficient Market: The Stock Market Reaction to the *Challenger* Crash." *Journal of Corporate Finance* 9: 453–479.

Mandelbrot, Benoit B. 1982. *The Fractal Geometry of Nature*. São Francisco: W. H. Freeman.

Markowitz, Harry. 1952. "Portfolio Selection." *Journal of Finance* 7: 77–91.

Marshall, Alfred. 2009. *Principles of Economics: Unabridged Eighth Edition*. Nova York: Cosimo.

May, Robert M., Simon A. Levin e George Sugihara. 2008. "Ecology for Bankers." *Nature* 451: 893–895.

Maynard Smith, John. 1975. "Survival by Suicide." *New Scientist* 67:496–497.

———. 1982. *Evolution and the Theory of Games*. Cambridge: Cambridge University Press.

———. 1984. "Game Theory and the Evolution of Behaviour." *Behavioral and Brain Sciences* 7: 95–125.

Mayr, Ernst. 2004. *What Makes Biology Unique? Considerations on the Autonomy of a Scientific Discipline*. New York: Cambridge University Press.

McClure, Samuel M., David I. Laibson, George Loewenstein e Jonathan D. Cohen. 2004. "Separate Neural Systems Value Immediate and Delayed Monetary Rewards." *Science* 306: 503-507.

McCrea, Sean M. e Edward R. Hirt. 2009. "Match Madness: Probability Matching in Prediction of the NCAA Basketball Tournament." *Journal of Applied Social Psychology* 39: 2809-2839.

McCulloch, Warren e Walter Pitts. 1943. "A Logical Calculus of the Ideas Immanent in Nervous Activity." *Bulletin of Mathematical Biophysics* 7: 115-133.

McDonald, Lawrence G. e Patrick Robinson. 2009. *A Colossal Failure of Common Sense: The Inside Story of the Collapse of Lehman Brothers*. Nova York: Three Rivers Press.

McDougall, Ian, Francis H. Brown e John G. Fleagle. 2005. "Stratigraphic Placement and Age of Modern Humans from Kibish, Ethiopia." *Nature* 433: 733-736.

Merton, Robert C. 1973. "Theory of Rational Option Pricing." *Bell Journal of Economics and Management Science* 4: 141-183.

___. 1989. "On the Application of the Continuous-Time Theory of Finance to Financial Intermediation and Insurance." *Geneva Papers on Risk and Insurance* 14: 225-262.

___. 1995a. "Financial Innovation and the Management and Regulation of Financial Institutions." *Journal of Banking and Finance* 19: 461-481.

___. 1995b. "A Functional Perspective of Financial Intermediation." *Financial Management* 24: 23-41.

Merton, Robert C., Monica Billio, Mila Getmansky, Dale Gray, Andrew W. Lo e Loriana Pelizzon. 2013. "On a New Approach for Analyzing and Managing Macrofinancial Risks." *Financial Analysts Journal* 69: 22-33.

Merton, Robert C. e Zvi Bodie. 2005. "Design of Financial Systems: Towards a Synthesis of Function and Structure." *Journal of Investment Management* 3: 1-23.

Mezrich, Ben. 2002. *Bringing Down the House: The Inside Story of Six MIT Students Who Took Vegas For Millions*. Nova York: Free Press.

Milgram, Stanley. 1963. "Behavioral Study of Obedience." *Journal of Abnormal and Social Psychology* 67, nº 4, 371-378.

Miller, Michael B. e Monica Valsangkar-Smyth. 2005. "Probability Matching in the Right Hemisphere." *Brain and Cognition* 57: 165–167.

Minsky, Marvin Lee. 1986. *The Society of Mind*. Nova York: Simon e Schuster.

Mischel, Walter, Ebbe B. Ebbesen e Antonette Raskoff Zeiss. 1972. "Cognitive and Attentional Mechanisms in Delay of Gratification." *Journal of Personality and Social Psychology* 21: 204–218.

MIT 150 Symposia. 2011. "Economics and Finance: From Theory to Practice to Policy." 27 de janeiro, 2ª sessão da manhã. https://www.youtube.com/watch?v=vAKwujWKsU&feature=youtu.be.

Montague, P. Read e Gregory S. Berns. 2002. "Neural Economics and the Biological Substrates of Valuation." *Neuron* 36: 265–284.

Montazerhodjat, Vahid, David M. Weinstock e Andrew W. Lo. 2016. "Buying Cures versus Renting Health: Financing Health Care with Consumer Loans." *Science Translational Medicine* 8: 327ps6.

Mossin, Jan. 1966. "Equilibrium in a Capital Asset Market." *Econometrica* 34: 768–783. Murphy, Kevin J. 2012. "Pay, Politics, and the Financial Crisis." Em *Rethinking Finance: New Perspectives on the Crisis*, editado por Alan S. Blinder, Andrew W. Lo e Robert Solow, forthcoming. Nova York: Russell Sage Foundation.

Muth, John F. 1961. "Rational Expectations and the Theory of Price Movements." *Econometrica* 29: 315–335.

Nakamoto, Michiyo e David Wighton. 2007. "Citigroup Chief Stays Bullish on Buyouts." *Financial Times*, 9 de julho.

Nash, John. 1951. "Non-Cooperative Games." *Annals of Mathematics* 54, nº 2: 286–295.

National Transportation Safety Board (NTSB). 1993. "Takeoff Stall in Icing Conditions USAIR Flight 405, Fokker F-28, N485US, LaGuardia Airport, Flushing, Nova York, 22 de março de 1992." NTSB/AAR-93/02.

____. 2000. "In-Flight Breakup Over The Atlantic Ocean Trans World Airlines Flight 800 Near East Moriches, Nova York, 17 de julho de 1996." NTSB/AAR-00/03.

National Venture Capital Association. 2016. *Yearbook*. Nova York: Thomson Reuters. Nelson, Richard R. e Sidney G. Winter. 1982. *An Evolutionary Theory of Economic Change*. Cambridge, MA: Belknap Press of Harvard University Press. *New York Times*. 1924. "Polls and Forecasts." 7 de novembro.

___. 1986. "The Shuttle Explosion; Transcript of NASA News Conference on the Shuttle Disaster." 29 de janeiro.

Niederhoffer, Victor. 1997. *The Education of a Speculator*. Nova York: John Wiley & Sons.

Niederhoffer, Victor e M.F.M. Osborne. 1966. "Market Making and Reversal on the Stock Exchange." *Journal of the American Statistical Association* 61: 897-916.

Nowak, Martin A., Corina E. Tarnita e Edward O. Wilson. 2010. "The Evolution of Eusociality." *Nature* 466: 1057-1062.

Nuijts, Wijnand e Jakob de Haan. 2013. "DNB Supervision of Conduct and Culture." Em *Financial Supervision in the 21st Century*, editado por A. Joanne Kellermann, Jakob de Haan e Femke de Vries. 151-164. Berlin: Springer-Verlag.

O'Connor, Mary-Frances, David K. Wellisch, Annette L. Stanton, Naomi I. Eisenberger, Michael R. Irwin e Matthew D. Lieberman. 2008. "Craving Love? Enduring Grief Activates Brain's Reward Center." *NeuroImage* 42: 969-972.

Office of Personnel Management. 2014. *2014 Federal Employee Viewpoint Survey: Agency Ratings*. Acessado em 18 de março de 2015. http://www.fedview.opm.gov/2014FILES/Global_Satisfaction_Index_Score_Trends_2014.xls.

Olds, James e Paul Milner. 1954. "Positive Reinforcement Produced by Electrical Stimulation of Septal Area and Other Regions of Rat Brain." *Journal of Comparative Physiology and Psychology* 47: 419-427.

Ophir, Eyal, Clifford Nass e Anthony D. Wagner. 2009. "Cognitive Control in Media Multitaskers." *Proceedings of the National Academy of Sciences* 106: 15583-15587.

Osborne, M.F.M. 1962. "Periodic Structure in the Brownian Motion of Stock Prices." *Operations Research* 10: 345-379.

Paine, Robert T. 1966. "Food Web Complexity and Species Diversity." *American Naturalist* 100: 65-75.

Pasteels, Jacques Marie, Jean-Louis Deneubourg e Simon Goss. 1987. "SelfOrganization Mechanisms in Ant Societies. I: Trail Recruitment to Newly Discovered Food Sources." Em *From Individual to Collective Behavior in Social Insects: Les Treilles Workshop* (Experientia Supplementum, Vol. 54), editado por Jacques Marie Pasteels e Jean-Louis Deneubourg Basel: Birkhäuser.

Patterson, Scott. 2009. *The Quants: How a Small Band of Math Wizards Took Over Wall St. and Nearly Destroyed It*. Nova York: Crown.

Pearson, Roberta E. e Máire Messenger Davies. 2014. *Star Trek and American Television*. Berkeley: University of California Press.

Peltzman, Sam. 1975. "The Effects of Automobile Safety Regulation." *Journal of Political Economy* 83: 677-726.

Perner, Josef e Heinz Wimmer. 1985. " 'John thinks that Mary thinks that . . .' Attribution of Second-Order Beliefs by 5to 10-year-old Children." *Journal of Experimental Child Psychology* 39: 437-471.

Perrow, Charles. 1984. *Normal Accidents: Living with High-Risk Technologies*. Nova York: Basic Books.

____. 2010. "The Meltdown Was Not an Accident." Em *Markets on Trial: The Economic Sociology of the U.S. Financial Crisis: Part A (Research in the Sociology of Organizations)*, editado por Michael Lounsbury, Paul M. Hirsch, Vol. 30, 309-330. Bingley, UK: Emerald Group.

Pessiglione, Mathias e Maël Lebreton. 2015. "From the Reward Circuit to the Valuation System: How the Brain Motivates Behavior." Em *Handbook of Biobehavioral Approaches to Self-Regulation*, editado por G.H.E. Gendolla et al., 157-173. Nova York: Springer Science+Business Media.

Peters, Ellen e Paul Slovic. 2000. "The Springs of Action: Affective and Analytical Information Processing in Choice." *Personality and Social Psychology Bulletin* 26: 1465-1475.

Philippon, Thomas e Ariell Reshef. 2009. "Wages and Human Capital in the U.S. Financial Industry: 1909-2006." Artigo da NBER nº 14644. Disponível em: http://www.nber.org/papers/w14644.

Philips, Matthew. 2013. "How the Robots Lost: High-Frequency Trading's Rise and Fall." Bloomberg.com. 23 de junho. http://www.bloomberg.com/news/articles/2013-06-06/how-the-robots-lost-high-frequency-tradings-rise-and-fall.

Pickard, Lee A. 2008. "Viewpoint: SEC's Old Capital Approach Was Tried—and True." *American Banker*, 8 de agosto.

Pinker, Steven. 1991. "Rules of Language." *Science* 253: 530-535.

____. 1994. *The Language Instinct: How the Mind Creates Language*. Nova York: William Morrow.

Proctor, Darby, Rebecca A. Williamson, Frans B. M. de Waal e Sarah F. Brosnan. 2013. "Chimpanzees Play the Ultimatum Game." *Proceedings of the National Academy of Sciences* 110: 2070-2075.

Rajan, Raghuram. 2005. "Has Financial Development Made the World Riskier?" Em *The Greenspan Era: Lessons for the Future: A Symposium*, 313-369. Kansas City, MO: Federal Reserve Bank of Kansas City.

___. 2010. *Fault Lines: How Hidden Fractures Still Threaten the World Economy*. Princeton, NJ: Princeton University Press.

Ralston, Aron. 2004. *Between a Rock and a Hard Place*. Nova York: Atria Books. Rathmann, Peggy. 1994. *Good Night, Gorilla*. Nova York: Putnam.

Rawson, Rosemary. 1979. "Two Ohio Strangers Find They're Twins at 39—and a Dream to Psychologists." *People Magazine*, 7 de maio. Acessado em 5 de março de 2014. http://www.people.com/people/archive/article/0,,20073583,00.html.

Reich, David, Richard E. Green, Martin Kircher, Johannes Krause, Nick Patterson, Eric Y. Durand, Bence Viola, Adrian W. Briggs, Udo Stenzel, Philip L. F. Johnson, Tomislav Maricic, Jeffrey M. Good, Tomas Marques-Bonet, Can Alkan, Qiaomei Fu, Swapan Mallick, Heng Li, Matthias Meyer, Evan E. Eichler, Mark Stoneking, Michael Richards, Sahra Talamo, Michael V. Shunkov, Anatoli P. Derevianko, JeanJacques Hublin, Janet Kelso, Montgomery Slatkin e Svante Pääbo. 2010. "Genetic History of an Archaic Hominin Group from Denisova Cave in Siberia." *Nature* 468: 1053-1060.

Reinhart, Carmen M. e Kenneth S. Rogoff. 2009. *This Time Is Different: Eight Centuries of Financial Folly*. Princeton, NJ: Princeton University Press.

Rhode, Paul W. e Koleman Strumpf. 2004. "Historical Presidential Betting Markets." *Journal of Economic Perspectives* 18: 127-142.

Rizzolatti, Giacomo e Maddalena Fabbri-Destro. 2010, "Mirror Neurons: From Discovery to Autism." *Experimental Brain Research* 200: 223-237.

Robson, Arthur J. 1996a. "A Biological Basis for Expected and Non-Expected Utility." *Journal of Economic Theory* 68: 397-424.

___. 1996b. "The Evolution of Attitudes to Risk: Lottery Tickets and Relative Wealth." *Games and Economic Behavior* 14: 190-207.

___. 2001a. "The Biological Basis of Economic Behavior." *Journal of Economic Literature* 39: 11-33.

___. 2001b. "Why Would Nature Give Individuals Utility Functions?" *Journal of Political Economy* 109: 900-914.

Robson, Arthur J e Lawrence Samuelson. 2007. "The Evolution of Intertemporal Incentives." *American Economic Review* 97: 492-495.

___. 2009. "The Evolution of Time Preference with Aggregate Uncertainty." *American Economic Review* 99: 925-1953.

Rolls, Edmund T. 1990. "A Theory of Emotion, and Its Application to Understanding the Neural Basis of Emotion." *Cognition and Emotion* 4: 161-190.

___. 1994. "A Theory of Emotion and Consciousness, and Its Application to Understanding the Neural Basis of Emotion." Em *The Cognitive Neurosciences*, editado por Michael Gazzaniga, 1091-1106. Cambridge, MA: MIT Press.

___. 1999. *The Brain and Emotion*. Oxford: Oxford University Press.

___. 2013. *Emotion and Decision Making Explained*. Oxford: Oxford University Press.

Rosenthal, Robert. 1994. "Interpersonal Expectancy Effects: A 30-Year Perspective." *Current Directions in Psychological Science* 3: 176-179.

Rosenthal, Robert e Kermit L. Fode. 1963. "The Effect of Experimenter Bias on the Performance of the Albino Rat." *Behavioral Science* 8, 183-189.

Rosenthal, Robert e Lenore Jacobson. 1968. *Pygmalion in the Classroom: Teacher Expectation and Pupils' Intellectual Development*. Nova York: Holt, Rinehart e Winston.

Ryerson, James. 2004. "Sidewalk Socrates: Sidney Morgenbesser, B. 1921." *New York Times*, 26 de dezembro.

Rymer, Russ. 1993. *Genie: An Abused Child's Flight from Silence*. Nova York: HarperCollins.

Sachs, Jeffrey D. 2005. *The End of Poverty: Economic Possibilities for Our Time*. Nova York: Penguin Books.

Sacks, Oliver W. 1974. *Awakenings*. Garden City, NY: Doubleday.

Samuelson, Paul A. 1941. "Fundamentos de Análise Econômica." Ph.D. diss., Harvard University.

___. 1947. *Fundamentos de Análise Economica*. Cambridge: Harvard University Press.

___. 1948. *Economia*. Nova York: McGraw-Hill Book Co.

___. 1965. "Proof That Properly Anticipated Prices Fluctuate Randomly." *Industrial Management Review* 6: 41-49.

___. 1973. "Mathematics of Speculative Price." *SIAM Review* 15: 1-42.

___. 1998. "How *Foundations* Came to Be." *Journal of Economic Literature* 36: 1375–1386.

Samuelson, Paul A. e William D. Nordhaus. 2010. *Economia*. Boston: McGraw-Hill Irwin.

Sanfey, Alan G., James K. Rilling, Jessica A. Aronson, Leigh E. Nystrom e Jonathan D. Cohen. 2003. "The Neural Basis of Economic Decision-Making in the Ultimatum Game." *Science* 300: 1755–1758.

Sanger, David E. 1986. "Fiery End of Challenger Described in New Detail by NASA Officials." *New York Times*, 15 de fevereiro.

Sato, Akie, Colm O'hUigin, Felipe Figuero, Peter R. Grant, B. Rosemary Grant, Herbert Tichy e Jan Klein. 1999. "Phylogeny of Darwin's Finches as Revealed by mtDNA Sequences." *Proceedings of the National Academy of Sciences* 96: 5101–5106.

Satow, Julie. 2008. "Ex-SEC Official Blames Agency for Blow-Up of Broker-Dealers." *New York Sun*, 18 de setembro.

Saver, Jeffrey L. e António R. Damásio. 1991. "Preserved Access and Processing of Social Knowledge in a Patient with Acquired Sociopathy Due to Ventromedial Frontal Damage." *Neuropsychologia* 29: 1241–1249.

Scarf, Herbert. 1973. *The Computation of Economic Equilibria*. New Haven, CT: Yale University Press.

Schlaepfer, Martin A., Michael C. Runge e Paul W. Sherman. 2002. "Ecological and Evolutionary Traps." *Trends in Ecology and Evolution* 17: 474–480.

Schoenemann, P. Thomas, Michael J. Sheehan e L. Daniel Glotzer. 2005. "Prefrontal White Matter Is Disproportionately Larger in Humans than in Other Primates." *Nature Neuroscience* 8: 242–252.

Scholes, Myron S. 2006. "Derivatives in a Dynamic Environment." Em *The Derivatives Sourcebook*, editado por Terence Lim, Andrew W. Lo, Robert C. Merton, Myron S. Scholes e Martin B. Haugh. Boston: Now Publishers.

Schüll, Natasha Dow. 2012. *Addiction by Design: Machine Gambling in Las Vegas*. Princeton, NJ: Princeton University Press.

Schumpeter, Joseph A. 1942. *Capitalismo, Socialismo, and Democracia*. Nova York: Harper & Brothers.

Schwartz, Robert A. e David K. Whitcomb. 1977. "The Time-Variance Relationship: Evidence on Autocorrelation in Common Stock Returns." *Journal of Finance* 32: 41–55.

Seal, David. 2009. "Madoff's World." *Vanity Fair*. 4 de março. http://www.vanityfair.com/news/2009/04/bernard-madoff-friends-family-profile

Securities and Exchange Commission (SEC). 1969. *35th Annual Report for the Fiscal Year Ended June 30th, 1969*. Washington, DC: Government Printing Office.

___. Office of Investigations. 2009. *Investigation of Failure of the SEC to Uncover Bernard Madoff's Ponzi Scheme*. Versão Pública (conteúdo em inglês). Relatório OIG-509. 31 de agosto. Washington, DC: Government Printing Office.

___. 2014. *Agency Financial Report: Fiscal Year 2014*. Washington, DC: Securities and Exchange Commission.

Sharpe, William F. 1964. "Capital Asset Prices—A Theory of Market Equilibrium Under Conditions of Risk." *Journal of Finance* 19: 425–442.

Shiller, Robert J. 2005. " 'Irrational Exuberance'—Again." *Money Magazine*, 25 de janeiro. Acessado em 25 de julho de 2013. http://money.cnn.com/2005/01/13/real_estate/realestate_ shiller1_0502/.

Siegel, Jeremy J. 2014. *Stocks for the Long Run: The Definitive Guide to Financial Market Returns and Long-Term Investment Strategies*. Nova York: McGraw-Hill.

Simon, Herbert A. 1953. "A Behavioral Theory of Rational Choice." The RAND Corporation, P-365.

___. 1955. "A Behavioral Theory of Rational Choice." *Quarterly Journal of Economics* 69: 99–118.

___. 1969. *The Sciences of the Artificial*. Cambridge, MA: MIT.

___. 1991. *Models of My Life*. Nova York: Basic Books.

___. 1997. *Administrative Behavior*. Nova York: Simon e Schuster.

Sirri, Erik R. 2009. "Securities Markets and Regulatory Reform." Speech delivered to the National Economists Club, 9 de abril. http://www.sec.gov/news/speech/2009/spch040909ers.htm.

Slovic, Paul. 1999. "Trust, Emotion, Sex, Politics, and Science: Surveying the RiskAssessment Battlefield." *Risk Analysis* 19: 689–701.

Smaers, Jeroen B., James Steele, Charleen R. Case, Alex Cowper, Katrin Amunts e Karl Zilles. 2011. "Primate Prefrontal Cortex Evolution: Human Brains Are the Extreme of a Lateralized Ape Trend." *Brain, Behavior, and Evolution* 77: 67–78.

Smith, Adam. 2005. *An Inquiry into the Nature and Causes of the Wealth of Nations*. Chicago: University of Chicago Press.

Smith, David V., Benjamin Y. Hayden, Trong-Kha Truong, Allen W. Song, Michael L. Platt e Scott A. Huettel. 2010. "Distinct Value Signals in Anterior and Posterior Ventromedial Prefrontal Cortex." *Journal of Neuroscience* 30: 2490–2495.

Sobel, Russell S. e Todd M. Nesbit. 2007. "Automobile Safety Regulation and the Incentive to Drive Recklessly: Evidence from NASCAR." *Southern Economic Journal* 74: 71–84.

Société Générale. 2008. "General Inspection Department. Mission Green: Summary Report." 20 de maio. Traduzido para o inglês. Cópia arquivada disponível em: https://www.societe generale.com/sites/default/files/12%20May%202008%20The%20report%20by%20 the%20General%20Inspection%20of%20Societe%20Generale.pdf

Sociobiology Study Group. 1975. "Contra a 'Sociobiology,' Uma carta de Stephen Jay Gould, Richard Lewontin e membros do Grupo de estudos de Sociobiologia resumindo críticas e objeções a Sociobiology: The New Synthesis, de E. O. Wilson" *New York Review of Books* 22: 13 de novembro.

Solow, Robert M. 1956. "A Contribution to the Theory of Economic Growth." *Quarterly Journal of Economics* 70: 65–94.

Sorkin, Andrew Ross, Diana B. Henriques, Edmund L. Andrews e Joe Nocera. 2008. "As Credit Crisis Spiraled, Alarm Led to Action." *New York Times*, 2 de outubro.

Soros, George. 1987. *A Alquimia das Finanças: Lendo a Mente do Mercado*. Nova York: Simon e Schuster.

Steiger, William L. 1964. "A Test of Nonrandomness in Stock Price Changes." Em *The Random Character of Stock Market Prices*, editado por Paul Cootner. Cambridge, MA: MIT Press.

Stiglitz, Joseph E. 2009. "Capitalist Fools." *Vanity Fair*, janeiro.

Stock, James H. e Mark W. Watson. 2003. "Has the Business Cycle Changed and Why?" Em *NBER Macroeconomics Annual 2002*, editado por Mark Gertler e Kenneth Rogoff, 159–230. Cambridge, MA: MIT Press.

Striedter, Georg F. 2005. *Principles of Brain Evolution*. Sunderland, MA: Sinauer Associates.

_____. 2006. "Précis of *Principles of Brain Evolution*." *Behavioral and Brain Sciences* 29: 1–36.

Sulloway, Frank. 1982. "Darwin and His Finches: The Evolution of a Legend." *Journal of the History of Biology* 15: 1–53.

Surowiecki, James. 2004. *The Wisdom of Crowds*. Nova York: Random House. Šuvakov, Milovan e Veljko Dmitrašinović. 2013. "Three Classes of Newtonian Three-Body Planar Periodic Orbits." *Physical Review Letters* 110: 114301.

Takahashi, Hidehiko, Motoichiro Kato, Masato Matsuura, Dean Mobbs, Tetsuya Suhara e Yoshiro Okubo. 2009. "When Your Gain Is My Pain and Your Pain Is My Gain: Neural Correlates of Envy and Schadenfreude." *Science* 323: 937–939.

Talbot, David. 2012. "Given Tablets but No Teachers, Ethiopian Children Teach Themselves." *MIT Technology Review*, 29 de outubro. http://www.technologyreview.com/news/506466/given-tablets-but-no-teachers-e-thiopian-children-teach-themselves/.

Tattersall, Ian. 1998. *Becoming Human*. Nova York: Harcourt Brace.

___. 2010. "Human Evolution and Cognition." *Theory in Biosciences* 129: 193–201. Thackray, John. 1977. "Whatever Happened to the Hedge Funds?" *Institutional Investor* (maio): 71–74.

Thal Larsen, Peter. 2007. "Goldman Pays the Price of Being Big." *Financial Times*, 14 de agosto.

Thomas, David. 2012. "Oncology Clinical Trials—Secrets of Success." *BIOTech-NOW*, 24 de fevereiro. http://www.biotech-now.org/business-and-investments/2012/02/on cology-clinical-trials-secrets-of-success.

Thuijsman, Frank, Bezalel Peleg, Mor Amitai e Avi Shmida. 1995. "Automata, Matching and Foraging Behavior of Bees." *Journal of Theoretical Biology* 175: 305–316.

Tierney, John. 2011. "Do You Suffer From Decision Fatigue?" *New York Times*, 17 de agosto.

Tinbergen, Jan. 1956. *Economic Policy: Principles and Design*. Amsterdã: North Holland.

Tobin, James. 1958. "Liquidity Preference as Behavior towards Risk." *Review of Economic Studies* 25: 65–86.

Tooby, John e Leda Cosmides. 2005. "Conceptual Foundations of Evolutionary Psychology." Em *The Handbook of Evolutionary Psychology*, editado por David M. Buss, 5–67. Hoboken, NJ: John Wiley & Sons.

Treynor, Jack L. 1961. "Market Value, Time, and Risk." Manuscrito não publicado datado de 8 de agosto de 1961, N°. 95–209.

___. 1962. "Toward a Theory of Market Value of Risky Assets." Manuscrito não publicado.

Trivers, Robert L. 1971. "The Evolution of Reciprocal Altruism." *Quarterly Review of Biology* 46: 35-57.

___. 1972. "Parental Investment and Sexual Selection." Em *Sexual Selection and the Descent of Man 1871-1971*, editado por Bernard G. Campbell, 136-179. Chicago, IL: Aldine.

___. 2002. *Natural Selection and Social Theory: Selected Papers of Robert L. Trivers*. Oxford: University Press.

Tullock, Gordon. 1979. "Sociobiology and Economics." *Atlantic Economic Journal* 7: 1-10.

Tversky, Amos e Daniel Kahneman. 1971. "Belief in the Law of Small Numbers." *Psychological Bulletin* 76: 105-110.

___. 1974. "Judgment under Uncertainty: Heuristics and Biases." *Science* 185: 1124-1131.

___. 1981. "The Framing of Decisions and the Psychology of Choice." *Science* 211: 453-458.

Veblen, Thorstein. 1898. "Why Is Economics Not an Evolutionary Science?" *Quarterly Journal of Economics* 12: 373-397.

Von Neumann, John e Oskar Morgenstern. 1944. *Theory of Games and Economic Behavior*. Princeton, NJ: Princeton University Press.

Vorzimmer, Peter. 1969. "Darwin, Malthus, and the Theory of Natural Selection." *Journal of the History of Ideas* 30: 527-542.

Waldman, Michael. 1994. "Systematic Errors and the Theory of Natural Selection." *American Economic Review* 84: 482-497.

Weibull, Jörgen W. 1995. *Evolutionary Game Theory*. Cambridge, MA: MIT Press. Weiner, Jonathan. 1994. *The Beak of the Finch: A Story of Evolution in Our Time*. Nova York: Alfred A. Knopf.

Weinshall-Margel, Keren e John Shapard. 2011. "Overlooked Factors in the Analysis of Parole Decisions." *Proceedings of the National Academy of Science* 108, n°. 42: E833.

Wells, Tom. 2001. *Wild Man: The Life and Times of Daniel Ellsberg*. Nova York: Palgrave.

West-Eberhard, Mary Jane. 2003. *Developmental Plasticity and Evolution*. New York: Oxford University Press.

Wicker, Bruno, Christian Keysers, Jane Plailly, Jean-Pierre Royet, Vittorio Gallese e Giacomo Rizzolatti. 2003. "Both of Us Disgusted in My Insula: The Common Neural Basis of Seeing and Feeling Disgust." *Neuron* 40: 655-664.

Wilcox, Allen J., Clarice R. Weinberg, John F. O'Connor, Donna D. Baird, John P. Schlatterer, Robert E. Canfield, E. Glenn Armstrong e Bruce C. Nisula. 1988. "Incidence of Early Loss of Pregnancy." *New England Journal of Medicine* 319: 189-194. Wilford, John Noble. 1986. "The Shuttle Inquiry; NASA's Inquiry Begins: Status Is Not Disclosed." *New York Times*, 31 de janeiro.

Wilson, Edward O. 1975. *Sociobiology: The New Synthesis*. Cambridge, MA: Harvard University Press.

___. 1994. *Naturalist*. Washington, DC: Island Press/Shearwater Books.

___. 1998. *Consilience*. Nova York: Alfred A. Knopf.

Winston, Patrick Henry. 2012. "The Right Way." *Advances in Cognitive Systems* 1: 23-36. Wolfe, Tom. 1987. *The Bonfire of the Vanities*. New York: Farrar, Straus and Giroux. Wolford, George, Michael B. Miller e Michael Gazzaniga. 2000. "The Left Hemisphere's Role in Hypothesis Formation." *Journal of Neuroscience* 20: RC64. Woodward, Susan. 2009. "The *Subprime* Crisis of 2008: A Brief Background and a Question." ASSA Session on Recent Financial Crises, 3 de janeiro.

Woolverton, William L. e James K. Rowlett. 1998. "Choice Maintained by Cocaine or Food in Monkeys: Effects of Varying Probability of Reinforcement." *Psychopharmacology* 138: 102-106.

Wright, Paul, Guojun He, Nathan A. Shapira, Wayne K. Goodman e Yijun Liu. 2004. "Disgust and the Insula: fMRI Responses to Pictures of Mutilation and Contamination." *NeuroReport* 15: 2347-2341.

Young, John S. 1981. "Discrete-Trial Choice in Pigéons: Effects of Reinforcer Magnitude." *Journal of the Experimental Analysis of Behavior* 35: 23-29.

Zajonc, R. B. 1980. "Feeling and Thinking: Preferences Need No Inferences." *American Psychologist* 35: 151-175.

___. 1984. "On the Primacy of Affect." *American Psychologist* 39: 117-123.

Zak, Paul J., Angela A. Stanton e Sheila Ahmad. 2007. "Oxytocin Increases Generosity in Humans." *PLoS ONE* 2: e1128.

Zeckhauser, Richard e Victor Niederhoffer. 1983. "How Rational Are the Participants in Financial Markets?" Apresentação na Associação Americana de Economia, São Francisco, 28 de dezembro.

Zhang, Ruixun, Thomas J. Brennan e Andrew W. Lo. 2014. "Group Selection as Behavioral Adaptation to Systematic Risk." *PLoS ONE* 9, nº. 10: e110848. doi:10.1371/journal.pone.0110848.

Zimbardo, Philip G. 2007. *The Lucifer Effect: Understanding How Good People Turn Evil*. Nova York: Random House.

Zweig, Jason. 2015. "The Day Wall Street Changed." *Wall Street Journal*, 30 de abril. http:// blogs.wsj.com/moneybeat/2015/04/30/the-day-that--changed-wall-street-forever/.

Índice

A

Adam Smith 28, 210
AIDS 403
Alan Blinder 7
Alan Greenspan 7, 297, 316
alavancagem 228, 240, 268
Albert Einstein 19, 209
Alfred Marshall 205, 434, 466
Alfred Winslow Jones 230
Alocação de Ativos 249, 284
ambiente cultural 349, 396
amígdala 79, 81, 83, 105, 119
Amos Tversky 55, 67, 84, 107
analgesia congênita 378
António Damásio 103, 182
A Riqueza das Nações 28
ativos tóxicos 300
autismo 111
aversão
    ao risco 56, 70, 89, 202–205
    à perda 56, 61
Ayn Rand 7

B

Banco da Inglaterra 222
behavioristas 75
Ben Bernanke 301
Benjamin Graham 230, 233
Big Data 325
biotecnologia 402, 409
Bitcoin 357
block trading 234
bolha da internet 43, 354
bolha imobiliária 301, 311
Brexit 376
broker-dealers 304–306
Bruce Kapp 80
bull market 232

C

caça-níqueis 62, 91
cães de Pavlov 80
captura regulatória 378, 393
causalidade financeira 383
cegueira psíquica 79
cérebro
    evolução do 156
cérebro humano 76, 87, 120, 151, 313
    disfunções do 76
    evolução do 155
    mapeamento do 76
Charles Darwin 8, 137, 214
Charles Mackay 5
Charles Ponzi 5
Comissão Rogers 13
comportamento
    animal 142, 161, 169
    econômico 8, 70, 75, 96
    financeiro 92, 101, 160
    humano 70, 75
    irracional 107

organizacional 176
    racional 107
    social 168
computação multipartidária
    segura 384
comunismo 221
condicionamento
    de Pavlov 80
    pelo medo 79, 80
consumo conspícuo 214
contexto ambiental 354
controle de armas 7
correspondência de
    probabilidade 63
corrida bancária 175
córtex pré-frontal 105, 153, 338
crença falsa de primeira
    ordem 112
criptografia 384
crise financeira 4, 10, 61, 227, 297
crítica de Lucas 37
cultura do bônus 304
curtose 275
curva de Phillips 36

D

Daniel Ellsberg 52
Daniel Kahneman 55
David E. Shaw 235–237, 403
decisões financeiras 76, 96
decisões intuitivas 95
democratização das finanças 28
desconto hiperbólico 97
determinismo biológico 158
    e discriminação racial 170
determinismo genético 170
dilema do bonde 339
dimensões morais inatas 349

distribuição gaussiana 22
distúrbios comportamentais 65, 69
dom do medo 83, 107, 148, 377
dopamina 87, 90
dor 85
    da inveja 86
    emocional 86
    física 86

E

ecossistema 297
efeito alavanca 260
efeito borboleta 362
Efeito Gekko 348
Efeito Lúcifer 348
efeito Pigmalião 124
emoção 104, 182
    papel da 104
engenharia financeira 407, 415
equidade 337
espíritos animais 75
esquema Ponzi 5, 334
estabilidade financeira 344
    ameaças à 331
estagnação financeira 233
estímulo
    condicionado 80
    emocional 106
    e resposta 80
    não condicionado 80
    negativo 80
estresse 75
Eugene Fama 24
eugenia 173
evolução
    biológica 8, 182, 230
    financeira 230

exaptação 154
expansão econômica 411
expectativas
    adaptáveis 34
    racionais 34
experimento psicológico 80

F
Facebook 55
feedback negativo 368
fenômeno phi 69
fintech 399, 405
Frank Knight 54
fraude por afinidade 335
fundo Fairfield Sentry 334
fundos
    de pensão 229
    indexados 264
    soberanos 229

G
ganância 2, 27
Gavin de Becker 1
geoengenharia 416
George Soros 6, 223, 226
Giacomo Rizzolatti 111
Gordon Gekko 346
Grande Depressão 230
Grande Moderação 324
Grant Tinker 395
guerra ideológica 7

H
Harry Markowitz 27
Herbert Alexander Simon 34-36
Herbert Simon 176-178, 187
Herbert Solow 395
heurística 66, 179

hipotálamo 89
hipotecas 300
Hipótese dos Mercados
    Adaptáveis 2
Hipótese dos Mercados
    Eficientes 2, 16
hipótese nula 47
Holocausto 170
homem administrativo 177
homem econômico. *Consulte
    também* Homo economicus
Homo economicus 35
Homo sapiens 98

I
Idade da Pedra 150, 162
ilusão de ótica 69
incerteza 54
inovações tecnológicas
    impacto 8
ínsula 90, 338
inteligência artificial 131, 180
    futuro da 133
inveja da física 208
investidor qualificado 227
investigação científica 314
Investimento Passivo 249
irracionalidade 106
irracionalidade econômica 70
Isaac Newton 211, 213

J
James Olds 87
James Simons 6
J. Doyne Farmer 279
Jeff Hawkins 130, 163
Jérôme Kerviel 59
Jogo do Ultimato 338

jogo justo 17
jogos de azar 17
John Bogle 264
John C. Bogle 6
John Maynard Keynes 36, 75, 210, 263, 397
John Muth 33, 34, 180
Jonathan Haidt 349
Jornada nas Estrelas 395–397, 414
Joseph LeDoux 80, 81
Joseph Stiglitz 223, 311
Josiah Willard Gibbs 209

K
Karl Marx 210, 217
Kevin Murphy 305

L
Lawrence Summers 50
Lehman Brothers 4, 307, 317
Lei das Médias 200
Lei de Moore 356, 358, 384
Lei de Murphy 359
Lei dos Pequenos Números 66
Leonard Jimmie Savage 20
loucura das massas 3
Loucura de Março 62

M
Mae Jemison 396
magnetoencefalografia 78
Mark Zuckerberg 55
martingale 18, 19
Matrix 314
medo 2, 79, 82, 105
  condicionamento pelo 81
  instintivo 81
  resposta ao 81
  roteiro do 81

mercado eficiente
  versão forte 23
  versão fraca 23
  versão semiforte 23
mercados de previsão 38
mesas proprietárias 23
método científico 313
  fases 314
Milton Friedman 25, 34
moralidade 336
Mordecai Ezekiel 34
MRI. *Consulte também* ressonância magnética funcional
mudanças climáticas 21, 415
Muro de Berlim 411
mutação 144
  natural 138

N
NASA 13
National Transportation Safety Board (NTSB) 379
NBA 68
Neil Armstrong 13
neuroeconomia 184
núcleo accumbens 88
Nunzio Tartaglia 235

O
ônibus espacial 13
Otimização de Portfólio 249

P
pânico bancário 175
parábola dos cinco monges 3
Paradoxo de Ellsberg 54
Paul Krugman 299
Paul Samuelson , 20, 140, 208, 423, x, 434, 435, 471

Paul Slovic 84
Peter Lynch 6
Peter Milner 87
pobreza extrema 412
poker 59
ponto de equilíbrio 30
portfólio de mercado 251
prêmio de risco 251
privacidade financeira 383
processo de descoberta de
    preços 110
programas de assistência 7
proteção ao consumidor 7
psicofisiologia 92
psicologia evolucionista 171, 173
quantitative trading 238

Q
Quant Meltdown 285
Quarta-Feira Negra 222

R
racionalidade econômica 337
racionalidade limitada 34,
    178, 180
RAND Corporation 51
reações emocionais 2, 105
regulação adaptável 368
reguladores financeiros 368
regulamentação de derivativos 7
Regulamento T 257
replicação genética 144
reprodução diferencial 146
responsabilidade corporativa 344
ressonância magnética
    funcional 77
Ricardo Reis 7
Richard Feynman 10

risco 54
risco sistêmico 204
Robert Lucas 36, 37, 180
Robert Rosenthal 123, 124
Robert Shiller 315
Robert Thompson 1
robótica 180
Rockwell International 14
Roger Sperry 114

S
sabedoria das multidões 3
Samuel Benner 29
seleção
    artificial 142
    natural 143, 146, 186
setor industrial 331
Simon A. Levin 367
sistema de recompensa 87
sociobiologia 169
sociopatia adquirida 104
Steven Pinker 172
SuperDot 235

T
tálamo 81
tecnologia financeira 28
teoria
    da evolução 8, 137, 214
    da mente 110, 111
    da reflexividade 218
    da relatividade 130
    das expectativas racionais 37,
        110, 180
    da teia de aranha 31
    da utilidade esperada 185
    do caos 279

do Comportamento da Escolha
  Racional 179
do consumidor individual 206
do desenvolvimento da
  linguagem 172
do portfólio ótimo 27
Thomas Malthus 8
Thorstein Veblen 214, 435, 477
tolerância regulatória 61
tomografia axial
  computorizada 78
tomografia por emissão de
  pósitrons 78
traumas emocionais 86
tubarão branco 146, 147

V
valor esperado 56
Venda a Descoberto 26
viés do experimentador 123
vieses comportamentais 65

W
Wall Street 23, 59, 306
Wall Street, o filme 346
warrant 18
warrants 160
Warren Buffett 6, 11, 224, 230,
  233, 403, 407

Este caderno colorido também está disponível em www.altabooks.com.br
(procure pelo título do livro para fazer o download).

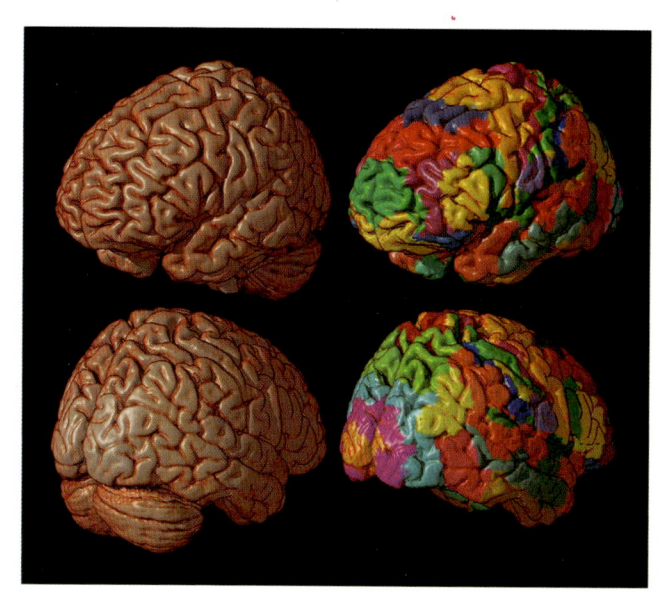

Figura 3.1 Dois ângulos do cérebro humano (figuras da esquerda) e secções codificadas por cores das áreas de Brodmann (à direita). Fonte: Mark Dow. Laboratório Assistente de Pesquisa do de Desenvolvimento do Cérebro, Universidade de Oregon.

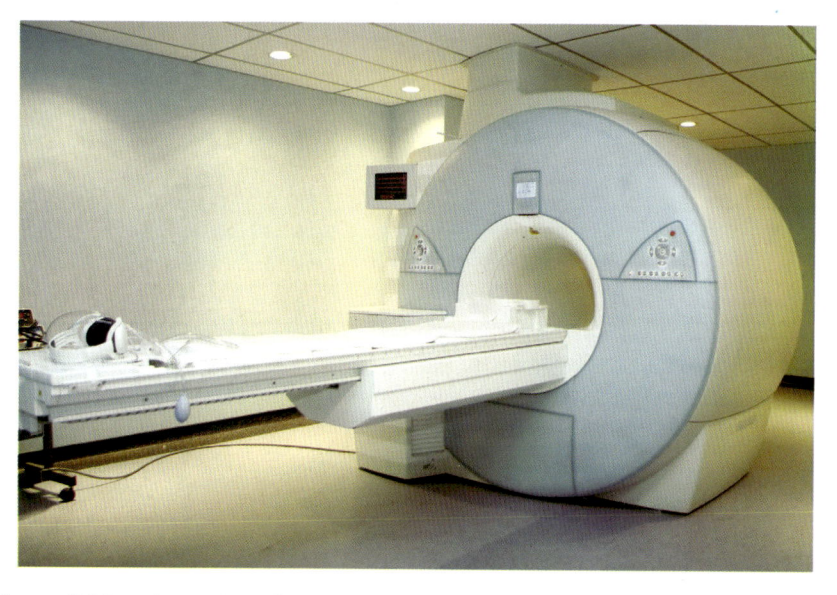

Figura 3.2 Instalação típica de ressonância magnética por imagem. Fonte: Ezz Mika Elyn/Shutterstock.com.

Figura 3.3 Equipamento de medição psicofisiológica utilizado por Lo e Repin. Fonte: Lo e Repin (2002).

Figura 3.4 Configuração experimental do estudo psicofisiológico em tempo real de *traders* financeiros em uma grande instituição bancária comercial. Fonte: Lo e Repin (2002).

Figura 5.1 (a) Mariposa (*Biston betularia*) e (b) Mariposa de corpo preto (*Biston betularia f. carbonaria*). Fotografias de Olaf Leillinger.

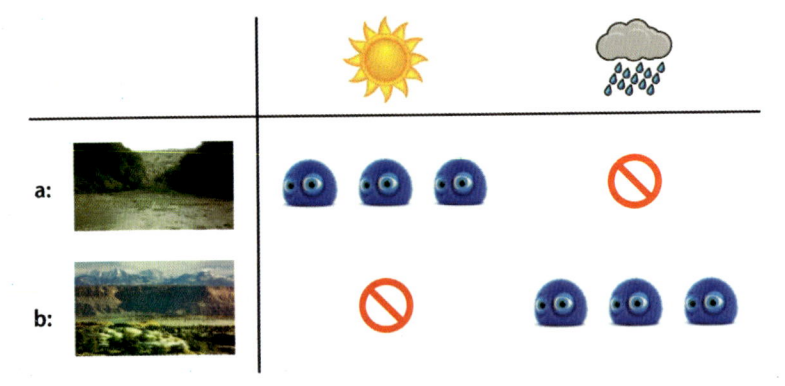

Figura 6.1 Resultados das escolhas de nidificação de tribbles — (a) ou (b). Se os tribbles fazem ninhos no vale, o número de descendentes que sobrevive é de três, se estiver ensolarado, e zero, se chover. Se os tribbles fazem ninhos no planalto, o número de descendentes que sobrevive é zero, se estiver ensolarado, e três, se chover.

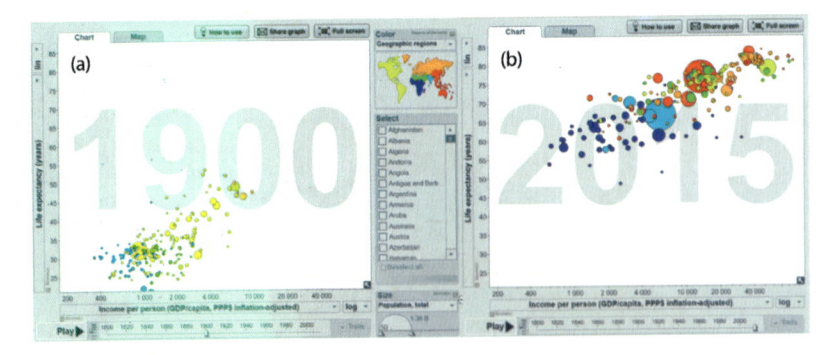

Figura 8.3 População, PIB per capita e expectativa de vida para países do mundo em (a) 1900 e (b) 2015. Fonte: http://gapminder.org.

Figura 10.4 Jinx Taylor (à esquerda) e James Callahan (à direita) com a coleção de jade do pai de Taylor, o coronel John G. Taylor (1912–1998), avaliada por Callahan para a Antiques Roadshow por até US$1,07 milhão durante a gravação. O episódio foi ao ar nos EUA em janeiro de 2010. Fotografia por Jeff Dunn, WGBH.

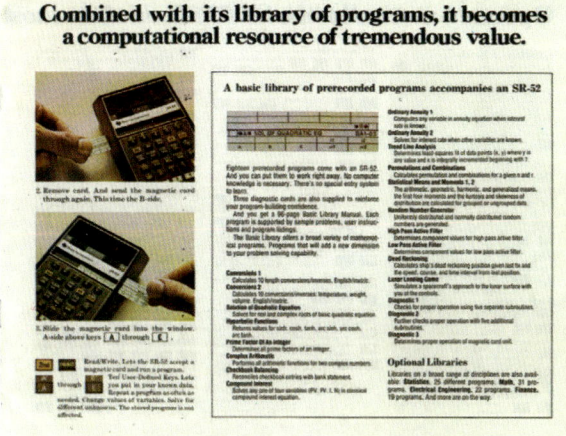

Figura 10.7
A calculadora programável Texas Instruments SR52 foi introduzida em 1975 e usada para calcular a fórmula de preços de opções Black–Sholes/Merton pelos *traders* do CBOE. Cortesia da Texas Instruments.

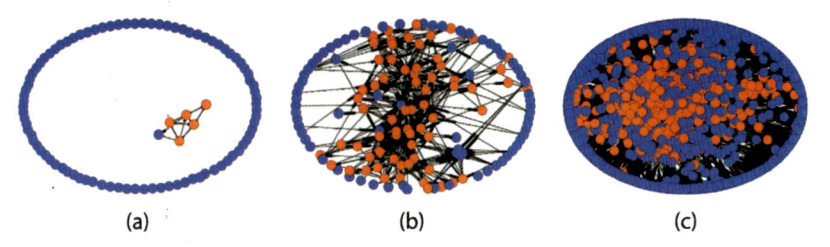

(a) (b) (c)

Figura 11.3 Mapas de rede do núcleo-periferia de (a) seções do código legal dos Estados Unidos, modificado pela Lei Omnibus Appropriation de 2009; (b) seções do código legal dos EUA modificado pelo Dodd-Frank Wall Street Reform Act; e (c) Título 12 do código legal dos EUA (Bancos e Sistema Bancário). Os pontos azuis indicam seções periféricas, os pontos vermelhos indicam o núcleo. Fonte: Li et al. (2015).

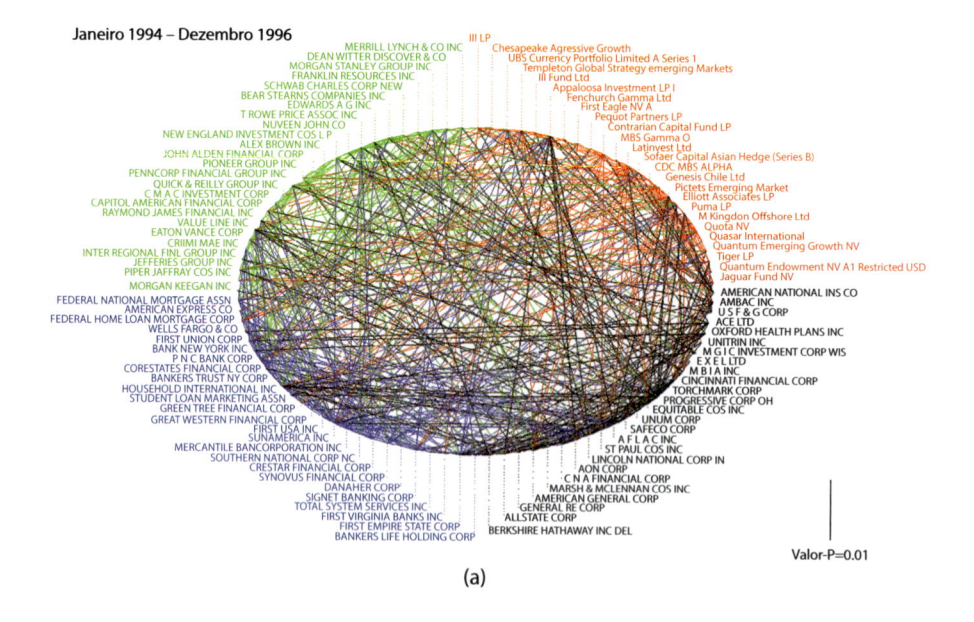

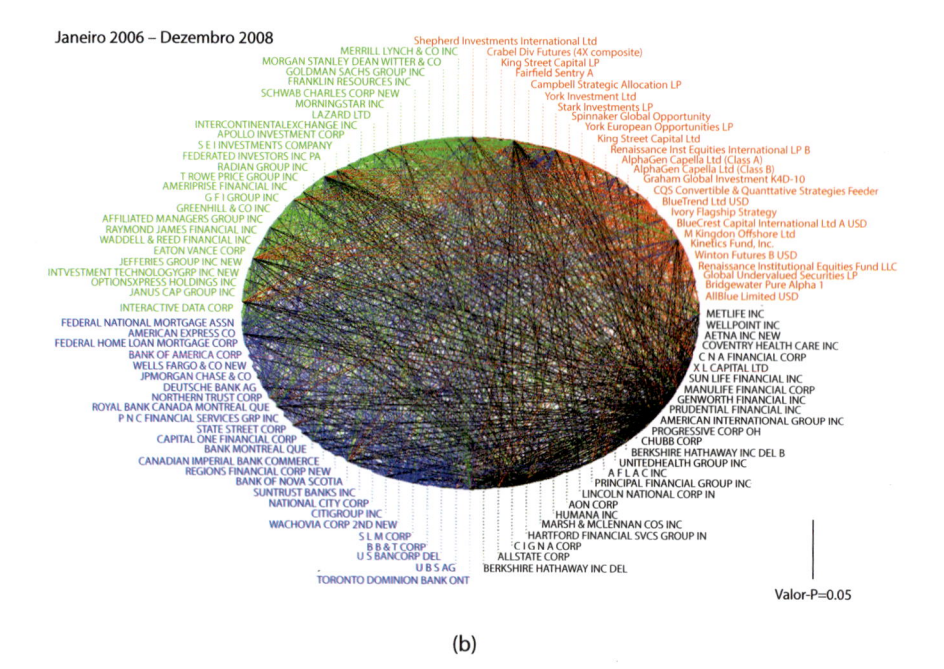

Figura 11.4 Comparação entre a interconexão dos setores bancário (azul), de corretores de valores mobiliários (verde), fundos de *hedge* (vermelho) e seguros (preto) de (a) 1994 a 1996 e (b) 2006 a 2008. Fonte: Billio et al. (2012).

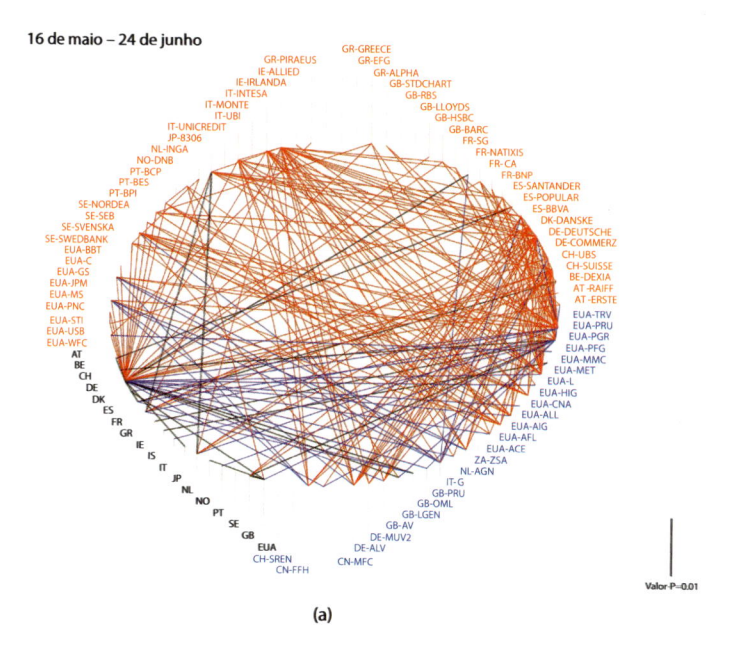

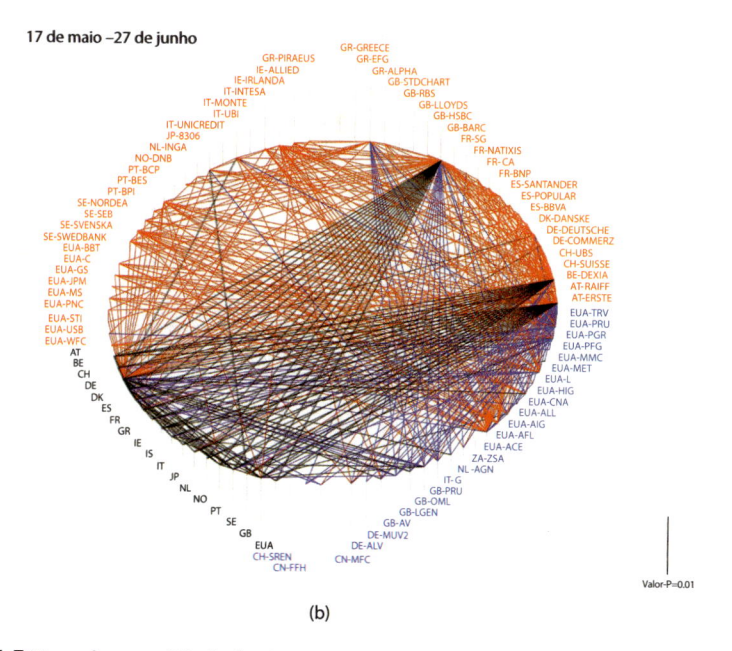

Figura 11.5 Teste de causalidade de Granger para retornos de bancos (vermelho), companhias de seguros (azul) e *spreads* de CDS para títulos soberanos (preto) em (a) 24 de junho de 2016, antes do voto do Brexit, e (b) 27 de junho de 2016, após a votação.

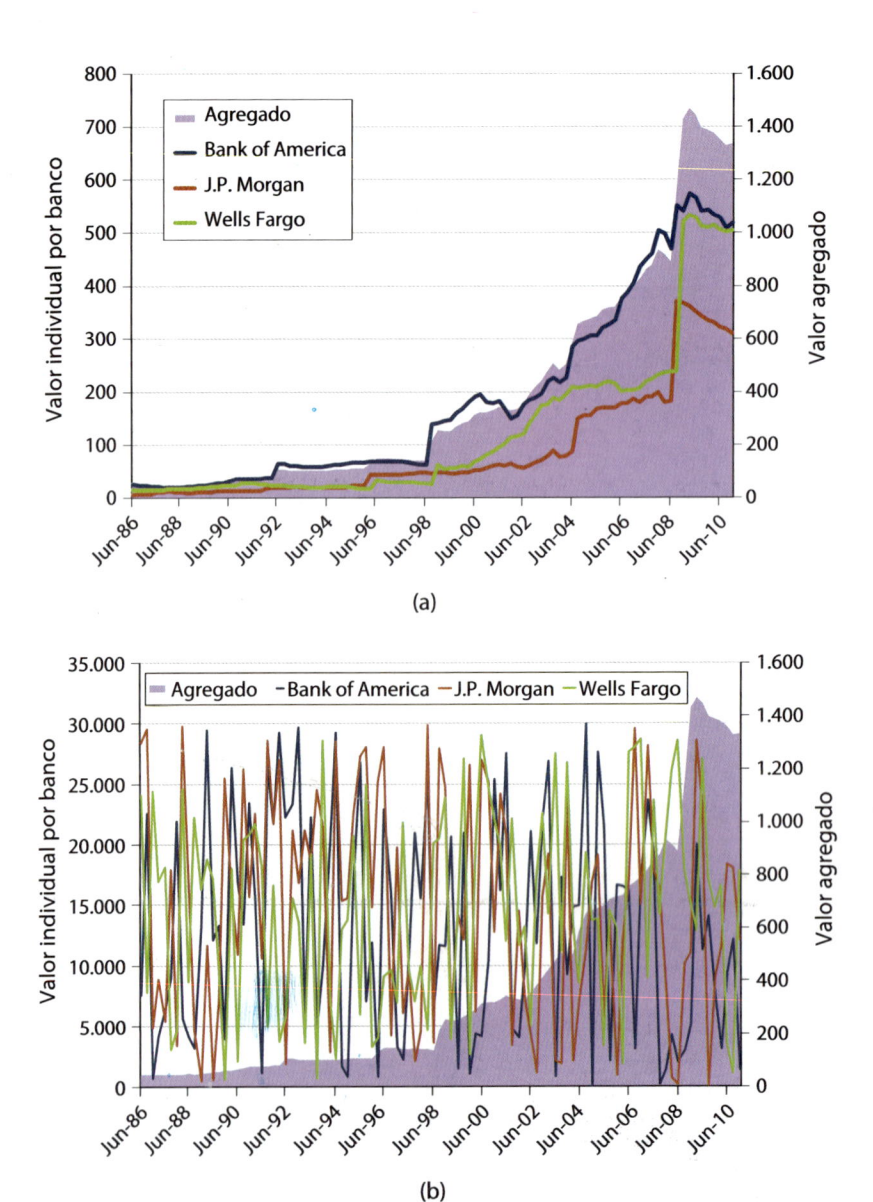

Figura 11.7 Exemplo de computação multipartidária segura do agregado das carteiras de crédito imobiliário do Bank of America, J.P. Morgan e Wells Fargo. O gráfico (a) contém as séries temporais brutas para os três bancos (os gráficos de linha), bem como a soma agregada (o gráfico de barras em roxo); o gráfico (b) contém três séries de tempo criptografadas (os gráficos de linha), que, quando somadas, produzem os mesmos valores agregados da soma dos dados não criptografados. Fonte: Abbe, Khandani e Lo (2012).